U0922609

湖北政协年鉴

2015

中国文史出版社

《湖北政协年鉴（2015）》编辑委员会

中國人民政治協商會議會徽

EMBLEM OF THE CHINESE PEOPLE'S POLITICAL CONSULTATIVE CONFERENCE

2015年1月26日至2月1日，政协湖北省第十一届委员会第三次会议在武汉召开。图为大会会场。

第十一届委员会第三次会议
通过政协湖北省
第十一届委员会提案
关于省政协十一届三
提案审查情况的报
（草案）

2015年1月26日，政协湖北省第十一届委员会第三次会议在武汉开幕。图为中共湖北省委书记李鸿忠在开幕会上致辞。

2015年1月30日，政协湖北省第十一届委员会第三次会议举行第三次大会，听取部分委员大会发言。图为省委副书记、省长王国生在听取委员大会发言后讲话。

2015年1月26日，政协湖北省第十一届委员会第三次会议在武汉开幕。图为省政协主席杨松代表常务委员会向大会作工作报告。

2015年1月26日，政协湖北省第十一届委员会第三次会议在武汉开幕。图为省政协常务副主席范兴元主持开幕大会。

2015年1月26日，政协湖北省第十一届委员会第三次会议在武汉开幕。图为张柏青副主席受常务委员会委托，向大会报告省政协十一届二次会议以来的提案工作情况。

2015年7月14日至17日，省政协副主席郑心穗率学习考察团赴深圳市，学习考察该市在科技金融创新工作方面的做法和经验。图为考察团一行在前海深港现代服务业合作区实地考察。

2015年6月29日至7月3日，省政协副主席王振有率视察团先后到黄石、十堰，就“全省重大地质灾害防控工作”开展委员专题视察。图为王振有副主席一行在十堰市竹山县察看布袋营滑坡整治现场。

2015年10月29日，省政协副主席陈天会在咸宁通山就《关于加大我省古民居村落保护与利用，发展生态文化旅游业的建议》提案进行调研。

2015年6月15日至19日，省政协副主席刘善桥率社会和法制委员会，就“民营企业投资前置审批问题”开展民主监督活动。图为在省发改委听取情况并座谈。

2015年2月11日，省政协副主席肖旭明走访慰问我省宗教界知名人士。图为慰问省伊斯兰教协会会长赛大富。

2015年4月23日，省政协副主席吕忠梅率省政协妇联界别委员到武汉市调研基层妇联组织建设情况。图为调研组在武汉市青山区冶金街道碧苑花园社区调研。

2015年12月7日，省政协副主席郭跃进在武汉督办省政协十一届三次会议重点提案《关于我省长江经济带战略的几点思考与建议》。图为提案督办会现场。

2015年3月30日至4月2日，省政协副主席田玉科率调研组赴广州、深圳开展科技创新平台建设调研。图为调研组一行实地考察广州医疗检测综合服务平台建设情况。

2015年5月26日至27日，政协湖北省第十一届委员会第九次常委会议在武汉召开，会议协商讨论“科学编制我省‘十三五’规划”。

2015年8月31日至9月1日，政协湖北省第十一届委员会第十次常委会议在武汉召开，会议协商讨论“全面推进依法治国，建设法治湖北”。

2015年3月30日，省政协在武汉召开界别协商座谈会，就“推动武汉抗战纪念馆建设”开展协商讨论。图为座谈会现场。

2015年5月29日，省政协召开界别协商座谈会，就“基层妇联组织发展环境”开展协商讨论。图为座谈会现场。

2015年6月10日，省政协在武汉召开界别协商座谈会，就“发展乡村旅游、促进农民增收致富”开展协商讨论。图为座谈会现场。

2015年7月30日，省政协在武汉召开“推进县级公立医院改革”界别协商座谈会。图为座谈会现场。

2015年8月10日，省政协在武汉召开“互联网金融发展”界别协商座谈会。图为座谈会现场。

2015年9月14日，省政协召开“城乡少数民族散杂居和流动人员服务管理”界别协商座谈会。图为座谈会现场。

2015年10月15日，省政协在武汉召开“加快国有林场改革，推进国有林场转型发展”界别协商座谈会。图为座谈会现场。

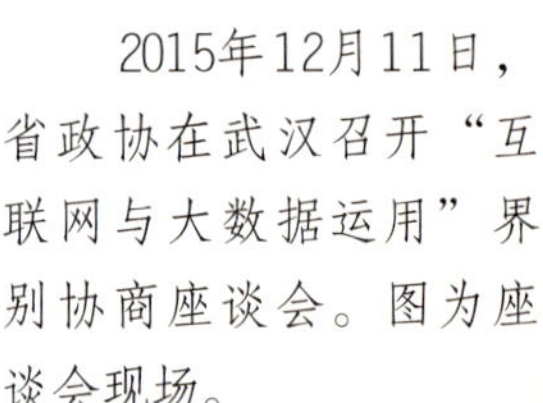

2015年12月11日，省政协在武汉召开“互联网与大数据运用”界别协商座谈会。图为座谈会现场。

2015年12月23日，省政协在武汉召开“全面深化国有企业改革”界别协商座谈会。图为座谈会现场。

2015年8月18日，中共湖北省委召开政协工作会议，省委书记李鸿忠，省委副书记、省长王国生，省政协党组书记、主席杨松，省委副书记张昌尔分别到会讲话，对做好新形势下政协工作提出要求。图为会议现场。

2015年11月3日，庆祝中国人民政治协商会议湖北省委员会成立65周年大会在武汉召开。图为大会现场。

2015年6月26日，省政协在武汉召开纪念建党94周年暨两级理论学习中心组大会。省政协党组书记、主席杨松围绕“三严三实”专题教育讲党课。图为大会现场。

2015年2月27日，省政协机关“三抓一促”活动动员大会在武汉召开。省政协常务副主席范兴元出席会议并作动员讲话。图为大会现场。

2015年4月22日至23日，全省市州政协主席座谈会在武汉召开。会议深入学习贯彻中共中央和习近平总书记关于加强社会主义协商民主建设、推进人民政协事业发展的重大战略思想和战略部署，研究讨论加强人民政协协商民主制度建设问题。

2015年10月28日，全省人民政协理论研讨会在武汉召开。会议学习贯彻中共中央关于加强人民政协工作的一系列新思想、新部署和中共湖北省委政协工作会议精神，研讨“政协协商民主与加强政协履职能力现代化建设”问题。

2015年10月20日至26日，省政协主席杨松率领省经济友好代表团访问了埃及、伊朗两国。图为杨松与伊朗东阿塞拜疆省省长交流。

2015年2月5日、6日，省政协主席杨松走访省各民主党派及省工商联，与民主党派、工商联机关干部座谈交流，共商发展之策。图为在省农工党机关座谈。

2015年12月30日，湖北省各界人士迎新年茶话会在武汉举行。图为茶话会现场。

目 录

重要文献篇

政协湖北省委员会篇

领导重要讲话、发言、报告、文章

决议、决定、工作安排

制度建设

重要会议、活动

专门委员会工作

经常性工作

组织情况

机关建设

报刊社论

大 事 记

市州、直管市、神农架林区政协篇

重要文献篇

中共湖北省委员会关于转发《省政协党组 2015 年工作要点》和《省政协 2015 年协商工作计划》的通知

（2015 年 1 月 30 日）

各市、州、县委，省军区党委，省委各部委，省级国家机关各委办厅局党组（党委），各人民团体党组：

省委常委会同意《省政协党组 2015 年工作要点》和《省政协 2015 年协商工作计划》。现印发你们，请结合实际贯彻执行。

中共湖北省委

省政协党组 2015 年工作要点

2015 年是全面贯彻党的十八大和十八届三中、四中全会精神的重要一年，是我省完成“十二五”规划、加快推进“建成支点、走在前列”进程的重要一年，也是进一步推进社会主义协商民主制度建设的重要一年，做好 2015 年省政协工作意义重大。2015 年省政协党组工作总体要求是：高举中国特色社会主义伟大旗帜，以邓小平理论、“三个代表”重要思想、科学发展观为指导，认真学习贯彻党的十八大、十八届三中四中全会、习近平总书记系列重要讲话精神以及关于党风廉政建设的重要指示精神，深入学习贯彻省委十届四次、五次全体（扩大）会议精神，在中共湖北省委领导下，坚持团结和民主两大主题，坚持围绕中心、服务大局，坚持主动谋事、认真干事、努力成事，切实提高省政协党组核心领导能力，切实推进政协履职能力现代化建设，切实发挥人民政协作为协商民主重要渠道和专门机构的作用，求真务实，开拓创新，有所作为，为推进全省经济社会科学发展、实现中国梦湖北篇作出新的贡献。

一、认真学习贯彻党的创新理论成果

1、认真学习贯彻党的十八大和十八届三中、四中全会精神。组织和推动全省各级政协组织、省政协各参加单位和全体省政协委员深入学习贯彻党的十八大和十八届三中、四中全会精神，准确把握两个《决定》的精神实质和深刻内涵，切实把各方面人士的思想、行动和智慧统一到三中、四中全会的决策部署上来，不断坚定中国特色社会主义道路自信、理论自信、制度自信。把学习贯彻三中、四中全会精神与学习贯彻习近平总书记系列重要讲话精神结合起来，深刻把握全面深化改革和全面推进依法治国的关系，努

力提高学习实效。把学习贯彻三中、四中全会精神与学习贯彻省委十届四次、五次全体（扩大）会议精神结合起来，深刻认识湖北全面深化改革和全面推进法治湖北建设的总体目标和主要任务，积极为湖北改革发展与法治建设献计出力。

2、认真学习贯彻习近平总书记在庆祝人民政协成立65周年大会上的重要讲话精神。认真组织省政协各参加单位和全体省政协委员、推动全省各级政协组织深入学习贯彻习近平总书记重要讲话精神，深刻理解人民政协65年来形成的宝贵经验和重要原则，准确把握人民政协的性质定位，切实贯彻提高政协履职能力现代化水平的具体要求；结合学习贯彻《中共中央关于加强社会主义协商民主建设的意见》精神，进一步加深对社会主义协商民主的理解，全面认识社会主义协商民主是中国社会主义民主政治的特有形式和独特优势这一重大判断，深刻把握社会主义协商民主是中国共产党的群众路线在政治领域的重要体现这一基本定性，切实落实推进协商民主广泛多层制度化发展这一战略任务。引导省各民主党派、各人民团体、各族各界人士在学习的基础上加强贯彻落实，积极参与到人民政协事业发展中来，充分发挥人民政协作为社会主义协商民主重要渠道和专门协商机构的作用，共同提高政协履职能力。

3、加强学习型政协组织建设。通过会议、培训班、专题辅导讲座、党组理论中心组等多种学习形式，组织省政协各参加单位、各界别和省政协委员原原本本学习领会中央和省委精神，深刻理解和准确把握精神实质。注重学以致用、用以促学，结合研究全面建成小康社会、全面深化改革、全面推进依法治国、全面从严治党中的重要问题，努力提高学习的针对性和有效性。加强对政协机关干部学习的组织与指导，充分发挥专委会在学习型政协组织建设中的基础性作用，帮助委员知情明政，切实提高履职能力。

二、积极围绕湖北改革发展献计出力

4、坚持“民主、求实、团结、鼓劲”的方针，开好省政协十一届三次会议。精心组织省政协各参加单位、各界别和各位委员参加会议，紧紧围绕政府工作报告，以及全省改革发展中的重要问题和涉及群众切身利益的实际问题协商议政、建言献策，紧紧围绕全省工作大局和政协工作任务审议省政协常委会工作报告、提案工作情况的报告和政治决议等，确保大会圆满成功。

5、开展好常委会协商议政工作。召开5次常委会议。1月下旬召开第一次常委会议，重点协商讨论政府工作报告（征求意见稿），审议省政协十一届三次会议的文件及其他有关事项。5月下旬召开第二次常委会议，重点协商讨论“科学编制我省‘十三五’规划”有关问题。8月下旬召开第三次常委会议，重点协商讨论“全面推进依法治国，建设法治湖北”有关问题。10月下旬召开第四次常委会议，重点协商讨论“学习贯彻省委政协工作会议精神，推进政协协商民主建设”有关问题。12月下旬召开第五次常委会议，重点协商讨论政府工作报告（征求意见稿），审议省政协十一届四次会议的文件及其他有关事项。

6、组织好常委专题协商会。7月份以“扩大湖北长江经济带对外开放”为主题，召开第一次常委专题协商会，由省政协经济委员会承办。9月份围绕立法协商主题，召开第二次常委专题协商会，由省政协社会和法制委员会承办。

7、开好月度界别协商座谈会。在上一年基础上增加 1 次界别协商，全年召开 10 次界别协商座谈会。3 月份至 12 月份，分别就“推动武汉抗战纪念馆建设”、“发展乡村旅游，促进农民增收致富”、“我省基层妇联组织建设”、“互联网金融发展”、“切实加强我省突发性地质灾害防控”、“加快国有林场改革，推进国有林场转型发展”、“我省城乡少数民族散杂居和流动人口的服务管理”、“全面深化我省国有企业改革”、“推进县级公立医院改革”、“湖北移动互联和大数据运用”依次开展界别协商。

8、召开宏观经济形势分析会。发挥政协智力优势和组织优势，组织开好我省宏观经济形势分析会，分析新常态下我省经济发展面临的机遇、形势和问题，研判我省经济发展趋向，提出推进我省经济平稳较快发展的对策建议，为完善我省宏观经济决策提供参考。

9、做好政协经常性工作。一是加强提案工作，深入调研、科学论证，多提针对性、操作性强的建议，切实提高提案质量。大力推进提案办理协商，注重提案办理落实，切实提高提案办理实效。二是做好委员视察工作，健全完善视察工作机制，发挥视察在政协履职中的作用。三是围绕“五个湖北”建设中的重要问题，深入开展专题调研，积极建言献策。进一步改进调研作风，完善调研方法，加强咨询论证，提高专题调研报告质量。加强议政建言成果转化运用和跟踪问效工作。四是做好反映社情民意信息工作，办好《社情民意专报》。五是成立民主监督组，选取有关专题，开展专项民主监督活动，切实履行民主监督职能。六是做好文史资料的征集和出版工作，办好《湖北文史》、《学习与思考》。

10、推进长期跟踪调研工作。继续围绕我省人民政协协商民主制度建设问题、生态文明建设体制与政策问题、我省重点工业领域节能减排问题、南水北调中线工程调水后对汉江中下游的影响及生态补偿机制问题、长江经济带及长江中游城市群建设问题、助推湖北集中连片特困地区经济社会发展问题、湖北社会管理创新问题、湖北城镇化建设问题、国家自主创新示范区及高新区比较研究问题、医药卫生体制改革问题、湖北民营经济发展问题等长期跟踪调研的重点课题，深入调研，提出有价值、有分量的意见和建议。

11、加强团结联谊和对外交往工作。一是根据中央、省委统一部署，做好中国人民抗日战争暨世界反法西斯战争胜利 70 周年纪念活动有关工作。二是办好迎新年茶话会、中秋戏曲晚会，组织好委员联谊、书画联谊等活动。坚持省政协领导联系走访省级各民主党派、省工商联及省政协委员制度，开展好委员活动日活动。三是发挥政协独特优势，做好民族宗教工作，促进民族团结、宗教和睦。四是密切与港澳台各界的联系，促进鄂港、鄂澳、鄂台经济、文化、科技等交流与合作，支持海外侨胞和归侨侨眷关心和参与湖北现代化建设与祖国和平统一大业。五是按照国家外交和省外事工作的总体部署和目标，进一步加强人民政协公共外交工作。六是支持省政协委员联谊会、省建藏援藏工作者协会等团体开展活动。

三、筹备与开展重要会议和活动

12、协助省委开好政协工作会议。围绕党的十八大、十八届三中全会和习近平总书记在庆祝人民政协成立65周年大会上的重要讲话精神及省委《关于加强和改进新形势下人民政协工作的决定》（鄂发 [2010] 20号）的贯彻落实情况，就推进协商民主制度建设问题深入开展调研。根据中央和省委有关文件精神，协助省委起草关于加强人民政协协商民主制度建设的规范性文件，并抓好该文件的贯彻落实，切实推进政治协商、民主监督、参政议政制度建设。推动全省各地认真总结政协协商民主建设经验与做法，相互学习借鉴，促进共同发展。

13、开展省政协成立65周年庆祝纪念活动。组织召开庆祝政协湖北省委员会成立65周年大会，精心组织省政协成立65周年发展历程展、理论研讨等纪念活动，宣传政协履职成效，展示委员履职风采。

四、进一步提高自身建设水平

14、抓好省政协党组自身建设。按照党的十八届三中、四中全会精神的要求，认真贯彻落实中央和省委的有关规定，加强党的创新理论武装，加大对党的方针政策的执行力度，充分发挥省政协党组在省政协工作中的领导核心作用。严格按照中央和省委关于加强党组织建设的要求，贯彻执行民主集中制，落实党的政治纪律、组织纪律、廉政纪律，进一步加强作风建设，增强党性锻炼，以优良的党风政风增强凝聚力和感召力。按照主动谋事、认真干事、努力成事的理念，进一步推进省政协党组组织建设、能力建设和制度建设，努力把省政协党组建设成为学习型、服务性、创新型党组织，建设成为政治坚定、能力过硬、作风扎实、具有高度凝聚力和影响力的坚强领导集体。

15、提高省政协自身建设水平。注重发挥民主党派和无党派人士作用，为民主党派和无党派人士在人民政协发挥作用创造条件。进一步做好界别工作，深入开展界别调研、考察和协商，建立界别工作考核机制，增强界别工作成效。突出委员主体作用，健全委员履职激励制度，加强委员履职服务和管理。进一步推进专委会建设，发挥好专委会的特色优势，召开省政协界别和专委会工作座谈会，增强履职和服务能力。全面加强省政协机关思想建设、组织建设、作风建设、制度建设和反腐倡廉建设，努力提高政协机关服务保障能力和水平。密切政协组织间的交流与协作。进一步争取全国政协对湖北政协工作的重视、关注、指导、支持，就湖北与有关省区市间经济社会发展共性问题联合调研、共同协商、提出建议，承办大别山区鄂豫皖三省政协主席联席会议第四次会议，开好市州政协主席座谈会，加强对市州县政协的工作联系和指导。加强政协理论研究和宣传工作。组织开展对政协协商民主等重大理论和实践问题的研究。发挥省人民政协理论研究会的作用，召开湖北省“加强人民政协履职能力现代化建设”理论研讨会。实行省人民政协理论研究课题招标制，推动建立省人民政协理论研究基地。进一步密切省政协办公厅与省主要新闻媒体的协作，加强对政协委员和基层政协工作的宣传力度，办好《世纪行》杂志、省政协网站、湖北手机报政协版。

省政协2015年协商工作计划

为深入贯彻落实中共十八大和十八届三中、四中全会精神以及习近平总书记在庆祝人民政协成立65周年大会上的重要讲话精神，进一步规范协商活动，提高协商成效，中共政协湖北省委员会党组在广泛征求意见、深入研究、反复沟通的基础上，提出政协湖北省委员会2015年协商工作计划。

一、重点协商议题

（一）议政性常委会议协商议题

1、科学编制我省“十三五”规划（省政协十一届九次常委会议协商讨论，省政协办公厅、研究室组织实施，5月下旬召开）

2、全面推进依法治国，建设法治湖北（省政协十一届十次常委会议协商讨论，省政协办公厅、研究室组织实施，8月下旬召开）

3、学习贯彻省委政协工作会议精神，推进政协协商民主建设（省政协十一届十一次常委会议协商讨论，省政协办公厅、研究室组织实施，10月下旬召开）

（二）常委专题协商会协商议题

4、扩大湖北长江经济带对外开放（第一次常委专题协商会协商讨论，省政协经济委员会组织实施，7月召开）

5、我省地方性法规（草案）（一项，题目待定）（第二次常委专题协商会协商讨论，省政协社会和法制委员会组织实施，9月召开）

（三）月度界别协商座谈会协商议题

6、推动武汉抗战纪念馆建设（参加界别：民革、九三学社、文艺、社科、新闻出版；组织实施：省政协文史和学习委员会；3月召开）

7、发展乡村旅游，促进农民增收致富（参加界别：台盟、台联、对外友好、特邀Ⅲ；组织实施：省政协港澳台侨和外事委员会；4月召开）

8、我省基层妇联组织建设（参加界别：妇联；组织实施：省政协社会和法制委员会；5月召开）

9、互联网金融发展（参加界别：民建、工商联；组织实施：省政协办公厅〈联络处〉；6月召开）

10、切实加强我省突发性地质灾害防控（参加界别：民盟、科技Ⅰ；组织实施：省政协人口资源环境委员会；7月召开）

11、加快国有林场改革，推进国有林场转型发展（参加界别：无党派人士、农业、特邀Ⅰ；组织实施：省政协提案委员会；8月召开）

12、我省城乡少数民族散杂居和流动人口的服务管理（参加界别：少数民族、宗教；组织实施：省政协民族和宗教委员会；9月召开）

13、全面深化我省国有企业改革（参加界别：民进、经济；组织实施：省政协经济委员会；10月召开）

14、推进县级公立医院改革（参加界别：农工党、致公党、医卫；组织实施：省政协教科文卫体委员会，11 月召开）

15、湖北移动互联和大数据运用（参加界别：科协、科技Ⅱ、教育；组织实施：省政协委员工作委员会；12 月召开）

二、邀请省委、省人大、省政府领导同志和有关部门负责人出席重点协商活动的安排

（一）根据协商议题需要，邀请省委、省人大、省政府有关领导同志和有关部门负责人出席议政性常委会议和常委专题协商会，听取意见建议，参加协商讨论。

（二）根据协商议题需要，邀请省委、省政府有关领导同志和有关部门负责人出席月度界别协商座谈会，听取意见建议，参加协商讨论。

三、落实协商工作计划的主要措施

（一）认真部署安排。省政协及时召开相关会议，全面部署协商工作计划贯彻落实工作，包括研究确定具体牵头部门、各个协商活动的具体协商工作方案，明确协商形式、时间、参与部门、出席人员以及成果报送方式等。

（二）深入调查研究。统筹协调省各民主党派、省工商联、省政协各专门委员会、省政协常委和委员以及市州县政协等多方面力量，就相关专题深入开展调查研究，为开展协商活动打好基础。重大专题由省政协主席会议成员带队进行调研。

（三）精心组织实施。加强协商活动组织协调，相关部门结合调研情况准备好协商材料，做好邀请省委、省人大、省政府有关领导同志和有关部门的负责人、政协委员、专家学者参会工作，着力提高会议的发言质量，注重参会人员的协商互动。

（四）报送协商成果。综合运用会议情况报告、调研报告、重点提案、社情民意信息等形式，及时向省委、省政府及有关方面报送各种协商会议的重要意见建议。

中共湖北省委关于进一步加强人民政协工作的决定

（2015 年 8 月 15 日）

为全面贯彻落实党的十八大和十八届三中、四中全会精神，深入贯彻落实《中共中央关于加强社会主义协商民主建设的意见》（中发〔2015〕3 号）、《中共中央办公厅印发〈关于加强人民政协协商民主建设的实施意见〉的通知》（中办发〔2015〕36 号）精神，现就进一步加强我省人民政协工作，作出如下决定。

一、正确把握人民政协的性质定位和政协工作的任务原则

中国人民政治协商会议是中国人民爱国统一战线的组织，是中国共产党领导的多党合作和政治协商的重要机构，是我国政治生活中发扬社会主义民主的重要形式。人民政协植根于中国历史文化，产生于近代以后中国人民革命的伟大斗争，发展于中国特色社会主义光辉实践，具有鲜明中国特色，是实现国家富强、民族振兴、人民幸福的重要力量。

人民政协以宪法、政协章程和相关政策为依据，以中国共产党领导的多党合作和政治协商制度为保障，以政治协商、民主监督、参政议政为主要职能，集协商、监督、参与、合作于一体，是社会主义协商民主重要渠道和专门协商机构。发挥人民政协协商民主重要作用，有利于广纳群言、广谋良策、广聚共识，有利于促进党和政府决策科学化民主化，有利于更好实现人民当家作主，有利于化解矛盾、促进社会和谐稳定，有利于推进国家治理体系和治理能力现代化。

全省人民政协工作在现阶段的任务是：高举爱国主义、社会主义旗帜，坚持团结和民主两大主题，在热爱中华人民共和国、拥护中国共产党的领导、拥护社会主义事业、共同致力于实现中华民族伟大复兴的政治基础上，最大限度调动一切积极因素，团结一切可以团结的人，为推进“四个全面”战略布局落实、谱写中华民族伟大复兴中国梦的湖北篇不懈奋斗。

全省人民政协工作必须坚持的原则是：坚持中国共产党的领导，坚持人民政协的性质定位，坚持大团结大联合，坚持发扬社会主义民主。

二、加强人民政协协商民主建设

加强人民政协协商民主建设，要始终坚持党的领导，坚定不移走中国特色社会主义政治发展道路；要围绕中心、服务大局，促进“建成支点、走在前列”进程；要把政治协商纳入决策程序，协商于决策之前和决策实施之中；要扩大公民有序政治参与，丰富民主形式，增加协商密度，推进实现广泛有效的人民民主；要求同存异、理性包容，营造既畅所欲言、各抒己见，又理性有度、合法依章的良好协商氛围。

（一）政协协商内容

党委、政府重大决策和重要文件。党的代表大会、党委全体会议重要文件，政府工作报告和计划报告、预算报告、国民经济和社会发展中长期规划，人民法院工作报告、人民检察院工作报告，全面深化改革重大决策和重要文件等。

经济建设中的重要问题。保持经济增长、转变经济发展方式、调整优化产业结构、创新驱动发展、开放型经济发展等方面的重大决策和重要问题，城乡建设总体规划、重大产业规划、重大项目建设、重大财政支出等。

政治建设中的重要问题。各党派参加政协工作的共同性事务、政协内部的重要事务以及有关爱国统一战线的其他重要问题；地方性法规和政府规章，法治政府建设、公正司法中的重要问题；行政体制改革，行政区划设置和调整；同级人大常委会、政府领导班子成员和人民法院、人民检察院主要领导同志换届人选，政协领导班子成员、政协委员建议人选等。

文化建设中的重要问题。建设社会主义核心价值体系、提高公民道德素质、丰富人民精神文化生活、文化事业和文化产业发展、重大公共文化工程和文化项目建设、完善公共文化服务体系等方面的重大决策和重要问题。

社会建设中的重要问题。教育、就业创业、居民收入、社会保障、食品安全、医疗卫生、扶贫攻坚等涉及群众切身利益的实际问题和社会治理中的重要问题，应对重大突发事件和公共危机应急处置预案等涉及公共安全的重要问题。

生态文明建设中的重要问题。优化国土空间开发格局、全面促进资源节约、自然生态系统和环境保护等方面的重大决策，循环经济发展、重要河流湖泊保护与治理、大气污染防治、农村面源污染治理等重要问题。

党的建设中的重要问题。全面从严治党中的重要问题；中央八项规定精神和省委六条意见贯彻执行的情况；党政机关及其工作人员遵纪守法、工作作风、为政清廉等方面的情况。

（二）政协协商形式

政协全体会议、议政性常委会议、主席会议等例会协商。改进全体会议和议政性常委会议大会发言工作，完善大会发言遴选机制，提高发言质量。改进议政性常委会议分组办法，实行按界别分组和按专题分组相结合。安排跨界别联组讨论，界别联组和小组会议应安排时间讨论界别提案、推荐界别大会发言。拓展主席会议协商讨论内容，加强对经济社会发展重大问题的协商讨论。

专题协商、对口协商、界别协商。发挥常委专题协商会在专题协商中的作用，邀请专家学者和相关委员参加协商活动。加强政协各专门委员会与对口联系党政部门的协商，加强走访交流，开展联合调研，建立信息共享机制。完善界别协商座谈会制度，发挥界别在视察、调研、提案、大会发言、反映社情民意信息等工作中的作用。更为灵活、更为经常地开展专题协商、对口协商、界别协商。

提案办理协商。建立交办、办理、督办提案协商机制。在提案交办环节，建立共同交办机制，召开提案交办会，做好落实责任的协商。在提案办理环节，建立健全联系沟通、办理询问、研讨交流机制，把沟通协商作为提案办理的必经环节。在提案督办环节，建立健全跟踪督查和成果反馈机制，做好成果转化的协商。健全党委、政府领导同志领办提案和政协领导同志督办提案制度。把提案办理纳入政府年度督查计划，逐步将提案办理工作纳入绩效考核体系。

书面协商。党委、政府及有关部门出台关系经济社会发展的重要文件，事前视情以书面形式征求政协意见，政协应以书面意见建议形式予以回复；政协以协商会议综合报告、专题报告和建议案、提案、视察报告、调研报告、民主评议报告、社情民意信息等书面形式向党委、政府及有关部门报送意见建议。

探索创新协商形式。开展网络议政和远程协商，在各级政协组织之间、政协委员之间、政协委员与各界群众之间开展协商讨论。加强政协协商与政党协商、人大协商、政府协商、人民团体协商、基层协商、社会组织协商的衔接配合。

（三）政协协商程序

协商计划的制定。规范协商议题提出机制，落实由党委、人大、政府、民主党派、人民团体提出议题的规定。建立党委同政府、政协重点协商议题会商机制，议题可由党委和政府提出，也可由政协与党委、政府沟通协商提出。建立政协内部选题机制，积极探索由政协界别、委员联名、委员小组提出议题机制。党委会同政府、政协制定年度协商计划，党委常委会议专题讨论并列入党委年度工作要点。

协商活动的准备。加强协商准备统筹，政协协调相关单位制定协商工作方案和调研工作方案。参加协商活动的党派团体、政协专门委员会和政协委员要坚持问题导向，围绕协商议题深入调查研究，开展咨询论证，准备建言材料。有关地方和部门要支持配合政协做好调研工作，提供相关数据资料，其负责同志应邀参加政协的调研活动，并做好参与协商的准备工作。

协商活动的开展。党政领导同志和有关部门负责同志就与议题相关的情况作通报或说明，听取政协委员的意见建议。参与协商的政协界别、政协委员要敢于和善于进诤言、献良策，实事求是地提出意见建议。视情况邀请非公有制经济组织、社会组织代表人士以及群众代表参加协商活动，支持他们发表意见建议。加强协商互动，开展深度交流，党政领导同志和部门负责同志要回应各方关切。

协商成果的报送。协商活动结束后，政协应及时将协商成果综合整理成书面意见建议，根据协商内容所涉及的范围分别报送党委、政府及有关地方和部门。协商成果要如实反映委员意见建议，既充分反映相同的意见建议，又反映不同的意见建议。

协商意见的办理。政协全体会议、常委会议的重要协商成果和政协建议案，列为党委常委会议或政府常务会议议题研究；其他重要协商活动的成果，党委和政府领导同志应阅批。各办理单位要认真办理落实协商意见建议，并及时以书面形式向党委、政府、政协报告或反馈办理情况，对无正当理由拒不办理的，党委、政府要进行追责。党委会同政府、政协制定协商成果采纳、落实和反馈办法。

三、加强人民政协民主监督、参政议政、合作共事工作

充分发挥人民政协集协商、监督、参与、合作于一体的功能作用，切实加强政协民主监督、参政议政、合作共事工作，充分发挥监督、参与、合作在政协协商民主中的作用。

（一）加强民主监督工作

明确民主监督内容。主要是，国家宪法、法律和我省地方性法规及政府规章的实施情况，党委、政府重大方针政策的贯彻执行情况，人民群众普遍关心的重大民生和社会问题，国家机关及其工作人员履行职责、工作作风、遵纪守法、为政清廉等情况，有关单位办理落实政协的建议案、提案和重要建议、意见的情况。

丰富民主监督形式。重视发挥协商会议、视察、提案、建议案、专题调研、大会发言、反映社情民意信息、委员举报等在民主监督中的作用。政协各种协商活动特别是议政性常委会议、专题协商会、协商座谈会等，要增加民主监督内容。组织开展监督性视察和专题调研。探索民主评议、专项民主监督、委派民主监督等民主监督新形式新途径，开展专题性、经常性、集中性的民主监督。

深化民主监督工作。政协民主监督选题可由党委提出要求或政府提出建议，或由政协向党委、政府提出建议。专项民主监督可成立民主监督组，应邀参加受监督单位有关会议和活动，围绕受监督单位职能职责开展日常监督，就受监督单位推进改革发展中的重要问题和社会关注的热点难点问题开展专项监督。民主监督意见建议以专项民主监督报告、民主监督建议书、民主评议报告等向受监督单位反馈，受监督单位应认真研究、积极采纳、办理落实。

加强民主监督工作协调配合。各有关单位要尊重和保障委员开展民主监督的权利，虚心听取委员的意见、批评、建议，不打棍子、不扣帽子、不抓辫子，绝不允许打击报复。政协民主监督要坚持政治监督的性质，不影响受监督单位依法行政和公正司法，不干预个案处理和具体行政事务。党委和政府的监督机构以及新闻媒体要加强与政协民主监督工作的协调和配合。

（二）加强参政议政工作

加强视察工作。党委、政府要支持人民政协对重大政策措施、重要决策部署的贯彻执行情况，重要事项、重大项目、重点工作等开展视察。视察的主要形式是，常委视察团、委员视察团、委员异地视察、委员持证视察等。常委视察团可采取全团集中视察和成立分团分散视察相结合的办法。

加强调查研究工作。党委、政府要支持人民政协选择经济社会发展中具有综合性、全局性、前瞻性的课题，开展调查研究。采取系统联动调研、长期跟踪调研、咨询论证调研以及集中调研、分散调研、蹲点调研等形式，提高调研质量。加强智库建设，发挥专家学者在政协调研中的作用。

加强反映社情民意信息工作。党委、政府要支持政协了解和反映社会不同阶层、不同群体的愿望和要求。加强群众工作，邀请群众代表列席政协的协商议政活动，开展专题性联系群众实践活动，畅通和拓宽群众利益诉求表达渠道。支持政协完善信息工作网络，建立健全社情民意表达和汇集分析机制。

党委、政府可委托政协开展重大课题调研，邀请政协委员参与重大项目研究论证。党委、政府可委托政协领导同志联系、负责重点工作和重大项目的实施。

（三）加强合作共事工作

促进多党合作共事。搞好中国共产党同各民主党派和无党派人士在人民政协的合作共事，支持各民主党派和无党派人士参与重大方针政策讨论协商及履行职责各项活动。加强党委主要领导同志在全体会议期间与各民主党派和无党派人士的政治协商工作。加强与民主党派、工商联的经常性联系，政协主要领导同志每年要安排专门时间走访各民主党派、工商联。落实中央关于发挥民主党派、工商联在政协中作用的政策。

促进参加政协的各族各界人士合作共事。发挥政协全体会议、常委会议以及视察、调研等平台作用，促进参加政协的各族各界人士在协商议政中合作共事。健全完善政协工作与统战工作协商机制，强化政协开展统战工作的职责要求，加强委员中党外知识分子、少数民族与宗教界代表人士、非公有制经济人士和港澳人士等的工作。支持政协开展港澳台侨、海外联谊和对外交往工作。举办年度各界人士迎新年茶话会、中秋戏曲晚会等团结联谊活动。建立政协主席、副主席联系界别委员制度。

政协组织中的共产党员要做合作共事的模范。政协委员中的共产党员和政协机关中的共产党员要广交、深交党外朋友。要坚持体谅包容、求同存异，对于各种意见和建议，只要是基于拥护共同思想政治基础，都应该允许反映和表达，都应该得到尊重和包容。要坚持商以求同、协以成事，正确把握一致性和多样性的关系，切实加强协商互动和讨论沟通，促进不同思想观点交流交融，凝聚思想上的最大共识，形成推进湖北改革发展的强大正能量。

四、健全政协履职与党政工作的衔接机制

健全政协协商与党政决策的衔接机制。将政治协商作为重要程序纳入党委议事规则和政府工作规则，加强党委、政府工作运行机制与政协协商机制的有效对接。列入年度协商计划的事项，未经协商的不决策，不能以情况通报代替协商，不能以个别征求意见代替应当以组织形式进行的协商，不能以决策后的通报代替决策前的协商。按规定应提交政协协商的决策事项，党委、政府决策时，应附上政协协商的意见建议作为重要参考。

健全党政领导参加协商议政活动机制。党委、政府要增强协商意识，充分发挥在政治协商中的主体作用。党委、人大常委会、政府和人民法院、人民检察院领导同志出席政协全体会议开幕会和闭幕会，参加界别联组和委员小组讨论，党委和政府主要领导同志听取大会发言，有关部门负责同志参加界别联组和委员小组讨论。党委、政府领导同志和有关部门负责同志视议题参加政协其他重要协商会议和民主监督、参政议政活动。

健全政协委员履行职责保障机制。党委、政府每半年向政协常委会议通报一次经济社会发展情况，纪委、人民法院、人民检察院每年向政协通报一次工作情况，党政部门每半年向对口政协专门委员会通报一次工作情况。党的代表大会、党委全体会议、常委会议和政府全体会议、常务会议及其他重要会议，视情况安排政协领导同志或委员列席。委员履职需要了解情况、查阅资料时，党政机关和司法机关要按照有关规定予以支持。保障委员在协商活动中充分发表意见建议的权利。委员所在单位要保障其各项待遇不因参加政协工作而受到影响。

健全落实政协重要意见建议的督办机制。对政协重要意见建议或党政主要领导同志有重要批示的意见建议，党委、政府督查部门要列入年度督查计划进行督查。对于涉及公共利益、公众权益、社会关切及需要社会广泛知晓的协商建议的办理复文，应当通过适当方式进行公开。列入年度协商计划的协商活动所形成的重要意见建议的办理落实情况，党委、政府要在政协常委会议上集中通报。对政协专项民主监督报告、民主监督建议书、民主评议报告提出的意见的办理落实情况，党委、政府要以适当形式向政协通报。

五、加强人民政协自身建设

发挥政协界别作用。在条件成熟时对政协界别进行适当调整，扩大团结面，增强包容性。通过界别渠道密切联系群众，反映群众意愿和利益诉求，协调关系、化解矛盾、理顺情绪。探索发挥政协界别作用的思路和办法，依托政协专门委员会开展界别性的协商、提案、视察、调研、考察、信息、座谈、联谊等活动。

发挥政协委员主体作用。委员要勇于担当责任、着力提高能力素质、保持良好形象、增强委员意识，守住道德底线、不碰法律红线、自觉廉洁自律。建立覆盖全体委员的联系网络，建立健全与委员联络的具体机构，做好委员日常联络服务工作。规范委员履职服务管理，建立委员履职统计制度、会议请假制度、委员每届任期内就履职情况向本级政协报告制度。

发挥政协专门委员会基础作用。加强学习培训，提高专门委员会组成人员政治和业务素质。探索专门委员会工作新思路新方法，提高专门委员会调查研究水平和参政议政

质量。发挥专门委员会在联系政协界别、政协委员和组织开展经常性履职活动中的重要作用。专门委员会主任可以由原任党政部门领导职务的同志担任，也可以从符合条件的政协机关领导干部中产生，专职副主任原则上从政协机关产生。各专门委员会主任、副主任中的党外代表人士应当占有适当比例。

发挥基层政协组织作用。加强各级政协组织间的协作与配合，共同就区域发展重要问题和政协工作共性问题开展联合调研、协商讨论、献计出力。省政协要加强对基层政协工作的指导，总结推广基层政协的成功经验和做法。加强县（市、区）政协委员工作机构和乡镇（街道）政协委员联络工作机构建设。积极探索建立政协协商与基层协商衔接配合机制，发挥乡镇（街道）政协委员联络工作机构在基层协商民主中的积极作用。

加强政协履职能力建设。人民政协是国家治理体系的重要组成部分，要适应全面深化改革的要求，以改革思维、创新理念、务实举措大力推进履职能力建设，提高政治把握能力、调查研究能力、群众工作能力、合作共事能力，努力在推进国家治理体系和治理能力现代化中发挥更大作用。

六、加强和完善党对人民政协的领导

高度重视人民政协工作。党委要按照总揽全局、协调各方的原则，支持人民政协依照宪法法律和政协章程独立负责、协调一致地开展工作。要把人民政协工作纳入总体工作部署和重要议事日程，及时研究并统筹解决工作中的重大问题。按照党委统一领导、各方分工负责的原则，统筹制定加强党委和政府工作与政协协商有效衔接的相关制度。支持政协制定并实施政治协商、民主监督、参政议政专项制度。建立健全党委常委会议听取政协党组工作汇报、讨论政协常务委员会工作报告和年度协商计划等制度。加强对人民政协协商民主制度建设落实情况的监督检查。改进委员产生机制，真正把代表性强、议政水平高、群众认可、德才兼备的优秀人士吸收到委员队伍中来。加强政协机关领导班子和干部队伍建设，加强干部选拔、交流和任用，加大干部培训学习、挂职锻炼的力度。

发挥政协党组领导核心作用。政协党组肩负着实现党对人民政协领导的重大政治责任，要发挥领导核心作用，坚定不移贯彻执行党关于人民政协工作的方针政策，把党的有关重大决策和工作部署贯彻到政协全部工作中去。按照民主集中制原则，确保协商依法开展、有序进行。健全政协重大工作向党委报告制度。认真落实党风廉政建设主体责任，强化正风肃纪、反腐倡廉。党委有关部门在研究政协界别设置，政协委员、常务委员及专门委员会主任、副主任名额和人选，委员调整等有关问题时，要认真听取政协党组的意见。政协党组对政协委员履职情况的考评意见和有关建议，应作为政协换届时委员是否留任的重要依据。

大力推进人民政协理论建设和宣传工作。把人民政协理论列入党委（党组）中心组学习内容和各级党校、行政学院、干部学院、社会主义学院的教学计划。加强人民政协理论研究，把人民政协理论研究纳入马克思主义理论研究和建设工程，纳入哲学社会科学总体发展规划，发挥各级人民政协理论研究会作用。把对人民政协的宣传列入各级党委宣传部门的工作计划，主要新闻媒体要以专题专栏等形式加大对人民政协的宣传报道力度，注重发挥新媒体在对人民政协宣传中的重要作用，形成有利于推进人民政协工作的良好环境。

政　协
湖北省委员会篇

领导重要讲话、发言、报告、文章

在中国人民政治协商会议湖北省第十一届委员会常务委员会第八次会议上的讲话

（2015 年 1 月 23 日）

杨 松

各位常委、同志们：

在大家的共同努力下，省政协十一届八次常委会议完成了各项议程，就要闭幕了。本次常委会议是省政协的一次重要例会，主要任务是协商讨论政府工作报告（征求意见稿）和筹备省政协十一届三次会议。省委、省政府高度重视本次常委会议，许克振副省长代表省政府到会作关于 2014 年全省经济工作情况的通报并讲话，省政府副秘书长王顺华同志到会作关于政府工作报告（征求意见稿）起草情况的说明和关于省政协十一届二次会议以来提案办理工作情况的通报。

会议审议通过了关于召开省政协十一届三次会议的决定、省政协常委会工作报告、提案工作情况的报告以及全会的其他文件，协商讨论了政府工作报告（征求意见稿），通过了有关人事事项，听取了省政协各专门委员会工作报告。会议原则通过《政协湖北省委员会关于加强委员履职能力建设的意见（试行）》，省政协办公厅要充分吸纳常委们的意见建议，认真修改后，在省政协十一届三次会议上进一步征求省政协委员意见。关于这个《意见（试行）》，上午的省政协主席会议在讨论时认为，因为涉及到委员的履职工作，所以还需要征求一下全体委员的意见，正好利用这次全会进行，但不作为全会的议题。常委们对政府工作报告（征求意见稿）提出的意见建议，省政协办公厅要尽快归纳整理，及时送省政府办公厅参考；对省政协常委会工作报告、提案工作情况的报告所提出的重要修改意见，省政协办公厅及有关工作机构要认真采纳吸收。

会议开得很好，达到了预期目的。刚才，各专委会对去年的工作作了报告，我感到各专委会去年的工作都很扎实，成效也很显著，特别是许多议政建言成果得到省委、省政府领导的批示和认可，更进一步激发了大家谋事干事成事的积极性。下面，我着重就开好省政协十一届三次会议，讲三点意见。

一、充分认识省政协十一届三次会议的重要意义

一年一度的全体会议是省政协围绕团结和民主两大主题，履行政治协商、民主监督、参政议政职能的最高形式，承载着全省社会各界人士的殷切期待，在我省政治生活中具

有举足轻重的地位。省政协十一届三次会议是在深入贯彻落实中共十八大和十八届三中、四中全会以及中共湖北省委十届四次、五次全体（扩大）会议精神的新形势下召开的，具有特殊的重要意义。

开好省政协十一届三次会议，有利于我省全面深化改革和全面推进法治湖北建设。全面深化改革、全面推进依法治国，是全面建成小康社会的车之两轮、鸟之双翼。中共十八届三中、四中全会分别作出了全面深化改革和全面推进依法治国的战略决策，中共湖北省委相继召开十届四次、五次全体（扩大）会议对我省全面深化改革和全面推进法治湖北建设作出了具体部署。今年是全面深化改革的关键之年，是全面推进依法治国的开局之年。一年之计在于春，一年工作看两会。政协全体会议是政治协商、建言献策的重要平台，也是统一思想、凝聚力量的重要平台，对于深入贯彻落实中共中央和省委决策部署具有强大的政治动员效应。要把学习贯彻中共中央和省委重要会议精神贯穿于省政协十一届三次会议全过程和各环节，把参加人民政协的各党派团体和各族各界人士的思想和认识统一到中共中央和省委的决策部署上来，真正把省政协十一届三次会议开成我省全面深化改革和全面推进法治湖北建设的“鼓劲会”。

开好省政协十一届三次会议，有利于促进我省经济在新常态下实现平稳较快发展。中央经济工作会议全面部署了今年经济工作，对经济发展新常态做出了系统性阐述，提出要认识新常态、适应新常态、引领新常态。全省经济工作会议强调要深刻认识经济发展新常态的必然性、决定性和过程性，做到观念上适应、认识上到位、方法上对路、工作上得力，促进我省经济在新常态下实现平稳较快发展。今年是全面完成“十二五”规划的收官之年，是在新常态下推动经济发展的重要一年。要按照中共中央对我国宏观经济形势的分析判断和今年经济工作的决策部署、按照中共湖北省委关于我省经济工作“竞进提质、升级增效”的总要求，紧紧围绕政府工作报告、计划报告、预算报告，重点就深入实施“一元多层次”战略体系，进一步加大改革开放力度，保持我省经济平稳较快增长，依靠创新驱动加快推进产业结构优化升级，加快转变农业发展方式，加强民生改善和生态文明建设等问题，深入协商讨论，积极建言献策，真正把省政协十一届三次会议开成我省经济在新常态下实现平稳较快发展的“促进会”。

开好省政协十一届三次会议，有利于加强全省人民政协的协商民主制度建设。中共十八大以来，以习近平为总书记的中共中央对发展社会主义协商民主和人民政协事业连续作出了一系列重大战略部署，前不久，中共中央颁发了《关于加强社会主义协商民主建设的意见》，对推进社会主义协商民主建设作了系统的顶层设计。1 月 9 日，省委常委会听取了省政协党组工作汇报，对我省人民政协协商民主制度建设作出了一系列重要部署，包括省委常委会批准实施《省政协 2015 年协商工作计划》、今年出台《关于加强人民政协协商民主制度建设的意见》，召开以加强人民政协协商民主制度建设为主要内容的省委政协工作会议等。可以说，今年是我省加强人民政协协商民主制度建设的关键之年。要围绕学习贯彻习近平总书记在庆祝人民政协成立 65 周年大会上的重要讲话及李鸿忠书记在省政协十一届三次会议开幕会上的致辞、省政协常委会工作报告等，加强对人民政协协商民主制度化、规范化、程序化建设以及发挥人民政协作为社会主义协商民主重要渠道作用、作为国家治理体系重要组成部分作用等问题，深入协商讨论，积极建言献策，真正把省政协十一届三次会议开成推进我省人民政协协商民主制度建设的“部署会”。

二、为开好省政协十一届三次会议而努力

省政协十一届三次会议筹备工作自去年12月份正式启动，到这次常委会议召开基本上完成，从明天开始就进入全会时间了。根据政协章程关于地方政协常务委员会“召集并主持地方委员会全体会议”之规定，省政协十一届三次会议由省政协常委会召集并主持。把全会开好，关键是常委会及其组成人员要发挥好作用。希望各位省政协常委会组成人员明确自己的使命和责任，带头履行职责，为省政协十一届三次会议的成功召开作出努力和贡献。

明确指导思想、把握主要任务。经省委批准，省政协十一届三次会议的指导思想是：高举中国特色社会主义伟大旗帜，以邓小平理论、“三个代表”重要思想、科学发展观为指导，深入学习贯彻习近平总书记系列重要讲话精神，认真贯彻落实中共十八大和十八届三中四中全会及省委十届四次、五次全体（扩大）会议精神，坚持团结和民主两大主题，着眼新常态下湖北经济社会发展，着眼湖北全面深化改革和全面推进法治湖北建设，着眼推进人民政协协商民主制度建设，动员和团结参加人民政协的各民主党派和无党派人士、各人民团体和各族各界人士，认真开展协商讨论，切实提高协商成效，把会议开成一个民主、求实、团结、鼓劲的大会，为加快“建成支点、走在前列”进程和“五个湖北”建设而努力。根据政协章程和本次常委会议通过的全会议程，省政协十一届三次会议的任务，概括起来主要有两个大的方面：一是围绕政府工作报告、计划报告、预算报告、省高级人民法院工作报告和省人民检察院工作报告等，协商讨论湖北全面深化改革、经济社会发展和法治湖北建设问题；二是围绕省政协常委会工作报告、提案工作情况的报告、全会的政治决议等，协商讨论省政协工作创新发展中的重要问题。希望大家牢牢把握大会的指导思想，为完成大会各项任务而努力。

做好协商工作、提高协商成效。检验政协全会是否成功的重要标准是，协商讨论是否充分，协商成效是否显著。为此，一要用好会议期间的各种协商形式，主要是会议发言、提案、信息等。大会发言、联组发言、小组发言都要重视，特别是大会发言、联组发言，省委、省政府主要领导同志要参加协商讨论、听取意见，是人民政协协商民主的重要体现，影响很大，一定要在提高质量上下功夫，真正对参加会议的领导同志和部门负责人有所启发。我们特别提倡在联组发言的时候，大家围绕主题脱稿讲，同时控制好时间，这样氛围就活跃一些，讨论也更深入一些。提案是委员履行职责的重要形式，一方面要尊重委员民主权利，鼓励委员积极撰写和提出提案；另一方面又要加强引导，着力在提高提案质量上下功夫，提案委员会要做好把关工作。最近，中共中央出台的《关于加强社会主义协商民主建设的意见》明确提出，要增加集体提案比重，提高提案质量。因此，我们要提倡集体提案，这样有利于提案整体水平的提高。反映社情民意信息是人民政协的一种比较直接和有效的履职方式，反映的社情民意信息要真实、有价值，要体现政协特色，重点反映关系群众切身利益的突出问题以及带有苗头性倾向性的问题。二要充分发扬民主，创造良好协商氛围，鼓励委员深入协商讨论，讲真话、进诤言，出实招、谋良策。做到思考理性而不片面，全面客观认识和看待问题，站在全局角度提出意见和建议，言之有理、言之有据、言之有信；做到讨论热烈而不对立，既要知无不言、言无不尽，开展思想交锋，又要注重寻求和扩大共识；做到交流真诚而不敷衍，敞开心扉，消除顾虑，真心相待，赤诚相见，坦率务实地交换意见，认真负责地提出建议；做到批评尖锐而不极端，既要敢于讲真话，敢于讲逆耳之言，又不要说过头话；做到求同存异而不偏执，既要有实事求是、追求真理的精神，又要有服从全局、修正错误的勇气。

遵守会议纪律、切实改进会风。严肃的纪律和良好的会风是会议质量的重要保障。要严格执行会议各项纪律，包括政治纪律、组织纪律、保密纪律等。根据以往的经验，这里重点强调一下组织纪律问题，全体政协委员和列席会议人员都要严格按照会议规定，集中精力参加会议，包括各次大会、联组讨论和小组讨论会，常委会组成人员还要参加会议期间召开的两次常委会议，不得组织和参加与会议无关的活动，不得无故缺席、迟到早退。省政协十一届三次会议期间，省政协将继续实行参会情况通报制度，这一点从会议一开始就要向委员和列席人员讲清楚。特别是列席人员，要珍惜列席会议的机会，认真参加好各次会议。要将节俭办会和务实办文风气贯穿于会议的各环节，提倡说短话、发短文、勤俭办事，切实做到大型而不奢华、周到而不浪费、大气而不失内涵，努力营造简朴庄重、风清气正的会议氛围。

三、扎实做好大会各项服务保障工作

大会秘书处负责会议的筹备工作和组织工作。到目前为止，会议筹备工作可以说基本告一段落，接下来要把工作重点转移到会议的组织协调和服务保障上来。希望大会秘书处和全体工作人员在常委会议和主席会议领导下，切实增强政治意识、使命意识、责任意识，再接再厉、再拧螺丝、再紧发条，按照会议议程和日程，把会议各项工作、各项活动一项一项抓落实，保证会议按照既定的议程和日程圆满完成各项任务。

以保证会议有序流畅为中心，做好组织协调工作。出席省政协全会的委员、列席会议的人员、保障会议的工作人员总数比较大，到会听取意见建议的省直有关部门比较多，采访会议的省内外新闻媒体也不少，一定要科学统筹、有条不紊，保证会议的有序，同时，本次全会的议程较多、环节较多、程序性强，需要一环扣着一环，一链接着一链，保证会议的流畅。一要组织好省领导出席会议、参加讨论、共商大计的活动。会议期间，省领导将要出席开闭幕会，省委、省政府领导还要听取大会发言、参加委员联组讨论，同时，省领导还要出席省人大的会议。因此，要加强与省委办公厅、省人大常委会办公厅、省政府办公厅的联系，做好省领导出席会议各个环节的协调落实工作。二要组织好委员参加会议和讨论。委员是政协履行职能的主体，委员积极参会、认真讨论、主动履职是政协大会成功的关键。要加强与委员单位、委员个人的联系，确保委员积极参加大会、联组和小组讨论会以及会议期间的各项活动。三要联系服务好省直有关部门到会听取意见建议。会议期间，省直有关部门将到会听取委员大会发言和小组联组讨论，省高级人民法院、省人民检察院还要听取对“两院”工作报告的讨论，要及时与有关部门联系，做好有关部门负责人到会听取意见建议的服务工作。

以弘扬会议正能量为主旋律，做好新闻宣传工作。新闻宣传是省政协全会工作的一个组成部分，新闻媒体是会议成果的一个展示平台，一定要组织好、利用好、服务好。习近平总书记指出，坚持团结稳定鼓劲、正面宣传为主，是宣传工作必须遵循的重要方

针。一要利用省“两会”社会关注程度高、媒体参与度广的特点，加大宣传力度，形成宣传声势，集中展示人民政协在全省经济建设、政治建设、文化建设、社会建设、生态文明建设中发挥作用的成果。二要以弘扬社会主义民主政治制度优越性为主，体现政协宣传的统一战线特色、民主协商特色、界别特色和人才汇聚特色，努力增强新闻宣传的针对性、实效性和吸引力、感染力，形成有利于我省人民政协事业发展的良好舆论氛围。三要创新宣传报道的方式方法，既要注重发挥传统媒体在深度、广度、高度上的优势，又要注重挖掘新媒体在渠道、时效、受众方面的潜力，既可以是过去的经验总结、成效展示，也可以是今后的工作安排、前景展望，既突出报道会议的中心内容，又充分反映会议的民主氛围，既认真做好程序性报道，又精心策划一些有深度有影响的专题报道，既坚持报道的严肃性、准确性，又使报道生动活泼、喜闻乐见。

以保障会议安全周到为重点，做好后勤服务保障工作。良好的后勤服务保障工作是会议成功召开的基础和前提。一要树立服务就是形象、保障就是力量的理念。按照“精心准备，周密安排，热情服务，厉行节约，协调配合，有序高效”的工作原则，认真完成各项后勤服务保障工作任务。二要提高应急和预判能力，加强安全警卫工作。充分汲取前不久发生的一系列安全事故的教训，对于全会人员众多、情况复杂等特点，要提高预判能力和应急处置能力，对一些不稳定因素严加防范，有针对性地制订大会的安全应急预案，确保大会的顺利进行。三要提高群众工作能力，做好信访工作。加强与信访部门的联系，注重与群众沟通的方式方法，积极接待群众来访，及时处理群众信访件。四要提高服务能力，做好驻地服务工作。加强驻地管理和服务工作，确保委员在全会期间的工作和生活质量。

各位常委，同志们！省政协十一届三次会议，明天是工作人员报到日，后天是委员和列席人员报到日，1 月 26 日会议就开幕了。希望大家继续保持高昂的工作热情和激情，切实发挥省政协常委的骨干作用，为会议的圆满召开贡献应有的力量。也希望大家在新的一年里，继续增强政治把握能力、调查研究能力、联系群众能力、合作共事能力，不断提高履行职责的能力和素质，努力在省政协工作中作出新的更大贡献。

谢谢大家。

在中国人民政治协商会议湖北省第十一届委员会第三次会议上的致辞

（2015 年 1 月 26 日）

中共湖北省委书记　李鸿忠

各位委员，同志们、朋友们：

又是一年春风起，正是扬帆启航时。大寒已过，立春将至，在一个新的春天即将来临的日子里，湖北省政协十一届三次会议今天隆重开幕了，这是全省人民政治生活中的大事！在此，我代表中共湖北省委、省人民政府，对大会的召开表示热烈的祝贺！向出席会议的省政协委员、各民主党派和无党派代表人士、各人民团体和各族各界人士，致以诚挚的问候！

过去的一年，面对国际国内形势的深刻变化和艰巨繁重的改革发展稳定任务，全省上下认真贯彻落实中共十八大、十八届三中四中全会精神、习近平总书记系列重要讲话精神，主动适应经济发展新常态，坚持讲政治、讲大局，谋大事、抓大事，坚持“竞进提质、升级增效”，践行“绿色决定生死、市场决定取舍、民生决定目的”的三维纲要，统筹推进稳增长、调结构、促改革、惠民生，开拓进取、奋力前行，全省经济社会发展继续保持“好于全国、中部靠前”的良好态势，生产总值增长9.7%，增速在全国和中部继续居于前列，“五个湖北”建设和党的建设、反腐败斗争各项工作取得新的进步。

成绩来之不易。这是中共中央正确领导的结果，是全省人民齐心协力、顽强拼搏的结果，凝聚着全省各级政协组织、各民主党派、工商联和各族各界人士的智慧和汗水。一年来，全省各级政协组织和广大政协委员认真贯彻落实中共中央和中共湖北省委关于加强人民政协工作的一系列方针政策和决策部署，高举中国特色社会主义伟大旗帜，坚持团结和民主两大主题，围绕中心、服务大局，充分发挥作为社会主义协商民主重要渠道作用，为我省改革开放和社会主义现代化建设汇聚了巨大正能量、作出了重要贡献，彰显了人民政协无可替代的重要地位和作用！

借此机会，我代表中共湖北省委、省人民政府，向全省各级政协委员，向各民主党派、工商联成员和各族各界人士，表示衷心的感谢和崇高的敬意！

2015年，是全面深化改革的关键之年，是全面推进依法治国的开局之年，也是全面完成“十二五”规划的收官之年。我们要深入学习贯彻中共十八大、十八届三中四中全会精神和习近平总书记系列重要讲话精神，统筹全面建成小康社会、全面深化改革、全面推进法治湖北建设、全面从严治党，牢牢把握“三维纲要”，坚持“竞进提质、升级增效”，努力实现经济平稳较快发展和社会和谐稳定，全面完成“十二五”规划任务，为“建成支点、走在前列”奠定更加坚实的基础。要进一步解放思想，合力攻坚，继续推进全面深化改革、办好“市场大学”，以改革强动力、增活力；要深刻认识、主动适应、积极引领经济发展新常态，抢抓国家“一带一路”、长江经济带建设等重大机遇，深入推进“一元多层次”战略体系，全面扩大湖北对外开放，加快转变农业发展方式，强力推进有效投资稳定增长，以创新驱动推进结构调整，着力推进新型城镇化，推动区域协调发展；要树立民生保障和生态文明双底线思维，加强生态文明建设，切实保障和改善民生，让全省人民既共享改革发展的成果，也享有更多的碧水蓝天；要全面推进法治湖北建设，坚持科学立法，推进依法行政，保证公正司法，全面提高湖北的法治化水平，推进法治建设走在全国前列。

道虽远不行不至，事虽难不为不成。新的一年，湖北发展的任务艰巨、使命重大，攻坚克难、开创新局面，需要全省上下、社会各方团结一心，共同奋斗。希望全省各级政协组织、广大政协委员和各族各界人士认真贯彻中共中央方针政策，认真落实中共湖北省委决策部署，敢于担当，履职尽责，积极投身于湖北改革发展新的伟大实践。

第一，高举伟大旗帜，巩固团结奋斗的共同思想政治基础。中国特色社会主义是中国共产党和中国人民团结的旗帜、奋进的旗帜、胜利的旗帜，也是参加人民政协的各党派团体和各族各界人士团结奋斗的旗帜。全省各级政协组织要认真学习中国特色社会主义理论体系、习近平总书记系列重要讲话精神、中共十八大以来党的重大方针政策和决策部署，进一步夯实团结奋斗的共同思想政治基础，始终坚持道路自信、理论自信、制度自信，自觉与以习近平同志为总书记的中共中央在思想上政治上行动上保持高度一致，坚定不移走中国特色社会主义政治发展道路，不断彰显我国社会主义民主政治的优势和特点。

第二，聚焦改革发展，为加快“建成支点、走在前列”多做贡献。“建成支点、走在前列”，是中共中央赋予湖北的重大使命和阶段性的奋斗目标。全省各级政协组织和广大政协委员，要围绕这一使命和目标，抓住我省全面建成小康社会、全面深化改革和全面推进法治湖北建设中的重要问题以及群众最为关切的问题，深入调查研究，认真协商议政，努力出实招、谋良策，积极为做好今年我省经济社会发展各项工作、全面完成“十二五”规划献计出力。要勇于担当，敢于民主监督，讲真话、进诤言，及时反映真实情况，勇于提出建议和批评，帮助查找不足、解决问题，推动省委、省政府关于改革发展的各项举措落到实处。

第三，发展统一战线，汇聚共襄民族复兴伟业的强大力量。实现中华民族伟大复兴是中华民族近代以来最伟大的梦想，湖北发展是这一伟大梦想的重要篇章。全省各级政协组织要最大限度地调动一切积极因素、团结一切可以团结的力量，汇聚起共襄伟业的强大正能量。要坚持中国共产党领导的多党合作和政治协商制度，维护和促进民主团结、生动活泼的政党关系。要认真贯彻党的民族政策和宗教政策，协助党委、政府做好民族工作和宗教工作，促进民族团结、宗教和睦。要深入做好群众工作，引导所联系群众支持和参与改革发展，为改革发展添助力、增合力。要加强港澳台侨和对外交往工作，努力为我省改革发展营造良好环境。

第四，加强制度建设，发挥作为协商民主重要渠道作用。协商民主是中国社会主义民主政治中独特的、独有的、独到的民主形式，人民政协是协商民主重要渠道。全省各级政协组织要切实推进人民政协协商民主制度建设，努力发挥作为社会主义协商民主重要渠道和专门协商机构作用。要把协商民主贯穿履行职能全过程，推进政治协商、民主监督、参政议政制度建设，不断提高人民政协协商民主制度化、规范化、程序化水平。要拓展协商内容、丰富协商形式、健全协商机制，更加灵活、更为经常地开展专题协商、对口协商、界别协商、提案办理协商，探索网络议政、远程协商等新形式。要贯彻民主协商、平等议事的工作原则，尊重和包容不同意见的存在和表达，营造既畅所欲言、各抒己见，又理性有度、合法依章的良好协商氛围。

全省各级党委要认真贯彻落实中共中央关于社会主义协商民主广泛多层制度化发展的战略部署和《中共中央关于加强社会主义协商民主建设的意见》，深入贯彻落实习近平总书记在庆祝人民政协成立65周年大会上的重要讲话精神，高度重视、大力支持人民政协事业发展。要把人民政协政治协商作为重要环节纳入决策程序，会同政府、政协制订实施协商年度工作计划，对明确规定需要协商的事项必须经过协商后提交决策实施。

要支持人民政协履行民主监督职能，自觉接受来自人民政协的意见、批评和建议，完善民主监督的组织领导、权益保障、知情反馈、沟通协商机制。要推动人民政协参政议政更加深入务实开展，主动给政协出题目、交任务，委托政协开展重大课题调研，邀请政协委员参与重大项目研究论证，完善参政议政成果采纳落实机制，更好地发挥人民政协建言资政作用。

各位委员，同志们、朋友们！让我们更加紧密地团结在以习近平同志为总书记的中共中央周围，高举中国特色社会主义伟大旗帜，解放思想、抢抓机遇、改革创新、奋发有为，为加快“建成支点、走在前列”、谱写中国梦的湖北篇而努力奋斗！

预祝省政协十一届三次会议圆满成功！祝大家在新的一年里，身体健康，工作顺利，阖家幸福，万事如意！

中国人民政治协商会议
湖北省第十一届委员会常务委员会工作报告

（2015 年 1 月 26 日在政协湖北省第十一届委员会第三次会议上）

杨　松

各位委员、各位同志：

我代表中国人民政治协商会议湖北省第十一届委员会常务委员会，向大会报告工作，请予审议，并请列席同志提出意见。

一、2014 年工作回顾

2014 年，是我省推进全面深化改革、在经济进入新常态下实现新发展的重要一年，也是人民政协事业在继承中创新、在创新中发展的重要一年。一年来，在中共湖北省委正确领导下，政协湖北省委员会及其常务委员会高举爱国主义和社会主义旗帜，坚持团结和民主两大主题，坚持围绕中心服务大局，坚持发挥协商民主重要渠道作用，主动谋事、认真干事、努力成事，服务改革发展取得新成效，推动协商民主取得新进展，加强自身建设取得新成绩，为我省加快“建成支点、走在前列”进程、推进“五个湖北”建设作出了积极贡献。

（一）坚持中国特色社会主义理论武装，巩固共同思想政治基础

深入学习贯彻中共十八大、十八届三中、四中全会精神和习近平总书记系列重要讲话精神，坚持中国特色社会主义道路自信、理论自信、制度自信。把学习贯彻中共十八届三中全会精神列为全年学习的重要内容，牢牢把握、始终坚持完善和发展中国特色社会主义制度、推进国家治理体系和治理能力现代化这个全面深化改革的总目标。召开学习贯彻中共十八届四中全会精神大会，邀请国内知名专家学者作关于全面推进依法治国

专题报告，引导省政协委员深刻理解、始终坚持中国特色社会主义法治道路。认真组织学习中共湖北省委十届四次、五次全体（扩大）会议精神，在履职工作中贯彻落实省委关于我省全面深化改革、全面推进法治湖北建设的重大决策部署。

深入学习中共中央关于我国社会主义民主政治和协商民主建设的重要论述，学习贯彻习近平总书记在庆祝全国人大成立60周年大会和人民政协成立65周年大会上的重要讲话精神，组织召开全省各界人士庆祝人民政协成立65周年座谈会，牢牢把握中国特色社会主义政治发展道路和社会主义协商民主的科学内涵、基本特征、独特优势、发展方向，牢牢把握新形势下人民政协工作的基本原则和主要任务。重点研究推进人民政协协商民主建设，成立省人民政协工作机制创新领导小组，省政协主席会议成员率队对全省政协协商民主建设进行广泛深入视察、调研，总结了许多新鲜经验；召开全省市州政协主席座谈会，就履职能力现代化等人民政协协商民主建设中的重要问题交流经验，形成了许多重要共识。组织省政协委员开展集中学习和自主学习，在视察、调研、考察等履职实践中有针对性地学习，坚定政治立场，增强政治认同，提高政治把握能力。

深入学习贯彻习近平总书记关于党的群众路线教育实践活动的重要讲话和中共中央、中共湖北省委有关文件精神，扎实开展整改落实和“回头看”工作，不断巩固和扩大教育实践活动成果，进一步强化为民务实清廉理念，践行群众路线，改进工作作风，使政协工作更加“接地气”，更好体现人民政协的人民性。

（二）聚焦改革发展议政建言，助推湖北“建成支点、走在前列”进程

围绕省委十届四次全体（扩大）会议决策部署，聚焦我省全面深化改革重要问题，就“坚持科学发展、切实转变经济发展方式”，“深化经济体制改革、完善现代市场体系”，“推进创新驱动发展、加快创新湖北建设”等问题，召开3次议政性常委会议，深入协商议政，提出意见建议。常委们在协商讨论中提出了加快发展混合所有制经济、化解重点行业过剩产能、大力实施“走出去”战略、发展生态友好型农业，深化行政审批制度改革、完善我省市场监管体系、加快推动中部金融中心建设、加强政府诚信建设和社会征信体系建设，构建以企业为主体的技术创新体系、推进移动互联和大数据运用、加快建设国家技术转移中部中心等意见建议。省委省政府领导和有关部门负责人到会通报情况、听取意见，省委省政府主要领导对会议提出的意见建议作出重要批示，省政府加强督办，有关部门认真办理并向省政协及时反馈。

切实加强对经济发展新常态下我省重要问题的调查研究和协商讨论，努力促进经济“稳中有进、进中向好”。围绕我省经济平稳较快发展召开两次经济形势分析座谈会，提出把重大项目建设作为稳增长的重要抓手、把改善投资环境作为转作风抓落实的落脚点、把推进改革和经济结构调整作为经济可持续发展的基本动力等建议，使省政协履职与省委省政府工作同频共振。围绕发展战略性新兴产业召开界别协商座谈会，提出进一步健全协同推进机制，完善政策支撑体系，突出发展新能源汽车、新一代信息技术、生物医药、电子商务等建议。围绕破解民营经济发展难题召开界别协商座谈会，提出实施民间资本开放战略、拓宽民营经济融资渠道、解决民营企业用工难、引导和帮助民营企业提高自身素质等建议。围绕外资企业发展环境问题召开界别协商座谈会，提出坚持开放先导战略、狠抓招商引资工作，借鉴上海自贸区经验、积极开展先行先试，加快推进

大通道、大平台、大通关建设，加强引才引智平台建设，放大“华创会”品牌效应等建议。

高度重视我省文化建设，围绕有关重要文化专题深入协商讨论，积极为促进我省文化发展繁荣献计出力。围绕打造鄂东禅宗文化旅游品牌召开常委专题协商会，提出抓住重点、突出差异，着力打造湖北特色禅宗文化旅游品牌，整合资源、加强合作，着力建设鄂东禅宗文化精品旅游线路等建议。围绕“随州大遗址保护与利用”召开界别协商座谈会暨重点提案督办会，提出全面推进基础设施建设、加大考古发掘和研究力度、着力提升文物保护水平、争取列入国家大遗址保护片区规划等建议。围绕“深化文艺院团改革”进行深入调查研究和咨询论证，提出推进深化改革、培养骨干文化企业、创新考评机制和人事激励机制等建议。发挥政协文史资料工作在文化建设中的独特作用，抓好文史资料征编出版工作，发挥政协文史资料馆作用，与相关单位共同主办首届湖北文化发展论坛。

高度关注以改善民生为重点的社会建设，紧紧围绕涉及群众切身利益的实际问题建言献策。围绕发展职业教育、农村基础教育问题召开界别协商座谈会和开展专题调研，提出积极探索建立混合所有制职业教育办学体制、架设职业教育与普通教育相互融通的“立交桥”，加大农村基础教育省级统筹力度、优化农村基础教育投入结构等建议。围绕养老服务体系建设、完善失地农民社会保险制度问题召开界别协商座谈会和开展重点提案督办活动，提出突破瓶颈制约、积极推动“医养结合”，完善我省养老服务产业的制度支撑体系，对失地农民有效落实“先保后征”、完善资金筹措机制、统一参保办法和养老保险补助标准等建议，为省政府出台关于加快发展养老服务业和被征地农民参加基本养老保险等政策提供了重要参考。围绕健全药品供应保障体系、强化基本医疗卫生制度问题召开界别协商座谈会，提出建立健全综合价值评价体系和新的价格管理模式，完善药品招标、采购、配送制度和价格动态调整机制等建议。围绕加强未成年人安全教育问题召开界别协商座谈会，提出发挥安全教育基地、社会组织、新闻媒体等在未成年人安全教育中的作用，构建未成年人教育立体体系等建议。围绕随军家属就业安置问题召开界别协商座谈会，提出完善协调机制、引导随军家属树立务实的就业观，拓宽渠道、促进多形式安置随军家属就业等建议。围绕建筑工人工伤保险问题开展调查研究，并在全国政协双周协商座谈会上提出建议。

大力促进我省生态文明建设，紧紧围绕生态环境保护中的重要问题提出建议。围绕南水北调中线工程调水后对丹江口库区和汉江中下游生态环境影响问题，协调住鄂全国政协委员向全国政协提出提案并积极通过各种渠道反映，引起了有关方面重视；协助住鄂全国政协委员视察南水北调中线工程丹江口库区，提出加大丹江口水源地生态补偿力度、加大污水处理力度、加强库区地质灾害防治等建议。围绕梁子湖生态环境保护问题召开常委专题协商会，形成《湖北省梁子湖生态环境保护办法（建议稿）》，就梁子湖生态环境保护的基本原则、目标、体制、水污染防治和生态修复等提出具体建议。围绕湖北大别山区生态环境保护工作进行专题调研，参加大别山区鄂豫皖三省政协主席联席会议第三次会议，在规划制订、产业布局、项目建设、污染防治、政策支持等方面，三省达成加强协调、联动合作、整体推进的共识。持续关注和推进利用水泥窑协同处置垃圾废弃物工作，积极参加全国政协双周协商座谈会，提出意见建议。

围绕省委省政府重大决策部署和政策措施的贯彻落实开展民主监督，促进有关地方和部门改进工作、转变作风。通过协商会议、提案、视察、反映社情民意信息等形式履行民主监督职能，围绕贯彻落实省委关于加快“建成支点，走在前列”进程和“五个湖北”建设的战略部署，提出了大量监督性意见。委员们提出，应进一步转变政府职能，充分激发市场活力；坚持创新驱动发展，推动工业转型升级；加快发展现代服务业，进一步优化经济结构；推进文化大发展大繁荣，增强湖北文化软实力；健全和完善社会保障体系，切实保障和改善民生；加强资源节约和环境保护工作，建设良好生态环境；加强民主法治建设，创新社会治理，加强社会组织建设与管理，促进社会和谐稳定等。全年共提出提案 880 件、开展视察活动 7 次、反映社情民意信息 1168 篇。推荐委员 111 人次担任民主评议政风行风监督员、特邀监督员等，参加省委党的群众路线教育实践活动领导小组、省纪委、省高级人民法院、省人民检察院、省财政厅等组织的咨询论证、工作督导和作风监督等活动，提出监督意见，发挥监督作用。

坚持大团结大联合，调动一切可以调动的积极因素，团结一切可以团结的力量，最大限度地汇聚起共襄湖北改革发展的正能量。进一步密切与省各民主党派和省工商联的联系，坚持走访省各民主党派和省工商联制度，健全省各民主党派和省工商联在政协发挥作用的机制，一年来，省各民主党派和省工商联通过省政协提出集体提案 188 件，开展专题调研 60 多次，许多意见建议得到省委省政府重视和采纳。进一步加强与少数民族群众和宗教界人士的联系，发挥民族和宗教界代表人士在政协中的作用，围绕我省民族地区创新发展、农村宗教事务管理等问题进行视察、调研、考察，提出意见建议，为促进民族团结、宗教和睦作出了贡献。进一步做好港澳台侨和对外交往工作，支持住港澳省政协委员履行职责，组织省政协代表团访问香港、澳门，邀请港区省级政协委员联谊会来鄂考察；加强同台湾政团社团和各界人士的交往联系，加强同海外华人华侨的联系交往，邀请海外侨胞列席省政协十一届二次会议；积极开展人民政协公共外交，讲好“中国故事”，宣传中国特色社会主义民主政治，加强我省与有关国家在经贸、科技、文化等方面的交流合作，促进湖北对外开放。

（三）加强人民政协协商民主建设，进一步提高履职能力

认真贯彻落实中共中央关于加强社会主义协商民主建设的决策部署，稳步有序推进人民政协协商民主建设。省委把出台“关于加强人民政协协商民主制度建设的意见”写入我省贯彻十八届三中全会精神的《意见》，列入《省委党内法规制定工作五年规划（2013—2017 年）》；转发《省政协党组 2014 年工作要点》、《省政协 2014 年协商工作计划》，确定议政性常委会议、常委专题协商会、界别协商座谈会协商讨论的 14 个重要议题，这是省委把人民政协政治协商纳入决策程序、坚持协商于决策之前和决策实施之中的重要制度性安排。省政协积极推进协商民主工作，创新了界别协商座谈会这一协商形式，全年共召开 9 次界别协商座谈会，23 个界别的 300 多名省政协委员参加界别协商讨论，增加了协商密度，扩大了协商参与面；探索开展立法协商工作，发挥省政协委员和省政协律师顾问组作用，就《东湖国家自主创新示范区条例》等 7 件地方性法规以及法治建设有关文件进行协商讨论。改进全体会议、常委会议、主席会议等例会协商，规范开展专题协商、对口协商、提案办理协商，不断提高协商成效。

适应全面深化改革要求，以改革思维、创新理念、务实举措推进履职能力建设，努力在推进国家治理体系和治理能力现代化中发挥更大作用。提高政治把握能力，深化对中国特色社会主义制度特别是民主政治制度的认识，增强贯彻中国共产党的路线方针政策的自觉性，不断巩固团结奋斗的共同思想政治基础。提高调查研究能力，围绕涉及我省改革发展10个重要课题进行长期跟踪调研，围绕国家和我省跨区域协调发展问题进行系统联动调研，围绕我省改革发展中的难点问题进行咨询论证调研，不断提高议政建言水平。提高群众工作能力，创新群众工作方法，密切与群众的联系，让政协走近群众，请群众走进政协，不断扩大各界群众有序政治参与。提高合作共事能力，坚持民主协商、平等议事，求同存异、体谅包容的原则，在发扬民主中增进团结，在加强团结中发扬民主，共同打造和维护人民政协民主之家、团结之家的良好形象。

探索发挥界别特色作用、委员主体作用、专门委员会基础作用的新方式新方法，不断夯实政协协商民主的组织基础和工作基础。进一步加强界别组织建设，健全界别活动小组，完善界别召集人制度，提高界别工作组织化程度；推动界别协商、发言、提案、视察、调研、信息等工作活跃开展，一年来，共开展界别活动34次。进一步加强委员履职服务与管理工作，加强委员学习培训、知情明政工作，做好委员视察调研、协商讨论工作，通过多种形式转化委员参政议政成果，一年来，委员提交会议发言材料333篇，提交个人提案651件，反映社情民意信息130篇，参加调研等活动1000余人次；强化委员履职统计和通报工作，制定对违纪违法政协委员及时作出处理的规范性文件，共撤销4名违纪违法省政协委员的资格。进一步推进专门委员会工作创新，坚持问题导向和效果导向，突出自身特色，深化专题调研，扩大团结联谊，全年组织各类视察、调研、考察活动122次，撰写专题性议政建言报告60多篇。

切实加强省政协机关建设，充分发挥政协机关在政协履职中的服务保障作用。加强机关作风建设，认真抓好党的群众路线教育实践活动整改工作，反对形式主义、官僚主义、享乐主义和奢靡之风，机关干部的政治意识、担当意识、创新意识不断增强。加强机关服务能力建设，做好政策性服务、行政性服务、事务性服务等工作，机关统筹协调能力和服务能力显著提升。加强政协理论和宣传工作，举办"人民政协群众工作"理论研讨会，开展人民政协协商民主建设等重大课题理论研究，取得一批理论成果；在全社会广泛宣传人民政协65年的光辉历史、人民政协的重要地位和作用、各级政协的履职成效和政协委员的履职风采，开展第十五届"政协好新闻"评选工作，扩大了人民政协的社会影响。

各位委员、各位同志！省政协常委会2014年工作取得的成绩，是中共湖北省委正确领导的结果，是全省各级党委政府和社会各界大力支持的结果，是省政协各参加单位和广大政协委员团结奋斗的结果。在此，我代表省政协常委会表示衷心的感谢！

回顾过去一年的工作，我们清醒地看到，与发展社会主义民主政治和推进人民政协事业的新形势新任务新要求相比，与全省各界群众和政协委员的期望相比，省政协及其常委会的工作还存在一些不足，需要切实加以改进。比如，有的调查研究还不够深入、意见建议质量还不够高，民主监督工作还比较薄弱、力度还不够大，发挥界别特色作用和委员主体作用的办法还不够多、委员服务工作有待进一步加强等。真诚希望广大委员对常委会的工作提出批评和建议，以利于我们把今后的工作做得更好。

二、2015 年工作安排

2015 年，是全面深化改革的关键之年，是全面推进依法治国的开局之年，是全面完成“十二五”规划的收官之年，也是加强人民政协协商民主制度建设、推进人民政协事业发展的重要一年。我们要深入贯彻落实中共十八大、十八届三中、四中全会精神和习近平总书记系列重要讲话精神，深入贯彻落实省第十次党代会和省委十届四次、五次全体（扩大）会议精神，高举爱国主义和社会主义旗帜，坚持团结和民主两大主题，着眼推进新常态下湖北经济社会发展，着眼我省全面深化改革和全面推进法治湖北建设，着眼推进人民政协协商民主制度建设，认真履行政治协商、民主监督、参政议政职能，加强履职能力现代化建设，为加快我省“建成支点、走在前列”进程和“五个湖北”建设作出新的贡献。

（一）切实加强人民政协的思想理论建设

深入学习贯彻中共十八大以来中共中央关于全面建成小康社会、全面深化改革、全面推进依法治国、全面从严治党的重大战略决策，深入学习贯彻习近平总书记系列重要讲话精神，深入学习贯彻中共湖北省委重要会议精神，维护中共中央权威，把思想和行动统一到中共中央和省委的方针政策和决策部署上来，保持人民政协事业的正确方向。不断创新学习形式，丰富学习内容，举办在汉省政协委员学习全国“两会”精神大会，以中共中央和省委有关重要会议精神、我省宏观经济形势、“十三五”规划制定、依法治省、社会主义核心价值观等为内容，举办省政协常委会专题学习讲座，邀请省委省政府领导通报有关情况，邀请知名专家学者作辅导报告，推动省政协学习工作制度化经常化。加强人民政协协商民主理论研究和宣传教育工作，召开全省“加强人民政协履职能力现代化建设”理论研讨会，做好对人民政协履职成效和政协委员履职风采的宣传工作。

（二）紧紧围绕新常态下湖北改革发展的重大问题献计出力

充分发挥人民政协代表性强、联系面广、包容性大的优势，聚焦我省改革发展中的重大问题和群众最为关切的问题，深入调查研究，出实招、谋良策。重点就科学编制我省“十三五”规划、保持经济平稳较快增长、全面深化我省国有企业改革、扩大湖北长江经济带对外开放、重点工业领域节能减排等专题深入调查研究，开展协商讨论，提出意见建议供省委省政府决策参考。结合新常态下我省改革发展的新形势新任务新要求，继续推进长期跟踪重点课题的调查研究和咨询论证，争取在已有的基础上取得新的阶段性成果。选择若干重要问题，运用多种方式，就省委省政府有关改革发展重要政策措施贯彻执行和改革任务落实情况，积极开展民主监督，讲真话、建诤言，反映真实情况，提出批评和建议，帮助有关地方和部门查找不足、改进工作。组织住鄂全国政协委员就“汉江中下游生态环境保护”开展视察活动；就湖北与有关省区市经济社会发展共性问题开展联合调研、联名提案等活动，承办大别山区鄂豫皖三省政协主席联席会议第四次会议。认真宣传中共中央和省委的方针政策和决策部署，引导各界群众正确对待新形势下改革发展带来的利益格局调整，凝聚全省改革发展正能量，努力为深化改革和跨越发展添动力、增合力。

（三）大力促进法治湖北建设和以改善民生为重点的社会建设

积极促进法治湖北建设，通过协商讨论促进科学立法，通过民主监督促进严格执法、公正司法，通过宣传教育引导全民守法。落实依法治国和以德治国相结合的原则，引导广大政协委员深化对法治湖北建设和践行社会主义核心价值观重要性的认识，大力弘扬社会主义核心价值观，弘扬中华民族传统美德，弘扬法治精神、增强法治意识，努力成为法治的忠实崇尚者、自觉遵守者、坚定捍卫者。着眼保障和改善民生，围绕我省就业创业、教育均衡、医疗卫生、食品安全、基本生活保障、扶贫攻坚、社会治理和公共服务、突发性地质灾害防控等问题，开展视察调研、协商议政，了解群众意愿，反映群众呼声，办利民惠民之事，献富民安民之策，实现和维护最广大人民的根本利益。密切与少数民族群众和信教群众的联系，发挥民族宗教界人士作用，围绕少数民族和民族地区经济社会发展、城市少数民族流动人口和农村少数民族散杂居人口的服务管理、依法管理宗教事务等问题，深入调查研究，有针对性地提出意见建议，巩固发展民族团结、宗教和睦的良好社会局面。

（四）认真做好港澳台侨和对外交往工作

密切与住港澳省政协委员的联系，关心和支持他们为促进鄂港、鄂澳经济社会发展和交流合作有效履行委员职责，依法保护他们的合法权益，鼓励他们宣传和践行基本法，促进“一国两制”方针在港澳地区顺利实施，进一步增进港澳同胞的国家认同，维护国家根本利益和港澳长期繁荣稳定。坚持“两岸一家亲、共筑中国梦”，加强与台湾岛内党派团体、社会组织、各界人士的联系和沟通，增进民族认同，融洽同胞感情，不断巩固和深化两岸关系和平发展的政治、经济、文化、社会基础。贯彻落实侨务方针政策，支持海外侨胞、归侨侨眷关心和参与湖北现代化建设与祖国和平统一大业，支持省留学人员联谊会发挥新型社会组织作用。贯彻中共中央外事工作会议精神，高举和平、发展、合作、共赢旗帜，按照国家外交工作方针和省委外事工作部署，进一步加强人民政协公共外交工作，促进湖北改革开放和对外交流与合作。积极参加我省纪念中国人民抗日战争暨世界反法西斯战争胜利 70 周年系列活动，推动武汉抗战纪念馆建设。

（五）切实推进人民政协协商民主建设

认真学习贯彻习近平总书记在庆祝人民政协成立 65 周年大会上的重要讲话精神和《中共中央关于加强社会主义协商民主建设的意见》，协助省委召开政协工作会议、出台我省关于加强人民政协协商民主制度建设的意见，切实把政治协商纳入决策程序，拓展协商内容、丰富协商形式、规范协商程序、完善协商机制，不断推进人民政协协商民主制度化规范化程序化。认真落实省委批准转发的《省政协 2015 年协商工作计划》，组织好 3 次议政性常委会议、2 次常委专题协商会、10 次月度界别协商座谈会，构建以全体会议为龙头，以议政性常委会议和常委专题协商会为重点、以月度界别协商座谈会为常态的协商议政新格局，营造民主氛围，活跃会议气氛，加强交流互动，提高协商成效，促进协商成果办理落实。协助省委召开庆祝省政协成立 65 周年大会，开展系列纪念活动，全面系统总结我省政协协商民主建设的丰富经验，推动人民政协协商民主理论创新、工作创新、制度创新；广泛宣传人民政协协商民主的重要作用和履职成效，进一步扩大人民政协的社会影响。

（六）进一步加强省政协自身建设

健全完善联系省各民主党派和省工商联制度，加强与各参加单位经常性工作的互动交流，邀请和安排省各民主党派、省工商联协同开展视察、调研、协商等活动，创造条件支持他们在政协发挥履职作用。完善发挥省政协界别作用的制度机制，进一步提高界别工作的组织化程度，活跃有序地推进具有界别特色的各项经常性工作，充分发挥界别在省政协工作中的重要作用。加强省政协专门委员会建设，创新履职内容和形式，进一步激发工作活力，发挥其在省政协工作中的基础作用。适时召开省政协界别和专委会工作座谈会。引导广大省政协委员恪守宪法法律，锤炼道德品行，改进工作作风，认真履行职责；加强省政协委员服务与管理工作，制定实施关于加强委员履职能力建设的指导性文件，充分发挥委员在政协工作中的主体作用。做好省人民政协工作机制创新领导小组工作，有序推进政协工作机制及方式方法创新。注重对基层政协的指导，适时召开全省市州政协主席座谈会。加强省政协及机关作风建设和廉政建设，进一步巩固和扩大党的群众路线教育实践活动成果，坚决整治“四风”问题，严格执行政治纪律、组织纪律、廉政纪律、财经纪律及各项规章制度，切实维护人民政协风清气正的良好形象。

各位委员，各位同志！全面深化改革和全面推进依法治国开启了中国特色社会主义的新征程。在这个伟大的历史进程中，人民政协使命崇高，政协工作大有可为。让我们更加紧密地团结在以习近平同志为总书记的中共中央周围，在中共湖北省委的正确领导下，坚持改革创新发展，坚持谋事干事成事，为我省全面建成小康社会、谱写中华民族伟大复兴中国梦的湖北篇，作出新的更大贡献！

中国人民政治协商会议湖北省第十一届委员会常务委员会关于十一届二次会议以来提案工作情况的报告

（2015 年 1 月 26 日在政协湖北省第十一届委员会第三次会议上）

张柏青

各位委员、各位同志：

受常务委员会的委托，我向大会报告十一届二次会议以来的提案工作情况，请予审议。请列席会议的同志提出意见。

一

省政协十一届二次会议以来，省政协委员、政协各参加单位和各专门委员会围绕中心、服务大局，紧扣改革发展稳定主题，密切关注事关人民群众切身利益的热点、难点问题，积极通过提案建言献策，共提出提案 880 件，经审查，立案 837 件。这些提案交由 109 个承办单位办理，截至 2014 年 12 月底，承办单位对这些提案都给予了正式答复。据统计，提案所提问题目前已经解决或基本解决的 298 件，占 356%；办理工作已经启动的 437 件，占 52.2%；所提问题列入计划办理的 86 件，占 10.3%；所提意见留作参考的 16 件，占 1.9%。这些提案凝聚了提案者的智慧和心血，反映了人民群众的意愿和呼声，为党委政府联系群众、团结各界发挥了重要的桥梁和纽带作用，也为有关部门改进工作、推动发展提供了重要参考，主要体现在以下几个方面。

——聚焦深化改革，完善体制机制。围绕深化行政管理体制改革，部分提案提出切实转变政府职能、进一步简政放权、推进政务公开、强化行政问责等意见和建议，为省政府深化行政审批制度改革、优化发展环境提供了有益参考；关于推进政府购买公共服务的建议，被省政府办公厅《关于政府向社会力量购买服务的实施意见（试行）》吸收。围绕推进城乡一体化发展，部分提案提出建立城乡统一建设用地市场、健全土地节约集约利用标准体系、完善城镇建设规划布局等建议，助推了《湖北省深化节约集约用地的意见》及其实施方案的出台。《关于以改革创新精神加强协商民主制度建设》的提案，为推进协商民主的制度化、规范化和程序化提供了借鉴。

——围绕开放开发，推动转型升级。在办理促进湖北外贸稳定增长提案过程中，有关部门出台了《支持湖北外贸稳定增长的十七项措施》，得到省委主要领导的批示肯定。《关于合力打造长江黄金水道，推进长江中游水运发展的建议》和《关于加快推进武汉长江中游航运中心建设的建议》，围绕贯彻落实国家长江经济带战略、开发长江黄金水道、加快湖北水运发展建言献策，省政府、省政协主要领导高度重视并重点督办，有力推动了我省长江中游航运中心建设。为支持企业创新发展，有关主管部门结合提案办理工作，汇集制发了《关于促进经济转型发展若干税收措施的通知》。围绕办理发展多种形式规模经营、提高农业生产组织化程度的提案，省财政安排专项资金对土地股份合作社试点予以扶持，有关金融部门出台了金融支持新型农业经营主体发展的政策。通过办理防范和化解地方金融风险的提案，增进了对防范地方金融风险的共识。

——心系社情民意，促进民生改善。关于加强思想文化建设的提案，推动了培育和弘扬社会主义核心价值观相关工程的实施，受到全国政协专题调研组的充分肯定。《关于增强我省中小学生体质健康的建议》，推动了学生每年一次健康体检制度正式实施。关于《将随州重要古文化遗存列入国家大遗址保护片区予以保护和利用》的提案，省政协多次调研考察，并在随州召开界别协商座谈会重点督办，所提意见和建议，省委主要领导同志已指示有关部门研究办理。关于推进县级公立医院改革的提案，为省政府制定《关于加快推进县级公立医院综合改革的实施意见》提供了参考。关于加快我省养老服务体系建设的提案，为省政府出台《关于加快发展养老服务业的实施意见》提供了舆情支持。《关于完善我省被征地农民社会养老保险制度的建议》被《省政府关于被征地农民参加基本养老保险的指导意见》采纳，推动了被征地农民养老保险补偿机制的建立。关于调整完善扶贫政策、将扶贫资金向重点老区倾斜的建议，被写入省委、省政府《关于创新机制，扎实推进全省农村扶贫开发工作的实施意见》。

——关注社会治理，维护和谐稳定。《关于进一步推动我省社会组织健康有序发展的建议》，为我省社会组织管理改革出谋划策，推动《湖北省社团分支（代表）机构监督管理办法》在全国率先出台。《关于加强我省随军家属就业安置和社会保障工作》的提案，省政协召开界别协商会予以推动，省政府、省军区联合下发了《湖北省随军家属就业安置和社会保障办法》。关于完善食品药品市场监管体系、加强食品摊贩和小作坊行业监管、加强农村食品安全监管等建议，推动省有关部门开展了“攻坚克难”等多项食品药品专项整治行动。关于规范公款消费、减少铺张浪费、推进公车改革等提案，对于履行民主监督职能、加强党风廉政建设发挥了积极作用。

——重视环境保护，助推生态文明。提案者就推动资源节约利用、强化节能减排、发展循环经济、加强污染治理、实施生态修复提出的意见和建议，省有关部门在研究制定相关政策中给予了重视和采纳。《关于加快新型城镇化背景下城镇污水和垃圾处理设施建设的建议》所提出的有关措施，写入了《省政府关于加强全省城乡污水处理工作的意见》。《关于做好我省雾霾天气治理的十条建议》被《省政府关于贯彻落实国务院大气污染防治行动计划的实施意见》部分吸收采纳。关于加强农村环境保护和综合整治工作的建议，推动我省在708个建制村启动农村环境综合整治工作，相关做法受到国家环保部好评。

一年来，省委、省政府高度重视省政协提案工作，多位领导对《重点提案摘报》作出批示，并坚持领办、督办重点提案，发挥了示范带动作用。各承办单位把办理政协提案与深化改革相结合、与改进工作相结合、与转变作风相结合，强化了办理前的调查研究、办理中的沟通协商和办理后的督促检查，力求将提案办理落到实处，使委员们的履职成果得以切实体现。

二

一年来，常务委员会按照“围绕中心、服务大局、提高质量、讲求实效”的提案工作方针，加强领导，突出重点，创新方式，改进服务，不断推动提案工作发展。

改进引导服务，多渠道搭建知情明政平台。提案质量是提案工作的生命，加强知情服务是提高提案质量的基础性工作。采取邀请党政领导通报经济社会发展情况、举办省直部门工作情况通报会、向委员发送提案参考选题、面向社会公开征集提案线索等方式，不断拓宽委员知情渠道。举办委员学习班、向委员发送《政协提案基本常识手册》、印发“提案目录”，为委员撰写高质量提案提供参考。邀请专家学者、委员和相关部门负责同志参与提案立案审查，增强提案立案的严谨性。通过各种知情服务工作，为提案者树立质量意识和精品意识，提出更多高质量的提案创造了条件。

注重统筹协调，进一步形成提案工作合力。认真贯彻中办、国办《关于进一步加强人民政协提案办理工作的意见》，按照《省委办公厅、省政府办公厅印发〈关于进一步加强人民政协提案办理工作的实施意见〉的通知》要求，积极推动各级党委、政府将政协提案办理工作纳入整体工作布局，纳入部门年度目标责任考核。围绕发挥政协整体优势，出台了《省政协专门委员会参与组织重点提案督办活动方案》，推动了省政协各专门委员会结合自身职能遴选、督办重点提案工作。将提案工作与委员视察、专题调研、大会发言、反映社情民意信息等工作有机结合，推动提案资源共享，发挥提案作为人民政协智力库和信息库的功能。

突出工作重点，切实督促提案办理落实。2014年初，省人大、省政府、省政协联合召开建议提案交办会，多位省领导出席并对办理工作提出要求。遴选20件重点提案，由省政府、省政协领导领办、督办，推动重点提案所提建议落实，部分提案所提建议被省政府文件采纳。引导承办单位遴选重点提案进行重点办理，对同类提案实行归并办理，提高了办理实效。创新方式方法，将提案办理协商与实地调研、界别协商相结合，开展形式多样的重点提案督办活动。省政协主要领导在督办“加快推进武汉长江中游航运中心建设”重点提案过程中，先后三次组织力量赴省内外实地考察调研，进行比较研究，完善提案建议，推动了工作进展，发挥了示范作用。

加强宣传交流，不断扩大提案工作的社会影响。在深入基层调研的基础上，先后召开全省政协提案委员会工作座谈会和省政协提案办理工作座谈会，及时总结工作，研讨问题，推广经验。加强同报社、电台、电视台、网站等媒体的联系与合作，加强对提案工作的宣传，增进社会了解。利用《提案追踪》电视专栏节目，做好提案办理工作的深度报道和跟踪督促，推动提案落实。在广泛推荐的基础上，组织专家评选优秀提案，并在全会上表彰，扩大了社会影响。在省政协提案管理信息系统上公开提案内容及办理复文，既为提案者和承办单位检索提案内容提供方便，也接受了社会监督。

2014年的提案工作虽然取得了一定成绩，但也还存在一些不足，如少数提案内容过于简单，深入调研和论证不够，建议的针对性不强；在提案办理中，一定程度地存在“重答复、轻落实”和“被满意”的现象；提案服务工作有时做得不够细致、不够到位，组织提、办双方沟通协调不够，等等。这些问题需要我们认真研究，加以改进。

三

2015年的提案工作要以中共十八大、十八届三中、四中全会精神为指导，按照中共湖北省委部署和本次全会要求，围绕深化改革、开放开发、保障民生、依法治省、环境保护、改进作风、编制“十三五”规划等重点内容建言献策、献计出力，进一步发挥提案在推进社会主义协商民主和履行政协职能中的作用。

坚持质量导向，进一步提高提案质量。正确处理提案数量与质量的关系，更加注重提高提案质量。做好提案议题遴选，开展深入调研，务使提案选题有据，分析有理，建议可行。充分发挥党派、团体、政协专门委员会和界别小组的整体优势和人才优势，提出更多有价值的提案。建立健全政协内部提案整合机制，把调研、视察成果有效转化为提案。继续坚持面向社会征集提案线索的做法，不断拓宽言路，扩大影响。加强闭会期间的提案征集工作，增强提案的时效性。严格审查标准，加强立案审查，对同类提案、重复提案作必要的并案处理，进一步提高提案质量。

加强提案督办，切实增强提案办理实效。坚持重点提案领办、督办制度，改进重点提案办理方法，深化办前调研工作，为督办落实打下基础。对内容重要、委员关注度高、办理难度较大的提案，加强联系协调，扩大社会参与度，形成督促办理合力。推动承办单位完善提案办理制度和工作机制，采取现场办理、同类提案归并办理和部门领导督办提案等做法，丰富办理形式。探索对往年重点提案办理工作的跟踪督促，力求提案落实见效。

注重联系沟通，不断健全提案协商工作机制。开展提案办理协商的实践探索、制度创新和理论研究。加强提案工作多方沟通，建立健全承办单位、提案者、提案工作机构三方办理协商机制。完善省政协各专门委员会参与组织重点提案督办机制，充分发挥专门委员会在提案办理协商中的组织优势和专业优势。总结实践经验，规范办前调研、办中协商、办后跟踪程序，扩大参与协商的主体范围，推进提案办理协商广泛多层制度化发展。

改进工作方法，努力提升服务工作水平。完善政协提案信息管理系统，推动提案工作实现信息资源化、传输网络化和管理科学化，为提案工作提供技术支持。加强提案工作队伍建设，不断提高人员素质，提升服务工作水平。加强上下联动，邀请市县区相关机构参与提案办理工作，汇聚多方力量推动提案办理。注重与全国政协和我省地方各级政协之间的提案工作交流，相互借鉴经验，共同研究问题，提高整体工作水平。

各位委员，我国社会主义民主政治建设的不断加强，人民政协事业的不断发展，全面深化改革的不断深入，为政协提案工作提供了广阔的空间。让我们充分运用提案履行职能，多建有据之言，多献务实之策，为实现湖北“建成支点、走在前列”的总体目标作出新的更大的贡献。

在中国人民政治协商会议
湖北省第十一届委员会第三次会议闭幕会上的讲话

（2015 年 1 月 31 日）

杨　松

各位委员、各位同志：

中国人民政治协商会议湖北省第十一届委员会第三次会议，已经圆满完成了各项预定的议程，就要闭幕了。在中共湖北省委、省人大常委会、省人民政府的高度重视和大力支持下，经过全体委员和与会同志的共同努力，会议开得非常成功，取得了丰硕成果，是一次凝聚共识、汇集力量的大会，是一次发扬民主、团结奋进的大会，是一次推动深化改革、促进转型发展的大会！

中共湖北省委高度重视这次会议，省委书记李鸿忠同志出席会议并在会上发表了重要讲话。委员们一致表示，李鸿忠同志的重要讲话，对在新的历史起点上进一步推进全省人民政协事业发展具有重要指导意义。中共湖北省委副书记、省长王国生同志，中共湖北省委副书记张昌尔同志等省委、省人大常委会、省政府领导同志，省军区和武警总队、省高级人民法院、省人民检察院和省直有关方面负责同志出席会议，听取大会发言，参加分组讨论，与政协委员共商我省改革发展和法治湖北建设的大计，充分体现了省委省政府发扬民主、广纳群言的工作作风和对政协工作的高度重视、大力支持。让我们以热烈的掌声，对他们表示衷心的感谢！

会议期间，委员们以饱满的政治热情、高度的政治责任感，审议通过了十一届省政协常委会工作报告、提案工作情况的报告和本次会议的政治决议、提案审查情况的报告，围绕省政府工作报告和省高级人民法院工作报告、省人民检察院工作报告等深入协商讨论，积极建言献策，认真履行职责，展现了广大委员心系大局、情系民生的良好形象，会议始终洋溢着民主、求实、团结、奋进的良好气氛。

委员们对十一届省政协常委会工作报告和提案工作情况的报告给予积极评价，对省政协常委会过去一年的工作给予充分肯定，对在新的起点上进一步开创全省政协工作新局面充满信心。委员们通过大会发言、提交提案、分组讨论发言等形式，着重就我省改革发展和法治湖北建设中的重大问题以及涉及群众切身利益的实际问题提出了很多有价值的意见建议，反映了大量有价值的社情民意信息。

会议期间，各党派团体和政协委员共提交大会发言材料 213 篇，政协委员和列席人员围绕政府工作报告及其他报告进行小组发言、联组发言 1300 多人次，对于委员们提出的重要意见建议，省政协将认真归纳整理，尽快报省委省政府供决策和工作参考。会议期间，共收到提案 851 件，经审查立案 773 件，会后，省政协将尽快按程序交办，并加强督办，努力使提案更好发挥作用。

各位委员、各位同志，中共十八大以来，以习近平同志为总书记的中共中央就发展社会主义协商民主作出一系列决策部署，最近又专门出台《中共中央关于加强社会主义协商民主建设的意见》，全国政协也将制定贯彻落实中共中央《意见》精神的实施意见。人民政协是我国协商民主重要渠道和专门协商机构，发展社会主义协商民主为人民政协履行职能、发挥作用提供了更广阔的舞台和更有力的保障，人民政协大有可为、大有作为！政协委员是人民政协履行职能的主体，要主动适应社会主义民主政治发展的新要求，以实际行动积极推进我省人民政协协商民主制度建设，进一步开创全省人民政协事业发展的新局面。

让我们更加紧密地团结在以习近平同志为总书记的中共中央周围，以邓小平理论、“三个代表”重要思想、科学发展观为指导，认真学习贯彻习近平总书记系列重要讲话精神，在中共湖北省委领导下，团结一切可以团结的力量，凝聚一切可以凝聚的智慧，调动一切可以调动的积极因素，为加快我省“建成支点、走在前列”进程和“五个湖北”建设，为谱写中国梦的湖北篇作出更大贡献！

各位委员、各位同志，为开好本次会议，为大会服务的公安干警、武警战士和新闻媒体、各住地宾馆、洪山礼堂的工作人员都付出了辛勤的劳动，让我们以热烈的掌声向他们表示衷心的感谢！

农历新年将至，祝各位委员、各位同志春节愉快、事业有成、阖家欢乐！

在走访省级各民主党派、省工商联时的讲话

（2015年2月5日、6日）

杨 松

一年一度走访省各民主党派和省工商联活动，是一种制度性安排。今年春节比较晚，我们就把走访工作安排在春节前。同时，我们也转变工作作风，有书面材料介绍工作就不再念稿子，直接面对面座谈交流，集中时间谈一些意见建议，效果会更好。这几年，省政协工作每年都有新亮点、新进步，这是大家共同努力的结果，特别是省各民主党派和省工商联，发挥了很重要的作用。政协各界别中，组织性比较强的就是党派和工商联。你们去年的工作卓有成效，提案、大会发言、反映社情民意信息数量较多，质量也有明显提高，有一些已经变成党委、政府和有关部门实实在在的举措。所以，省政协工作得以往前迈进，要感谢大家的大力支持和积极参与。结合今年工作和你们的意见建议，我讲几点意见与大家交流。

第一，为科学编制我省“十三五”规划建言献策

今年工作，要按照中共中央提出的“全面建成小康社会、全面深化改革、全面推进依法治国、全面从严治党”的战略布局来展开，要按照省两会的工作部署来抓落实。在省政协2015年工作要点中，有一项很重要的工作就是为科学编制我省“十三五”规划建言献策。这是省政协及各参加单位、各工作机构全年的工作任务。5月下旬，省政协将召开十一届九次常委会议，将围绕我省“十三五”规划有关问题协商讨论。根据工作惯例，省委在提出关于我省“十三五”时期经济社会发展的建议之前，要征求省各民主党派和无党派人士的意见。而且，明年省两会的主要议题之一就是审议和协商讨论我省“十三五”规划。因此，省各民主党派和省工商联要充分发挥自身优势，尽早谋划，尽早开展调研，此外，还可通过提案、社情民意信息等为科学编制我省“十三五”规划提出有价值的意见和建议。

省政协协商讨论“十三五”规划的有关问题，要注重战略性、全局性、宏观性。比如，“十三五”时期我省面临的有利环境和不利条件，既要有对宏观形势的分析，也要有对我省具体形势的分析。比如，“十三五”时期我省经济社会发展要达到的目标和任务，包括指标体系。像生态环境问题，“十三五”时期要作为一个重头戏。还有，湖北全面建成小康社会面临的问题，主要的薄弱环节，应该采取的举措。比如，“十三五”时期我省重大的改革举措等等。原则上，为我省科学编制“十三五”规划的调研选题不能太小。即使着眼点比较具体，也要像俞正声主席一直所说的那样，切口可以小，但是小切口要带出大问题、带出大建议。所以，大家在这个方面还需要狠下功夫。

第二，发挥界别和专委会在委员履职中的重要作用

委员主体作用的发挥主要是通过界别活动和参加专委会的活动来实现，同时，专委会的作用很大程度上也建立在界别基础上。所以说，委员的主体作用和履职积极性、主动性，主要还是靠界别和专委会的组织协调和活动开展，只有把界别工作和专委会的工作做实，政协履职成效才能够显现。今年要在界别和专委会履职方面下功夫，进一步把界别和专委会工作活跃开展起来。省政协准备适时召开界别和专委会工作座谈会，专门研究界别和专委会建设，包括工作内容、程序、活动安排和工作举措。研究如何把界别活动搞得更加活跃和实在，如何把专委会的组织协调和服务作用发挥得更好，通过界别和专委会形成一种合力，使省政协工作再上一个新台阶。请省各民主党派和省工商联对此深入思考，届时提出意见和建议。

第三，推进政协协商民主建设

一是要切实推进政协协商民主制度建设。为加强社会主义协商民主建设，省委准备出台贯彻落实中共中央《意见》的《实施意见》，目前正在征求省政协意见，省政协党组还要认真研究讨论。人民政协是专门协商机构，要有自己的一套制度。目前，省政协正在代拟省委《关于加强人民政协协商民主制度建设的意见》。一方面，是为今年上半年召开的省委政协工作会议作准备。另一方面，全国政协正在根据中共中央文件制定政协协商民主制度建设的具体实施意见。具体到省一级，制定政协协商民主制度建设的文件肯定要比全国政协更具体，更具有可操作性。希望大家对全省政协的协商民主制度建设充分地提供意见建议。

二是要丰富协商民主内容。有的同志建议，政治协商议题的设置，不应仅仅停留在经济领域，要体现政治性。这是对的，政治协商的范畴和内容不应该有边界。去年全国政协专门就党风廉政建设召开一次议政性常委会议，省政协在这方面也要推进。除了省委组织召开的双月座谈会可以拓展协商议题外，省政协在这方面也要积极探索。

三是要探索开展民主监督工作。民主监督中有协商，履行民主监督职能是协商民主的重要实现形式。今年省政协民主监督要增加新的组织形式，先在两个专委会设立民主监督组。一个设在省政协社法委，因为社法委原来就有民主监督员，但不是以组织形式呈现，都是以委员个人身份履行民主监督职能，现在要在社法委内设一个有组织的民主监督组，具体开展法律法规实施方面的民主监督。一个设在省政协人资环委，围绕生态环境保护问题开展民主监督。以后，再根据情况设立其他民主监督组，比如，对干部作风进行监督的民主监督组。鸿忠书记在省政协十一届三次会议联组讨论会上讲了一个很明确的观点，就是政协的民主监督包括对干部的监督。要监督干部执行中央和省委重大决策部署的情况，是不是有失职渎职行为，是否存在不作为、乱作为现象。还有行政审批也可以监督。民主党派界别的委员可以参与民主监督组的工作，提出相应的批评建议。省政协要完善和拓展民主监督职能，真正把三项职能都履行起来。

第四，做好提案工作

一是提倡多提集体提案。《中共中央关于加强社会主义协商民主建设的意见》强调提高集体提案的比例，因为集体提案一般建立在界别基础上，质量比较高，对实际工作的推动成效比较显著。今年省政协全会提案质量进一步上升，集体提案尤其是各党派和专委会的集体提案数量增加、质量提高，下一步还要提倡加大界别集体提案比例，甚至可以跨界别联合提出提案。二是合并立案。省政协提案委可以组织相关委员，沟通协商，把内容相同或者相近的个人提案合并成联名提案，这样也能够减轻省直部门办理任务。三是改进提案评价机制。有的同志认为，用“满意、基本满意、不满意”来评价提案办理工作，意义不大，存在“被满意”的现象。不如直接写明，提案是已经办理、正在办理、暂缓办理或者转作工作参考。这个建议很好，具有可操作性。四是提案“回头看”工作。省政协也研究过多次，考虑到对所有提案办理开展“回头看”有困难，毕竟省政协提案委精力有限，而且政府部门工作量也难以承受。可以选择一些重点、焦点提案的办理开展“回头看”，进行跟踪问效。一方面，督促政府部门重视提案办理。另一方面，也是对委员劳动成果的肯定，调动委员履职积极性。同时，这也是省政协民主监督工作的一项重要内容。

第五，加强委员培训工作

以前省政协对委员培训工作的要求是每一届至少培训一次，现在看来应该每年都开展培训工作。今年省政协全会期间，我参加小组讨论时听到几位市县政协主席提出，希望省政协组织的学习培训能够把市县政协主席安排进来，因为市县一级没条件邀请国家级的专家。省政协去年召开的十八届四中全会精神培训大会，大家反映都比较好，授课的专家水平高、信息量很大。今年省政协考虑还要开展一次培训，可以围绕“十三五”规划制订，邀请国家级的专家，围绕经济形势、经济体制改革、经济发展格局和中国经济的未来发展走势这几个方面来授课，尽量把市州县政协主席也安排进来听课。另外，还要加强专题培训，比如政协宣传、信息等方面的培训工作。像北京市政协每周举办专题讲座，委员们自由参加，题目很广泛，我们也可以尝试。

第六，做好抗日战争胜利70周年纪念活动相关工作

根据中央和省委统一部署，我们要切实做好中国人民抗日战争暨世界反法西斯战争胜利70周年纪念活动有关工作，这项工作应该及早行动起来，武汉会战在全国乃至世界上影响很大。为推动武汉抗战纪念馆建设，省政协3月份将要召开第一次月度界别协商座谈会，要马上开始调研，因为规定的纪念日是9月3日，今天已经是2月5日，时间比较急迫，省政协文史委已经做了一些图片收集工作，其他工作也要考虑，包括广泛收集史料，特别是“三亲”史料，因为参加抗战幸存的老同志年事已高，现在需要抓紧时间。另外，纪念抗日战争的工作应该不局限在武汉市，应该在全省来开展，因为当时有许多关键的战役发生在武汉市外，比如石牌保卫战。除了在内地收集资料外，省民革有个很大的优势，可以从台湾和海外收集一些文物和史料，就像当年收集辛亥革命文物和史料一样。

第七，加强对台交流

做好对台交流工作，尤其是台湾地区基层和中南部民众的工作，显得非常急迫。这项工作，省政协港澳台侨和外事委要和省台办商量，统筹规划今年全省政协系统的对台交流工作。一是要加大交流力度。根据中央对台工作方针政策，对台交流不受次数限制，在这方面我们要加大频率，以政协名义或者党派名义，充分发挥作用。纪念抗日战争胜利 70 周年的活动要尽量邀请台湾岛内人士和在汉的台湾籍同胞参加，加强沟通。这方面，省民革和省台盟可以充分发挥自身优势与作用。二是要做好涉台信息反映以及在湖北的台湾同胞包括台商、台湾学生、台湾就业人员的工作。要在青少年层面多做工作，最近国民党选举的失利主要是因为青少年力量没抓住。去年我到台湾参观访问时就深深感到，我们去台湾接触的上层较多，接触基层民众和青少年比较少，面还是太窄，所以，我很赞成省台盟一直高度关注台生就业问题，这是一个良好的开端。

第八，解决好几个具体问题

一是为委员履职创造条件。政协委员一般不是专职，都有双重身份，其主职是所在单位的具体工作岗位，政协委员只是他们的一种政治职责。在这种情况下，我们要考虑如何尽量提供良好的履职条件，由政协统一组织安排有关的履职活动。现在比较集中的问题是关于履职工作量的计算，虽然早有文件，但是执行得不理想，主要是在高等院校。下一步的工作，首先从政协角度来说，为了准确掌握委员在政协履职的情况，以后每年年初，省政协都要给每一位委员提供全年履职情况的综合报告，一份给委员本人，让委员了解全年所做的工作，另一份送达委员所在单位，让单位知晓并酌情使用，这项工作由省政协委工委落实负责。其次，建议省委统战部和省委高校工委商量，今年举办一次高校党委书记培训班，内容是新时期统战工作和协商民主工作、人大代表和政协委员的履职要求，统一思想、提高认识，尽量为委员更好发挥作用提供必要的条件。再次，大家提出，委员履职的一个重要方面是如何更好地在专委会发挥作用，意见非常好，省政协专委会年度计划制定以后，要通知到专委会的所有委员，征询委员参加年度活动的意见，便于委员衔接本职工作，做好准备。

二是民主党派调研发函。现在就明确下来，凡是省政协安排的活动、属于政协工作范畴的民主党派调研，一律以省政协办公厅的名义统一发函，不管走到哪个地方都由政协来统一安排，这样做，调研效果更好些。当然民主党派自身的活动就由你们自己安排，比如作为界别履行职能的工作，需要省政协办公厅帮助的，请你们及时提出来。

三是议政性协商会议的列席安排。有的同志提出，要在省政协全体会议上增加民主党派的列席人员，这可能有一定难度，因为现在列席人员已经快超过政协委员，而且文史馆、参事室和县市区政协主席的列席是必然的。可以考虑在省政协议政性常委会议、常委专题协商会、月度界别协商座谈会上增加一些列席人员，特别是涉及到对某个专题有研究的民主党派成员，哪怕不是政协委员，只要是对问题有专门研究的专家学者和实际工作者，省政协都可以邀请列席，请省各民主党派和界别根据省政协年度协商计划，有针对性地提出建议。

四是武昌文庙建设。这个提议很好，将来可以考虑和问津书院建成一个体系，还可以考虑将其他有老文庙的市州也纳入，通盘谋划，以省民进的建议作为基础，省政协文史委与你们联合起来，共同推进。

五是继续关注长江黄金水道建设。去年我督办长江中游航运中心建设的提案，采取省内外充分调研、提案调研与办理协商有机结合等形式，通过办理提案来推进这项工作。今年长江中游航运中心和整个长江黄金水道建设仍然是省政协关注的重要专题，尤其要推进航道建设，建议省民进继续跟踪这个提案。

六是关注汉江水资源管理分配的体制机制问题。汉江水资源的管理与分配，现在没有统一调度，水资源的管理分配、调水的利益补偿机制、水生态的保护等也不明确。要从汉江全流域的角度考虑提一个全国政协提案，提案写好后，可以请住河南和陕西两省的全国政协委员一起联名提交，这项工作意义重大，是保证南水北调中线工程能否有序调水的一个核心问题。

七是继续做好民营经济长期跟踪课题调研。民营经济长期跟踪调研课题是本届省政协定下的十一个题目之一，是省工商联主席牵头的一个课题。现在杨玉华同志要接手此项工作，重点关注涉及民营经济发展环境中存在的主要问题和对策。我建议，今年要研究新常态下对民营经济应该采取的对策。因为过去民营经济发展在很大程度上依赖于政府支持和优惠政策，新常态下是在一种公平的市场环境下参加竞争，在这种情况下民营经济如何发展，是一个大问题。还有，如何贯彻十八届四中全会精神，打造民营经济健康持续发展的法治环境，这也是一个大问题。省工商联可以和省政协经济委联合起来，组织一些跨界别的调研活动，这样就可以把省工商联在省政协的活动搞得更活跃一些。

八是开好经济形势分析会。省政协的经济形势分析会应该邀请省工商联参加。但是作为省工商联的代表，在经济形势分析会上发言，事先要有比较好的准备，要站在全省的高度，提出管用的意见建议。目前省政协层面的经济形势分析会，一年只有两次。但是省政协经济委内部的经济形势分析，应该每个季度都要开展，省工商联的成员都可以参加。因为进入新常态以后，经济形势变化很快，需要研究的问题瞬息万变，研究力度小了跟不上形势，提出的建议容易过时。

九是提高开放型经济水平。现在湖北经济最大的短板之一就是开放不够，开放度低，大家都比较关注这个问题。省致公党有侨海优势，要在这方面发挥更大作用。现在湖北籍的海外华人很多，要发挥好他们的作用、利用好省致公党很多成员都有海外关系这一优势，努力为提高湖北的开放型经济水平多作贡献。

以上，我从几个方面与大家交换了意见。今后，我们要继续做好政协各方面的服务工作，给大家创造一个很好的工作条件、搭建更多的参政议政平台。

关于民革湖北省委员会的履职情况介绍

（2015年2月5日向省政协杨松主席一行的情况汇报）

郑心穗

尊敬的杨松主席，各位领导、同志们：

在春节即将来临之际，省政协杨松主席、范兴元常务副主席一行莅临民革湖北省委会慰问座谈，听取工作意见和建议，体现了政协发扬民主、关心党派、联系实际、开拓务实的作风。在此，我们代表民革湖北省委会和全体机关干部职工，向各位领导和同志们的到来表示热烈的欢迎和衷心的感谢！

2014年，在民革中央和中共湖北省委的正确领导下，在省政协、省委统战部的指导帮助下，民革湖北省委会认真学习贯彻中共十八届三中、四中全会及习近平总书记系列重要讲话精神，以全面开展坚持和发展中国特色社会主义学习实践活动为主线，切实加强自身建设，紧紧围绕湖北改革开放大局，认真履行参政议政、民主监督职能，积极促进祖国和平统一大业，各项工作取得新的成绩。下面把省民革过去一年的重点工作，以及对省政协工作的意见和建议做一简要汇报。

一、广泛深入开展坚持和发展中国特色社会主义学习实践活动，夯实共同的政治思想基础

认真组织开展坚持和发展中国特色社会主义学习实践活动。省委会在充分听取各方面意见的基础上，下发了《坚持和发展中国特色社会主义学习教育实践活动的决定》，并研究制定了工作方案。召开了全省民革坚持和发展中国特色社会主义学习实践活动动员会，邀请民革中央副主席何丕洁作专题辅导报告，省委统战部有关领导出席会议并作讲话。民革省委委员和直属总支、支部主委，民革党员中的省人大代表、省政协委员，民革各市州委员会专干及总支、支部负责人共 150 余人参加会议。动员会体现出规格高、规模大、动员广、触角深的特点，吹响了民革全省开展坚持和发展中国特色社会主义学习实践活动的集结号。省委会成立了学习实践活动领导小组，由主委任组长，副主委任副组长。制定了《民革中心组 2014 年学习计划》和《民革湖北省委会机关 2014 年学习计划》。省委会还发放《湖北省统一战线开展坚持和发展中国特色社会主义学习实践活动学习资料汇编》700 余册，作为机关干部和民革党员进行学习的参考书目。下发《民革党员思想状况调查问卷》300 份，通过“时势政策”、“个人价值观”、“多党合作和民革历史认识”、“对学习实践活动的意见和建设”等几个版块，运用抽样分析的方法，获得了全省党员的第一手思想状况资料。省委会重点抓好“亲历者赞”等 13 项学习实践活动载体，使得学习实践活动有部署、有抓手、有辅导、有督导，活动开展得特色鲜明、

生机勃勃。各市州委会也相继召开了动员大会，并成立了学习实践活动领导小组，将学习教育实践活动与学习贯彻中共十八大和十八届三中、四中全会精神结合起来，通过学习培训、交流座谈、辅导讲座、演讲征文、表彰优秀等形式把学习实践活动推向深入，政治思想教育成效进一步得到巩固和加强。

积极开展民革前辈史料采集工作。民革中央站在历史和长远的高度全面部署民革前辈史料采集工作。这项工作具有深远的历史和现实意义，也具有时间上和任务上的紧迫性和艰巨性。省委会高度重视此项工作，认真谋划，精心准备，先后赴北京、广东、云南等省市，对 10 名黄埔老人、民革前辈和抗战老兵的抗战经历，以口述史料记录和实物资料佐证相结合，顺利完成了民革前辈史料采集工作。先后采访相关人员 20 余人次，摄制视频资料 24 小时，采集手模 6 个，题词 8 幅。经过字幕校对、文案创作、音乐配制，为每人制作成 60 分钟的专题片。并以此为基础，提炼和制作出 8 分钟的专题视频汇报片，使民革前辈史料采集工作音像、视频、实物和文字资料成为一体，为民革前辈留下了珍贵的史实资料，也为湖北民革留下了一份宝贵的精神财富。

不断加强社会宣传平台建设。2014 年，省委会继续充分发挥主流媒体、民革网站、《团结报》湖北记者站及《湖北民革》杂志等传统宣传阵地作用，并积极参与《政协手机报》供稿工作，使民革宣传工作向多元化、立体式、全方位方向发展。省委会加强与《团结报》、《湖北日报》、湖北电视台等主流媒体合作。省委会网站突出民革特色和反映基层工作动态，增加了“坚持和发展中国特色社会主义学习实践活动”专题栏目。网站用稿数量和质量得到较大提升，在视觉上形成了文字和图片的交相映衬，可读性进一步增强。据不完全统计，2014 年各级组织积极报送宣传信息稿件 400 余篇，图片 200 余幅，网站点击量突破 130 万次。《湖北民革》杂志坚持重心下移，以“贴近基层”、“贴近党员”、“贴近民生”为工作原则，围绕省委会工作重点和特色亮点工作展开，先后出刊了深入学习中共十八大、十八大三中、四中全会精神、坚持和发展中国特色社会主义学习实践活动等专刊、专栏和专辑，增加“党员风采”等栏目。从不同侧面和层次宣传介绍我省民革组织各方面的工作情况，起到很好的宣传作用。

不断深化参政党理论研究。省委会继续依托湖北省统一战线理论研究会、湖北省参政党理论研究专委会及省政协理论研究会三个平台，整合党内资源，强化队伍建设，完善工作机制，深入开展理论研究。以“国家治理能力现代化与参政党履职研究”为主题，组织党内专家撰写文章，向湖北参政党理论研究专委会提交论文 7 篇。在湖北省参政党理论研究会第八届年会上，民革提交的论文荣获 3 个二等奖，2 个三等奖。在省政协人民群众工作理论研究会议上，民革提交的论文荣获优秀奖。

二、围绕中心、服务大局，不断提高参政议政质量和水平

高层协商有效推进。过去的一年，中共湖北省委、省政府召开的“双月座谈会”、“民主协商会”、“征求意见会”、“情况通报会”以及省政协常委专题协商会等高层协商会议近 20 次。省委会积极发挥党员专家的智力优势，围绕每个会议协商议题组织专班人员，作深入调查研究，反复论证分析、修改完善建言材料。省政协对党派调研工作给予了大力支持，帮助联系上海、武汉、荆州、随州、大冶、武穴等地政协，协调安排调研

组活动，保障了调研工作的顺利进行。在省政协议政性常委会上，民革省委会作了《关于确保我省农产品质量安全的对策建议》、《关于我省推行市场准入负面清单管理模式的建议》、《关于推进我省县（市）科技创新工作的建议》等3次发言，所提意见和建议得到了与会领导和相关部门的高度重视，民主协商成效进一步增强。

提案质量不断提升。省委会高度重视做好省“两会”大会发言和政协提案工作，充分发挥民革人大代表和政协委员参政议政作用，在政协湖北省十一届二次会议上，省委会共向大会提交了《加快我省养老服务体系建设，积极应对人口老龄化》等大会发言12篇，《关于加强我省环境保护产业发展的建议》等集体提案24篇，委员们提交个人提案25篇。省委会集体提案《关于合力打造长江黄金水道，推进长江中游水运发展的建议》被列为省长领办件，由王国生省长领办；《加强农村生态环境保护，夯实生态湖北建设基石》、《关于完善我省被征地农民社会保障工作的建议》等两篇集体提案、《关于我省油茶产业发展的建议》等两篇个人提案被列为省政协主席督办件；《关于加快落实我省建筑装饰行业强制联结等电位装置的建议》被省住建厅采用，并根据提案建议内容出台了《关于进一步加强住宅卫生间局部等电位联结管理的通知》文件。《关于加快我省广告产业发展的建议》被省工商局采用，省政府下发了《加快全省广告业发展的意见》。全年共收到32个部门的50余件答复，提案办复率100%。民革省委会提交的《加强农村生态环境保护，夯实生态湖北建设基石》等三篇集体提案、《关于大力发展湖北省油茶产业推动绿色经济崛起》、《关于加大农业大户农业财政补贴的建议》等两篇个人提案被省政协评为优秀提案。省委会充分发挥参政议政工作机制的保障作用，各专委会认真选题、深入调研、积极撰写，为政协湖北省十一届三次会议准备12篇大会发言、22篇集体提案。

积极发挥民革界别作用，与省政协人资环专委会、社会法制专委会联合开展视察调研活动，就我省养老服务体系建设问题深入武汉、孝感、宜昌了解掌握基层情况，赴上海、河南调研学习养老服务体系建设的先进经验。在省政协组织省发改委、民政厅、财政厅等近10个相关职能部门参加的专题协商会上，民革界别委员做了重点发言，从加大政府投入力度、促进医养融合方面提出意见和建议。

信息工作取得新进展。省委会以狠抓信息质量为着力点，重点创新完善反映社情民意信息工作机制。今年，我们参照民革中央的做法，研究建立了省委会常委反映社情民意信息工作的机制，建立常委报送信息制度。鼓励和提倡全省各级组织的主委、常委和委员会组成人员，俯下身子，带头撰写反映社情民意信息。同时，通过完善针对基层组织的目标责任考核机制和建立特邀信息员制度，加强了对基层组织的信息工作指导，充分调动了基层组织反映社情民意信息工作的积极性。一年来，省委会筛选、整理、撰写、上报信息151篇。被全国政协采用3篇，中央统战部采用9篇，省委领导批示1篇，省政协采用72篇。其中，《省委今日重要信息》采用1篇，省委办公厅《湖北今日重要信息》采用14篇，省政协《社情民意专报》采用25篇，转报转送47篇；被民革中央单篇采用12篇，综合采用1篇。在年终进行的反映社情民意信息工作考评中，民革湖北省在民革全国30个省（市）委会和8个专委会中排名第12位，获得湖北省政协反映社情民意工作二等奖先进单位荣誉称号。

三、深入开展基层组织“达标创优”活动，组织工作迈上新台阶

强化领导班子建设。省委会按照民革中央和省委统战部的要求，切实加强领导班子建设。坚持完善民主集中制，建立主委办公会议制度。以“坚持和发展中国特色社会主义学习实践活动”为载体，通过中心组学习、主委会议、常委会议等不同形式的学习，认真学习中共十八大、十八届三中、四中全会精神，强化领导班子成员的政治理论水平。省委会班子成员积极参加统战部组织的高层读书班和专题培训班。认真撰写理论学习体会文章，总结多党合作和参政党建设的经验。按照民革中央关于各级领导班子成员要参加支部活动的要求，各级领导班子成员更加注重下基层参加支部活动，“接地气”、访实情，帮助基层支部“接天线”、谋发展。

加强后备干部培养使用。认真贯彻落实《中共中央关于加强新形势下党外代表人士队伍建设的意见》精神，建立健全后备干部的选拔、培养、使用、管理机制，通过教育培训、轮岗交流、挂职锻炼等途径，加强对后备干部的培养，为优秀干部脱颖而出搭建平台、创造条件。积极做好干部举荐、安排和挂职锻炼工作，一批优秀干部分别在高校、省直和地方政府部门任实职，余翔同志赴黄冈市挂职锻炼。

筑牢基层组织基石。一年来，省委会以开展支部“达标创优”工作为抓手，大力加强基层组织建设，基层组织的活力、凝聚力和战斗力不断增强。经过一年多的创建，共有 29 个市州基层组织获得优秀支部称号。“达标创优”工作得到民革中央万鄂湘主席的充分肯定。

做好党员培训和发展工作。省委会十分重视对领导干部和骨干党员的培训。民革界别政协委员积极认真参加省政协组织的新委员培训班、学习十八届四中全会精神培训班及专题报告会，不断提高履职能力。省委会在省社院举办了第 30 期新党员培训班，对 100 名新党员进行了系统培训；选送党员在中央社院参加了第十期民革中青年干部培训班、在省社院参加了湖北省 2014 年民主党派中青年骨干培训班。省委会以社会法制领域为重点，积极发展素质高、代表性强的党员，全年发展新党员 166 名。截止 2014 年 12 月底，全省党员达到 3517 人，党员结构进一步得到优化。

完善党内监督。一年来，省委会监督委员会先后赴荆州、宜昌等市委会进行实地调研，召开座谈会，了解各市委会在遵守民革章程和多党合作政治原则，执行组织决议、决定和工作部署，执行民主集中制、廉洁自律和履行职责、民主作风建设等方面的情况，对贯彻民革中央监督条例和省民革规则及加强市级组织内部监督工作进行了指导。省委会监督委员会全年协助民革中央监督委员会办公室处理反馈信件 2 件，批转处理信件 2 件，接待来访人员 5 起，及时妥善处理了有关问题。

提高机关建设水平。省委会认真落实中共中央“八项规定”和中共湖北省委“六条意见”的要求，以目标管理和制度管理为抓手，以提高机关执行力和能力建设为目标，以创建全国文明城市为契机，坚持以人为本，健全规章制度，努力营造谋事、干事、成事的机关文化，创建“五型”机关，取得较好的成效。进一步完善市州专职领导会议制度，建立工作考核奖励机制，有力地促进了各地工作的发展。切实推进节约型机关建设，严格控制“三公”经费支出，倡导厉行节约，反对铺张浪费。2014 年，12 名干部推荐 1 名

主任科员赴省政协进行挂职锻炼，新招录公务员 2 名，进一步调动了干部职工的积极性。

四、扎实推进“博爱—牵手”活动，社会服务工作取得新成效

开展定点帮扶工作。2014 年，按照省委统战部和省扶贫办的要求，省委会做好英山县的定点扶贫工作。为扶持英山茶业产业发展，省委会联系省农行为志顺公司茶产业升级提供融资授信；省委会根据英山县绿色乡村建设和水利基础设施建设要求，分别向省林业厅申报《关于申请英山县石龙头村绿色示范乡村建设项目资金支持的报告》、向省水利厅申报《关于申请英山县农村水利基础设施项目资金的报告》，省林业厅、水利厅都给予了项目资金支持。为推动英山县乡村旅游发展，省委会联系湖北大学旅游专家团队帮助英山县制定乡村旅游发展规划。

积极沟通协商，争取北京市民革对南水北调水源地十堰对口帮扶。2014 年 9 月，民革中央副主席、民革北京市委会主委傅惠民率十余名北京民革知名企业家来鄂开展“十堰思源行”对口协作活动，将企业的优势与十堰的经济社会发展基础相结合，提出了一揽子有针对性和可操作性的意向性援助项目。

开展法律咨询支医助教活动。民革各级组织充分发挥民革人才集中优势，积极搭建服务平台，通过服务进社区、送法送医下乡等活动，为困难群众提供服务。省委会和民革立丰律师支部在光谷太阳城社区联合开展法律服务进社区活动，党员律师现场解答居民法律咨询，深受群众欢迎。省委会组织基层医卫人员参加民革中央与香港仁丰慈善会联合开展的“公益医疗技术培训”，天门、赤壁、英山以及孝感 60 多名基层医卫人员参加培训。

开展“博爱—牵手”活动。民革各级领导干部率先垂范，深入基层支部，关爱孤残弱势群体和抗战老兵，帮助困难群众解决实际困难，送上组织温暖，受到社会广泛认可。目前，博爱—牵手活动已成为民革品牌，社会影响力在不断扩大。黄石市黄石港总支被民革中央评为全国优秀基层组织。据不完全统计，全省民革组织全年共开展“博爱—牵手”活动 120 余次，捐款捐物价值 140 余万元，受益党员 1344 人，法律援助受益人员 680 余人次，资助困难学生 68 人。

此外，首义书画院发挥民革书画家联系纽带作用，宣传高雅艺术，举办了 2014 年迎春笔会，组织书画院成员赴黄冈开展书画活动。湖北民革首义书画院在黄冈成立书画院鄂东南创作基地，为活跃书画艺术创作奠定了良好的基础。

五、广泛开展鄂台交流交往，祖国统一工作进一步加强

强化祖统工作政策学习。省委会认真学习贯彻中共十八大有关推进祖国统一的战略部署，学习习近平总书记就深化和巩固两岸关系和平发展提出的四点重要意见。邀请省台办负责人作《深刻领会习总书记讲话精神，准确把握中央对台方针政策》的专题辅导报告，提高了祖统委员、机关干部、基层支部党员对祖统工作的认识，让党员及时了解中共中央对台方针政策和台湾岛内形势动向。

鄂台交流交往不断加深。省委会按照民革中央祖统工作“三个坚持”精神，进一步加强涉台交流。通过台湾新同盟会、台北湖北同乡会两大岛内工作平台，继续做好省委

会的"品牌"工作。组织接待台湾农业专家及民革中央经济委员会专家联合考察团赴团风县，调研论证罗霍州州滩利用开发项目。配合民革中央，组织好台湾新同盟会会员（会友）大陆参访团一行到武汉的参访活动。探望、拜访台湾新同盟会会长许历农先生，向台湾新同盟会成立 20 周年致电表示祝贺。组织台湾新同盟会 2014 会员参访团在湖北参观考察。

涉台参政议政成效不断提高。省委会充分发挥祖统专委会的作用，围绕两岸和平发展的重大课题，在涉台参政议政方面积极建言献策。完成了 2 篇高质量参政议政成果，其中"关于进一步拓展鄂台旅游交流合作的建议"作为省政协大会发言。配合民革中央对台工作重点提案《加强两岸四地消费者权益保护合作机制建设的提案》，到武汉大学进行联合调研。做好"关于加快推进台生和其他台湾居民在鄂就业试点工作的建议"调研工作，省委会专门致函省台办，并与相关部门负责人进行座谈交流。为做好纪念抗战胜利 70 周年的提案，参加关于纪念抗战 70 周年重点课题座谈会，听取专家意见，拓展思路。通过不断整合资源，加强对口联系，做好台情研究，创新工作思路，全面提升了祖统工作的能力和水平。

此外，为弘扬中山精神和辛亥首义文化，保持民革传统和特色，省委会坚持每年举办孙中山诞辰和逝世纪念活动及中秋主题茶话会，组织辛亥后裔参观考察。

回顾过去一年的工作，我们取得的成绩，是民革中央和中共湖北省委正确领导的结果，是省政协和省委统战部指导帮助的结果，是民革各级组织和广大党员团结实干、奋力拼搏的结果。在此，我们对各位领导的关心、支持和帮助，致以诚挚的敬意和衷心地感谢。

在肯定成绩的同时，我们清醒地看到工作中仍然存在许多不足。如在政府、司法机关实职安排不多，党员发展和后备干部力量储备有待加强；参政议政质量水平有待进一步提高；服务社会的形式、内容还不够丰富；祖统工作领域和渠道有待进一步拓展等等。我们将在新的一年高举中国特色社会主义伟大旗帜，以邓小平理论、"三个代表"重要思想、科学发展观、习近平总书记系列讲话精神为指导，认真学习贯彻中共十八届三中、四中全会精神，以坚持和发展中国特色社会主义学习实践活动为统领，以加强自身建设为基础，以适应新常态、推进湖北"建成支点、走在前列"为重点，认真履行参政党职能，不断提高参政议政水平，努力开创湖北民革工作新局面，谱写改革开放、依法治国和多党合作新篇章，

对省政协工作的意见和建议：

去年 2 月 8 日杨主席一行在此调研，我们所提意见和建议一一得到落实：仅仅 2 个多月之后，民革机关年轻干部刘磊即到省政协机关锻炼成长；民主党派与政协专委会联合调研活动已列入政协全年工作计划，界别作用进一步得到发挥；积极推进社会主义协商民主的规范化、制度化建设等等。我们对省政协、省委统战部真诚听取民主党派呼声，积极落实党派所提意见和建议表示由衷的敬佩。下面对进一步做好政协工作提出四项意见和建议：

1、今年是抗日战争胜利 70 周年，省政协将要组织系列纪念活动，我们希望发挥民革的优势和特色，参与到纪念活动中。比如可共同调研推动武汉抗战纪念馆建设。

2、2015年3月12日是孙中山逝世90周年纪念日。一般逢整年的纪念活动更加隆重一些。今年的纪念活动是否与去年不同，建议尽早考虑安排。

3、促进祖国和平统一是民革的重要职能。希望加强省民革与政协港澳台侨和外事委员会的工作联系，协同开展对台交流交往工作。我们每年都要组织台湾同胞来鄂参访，拟请政协参加给与指导支持。

4、政协将要出台加强委员履职能力建设的意见，希望对委员履职提供必要的条件，在出台的相关文件中予以明确规定。

关于九三学社湖北省委员会的履职情况介绍

（2015年2月6日向省政协杨松主席一行的情况汇报）

田玉科

尊敬的杨松主席、范兴元副主席：

值此2015年新春佳节即将到来之际，杨松主席和范兴元副主席来到九三学社湖北省委走访，我代表九三学社湖北省委领导班子和各级社组织及广大社员表示热烈地欢迎，祝各位领导阖家幸福，身体健康，万事如意！

下面，我简要介绍一下九三学社湖北省委在2014年里，履行职能和加强自身建设上的主要做法：

一、履行职能

2014年，九三学社湖北省委在九三学社中央和中共湖北省委的领导下，紧密结合国家和湖北省的发展重点和工作重心，围绕加快湖北跨越式发展、“两圈一带”发展战略，在加强和创新社会管理、发展现代服务业、改善民生等重大问题的基础上，突出重点，充分发挥各专委会和社员专业优势，选好课题，深入调研，积极参与省政协的调研课题，为全国政协和省政协会上提交高质量提案做准备。同时注重发挥社员作用，通过人大、政协两个舞台，积极开展反映社情民意，民主监督等工作。继续围绕双月座谈会、协商会和省政协议政常委会的议题开展调查研究，积极建言献策，力争调研成果进入省委、省政府的决策程序，为我省经济建设社会发展作出应有的贡献。继续抓好提案面复工作，使提案工作落到实处并做好提案追踪工作。

在政协湖北省十一届二次大会上，社省委共提交大会发言15篇，其中，以社省委名义提交的大会口头发言1篇，书面发言9篇；提交集体提案14篇。《防范湖北省内地方融资平台隐蔽融资，规避监管的金融风险集聚问题》作为省政协主席督办案，于10月召开了现场督办会，省政协提案委、省政府金融办等有关部门及我社省委领导参加了会议。

去年6至10月，我社省委已完成了政协湖北省十一届二次会议上以社省委提出的提案的上门面复及书面答复工作，14篇集体提案已全部以“满意”结案。

在2014年3月召开的全国政协大会上，我社省委向九三学社中央提交的《关于完善农村土地承包经营权流转制度的建议》被选作九三中央名义的全国政协提案，受到社中央的奖励。

2014年，社省委承担了来自社中央、省委统战部和省政协分别涉及农业、经济、医卫等领域的8大课题任务。如，省政协界别课题“大力发展我省战略性新兴产业”，该课题是由社省委与省政协经济委员会共同完成的。省政协主席杨松、副省长曹广晶还做了重要指示。

社省委承担的省政协主席长期跟踪调研课题“医卫体制改革”这一长期跟踪调研课题的任务。2014年选取了8个市开展调研活动，我社各市级地方组织积极响应，现8大课题已全部圆满完成，11篇稿件被分别采纳为省委统战部双月座谈会、省政协常委会和界别协商会的专题发言。

2014年，社省委积极利用社中央的优势与之联合开展了如《三峡库区农业面源污染防治情况》和《西南地区水力资源开发现状与建议》等调研，这两项调研成果分别被中共中央政治局常委、国务院总理李克强、张高丽同志和国务院副总理汪洋同志批示有关部门，“要认真研究九三学社提出的建议”。《关于以现代技术提升城市治理能力的建议》的调研成果已成为直通车报送到中共中央，获得了中共中央的好评和肯定。

二、自身建设

（一）思想建设。面对复杂的国际形势和中国经济转型的新形势，社省委更加注重夯实思想教育的阵地，不断加强对中共十八届三中、四中全会精神的学习和理解，通过学习和研讨等多种形式，使我们在政治上更加坚定，更好地传承和弘扬九三学社老一辈与中国共产党亲密合作的优良传统，坚定理想信念，锤炼品格，真正做到与中国共产党在思想上同心同德，目标上同心同向，行动上同心同行，不断巩固多党合作的政治基础。

1、不断推进学习实践活动，深入开展。2014年，社省委按照社中央与省委统战部的统一部署，有计划、有步骤推进“坚持和发展中国特色社会主义学习实践”活动，在全省社组织中深入开展。2月，社省委领导班子、地方主委参加了湖北省统一战线学习实践活动骨干读书班，聆听了中共湖北省委副书记、省长王国生等七名常委作的辅导报告。5月和11月，社省委主委田玉科分别参加了九三学社中常会和中共湖北省委座谈会，就学习实践活动的情况进行了交流。社省委还组织各市委会对学习实践活动进行了阶段性总结并对200余人进行了《对坚持和发展中国特色社会主义理论认知》调查问卷。

为使我社省委学习实践活动更加深入，10月，社省委借六届七次常委（扩大）会之机，邀请九三学社中央委员、社史研究中心、思想建设研究中心研究员、社中央学习实践活动宣讲团成员许进作“我对九三学社的几点认识”的专题报告，并邀请参加在省社会主义学院学习的2014年新社员学习班的全体学员和社内骨干一起聆听这一精彩报告。除此之外，社省委还积极组织机关人员参加各种培训。据统计，截止2014年11月底，全省各级社组织召开的学习实践活动报告会、座谈会60余次，举办培训班30余次，约1500

人参加。

2、建立九三学社传统教育基地。涂长望是我国著名气象学家、出色的社会活动家和知名的教育家、九三学社的创始人之一。位于武汉的涂长望陈列馆展示了他生前的光辉事迹，铭刻了他的研究成果，更传播了他一生奋斗无懈怠的风尚与情操。社省委与武汉市气象局协商，去年5月，将该陈列馆作为九三学社湖北省委传统教育基地，为我们开展中国特色社会主义学习实践活动，加强九三学社社员思想政治教育提供了重要场所。社中央主席韩启德专门为涂长望陈列馆新馆题写馆名。

在12月上旬，社省委利用组织社内省政协委员、专委会主任和省直基层组织负责人，到红色革命老区红安县开展革命传统教育活动，先后瞻仰了李先含故居和红安县鄂豫皖革命烈士陵园，大家通过观看实物展出和影片，深深地为革命先烈的无私奉献精神所感动。

3、开展征文活动。社省委积极配合社中央并结合我省的实际开展“坚持和发展中国特色社会主义征文活动”，共征集互48篇论文，并从中选取了46篇，编撰成《同心、使命、筑梦》征文集。同时从中遴选部分论文上报社中央。11月，在“九三学社坚持和发展中国特色社会主义专题论坛”上，我省社员文明与赵迎红应邀作主旨发言，我省共有8篇论文入选论坛论文集，入选数量居全国省级组织第三位。

4、举办演讲比赛。10月15日，社省委组织开展“同心比贡献、共筑中国梦”演讲比赛，来自各地市州和省直基层组织的14名优秀选手参与最终角逐，约70名九三社员现场观摩。经特邀评委评选，九三学社襄阳市、荆州市委会获演讲比赛组织奖；李彩霞等选手获个人奖项。演讲比赛给广大社员和各级社组织提供了一次难得的展示机会，引起了大家广泛的共鸣。

5、拓展宣传阵地。为了加强与社员的沟通，强化宣传效果，我们积极探索新形势下思想工作的规律和特点，5月初，社省委开通了微信公众号，及时向广大社员传递信息，有效增强了组织的凝聚力和影响力。在做好社内宣传的同时，我们还加大对外宣传的力度，积极向有关报刊媒体投稿，据统计2014年社省委共有20篇稿件在《团结报》、《人民政协报》、《湖北日报》和《世纪行》杂志上发表，其中《团结报》13篇，《湖北日报》4月25日的头版头条刊登了社省委提供的稿件。社省委选送的一篇言论获湖北省第十五届政协好新闻二等奖。

（二）组织建设。继续实施人才强社战略，积极稳妥地做好全省组织发展工作。全省2014年共发展新社员190人，发展率为5%，省直新社员高级职称比例达52%，获得硕士、博士学位的新社员占69%。从总体上看，组织发展工作体现了积极稳妥的原则。新社员素质较好，组织发展速度也较为适中。通过组织发展，全省社员人数已近4000人。

贯彻落实九三学社中央《关于进一步加强组织建设的若干意见》及九三学社湖北省委《关于进一步加强组织建设的实施意见》，为进一步加强领导班子建设，不断完善社省委制度建设，起草了《九三学社湖北省委社员代表常任制度及社员代表列席全委会制度（讨论稿）》、《九三学社湖北省委领导班子成员谈心和民主生活会制度（讨论稿）》、《九三学社湖北省委领导班子成员述职考评制度（讨论稿）》、《九三学社湖北省委巡视督导工作制度（讨论稿）》，并提交社省委主委会议研究通过。

根据社中央要求及省委统战部的统一安排，去年7月份完成了社省委领导班子后备干部队伍民主推荐工作。荆门市委会领导班子完成了届中调整工作。经社省委推荐2位青年骨干担任省属高等院校副厅级实职，3位同志被选派到黄冈、恩施挂职锻炼。为完善组织管理体系，加强后备干部队伍建设，完成了省委统战部部署的党外干部“千人工程”名单，建立了全省九三学社干部队伍的“十个名单”，完成了党外代表人士档案收集工作，基本完成了九三学社组织管理系统全省近4000多名社员的资料录入，并进行了验收。

根据九三学社中央要求，开展了全省组织建设调研工作。通过发放调查问卷、举行省直基层组织负责人参加的小范围调研会议、听取基层组织的工作汇报，共同分析工作中存在的问题，提出针对性的解决办法，在此基础上形成了《九三学社湖北省委组织建设调研报告》报送社中央。同时提出了在省直基层组织开展达标创优活动的试点方案，以扎实推进基层组织工作。

社省委注重人才培养，年内成功举办了新社员学习班，约有60名新社员参加了学习培训。通过向新社员发放《新社员调查问卷》、分组讨论座谈等形式，对新社员的基本情况、入社动机，新社员对党的大政方针、多党合作的基本认识以及意见建议等进行了调研，形成了调研成果。

推荐了1人参加了在中央社院举办的民主党派干部进修班的学习；推荐2位同志参加了由九三学社中央举办的中青年骨干培训班；推荐了1位同志参加中央社院民主党派干部培训班学习；先后选派了13位社内骨干参加在省社院举办的民主党派中青年骨干培训班。

在基层组织建设方面，2014年新成立了1个基层委员会和1个支社，完成了任期届满基层组织的换届工作，与潜江市委统战部就市委会领导班子的中间调整进行了多次沟通和协商，相关工作正在推进之中。

2014年，按照社中央要求，社省委已完成九三学社中央组织建设先进集体、优秀组工干部的推荐工作，报送了3个先进集体、8名优秀组工干部。上报了社省委列席社中央全会代表名单。研究制定了《九三学社湖北省委先进基层组织评选办法》、《九三学社湖北省委优秀社员评选办法》，开展了社省委先进基层组织、优秀社员的评选表彰活动。2014年，全省发展新社员保持5～7%的年增长率，注重人才质量，新社员高级职称比例保持在40%左右。加强对地方和省直基层组织发展工作的检查指导，确保组织发展质量，进一步改善全省社员的界别、年龄、知识结构，夯实组织基础。继续加强领导班子建设和后备干部队伍建设。积极筹建社内监督委员会；拟举办九三学社湖北省委领导干部研讨会，就全省实职安排及各项社务工作进行交流研讨，继续做好对新社员的培训工作，办好新社员学习班；做好后备干部队伍的培训和选拔，加强对基层领导骨干的培训，推荐和选派一批优秀中青年骨干参加中央社院及省社院的学习培训。积极推荐社内干部到县市区挂职锻炼；继续向省委统战部推荐九三的优秀干部，争取实职安排工作有新的突破。

（三）社会服务。以创新精神，探索社会服务的新路子，整合各社市委的资源，围绕构建中部崛起战略支点、同心品牌战略、五个湖北的建设多做实事。积极配合九三学社中央“亮康行动”和新农村建设中为村基地设九地合作等活动的开展，加强横向、纵向合作。社省委在9个市级地方组织都有社会服务基地，取得了良好的社会效果。继续开展预防艾滋病宣传活动，使社省委这一坚持了十多年的品牌发扬光大，在2014年里，为了做好统战系统定点帮扶湖北黄冈市英山县的相关工作，社省委组建了包括茶叶、畜牧养殖、渔业、粮种作物、经济作物、动物医学、农业产业、食品安全、农产品深加工、土壤质量、规划等方面共12人的第一批专家团队，利用英山润禾农业公司建立了“九三学社专家社会服务工作站”，并多次组织社内专家到工作站现场指导，现在，该工作站已成为我社省委发挥自身优势和九三社员科技专长为地方经济社会献计出力的重要平台。利用我社省委在医疗卫生方面优势，为英山县卫生系统 20 位普外医生提供免费培训。社省委还拟与同济医学院护理学院联系，对英山县的护理人员进行培训。

社省委坚持传统，开展贫困艾滋病患者家庭帮扶活动。去年11月，社省委由一位副主委带队，邀请桂希恩教授赴赤壁开展慰问关怀贫困艾滋病家庭的活动，共为8个贫困家庭送上了棉被、大米、食用油等过冬物资。据不完全统计，自2010年开始开展贫困艾滋病患者帮扶活动以来，社省委已累计为53个贫困患者及家庭提供了援助。

截止到2014年11月，社省委共整理上报各类信息187篇，其中上报社内各地方组织、基层组织、社员反映的社情民意信息135篇，动态信息52篇。根据已收到的反馈文件，省委报送的社情民意信息被采用情况为：全国政协采用1篇，中央统战部采用4篇，领导批示2篇，社中央采用11篇，中共湖北省委办公厅《湖北今日重要信息》采用20篇，中共湖北省委办公厅《每日要情》采用1篇，省政协《社情民意专报》及专报全国政协信息采用21篇，省政协反映社情民意信息转报转送采用22篇，中共湖北省委统战部采用90篇。《丹江口库区水生态保护项目建设进度滞后应引起重视》先后被全国政协和中共湖北省委办公厅《每日要情》和《湖北今日重要信息》采用，同时，该信息和《建立湖北河蟹苗种繁育基地的建议》得到梁惠玲副省长的批示；《关于推进新型城镇化的意见建议》、《关于节能减排的意见建议》、《对习近平总书记在新疆工作座谈会上重要讲话的反应》和《党外人士谈产业转移》等4篇被中央统战部《建议》采用；《妥善处理互联网金融的创新与风险监管，促进行业健康发展》等20篇被中共湖北省委办公厅《湖北今日重要信息》采用；《加大财政资金转移支付监督力度的建议》等11篇被社中央《九三信息》采用；《筑牢基层卫生网底，确保医改协调推进》等21篇被省政协《社情民意专报》及专报全国政协信息采用；《加强对影子银行监管和创新管理的建议》等22篇被省政协作为反映社情民意信息转报转送全国政协采用。2014年社省委被九三学社中央评为“信息工作三等奖”，被湖北省政协评为“信息工作二等奖”。

三、存在的困难和问题

过去的工作，在中共湖北省委和社中央领导下，我们取得了一定的成绩。但是，我们也清醒地看到新形势下的党派工作面临新的挑战，一是在参政议政、民主监督方面，参政议政工作渠道不够宽，加之九三学社的大多数成员在各自单位都是业务技术骨干，参加调研的时间有限，限制了深入调研的实施。二是制度化水平还需提高，基层组织工作有待加强，后备人才的培养和推荐力度需要进一步加大；三是信息采用率还不高，还有待于加强；社会服务活动应更好地贴近社会需求，扩大社会影响。对这些问题我们要高度重视，在今后的工作中不断解放思想，开动脑筋，着力研究，采取有力的对策和措施加以解决。并加以改进。部分高校科研单位九三组织的经费保障不够。各市级地方组织每年 10 万元的经费保障已经落实。但个别高校、科研事业单位的组织，由于本单位体制等因素，造成了这些单位的组织开展活动困难，形成无经费、无活动场所的局面。建议：(1) 应注重党外人才的培养。就我社省委而言，从历史沿革看，偏重于三个传统界别，即高校、科技、医卫，缺少社会管理型人才。储备一批人才，有利于多党合作事业的开展。高等院校、科研院所是党派发展成员的源头，希望中共加大对高等院校及科研院所中优秀人才留在党外的力度，这对多党合作事业的发展是至关重要的。(2) 在政协机关中应考虑到党派各级专职的配备问题。政协各专委会的正副主任中，党外人士安排少，党外政协委员中有许多专家，可适当考虑在政协专委会中配备一定数量的党外人士担任正副主任，并有少量的党外人士担任专职正、副主任。在政协机关的处级干部，可否考虑配备一些党外人士。(3) 政协应有意识、有目标地引导党派、界别和政协委员的参政议政方向。如，年初，政协可向党派界别和政协委员提供当年参政议政调研课题的方向，使政协的参政议政方向更有序，避免盲目性和随意性。(4) 党派到地方和有关单位开展调研工作有一定的难度，希望省政协能积极协助并支持党派到地方和有关单位开展调研，给民主党派开展调研提供更多方便。(5) 政协的提案工作主要体现在两个方面：一是提出高质量的提案；二是督办和落实提案。为使提案产生实效，建议提案督办案，除保留主席重点提案督办，还可以增加一些曾担任地方和有关部门领导职务的政协常委和专委会主任提案督办的数量，并将产生实效的提案在宣传媒体上进行广泛宣传。

在 2015 年提案交办会上的讲话

（2015 年 2 月 27 日）

陈天会

同志们：

今天，省人大、省政府、省政协联合召开建议提案交办会，研究部署建议提案办理工作。借此机会，我谨代表省政协，向长期重视和支持政协提案工作的省委、省政府，向为政协提案办理工作付出辛勤劳动的各承办单位表示衷心感谢！

省政协十一届三次会议期间，广大省政协委员和省各民主党派、工商联、有关人民团体、省政协各专门委员会积极通过提案履行职能，共提交提案 881 件，经审查，立案 803 件。这些提案凝聚了广大政协委员的心血和智慧，反映了人民群众的愿望和呼声，也承载着社会各界的殷切期望。做好提案办理工作，使命光荣，责任重大。下面，我讲五点意见。

一、高度重视，增强做好提案办理工作的责任感。中共十八大以来，中共中央对推进社会主义协商民主广泛多层制度化发展作出了一系列战略部署，将“提案办理协商”提升为健全和完善社会主义协商民主制度的重要形式和具体途径。做好提案办理工作，是坚持和完善中国共产党领导的多党合作和政治协商制度的政治责任，是推进社会主义协商民主广泛多层制度化发展的政治任务。今年是全面深化改革的关键之年，是全面推进依法治国的开局之年，是全面完成“十二五”规划的收官之年。适应经济发展新常态，促进湖北经济持续健康发展和社会和谐稳定，任务艰巨。广大提案者围绕深化改革、开放开发、经济转型、科技创新、加强法制、改善民生、生态文明、协商民主等提出的意见和建议，将对党政机关科学、民主决策提供有益参考。做好提案办理工作，既是各承办单位的职责之所在、更是促进湖北发展之所需。希望各承办单位充分认识提案办理工作的重要性，进一步增强责任感和使命感，切实把提案办理工作摆上日程，加强领导，统筹安排，整体推进。

二、落实责任，推进提案办理与落实的制度化、规范化与程序化。中办、国办《关于进一步加强人民政协提案办理工作的意见》，省委办公厅、省政府办公厅《关于进一步加强人民政协提案办理工作的实施意见》和省政协《提案工作条例》对做好政协提案办理工作提出了明确要求。多年来，各承办单位高度重视提案办理工作，在实践中积累了宝贵经验，形成了一系列有效做法，我们要认真总结，把这些好做法制度化、好经验系统化、好成果长效化，形成提案办理的长效工作机制。一是健全提案办理领导体制和工作机制。明确承办单位第一责任人，确定协调部门，明确分工、时限要求和质量标准。二是完善内部运行机制。完善提案督办机制，定期检查提案办理进展情况；健全答复和信息反馈制度，按程序和时限作出书面答复，定期向政协组织通报提案办理情况。三是完善外部协作机制。加强主办、会办单位及相关单位的协调协作，形成推进提案办理工作的合力。四是完善和落实工作目标责任制。省委已将“办理政协提案”纳入省直部门年度目标责任制管理进行考核，各单位要层层分解落实，确保责任到部门、责任到人。

三、注重沟通，将协商民主精神贯穿于提案办理全过程。提案办理协商是协商民主的重要形式，要将协商民主精神贯穿于提案办理全过程，使提案办理工作真正成为充分协商、集思广益的过程，成为发扬民主、增进共识的过程。沟通协商应注意把握三个环节：办理前与提案者协商，准确把握提案的背景、意图和要求，研究解决问题的具体措施，增强办理的针对性和实效性。办理过程中与提案者协商，让提案者了解提案办理的进程，听取提案者对办理工作的意见，增进提案者对办理工作的理解和支持。办理后与提案者协商，告知提案者办理结果，征求提案者对办理工作的意见。尤其是因条件所限一时难以办理和解决的，更应加强沟通协商，作出解释说明，求得理解和支持。沟通的方式多种多样，上门听取意见、座谈协商、电话商谈、邀请视察等等，都是行之有效的方式。

四、创新方法，丰富提案办理形式。在协商民主不断发展、委员对办理工作的要求越来越高的新形势下，各承办单位要积极探索和创新方式方法，推动提案办理工作新发展。一是遴选重点提案进行重点办理。各承办单位要遴选内容重要、委员关注度高、议题影响面广的提案作为重点提案，领导牵头，组织专班进行重点办理，以此推动工作热点、难点问题的解决。二是开展同类提案归并办理。将议题相同或相近的提案归类，邀请提案者和相关人员集中座谈沟通，现场办理、现场答复。省直部分提案承办“大户”的提案办理工作量大、任务重，这是由部门的职能、职权和作用决定的。并且，只要部门的职能、职权没有变，这种格局和趋势也不会改变，今年是“大户”，明年、后年可能还是“大户”。怎么办？同类提案归并办理是个好办法，办个一批、两批，可以集中答复许多提案，委员们对这种方法比较期待。三是实行跟踪办理、“回头问效”。多数提案办理需要一个相对长的过程，对当年尚未办完和“列入计划办理”的提案，承办单位应跟踪办理并反馈提案者。省政协今年将对此组织开展检查督促，力求提案落实见效。

五、讲求实效，充分发挥提案推动工作的积极作用。提案办理实效是提案工作的目的所在。切实做好提案所提建议的转化利用工作，使提案的建议落到实处，才能反映提案的功能和价值，发挥提案在协商民主中的重要作用。各承办单位要注重提高问题的解决率和建议的落实率，对所提问题可以解决的要立行立改，加快解决；对已经启动办理程序的，要跟踪督促，力求最终取得实效；对提案反映的一些带倾向性的问题，要举一反三，用统筹的思路延伸办理，力求通过办理一件具体提案，解决一批带普遍性、有代表性的问题。

同志们！做好2015年的提案办理工作有着重要意义。希望各承办单位按照这次交办会的要求，贯彻民主协商的精神，发扬求真务实的作风，努力提高提案办理工作质量，为推进“五个湖北”建设，加快实现“建成支点、走在前列”的总目标作出新的成绩！

谢谢大家！

在黄石市调研结束时的讲话

（2015年3月26日）

杨　松

这次到黄石市，是今年春节后的第一次正式调研。调研题目主要是两个，一是贫困地区全面建成小康社会问题，二是老工业城市转型发展问题，都是“十三五”期间我省经济社会发展中的重大问题。昨天全天和今天上午，我们分别在阳新县和黄石城区进行了实地调研，刚才又听了情况介绍，利用这个机会，讲三点意见，供你们参考。

一、关于阳新县全面建成小康社会问题

全面建成小康社会，关键在农村。习近平总书记指出，小康不小康，关键在老乡。老乡就是指农民、农村，农村能不能实现小康就决定着能不能全面实现小康，农村的重

点和关键是贫困地区。阳新县是革命老区、贫困地区、大山区、库区，还一度是血吸虫疫区，目前还是国定贫困县。阳新县等贫困地区在 2020 年以前与全省同步建成小康社会，是全省的大事，省政协一直非常关注。

通过这次调研，我们对阳新县同步建成小康社会充满信心。这是因为，阳新县贫困发生率并不高。该县总人口 110 万人，建档立卡的贫困人口有 10 万人，贫困发生率不到 10%，占比在贫困地区是不高的，而且其中可以纳入低保和五保体系的大约有 5 万人，实际上扶贫攻坚的对象只剩 5 万人。有了这个重要数据，精准扶贫的导向就更明确，采取的措施就可以更集中。希望阳新县对照全面建成小康社会的指标体系，根据当前整体发展趋势，找出还有哪些问题和短板，认真地加以研究、核算，做到心中有数。

同时要看到，是不是小康，不能完全看农民人均纯收入。习近平总书记在视察甘肃时说过，贫困地区将来是否实现了小康，不能拿全国的人均纯收入来衡量，因为这种衡量方法是不科学的。要把基础设施建设、产业发展、基本公共服务均等化作为小康社会建设的重要举措和重要指标，着力加以推进。如果这三个问题得到基本解决，阳新县到 2020 年实现小康就不是一句空话和口号。

（一）加强产业支撑。发展是解决一切问题的关键，发展主要靠产业支撑。当前，阳新县产业发展势头很好，一方面要大力发展县域工业。目前阳新县工业发展迅速，包括我们去年调研的县城工业园区和这次调研的远大富池医药化工及棋盘洲新港（物流）工业园保税区，发展态势很好。同时，阳新县积极承接黄石市的产业转移，即将有 3 个大的企业落户阳新县，进一步增加了产业发展后劲。另一方面要大力发展农村特色产业。目前阳新县农村特色产业发展有了新思路，比如，发展杉木产业，规模很大，相当于建了一个绿色银行，将来会形成稳定的长期收益；再比如发展油茶产业，发展农村经济必须靠山吃山、靠水吃水，阳新县发展农村经济，突出一个油茶、一个杉木，思路很好，不要什么都想搞，分散以后形成不了规模。

（二）加强基础设施建设。阳新县基础设施建设态势良好，但是还要进一步提高水平。过去建设的乡村公路，包括“村村通”工程，都是按照生活使用标准建设的，现在已经不适应产业大规模发展的需要，比如，将来搞农业机械化，以现有的水平，大型农业机械根本进不了地。因此，基础设施特别是公路要进一步升级改造，这应该在“十三五”规划里作为一个专门问题深入研究，切实加以解决。比如，饮水工程、农村电网、信息网络等基础设施也都需要进一步加强。我赞成你们加快建设黄石城区至阳新县的快速通道，这对阳新县是一个很大的利好，作为一个山区县，可以直接对接长江经济带，发展潜力就更大了。

（三）加强公共服务均等化。这个问题很重要，但在一些地方还没有引起足够重视。李克强总理几次到贫困地区都强调，到 2020 年，有些贫困地区收入水平可能达不到全国平均水平，但是公共服务均等化要达到全国平均水平。这就要研究，与平均水平的社会公共服务差距有多大，短板在什么地方，然后集中财力优先解决。比如公共卫生均等化问题，村卫生室硬件怎么样，软件怎么样，日常运行有无保障，医生留不留得住，如果仅修了村卫生室，但没有村医或村医水平不高，是不行的。比如教育均等化问题，阳新县解决得最好的就是校车，现在发达地区还没有这样的校车水平；许多学校反映音体美课开不起来，不能指望专门配备音体美老师，要用教育信息化的方法来解决。比如社会保障问题，包括低保问题、五保户问题、残疾人保障问题等，都应当认真加以解决。总之，要促进政府公共服务重心下移，解决长期以来对农村公共服务重视不够、投入不足的问题，使农村群众和城市居民一样，享受到高效便捷的公共服务。

二、关于黄石老工业城市经济社会发展问题

黄石市是我省著名的老工业城市，又是国家认定的资源枯竭型城市。当前，推动黄石老工业城市经济社会发展，要结合黄石实际，在促进产业转型升级、发展循环经济、加强棚户区改造等方面下功夫。

（一）加大产业转型升级力度。要利用资源枯竭型城市试点形成的倒逼机制，狠抓产业转型升级。一是加强传统产业的升级改造。比如新冶钢的转炉和新轧钢厂，都是传统产业的转型升级，不增加生产的总能力，但是产品得到大幅度升级，这个思路和方向很好。二是发展战略性新兴产业，或者有的也不一定是战略性的，但是对黄石来说是属于新兴产业，例如食品产业，可以使产业结构得到进一步优化。三是加大与武汉市的产业对接力度。从目前看，省内凡是和武汉对接紧密的地方，发展势头都很好。黄石市要主动直接和武汉市对接，无论是汽车零部件产业，还是生物产业，都要“一对一”对接，先干起来。

（二）加快发展循环经济。这是资源枯竭型城市转型发展的必由之路。发展绿色经济、促进绿色崛起、实现节能减排，核心是要推动循环经济发展。大力发展循环经济，是“两型社会”建设主要路径选择，就单个企业来说，仅靠节能减排是不够的，因为不可能把能耗减到零，也不可能把排放减到零，但是在循环链条内，可以让前一个企业排放的东西变成后一个企业的原材料，最后实现社会总的零排放。黄石市发展循环经济基础较好，循环经济类型全面，产业、结构、门类多，可以形成完整的循环经济产业链条和产业体系，发展过程中的很多问题都可以用循环经济的思路和方法加以解决。希望黄石市做好发展循环经济这篇大文章。

（三）加快棚户区改造工作。棚户区的问题，是老工业城市的共性问题。黄石市委、市政府高度重视、积极谋划，确定了“三年任务、两年启动、三年基本完成”的工作思路；同时，充分利用国家政策支持和国家开发银行增加棚户区改造贷款投放的双重机遇，加大工作落实力度，现在各项工作进展顺利。希望你们进一步细化工作措施，强化责任意识，坚持改革的思路、系统的思维，抓好棚户区改造这个“一号民生工程”，顺利完成预期目标。

目前，资源枯竭型城市试点工作有很多政策，有些政策就要到期了。一方面，对于即将到期的政策，要努力争取国家继续支持，解决好后续政策问题。另一方面，要加强政策整合，把诸多政策组合成少量的、但含金量比较高的几个政策，政策太多了不行。省政协将继续关注支持黄石老工业城市转型发展。

三、高度关注长江黄金水道建设

去年9月，国务院印发《关于依托黄金水道推动长江经济带发展的指导意见》，提出要依托长江黄金水道，统筹铁路、公路、航空、管道建设，加强各种运输方式的衔接和综合交通枢纽建设，加快多式联运发展，建成安全便捷、绿色低碳的综合立体交通走廊；推动沿江产业由要素驱动向创新驱动转变，大力发展战略性新兴产业，加快改造提升传统产业，大幅提高服务业比重，引导产业合理布局和有序转移，培育形成具有国际水平的产业集群，增强长江经济带产业竞争力。长江黄石段是黄金水道很重要的组成部分，黄石是长江沿线很重要的节点城市。要认真学习领会国务院文件精神，抓住难得的历史机遇，用足用好国家有关政策，不断推动黄石经济社会发展。

在调研长江经济带湖北段湿地时的讲话

（2015 年 3 月 28 日、4 月 1 日）

杨 松

这次调研有两个背景：一是与前几天全国政协人口资源环境委员会就长江经济带开发中的湿地保护问题到湖北视察调研密切相关。全国政协高度重视长江沿线的湿地保护问题，今年 5 月将召开“推进长江经济带开发中的湿地保护问题”双周协商座谈会。全国政协人资环委主任贾治邦同志 3 月底率队到湖北调研就是为这次会议作准备的，这说明湖北在长江经济带湿地保护工作中的重要地位。因此，我们也应积极行动起来，深入开展调研论证，配合全国政协开好这次双周协商座谈会，进而为推动长江中游湿地保护做出湖北独特的贡献。二是为有关湿地保护提案的办理做准备。历年的政协提案都有涉及湿地保护的，今年省政协十一届三次会议上涉及到湿地保护的有 4 个提案，其中 2 个与荆州有关，即关于珍稀濒危物种麋鹿和江豚所在的长江中流故道群湿地保护问题和长湖湿地保护问题，还有 2 个提案关注的是十堰市湿地保护和黄冈市龙感湖湿地保护。4 个提案都涉及长江中游经济带的湿地保护问题。因此，这次调研的另一个考虑是，为督办有关提案做准备。以上是这次调研的大背景。

一、提高对长江经济带开发中湿地保护工作重要性的认识

十八大以来，中共中央高度重视生态文明建设，中央政治局专门就推进生态文明建设问题组织集体学习，习近平总书记就生态文明建设作了重要讲话。2013 年 7 月，习总书记到湖北视察工作时指出，湖北在转变经济发展方式上要走在全国前列，要求湖北着力在生态文明建设上取得新成效。环境保护是生态文明建设的题中应有之义，是转变经济发展方式的重要组成部分，因此，在环境保护特别是湿地保护方面，湖北也要走在全国前列，走在整个长江沿线、11 个省市的前列。我们应该有这个决心，也应该有这个信心。

湖北在湿地保护方面，认识比较深刻，起步比较早，措施比较多。我省较早出台了《湖泊保护条例》，去年又颁布了被称为史上最严厉的《水污染防治条例》，对污水违法排放采取逐日罚款的方式，解决了排放成本远远低于企业收益的顽疾，被国家环保法采纳。正是因为采取了过硬措施，湖北湿地保护取得了很多成效，积累了很多经验。比如，东湖、梁子湖的保护效果比较明显，其中梁子湖在内陆湖泊里是保护最好的湖泊之一。洪湖、长湖总体上比以往有好转。三峡水库和丹江口水库，由于采取了有力措施，水质总体一直保持良好，没有出现严重问题。因此，湖北有基础、有能力在湿地保护上走在长江沿线的前列。

同时也要看到，当前长江湿地保护面临着新的形势。十八大以来，中共中央高度重视推进长江经济带发展，去年 11 月中央经济工作会议把长江经济带与“一带一路”、京津冀协同发展并列为当前重点推进的三大战略。长江经济带大开发、大开放战略明确提出以后，沿线各省市热情高涨，都在积极研究开发建设问题，恐怕较少考虑生态环境保护，这样容易陷入过去那种先污染后治理、先破坏后修复的老路。湿地生态系统作为地球四大生态系统之一，在保护环境方面的作用最重要，但也最容易遭到破坏。目前，湿地生态系统的恶化不仅影响到我们的生活质量，更严重地威胁到人类的生存安全。全国政协在长江经济带开发热潮中提出湿地保护问题，我觉得非常及时、非常好，启发我们冷静思考区域开发战略的科学定位，长江经济带开发必须按照新一届党中央的指示，适应新常态的要求，遵循生态保护优先的原则，在搞好生态环境保护的前提下进行。因此，我们一定要把湿地保护放在安身立命的高度来认识，真正变“要我保护”为“我要保护”，切实增强湿地保护工作的动力和耐力。

二、进一步加强长江经济带湖北段湿地保护工作

第一，把湿地家底摸清摸准。据省林业厅的同志介绍，目前，我省湿地整体情况摸得比较清楚，湖泊这方面，省水利厅专门编辑出版了《湖泊志》一书，可以说摸得更清楚了。但是光摸清底数还不够，当务之急是把各类湿地以及每块湿地的状况摸准，比如，河流湿地具体状态如何，湖泊湿地具体状态如何，沼泽湿地具体状态如何等，这比搞清湿地数量更重要。因此，一定要找出重要的、突出的、影响面广的问题，然后分成几个层级——好的、比较好的、差的、急需治理的，按轻重缓急有重点地采取相应措施。

第二，有针对性地采取保护措施。一是要把自然湿地现有面积保护住。这里强调的是自然湿地，不是人工湿地，自然湿地减少了，人工湿地可能会增加，因此，不能简单地讲湿地减少了，这两类湿地的功能是不一样的。有个观点我很赞同，就是在粮食问题还不是很突出的时候，要尽可能地退耕还湖。但是怎么去拿捏，需要认真加以考虑。总的来说，就是要把自然湿地的现有面积控制住，禁止蚕食占用，不能再让它减少了。二是要实施湿地功能恢复。当前，自然湿地的功能严重退化，需要采取切实有效的措施进行恢复。一方面，要杜绝污染源，比如截污、控制面源污染、取消围网养殖等。另一方面，要加强管理，划定生态红线，比如，在湖泊的管理边界打桩，把边线标示清楚，把红线搞明白，让人不可逾越。生态红线一定要比土地红线还要严格。三是要发挥科学技术在湿地保护中的重要作用。高度关注创新驱动特别是科技创新，注重推广和运用我省

科研院所和大专院校在湿地保护上的研究成果，以科技的强大支撑确保湿地保护工作的有效性和可持续性。四是要将湿地保护纳入“十三五”规划以及相关规划。湿地的“十三五”规划是整个生态环境保护规划的必然组成部分，同时也是经济发展总体规划的有机组成部分，应当纳入各级“十三五”规划。同时，国家发改委正在编制有关长江经济带开发的规划，我认为这次应该明确提出把生态保护放在第一位，并以此为前提划定沿江流域生态保护特别是湿地保护红线，在此基础上再考虑经济发展的其它规划。

第三，完善湿地管理体制机制。加强湿地保护，理顺管理的体制机制是当务之急，核心是确定责任主体。跨部门协调机制，最大问题就是责任主体不清，我省现行湿地管理和保护协调机制，省林业厅只是牵头部门，不是完全的责任主体；跨区域协调机制，最大的问题也是责任主体不清，比如长湖跨行政区域，其责任主体就不清楚。责任主体不只有一个，每个责任主体承担它职责范围内的那部分责任，不同的责任归口到不同的责任主体，大家各负其责。因此，在建立和实行责任制时，就要注意用一定的法律、法规、规章的形式确定具体的责任主体，然后在此基础上建立一个协调机制。

第四，加强有关湿地保护执法和立法。首先是执法问题。国家和省里涉及到湖泊保护的法律不少，但是关键在于落实，加大执法力度，加强相关基础设施、人员装备、监测网络等建设。其次，还要考虑立法的问题。除全国人大外，省和设区的市的人大也是有立法权的。根据新修订的《立法法》，省和设区的市的人大在环保方面可以立法。当然，这方面还涉及到立法能力、立法权等问题，现在省以下地方人大立法还需要省人大常委会审核当地的立法能力并备案。荆州市人才济济，率先拿到立法权也是有可能的，可以在湿地保护立法上作个尝试。荆州湿地占全省湿地总量的 30%，如何能在湿地保护立法上走在前列，至少到全国立法时可以提出你们的立法建议，这个问题值得好好研究。

第五，增强公众参与湿地保护的意识。现在公众对环保的认识越来越高，对生态保护的意识越来越强。要很好地调动全社会的力量，加强社会监督，促进湿地保护工作的顺利开展。武汉市的护湖志愿者有几万人，天天盯着排污、倒垃圾、填湖问题，他们掌握的情况甚至比我们政府和部门还多，在湖泊保护方面发挥了非常积极的作用。所以，唤醒公众意识、发动群众参与对于推动湿地保护工作事半功倍。

三、不等不靠，做好自己能做的事

荆州湿地保护工作做得很好，不等不靠，只要自己能做的事情尽量去做。洪湖渔民上岸的问题，国家补贴不多，荆州主动想办法，主要靠自己的力量解决问题，这很好，一方面使问题能够尽快得到解决；另一方面也体现了积极进取的精神状态。在此基础上，再向国家提出相应的请求，容易获得国家更大力度的支持。这是这些年来湖北很多工作能获得国家大力支持的一条重要经验。在湿地保护问题上，荆州要先行试点、先行探路，争取走在全省前列，相信一定能得到国家和省里的大力支持。

全国政协此次来湖北调研以及下一次全国政协的双周协商座谈会，会对湖北在新一轮长江经济带开发和国家“十三五规划”制定和实施中起到极大提升作用，省政协将深入调研，向省委、省政府出谋划策，促进长江经济带开发中的湿地保护。这项工作不光要靠政协，而且要靠各个方面，特别是职能部门和湿地保护任务比较重的市州，齐抓共管，形成合力。各级职能部门应积极开展更深入细致的调研论证工作，梳理湿地保护方面已经做的工作、正在做的工作、存在的问题以及应该采取的措施，为湿地保护工作提供支撑和指导，同时也为全国政协即将召开的“推进长江经济带开发中的湿地保护”双周协商座谈会做好准备。当前，要抓住全国政协双周协商座谈会的机会，进一步推动长江经济带特别是我省的湿地保护工作，争取将长江经济带的湿地保护上升为国家战略，或者至少将有关保护措施纳入国家“十三五”规划。

今天借这个机会，我就讲这几点意见，供大家参考。

在省政协“推动武汉抗战纪念馆建设”月度界别协商座谈会上的讲话

（2015 年 3 月 30 日）

杨 松

“推动武汉抗战纪念馆建设”界别协商座谈会，是经省委批准的省政协 2015 年度 10 次界别协商活动之一，是省政协今年召开的第一次月度界别协商座谈会。举办这次协商座谈会，有这么几点考虑：

一是为了更好贯彻中央精神。中共十八大以来，中共中央高度重视抗战历史问题，习近平总书记先后在中国人民抗日战争暨世界反法西斯战争胜利 69 周年之际、全民族抗战爆发 77 周年之际多次发表重要讲话，强调要“铭记历史，缅怀先烈，珍视和平，警示未来”。为了认真学习领会、贯彻落实习近平总书记重要指示精神，省政协决定今年组织召开一次月度界别协商座谈会。

二是利用时间节点顺势而为。今年是中国人民抗日战争暨世界反法西斯战争胜利 70 周年，中共中央决定届时隆重举行系列纪念活动。湖北省域抗战是中国人民抗日战争的重要组成部分，具有丰富的抗战历史文化资源，湖北省也将举行系列纪念活动。在这个重要时间节点上，省政协要充分发挥自身优势，争取有所作为，这是省政协举办这次界别协商座谈会的一个重要考虑。

三是回应省政协委员关切。省政协委员对武汉抗战历史问题比较关心，近年来，通过提案等方式提出了不少好的意见建议，比较集中的是关于建立武汉抗战纪念馆的意见建议。委员提出这个建议，是因为社会各界都很关心关注，并已经形成了广泛共识。因此，省政协决定就这一问题召开一次界别协商座谈会，邀请武汉市政府和省直有关部门参加协商讨论，争取形成共识，推动武汉抗战纪念馆建设。

刚才，武汉市政府负责同志介绍了有关情况，8 位省政协委员和专家学者作了发言，省及武汉市有关部门作了互动发言，省政府副省长郭生练同志作了重要讲话，会议开得富有成效。在这里，结合大家的发言，我讲几点意见，供大家参考。

第一，明确定位。这是当前面临的首要问题，其次才是选址问题、布展问题等。把这个问题解决好了，其他问题都不难解决。定位武汉抗战纪念馆，首先要明确“武汉抗战”的内涵和外延。武汉抗战应是一个大概念，从空间上来看，既包括国民党领导的正面战场抗战，又包括中国共产党领导的敌后战场抗战，从时间上来看，既包括抗战初期（主要是武汉会战时期），又包括武汉沦陷后战略相持和战略反攻阶段。因此，应当高起点、大范围、长时间段来看待武汉抗战的内涵，就是说，武汉抗战不等同于武汉会战。弄清楚武汉抗战的内涵，武汉抗战纪念馆建设就有了明确的方向。

第二，科学选址。武汉市政府提出三个选址方案，各位委员和专家也提出了自己的意见建议，而且对于各自的优势劣势都有很清楚的阐述，建议武汉市进行对比研究和综合考虑，最后进行选址。这里我结合自己对武汉市的了解谈一点个人的意见，就是中山舰博物馆所属金口那一片区域比较适合，还可以考虑和休闲旅游相结合，把各种因素都考虑进去。这片区域唯一的缺点就是通达性比较差，如果解决了通达性问题，其他应该都没有问题。岱家山由于地理位置和山水风貌的原因，建一个纪念园比较合适，搞大规模的建筑群不合适，会破坏那一带的风貌。

第三，收集史料。丰富的文物和史料是布展的基础。省政协文史和学习委员会要联合各市州县政协的文史和学习委员会，用 2 到 3 年的时间，集中力量把涉及到武汉抗战的史料系统地征集起来，特别是“三亲”史料要“抢救性”挖掘，毕竟当事人和知史人一天一天在减少。还有文物包括流失海外文物的征集问题，利用活动收集文物是最容易的，2011 年湖北省通过纪念辛亥革命暨武昌首义 100 周年，在台湾征集到了很多有价值的文物。刚才有专家提到抗战音像资料，尤其珍贵，要下功夫征集。总之，要十分注意收集文物和史料，缺少这些东西，武汉抗战纪念馆就没有支撑。

第四，启动筹建。一是要做好报批工作。按照中央有关精神，兴建纪念设施需报经中央办公厅审核同意。这项工作建议由省委宣传部协调报批工作，报批前加强与中央宣传部沟通，争取获批。在这之前，武汉市要做好建立武汉抗战纪念馆可行性论证和设计工作，形成一个建设大纲供省委宣传部使用。二是要组建好建设班子。建议武汉市先成立一个建设班子，省里也应该有一个对口机构或者是牵头机构，在中央没批下来之前，可以先以筹建的名义把班子成立起来，待中央批下来以后就转为正式建设班子。同时，其他相关工作也要按照中央精神同时进行。

第五，发动群众。中国人民抗日战争的伟大历史及其所蕴含和体现的伟大抗战精神，是一部活生生的教科书，是中国人民弥足珍贵的精神财富，永远是激励中国人民克服一切艰难险阻、为实现中华民族伟大复兴而奋斗的强大精神动力。筹建和建设武汉抗战纪念馆的过程，应当是一个宣传抗战历史、教育人民特别是教育青少年的过程。要通过形式多样的活动发动广大群众特别是年轻人参与进来，在参与中接受教育，使他们真正做到铭记历史、缅怀先烈、珍爱和平、开创未来，紧密团结在以习近平同志为总书记的中共中央周围，为实现“两个一百年”奋斗目标、实现中华民族伟大复兴中国梦而奋斗！

发挥统一战线独特优势
努力为推动实现“四个全面”作出新贡献

（2015年4月15日，中央统战部网站）

郭跃进

统一战线事业是中国特色社会主义的重要组成部分。作为夺取中国特色社会主义新胜利的重要法宝，统一战线历来是为中共和国家的中心工作服务的。以习近平为总书记的中共中央从坚持和发展中国特色社会主义全局出发，提出并形成“四个全面”战略布局。在新的历史时期，统一战线要为推动实现“四个全面”战略发挥自己的独特优势。

“四个全面”聚焦于一个总目标——全面建成小康社会，依靠全面深化改革、全面依法治国、全面从严治党三个重要保障路径，相辅相成，内涵丰富，勾勒出新形势下执政党治国理政的新蓝图，为实现中华民族伟大复兴的中国梦指明了道路。

特别值得一提的是，全面深化改革的总目标是完善和发展中国特色社会主义制度，推进国家治理体系和治理能力现代化。国家治理体系和治理能力现代化意味着国家治理更加科学、更加民主、更加法治，也更加制度化、规范化、程序化。即政府、社会组织、人民群众在不同领域发挥着各自的主体作用，各主体依法高效运转，并相互间交叉、协作，实现协同效应、整合效应和创新效应。因此，推进国家治理体系和治理能力现代化，需要包括统一战线在内的全体人民共同奋斗。充分发挥统一战线凝聚人心、汇聚力量的独特优势，调动一切积极因素，把各党派、各团体、各民族、各阶层和各界人士的智慧与力量凝聚起来显得尤为重要。

统一战线从国民革命时期由广大工人、农民、城市小资产阶级参加、目的是反帝反封建的“民族统一战线”开始，先后经历了土地革命时期包括工、农、知识分子和其他劳动者的联盟与工、农、知识分子和非劳动者两个联盟的“民主统一战线”、抗日战争时期的“民族统一战线”、解放战争时期包括各民族、各民主阶级、各民主党派、各人民团体、广大华侨、各界民主人士及其他爱国分子和国民党统治集团中的一部分地方实力派，目的是推翻专制的国民党政权的“人民民主统一战线”、社会主义时期的由工人阶级领导的、工农联盟为基础的全体社会主义劳动者、拥护社会主义的爱国者和拥护祖国统一的爱国者的联盟组成的“爱国统一战线”。在长期的发展过程中，统一战线形成了独特的路径优势。概括而言，主要有参政议政、民主监督的政治优势；人才荟萃、联系广泛的组织优势；智力密集、内涵丰富的资源优势；协调关系、化解矛盾的功能优势。

统一战线成员代表全社会各阶层利益、要求，且了解各自工作领域，统一战线可以通过分工合作，围绕推动国家治理体系和治理能力现代化的相关政策的贯彻落实问题，进行深入而细致的调研，向各级政府提供数据确凿、真实有效的调研报告、分析结论，

提供了重要制度保障。同时，人民政协具有最广泛的代表性，我国主要的人民团体和各族各界代表人士，以界别形式参加人民政协，这是人民政协的显著特色。这种构成上的优势，为人民政协协商民主提供了重要组织支撑。

第三，人民政协协商民主具有比较优势。从基本属性看，人民政协是发扬社会主义民主的重要形式，本质上就是一个实行协商民主的场所、组织和载体。从工作方式和原则看，协商是人民政协的基本工作方式，民主协商、求同存异是人民政协的基本工作原则，只要是基于共同思想政治基础，无论是赞成还是反对、无论是多数人提出还是少数人主张的意见建议，都允许反映和表达，这体现了协商民主的根本特征。从主要职能看，人民政协履行政治协商、民主监督、参政议政职能的过程，就是发扬民主的过程，就是实现协商民主的过程。由此可见，人民政协这种集协商、监督、参与、合作于一体的协商民主形式，同其他协商民主形式相比，具有特殊的优势。

（二）学习贯彻全国政协关于人民政协协商民主建设的部署要求

中共十八大以来，全国政协加大了人民政协协商民主工作的探索创新力度，并就进一步加强政协协商民主建设、发挥政协协商民主优势和作用，作出一系列部署，提出了一系列要求。我们要结合全省政协工作的实际，认真贯彻落实。

第一，关于增加协商密度。全国政协每年重点抓 1 次全体会议、2 次专题议政性常委会议、2 次专题协商会、20 次双周协商座谈会的协商议政工作，形成了以全体会议为龙头、以专题议政性常委会议和专题协商会为重点、以双周协商座谈会为常态的协商议政格局。其中，双周协商座谈会内容广泛、议题具体、氛围民主、讨论深入、成果丰硕，已经成为全国政协协商民主工作的经常性平台和重要品牌，增加了协商密度，发挥了委员作用，活跃了政协工作。

第二，关于拓宽协商内容。全国政协在继续加强协商讨论经济社会发展问题的同时，加大了协商讨论政治建设、法治建设问题的力度。2014 年，首次将党风廉政建设列为专题议政性常委会议议题，开展立法协商活动，围绕《安全生产法》修订开展协商讨论、提出意见建议。全国政协十二届三次会议期间，专门安排委员协商讨论《立法法》（修正草案）。2015 年，全国政协将继续推进立法协商，召开“推进人民法院改革”专题协商会，围绕《促进科技成果转化法》修订开展协商讨论。随着协商内容的拓宽，全国政协协商的广度和深度也获得了拓展。

第三，关于促进交流互动。全国政协坚持商以求同、协以成事，正确把握人民政协思想观点一致性和多样性的关系，切实加强协商互动和讨论沟通，促进不同思想观点交流交融，逐步增进了解、加深理解、消除误解、取得谅解，努力凝聚思想上的最大共识。特别是积极开展党政领导与政协委员互动交流，在政协全体会议和常委会议等协商活动中，委员们踊跃发言，领导同志坦诚回应，中共中央政治局常委、中央纪委书记王岐山同志在全国政协十二届七次常委会议上与委员互动交流，产生了良好效果。

第四，关于提高协商能力和协商实效。全国政协坚持把改革创新精神贯穿到履行职能的各方面和全过程，进一步改进履职方式、提高履职能力、增强履职实效，着力推进履职能力现代化建设，特别是着力提高政治把握能力、调查研究能力、群众工作能力、合作共事能力。同时，全国政协坚持以科学选题为前提、调查研究为基础、互动交流为关键、成果转化为重点，加强和改进政协协商民主工作，努力提高政协协商民主实效。

第五，关于加强制度衔接。全国政协加强政协工作与中共中央和国务院工作的衔接，制定并实施全国政协年度协商工作计划。中共中央高度重视全国政协年度协商工作计划制定工作，中共中央政治局常委会会议专题研究讨论并批准全国政协的年度协商工作计划，这是把政协政治协商纳入决策程序的重要制度性安排。

可以说，以上这几个方面，紧紧抓住了当前人民政协协商民主建设中的突出问题，明确了发挥人民政协协商民主优势和作用的基本方向和主要内容。

（三）认真总结全省各级政协加强协商民主建设的丰富经验

2014 年 11 月至 12 月，省政协组成 11 个调研组，由主席和副主席带队，分赴全省各市州、直管市、神农架林区和部分县区市，就我省人民政协协商民主建设情况进行调研。从调研的情况看，我省各级政协协商民主建设成果丰硕、经验丰富，值得很好地加以总结。

第一，党委重视，政府支持。一是政策上保证。各地党委将政协制度建设纳入党内制度建设范畴，结合本地实际出台了加强政协工作的指导性文件，武汉、荆门、咸宁、黄冈市及部分县区市党委还出台了关于加强人民政协政治协商或协商民主的专项文件，不少地方还建立了党委审定和转发本级政协年度协商工作计划的制度。二是工作上支持。各级党政负责同志特别是主要负责同志积极参加政协协商活动，听取委员意见，与委员互动交流，共商大计；主动给政协出题目、交任务，委托政协就改革发展重要问题和涉及群众切身利益实际问题开展调研协商、提出意见建议；对于政协重要意见建议，要求有关部门认真采纳、办理、落实，并及时向政协反馈。三是落实上监督。不少地方党委政府加强对相关部门支持政协工作情况的检查和考评，把是否发挥好政协作用纳入党政领导班子和领导干部考核体系，把办理政协提案纳入党委政府年度目标责任制管理进行考核。

第二，健全制度，完善机制。一是规范协商内容。各地党委、政协根据中共中央和省委的要求，对本地政协协商的具体内容进行了具有操作性的规范。二是丰富协商形式。各地不断加强政协协商民主平台建设，基本形成了例会协商、专题协商、对口协商、界别协商、提案办理协商以及监督协商、书面协商、网络议政、远程协商等多种协商形式并存的协商格局。相关地方政协通过组织召开武汉城市圈政协主席论坛、汉江流域城市政协联系协作会等开展跨区域协商议政。三是完善协商程序。各地基本上形成了确定选题、开展调研、组织协商、成果报送与反馈的协商工作程序。与此同时，各地党委、政府、政协十分重视健全完善政协协商民主工作机制，包括提案、视察、调研、信息等工作制度，知情知政、参会保障、协调配合、办理反馈、绩效评估、督查落实等工作机制，基本形成了科学管用的制度和机制体系。

第三，加强保障，夯实基础。一是发挥委员主体作用。一方面加强委员服务工作，在知情明政、搭建履职平台、营造民主氛围、督办意见建议等方面为委员提供更多更优的服务，另一方面加强委员管理工作，建立完善委员约谈、履职考评、履职通报、动态管理等机制，及时调整不称职的委员，提高委员参与政协协商的积极性。二是突出政协界别特色。一方面普遍建立了界别活动小组，明确了界别活动召集人，提高了界别组织化程度，另一方面突出界别履职工作，活跃有序开展界别协商、界别调研、界别发言、界别联谊等界别活动，推动界别工作经常化。三是发挥专委会基础作用。主要是创新调查研究工作，强化专委会与民主党派、界别的联合调研，围绕经济社会发展重要课题开展长期跟踪调研，发挥实际工作者和专家学者在调研中的积极作用，等等，提高了调研质量和水平。

总之，发挥人民政协在协商民主中的优势和作用，要认真学习领会中共中央的方针政策，要认真贯彻落实全国政协的部署要求，要认真研究总结各地政协协商民主的工作经验，坚持问题导向，解决突出问题，不断把我省人民政协协商民主建设引向深入。

三、协助省委筹备和组织召开政协工作会议

每届一次的省委政协工作会议，都要集中研究解决一个时期内我省政协工作中的重大问题，都会推动全省人民政协事业实现新发展，各方面都非常关注和期待。我们要按照省委常委会议的要求，认真协助省委筹备和组织召开政协工作会议，努力使这次会议成为我省人民政协协商民主制度建设的规划之会、动员之会、推进之会。

（一）关于材料工作

这次省委政协工作会议的材料主要包括四个方面，一是省委《关于加强人民政协协商民主制度建设的意见》。在这次会议讨论研究的基础上，省政协党组会议、主席会议、秘书长会议还要研究，争取在 5 月上旬报送省委，在更大范围内征求意见，不断修改完善，确保在 6 月下旬省委政协工作会议召开前出台。二是省委、省政府、省政协主要领导的讲话。省委常委会议决定，鸿忠同志、国生同志和我将分别在会上讲话。前段时间，省政协研究室已经进行了准备，研究了文稿起草的基本思路，现在要加强与省委政研室和省政府研究室的联系与沟通，着手起草文稿，确保文稿的高质量。三是交流材料和典型材料。交流材料主要是各市州党委、政府、政协和部分省直单位、部分县区市政协在会上的经验交流材料，其中部分交流材料将进行大会口头发言。典型材料主要是各市州、县区市政协协商民主工作的典型事例。四是文件政策汇编。主要收录中共中央、中央领导同志、全国政协、中共湖北省委、湖北省政协关于政协协商民主的政策性文件和重要讲话等。材料工作目前正在有序推进，势头很好，要再接再厉，确保圆满完成任务，同时也希望各市州县政协给予大力支持。

（二）关于会务工作

省委常委会议决定，这次省委政协工作会议的组织工作以省委办公厅为主，省政协办公厅配合。省政协党组和主席会议要加强对相关工作的领导，周密部署，精心安排，省政协办公厅要增强责任意识，主动配合省委办公厅做好会务工作，当好参谋助手。一要配合做好会议筹备工作。对于像会议时间、地点、议程、分组讨论、参加人员等重要事项，要尽早提出详细可行的方案报省委审批。比如参会人员，参考过去的做法，省委、省人大、省政府领导不是全部参会，哪些领导参会需要明确；至于省直各部门主要负责同志、各市州党委和政协主要负责同志，都要邀请参会。再比如大会发言，安排多少合适，原则上市州党委政府、县级党委政府、省直有关部门都要有代表发言。二要配合做好会议组织工作。根据以往的经验，省委政协工作会议会期为一天，会期短、议程多、

参会人员多，务必精心组织、精心安排，统筹做好报到、接待、会务、住宿等工作，确保会议按照预定议程有序推进、圆满召开。三要配合做好新闻宣传工作。利用会议召开之机，充分运用各种传统媒体和新媒体，大力宣传我省政协协商民主的重要地位和作用、经验和做法，努力扩大人民政协的社会影响。

同志们，这次全省市州政协主席座谈会就要结束了。希望全省各级政协组织和广大政协工作者以即将召开的省委政协工作会议为契机，不断完善协商民主制度，大力推进协商民主工作，进一步开创全省人民政协事业发展的新局面。

在“抗日战争与中国社会”宜昌国际学术研讨会上的讲话

（2015 年 5 月 23 日）

杨 松

尊敬的各位专家学者、各位嘉宾，同志们、朋友们：

今年，是中国人民抗日战争暨世界反法西斯战争胜利 70 周年。在抗战胜利纪念日到来之际，举办“抗日战争与中国社会”国际学术研讨会，很有意义。在此，我谨代表省政协，对会议的召开表示热烈的祝贺！对国内外专家学者和各位嘉宾的到来表示诚挚的欢迎！

中华民族是一个有着 5000 多年文明史的伟大民族，为人类文明进步作出了不可磨灭的贡献。进入近代以后，由于列强的入侵和封建统治的腐败，中国落伍了，一步步沦为半殖民地半封建社会。特别是由于日本军国主义的野蛮入侵，中华民族濒临亡国灭种的境地。1931 年，日本军国主义悍然发动“九一八”事变，占领中国东北全境；1937 年又蓄意制造“七七”事变，发动了全面侵华战争。

日本军国主义的野蛮侵略，激起中国人民的奋勇抵抗。“九一八”事变成为中国人民抗日战争的起点，并揭开了世界反法西斯战争的序幕。“七七”事变成为中国全民族抗战的开端，由此开辟了世界反法西斯战争的东方主战场。经过长达 8 年的全国抗战，中国人民打败了日本侵略者，宣告了日本军国主义的彻底失败，宣告了中国人民抗日战争和世界反法西斯战争的最后胜利。

在抗日战争时期，湖北人民同全国人民一道同仇敌忾，英勇战斗，为彻底打败日本侵略者、捍卫民族尊严做出了重要贡献。在抗日战争战略防御阶段，正面战场于 1938 年 6 月 12 日至 10 月 25 日进行了著名的武汉保卫战。武汉会战，是抗战以来投入兵力最多、牺牲最大、具有重要战略意义的一次战役。日军在作战中损失惨重，军力顿挫，中国抗战由此转入战略相持阶段。日军侵占武汉后，为稳定局势、巩固占领区，威逼“陪都”重庆，从 1939 年 4 月至 1945 年 4 月，以宜昌为中心，先后发起了随枣、枣宜、鄂西、鄂北等战役，先后共出动16个师团、6个旅团，约40万人。中国军队进行了顽强抗击，第36集团军总司令张自忠将军，在枣宜会战中身先士卒，战死沙场。湖北正面战场取得的重大胜利，为中国军民夺取抗日战争的最后胜利创造了有利条件。

在湖北敌后战场，中国共产党始终坚持抗日民族统一战线，发展壮大抗日武装，开辟和扩大抗日根据地，积极开展独立自主的抗日游击战争，有力地配合了正面战场作战，为赢得全国抗战胜利做出了巨大贡献。特别是新四军第5师，在李先念同志的领导下，在鄂豫边广大地区与日伪军作战1000余次，先后取得了朱儒山战役、大悟山反“扫荡”、攻占孝感城等战斗胜利，累计歼敌4万余人，先后抗击和牵制了15万日军和8万多伪军，建立了7个专区、39个县的抗日民主政权，使鄂豫边区成为华中敌后战场的重要组成部分，有力地粉碎了日本侵略军“以华制华”、“以战养战”的险恶图谋，为全国抗战的胜利作出了巨大贡献。事实证明，中国共产党的中流砥柱作用是中国人民抗日战争胜利的关键。

中共中央总书记、国家主席习近平同志在纪念全民族抗战爆发77周年仪式上的讲话中指出：“举行纪念全民族抗战爆发77周年仪式，目的是铭记历史、缅怀先烈、珍视和平、警示未来，坚定不移走和平发展道路，坚定不移维护世界和平。”今天，我们纪念中国人民抗日战争暨世界反法西斯战争胜利70周年，目的也在于铭记历史、缅怀先烈、珍视和平、警示未来。利用这个机会，我对本次学术研讨会提几点希望：

第一，深入研究中国人民抗日战争在世界反法西斯战争中的重要地位和作用。中国人民通过付出巨大代价而坚持的长期抗战，始终把日本法西斯陆军主力死死地“钉”在中国战场上，牵制和消耗了日本帝国主义的大量军力，对欧洲和亚洲其他地区的反法西斯战争起了重要的战略作用，为世界反法西斯战争的胜利作出了巨大民族牺牲和重要历史贡献。历史证明，中国战场是世界反法西斯战争的东方主战场，中国人民是打败日本法西斯的决定性力量，中华民族的牺牲与贡献理应铭刻在世界现代史的史册上，中国的抗日战争是整个世界反法西斯战争的重要组成部分。

第二，深入研究中国人民抗日战争的光辉历史和伟大抗战精神。抗日战争异常惨烈，中国人民同仇敌忾、共赴国难，铁骨铮铮、视死如归，涌现出了杨靖宇、赵尚志、左权、彭雪枫、佟麟阁、赵登禹、张自忠、戴安澜等一批抗日将领和众多英雄群体，培育了伟大的抗战精神。中国人民向世界展示了天下兴亡、匹夫有责的爱国情怀，视死如归、宁死不屈的民族气节，不畏强暴、血战到底的英雄气概，百折不挠、坚韧不拔的必胜信念。以爱国主义为核心的抗战精神，是中国人民弥足珍贵的精神财富，永远是激励中国人民克服一切艰难险阻、为实现中华民族伟大复兴而奋斗的强大精神动力。

第三，深入研究中国人民抗日战争的历史启发和当代意义。今天，抗日战争的历史虽已远去，但这场战争留给我们的记忆将永远铭刻在中国人民心里。前事不忘，后事之师。牢记历史并不是要延续仇恨，而是要以史为鉴、面向未来，让大家来共同珍爱和平、维护和平，让中日两国人民世世代代友好下去，让各国人民永享太平。令人遗憾的是，日本一些政治组织和政治人物依然在矢口否认日军侵略的野蛮罪行，依然在执意参拜双手沾满鲜血的战犯亡灵，依然在发表美化侵略战争和殖民统治的言论。我们要坚决捍卫中国人民抗日战争和世界反法西斯战争胜利成果，决不允许否认和歪曲侵略历史，决不允许军国主义卷土重来，决不允许历史悲剧重演。

第四，深入研究湖北抗战在中国人民抗日战争中的重要地位和作用。毫无疑问，湖北抗战是中国人民抗日战争的重要组成部分，为全国抗战胜利作出了重要贡献。但长期以来，学术界对湖北抗战历史的研究还很不够。要深入研究抗日战争时期湖北正面战场的历史，比如，武汉会战、随枣会战、枣宜会战、鄂西会战等，特别是宜昌学者在深入挖掘史料、研究史料的基础上，提出了“宜昌抗战”的概念，很有新意，获得了学术界的认同。要深入研究抗日战争时期湖北敌后战争的历史，特别是研究中国共产党领导的鄂豫边区的抗日战争历史。与此同时，还要深入研究抗日战争时期湖北正面战场和敌后战场相互配合、相互促进，共同推动湖北抗日战争的关系。

同志们，朋友们，人类历史已经进入21世纪，中国人民正在中国共产党领导下沿着中国特色社会主义道路奋勇前进。在前进道路上，我们一定要坚持中国共产党的领导，坚持道路自信、理论自信、制度自信，使中国特色社会主义道路越走越宽广；一定要坚持把发展作为党执政兴国的第一要务，协调推进全面建成小康社会、全面深化改革、全面依法治国、全面从严治党，努力实现中华民族伟大复兴的中国梦；一定要坚持走和平发展道路，为建设持久和平、共同繁荣的和谐世界而不懈努力。

同志们，朋友们，湖北是我国中部地区的重要省份，战略位置十分重要。当前，国家促进中部地区崛起、加快实施长江经济带发展战略、建设长江中游城市群、实施“一带一路”战略，为湖北发展提供了重大机遇。“十三五”时期，我省将处于工业化和城镇化加速推进期、积蓄能量的释放期、综合优势的转化期，潜在经济增长率高于全国，仍处于科学发展、跨越式发展的黄金机遇期，湖北发展前景喜人。各位专家、各位嘉宾、各位朋友长期以来十分关心和支持湖北的改革发展，希望大家一如既往地支持湖北的改革发展，为湖北改革发展献计出力。

最后，祝学术研讨会圆满成功！谢谢大家！

在省政协十一届九次常委会议闭幕会上的讲话

（2015年5月27日）

杨　松

各位常委、同志们：

省政协十一届九次常委会议已经完成各项议程，就要闭幕了。这次会议是省政协今年首次专题议政性常委会议，主要议题是围绕科学编制我省“十三五”规划问题建言献策。

刚才，省委副书记、省长王国生同志专门到会，听取各位常委大会发言，并发表重要讲话，对各位常委的发言给予了充分肯定。同时，对政协如何在编制“十三五”规划中更好地发挥作用，提出了非常重要的意见，对我们下一步为“十三五”规划建言献策具有非常明确的指导作用，体现了省委、省政府对省政协工作的高度重视，让我们再次用热烈的掌声对国生省长表示感谢。会议开幕时，省委常委、常务副省长王晓东同志到会通报我省“十三五”规划的编制情况。会议举办专题讲座，邀请国家发改委发展规划司司长徐林同志就国家“十三五”规划编制设想、发展方向和重点项目等问题作辅导报告。常委们反映，王晓东常务副省长的通报和徐林司长的讲座，为我们开好这次会议提供了十分有益的帮助。省直有关部门负责同志到会听取大会发言、参加小组讨论。

为开好这次会议，省政协作了认真准备，主席会议进行了两次专题研究。省各民主党派、省工商联、省政协各专委会、部分常委和委员在会前进行了深入调研，向会议提交调研报告29篇。昨天下午和今天上午的分组讨论会上，大家又提出了很多很好的意见建议。办公厅要将大家的意见建议包括各种不同意见进行全面整理，既综合提炼，又原原本本地向省委、省政府报告。

利用这个机会，我讲三点意见，与大家共同研究。

一、切实增强为科学编制我省“十三五”规划建言献策的责任感

今年是我省“十二五”规划的完成之年，也是我省“十三五”规划的编制之年。为我省科学编制“十三五”规划建言献策，是今年全省各级政协组织履行职能的重中之重。我们要充分认识编制“十三五”规划的重要性，正确认识政协组织在“十三五”规划编制中应该发挥的重要作用，切实增强为编制“十三五”规划建言献策的责任感。

科学编制“十三五”规划，是我省继续抓住和用好发展重要战略机遇期、促进经济长期平稳较快发展的需要。“十二五”以来，我省全面实施“一元多层次”战略体系，坚持“竞进提质、升级增效”不动摇，经济发展实现总量扩大、质量提升、位次前移，为“十三五”时期加快发展打下坚实基础。当前，我省经济发展同全国其他地方一样，也面临一些突出的矛盾和问题，经济下行压力较大。但也要看到，我省经济发展同时面临着难得的历史机遇，一是国家加快实施长江经济带发展战略、建设长江中游城市群，为我省发展拓展了更加广阔的空间；二是国家加快实施创新驱动发展战略，湖北科教优势明显，为我省加快产业转型升级、提升整体竞争力提供了十分有利的条件；三是国家实施扩大内需政策，大力推进城镇化，将极大激活我省经济发展的内生动力；四是国家实施“一带一路”战略，有利于我省加快开放步伐，形成全面的多向的对外开放新格局。总之，我省“十三五”时期将处于工业化和城镇化加速推进期、积蓄能量的释放期、综合优势的转化期，潜在经济增长率高于全国，仍处于科学发展、跨越式发展的黄金机遇期。这是省委作出的一个基本判断。所以，科学编制“十三五”规划，对于我们继续抓住和用好发展重要战略机遇期、促进经济长期平稳较快发展，具有十分重大的意义。

科学编制“十三五”规划，是我省实现全面建成小康社会目标、加快建设中部地区崛起重要战略支点的需要。中共十八大以来，以习近平同志为总书记的中共中央提出了协调推进“四个全面”的重大战略布局，为我国全面建成小康社会、实现“两个一百年”奋斗目标和中华民族伟大复兴中国梦指明了方向。中共中央高度重视湖北工作，要求湖

北在全国工作大局中发挥积极作用。2013 年习近平总书记视察湖北，强调要努力把湖北建设成为中部地区崛起的重要战略支点，在转变经济发展方式上走在全国前列，2014 年又对湖北工作作出重要批示，提出明确要求。中共中央其他领导同志在湖北视察时，也对湖北发展寄予殷切希望。“十三五”时期，是我省全面建成小康社会的决胜时期，是全面深化改革的攻坚时期，是全面推进依法治省和从严治党的关键时期，也是“建成支点、走在前列”的决定性阶段。科学编制我省“十三五”规划，准确把握以习近平同志为总书记的中共中央对国家和民族长远发展的战略谋划，准确把握国际国内的发展大势，准确把握我省发展的阶段性特征和历史方位，明确经济社会发展的总体思路、主要任务、战略举措，对于我省更好坚持以“四个全面”战略布局为统领，保证我省全面建成小康社会取得决定性胜利、全面深化改革取得决定性成果、“五个湖北”建设取得决定性突破，从而为“建成支点、走在前列”打下决定性基础，具有十分重大的意义。

所以，科学编制“十三五”规划，是全省上下的一项重大任务，我们各级政协组织和广大政协委员要深入研究、准确把握当前形势，切实增强为编制“十三五”规划建言献策的责任感和使命感。

二、积极为编制我省“十三五”规划建言献策

这次会议实际上是省政协一次扩大的常委会议，市州政协负责同志和县级政协主要负责同志应邀参加会议，这样做的目的是，把全省政协系统的力量整合起来，共同为各级“十三五”规划编制工作建言献策。我们要紧紧抓住重点，以问题为导向，以可操作性为要求，努力提高为科学编制“十三五”规划建言献策的质量和水平。

第一，抓住重点内容。编制“十三五”规划是一个庞大的系统工程，涉及到我省经济社会发展的方方面面。要进一步深化对省情的认识，准确把握新常态下的新趋势、新特点，加强对事关湖北全局的重大问题的调查研究，使规划更具科学性、前瞻性。刚才国生省长给我们点了五个方面的重点内容，即，一是围绕率先全面建成小康社会，深入研究湖北的发展重点和难点，加快推进跨越发展；二是围绕“建成支点、走在前列”，深入研究湖北的产业方向和发展方式，加快推进转型发展；三是围绕创新驱动，深入研究如何将我省科教人才优势转化为经济优势，加快推进创新发展；四是围绕处理好政府与市场的关系，深入研究改革开放的新举措，加快推进开放发展；五是围绕“三维纲要”实施，深入研究生态文明建设，加快推进绿色发展。希望全省各级政协和广大政协委员围绕这些重点问题，深入调查研究，积极建言献策。

第二，坚持问题导向。以问题为导向，是习近平总书记在新时期新阶段提出的一个基本工作方法，当然也符合人民政协工作的特点和规律，也是对人民政协的工作要求。全国政协主席俞正声同志指出：人民政协拥有的重要话语权和广泛影响力，很大程度上靠所提意见、建议的质量和可行性，靠对复杂问题的正确见解和工作的预见性。政协的各种履职活动都要坚持问题导向，实事求是地提出问题、研究问题，既充分了解问题的实际情况，又充分了解问题的来龙去脉。今天 12 位同志的发言，都是先提出存在的问题，然后再分析问题，继而提出解决问题的对策建议，效果很好。实际上，不同地区、不同层级有不同的问题，即使是同一类型的问题，其产生的原因和解决的办法也可能不同。以问题为导向，就是要把握这些问题的各自不同的实际，去探寻问题发生的原因。比如贫困问题，在不同的区域，贫困发生的原因是不同的，有的是缺乏产业支撑，有的是因病返贫，有的是因学返贫。因此，同样的问题在不同的地方发生的原因不一定一样，解决的措施也应该不同，这就需要我们各级政协认真加以研究。

第三，以可操作性为要求。政协提出的对策建议一定要切实可行，要有可操作性。省委、省政府和有关部门反映，近几年省政协的一些调研报告、提案和社情民意信息很有价值、可操作性强，拿来就能用，这就说明，我们一直以可操作性为要求这个方向是正确的。我们要继续坚持以可操作性为要求，加强对策建议的可操作性，确保务实管用。这次会议的调研报告都附有调研团队的名单，里面有政协委员，有该领域的专家学者，有该行业、该领域的实际工作者等，既保证了调研报告的较高质量，又确保了意见建议的可操作性。这里还需要强调，我们的对策建议还必须要有创新思维，不能简单地重复过去已做的工作，叶青委员刚才提出“三圈三带”就属于创新思维，江利平委员提出旅游和相关产业融合发展也是创新思维，是从另一个角度对旅游业发展进行思考。总之，我们解决问题的办法要有创新思维，这样才符合新形势新要求。

第四，重视区域发展问题。在一个县的范围内或者一个市的范围内难以解决的问题，要提到更高的层面，从区域性的角度来研究，更有利于问题的解决。因此，各地政协组织之间要互相商量、互相交流，对共同性的问题共同研究。比如汉江问题，襄阳市政协联合汉江流域的 15 个城市，举办汉江流域论坛，引起全国政协的高度关注。为解决全流域性的问题，我们还应加强与陕西省、河南省的协作，在“十三五”时期提升到国家层面，引起国家的高度重视。当然，首先要立足于办好自己的事，利用政协组织的优势，本级能解决的问题就推动当地党委政府解决，本级解决不了的问题可以再往上提一个层次。

三、继续为科学编制我省“十三五”规划献计出力

俞正声主席在全国政协十二届三次会议所作的常委会工作报告中指出，人民政协要把围绕制定国民经济和社会发展“十三五”规划议政建言作为全年履职重点，努力提出具有前瞻性、战略性、针对性的意见建议。本次常委会议只是开了一个好头，全省各级政协组织和广大政协委员要继续围绕我省经济社会发展重大问题调查研究，努力为科学编制我省“十三五”规划献计出力。

第一，加强学习，提高为科学编制我省“十三五”规划建言献策的本领。编制“十三五”规划是一项政策性很强的工作，必须把加强学习作为建言献策的重要前提。要深入学习领会习近平总书记系列重要讲话精神，特别是学习协调推进“四个全面”的战略布局，学习领会习近平总书记在湖北视察时的重要讲话精神和对湖北工作的重要批示精神，还要学习省委关于我省改革发展工作的重要决策部署，努力使我们的建言献策始终保持正确的方向。要学习国情、省情和有关专门知识，了解掌握我省经济社会发展的基本情况，了解掌握有关地区、有关部门的工作情况，同时，还要开阔思路，认真学习、研究和把握当前国际形势特别是国际经济形势，从而为我们建言献策打下扎实的基础。

第二，积极作为，把为科学编制我省“十三五”规划建言献策贯穿今年履职工作的

全过程。今年，省政协共安排了3次议政性常委会议、2次常委专题协商会、10次月度界别协商座谈会，到目前为止，已经召开了1次议政性常委会议和1次月度界别协商座谈会。接下来将要陆续开展的13次重要协商议政活动，都要着眼我省科学编制“十三五”规划来进行，会议的内容都应该与“十三五”规划编制工作有机结合起来。各专委会、各界别和委员今年的研究重点，都要有意识、有目的地和“十三五”规划编制结合起来，这样就可以把为“十三五”规划编制建言献策，贯穿于我们全部工作的全过程。要加强协商前的调查研究工作，花更大气力深入了解实际，花更多时间强化研究论证，识民情、接地气，倾听群众呼声，把握事物规律，力求使调研靠事实说话，使对策建议更加符合实情、反映民意、有助决策。要加强协商讨论，精心组织互动交流，通过发言、讨论、提问、解答，不断把协商引向深入，在一些具有综合性、全局性、前瞻性的重大问题上努力形成共识。政协委员要利用各种不同的形式来发挥作用，不仅是参加会议，对于国家和省里提供的公共平台，也要积极参与讨论，在公共平台上提出建议。

第三，系统联动，整合资源，切实提高为科学编制我省“十三五”规划建言献策的实效。加强政协组织系统内的联动，争取全国政协对湖北工作的重视和支持，密切与兄弟省区市政协的协作与配合，加强对市州县政协的指导，围绕我省“十三五”规划中的一些重大问题开展联合调研，争取我省在全国“十三五”规划中占有一席之地。加强省政协各专门委员会与省各民主党派、省工商联和省直有关部门联合调研，围绕行业发展中的重大问题深入研究，提出意见建议。发挥高等院校、科研院所等专家学者的作用，吸引其参加省政协组织的调研、论证工作，使我们提出的意见建议更具专业性和科学性。

各位常委、同志们，制定和实施我省“十三五”规划，是一项复杂而艰巨的系统工程，影响深远，意义重大。我们一定要在中共湖北省委的正确领导下，围绕科学编制我省“十三五”规划，继续发挥政协独特优势，认真调查研究，积极建言献策，为开创我省“十三五”更加美好的未来作出新的更大贡献。

在全省政协文史和学习工作暨《湖北文化史丛书》编撰工作座谈会上的讲话

（2015年6月9日）

王振有

这次座谈会是经主席会议研究同意召开的，这充分体现了省政协对全省文史和学习工作的重视与关心。刚才，我们表彰了一批全省政协文史资料工作优秀论文，立国主任对今年上半年文史和学习工作作了总结，对下半年的文史和学习重点工作作了通报。上午，文史委还专门召开了《湖北文化史丛书》编撰工作会议。会上，各市州政协结合工作实际，就做好今年的文史和学习工作，特别是做好《湖北文化史丛书》的编撰工作，总结了不少好经验好做法，《湖北文化史丛书》编委会的有关领导和专家就下一步如何更好地把这套系列丛书编出质量、编出水平，提出了很好的意见和建议，我都赞成。可以说，这次会议主题鲜明、内容丰富，达到了沟通思想、交流经验、研讨对策、明确思路、提振士气的目的，必将对下一步全省政协的文史和学习工作起到积极的推动作用。

近几年来，全省政协的文史和学习工作循序渐进，成绩显著、亮点纷呈，工作机制进一步完善，队伍建设进一步加强，文史资料出版质量进一步提升，文史工作社会功能进一步彰显，这些得益于省政协主席会议的正确领导、科学谋划，得益于各市州政协的积极干事、主动作为，得益于全体文史工作者的孜孜不倦、任劳任怨。在这里，我谨代表省政协向参加会议的全省各级政协组织和文史工作者表示亲切的问候和衷心的感谢！下面，我根据这次会议的主题和当前工作重点，讲三点意见。

一、强化责任意识，紧贴时代需求，扎实做好政协文史资料工作

一是要有时不我待、只争朝夕的责任担当。文史资料工作责任重大、使命光荣，是弘扬民族精神、传承民族文化的重要载体，也是人民政协文化建设的有机组成部分，还是推进统一战线工作的重要阵地，对于继承丰厚的历史文化遗产、弘扬社会主义核心价值体系、充实人民群众精神文化生活有着重要作用。当前，我们正处在一个大变革、大调整、大发展、大繁荣的时代，习近平同志提出了扎实推进社会主义文化强国建设的奋斗目标，并要求各级领导干部“要认真学习党史、国史，知史爱党，知史爱国”。这对文史资料工作来说既是机遇，也是挑战。作为文史工作者，我们要始终保持清醒认识、坚持正确方向、把握发展态势，承担起党和人民赋予我们的神圣使命，进一步增强对新时期政协文史资料工作重要性、必要性的认识。当前，尤其要把征集建国后史料作为我们工作的主线和重点，一年确定一个主题，把最有历史价值、最具政协特色、最为现实需要的史料精编出来，达到“出好一本书、团结一批人、教育一代人”的良好效果。同时，还要抓紧时间及时征集和抢救，避免“人去史断”的现象发生。

二是要有围绕中心、紧扣主题的政治嗅觉。文史资料工作内容广、课题多，选取课题要切实做到围绕中心、突出重点。一是围绕中央提出的“四个全面”选题。中共十八大和十八届三中、四中全会明确提出“四个全面”总目标。文史工作就要为如何协调推进全面建成小康社会、全面深化改革、全面依法治国和全面从严治党，提供经验支持、贡献精神智慧，充分发挥文史资料“以史资政”、“以史鉴今”作用。二是围绕省委提出的“五个湖北”和“建成支点、走在前列”选题。“五个湖北”建设是中共湖北省委第十次代表大会作出的战略部署。“建成支点、走在前列”是习近平总书记对湖北发展的新定位、新要求。我们要围绕省委、省政府的重要战略部署，开展文史资料征集、整理、研究、出版工作，推动我们的工作服务现实、服务湖北科学发展、跨越式发展。三是围绕湖北文史的特有魅力选题。湖北是文化大省，历史文化底蕴深厚，文化资源十分丰富。楚文化、三国文化、矿冶文化、首义文化、红色文化、宗教文化、山水文化等丰富的文化资源，是我们做好文史资料工作取之不尽、用之不竭的宝贵精神财富。我们要充分利用这些文史资料，提升区域历史文化影响力和文化软实力，培育和弘扬湖北人民的民族

精神和人文气质，进一步增强我省人民的文化认同感和归属感，更好地为湖北经济协调发展和社会全面进步服务。

三是要有与时俱进、主动求为的开拓精神。在继承传统做法的基础上，研究和借鉴国内外口述史学的经验，充分利用录音、录像、电脑、网络、公开出版物等手段和方法，创新文史资料征集、存储、出版手段和方法，探索文史资料走向社会、服务群众；利用"湖北政协文史资料馆"这一公共平台，提高文史资料社会影响力。特别注重培养高素质的文史工作队伍，凝聚和发挥一切可以团结的力量开创文史资料工作的新局面。要发挥政协委员主体作用，制定措施鼓励政协委员撰写"三亲"文史资料，为政协委员参与文史资料工作创造条件，做好服务；要发挥各部门、各单位及省内各级政协组织的协作力量，加强与文化、地方志、党史、研究会、图书、档案及兄弟政协的联系协作，推动各方面工作资源和力量整合，增强文史工作的合力；要发挥科研院所、大专院校的力量，完善选聘工作机制，主动争取与文史专家的合作，建立一批理论功底厚实、思想政治坚定、研究水平较高的文史专员队伍，提高文史工作的整体水平。

二、坚持科学统筹，搞活内容形式，扎实做好政协学习培训工作

一要加强对学习工作的统筹规划。重视学习、善于学习、学以致用，是人民政协的优良传统。要加强对专题学习、委员培训工作的组织谋划，通过举办培训班、外地参观学习等多种形式，有针对性、有组织地开展学习培训，提高政协委员的履职能力和水平。如十一届省政协成立伊始，我们就制定了《政协湖北省第十一届委员会委员学习工作安排》，明确提出了五年学习工作的指导思想、学习内容、学习方式、具体安排、委员培训科目、学习要求和组织保障等，主席会议审议通过后，以文件形式印发全体省政协委员及相关单位和部门。每年年初结合全会总体部署，都要制定年度委员学习工作意见，加强对学习工作的统筹规划，保证学习工作按照本届政协总体规划和年度重点有序进行。

二要注重学习工作的针对性、时效性。当前，改革发展正处在攻坚期和深水区，如何使广大政协委员和文史工作者适应"四个全面"总体要求，以改革的思维、创新的理念、法治的精神推进履职能力建设，是我们学习工作的重要内容。要紧扣时代主题，加强对中共十八大、十八届三中四中全会、习近平总书记系列讲话精神以及省委、省政府重大战略决策部署的学习培训，把大家的思想和行动统一到中央和省委的精神上来，统一到"四个全面"战略布局和实现中华民族伟大复兴的中国梦以及"建成支点、走在前列"的奋斗目标上来，进一步坚定立场、明确方向、凝聚共识，打牢思想政治基础，提升履职尽责能力。

三要丰富学习工作内容形式。将常委会专题讲座作为学习工作的重要平台和品牌进行打造，特别是在选择主讲专家方面，要广泛调动各方面资源，精心挑选，保证讲座的效果。近年来，省政协先后邀请各专业领域翘楚莅临湖北辅导授课，如法学界著名专家乔晓阳、军事领域著名专家罗援、发展规划领域著名专家徐林等，引起良好反响和普遍赞誉。还可以通过举办委员读书会、组织委员学习参观、组织专门委员会和界别小组学习、及时提供学习参考资料等喜闻乐见的学习形式，丰富学习活动，激发学习兴趣，增

强学习效果。

三、把握特点规律，夯实工作基础，扎实推进文史和学习工作创新发展

习近平总书记在庆祝人民政协成立65周年大会上指出，人民政协要以改革思维、创新理念、务实举措大力推进履职能力建设，努力在推进国家治理体系和治理能力现代化中发挥更大作用，这是我们政协工作者共同的责任担当。

一要切实加强对文史和学习工作的领导。重视政协工作，重视统战工作，必须重视文史资料工作。全省各级政协组织要切实把文史资料工作作为一项基础性工作，摆在突出位置抓紧抓好。要把文史资料工作纳入议事日程，研究制定文史资料工作中长期发展计划，采取有效措施加以落实；要加强对文史资料工作的督促检查，认真研究和解决文史资料工作中存在的问题，及时总结推广好的经验做法；要引导各级政协委员增强使命感、责任感，增强工作积极性、主动性。全省各级政协组织要加强对学习工作的领导，不断丰富和深化学习内容，进一步突出统战特色、政协特色，不断创新和改进学习形式，进一步强化学习实效；要充分发挥信息化优势，利用信息载体推动委员学习，探索网络远程教学、论坛讨论和交流等形式，利用集中学习、共享学习、体验学习、案例学习等方法，增强委员学习实用性和有效性；要大力推动委员学习工作的制度化、规范化、程序化，建立和完善促进学习、保障学习的长效机制。省政协文史和学习委员会要进一步加强对各级政协组织学习工作的指导，加强联动、优势互补、资源共享，带动全省各级政协委员、各民主党派和各族各界人士，不断提高学习工作的科学化水平。

二要准确把握文史工作新特点、新规律。新形势下，文史工作的目标就是为建设社会主义核心价值体系和推动社会主义文化大发展大繁荣服务，为全面建成小康社会、建设富强民主文明和谐的社会主义现代化国家服务，为促进祖国和平统一服务。这一目标要求我们文史工作必须坚持解放思想、实事求是，忠于史实、秉笔直书；必须坚持统战和“三亲”特色，允许多说并存、百家争鸣，尊重历史见证人从不同侧面对历史事件的表述；必须坚持服务大局，注重社会效益，遵守国家有关法律法规。工作的重点是在继续做好建国前史料征集的基础上，广泛征集建国以来政协委员及其所联系的各方面人士的“三亲”史料，特别是改革开放以来的“三亲”史料。全省各级政协组织应根据现阶段政协委员的年龄结构，及时调整征集的重心和内容，围绕本地区经济社会发展的实际，征集一批有地方特色和区域优势的史料，努力发挥政协文史资料“存史、资政、团结、育人”的功能，不断探索文史资料工作为现实服务的新途径。

三要全力抓好文史和学习工作基础设施建设和队伍建设。各地要进一步落实好全国政协和省政协关于加强文史资料工作的意见，健全文史资料工作机构，配齐工作所需人员，保障各项工作经费，及时更新和完善文史资料工作所需设备，建立和完善适应市场经济体制要求的史料征集工作新机制。在实现文化大省向文化强省跨越的新形势下，全省各级政协组织要特别注重培养高素质的文史工作队伍，注意选调专业人员充实文史工作队伍，注重培养业务骨干，努力建设一支善于团结、勤于沟通、作风民主、勤奋进取的高素质文史工作队伍，为人民政协文史工作的创新发展、为社会主义文化建设的大发展大繁荣作出新的业绩。

今年的文史和学习工作任务相当艰巨，各级政协要在完成经常性工作基础上，重点做好中国人民抗日战争暨世界反法西斯战争胜利70周年相关纪念活动，高质量完成好年度文史书籍出版计划。同时，还要结合工作实际，在抓好委员学习培训和履职参政方面摸索出一些方法和路子，切实提高委员参政议政和建言献策的能力水平。

同志们，2015 年是全面贯彻中共十八大和十八届三中、四中全会精神的重要一年，是推动“四个全面”协调发展的开局之年，希望全省文史和学习工作者，进一步强化使命意识和责任担当，切实增强工作积极性、主动性，在新的一年里继续孜孜以求、勤奋工作，深挖湖北丰厚文化底蕴，促进社会主义核心价值体系建设，为实现中华民族伟大复兴的中国梦贡献智慧和力量。

自身建设需强化　履职尽责待创新

（2015 年 6 月 16 日在九三学社湖北省委全委会议上的讲话）

田玉科

中央统战工作会议是中共中央着眼新形势下巩固和发展最广泛的爱国统一战线召开的一次重要会议，具有里程碑的意义。习近平总书记的重要讲话，从党和国家事业发展全局出发，深刻分析了统战工作面临的形势，科学回答了新形势下统一战线面临的一系列重大问题，是指导统一战线事业开创新局面、实现新发展的纲领性文献。会议和中共中央颁发的《中国共产党统一战线工作条例（试行）》（以下简称《条例》）都强调要完善政党协商的内容、形式和机制，使协商对凝聚共识、优化决策起到作用。作为民主党派的成员，我在学习了会议精神、聆听了李鸿忠书记在培训班上讲话之后，感到如沐春风，倍感振奋。

准——准确把握会议精神

中央统战工作会议以及所颁布的《条例》有三个突出特点。

一是规格高。从全国会议升格为中央会议，凸显中共中央对统战工作的空前重视和统一战线的法宝地位作用更加重要。讲话和《条例》把统一战线的地位作用提到一个前所未有的新高度。习近平总书记深刻阐述了统一战线的法宝地位作用，从正反两方面对比中为统一战线作了精确定位，把对统一战线的认识提升到一个新水平。

二是分量重。习近平总书记的重要讲话是指导统一战线事业发展的纲领性文献，为做好新形势下统战工作提供了根本遵循和行动指南。《条例》是中国共产党关于统一战线工作的第一部重要法规，完善了方针政策和系统举措，提升了统战工作制度化、规范化和科学化水平。为统战工作提供了重要的政治保障、组织保障和法制保障。

三是要求新。习近平总书记在讲话中提出的一系列高屋建瓴，指导性强的新思想、新观点、新要求、新政策，比如，会议提出的把正确处理一致性和多样性关系作为统战工作方针；在参政议政、民主监督两个职能基础上，又增加了参加中国共产党领导的政治协商的职能；进一步明确和细化民主监督形式和内容；从党外代表人士政治、实职安排和干部培养、基本待遇等多方面做出明确规定。这些都充分体现了新一届中共中央领导集体的战略眼光、政治智慧和创新精神，充分体现了统战工作的与时俱进，使我们对做好党派工作更加充满信心。

行——认真履行参政党职能

贯彻落实习近平总书记讲话精神和中央统战工作会议精神，九三学社省委要围绕中共湖北省委省政府的中心工作，认真履行参政议政、民主监督、政治协商三大职能，为湖北实现“建成支点、走在前列”目标做出积极贡献。

提升参政议政能力。要加强机制建设，提升履职能力和水平；着力统筹规划，发挥优势，找准切口，聚焦问题；着力改进调研，真正深入基层，贴近民众，摸清情况，获得真知；着力配齐配好基本队伍，整合全省各级社组织和社员力量，并利用好社会智库和专家学者等社会力量；着力创新立意，实现九三学社履职能力和水平的新跨越。

加大民主监督力度。要对省委、省政府重大决策的落实情况进行监督，保持常态化，系统化，辅以科学的手段，紧盯一类改革举措，如医卫体制改革，这也是我社近几年跟踪调研的课题，继续关注；要对科技部出台的政府科技项目管理改革进行监督，九三学社是以科技界为主的参政党，可以广泛发动社员力量，利用专业优势，着力加强监督。

推进政治协商。九三学社要以各级政协为平台，紧紧抓住改革发展中的战略性问题，深入进行专题协商，促进协商成果转化利用；围绕党政职能部门迫切需要解决的、具有战略性和前瞻性的重要问题，深入进行对口协商，提出合理建议；围绕一些领域中最基本、宏观和长远的问题，深入进行界别协商，形成重大决策参考意见；围绕政协提案，深入进行提案办理协商，帮助和引导委员密切与党政职能部门的联系，使提案具有针对性和可操作性。

实——切实加强自身建设

习近平总书记强调“要支持民主党派加强思想、组织、制度特别是领导班子建设，提高政治把握能力、参政议政能力、组织领导能力、合作共事能力、解决自身问题能力”，为民主党派履职尽责进一步明确了定位，指明了方向。九三学社湖北省委通过深入学习和领会会议精神特别是习近平总书记重要讲话精神，深深感到在巩固和发展统一战线中使命光荣、责任重大。社湖北省委将着力做好以下几个方面的工作：

一是着力加强思想建设，认真学习贯彻中央统战工作会议精神，要与学习实践活动紧密结合起来，不断创新形式，多开展一些社员喜闻乐见的活动，让统战理念融入社员心中；全省各级社组织和广大社员要把学习会议精神作为当前的一项首要任务，通过中心组学习和各种形式培训班、座谈会、报告会、专题研讨等方式抓好学习，做到全面、深入、扎实，掌握会议精神的实质并以之指导各项工作；充分利用庆祝抗日战争胜利和九三学社成立七十周年契机，开展采访老社员和社内老领导活动，弘扬爱国民主科学精神，夯实共同思想政治基础；团结引领所联系的知识分子，为实现中国梦共同奋斗；

二是着力加强组织建设。贯彻落实中央统战工作会议精神，需要解放思想，与时俱进，不断拓展统战范围，着力培养具备“政治把握能力、参政议政能、组织领导能力、合作共事能力、解决自身问题能力”的高素质党外人才队伍。社省委要以“政治上坚定、履职上坚实、组织上坚强”为目标，全面推进人才强社战略。要研究和关注新生代知识分子，通过交流沟通，积极吸纳思想活跃、知识层次高的新阶层人士加入九三学社；要努力搭建各种平台，为社员成长创造条件，让优秀人才有更为广阔的发展空间。着眼于明后年的换届，切实加强后备干部队伍建设，推进培训工作规范化和制度化，不断提高领导班子成员的能力。

三是着力加强制度建设。完善参政调研激励机制，积极建言献策。健全完善工作制度，积极推进社内监督工作。加强机关建设，开展“学习型、创新型、服务型”机关创建活动，组织开展机关干部业务知识学习培训，全面提高机关的协调服务水平。全省社组织都要以创新思维，尤其是有战略性、前瞻性、可操作性的原始创新引领各项工作，以贯彻落实会议精神为新的起点，高标准要求，高水平履职，为全省改革发展献计出力，为推进“四个全面”战略布局湖北实施和“五个湖北”建设，最大限度地凝聚共识、凝聚人心、凝聚智慧、凝聚力量。

做一名合格的共产党员和党的干部

（2015年6月26日，省政协及机关“三严三实”专题党课）

杨　松

同志们：

2014年3月9日，习近平总书记在十二届全国人大二次会议参加安徽代表团审议时指出：“各级领导干部都要树立和发扬好的作风，既严以修身、严以用权、严以律己，又谋事要实、创业要实、做人要实。”今年4月，中央办公厅印发《关于在县处级以上领导干部中开展“三严三实”专题教育方案》，对在县处级以上领导干部中开展“三严三实”专题教育作出安排。提出“三严三实”的重要思想，作出开展“三严三实”专题教育的重大部署，目的是使广大党员做合格的共产党员、广大干部做合格的党的干部。按照中央和省委要求，县级以上党委（党组）书记要联系本地区本部门本单位实际带头讲党课。下面，我结合学习习近平总书记系列重要讲话精神，结合中央和省委对“三严三实”专题教育的要求，结合省政协及省政协机关工作实际，谈三点认识和体会，与大家交流。

一、“三严三实”是党员干部做人成事的行为准则

“三严三实”思想深刻、内涵丰富，具有很强的指导性、针对性，是广大党员干部做人做事的行为准则。

第一，“严以修身”是党员干部修德做人的基础。所谓严以修身，就是要加强党性修养，坚定理想信念，提升道德境界，追求高尚情操，自觉远离低级趣味，自觉抵制歪风邪气。“修身”是古训，源于《礼记·大学》：“物格而后知至，知至而后意诚，意诚而后心正，心正而后身修，身修而后家齐，家齐而后国治，国治而后天下平”。作为一种传统道德理想，“修身”是对做人做事的基本要求和训导。我们党历来强调“修身”，延安整风时期，毛泽东同志的《为人民服务》、《纪念白求恩》、《愚公移山》和刘少奇同志《论共产党员的修养》，都是论述共产党员“修身”的重要著作。可以说，共产党员“修身”，是加强党性修养的根本要求。修身的核心，是要坚定马克思主义信仰，坚定社会主义和共产主义信念，坚定为人民服务根本宗旨。无论是革命战争时期，还是新中国成立以来，无数革命先烈和英雄楷模都是理想信念坚定的模范，甘愿为党的根本宗旨、为党和人民的事业不懈奋斗，甚至不惜牺牲生命。在湖北大别山区进行革命斗争的戴醒群烈士（老省长张体学的夫人），就义时场景之壮烈、精神之凛然，令人动容，千古浩叹，俞正声同志在瞻仰红安革命烈士陵园察看她的事迹时给予了高度评价。吴天祥同志是和平时期“修身”的模范，几十年如一日，坚持践行共产主义理想和为人民服务的根本宗旨，事迹十分感人。今年6月1日，“东方之星”客轮翻沉事故发生后，监利广大干部群众积极投身大救援之中，充分体现了社会主义“一方有难、八方支援”的精神，展现了监利“小城大爱”的情怀，同时也是监利党员干部践行“三严三实”、“严以修身”的最好写照。这些鲜活的事例告诉我们，“严以修身”是做一名合格党员和合格干部的重要前提。党的十八大以来，党中央以零容忍态度惩治一批“老虎”和“苍蝇”，这些腐败分子都有一个共同的特点，即不重视“修身”，丧失了理想信念，丢掉了根本宗旨，是“严以修身”的反面教材。

第二，“严以用权”是党员干部从政为官的核心。所谓严以用权，就是要坚持用权为民，按规则、按制度行使权力，把权力关进制度的笼子里，任何时候都不搞特权，不以权谋私。因为权力是一把双刃剑，用好了可以报国为民，用错了就会吞噬自己、身败名裂。1961年7月，周恩来总理的侄子周尔辉在北京结婚。结婚后，新郎回北京钢铁学院工作，新娘回淮安县工作，两地分居。当北京钢铁学院知道了周尔辉和总理的关系后，决定把女方调到北京。周恩来知道后，亲自动员侄子侄媳一起到淮安工作，不要搞特殊。因为当时，我国正处于三年自然灾害期间，中央正调整国民经济，北京大量压缩城市人口，连国务院都在压缩下放人员，物资资源非常匮乏，人员编制非常紧张。周恩来总理不以公权谋私利，不给党和国家添麻烦，为我们党员干部做出了用权的示范。同时要看到，这些年来乱用权力的事例很多，尤其“小官巨贪”现象呈上升势头，有的科级干部、股级干部、甚至村干部，虽然级别不高，却利用负责具体工作的权力谋取私利，危害群众利益，影响十分恶劣。不按规则和制度行使人民赋予的权力，贪污腐败，中饱私囊，最终必将受到党纪国法的严厉惩处。

第三，“严以律己”是党员干部永葆本色的保证。所谓严以律己，就是要心存敬畏、手握戒尺，慎独慎微、勤于自省，遵守党纪国法，做到为政清廉。严以律己检验着严以修身成效，只有严以律己，才能严以用权。对党员干部而言，律己不严，不仅自己身败名裂，更会损害党和政府的形象。刘少奇同志的视察“四不准”原则是我们“律己”的典范。刘少奇同志总向身边工作人员专门交待“外出视察四不准”：一是每到一地，不要人家接送；二是到任何地方，不准请客吃饭，铺张浪费；三是不准向人家要东西；四是参观时不要前呼后拥地陪同，有个向导引路就行，不要影响地方同志的工作。作为国家主席，视察不要接送，不准请客吃饭，参观不要陪同，怕铺张浪费，怕影响地方同志的工作，这是刘少奇同志高度自觉、严格自律的表现。因此，中央的“八项规定”并不是新规定，是对我党老传统的继承和重申。

第四，“谋事要实”是党员干部干事创业的前提。所谓谋事要实，就是要从实际出发谋划事业和工作，出点子、定方案、制政策要符合实际情况、符合客观规律、符合科学精神、符合最广大人民群众的根本利益，不好高骛远，不脱离实际。其本质就是求真务实、实事求是。近年来，省政协坚持围绕中心、服务大局，主动谋事、认真干事、努力成事，为我省经济社会发展作出了贡献。比如，围绕湖北血吸虫病防治工作，省政协通过住鄂全国政协委员向全国政协提出“加强对湖北省四湖地区血吸虫病进行综合治理”的提案，被全国政协提案委员会列为重点督办提案，引起国家有关部门高度重视，有力地推动了我省血吸虫病防治工作。围绕南水北调中线工程通水后对汉江中下游的影响问题，省政协积极开展专题调研和视察，向全国政协和国家有关部门提出意见建议，争取生态补偿等政策支持，效果已经显现。围绕湖北大别山区、武陵山区、秦巴山区和幕阜山区建设与发展献计出力，促进了《武陵山片区区域发展与扶贫攻坚规划（2011-2020年》、《大别山革命老区振兴发展规划》等国家重要文件的出台，组织省内外知名企业家和外省驻湖北商会赴湖北大别山区、武陵山区考察投资环境和招商项目，促进了贫困地区经济发展和民生改善，受到地方党委、政府和群众的欢迎，得到省委、省政府的充分肯定。当然，也有谋事不实的情况，我们有的视察和调研不够深入，提出的建议比较漂、比较虚，可操作性不强。还有，有些地方，一些党政干部好大喜功、急功近利，热衷搞形象工程、短期工程，扩园区、造新城，盲目扩张，留下很大隐患；有些地方，“新官不理旧事”，换一任领导就换一个规划，今天一个目标，明天一个蓝图，没有“功成不必在我”的定力，更没有老老实实做事的精神，最终使得当地发展机遇被一再贻误，其根本原因就是谋事不实。

第五，“创业要实”是党员干部能够立业成事的关键。所谓创业要实，就是要脚踏实地、真抓实干，敢于担当责任，勇于直面矛盾，善于解决问题，努力创造经得起实践、人民、历史检验的实绩。习总书记反复强调，空谈误国、实干兴邦，一分部署、九分落实。创业要实，还应包括创新。政协工作要不断创新内容、方法和制度机制，这也是一种创业，不过关键是要实，不能搞空架子。

第六，“做人要实”是党员干部做人成事的保障。所谓做人要实，就是要对党、对组织、对人民、对同志忠诚老实，做老实人、说老实话、干老实事，襟怀坦白，公道正派。原福建省东山县的谷文昌书记，被当地群众尊称为“谷公”，受到当地百姓清明节

"先祭谷公后拜祖宗"的礼遇。"县委书记的好榜样"焦裕禄就是因"做老实人、说老实话、干老实事"感动了亿万人民。还有我们身边坚守承诺和追求几十年如一日的吴天祥。这些都是我们学习的榜样。他们能够流传千古，为世人称颂，从根本上说就是他们做人很实。

"严"和"实"是有机统一的、不可分割的整体，"三严"和"三实"相互融合、相互交叉，严以修身、严以律己、做人要实，主要讲如何修炼，严以用权、谋事要实、创业要实，主要讲如何去做，一个是思想境界和思维方式，一个是行为准则和行为规范。修身、律己、做人是前提，用权、谋事、创业是结果，最终达到"知行合一"。

二、践行"三严三实"要从我做起、从现在做起

"三严三实"中"三严"是党员干部干事创业的戒尺和底线，而"三实"则是党员干部干事创业的行动准则和指南。贯彻落实"三严三实"要求，首要要求就是从我做起、从现在做起。因此，我们要切实增强践行"三严三实"的思想自觉和行动自觉，把"三严三实"的要求贯彻到修身做人、为官用权、干事创业的各个方面。

第一，要坚持思想引领。党的十八大以来，习近平总书记发表了系列重要讲话，深刻回答了新形势下党和国家事业发展的一系列重大理论和现实问题，指引党和国家工作形成"四个全面"的战略布局，开启了中国特色社会主义发展的新阶段。讲话集中体现了新形势下党中央管党治党的丰富思想，体现了我们党对领导干部从严从实的基本要求，是当代中国鲜活管用的马克思主义，不仅为党和国家的发展提供了指南，而且对党员干部做人、做事、做官都具有很强的指导性和针对性。因此，省政协机关也借党的群众路线教育实践活动和"三严三实"专题教育的机会，给各党支部、各位党员干部下发了相关的书籍资料，希望机关党员干部要继续深入学习贯彻习近平总书记系列重要讲话精神，读原著、学原文、悟原理，重点研读《习近平谈治国理政》、《习近平关于党风廉政建设和反腐败斗争论述摘编》等重点书目，做到学习跟进、认识跟进、行动跟进。特别是要认真学习习近平总书记在纪念人民政协成立 65 周年大会上的重要讲话和对人民政协工作所作出的重要指示、批示，这是我们做好政协工作的重要遵循，必须按照"三严三实"的要求，切实做有理想、有信念、有家国情怀、对党忠诚的干部。

第二，要树立规矩意识。习近平总书记指出，"保持党的团结统一，不仅要靠共同的理想信念、严密的组织体系、全党同志的高度自觉，还要靠严明的纪律和规矩。"守纪律是党章明确规定的对党员的基本要求，讲规矩是领导干部对党忠诚度的重要检验。习近平总书记在中纪委五次会议上强调指出："要加强纪律建设，把守纪律讲规矩摆在更加重要的位置。党章是全党必须遵循的总章程，也是总规矩。党的纪律是刚性约束，政治纪律更是全党在政治方向、政治立场、政治言论、政治行动方面必须遵守的刚性约束。国家法律是党员、干部必须遵守的规矩。党在长期实践中形成的优良传统和工作惯例也是重要的党内规矩。纪律是成文的规矩，一些未明文列入纪律的规矩是不成文的纪律；纪律是刚性的规矩，一些未明文列入纪律的规矩是自我约束的纪律。"我们党在长期实践中形成的优良传统和工作惯例，经过实践检验，约定俗成、行之有效，需要全党长期坚持并自觉遵循。广大党员干部一定要牢记自己是人民的公仆，是整个社会的表率。

共产党员不是普通群众，领导干部不是一般干部。要把握好自己的角色和位置，清楚自己的身份和职责，工作上尽职尽责，到位而不越位和错位。特别是在纪律上，对自己的要求必须更严一些，标准必须更高一些，真正把讲规矩当作一种责任，决不能逾越章法，藐视制度。其实，规矩意识强不强，从过马路这件小事就可以看出来。要不断加强学习，增强党性修养，强化法律意识、强化纪律意识、强化规矩意识。从大的层面上讲，有党纪国法，从小的层面上看，有机关工作规则、办法。对此，我们要时刻保持头脑清醒，让规矩和制度入脑入心，把握好“度”，明白哪些该做，哪些不该做；哪些该说，哪些不该说；哪些该大力提倡，哪些该坚决反对。当然最大的一条规矩，就是要自觉在思想上、政治上、行动上始终与以习近平同志为总书记的党中央保持高度一致，在重大政治原则问题上，态度鲜明，立场坚定，做到遵守党章不打折，落实中央决策部署不变通。

第三，要注重德行修为。习近平总书记讲，“面对纷繁复杂的社会现实，党员干部特别是领导干部务必把加强道德修养作为十分重要的人生必修课”，“努力以道德的力量去赢得人心、赢得事业成就”。我们要努力继承中国优秀传统文化中的道德素养，兼收并蓄其他国家和民族优秀的道德文化，来完善社会主义道德。社会主义道德是社会主义精神文明的一个重要组成部分，反映整个社会的精神风貌，也反映个人的思想觉悟、精神境界、文明教养以及自我调节、自我控制的能力。一些党员领导腐败堕落，走上违法犯罪道路，大多是从道德品质上出问题开始的。正如有的分析所指出的：“现在干部出问题，多数不是出在‘才’上，而是出在‘德’上。人民群众对干部的意见，主要集中在‘德’上。”因此，我们党员干部一定要把立德、修德、践德作为终身课题，带头弘扬社会主义核心价值观，带头弘扬中华民族优秀传统美德，带头恪守社会公德、职业道德、家庭美德和个人品德，在弘扬社会正气上作出表率。

第四，要敢于责任担当。习近平总书记指出：“是否具有担当精神，是否能够忠诚履责、尽心尽责、勇于担责，是检验每一个领导干部身上是否真正体现了共产党人先进性和纯洁性的重要方面”。敢于担当是我们党的优良传统。党自成立之日起，就主动承担起实现中华民族伟大复兴的重任。革命战争年代，为实现民族独立和人民解放，党领导人民进行了不屈不挠的英勇斗争，作出了巨大牺牲。革命时期的党员，对于革命与牺牲是有着充分的思想准备的，是真正的“舍生取义”。在不同发展阶段，党员干部以不同的方式体现了担当精神。像“文革”时期的周恩来总理，他在文革中的处境十分艰难，但他有两条明确的指导思想：一是进行自我保护，无论如何不退出政治舞台；二是积极发挥作用，尽量减小损失，维系国家政局。他的自我保护不是为了自己，不是为了独善其身，而是为了能够发挥积极作用，为国家继续作贡献。正因为周恩来总理的的这种担当精神，在他的关怀和保护下，很多人度过了“文革”劫难。过去我们坚决反对“为官乱为”，但是现在又出现“为官不为”的新情况。有的企业家反映，过去与官员可以做到“勾肩搭背”，现在则是“背靠背”；过去是“门难进、脸难看、事难办”，现在则是“门好进、脸好看、事不办”；过去是“不请吃饭就不给办事”，现在则是“不吃饭不见面不办事”。这些现象，都是缺乏担当精神的表现，应当大力整治。虽然政协不是权力机关，也不是决策机关，但我们也要敢于担当，我们提出要谋事干事成事，就是要求大家敢于担当。因此，我们即使在政协工作，也要在其位，谋其政，把履职尽责作为基本要求，做到日常工作能尽责、难题面前敢负责、出现过失敢担责，自觉站在党和人民的立场看待得失。

第五，要坚持依法办事。党的十八届四中全会《决定》指出，“党员干部是全面推进依法治国的重要组织者、推动者、实践者”。法律是一切行为的底线，是为官做事不可触碰的红线。任何人都没有法律之外的绝对权力。近年来，由于领导干部法律知识欠缺、法律意识淡薄造成的群众集体上访、暴力抗拒事件时有发生，不但损害了群众利益，也给党群、干群关系造成了严重的影响。虽然政协不是权力机关，没有决策权、执法权，但是我们有政协章程，政协委员和机关干部都要在宪法法律和政协章程范围内开展活动。这些年来，全国政协和各地政协被处理的一些违纪违法的政协委员，绝大多数都不是在政协岗位上违纪违法的，但也有一些委员是在有了政协委员身份之后触犯法律的，有的还是因为违反政协章程而被除名的。因此，我们要主动学法，严格守法，坚决护法，切实提高法治思维和依法办事能力，真正做法治的忠实崇尚者、自觉遵守者、坚定捍卫者。

第六，要真正守住底线。习近平总书记指出：“干部廉洁自律的关键在于守住底线。”我国古代就把“廉洁”作为立身、安家、存国的根本，也是做人的底线。为什么要把“廉”视为做人的底线呢？因为“不廉则无所不取”。就是说人一旦有了贪念，就利欲熏心、道德沦丧，什么都敢收、什么都敢要、什么都敢拿、什么逾规越矩的事情都敢做，这样的人最终会众叛亲离、自取祸乱。综观近年来滑入腐败泥潭的一些领导干部，他们的堕落之路也有一个发展过程，也不是“与生俱来”的。从政之初，他们也是如履薄冰、洁身自好，只不过他们的底线不是“坚不可摧”，在腐败面前不断下滑，最终陷入了万劫不复的深渊。因此，我们践行“三严三实”，就要时刻绷紧廉洁自律这根弦，常修为政之德，常思贪欲之害，常怀律己之心，坚守从政做人的底线，干干净净干事、老老实实做人、清清白白为官。

三、政协干部要自觉将“三严三实”贯穿于工作之中

政协工作是党的全局工作的重要组成部分，落实“三严三实”的要求与党委、人大、政府一样，并没有特殊。政协干部是开展政协工作、服务履职大局的重要依托，认真践行“三严三实”意义重大、任务紧迫。通过党的群众路线教育实践活动，省政协机关干部在作风建设等方面都取得了一定的成效，但根据中央开展“三严三实”专题教育精神，还要进一步强化问题意识，突出问题导向，聚焦问题查、对照问题改，持续向问题“叫板”，使专题教育的过程成为校正、解决“不严不实”问题的过程，结合机关干部中存在的一些问题，我就政协干部践行“三严三实”提几点要求。

第一，要切实肩负起政协干部的使命。政协干部作为政协组织的一分子，看起来名分不重、位置不显，但在国家改革发展稳定工作大局中，责任同样重大、使命一样光荣。一是政协干部肩负着巩固和扩大党的执政基础的重大使命。人民政协作为中国人民爱国统一战线组织，是大团结大联合的象征。新的历史时期，加强人民政协工作，就是要通过政协这个平台，广泛团结各党派、各团体、各民族、各阶层以及海内外同胞、侨胞，夯实党的执政根基。政协干部要增强为党工作、为党服务的荣誉感和使命感，在热情周

到、精细服务中增进委员认同，在平凡岗位、点滴作为中促进各界团结，从而巩固扩大党执政的政治、社会和群众基础。但是有极少数政协干部，心中缺少为党工作、为党服务的荣誉感和使命感，认为政协权力小、资源少，不如党政干部体面，缺乏党员干部基本的价值观和党性定力。二是政协干部肩负着坚持和发展中国特色社会主义政党制度的重大使命。人民政协作为中国共产党领导的多党合作和政治协商的重要机构，政协干部肩负着坚持和发展中国特色社会主义政党制度的重大使命。一定要站稳立场，保持政治定力，增强敏锐性和辨别力，不断增强对中国特色社会主义的道路自信、理论自信、制度自信。三是政协干部肩负着推进人民政协协商民主建设的重大使命。协商民主是我国社会主义民主政治的特有形式和独特优势，是党的群众路线在政治领域的重要体现。人民政协作为社会主义协商民主重要渠道和专门协商机构，政协干部肩负着彰显协商民主精神、推动政协协商民主发展的重要使命。要切实重视人民群众的主体地位，尊重群众的意愿和首创精神，深入基层，听取基层和群众的意见和诉求，做到协商于民；真正重视群众的权益，关心群众的疾苦和安危冷暖，贴近群众，自觉把履职的出发点和落脚点放在实现好维护好发展好群众根本利益上，做到协商为民。从而以实际行动推动民主政治建设，推动着国家治理体系和治理能力现代化。因此，我们政协干部要强化责任意识，既然进了政协门，就要当好政协人，办好政协事，切实履行组织赋予我们的职责。

第二，要切实做好政协机关工作。政协机关在政协整体工作中具有特殊的地位和作用，是政协工作的枢纽。机关工作的运转关系着政协履职的成效，做好政协工作，需要注意以下几个方面：一是要有政治意识。政协机关是直接为政协履职服务的工作机构，其工作运转的每个环节、制定发出的每份文件，都与全局发展有着直接或间接的关联。一件小事后面常常有很重的政治分量，一次工作疏忽都可能带来意想不到的政治影响。我们有的同志习惯凭经验做事，说话做事严谨不足、散漫有余，工作出现纰漏后，自省意识不够强，就事论事多、强调客观原因多，从自身查不足、从思想深处查不足、举一反三做得不够，实质是对待政协工作的政治态度不够严肃。二是要有大局意识。政协机关工作是为了满足服务大局所需。政协委员是政协履职的主体、机关服务的对象，在管理方式上采用的是团结民主的方式，政协机关干部是服务政协履职的主体，对组织和领导交办的事情，必须不折不扣地完成。要防止只习惯于做自己熟悉的事情，或者只从局部甚至个人的角度考虑问题，而没有着眼于政协的整个大局谋划工作。三是要有服务意识。政协机关的任务就是服务大局、服务委员、服务基层，从而服务群众。要防止个人通过政协平台积累资源，以工作之名、借履职之便，找政协委员协调私事，甚至办一些违背原则的事情，而对于委员需要机关帮忙的事情，要么推三阻四，要么有选择性地帮助。我要特别提醒的是，我们的工作主要是服务委员，不是假公济私。四是要有制度意识。政协依照宪法、政协章程、有关政策履职。守纪律、讲程序、重规范是基本要求。政协机关虽不处于党风廉政建设的重点风险口、主要防控点，但也不是“世外桃源”和“化外之地”，同样面临着形形色色的诱惑。有的同志自以为有了一定的位置，具备一定的资格，对政协的一些规章制度视若无物、我行我素，尤其是下基层调研视察时，有时没有严格执行相关制度，给下级政协造成一些麻烦。因此，我们政协干部要强化服务意识，立足于把自己的活儿干好，相互之间注重协调配合，共同把机关工作做好，进一步提升政协机关服务水平。

第三，切实提高政协工作本领。努力造就高素质的政协干部队伍，是做好新时期人民政协工作的迫切要求。政协组织和政协工作的特殊性，要求政协机关干部必须注重提高工作本领。一是具有比较完备的知识结构。政协工作涉及政治、经济、文化、社会等方方面面，单一的知识结构难以适应综合性的需求；政协委员是各界代表人士，智力密集、学识丰富。机关干部如果知识贫乏、修养不深，就难以交流沟通服务。政协干部适应工作需求，就必须勤学善思、好学不倦。如果政协干部不喜欢读书看报，不善于学习中央的大政方针政策，不熟悉世情、国情、省情，甚至连政协本身的业务工作也不愿意去研究，那么做好政协工作就失去了基础。二是具备过硬的调研工作能力。调查研究是人民政协履行职能的基础。一般而言，政协干部既是视察调研的组织者，又是各类报告的撰写者。如果没有扎实的调研功夫，就难以提升议政建言的质效。不可否认，我们的极少数调研视察活动，也还存在选题不准、组织不力、论证不严等问题，形成的调研成果水平不高，虚的多、实的少，对策建议里面缺少有用的“干货”。我们要发挥大专院校和专家学者的作用，要认真研究相关部门提供的资料，但是我们不能照抄照搬部门提供的材料，甚至直接找相关部门或专家学者“代笔”，不能使政协的调研报告成为部门意见的“传声筒”和学术成果的“转换器”。三是有较强的合作共事能力。合作共事是人民政协的职能所需，是政协干部基本的政治素养和必备的工作能力。政协干部在党派工作中，不能方法简单、语气生硬、协商不够，要站在多党合作的高度，从统战角度出发去做工作，在与基层政协联系上，也不能以“上级”姿态“高高在上”的指导，要乐于、善于沟通合作。四是有扎实的组织协调能力。政协工作涉及的方方面面，政协干部必须要有很强的组织协调能力。因此，我们政协干部要有能力恐慌意识，加强理论学习，提高综合素质，补齐不足和短板，切实提高做政协工作的本领。

我们一定要把思想和行动统一到中央、省委的决策部署上来，通过扎实开展“三严三实”专题教育，进一步增强对党忠诚、干净干事、敢于担当的意识，从严从实谋划好、落实好省政协的各项工作，齐心协力推进省政协各项工作任务的完成。

在全省政协民族宗教工作研讨会上的讲话

（2015 年 7 月 2 日）

肖旭明

同志们：

这次全省政协民族宗教工作研讨会的主题是认真学习贯彻党的十八大、十八届三中四中全会和习近平总书记系列重要讲话精神，围绕“四个全面”战略布局和建设法治湖北目标积极建言献策，围绕“依法管理宗教事务问题”开展专题研讨，提出意见建议，为党委政府决策提供参考。

为了开好这次会议，我们邀请了全国政协常委、全国政协民族和宗教委员会主任、中央统战部原常务副部长朱维群同志到会作了《新形势下民族宗教工作的坚持与创新》专题辅导报告，对我们做好新形势下政协民族宗教工作具有很强的针对性和指导性。各市州、直管市、神农架林区政协民宗委的同志们围绕依法管理宗教事务问题展开了交流和研讨，提出了很多很好的意见建议。从各地交流情况看，大家都做了大量工作。一是准备充分，会前进行了认真调研并取得大量第一手材料，比较客观全面地反映了各地宗教事务管理现状；二是深入分析探讨了当前宗教事务管理工作中存在的困难、问题及其原因，从不同角度对依法管理宗教事务的各个方面做了深入的研究和探讨；三是提出的意见建议贯彻了中央和省委的有关精神，紧密结合了各地实际，具有很强的操作性。许多同志的发言不仅从实践经验方面进行了总结，而且从理论研究方面进行了探索。我相信，通过这次会议的辅导培训、研讨交流，全省政协民族宗教工作一定会再上一个新的台阶。

下面我就新形势下如何进一步加强宗教事务管理工作谈一些看法，和大家一起研究探讨。

一、进一步认识加强宗教事务管理的必要性

党的十八大以来，中央和湖北省委对宗教工作提出了新要求，宗教领域的发展变化对宗教事务管理提出了新课题。作为从事政协民族宗教工作的同志，我们一方面应当全面把握中央和省委关于宗教工作的大政方针，一方面应当深刻把握社会发展大势和宗教发展规律，充分认识加强宗教事务管理的必要性。

第一，进一步明确中央和省委对宗教工作提出的一系列新要求。党的十八大以来，以习近平同志为总书记的党中央坚持和发展党的宗教工作理论、方针、政策，重申了要全面贯彻党的宗教工作基本方针，精心做好宗教工作，动员广大宗教界人士发扬优良传统，在促进经济社会发展中发挥积极作用；提出要重视培养爱国宗教教职人员，确保宗教组织领导权牢牢掌握在爱国爱教人士手中；强调要依法妥善处理涉及宗教因素的社会问题，保护合法、制止非法、遏制极端、抵御渗透、打击犯罪。这些重要论述，是马克思主义宗教观在当代中国的新发展，有很强的指导性和针对性，是我们做好宗教工作的基本遵循。李鸿忠书记去年在听取情况汇报、研究宗教工作和会见宗教界代表人士时特别强调，要高举爱国爱教旗帜，坚持管理引导服务并重，充分发挥宗教团体的桥梁纽带作用，加强宗教活动场所的建设和管理，高度重视宗教教职人员队伍建设，发挥宗教界在“五个湖北”建设和“建成支点、走在前列”中的积极作用。对中央和省委的新要求、新精神，我们一定要深入学习领会、认真贯彻落实。

第二，进一步明确加强宗教事务管理是加强社会管理的重要内容。加强和创新社会管理，是一项十分重大而紧迫的任务，事关最广大人民的根本利益，事关党和国家的长治久安。宗教事务管理是社会管理的重要内容，贯彻落实中央、省委关于加强和创新社会管理的决策部署，必须加强宗教事务管理，为党和国家事业发展营造良好社会环境。

宗教不仅是一种信仰，而且还是一种重要的社会现象。法律面前人人平等，在全面推进依法治国的新形势下，加强宗教事务管理首先是依法加强宗教事务管理，依法对涉及国家利益和社会公共利益的宗教事务进行管理。做好新形势下的宗教工作，最根本的是全面贯彻党的宗教工作基本方针，深入贯彻落实国家《宗教事务条例》，创新服务举措，强化依法管理，维护宗教正常秩序，发挥宗教积极作用，把广大信教群众的智慧和力量凝聚到实现中华民族伟大复兴的中国梦和建设“五个湖北”的目标任务上来。

第三，进一步明确加强宗教事务管理是妥善应对宗教领域复杂情况的需要。随着改革进入攻坚期和深水区，社会思想和利益诉求多元多样多变趋势更加明显，我省宗教领域也面临着新情况新问题。如信教人数持续增长，信教人员的分布扩大到社会各个阶层，传教活动向学校、企业等领域延伸，宗教对社会生活的影响日益增强。“网络传教”、“网上教会”等新的宗教活动形式已经出现，宗教从现实社会扩展到虚拟社会，又对现实社会产生影响。天主教境外势力特别是梵蒂冈与我争夺天主教领导权、控制权的斗争日趋复杂、尖锐和激烈，部分神职人员思想滑坡，自选自圣主教工作形势严峻。基督教活动在一些地方发展过快过乱，基督教私设聚会点和自封传道人现象亟需治理，境外宗教渗透活动呈加剧趋势。有的佛道教寺观的规范化管理还需进一步加强，在利益驱动下，有的佛道教界人士戒律松弛，教风问题比较突出。随着城镇化进程加快，流动人员中涉及穆斯林人群的矛盾和纠纷呈增多趋势。正确应对和有效解决这些问题，必须依法加强宗教事务管理。

二、明确加强宗教事务管理的目标及其要求

新形势下加强宗教事务管理要牢固树立“保护、管理、引导、服务”的宗教工作理念，保障公民宗教信仰自由和宗教界合法权益，着力解决宗教领域重点难点问题，确保宗教活动有序，维护宗教领域稳定，促进宗教关系和谐，更好地与中国特色社会主义社会相适应。要实现这一目标，必须做到以下四点基本要求：

第一，要坚持以人为本。宗教工作的根本任务是做好信教群众工作。政协民族和宗教委员会必须把做好信教群众工作作为政协宗教工作的根本任务，要把广大信教群众真正当作中国特色社会主义事业的积极力量，尊重他们的宗教信仰，帮助他们解决生产生活中的实际困难，真心实意地为他们办实事、做好事、解难事，让他们真正感受到党和政府的关心，鼓励他们投身于全面建成小康社会的伟大事业。要充分认识宗教界人士在信教群众中的特殊影响力，做到政治上团结、信仰上尊重、感情上贴近、生活上关心，使他们的正当意愿得到充分尊重、合法权益得到充分保障、积极作用得到充分发挥。要切实改进工作方法，把宗教事务管理同为宗教界提供优质服务有机结合起来，寓管理于服务之中，在服务中做好引导，管理要“有理、有据”，服务要“有情、有意”。

第二，要坚持正面引导。宗教的社会作用具有两重性，要更多地通过正面引导，发挥宗教中的积极因素，抵制宗教中的消极因素。要支持宗教界开展思想建设和文化建设，挖掘和弘扬宗教教义、宗教道德和宗教文化中符合时代进步和社会发展要求的健康内容，弘扬宽容中道的宗教思想，培育和谐向善的宗教文化，坚定走与社会主义社会相适应的道路。要鼓励和支持宗教界政协委员发扬爱国爱教、团结进步、服务社会的优良传

统，发挥宗教界人士和信教群众在促进经济发展、社会和谐、文化繁荣中的积极作用，着力培育以武当道教文化、鄂东禅宗文化为代表的湖北宗教文化品牌。要引导宗教界人士和信教群众增强国家意识、公民意识和法律意识，既做好教徒，又做好公民，在享受应有权利的同时，切实履行宪法、法律法规规定的义务。

第三，要坚持依法行政。宗教事务管理法治化是大趋势，也是大方向。用法治的方式推进宗教事务管理，是处理新形势下宗教领域复杂敏感问题的有效途径。加强宗教事务管理，必须牢固树立法治意识，大力推进依法行政，不断提高法治化水平。要进一步完善宗教事务管理的法律法规体系，为推动宗教事务从主要依靠政策管理向主要依靠法制管理转变提供保障。要切实转变管理理念，严格遵守行政程序，将法治观念贯穿到宗教事务管理的全过程、落实到宗教事务管理的各方面。要全面提高宗教事务管理行政执法人员的专业素质和工作水平，加强执法主体建设和执法监督检查，不断提高依法行政的能力和水平。要从宗教事务管理的特点和实际出发，既要加强依法管理，又要注重政策指导，既要坚持法律的严肃性，也要掌握政策的灵活性，确保宗教事务管理依法开展、取得实效。

第四，要坚持综合施策。宗教问题具有特殊复杂性，与经济、政治、文化、民族等问题交织在一起。加强宗教事务管理，必须多管齐下、综合施策，在提高整体效能上下工夫。要更新管理理念，创新管理方式，学会综合运用法律法规、经济调节、行政管理、教育引导、感情联络、心理疏通等多种方式和手段。要正确把握宗教事务管理的特点和规律，更加重视源头治理，更加重视基层基础，更加重视抓早抓小，增强工作的前瞻性、主动性和有效性。要深入研究宗教领域矛盾的发展演变规律，抓住主要矛盾和矛盾的主要方面，区分两类不同性质的矛盾，始终立足于依靠爱国宗教界人士、团结广大信教群众，通过协商、协调等方式化解矛盾、解决问题，防止矛盾积累、激化，防止突发事件升级、蔓延，防止非对抗性矛盾演变为对抗性矛盾。要推进管理体制机制创新，更加重视有关部门之间的合作，最大限度地动员各方面力量，明确分工和职责，加强协调和配合，凝聚宗教事务管理的强大合力，形成多层面、宽领域的宗教工作大格局。

三、围绕宗教事务管理的重点任务积极履职

新形势下推进依法加强宗教事务管理工作，需要人民政协紧密结合经济社会发展所产生的深刻变化及宗教工作所面临的实际情况组织委员深入开展调查研究，积极建言献策，积极探索新的管理模式，使宗教事务管理顺应时代进步的要求、符合科学发展的标准、体现开拓创新的精神。

第一，要不断就完善宗教事务管理建言献策。宗教工作在党和国家工作全局中占有重要地位，各级党委、政府和政协都要高度重视宗教工作，列入重要议事日程，切实负起责任。如何进一步完善党委领导、政府负责、宗教组织协同、信教群众参与的宗教事务管理格局；如何进一步健全宗教工作领导小组或宗教工作联席会议机制，研究分析宗教工作形势，指导处理宗教领域的重大问题，帮助解决宗教工作中遇到的困难；政府宗教事务部门如何切实履行职责，严格依法行政，发挥综合协调作用；宗教团体、宗教活动场所如何加强自身建设，建立规章制度，搞好自我管理，依法开展活动，在宗教事务

管理中发挥协同作用，实现政府宗教事务部门依法管理与宗教界自我管理的有效衔接和良性互动；如何依法保障信教群众对宗教事务管理的知情权和参与权，倾听信教群众的意见，重视信教群众的建议，为信教群众表达意愿疏通渠道等，都需要我们组织政协委员认真开展调研，积极建言献策。

第二，要大力支持宗教界切实加强自身建设。要协助党委、政府在宗教界深入开展爱国主义、社会主义教育，促使宗教界牢固树立中国特色社会主义共同理想，在促进经济发展、社会和谐、文化繁荣、民族团结、祖国统一等重大问题上形成牢固共识，在政治上结成牢固的统一战线。要在宗教界深入开展法制宣传教育，使《宗教事务条例》等法律法规深入人心，增强宗教界人士和信教群众的法律意识，自觉学法懂法、遵纪守法，增强在法律政策范围内开展宗教活动的自觉性，养成运用法律手段维护自身合法权益的习惯。要推动宗教团体和宗教活动场所配备好领导班子，完善好各项规章制度，不断提高自我管理能力。要支持宗教界开展宗教思想建设，推进佛道教讲经交流活动、伊斯兰教解经工作、基督教神学思想建设、天主教民主办教，继承优良传统，挖掘积极内容，释放有益信息，融入中国文化，大力弘扬民族精神和时代精神。要鼓励和支持宗教界开展规范的公益慈善活动，引导宗教公益慈善事业健康发展。

第三，要注重发挥宗教团体的桥梁纽带作用。要鼓励和支持宗教团体发挥自身优势，主动开展工作，认真履行职责，充分发挥党和政府联系群众的桥梁纽带作用。要支持宗教团体开展教务工作，适应社会发展，革除旧习陋规，建立新的规范，加强教风建设，遵守教规教义，依法开展宗教活动，促进宗教领域和谐稳定。要进一步帮助宗教工作团体切实改进工作作风，了解信教群众意愿，反映信教群众呼声，维护信教群众合法权益，不断增强其在信教群众中的影响力。要鼓励宗教团体主动接触受境外势力、非法组织和邪教影响的信教群众，积极宣传党和国家宗教政策法律法规，讲清宗教正道正信，引导他们到合法宗教活动场所过正常宗教生活。

第四，要尽心尽力为宗教界做好服务工作。管理与服务相辅相成，但从人民政协来讲，更要树立服务为先的宗教工作理念。要积极向党委政府反映宗教团体在办公条件、工作人员、工作经费等方面存在的实际困难，帮助宗教团体解决正常开展工作所需要的基本条件。要关注宗教团体房产政策遗留问题，协助党委政府妥善处理涉及宗教方面的利益矛盾，维护宗教界合法权益。要继续推动解决宗教教职人员社会保障问题，使他们病有所医、老有所养。要关心信教群众的生产生活，协调有关部门帮助解决信教群众的实际困难，支持他们发展生产、改善生活。加强宗教事务管理重点在基层、关键在基础。要组织政协委员就如何进一步健全农村宗教工作县乡村三级网络、乡村两级责任制、城市社区管理网络建设等问题深入开展调研，提出意见建议，促进宗教事务管理真正落实到基层。要加强调查研究，了解宗教领域出现的新情况新问题，及时掌握宗教发展动态，发现倾向性和苗头性问题，及时提出应对之策。

如何做好为宗教界的服务工作，我想对在座的同志提一点希望，就是要加强学习，要学习三个方面的知识：一是学习宗教工作方针政策、有关法律法规，特别是习近平总书记系列重要讲话，全国政协俞正声主席，省委书记李鸿忠同志、国家宗教事务管理部门领导同志的讲话，是我们做好政协宗教工作的基本遵循和重要指导。二是学习宗教基本知识。宗教优秀文化是中华优秀传统文化不可或缺的组成部分，做宗教工作的同志如果不了解宗教基本知识，就无法与宗教界人士对话交流，也就不可能成为宗教界人士和信教群众的朋友。三是不断学习探索政协宗教工作方法。做好政协宗教工作要多深入实际，包括到宗教场所了解情况、调查研究；多与宗教界人士和信教群众交朋友，虚心听取意见，帮他们排忧解难；积极建言献策，不断提高政协履职水平。

在全省政协加强委员履职能力建设座谈会上的讲话

（2015 年 7 月 30 日）

范兴元

同志们：

今天召开全省政协加强委员履职能力建设座谈会，就委员履职能力建设和委员工作有关问题进行交流探讨，目的是推进今年 3 月份印发的《政协湖北省委员会关于加强委员履职能力建设的意见（试行）》的贯彻实施，促进委员履职能力建设不断取得新成效。刚才，部分市州委员工作委员会的同志作了发言，介绍了很多好的经验和做法，同时也提出了需要研究解决的问题，会后我们将认真研究。希望各地根据中央和省委指示精神，结合实际继续探索。下面，我就加强委员履职能力建设相关问题，谈几点看法，供大家参考。

一、加强学习，提高对做好委员工作的认识

委员是政协工作的主体，做好委员工作是人民政协强基固本之举，是人民政协 60 多年来履职实践积累的一条重要经验。新形势新任务对做好委员工作提出了新的更高要求，我们要认真学习贯彻中央一系列重要精神，增强做好委员工作特别是加强委员履职能力建设的紧迫感。

1、认真学习贯彻中央关于加强人民政协协商民主建设的新要求。近年来，以习近平同志为总书记的党中央高度重视加强协商民主建设，着力推进协商民主广泛多层制度化发展，建设社会主义政治文明，推进国家治理体系和治理能力现代化。党的十八大和十八届三中四中全会、习近平总书记在庆祝人民政协成立 65 周年大会上的讲话、《中共中央关于加强社会主义协商民主建设的意见》、中办《关于加强人民政协协商民主建设的实施意见》和全国政协主席俞正声同志的多次重要讲话等，都对加强人民政协协商民主建设作出了部署、提出了要求，内涵极其丰富。学习领会中央精神要注意把握要领：一是人民政协工作必须始终坚持党的领导。要把坚持党的领导作为政协工作最根本的政治规矩，始终保持正确的政治方向。二是进一步明确人民政协的性质定位。人民政协是中

国人民爱国统一战线的组织，是中国共产党领导的多党合作和政治协商的重要机构，是我国政治生活中发扬社会主义民主的重要形式。政协不是权力机关，但决不是不重要或发挥不了作用。政协作为我国政治体制的重要组成部分，有很高的政治地位、很大的话语权和社会影响力，其重要作用不可替代。三是在全面履行职能中发展人民政协协商民主。要准确把握政协的性质定位，把协商民主贯穿履行职能全过程，重点推进政治协商、民主监督、参政议政的制度化、规范化、程序化，拓展协商内容、丰富协商形式、规范协商程序、增加协商密度、提高协商成效。四是加强政协协商与党委、政府工作的有效衔接，切实提高政协协商民主的实效性。五是提高政协委员履职能力。重点是提高政治把握能力、调查研究能力、联系群众能力、合作共事能力，规范政协委员履职工作，加强委员联络机构及制度建设。中央这些新精神新要求是我们做好政协工作的根本遵循，为我们做好委员工作指明了方向，必须认真学习贯彻。

2、认真学习贯彻中央关于加强统战工作的新要求。人民政协是我国最广泛的爱国统一战线组织。新形势下，统一战线仍然是我们推进改革发展、实现社会主义现代化和中华民族伟大复兴中国梦的重要法宝。今年 5 月，中央召开统战工作会议，习近平总书记在会上发表重要讲话，深刻分析了统战工作面临的新形势，对统战工作作出全面部署和安排，体现我党对统战工作的认识提升到了新的境界。中央印发《中国共产党统一战线工作条例（试行）》，这是我党关于统战工作的第一个党内法规，在统一战线发展史上具有里程碑意义。衡量政协工作成效，关键是要看在履职活动中有没有通过充分发扬民主，达到凝聚和增进共识、巩固和扩大团结的目的。政协工作者应学习掌握《条例（试行）》主要精神和要求，不断提高思想认识，正确处理一致性与多样性的关系，扎实做好筑牢共同思想政治基础、争取人心凝聚力量的工作。要做好政协委员人事相关工作。统战工作《条例（试行）》对各级政协中党外代表人士比例作了规定，换届时政协委员中的党外人士不少于 60%，常委中不少于 65%，政协副主席中不少于 50%，专门委员会主任、副主任中应占有适当比例；继续提名的各界别政协委员人选应当听取政协党组意见，建议名单由统战部门汇总并征求有关方面意见后，由组织部门报同级党委审定，然后按政协《章程》规定的程序办理。我们要按照上述要求，做好政协相关工作。

3、认真学习贯彻中央和全国政协关于加强委员履职能力建设的新要求。政协履职能力主要体现在委员履职能力，政协工作成效主要体现在委员履职成效。习近平总书记和中共中央、全国政协对加强政协履职能力建设高度重视。去年 9 月，习近平总书记在庆祝人民政协成立 65 周年大会上强调，“人民政协是国家治理体系的重要组成部分，要适应全面深化改革的要求，以改革思维、创新理念、务实举措大力推进履职能力建设，努力在推进国家治理体系和治理能力现代化中发挥更大作用”。习近平总书记要求人民政协坚持推进履职能力建设，着力提高“四种能力”，即政治把握能力、调查研究能力、联系群众能力、合作共事能力。去年 3 月，俞正声主席在全国政协十二届二次会议上所作常委会工作报告中，专门用一部分强调“以改革创新精神加强履职能力建设”，提出了五个方面的具体要求，包括：牢牢把握团结和民主两大主题，积极搭建协商民主平台，着力提升议政建言质量，充分发挥委员主体作用，切实推进履行职能制度化规范化程序化。今年 1 月，《中共中央关于加强社会主义协商民主建设的意见》颁发；6 月，中办印发《关于加强人民政协协商民主建设的实施意见》，专门用一个部分讲“提高政协协商能力”。我们要认真学习领会习近平总书记和中共中央、全国政协这些新的重要精神，不断加强委员履职能力建设，为人民政协更好地发挥作用提供保障。

二、结合实际，把握委员履职能力建设的目标要求

去年年初，省政协按照省委统一要求，成立了省人民政协工作机制创新领导小组。领导小组经认真研究并报主席会议同意，把“加强委员履职能力建设”作为2014年度重点工作。经过半年多的酝酿、起草、研究，经省政协常委会议审议、全会期间征求全体委员的意见，于今年3月印发了《政协湖北省委员会关于加强委员履职能力建设的意见(试行)》。《意见（试行)》是省政协首次围绕加强委员履职能力建设出台的文件，要抓好贯彻落实。委员履职能力建设的目标要求主要体现在：一是增强委员履职意识，即委员认真行使委员权利、承担委员责任、履行委员义务，积极参加政协工作；二是提升委员履职能力，即提升委员的政治把握能力、调查研究能力、议政建言能力、联系群众能力、合作共事能力；三是提高委员履职成效，即提高委员建言质量。政协通过建言献策发挥作用，不是靠说了算，而是靠说的对。全体委员都要不断改进工作作风，密切联系群众，切实发挥在本职工作中的带头作用、政协工作中的主体作用、界别群众中的代表作用，更好地为推动经济社会发展作贡献。

我们要注意把握委员履职能力建设的具体内容。中央对政协履职能力具体提出了“四个能力”，即政治把握能力、调查研究能力、联系群众能力、合作共事能力。我们贯彻中央精神，结合湖北实际加以具体化，在《意见（试行)》中增加了“议政建言能力”，主要是指：政协委员必须充分掌握政协和统战基本理论、相关专业知识和政协业务技能；坚持理论联系实际，坚持立足国情省情，立足全局和长远，本着客观公正的原则，发挥岗位和专业优势，努力建睿智之言、献务实之策；在各类协商、监督和议政活动中积极主动发言、理性负责地发言；积极向政协全体会议、议政性常委会议和相关协商议政会议提交建言材料；善于通过调研报告、发言材料、提案、社情民意信息等形式提出意见建议；加强研究论证，提高建言质量等。这有利于推进委员履职能力建设落到实处。

三、突出重点，深入推进委员履职能力建设

政协委员绝大多数是兼职，能否积极履职，与多方面因素有关。从工作实践看，加强委员履职能力建设要着力解决好几个关键问题：一是委员思想认识和履职积极性问题，二是委员履职平台建设与政协活动的组织实施问题，三是委员议政建言质量和水平问题，四是对委员履职的服务和管理问题。为此，省政协《意见（试行)》提出了加强委员学习培训，保障委员民主权利，强化委员义务、纪律和职责要求，改进委员调研工作，拓宽委员履职平台，严格委员履职管理等措施。这些措施具有较强的针对性和可操作性。这里，我强调三点：

1、要切实加强委员学习培训工作。通过搞好学习培训，加强对委员的教育引导，使委员充分认识政协工作的重要意义，掌握履行委员职责必备的基本知识，积极主动履行委员职责，注重提高议政建言质量。据了解，黄冈、宜昌等市政协的委员学习培训工作

做得很有特色，一些市州政协在委员学习培训方面也有一些好做法，取得了好的成效，今后要继续坚持。希望各地增强学习培训的计划性、针对性、灵活性。每届要制订学习培训规划，每年制订学习培训计划。除了集中学习培训，还可以采取灵活多样的形式开展委员学习，比如，在议政性常委会议期间，可以举办专题知识讲座和辅导报告；各界别可以开展一些专题学习活动，可以请有关部门和专家来讲课，也可以请有专业优势的委员自己讲；每次调研活动开展前，可以请有关部门介绍情况，请专家学者作小范围专题讲座，帮助委员了解情况、开阔视野，提高议政建言的针对性。

2、要认真搞好委员履职服务。整个政协机关都有为委员履职做好服务的责任，政协机关的同志要有良好的精神面貌，带着感情和委员交往，共同为委员履职营造宽松和谐的环境和氛围，把政协建设成团结之家、民主之家、和谐之家，让委员愿进政协门、乐做政协人、爱干政协事。委员工作委员会是专门做委员工作的机构，做委员工作的同志，对委员总体情况应最了解，对委员人事政策法规应最熟悉，对委员工作中面临的问题应最清楚，对加强委员队伍建设应最有见解和责任感，要在委员履职服务中发挥应有作用。政协专门委员会在政协履职中具有重要基础作用，各民主党派、工商联和有关人民团体的界别委员组织化程度较高，应为委员履职搞好相关服务工作。委员履职服务体现在很多方面，比如，做好调研和协商活动的组织服务工作；加强委员联系和走访工作；帮助委员知情明政；加强与委员所在单位的联系，促进所在单位支持委员履职并提供必要条件；创新委员协商议政和开展民主监督活动的方式；邀请不是常委的专门委员会副主任和部分委员列席议政性常委会议等重要会议和活动；依托专委会开展界别活动；采取多种形式转化委员履职成果；加强对委员履职典型事迹和成果的宣传等。我们要增强服务意识，加强研究，拓宽视野，多想办法，坚持真做常做主动做，切实搞好委员履职服务工作。

3、要强化对委员履职行为的管理和纪律约束。近年来，中央和全国政协越来越重视政协委员的管理和监督问题。习近平总书记在全国政协十二届三次会议期间提出，对政协委员要“严格教育、严格管理、严格要求、严格监督”。全国政协主席俞正声同志要求政协委员“要勤于学习、努力工作、严于律己，始终如一地承担起政协委员的责任和使命”，“始终秉持群众观念和为民情怀，保持务实进取和勤勉敬业，坚持民主协商和理性包容，运用好政协的话语权和影响力，做到于国有利、于民有济、于己有为”。今年上半年，省政协将2014年度委员履职情况向委员个人进行了反馈，并与省委统战部专题研究了委员履职管理有关问题。今后，省政协将在每年年初将上一年度的委员履职情况向委员所在单位、委员个人和省委组织部、统战部进行通报，如有必要，也可以向委员所属党派和人民团体进行通报。我们要适应政协事业发展需要，强化对委员的义务、纪律和职责要求。委员应认真履行政协《章程》规定的各项义务，遵守政协规章制度，积极参加政协的会议和活动，认真履行委员职责。要加强政协全体会议、常委会议、学习培训等重要会议和活动的考勤管理，严格请假制度。要动态做好委员履职情况记录，健全委员履职情况档案，以适当形式对委员履职情况进行通报。对长期无故不履行职责的委员，要与党委有关部门沟通并进行提醒、约谈。要把委员履职情况作为评选优秀委员和换届时推荐留任人选的重要依据。政协委员和政协机关干部要认真贯彻中央和省委关于党风廉政建设的决策部署，提高反腐倡廉自觉性，做廉洁自律的模范。

在大别山革命老区振兴发展调研座谈会上的讲话

（2015 年 8 月 4 日至 7 日）

杨 松

这次调研用了四天时间，先后到枣阳、随县、曾都、安陆、云梦五个县市区进行考察，并分别在枣阳、随州、孝感召开座谈会，主要目的是：就国务院批复的《大别山革命老区振兴发展规划》（以下简称《规划》）落实情况进行调研，从省政协的角度继续发挥好助推作用。目前，国家和我省正在研究制定“十三五”规划，做好对接工作，时间十分紧迫。这次调研的对象主要是《大别山区域发展和扶贫攻坚规划》覆盖范围以外新增的部分，了解各地工作进展和工作中存在的困难和问题。省政协前期注重助推《规划》的批复和颁布，现在要继续助推《规划》落实。全国政协也十分重视，将继续助推《规划》实施和大别山区的振兴发展。下面，结合调研情况，我谈几点认识和建议，供你们参考。

一、认真学习研究，全面把握《规划》内涵。《大别山革命老区振兴发展规划》获得国务院批复，来之不易，对整个大别山革命老区，对湖北来说，又是一次重大的发展机遇。相比《大别山区域发展和扶贫攻坚规划》来说，《大别山革命老区振兴发展规划》含金量很高，扶贫攻坚规划主要是解决贫困人口的脱贫问题，其目标是着眼于消除绝对贫困人口，属于追赶型规划；《大别山革命老区振兴发展规划》则主要是着眼于振兴发展，属于超越型规划，对推动革命老区发展在全国起到示范作用。与已出台的赣南、陕甘宁以及左右江等老区规划相比，《规划》思路更清晰更完善，对大别山发展不仅提出了要“建成欠发达地区科学发展的示范区”的新定位。而且对产业发展提出了“增强自身的发展能力，增强自身的造血功能”新要求，明确了“努力使老区人民早日过上富裕、幸福的生活”的新目标，既提出了大别山核心区的扶贫攻坚任务，又强调了拓展区的振兴发展，这是《规划》的一个显著特点。

对《规划》要琢磨研究，反复比较。陈云同志强调做工作要多“交换、比较、反复”。交换就是要通过不停地交换意见，多角度地讨论，比如说各县市区之间、部门之间，政协和党委、人大、政府之间，都可以互相交换意见，深入地研究问题。比较就是与其他地方的做法认真比较，使自身的方案更科学和完善。《规划》关于大别山地区基础设施建设，没有提到具体项目，反而为申报项目留下充足的空间，信阳市就提出了具体的公路建设项目，值得学习借鉴，所以一定要比较。反复就是反复地学习《规划》，把思路与《规划》结合起来学习。《规划》的“总体要求”中第一个着力点是“解决基础设施薄弱、社会事业滞后、生态环境脆弱、农村贫困人口多等突出矛盾。”要对“突出矛盾”很好地研究。《规划》“创新扶贫开发机制”里面讲了很重要的两句话，“加大中央财政均衡性的转移支付力度，贫困地区产业发展基金向老区倾斜。”为我们指引了申请项目和资金的方向。要对照总体要求中提出的“工作目标”进行对标，比如三次产业结构到2020年达到12：48：40，不少地方差距还较大，可以作为着力点申请项目。还有城镇居民可支配收入、农村居民人均纯收入等诸如此类的大目标里面，都可以通过缩小差距，寻找新的思路和项目。这是第一点，要认识《规划》的重要性和内涵。

二、《规划》对我省全面建成小康社会意义重大。据统计，现在我省进入《大别山革命老区振兴发展规划》的区域面积占全省的22%，人口占全省的25.2%，但是发展程度偏低，把黄陂和新洲加起来，GDP总量才占全省的17.4%，人均GDP只相当于全省平均水平的69%，说明这个区域发展状况确实比较落后，是我省实现全面小康的“短板”。所以把大别山革命老区列为一个特殊区域，加大扶持力度是非常有必要的，“十三五”时期，必须要利用《大别山革命老区振兴发展规划》的各项扶持政策，加上省里相应的配套政策和老区人民自力更生，使大别山革命老区到2020年和全省同步进入小康。

三、抓紧做好对照衔接工作，争取更多的政策、项目纳入国家“十三五”规划。现在要做的工作主要就是认真对照衔接，很好地研究《规划》。《规划》内涵丰富，研究透了就可以找到许多理想的项目。产业项目的对接一定要根据优势产业和特色产业来进行，思路要清晰，对于主导产业，要把政府之力和市场之力结合起来强力推动，其他产业主要靠市场之力，顺应经济规律，政府负责创造良好的投资环境和投资条件，顺势而为。基础设施建设的对接也有很大的空间，比如大别山高速公路网络化就是一个很大的项目，而且在《规划》里能找到“完善高速公路网络”的对接点。水利设施建设要和鄂北水资源配置整个连贯起来，整体涵盖从枣阳、随县、广水到大悟，这样就实现全线贯通。抓好项目建设的同时，还必须要注重统筹考虑社会事业发展和民生突出问题的解决。公共服务均等化的对接要优先开展，社会事业是个短板，但只要有资金渠道，补起来非常快，可以在“十三五”规划的前两三年实施，需要在整个对接工作中重点考虑。要集中资源先把革命老区的公共服务建立完善起来，把涉及到民生问题的突出矛盾和薄弱环节，梳理清楚组成一揽子的项目包。今年的三省政协主席联席会议，重点就是研究公共服务均等化，加大对革命老区公共服务短板的投入。

四、注重区域联动。制定区域发展规划一定要注意区域联动、综合协调和互利共赢。如果都各自为阵、单打独斗，形不成重要项目的项目包，就进不了国家整体规划的“盘子”。鄂北水资源配置工程和汉十高铁这两个项目都穿过大别山区，可以从另外一个角度申请对大别山区域加大国家资本金投入力度，因为都带有公益性，这个题目以整个区域的名义来提比较合适。现在省里也正在积极争取国家从八千亿元铁路投资里面增加对汉十铁路的资本金投入，减轻市县负担。产业结构布局，要主动和相邻县市、甚至跨行政区域搞好对接。发改委也应加强协调联动，找出共同点，形成综合性的大项目往上呈报，这样的大项目容易被国家接受，现在国家缺少重大的能带动区域发展的大项目。高速公路网络建设、新四军遗址的修复和革命传统教育基地的建设，都要主动与左邻右舍加强沟通，形成一个总体的项目包。河南信阳提出的鸡公山旅游开发“金鸡复鸣”工程，项目就涉及到信阳、孝感、随州，因此，孝感、随州要继续主动与信阳联系沟通，三家可以联合起来申报项目。

五、分类指导、精准施策。大别山革命老区振兴发展的关键还是要靠实干，国家扶持只是一个因素，核心点和落脚点是自己干。怎么干、干什么，首先要找准自身在整个大别山区域的发展定位，从 GDP、人均收入、人均产值等数据来看，武汉、孝感、随州、枣阳里面大致可以分为三大方阵，第一方阵是黄陂、新洲、枣阳、曾都，第二方阵是广水、随县、安陆、云梦、应城、孝南，第三方阵是大悟、孝昌，要分类分层次制定不同的目标，形成科学的整体实施方案。要分类指导，不能“一锅烩”。没有层次就没有具体指导，没有具体指导最后就会打乱仗，资源分散、领导力量不集中，最后的效果也不好。实际上，发展要有层次感也是经济工作的一个基本原则，具体就是要做到准确定位、分类指导、因地制宜、精准施策。贫困人口多的县市，主要任务仍然是围绕扶贫攻坚，利用好革命老区振兴发展规划和扶贫攻坚规划两块政策叠加的优势，突出解决脱贫奔小康问题。基础较好的县市，就应该是补齐短板，加快产业发展和提档升级，尽快做大做强。

六、积极汇报、多方助推。一是建议省发改委将我省对《规划》的落实情况及时向国家发改委报告，让国家层面了解湖北省的工作进展。二是从省政协角度向全国政协报送信息，并尽量争取全国政协将信息转报国务院办公厅。三是本月召开大别山革命老区振兴发展座谈会，安排我省大别山区 22 个县市区的市县两级政协主席参加会议，还将邀请国家发改委的同志专门就《规划》进行解读。四是在 11 月召开大别山区鄂豫皖三省政协主席联席会，在省级层面上互相沟通交流，同时也将邀请国家相关部委领导参加。五是在明年的两会上继续提出提案，继续助推《规划》落地生根，见到成效。

在省政协“互联网金融发展”界别协商座谈会上的讲话

（2015 年 8 月 10 日）

杨　松

互联网金融发展问题是今年省政协界别协商座谈会中的一个很重要的题目，是一个新问题和热点问题，也是一个很大的问题。省民建和省工商联虽然只提交了三个专题调研报告，但是报告的质量非常高，研究得很深入。互联网金融是新生事物、新兴领域，发展得很快，创新的模式层出不穷。应根据新情况对互联网金融不断地深入研究。结合大家的发言，我谈几点体会和建议。

一、认清互联网金融的本质。互联网金融是用互联网平台和技术对金融进行创新，本质还是金融，不能当作单独的一种业态。互联网金融的核心点是创新，目的是实现金融资源配置效率的最大化，从而服务于实体经济，服务于民生。一方面促进实体经济发展，《21 世纪资本论》把实体经济的概念概括为企业经济和家庭经济，把家庭经济整个纳入实体经济的范畴。互联网金融不仅推进企业经济发展，而且天然与家庭经济结合得更为紧密，不需注册公司、也不需要办工商营业执照，运用互联网就能开起公司。另一方面就是服务民生，为社会大众提供便利。

二、明确当前支持互联网金融发展的方向。互联网金融的创新主要是两件事。一是传统金融机构的业务创新，这个业务是广义的业务，二是过去的非金融机构，也就是互联网企业，参与新型金融业务。发展互联网金融，长远的目标是为了全面深化金融改革，当前的目标是为了促进小微企业发展、扩大就业，推动大众创业和万众创新。明确互联网金融发展的近远期目标，有助于明确政府下一步工作的着力方向。政府工作的着力点应该不仅是推动金融机构的业务创新，以服务小微企业和大众创业、万众创新，最主要还是改善市场环境、支持扶持鼓励互联网企业，参与到新型金融业务里面来，而且是以民营经济为主，也不排除国有企业。这应该是当前工作的重点。要学习借鉴沿海地区经验，更多地扶持互联网企业，把互联网金融有效往前推进。

三、解决影响互联网金融发展的突出问题。政府支持互联网金融发展应主要围绕三个方面进行，一是支持市场主体的发展，二是实行适度监管，三是加快制度创新。具体要解决下面几个问题。1、加快基础设施建设。目前湖北在全国互联网能力水平评估中仅排到第 20 位，网速排在 20 位以后，综合水平甚至赶不上新疆，必须要加快基础设施建设，不单是为了金融发展，更是为了围绕“互联网+”来加快发展。首先要建立高速互联网网络，加快建设高速移动互联网，在武汉市和高校率先实现公共场合 WIFI 全覆盖，从而大幅度提高效率。第二，加强网络和信息安全。网络和信息安全是政府应尽的责任，互联网金融离不开网络安全，因为随便一个黑客的侵入就可以让一个互联网金融企业破产。第三，提供云计算，就是建设软硬件齐全的大数据中心。第四，建设公共数据的开放平台，其中包括征信体系建设，去年东湖高新区对所属 12000 家企业实行征信、整合数据，提供了公共平台，现在发展到拥有了数据交易平台。这种模式应该在全省推广。2、支持行业自律协会的发展。互联网金融发展得很快，相应的法律、政策、规定还来不及制定，政府可以充分发挥行业协会的功能，实现行业自我监管、自我约束。3、做好引导资金、培养人才、组织研究、不同市场主体的融合等诸如此类的工作。将来，互联网金融的发展将会使传统金融机构和新兴金融机构的业务深度融合，政府应有意识地进行组织引导，可以先从湖北银行和汉口银行等我省地方金融机构做起。做好以上几个方面的工作，主要目的是为互联网金融发展提供一个很好的、能快速发展的市场环境。

湖北拥有人才、科研和完备的金融后台等众多优势，武汉是国家金融创新示范区，东湖高新区是国家自主创新示范区，把这些资源有效整合起来，我省互联网金融发展完全有条件走在全国前列。

在中共湖北省委政协工作会议上的讲话

（2015 年 8 月 18 日）

中共湖北省委书记　李鸿忠

同志们：

这次省委政协工作会议的主要任务是，深入贯彻落实党的十八大和十八届三中、四中全会精神，贯彻落实习近平总书记在庆祝人民政协成立 65 周年大会上的重要讲话精神和《中共中央关于加强社会主义协商民主建设的意见》精神，总结 2010 年省委政协工作会议以来全省政协工作取得的成绩和经验，研究新形势下进一步加强人民政协协商民主制度建设问题，以更好发挥人民政协作为社会主义协商民主重要渠道和专门协商机构作用，广泛凝聚全省各党派团体、各族各界人士的智慧和力量，为推进“四个全面”战略布局湖北实施、谱写中华民族伟大复兴中国梦的湖北篇作出更大贡献。

省委历来高度重视政协工作。自 2010 年第九届省委召开省委政协工作会议以来，省委先后印发了《关于进一步加强新形势下政协工作的意见》、《关于贯彻落实〈中共中央关于加强人民政协工作的意见〉的实施意见》、《关于加强和改进新形势下人民政协工作的决定》，连续多年转发省政协党组工作要点，为开创全省政协工作新局面提供了有力保障。今年以来，省委常委会两次专题听取省政协党组工作汇报，就新形势下政协工作的若干重要事项作出部署；今年 2 月，省委安排各地党委对贯彻 2010 年省委政协工作会议情况进行自查，总结经验，分析问题；8 月 15 日，省委印发了《关于进一步加强人民政协工作的决定》，这些都为开好本次省委政协工作会议作了很好的准备。总的来看，全省各级党委进一步加强和改进对人民政协的领导，支持人民政协依照章程独立负责、协调一致地开展工作，有力推动了政协工作发展；各级政府大力支持政协工作，积极采纳人民政协的意见和建议，自觉接受来自人民政协的民主监督，为政协履行职能、开展工作创造了良好条件；全省各级政协组织和广大政协委员认真贯彻落实中共中央和省委关于加强人民政协工作的一系列方针政策和决策部署，高举中国特色社会主义伟大旗帜，坚持团结和民主两大主题，围绕中心、服务大局，充分发挥作为社会主义协商民主重要渠道和专门协商机构作用，主动谋事、认真干事、努力成事，为我省改革开放和社会主义现代化建设汇聚了巨大正能量、作出了重要贡献，彰显了人民政协无可替代的重要地位和作用！

近年来，在全省干部群众的共同努力下，面对经济下行压力的考验，我们坚定发展信心，坚持“竞进提质、升级增效”的总要求，牢牢把握“绿色、市场、民生”三维纲要，积极作为，综合施策。去年，全省完成生产总值 2.7 万亿元，增长 9.7%，增速居全国第 7 位，GDP 总量居全国第 9 位。今年上半年，我们继续狠抓发展，坚持 1.5 倍系数不动摇，武汉、襄阳、宜昌等主要城市呈现逆势上升的良好态势，全省经济增速达8.7%，增速居全国第6位，GDP总量跃居全国第8位，主要指标增速继续“高于全国、中部靠前”。在全面深化改革方面，我们大力推进经济、政治、文化、社会、生态文明和党的建设等重大领域改革，全省司法体制改革、行政审批制度改革、科技创新成果转化制度改革等一批重点领域、重要项目改革成效显著。全省平安建设再上新台阶，公众安全感、社会治安满意度和执法满意度持续上升，社会大局持续稳定，在全国综治工作考评中排名第 2，进入全国平安建设先进行列。全省在改革发展稳定各方面取得的这些成绩，离不开各级政协组织的共同推进和积极参与，离不开广大政协委员和政协工作者的辛勤努力和无私奉献。省委对政协工作是充分肯定的。借此机会，我代表中共湖北省委向全省各级政协组织和广大政协委员，向各民主党派、工商联和无党派人士，向全体政协工作者，表示衷心感谢和崇高敬意！

今天的会议上，国生同志、杨松同志、昌尔同志还将讲话，对下一步我省政协工作作出安排，请同志们认真学习，抓好落实。下面，我结合学习习近平总书记系列重要讲话精神，就做好新形势下我省政协工作，充分发挥人民政协作为协商民主重要渠道和专门协商机构作用，先讲几点意见。

一、坚持用习近平总书记系列重要讲话精神统领政协工作

党的十八大以来，习近平总书记高度重视人民政协工作，从中国特色社会主义事业发展全局的高度，就人民政协工作发表了系列重要讲话，作出了重要战略部署。我们要把思想和行动统一到党的十八大和习近平总书记重要讲话精神上来，深刻认识人民政协工作的重要意义，进一步增强做好新形势下政协工作的使命感和责任感。

第一，要深刻认识做好人民政协工作，是开展具有许多新的历史特点的伟大斗争、实现中国梦的需要。习近平总书记指出，我们的目标越伟大，我们的愿景越光明，我们的使命越艰巨，我们的责任越重大，就越需要汇聚起全民族智慧和力量，就越需要广泛凝聚共识、不断增进团结。助力中国梦的实现，助力中华民族伟大复兴，是时代赋予人民政协的光荣使命。人民政协是统一战线的组织，是社会主义协商民主的重要渠道和专门协商机构，具有广泛的代表性和巨大的包容性，能够最大限度地团结一切可以团结的力量，为实现党和国家的奋斗目标减少阻力、增加助力、形成合力。实现中国梦，必须凝聚中国力量。当前，国际国内形势深刻变化，面对新形势、新任务、新挑战，面对具有许多新的历史特点的伟大斗争，我们要实现“两个一百年”奋斗目标、实现中华民族伟大复兴中国梦，就必须巩固好、发展好最广泛的爱国统一战线组织，就必须坚持好、完善好中国共产党领导的多党合作和政治协商制度，就必须运用好、发挥好人民政协的独特优势，凝聚起实现中华民族伟大复兴的强大正能量。

第二，要深刻认识做好人民政协工作，是推进国家治理体系和治理能力现代化的需要。习近平总书记指出，人民政协是国家治理体系的重要组成部分，要适应全面深化改革的要求，以改革思维、创新理念、务实举措大力推进履职能力建设，努力在推进国家治理体系和治理能力现代化中发挥更大作用。推进国家治理体系和治理能力现代化，是全面深化改革的重要目标，是坚持和发展中国特色社会主义的必然要求。国家治理体系

和治理能力的现代化，从根本上说，就是坚持人民的主体地位，最广泛地动员和组织人民依法管理国家事务和社会事务、管理经济和文化事业，也就是在国家治理中坚持走群众路线。人民政协是具有广泛代表性的统一战线组织，是中国共产党领导的多党合作和政治协商的重要机构，是社会主义民主的重要形式，因此也是国家治理体系的重要组成部分，在国家治理体系和治理能力现代化建设中具有重要地位和作用。做好人民政协工作，就是要畅通民意表达渠道，更好听取各界群众的意见和建议；就是要协调关系、化解矛盾、理顺情绪，增进社会各阶层和不同利益群体的和谐；就是要推动党委、政府更好地广开言路、协调各方、发扬民主，不断提高执政能力和施政水平，推进国家治理体系和治理能力现代化。

第三，要深刻认识做好人民政协工作，是协调推进“四个全面”战略布局的需要。习近平总书记强调，协调推进“四个全面”战略布局，迫切需要集思广益，政协委员是其中一支十分重要的力量。协调推进全面建成小康社会、全面深化改革、全面依法治国、全面从严治党，是党中央治国理政的顶层设计，为实现中华民族伟大复兴的中国梦描绘了蓝图，指明了方向。协调推进“四个全面”战略布局，是当前和今后一个时期党和国家的工作大局，也是湖北的工作大局。当前，湖北全面建成小康社会进入决定性阶段，全面深化改革进入攻坚期和深水区，全面依法治省正在扎实推进，全面从严治党面临许多亟待解决的重大课题，迫切需要加强协商民主建设，听群言、集民智、增共识、聚合力、促和谐。人民政协具有代表性强、联系面广、包容性大的特点，具有人才荟萃、智力密集、客观公正的优势，做好人民政协工作，加强人民政协协商民主建设，充分发挥人民政协作为协商民主专门协商机构的作用，推动人民政协围绕经济社会发展、体制机制改革、法制建设、党的建设等重大现实问题协商议政、献计出力，有利于保障“四个全面”战略布局在湖北落地生根、开花结果。

这次省委印发的《关于进一步加强人民政协工作的决定》，对人民政协的任务原则、制度机制、自身建设等都作出了明确的规范和要求。各级党委、政府、政协要从全局高度深刻认识和把握加强人民政协工作的重要性，着力形成共识，强化责任意识，狠抓《决定》落实，推动全省政协工作规范有序开展。

二、牢牢把握人民政协事业的正确政治方向

人民政协是我国社会主义民主政治的重要体现，是我国政治体制的重要组成部分，人民政协工作政治性强。习近平总书记强调，做好新形势下政协工作，根本前提是，必须坚持党的领导，坚持共同思想政治基础，坚持人民政协性质定位，确保人民政协事业始终沿着正确方向前进。

第一，要坚持中国共产党的领导。习近平总书记指出，中国共产党的领导是包括各民主党派、各团体、各民族、各阶层、各界人士在内的全体中国人民的共同选择，是中国特色社会主义最本质的特征，也是人民政协事业发展进步的根本保证。人民政协事业要沿着正确方向发展，就必须毫不动摇坚持中国共产党的领导。各级党委要加强对人民政协的政治领导、思想领导和组织领导，确保参加人民政协的各民主党派和无党派人士、各人民团体和各族各界人士在政治上、思想上、行动上，与以习近平同志为总书记的党中央保持高度一致。要充分发挥政协党组的领导核心作用，善于通过政协党组贯彻执行党的路线方针政策和省委的决策部署，不折不扣落实好党管组织、党管干部、党管人才原则，努力把党的主张转化成参加人民政协的各民主党派和无党派人士、各人民团体和各族各界人士的思想共识和自觉行动。

第二，要坚持共同思想政治基础。在爱国主义和社会主义旗帜下，坚持和发展中国特色社会主义、为实现中华民族伟大复兴的中国梦而团结奋斗，这是人民政协的共同思想政治基础。各级党委要主动引导参加人民政协的各党派团体和各族各界人士认真学习中国特色社会主义理论，学习习近平总书记系列重要讲话精神和党的十八大以来中央的重大方针政策，坚持中国特色社会主义道路自信、理论自信、制度自信；认真学习社会主义民主政治理论、中国共产党领导的多党合作和政治协商制度、社会主义协商民主理论等，坚定不移走坚持中国共产党领导、人民当家作主、依法治国有机统一的中国特色社会主义政治发展道路。

第三，要坚持人民政协的性质定位。习近平总书记指出：“人民政协是统一战线的组织，是多党合作和政治协商的机构，是人民民主的重要实现形式，体现了中国特色社会主义制度的鲜明特点。人民政协要在宪法法律和政协章程准确定位的基础上，大力推进自身各项工作和各项事业不断向前发展。”人民政协不是权力机关，绝不是不重要或发挥不了作用，作为我国政治体制的重要组成部分，人民政协有着很高的政治地位、很大的话语权和社会影响力。当前，我国经济社会发展正在经历着深刻变化，社会价值观念、阶层结构和利益主体日益多元，不同群众对很多问题的看法往往存在很大差异，迫切需要人民政协充分发挥作为各党派团体和各族各界人士发扬民主、参与国是、团结合作的重要平台作用，努力形成社会共识、增进社会团结、维护社会稳定。

三、充分发挥人民政协在推进社会主义协商民主建设中的重要作用

习近平总书记强调，人民政协要发挥作为专门协商机构的作用，把协商民主贯穿履行职能全过程，推进政治协商、民主监督、参政议政制度建设，不断提高人民政协协商民主制度化、规范化、程序化水平，更好协调关系、汇聚力量、建言献策、服务大局。党的十八大、十八届三中四中全会和《中共中央关于加强社会主义协商民主建设的意见》，对推进社会主义协商民主广泛多层制度化发展，作出了总体安排和部署。省委印发的《关于加强社会主义协商民主建设的实施意见》和《关于进一步加强人民政协工作的决定》，对全省人民政协协商民主制度建设作出了具体部署。社会主义协商民主是中国社会主义民主政治的特有形式和独特优势，是中国共产党的群众路线在政治领域的重要体现，它源自中华民族长期形成的天下为公、兼容并蓄、求同存异的优秀政治文化，源自近代以后中国政治发展的现实进程，源自中国共产党领导人民进行革命、建设、改革的长期实践，源自新中国成立后各党派、各团体、各民族、各阶层、各界人士在政治制度上共同实现的伟大创造，源自改革开放以来中国在政治体制上的不断创新，具有深厚的文化基础、理论基础、实践基础、制度基础，是中国人民对人类民主政治的伟大贡献。真正的民主、优质的民主靠制度保障。这次会议的一个重要任务，就是要进一步完善省级层面协商民主制度和工作机制，让人民政协在推进社会主义协商民主建设中发挥

更重要作用。

第一，要着力拓展协商内容。省委《关于加强社会主义协商民主建设的实施意见》明确规定了政协协商的内容，《关于进一步加强人民政协工作的决定》对政协协商的内容进行了具体化，进一步增强了协商内容的可操作性。各级党委要高度重视人民政协的政治协商，自觉将重大决策部署以及经济、政治、文化、社会和生态文明建设中的重要问题交政协协商，认真听取来自人民政协的意见建议。对明确规定需要协商的事项，党委必须经协商后再进行决策，不能以情况通报代替协商，不能以个别征求意见代替应当以组织形式进行的协商，不能以决策后的通报代替决策前的协商。

第二，要着力完善协商形式。完善政协协商形式，首先要准确把握政协的协商载体性质。人民政协是协商民主的重要渠道和专门机构。党委、政府到政协去，是和参加政协的各党派团体、各族各界人士协商，政协是协商载体而不是协商主体，是“在”政协协商而不是“和”政协协商，把政协说成是协商主体，与党委、政府协商，就偏离了政协的性质定位，协商方向也会出现偏差。完善政协协商形式，要高度重视政协全体会议、专题议政性常委会议、主席会议等例会协商形式，完善发言遴选机制，增加即席发言比重，提高发言质量。要更加经常、更加灵活地开展专题协商、对口协商、界别协商、提案办理协商，增加协商密度，为参加政协的民主党派和无党派人士、各人民团体和各族各界人士提供更多发表意见建议的平台。要鼓励和支持政协协商形式的探索创新，开展网络议政和远程协商，扩大公民有序政治参与。要加强政协协商与政党协商、人大协商、政府协商、人民团体协商、基层协商、社会组织协商的衔接配合，形成省域协商民主的整体合力。要发挥协商的监督作用，探索民主评议、专题民主监督组、委派民主监督员等民主监督新形式新途径，党委和政府的监督机构以及新闻媒体要密切与人民政协的联系，加强工作中的协调配合。

第三，要着力规范协商程序。规范协商程序，就是要解决协商随意性较大的问题，设定类似生产线式的规范程序，对协商议题的提出和确定、协商活动的安排和准备、协商规程的步骤和要求、协商意见的整理和报送、协商结果的反馈和运用等操作环节，进行规范和细化。要规范协商议题制订程序，认真落实由党委、人大、政府、民主党派、人民团体提出议题的规定，党委、政府要主动提出在政协协商的议题。要规范协商活动准备程序，加强对协商准备的统筹，制定协商工作方案和调研工作方案，政协委员要以问题为导向，围绕协商议题深入调查研究，有关地方、有关部门要支持配合政协做好调研工作。要规范协商活动开展程序，加强协商过程中的互动，开展深度交流交融，党政领导和部门负责人要积极、全面地回应各方关切的问题。要规范协商成果报送程序，协商成果一般以书面形式，根据协商内容所涉及的范围分别报送党委、政府及有关地方、有关部门。要规范协商意见办理程序，政协全体会议、常委会议的协商成果和政协建议案，要列入党委常委会议或政府常务会议议题研究。各办理单位要制定办理计划，认真办理落实协商意见建议，并以书面形式反馈办理情况。

第四，要着力健全协商机制。要健全政协协商与党政决策的衔接机制，将政协协商作为重要程序纳入党委议事规则和政府工作规则，实现政协协商与党政决策的有机互动，形成党委、政府工作运行机制与政协协商机制的“硬连接”。要健全党政领导参与政协协商的机制，党委、政府要充分发挥在政协协商中的主体作用，党委、人大、政府领导，人民法院、人民检察院和党政部门主要负责人要参加政协全体会议，视协商议题参加政协的其他重要协商议政活动。要健全政协委员协商权利的保障机制，保障政协委员的知情权，党委、政府及有关部门要按照有关要求向政协通报情况，保障政协委员的话语权，尊重和保障委员在协商活动中发表意见的权利，虚心听取政协委员的意见、批评、建议。中国共产党领导的多党合作和政治协商制度是中国特色社会主义政治制度的重要组成部分，是我国政治体制的制度性安排。各级党委政府听取政协委员意见建议，不能等同于听取一般性的社会舆论意见，必须要有必要的规矩、制度和组织形式来保障，必须要严肃、认真、郑重对待。要健全协商意见的督办落实机制，对进入党委、政府办理程序的重要协商意见，党委、政府的督查部门要列入重点督查事项进行督查，政协要配合党委、政府加强对协商意见落实的督办。要认真抓好协商意见办理的集中通报、公开公示、问责追责工作。

四、人民政协要在“五个湖北”建设中争取更大作为

当前，我省正处在加快推进“五个湖北”建设和“建成支点、走在前列”进程的关键阶段，经济社会发展机遇与挑战并存，调结构、转方式、惠民生、促发展的任务十分繁重。希望全省各级政协组织和广大政协委员认真贯彻落实党的十八大和十八届三中、四中全会精神，高举中国特色社会主义伟大旗帜，以马克思列宁主义、毛泽东思想、邓小平理论、“三个代表”重要思想、科学发展观为指导，深入贯彻落实习近平总书记系列重要讲话精神，广泛凝聚全省各党派团体、各族各界人士的智慧和力量，在“五个湖北”建设中充分发挥人民政协的重要作用，为湖北经济社会发展作出更大贡献。

第一，推动湖北改革发展。发展不够是湖北最大的实际，发展是解决湖北一切问题的关键。全省面临的中心任务就是紧紧抓住和用好重要战略机遇期，全面深化改革，不断解放和发展社会生产力，推动各项事业全面发展，更好地改善和保障人民生活。全省各级政协组织和政协委员要始终坚持围绕中心、服务大局，自觉围绕改革发展献计出力。要充分发挥人民政协智力密集、联系广泛、渠道通畅的优势，深刻把握我国经济发展进入新常态的阶段性特点和规律，积极组织广大政协委员和专家学者围绕关系湖北改革发展的重大问题和“十三五”规划编制加强调查研究，提出具有前瞻性、战略性、针对性的意见建议，供省委、省政府决策参考，进一步促进决策民主化、科学化。要牢固树立“人民政协为人民”的理念，广泛听取基层和群众的意见，真实反映群众的呼声和诉求。要围绕人民群众普遍关心的热点难点问题开展调研视察，助推人民群众最关心最直接最现实问题的解决。

第二，促进法治湖北建设。党的十八届四中全会发出了全面依法治国的最强音，为我们贯彻落实全面依法治国方略、推进法治湖北建设描绘了宏伟蓝图，指明了前进方向。人民政协要发挥自身优势和作用，积极促进法治湖北建设。要围绕法治湖北建设建言献策。选择法治湖北建设中的重大问题，比如重要地方性法规和政府规章、特别是涉及保障和改善民生的地方性法规和政府规章的制定，深入推进依法行政、加强建设法治政府，保证公正司法、提高司法公信力，增强全民法治观念、推进法治社会建设等，深入调查研究、加强协商讨论、提出真知灼见。要围绕宪法法律实施开展民主监督。要贯彻党中央关于围绕“国家宪法、法律和法规的实施”开展政协民主监督的要求，对全省各级各部门实施国家宪法、法律和法规，地方性法律和法规的情况，认真开展民主监督，提出意见、批评和建议，推动法律法规更好地贯彻落实。要带头遵守宪法法律。政协委员特别是政协组织中的领导同志要深化对全面推进依法治国重要性和必要性的认识，带头遵守宪法和法律，努力成为法治的忠实崇尚者、自觉遵守者、坚定捍卫者。

第三，汇聚共襄伟业强大力量。建设“五个湖北”是全省人民共同的事业，需要全省人民共同参与、共同建设、共同分享。大团结大联合是人民政协组织的重要特征。要充分发挥政协的团结统战功能，在参加人民政协的各党派团体、各族各界人士中，一致性是相对的，多样性是绝对的，要在坚持一致性中尊重多样性，在包容多样性中寻求一致性，通过充分发扬民主，达到凝聚和增进共识、巩固和扩大团结的目的，最大限度地调动一切积极因素，团结一切可以团结的人，汇聚起共同推进“五个湖北”建设的强大力量。要把团结各界、凝聚人心摆在政协工作更加突出的位置，多做协调关系、理顺情绪、化解矛盾、增进团结的工作，促进社会和谐稳定，为“五个湖北”建设营造良好氛围。要做好政协民族宗教工作。引导各族群众增强对伟大祖国的认同、对中华民族的认同、对中华文化的认同、对中国特色社会主义道路的认同，促进各民族和睦相处、和衷共济、和谐发展。坚持党的宗教工作基本方针，进一步引导宗教与社会主义社会相适应。要做好政协港澳台侨和对外交往工作。在港澳工作、对台工作、侨务工作中，充分发挥统一战线和人民政协争取人心的作用。在宣传中国政治制度和政治体制中，充分发挥政协公共外交优势，积极为“五个湖北”建设创造良好环境。

第四，提高政协协商能力。政协建言献策发挥作用，不是靠说了算，而是靠说的对。全省各级政协组织要以改革创新精神推进政协履职能力现代化，提高政治把握能力、协商议政能力、自身建设能力、系统联动能力，不断提升政协履职实效，为“五个湖北”建设献计出力、多作贡献。要认真学习领会中国特色社会主义理论体系和习近平总书记系列重要讲话精神，坚定理想信念，增进政治认同，主动谋事、认真干事、努力成事。要深入开展专题调研，推进系统联动调研、长期跟踪调研、咨询论证调研，认真倾听和反映基层干部群众的意见建议，切实提高协商议政的质量和水平。要着眼于促进党派合作、突出界别特色、发挥委员主体作用、发挥专委会基础作用、加强政协机关建设“五位一体”要求，切实加强政协自身建设。要加强各级政协组织的协作与配合，发挥政协组织整体优势，共同就区域发展重要问题和政协工作共性问题开展联合调研、协商讨论、献计出力。要强化作风建设，巩固群众路线教育实践活动成果，深入开展“三严三实”专题教育。政协委员要增强委员意识，发挥好在本职工作中的带头作用、政协工作中的主体作用、界别群众中的代表作用，政协组织中的共产党员要增强党员意识，努力成为合作共事、发扬民主、求真务实、廉洁奉公和联系群众的模范。

五、各级党委要切实加强对政协工作的领导

坚持中国共产党的领导，是人民政协事业始终沿着正确方向前进的根本保证。各级党委要按照总揽全局、协调各方的原则，加强和改进对政协工作的领导，支持政协依照

章程独立负责、协调一致地开展工作。

第一，高度重视人民政协工作。各级党委要把人民政协工作纳入总体工作部署和重要议事日程，及时研究并统筹解决政协工作中的重大问题。党委每届任期内至少召开一次政协工作会议，党委常委会每年至少听取一次政协党组工作汇报。党政主要领导要增强协商意识，重视政协协商，遇事先协商、多协商、真协商。党委、政府要分别确定一名领导同志负责与同级政协的日常联系，其他领导同志要在分管范围内对政协工作提供支持和帮助，多听取政协委员及各界别、各阶层代表人士的意见和建议。要加强对中央和省委关于政协工作重要方针政策贯彻落实情况的督查，形成党委高度重视、政府大力支持、政协积极履职、各方协同互动的工作格局。

第二，大力支持政协履行职能。各级党委要把人民政协政治协商作为重要环节纳入决策程序，对明确规定需要协商的事项必须经协商后提交决策实施。要加强人民政协民主监督，完善民主监督的组织领导、权益保障、知情反馈、沟通协调机制。要推进人民政协参政议政更加深入务实开展，委托政协开展重大课题调研，邀请政协委员参与重大项目研究论证，完善参政议政成果采纳落实机制，更好发挥人民政协参政议政作用。各级党政领导和有关单位负责同志要积极参加政协协商议政活动，通报情况，听取发言，参与讨论，高度重视、认真研究、推动办理人民政协的议政建言，推动政协协商议政成果的转化应用。政协委员所在单位要大力支持政协委员参加政协会议和有关活动，积极提供方便和条件。各级党委政府负责人必须担负起支持政协工作的第一责任，没有“一把手”的支持，政协协商就会流于形式。

第三，创造有利于政协开展工作的良好环境和条件。注重抓好人民政协理论的学习和研究工作，把人民政协协商民主理论列入党委（党组）中心组学习内容和各级党校、行政学院、干部学院、社会主义学院的教学计划。加强人民政协协商民主理论研究，把政协协商民主理论研究纳入马克思主义理论研究和建设工程，纳入哲学社会科学总体发展规划，发挥各级人民政协理论研究会作用。把政协协商民主的宣传工作列入各级党委宣传部门的工作计划，主要新闻媒体要加大对政协协商议政的宣传报道力度，形成有利于人民政协事业发展的良好社会氛围。要积极帮助改善政协工作条件，认真研究、统筹解决好政协办公经费、场所、人员编制等方面存在的困难和问题，努力为政协履行职能提供有力保障。对中央和省委做出的关于政协机关、政协委员、政协工作的编制、经费、级别、待遇等各项决定，都要作为制度和要求，不打折扣，抓好落实。

同志们，人民政协的成就和辉煌已经载入史册，湖北发展的美好未来需要我们同心开创。让我们紧密团结在以习近平同志为总书记的党中央周围，高举中国特色社会主义伟大旗帜，坚持以“四个全面”战略布局为总引领，同心同德，群策群力，为人民政协事业不断取得新发展、为实现中华民族伟大复兴中国梦而共同奋斗！

在中共湖北省委政协工作会议上的总结讲话

（2015 年 8 月 18 日）

中共湖北省委副书记、省长　王国生

在大家的共同努力下，省委政协工作会议就要圆满结束了。根据省委的统一安排，下面我就贯彻落实本次会议精神，全面推进政协工作，讲三点意见。

一、认真贯彻落实会议精神，扎实推进全省人民政协事业创新发展

这次省委政协工作会议，是在全省上下深入贯彻落实党的十八大和十八届三中、四中全会精神，推进“四个全面”战略布局湖北实施、加快“建成支点、走在前列”进程和“五个湖北”建设背景下召开的一次重要会议，对进一步加强党对人民政协的领导，提高我省政协协商民主制度建设水平，推进全省人民政协事业创新发展，具有十分重要的意义。会期虽只有一天，但主题突出、成果丰硕。概括起来，主要收获有三个方面：一是统一了思想。会前，省委印发了《关于进一步加强人民政协工作的决定》。会上，鸿忠书记、杨松主席分别代表省委和省政协党组作了重要讲话，对做好新形势下全省政协工作和推进政协协商民主制度建设作了全面安排部署。大家围绕省委《决定》和鸿忠书记、杨松主席重要讲话精神，进行认真热烈的讨论，进一步深化了对人民政协性质、地位和作用的认识，增强了新形势下做好人民政协工作的责任感和紧迫感，增强了主动性和自觉性。上午，我在荆州组参加讨论时，很多同志联系“东方之星”救援和善后工作谈了感受和体会。这次救援实现了“五个百分之百”，取得这样的效果，极大地增强了我们的制度自信。习近平总书记第一时间作出批示，李克强总理第一时间赶到现场，马凯副总理坐镇指挥，省市县各级领导同志连夜奔赴监利，四大班子的同志都在第一线，团结、凝聚在党的旗帜下开展救援工作。这就是我们制度的优越性。大家从根本政治制度的高度，深化了政协的地位和作用的认识。二是交流了经验。会前，全省各市州党委、政府、政协认真总结回顾了各地政协工作的成绩和经验。这次会议对各地、各部门的经验交流材料进行了汇编，10 位同志作了发言，从不同侧面，交流了各地、各部门在实践中创造的好经验和好做法，为各地做好政协工作提供了有益启示。三是振奋了精神。这次会议明确了今后一个时期全省政协工作的目标任务、基本思路和工作举措，大家纷纷表示要坚定信心，恪尽职守，不辱使命，在党委领导下，继续做好协调关系、汇聚力量、建言献策、服务大局等工作，不断推动政协事业向前发展。

这次会议取得的成果，对做好新形势下的政协工作、发展社会主义协商民主，必将产生积极的推动作用。各地各部门要结合实际，抓好贯彻落实。

第一，进一步提高认识，自觉把思想和行动统一到中央和省委的决策部署上来。十

八大以来，党中央和习近平总书记对健全社会主义协商民主制度、加强社会主义协商民主建设作出了重大战略部署，我们一定要认真学习、深刻领会、准确把握。一要深刻认识推进政协协商民主制度建设的意义。人民政协是社会主义协商民主的重要渠道和专门协商机构，是各党派团体和各族各界发扬民主、团结合作的重要平台。推进政协协商民主制度建设，有助于广纳群言、广谋良策、广聚共识，有助于促进党委政府科学民主决策，有助于最大限度调动一切积极因素、最大限度团结一切可以团结的力量。我们要从发展社会主义民主政治、推进和完善国家治理体系和治理能力现代化、坚持党的群众路线的政治高度，充分认识做好新形势下政协工作的重要性，主动作为、积极进取，汇聚起推进改革发展、谱写中国梦湖北篇的强大力量。二要牢牢把握政协协商民主制度建设的重点。中央《关于加强社会主义协商民主建设的意见》明确指出，发挥人民政协作为协商民主重要渠道作用，重点是推进政治协商、民主监督、参政议政制度化、规范化、程序化。省委《关于进一步加强人民政协工作的决定》，对我省政协协商民主制度建设作了具体安排，鸿忠书记在讲话中又作了进一步强调。全省各级党委、政府、政协要按照中央《意见》、省委《决定》和鸿忠书记讲话要求，坚持党对政协工作的领导，从实际出发，拓展协商内容、完善协商形式、规范协商程序、健全协商机制，不断提高人民政协协商民主制度建设水平。三要紧紧抓住政协协商民主制度建设的要旨。“协商就要真协商”，“真协商”，就要把政治协商纳入决策程序，协商于决策之前和决策之中。全省各级党委、政府、政协要按照中央、省委文件和鸿忠书记讲话要求，实行重大问题协商在党委决策之前、人大通过之前、政府实施之前，党委会同政府、政协制定实施年度协商计划，对明确规定需要协商的事项必须经协商后提交决策实施，不能以情况通报代替协商，不能以个别征求意见代替应当以组织形式进行的协商，不能以决策后的通报代替决策前的协商。

第二，进一步用好经验，努力开创新时期政协工作新局面。用经验指导和推动工作，是政协工作的重要方法。长期以来，全省各级党委、政府、政协在推进政协工作实践中创造和积累了许多宝贵的经验，我们要认真总结、积极运用。刚才有10位同志介绍了他们的做法和经验。这些好的做法和经验，反映了全省政协工作的良好态势，体现了近年来各级党委、政府、政协从不同方面、通过多种途径加强和改进政协工作的探索和努力，为继续推动政协工作提供了有益的启示和借鉴。各地、各部门要认真学习借鉴这些好经验、好做法，准确把握新形势下政协工作的特点和规律，紧密结合自身工作的实际，积极探索创新，在搭建政协协商平台、营造政协协商氛围、推进政协经常性工作、提高政协协商能力等方面创造新经验，推动政协工作在新的起点上实现新的发展、开创新的局面。

第三，进一步明确责任，切实把会议精神和各项要求落到实处。当前和今后一个时期全省政协工作的大政方针已定，关键要做好贯彻落实工作。各级党委（党组）要高度重视，加强领导，落实责任。一要及时传达学习会议精神。各级党委（党组）要及时组织领导班子成员、党员干部认真学习省委文件、鸿忠书记等领导的重要讲话，真正领会文件和会议精神，把会议精神和要求落实到具体工作部署中。各级政协党组要将会议精神传达到政协各参加单位和全体政协委员，进一步统一思想、提高认识、振奋精神、明确思路，推动全省政协事业进一步创新发展。二要营造良好舆论氛围。各级宣传部门、新闻媒体要采取有效形式，积极宣传全省各级党委贯彻落实中央政协工作方针政策以及省委政协工作会议精神的部署、措施，宣传各级政协围绕中心服务大局的经验、做法，宣传参加人民政协的各党派、团体和各族各界人士在经济社会发展中的重要作用、积极贡献，宣传广大政协委员在全省改革发展大局中干事创业的热情、激情，努力营造良好舆论氛围。三要强化督查落实。各级党委（党组）要对省委政协工作会议贯彻落实情况加强指导和督查，主要负责同志要亲自抓，并明确责任人具体抓。各地、各部门要在年底前将会议精神的贯彻情况书面报告省委，并抄报省政协党组。省委将在适当时候，组织开展一次专项督查，推动各项工作落实。

二、增强协商民主意识，充分发挥政协在政府工作中的重要作用

人民政协是我国制度化的协商民主形式，在国家和地方工作大局中具有重要作用。近年来，全省各级政协围绕中心、服务大局，主动谋事、认真干事、努力成事，为我省经济社会发展作出了重要贡献。比如，省政协围绕湖北大别山革命老区经济社会发展试验区和武陵山少数民族经济社会发展试验区建设献计出力，促进了《大别山革命老区振兴发展规划》、《武陵山片区区域发展与扶贫攻坚规划（2011-2020 年）》等国家重要文件的出台。在推进“四个全面”战略布局湖北实施的新的历史时期，更好发挥人民政协在全省工作大局中的作用，对于提高党委政府的科学、民主、依法决策水平，加快“五个湖北”建设，具有重要意义。各级政府要认真落实中央和省委的政协工作部署，增强协商民主意识，支持政协工作，发挥政协作用。

第一，更加充分发挥政协服务大局的优势作用。人民政协具有人才荟萃、智力密集、界别众多、联系广泛的优势，是实现国家富强、民族振兴、人民幸福的重要力量，全省各级政府要大力支持人民政协发挥好这些优势作用。一是支持政协紧扣改革发展献计。近年来，省政协紧紧围绕全省的中心工作，着重就经济发展方式转变、区域经济协调发展、深化经济体制改革、文化体制改革、生态文明建设、加快农业现代化、加强食品安全工作、编制“十三五”规划等事关全省经济社会发展的重要问题，深入开展调研，提出了很多很好的意见建议，为省政府工作开阔了思路，提供了决策参考。各市州县政协也围绕同级政府的中心工作做了大量的调查研究、建言献策工作，部分市州县政协负责同志还直接参与、分管、负责一些中心工作，部分政协委员本身就是市场主体，是当地经济发展的重要力量。各级政府要继续支持政协聚焦推动科学发展、全面深化改革中的重大问题和群众关切的问题，深入开展调研，加强协商讨论，提出意见建议，为我省经济社会发展作出新贡献。二是支持政协围绕和谐社会建设出力。政协的一个显著特征是由界别组成，在基层民主协商中发挥着重要作用。各级党委政府要通过支持政协工作，最广泛地争取、团结、影响各方面力量，为改革发展添助力、增合力。我省各地政协在群众工作方面做了大量卓有成效的工作，如开展委员进网格、进社区等联系群众主题实践活动，在群众中积极宣传中央和省委关于改革发展的大政方针和决策部署，引导群众理解改革、支持改革、参与改革。要继续发挥政协组织这方面的优势，通过多种形式，引导群众正确对待新形势下改革发展带来的利益格局调整，协调关系、化解矛盾、理顺情绪，促进社会的和谐稳定。三是支持政协贴近法治政府建设建言。各级政府要主动提请政协，组织委员围绕法治政府建设中的重点难点问题，开展深度调查研究，通过调研报告、社情民意信息等形式，提出具有前瞻性、战略性、操作性的意见建议，推进政府决策科学化、民主化和程序化建设。各级政府及相关职能部门还可以邀请政协委员尤其是委员中的专家学者，对各地、各部门贯彻落实有关法律法规情况进行视察调研，促进法律法规在我省的贯彻实施。

第二，更加有力支持、配合和参与政协协商活动。人民政协的政治协商是政府科学民主决策的重要环节。各级政府要进一步提高协商民主意识，支持、配合和参与政协协商活动。一是主动提请政协协商重大问题。坚持有事多商量，遇事多商量，做事多商量，将要实施的重大决策或在实施之中出现的重大问题主动提请政协协商，积极参与制定政协年度协商计划。希望省政协能够就我省全面建成小康社会、经济转型发展、创新驱动发展、提升开放型发展水平、生态文明建设等方面的问题进行调查研究，多开展协商活动，多提宝贵意见。各级政府也应该对涉及地方经济社会发展全局的重要问题和涉及群众切身利益的实际问题，主动与政协进行协商，集思广益、减少失误、增进理解、扩大共识。二是积极参加政协协商议政活动。各级政府领导同志和职能部门负责同志特别是主要负责人，要积极参加政协协商活动。这次省委出台的《决定》就这方面工作作了具体规定，提出了明确要求，各级政府要认真贯彻落实。就省政府而言，省政府全体班子成员都要参加政协全会的协商讨论，省政协常委会议、常委专题协商会和月度界别协商座谈会等重要协商议政活动，分管副省长要到会通报情况并听取委员发言。在协商的过程中，不仅要倾听委员的意见建议，还要加强与政协委员的互动交流，回应各方面人士的关切。三是认真采纳政协的意见建议。政协全体会议、常委会议的协商成果和政协建议案，要列为政府常务会议议题进行研究，政协主席会议、常委专题协商会、界别协商座谈会的协商成果，政府主要领导应阅批，其他重要协商活动的成果，政府分管领导应阅批。政府职能部门要认真办理落实协商意见建议，及时以书面形式向政府、政协报告或反馈办理情况。对于重要意见建议，政府督查部门要列入重点督查事项督促办理。

第三，更加自觉接受政协的民主监督。人民政协的民主监督是我国社会主义监督体系的重要组成部分。政协民主监督能够真实地反映各界群众的呼声和意愿，能够客观中肯地对政府工作提出建议或批评，有利于政府及其工作人员改进工作和作风。各级政府和政府部门要认真倾听来自人民政协的意见、批评和建议，自觉接受民主监督。一要热忱欢迎政协民主监督。政协通过履行民主监督职能，对政府工作提出意见和批评，目的是为把工作做好，在目标、方向上与政府工作是一致的。各级政府及部门要站在人民利益高于一切的高度，自觉接受政协的民主监督，把民主监督作为提高执行能力、转变政府职能、改进工作作风的重要动力。二要认真办理政协提案。政协提案是政府听取各界意见建议、促进政府工作的一条重要渠道，是政协民主监督的一种重要形式。对政协提交的提案，要建立健全办理制度，落实工作措施。近年来，省政府每年都要联合省政协召开会议专门交办提案，对省政协重点提案，我和各位副省长都积极领办，并把办理政协提案纳入了政府部门年度目标管理责任制进行考核。各级政府及职能部门要不断完善提案办理制度，切实加大督查、督办、落实力度，并及时按要求回复反馈。对所有的政协提案，要做到件件有着落、事事有回音。对无正当理由逾期不办理提案的，要追究有关单位负责人和具体经办人的责任。三要确保政协民主监督实效。各级政府及职能部门要积极支持政协通过多种形式开展民主监督，积极配合政协开展有组织的民主监督活动。各级政府要主动邀请民主党派、工商联和无党派人士，参加政府组织的重要检查活动和重要的社会评议活动，聘请政协委员担任行风监督员、特邀监督员、特邀审计员，邀请政协委员参与重大事项调查、检查和行政执法活动。对于政协委员的批评和意见要重点办理，确保政协的民主监督监出成果、督出实效。

三、加大支持力度，为全面推进政协工作营造良好环境

支持人民政协依照政协章程履行职能，是政府应尽职责。各级政府及部门要站在维护全局的政治高度，进一步提高对支持政协工作的认识，增强支持政协工作的主动性和自觉性，切实解决政协工作中的实际问题，为推进全省政协工作营造良好环境。

第一，推进政协协商民主制度建设。省委文件对政协协商制度机制进行了系统规范，有许多是对政府提出的要求。比如，政协协商与政府决策的衔接机制、政府领导参与政协协商的机制、政协委员知情明政权益保障机制、政协意见督办落实机制等。各级政府要认真贯彻落实省委的要求，进一步细化具体操作办法，真正把政府保障政协协商民主的制度机制健全起来、坚持下去。

第二，保障委员履职权益权利。各级政府及部门要维护委员民主权利，不能妨碍阻挠政协委员行使民主权利；大力支持广大政协委员在各自岗位上建功立业，支持政协委员兴办企业和各类社会事业，大力宣传和表彰政协委员的先进事迹。各有关部门和企事业单位，要落实好政协委员的政治和生活待遇，积极支持其参加政协的会议和活动。

第三，支持政协加强自身建设。政协自身建设是政协履行职能任务的重要前提。各级政府要在党委的统一领导下，积极支持政协做好政协委员和机关干部的学习、培训工作，促进政协干部和委员队伍提高素质，更好地履行职能。支持政协机关按照精干高效的原则，合理设置工作机构，合理确定人员编制，促进政协机关建设。要保障政协工作经费，各级政协组织开展活动的各项经费，列入同级政府的财政预算，保证足额到位。

同志们，全省人民政协事业发展站在了一个新的起点上。让我们高举中国特色社会主义伟大旗帜，紧密团结在以习近平同志为总书记的党中央周围，在省委的领导下，同心同德，团结奋进，开拓创新，不断谱写人民政协事业新篇章！

在中共湖北省委政协工作会议上的讲话

（2015 年 8 月 18 日）

杨　松

同志们：

这次省委政协工作会议，是我省人民政协事业发展承前启后、继往开来的一次重要会议。刚才，省委书记李鸿忠同志代表省委作了重要讲话。讲话以邓小平理论、“三个代表”重要思想、科学发展观为指导，深入贯彻落实习近平总书记系列重要讲话精神和党中央关于人民政协的一系列方针政策，紧密结合湖北政协工作实际，深刻阐述了新形势下政协工作的重大意义，着重强调了加强政协协商民主制度建设的基本要求，明确提出了当前和今后一个时期政协履行职能的主要任务，就各级党委加强对政协的领导提出了明确要求。讲话主题鲜明，思想深刻，内涵丰富，具有很强的针对性、指导性和操作性。会前，省委印发《关于进一步加强人民政协工作的决定》，就当前和今后一个时期我省政协工作中的一系列重大问题作出规定。下午，省委副书记、省长王国生同志和省委副书记张昌尔同志还要作重要讲话。这些重要讲话和文件，集中体现了这次会议精神，我们要认真学习贯彻。下面，我就全省各级政协组织学习贯彻省委政协工作会议精神、进一步做好新形势下全省政协工作，讲几点意见。

一、毫不动摇坚持党的领导

中国共产党的领导是包括各民主党派、各团体、各民族、各阶层、各界人士在内的中国人民的共同选择，是中国特色社会主义最本质的特征，也是人民政协事业发展进步的根本保证。60 多年前，中国共产党领导创立了人民政协，60 多年来，人民政协在中国共产党领导下走过了辉煌历程，建立了历史功勋。长期以来，全省政协工作在继承中发展、在发展中创新，呈现出团结奋进、民主和谐、创新发展的良好局面。政协事业发展进步最重要的经验是，毫不动摇地坚持中国共产党的领导。学习贯彻省委政协工作会议精神，要把坚持党的领导作为政协工作最根本的政治规矩，始终保持正确政治方向。

坚持党的领导，要坚持党中央的集中统一领导。要坚决贯彻执行党的路线方针政策和决策部署，做好理论武装和思想政治工作，努力把党的指导思想和党的主张转化成为参加人民政协各党派团体和各族各界人士的思想政治共识，有效实现党的政治领导、思想领导和组织领导。要大力推进学习型政协组织建设，丰富学习形式，健全学习制度，提高学习实效，把思想统一到习近平总书记系列重要讲话精神上来，统一到党中央关于协调推进“四个全面”的战略部署上来，统一到党中央关于统战政协工作的重要方针政策和决策部署上来，不断巩固团结奋斗的共同思想政治基础。全省各级政协组织要自觉接受省委领导，认真学习领会省第十次党代会和省委十届二次、三次、四次、五次全体会议精神以及省委关于全省改革发展的重大决策部署，在“建成支点、走在前列”，“五个湖北”建设，“一元多层次”战略体系，“三维”纲要等重大问题上与省委保持高度一致，使贯彻落实省委决策部署成为全省各级政协组织履行职能的自觉行动。

坚持党的领导，要充分发挥政协党组的领导核心作用。政协党组作为党在政协设立的组织机构，是实现党对人民政协领导的重要组织形式和制度保证，在政协工作中发挥着领导核心作用。要增强党的意识、政治意识、责任意识，遵守党的政治纪律和政治规矩，始终在思想上政治上行动上同以习近平同志为总书记的党中央保持高度一致，同省委保持高度统一。要严格执行《中国共产党党组工作条例（试行）》的各项规定，认真履行政治领导责任，坚决落实党中央和省委的决策部署，把党的主张通过民主程序转化为政协领导班子的决定，充分发挥好把方向、管大局、保落实的重要作用。要认真贯彻中央八项规定和省委六条意见精神，切实承担党风廉政建设主体责任，严肃执行纪律，加强教育引导，严格党内组织生活，着力增强政协委员和政协机关干部拒腐防变、反腐倡廉的思想自觉和行动自觉，有效避免在政协的会议活动、视察调研和委员产生过程中出现腐败现象，坚决杜绝利益交换行为。

坚持党的领导，要充分发挥共产党员的先锋模范作用。政协委员和政协机关中的共产党员，是受党的委派从事政协工作的，责任重大，使命光荣。要进一步坚定理想信念，锤炼党性修养，自觉执行党的路线方针政策，严格遵守党纪国法和政协章程，努力成为合作共事的模范、发扬民主的模范、求真务实的模范、廉洁奉公的模范、联系群众的模范。要带头贯彻中央和省委关于发展社会主义民主政治和加强统战政协工作的重要决策部署，积极参加政协的会议和活动，建睿智之言，献务实之策。要进一步增强统战意识，坚持体谅包容、求同存异，坚持商以求同、协以成事，广交深交党外朋友，扎扎实实做好教育引导和团结联谊工作，努力把更多的人团结在党的周围，为巩固和扩大党的执政基础、实现党的总目标总任务作出新的贡献。

二、大力推进政协制度建设

人民政协履行职能要有制度保证，只有实现制度化规范化程序化，政协工作才能保持经常性和有效性，避免随意性和流于形式。近几年来，全省各级政协组织积极争取党委领导、政府支持，切实加强人民政协制度建设，推进政治协商进一步程序化、民主监督进一步规范化、参政议政进一步制度化、经常性工作进一步机制化，初步实现政协工作在制度化中发展、在发展中制度化的良好态势。贯彻省委政协工作会议精神，要根据新形势、新任务、新情况，把积极稳妥推进制度建设作为当前和今后一个时期全省各级政协组织的重要任务，切实抓紧抓好，务求抓出成效。

推进政协制度建设，要抓住制度体系这个基础。要加快履职制度建设与创新，对经实践检验行之有效的着力抓好落实，对不适应新形势新要求的抓紧修订完善，对缺乏制度规范的及时填补空白，做到制度设计、制定、实施、监督等程序和环节相衔接，与党委的大政方针、政府的政策法规相配套，努力构建起结构合理、层次清晰、科学规范的我省人民政协制度体系。要制定规范政治协商、民主监督、参政议政的相关意见，修订全体会议、常委会议、主席会议、秘书长会议规则及专门委员会通则，健全提案办理协商、视察调研、大会发言、反映社情民意信息等规章制度。要加强委员履职制度建设，建立健全委员履职统计制度、会议请假制度、委员每届任期内就履职情况向本级政协报告制度和委员履职的利益冲突回避机制，制定委员违反政协章程的处理办法，促进委员更好履行政协职责。要创新履行职能和加强自身建设的工作机制和方式方法。

推进政协制度建设，要抓住协商民主这个重点。要认真学习贯彻中央颁发的《关于加强社会主义协商民主建设的意见》、中央办公厅印发的《关于加强人民政协协商民主建设的实施意见》，省委颁发的《关于加强社会主义协商民主的实施意见》、《关于进一步加强人民政协工作的决定》，和李鸿忠同志在这次省委政协工作会议上的讲话精神，加强政协内部制度的配套衔接，真正把中央和省委关于政协协商民主制度建设的指导思想、工作原则、内容形式、程序机制、保障措施等基本要求落实到政协工作中。社会主义协商民主是个大格局，政党协商、人大协商、政府协商、政协协商、人民团体协商、基层协商和社会组织协商等协商渠道各有特色、各有优势、各有所长，共同构成社会主义协商民主体系，要强化全局观念和系统思维，深刻把握中央和省委关于重点加强政协协商的部署要求，在协商民主体系中循序渐进地开展，在人民内部各方面务实有效地推进，加强与其他协商形式的衔接配合，推动协商民主广泛多层制度化发展。

推进政协制度建设，要抓住贯彻执行这个关键。要增强制度观念和规则意识，提高制度权威性和执行力，严格按照中央和省委确定的制度、规范、程序履行人民政协政治协商、民主监督、参政议政职能，实现政协履职的制度化、规范化、程序化，切实把制度优势转化为履职实效，充分发挥人民政协在我省社会主义民主政治建设中的重要作用。要强化对制度落实情况的督促检查，中央办公厅印发的《关于加强人民政协协商民主建设的实施意见》和省委颁发的《关于加强社会主义协商民主的实施意见》明确指出："加强对人民政协协商民主建设落实情况的监督检查"，这既是中央和省委对各级党委提出的要求，更是对各级政协组织提出的要求，我们要加强自我督促检查，并配合党委加强对各地区、各部门、各单位的督促检查，确保制度实施。要加强制度评估，研究新情况，解决新问题，不断完善政协协商民主制度，提高制度的科学性、有效性。

三、全面提升政协自身建设水平

人民政协植根于中国历史文化，产生于近代以后中国人民革命的伟大斗争，发展于中国特色社会主义光辉实践，是适合中国国情，具有鲜明中国特色、中国风格、中国气派的制度安排，是中国人民的传家宝。长期以来，在各级党委领导下，全省各级政协组织以高度的政治感、责任感、光荣感和自豪感，切实加强自身建设，自觉维护人民政协的良好形象。贯彻落实省委政协工作会议精神，要把政协自身建设摆在十分重要的位置，进一步提升自身建设水平，不断夯实政协事业创新发展的基础。

围绕坚持政协性质定位加强自身建设，发挥好政协的团结统战功能作用。人民政协的性质定位，是中国共产党运用马克思主义国家学说进行的重大设计，也是我国政治制度区别于西方的特色和优势所在。对于政协的性质定位，我们党从来都是一以贯之的。

人大成立后，毛泽东同志明确指出，政协不能搞成国家机关，如果那样就成为二元了，民主集中制就讲不通了。习近平总书记多次强调，人民政协是统一战线的组织，是多党合作和政治协商的机构，是人民民主的重要实现形式，不属于权力机关。从这样的性质定位出发，人民政协要充分发挥作为各党派团体和各族各界人士发扬民主、参与国是、团结合作的重要平台作用，促进有序政治参与，形成社会共识、增进社会团结、维护社会稳定；要坚持团结和民主两大主题，处理好一致性和多样性的关系，在坚持一致性中尊重多样性，在包容多样性中寻求一致性，使矛盾在协商中化解、分歧在讨论中趋同，推动共识的形成和团结的加强。这些工作都不是“显绩”，但起的是润物无声、潜移默化作用，是政协工作的意义所在。

围绕服务全省工作大局加强自身建设，发挥好政协的咨政建言功能作用。人民政协事业是中国特色社会主义事业的重要组成部分，必须把围绕中心、服务大局作为履行职能的重要原则，作为彰显优势作用的努力方向，作为评价工作成效的基本标准。要切实增强大局意识，始终做到同党委和政府方向一致、目标一致、工作一致，紧紧围绕改革发展中的重要问题和涉及群众切身利益的实际问题协商议政，主动谋事、认真干事、努力成事，促进“建成支点、走在前列”进程和“五个湖北”建设。要加强政协调研工作，切实在深入调研上下功夫，在分析和集中各方面意见上下功夫，从具体问题具体环节切入，用事实说话，用数据分析，集中各方观点，比较决策利弊，努力提出针对性、前瞻性、可操作性强的意见建议，使政协的调查研究和协商议政真正成为党和政府科学决策、民主决策的重要环节。要加强委员履职能力建设，委员必须懂政协、会协商、善议政，具备较高的思想认识水平和参政议政能力，做到建言建在需要时、议政议到点子上、监督监在关键处，提出意见和建议不能只是一些零碎的想法、一般的观感和笼统的表态。要切实加强调查研究与协商议政的紧密衔接，以深入调研提高协商质量，以有效协商转化调研成果。

围绕树立政协良好形象加强自身建设，发挥好政协的社会示范功能作用。人民政协和政协委员社会知名度大、关注度高，一言一行都具有影响力和示范性，必须把反腐倡廉和加强作风建设作为重要的政治必修课，锤炼道德品行，改进工作作风，不负重托，不辱使命。要认真学习中央和省委关于加强党风廉政建设和反腐败斗争的重大决策部署，学习宪法和法律法规，学习中国传统文化中的崇德向善、立身从政的积极内容，自觉从腐败案件和反面典型中接受警示教育，加强自我修养，提高精神境界，筑牢思想道德防线。要开展好“三严三实”专题教育，“严以修身”强党性，“严以用权”讲规矩，“严以律己”立人格；“谋事要实”合规律，“创业要实”看担当，“做人要实”见品质，着力营造风清气正的政治生态，切实形成干事创业的良好氛围。要切实加强廉洁自律，领导干部委员要始终牢记自己是党的干部、人民的公仆，正确行使权力，经得起各种诱惑考验，守住做人为官的底线；企业家委员要依法依规开展经营活动，坚决不搞利益输送、暗箱操作等违法违规行为；其他方面的委员也都要积极承担社会责任，塑造良好公众形象。

围绕夯实政协组织基础加强自身建设，发挥好政协的协商民主功能作用。人民政协作为一种政治组织，政协委员是政协工作的主体，专委会是政协工作的重要基础，基层政协是政协工作的重要支撑，发挥好政协协商民主功能作用，要在加强政协委员队伍建设、发挥专委会基础作用、加强基层政协工作等方面下功夫，着力夯实政协组织基础。发挥委员主体作用，要广辟履职平台、拓宽协商渠道、增加协商密度，努力提供更多建言献策的机会，让每位委员在政协干事有舞台、建言有渠道、工作有作为；要加强服务，打造团结之家、民主之家、和谐之家，让委员愿进政协门、乐做政协人、爱干政协事；要加强管理，建立健全委员履职评价、激励和约束机制，严格教育、严格要求、严格管理、严格监督。发挥专委会基础作用，要综合集成各方面人才的理论素养、实践经验和专业特长等优势，就本领域、本行业的重要课题开展广泛深入的调研议政；要体现政协作为大团结大联合组织的特色和优势，切实发挥好服务委员、沟通各界、联系群众的功能，认认真真做好交朋友、聚合力的工作。发挥基层政协支撑作用，省政协要加强对基层政协在政治方向、履职原则、工作思路和联系协调等方面的指导，总结和宣传基层政协履职的成果和经验，鼓励基层政协结合实际探索创新。

同志们，全省人民政协事业伴随湖北社会主义革命、建设和改革进程走过了辉煌的65年，正站在新的历史起点上。让我们更加紧密地团结在以习近平同志为总书记的党中央周围，高举中国特色社会主义伟大旗帜，以邓小平理论、“三个代表”重要思想、科学发展观为指导，在中共湖北省委领导下，以贯彻落实这次省委政协工作会议精神为契机，进一步解放思想，振奋精神，锐意进取，开拓创新，努力开创全省政协工作的新局面，为加快“建成支点，走在前列”进程和“五个湖北”建设作出新的更大的贡献！

在省政协社科界专题界别活动座谈会上的讲话

（2015年8月28日）

王振有

各位委员、各位同志：

大家好！

中共十八大报告明确提出，要推进依法行政，切实做到严格规范公正文明执法。中共十八届四中全会通过的《中共中央关于全面推进依法治国若干重大问题的决定》（以下简称《决定》），就全面推进依法治国、建设社会主义法治国家作出了全面部署。省委、省政府历来高度重视法治建设，近年来，特别是省第十次党代会提出把建设法治湖北作为“五个湖北建设”的重大战略部署以来，全省上下认真贯彻落实依法治国基本方略，法治湖北建设取得了积极成效。前不久（8月19日到20日），省委在襄阳又专门召开了“法治湖北建设工作会议”，以现场会的形式，总结推广了襄阳推进法治湖北建设的经验。在这次会议上，鸿忠书记作了重要讲话，并就全面提升法治湖北建设水平、加快推进法治湖北建设进行了再动员、再部署。为此，我们必须进一步强化责任担当、落实主体责任，把思想和行动统一到省委的要求和部署上来，切实增强全面推进法治湖北建设的使命感和责任感。

省政协对法治湖北建设十分重视，下周也就是8月31日至9月1日，省政协十一届十次常委会议将围绕“全面推进依法治国，建设法治湖北”主题开展专题协商。近段时间以来，全省各级政协组织、各民主党派和省政协常委都围绕这一主题展开了全面系统的调查研究，为开好这次常委会议进行扎实的准备。今天，我们组织省政协社科界具有法律专业知识的省政协委员到恩施部分县市，重点围绕基层司法系统完善执法程序、公正文明执法等方面的内容开展专题调研，到实地了解基层法治建设的情况，很及时、很有意义。

从刚才大家介绍的情况看，恩施州委、州政府对法治湖北建设工作是高度重视的。近年来，恩施州在工作实践中探索的“律师进村、法律便民”等工作措施，将法治要素植入基层治理和日常生活之中，引导人们运用法治思维、理念和语言去解决面临的实际困难和问题，这是一种创新、是一种尝试，是值得在全省学习和推广的。

刚才，各位省政协委员也对基层司法系统如何完善执法程序、公正文明执法，切实加强法治建设等方面谈了自己的意见和建议，他们讲得都很专业、很有建设性，我都同意。在这里，我结合大家的发言，谈几点体会，仅供参考。

一、树立严格规范、公正文明的执法理念

当前，我国正处于社会转型的特殊时期，影响社会和谐稳定的因素大量存在，因劳资纠纷、医患纠纷、环境污染、征地拆迁等问题引发的矛盾多发频发。同时，随着我国民主法治建设深入推进，人民群众法律意识、权利意识、民主意识日益增强，对实现社会公平正义的要求也越来越迫切。作为国家重要的执法司法主力军、生力军，司法系统的各项工作与群众利益直接相关，而且面广、量大，这就要求我们，一要积极适应全面推进依法治国和法治湖北建设的新要求，牢固树立严格规范、公正文明的执法理念，善于运用法治思维和法治方式处理问题，依法依规化解社会矛盾，维护社会和谐稳定。二要进一步增强严格依法履行职责的观念、法律面前人人平等的观念、尊重和保障人权的观念，进一步强化证据意识、程序意识、权限意识和自觉接受监督的意识，坚决纠正一切不合时宜的思想观念和传统做法，坚定不移地做社会公平正义的促进者、社会和谐稳定的维护者。三要坚持营造尊崇法律、敬畏法律、遵守法律的浓厚法治文化，把“法律面前人人平等”、“依法办事没有例外”落实到法治湖北建设的各环节和全过程，切实增强全民法治信仰，在全社会形成“办事依法、遇事找法、解决问题用法、化解矛盾靠法”的浓厚法治氛围。

二、完善严格规范、公正文明的执法制度

“徒善不足以为政，徒法不足以自行。”形成严格规范、公正文明执法的新常态，不仅要靠自律，还要考他律。要坚持制度是根本，建立靠制度管人、用制度管权、按制度办事的机制。司法机关掌握权力大、面临诱惑多、廉政风险高。要确保清正廉洁，不仅

靠政治素质、道德素养，还要靠制度机制来约束和保障。要坚持把立足中国国情与借鉴外国有益经验结合起来，把解决执法突出问题的现实需要与注重制度设计的前瞻性结合起来，注重突出重点，加强建章立制，把法律法规的要求在工作中认真进行细化，科学设置每一项执法制度和程序，努力从源头上解决在日常工作中长期存在的如城市管理执法人员随意执法、粗放执法、执法不公等突出问题。

同时，还要针对容易发生违法违纪和腐败问题的重点领域和关键环节，着力加强机制和制度建设。要在健全执法制度，完善执法机制和程序上下功夫，结合实际，积极构建系统完备、科学规范、运行有效的执法制度体系，真正把执法司法权关进制度的笼子里，确保权力运行到哪里，监督制约的触角就延伸到哪里，最大限度地减少权力出轨、个人寻租的机会，确保执法工作始终在法治轨道和制度框架内运行。

三、坚持严格规范、公正文明的执法方式

法律的权威和生命在于实施。随着民主法治建设的不断推进和人民群众民主和权利意识的日益高涨，人们对执法工作的要求越来越高。行政执法机关履职的基本方式是执法，行政执法的基本要求在于严格规范、公正文明执法。对于司法系统而言，严格规范公正文明就是生命线，既是基础也事关全局，必须时刻放在心上、抓在手上、落实在行动上，形成新常态。因此，执法人员要准确把握我国国情和人民群众的新期待，坚持把打击犯罪与保护人权、追求效率与实现公正、执法形式与执法目的有机结合起来。正确处理严格规范公正文明执法的关系，对于违法犯罪多发高发的态势，社会关切的食品药品、安全生产、环境保护、劳动保障、医疗卫生等重点领域违法犯罪问题，坚持出重拳、下重手，加大执法力度，创新打击治理机制，不断提升人民群众安全感。

在运用法治思维和法治方式处理、化解社会矛盾时，既要坚持以事实为依据、以法律为准绳，严格执法、不枉不纵，坚决维护法律的权威和尊严，又要准确把握社会心态和群众情绪，改进执法方式，理性文明执法，强化实体规范、程序规范，还要注重语言规范、行为规范，努力做到融法、理、情于一体，坚持以法为据、以理服人、以情感人，积极争取当事人的理解和支持，力求实现执法效果最大化。

四、强基固本，提升基层执法队伍的综合素质

行政执法机关的执法能力和执法水平如何，关键在于执法人员的素质能力。党的十八届四中全会《决定》提出："全面落实依法治国，必须大力提高法治工作队伍思想政治素质、业务工作能力、职业道德水准，着力建设一支忠于党、忠于国家、忠于人民、忠于法律的社会主义法治工作队伍。"加强执法队伍素质能力建设，一是要健全领导干部和执法人员认真学法的制度，推进法治培训长效机制建设，加强对执法干部法治能力考核，让那些法治观念强、法治信仰坚定、法治素养高、依法办事能力强的干部在实践中能脱颖而出，形成选人用人的"法治导向"、"法治标准"。二是要健全行政执法人员岗位培训制度，定期组织开展行政执法人员通用法律知识、专门法律知识培训等，充分发挥法治考核的"指挥棒"作用，使广大执法人员熟练掌握执法依据、执法流程，不断提升执法素养和执法水平。三是要严格实行行政执法人员持证上岗和资格管理制度，规范和倒逼广大执法人员积极学法、规范执法，努力使广大执法人员在潜移默化中养成严格、规范、公正、文明执法的良好习惯，形成严格、规范、公正、文明执法的高度自觉。

同志们，法治湖北建设使命光荣、责任重大，我们要坚定信心，切实增强责任感、使命感，牢固树立法治思维和法治理念，提升法治信仰，提高立法质量，以良法促良治，把法治湖北建设各项工作真正落到实处。

在提案督办座谈会上的讲话

（2015 年 8 月 28 日）

张柏青

各位同志：

按照省政协工作安排，我们省政协和省致公党的同志们，今天一起来到鄂州市，就省政协重点提案“关于全面推进农村生活污水治理工作的建议”进行督办，主要目的是为了推动相关工作的落实。

这件提案是省致公党在省政协十一届三次会议上提出的集体提案，提得很好，抓住了当前生态文明建设的重点和热点问题，提出的建议非常专业，操作性也很强。省政协对这件提案高度重视，对提案涉及的农村生活污水治理方面的工作高度重视，所以组织了这样一个活动。今天上午，我们看了一些地方，了解了一些情况，有了很多直观的感受；下午又召开座谈会，各方面对相关情况作了介绍，有很多好的经验做法值得推广。我认为，这次督办活动是非常成功的。刚才，大家都谈了很多很好的建议，我也谈三点意见供大家参考。

一、充分认识生态文明建设的重要性。中共十八大站在全局和战略的高度，把生态文明建设纳入了社会主义现代化建设总体布局。十八届三中全会指出要紧紧围绕建设美丽中国深化生态文明体制改革，加快建立生态文明制度，推动形成人与自然和谐发展现代化建设新格局。一直以来，省委省政府高度重视生态文明建设。2014 省委省政府提出“三维纲要”，顺序是“市场、绿色、民生”，2015 年调整为“绿色决定生死、市场决定取舍、民生决定目的”，看似简单的一个顺序调整，其实内涵丰富、意义重大。这几年的两会上，关于生态文明建设特别是环境保护方面的议案、提案的数量，呈逐年上升的趋势。这也从另一个侧面说明了加强生态文明建设的必要性和紧迫性。所以，我们要进一步增强生态危机意识，充分认识生态文明建设的重要性。我们要认识到，生态文明是超越工业文明的新型文明境界，是在我们对工业文明带来严重生态安全进行深刻反思的基础上逐步形成和正在积极推动的一种文明形态。推动生态文明建设，是我们对自然规律以及人与自然关系再认识的重要成果，是保持经济持续健康发展和提高人民生活质量的必然要求。只有充分认识了生态文明建设的重要性，才能正确理解和贯彻中共中央五位一体的总体布局，才能把握好省委省政府“竞进提质、升级增效”的总要求，真正实现“建成支点、走在前列”。

二、以务实举措大力推进农村生活污水治理工作。推进生态文明建设，主要是四个方面：优化国土空间开发格局、全面促进资源节约、加大自然生态系统和环境保护力度、加强生态文明制度建设，可以说涉及方方面面。就我们今天关注的农村生活污水治理，仅仅是自然环境保护的其中一个方面的工作。但就是这一项工作，已经涵盖了我们全省近3000万的农村人口和广大的农村地区，任务非常艰巨。应该说，我们各级政府和以环保、住建为代表的有关部门和单位，是做了大量工作的，也是卓有成效的。比如环保厅介绍的一些经验做法，很切合湖北实际，对广大农村地区生活污水治理也有一定的借鉴意义；住建厅千方百计筹措资金，建设了一大批污水处理厂，为农村污水治理工作是作了大贡献的；我们上午看的几个点，采用新技术新装置，很有特点，效果很好。我体会，做好农村生活污水治理工作，关键是要务实，工作规划要科学严谨，具体措施要切实可行，项目建设要能发挥实效。我觉得，我们重点水源地作为重点保护区域，工作是做得很扎实的；像鄂州市这样城镇化程度较高、经济发展水平不错的地区，通过农村环境综合整治，也是做得不错的；一些基础条件不好、经济较为落后的地方，生活污水治理就要因地制宜，要像我们专家建议的那样，选择简单、经济、有效的处理技术。总之，做好这项工作，要依靠我们各级政府的统筹协调、各部门的紧密配合和我们广大干部的踏实苦干。

三、大力营造推进生态文明建设的良好氛围。农村生活污水治理仅仅是生态环境保护的一个方面，生态环境保护也仅仅是生态文明建设的一个方面。生态文明建设说起来简单、做起来难，可以说是任重道远。我们的生产生活与生态环境密切相关，生态文明是人与自然和谐发展的根本，我们高度重视努力做好这项工作的同时，要加大宣传教育力度。要加强对各级领导干部的生态文明教育，使得广大干部自觉地把生态文明建设放在突出地位，主动融入到经济建设、政治建设、文化建设、社会建设的各方面和全过程，坚定不移地走环保优先、生态至上的发展之路。要加强生态文明教育和科普宣传，提高全民生态文明素养，引导广大群众树立尊重自然、顺应自然、保护自然的生态文明理念，引导全社会更加自觉地珍爱自然，更加积极地保护生态，努力营造生态文明建设的良好氛围。只有全社会形成了爱护生态环境的良好风气，我们才有坚实的群众基础和思想基础，生态文明建设才能真正实现。

我相信，我们共同努力，一定会让山更绿，水更清，天更蓝，空气更清新，湖北的农村一定更美丽，湖北人民一定会更幸福！

谢谢大家！

在湖北省人力资源和社会保障厅调研时的讲话

（2015 年 8 月 29 日）

杨 松

按照中央“四个全面”战略部署，省人社厅在完善社会保障、促进人才发展、维护社会稳定等方面的作用日益重要。近年来，省人社厅认真贯彻中央方针政策、省委省政府决策部署，为推动湖北经济社会发展提供了良好的民生和人才保障，营造了稳定的社会环境。刚才听了有关工作介绍，我就我省人力资源和社会保障工作谈几点看法。

一、关于建立健全民生保障体系问题

目前，涉及民生保障的部门除了人社厅，还有民政厅、卫计委等多个部门，存在多头管理、关系不顺等问题。比如医保并轨改革，到底是卫计委管，还是人社厅管？从国际上看，大多数国家的卫生部门没有管民生保障的，它只提供医疗手段。从保障角度解决民生问题，主要靠两个部门：一是社会保障部门，二是民政部门。社保是从制度层面保基本，实现社保社会全覆盖；民政是从救助角度，突出需要救助的重点人群给予救济。因此，我个人认为，从国家制度设计层面，应把解决基本民生问题的职能赋予人社部门，整合其它部门的资源，建立起一套科学、顺畅的民生保障体系。

建立健全民生保障体系，一是可先在基层进行试点，待条件成熟了，再在全省推广。目前，鄂州作为全国医药卫生体制改革试点，已经在开展这项工作，我到鄂州调研时发现他们的思路很明确。二是要转变保障理念。保障理念也要与时俱进。全国失业保险积累的资金很多，仅湖北就有 150 亿，这些资金没有发挥应有作用。如果试着转换思路，把失业保险金变成就业促进金，把兜底资金变成创业资金，用它来推动就业的发展，将很大程度上缓解当前失业的严峻形势。思路一变天地宽，实施积极的失业保险政策，不是等你失业，而是保险你不失业，能从根本上避免兜底资金养懒汉的弊端，实现失业保险的真正目标。

二、关于职业技能培训问题

当前，就业出现了一个悖论：一方面就业难，另一方面招工难，核心不是劳动力太少，而是有一定职业技能的工人严重缺乏，是结构性矛盾。这就对当前的职业技能培训提出了更高要求。

一是处理好领军人才和千军万马的关系。当前有些地方过于强调领军人才的培养，而忽视了千军万马这种高技能人才队伍的建设。这也是当前教育理念上的一个误区，就是鼓励人人都当科学家，实际上教育的第一功能是先解决个人的生存问题，每年全国有700万大学生毕业，如果都当科学家，是不现实的。我国在职业教育方面比较薄弱，当前我国经济转型发展的新形势又使高技能人才存在很大的缺口，就我省而言，要实现“走在前列”的战略目标，首先要在人力资源开发特别是高技能人才培养方面走在中部前列。因此，职业教育必定是中国特别是我省下一步教育发展的方向。当前，组织部门主要负责高端人才的培养，人社部门可把重点放在高技能人才培养上，大力加强高技能人才队伍建设，形成高技能人才的千军万马之势，尽可能满足我省产业转型、经济发展对高技能人才的巨大需求，为加快我省“建成支点、走在前列”进程作出重要贡献。

二是探索、完善职业技能培训的有效模式。职业技能培训的有效模式，是加强技能型人才培养的重要组织机制。前不久，我到河南信阳平桥区一个职业技术学院调研，发现该学院在职业技能培训模式方面有自己的独到之处。他们的培训主办单位不仅是学院，还有人社部门和相关企业。学院总体负责学生的技能培训目标、规划、方案的谋划、制定和组织等；人社部门主要是加强对培训工作的宏观指导，并负责与相关企业的联系、与开发区规划职能部门的协调；企业则根据自己的生产要求，具体组织实施学生的培训。他们的具体做法是：学院在校园里盖了很多标准厂房，免费提供给有关企业，让企业组织职业学院的学生进行实战性的培训，学生生产的产品出售后实现的收益，既能给学生发工资，又解决了学校的经费问题，企业还能赢利，实现了良好的经济和社会效益。学院对企业入驻时间的规定很严格，企业在学院免费使用厂房的期限是三年。三年期间可在附近的开发区建设企业自己的厂房，三年后连人带设备搬进去，把技术工人培养起来了，把企业也培育起来了。该培训模式的特点是将人社部门、学院、企业三方面职能很好地结合起来，将技能培训、学生就业、企业孵化合而为一，实现了技能培训实战化、学生就业就地化、企业孵化系统化，增强了培训的针对性、有效性，解决了为培训而培训、实际针对性不强的问题。这模式有点像德国模式，但又从中国实际出发，具有良好的发展前景。人社部门要加强对各种培训模式的研究，逐渐摸索出一套科学、有效的培训模式，努力在技能培训和人力资源开发方面达到一个新突破。

三是解决好职业技能培训的资金问题。职业技能培训资金可以来自多渠道、多方面。比如，前面讲到的失业保险金，不仅可解决失业问题，也能解决技能培训问题，如果员工的技能越来越适应新产业、新业态的发展，那么他的失业保险系数就越高。人社部门要在企业培训方面建立严格的考核评价制度，实行培训后补贴，不能搞培训前补贴，真正发挥鼓励、引导企业开展技能培训的作用。

四是关心海归“基本面”的培训和提升。留学归国的人群构成很复杂，有海归的博士、硕士，也有海归的本科，还有本科没毕业就回来的。我以前就讲过，留联会的工作不能只重视博士等高端人才，还要关注那些本科毕业、甚至本科都没毕业的海归，这个人群数量很大。这方面也有个处理好领军人才和千军万马关系的问题。目前，海归中的高端人才，组织部基本上都负责起来了，只是在诸如海归高端人才的落户、养老金、医保、住房、孩子上学等问题上还需要人社厅的政策支持。所以，人社厅主要的工作精力要放在大多数人力资源的挖掘、培育、壮大、提升上，要在关心、培训海归“基本面”

方面做大量工作。

三、关于援藏援疆问题

人社厅在援藏援疆工作方面，一是帮助西藏、新疆开展培训，二是吸引西藏、新疆人员到湖北就业，这两方面的工作要同时做，可做的事情很多。首先是资金问题，援藏办在项目里要安排一部分人才培训资金，不能全部变成硬项目了，必须要有软项目。没有软项目，硬项目发挥不了作用。二是进一步建好汉藏文化中心培训基地，这是在全国独一无二的，解决西藏和新疆人才培养问题，是下一步开展援疆援藏的重点。我在博州调研时，听说博州职业技术学院很紧俏，说明它的职业技术培训搞得好。人社厅援藏援疆也得考虑建立这种模式，这种模式的建立光靠教育厅一家不行，技能方面还要靠人社厅，负责与企业联系、共建实训基地等。这也符合中央现在新的援疆援藏的精神，即以解决就业为目的，培养高素质技能人才，从根本上促进新疆西藏的经济社会发展。因此，在“十三五”期间要继续推动这项工作。

四、关于在人社工作重大改革中充分发挥政协作用的问题

由于人社厅工作涉及到人民群众的切身利益和民生保障问题，有关改革特别敏感，社会关注度很高。因此，人社工作有关改革方案一定要提前加强研究、论证。在这方面，政协可以发挥自身的优势。涉及到人社厅系统内的一些重大改革项目和要求，可通过政协平台加强研究，充分发挥政协委员、民主党派、界别的作用，深入论证、完善改革方案，帮助解决改革中出现的一些问题。比如，省政协最近在推动医疗体制改革方面就起到了很好的作用。去年研究的是药，今年研究的是公立医院改革，都很具体，但是都很起作用。去年省政协对医药体制改革提的建议 90%以上都被采纳了。今年，关于公立医院改革方面，不少委员提出了许多真知灼见，对于帮助解决公立医院改革中存在的问题，发挥了很好的作用。全面深化改革，实质上是体制的调整和再造，机关事业单位全面纳入养老保险就是一个体制再造的过程，不管是人力资源还是社会保障都有一个体制再造的问题。改革是对现有利益格局的调整，是对现实问题和瓶颈的突破，改革的推进是个艰难的过程。省政协将在推进改革方面积极发挥作用，组织各民主党派、各人民团体、各界别和广大委员深入开展调查研究，帮助出谋划策，认真咨询论证，共同推动人社工作改革顺利进行。

在省政协十一届十次常委会议闭幕会上的讲话

（2015 年 9 月 1 日）

杨 松

同志们：

省政协十一届十次常委会议圆满完成了各项议程，就要闭幕了。会议传达学习了全国地方政协工作经验交流会精神，听取了省委法治湖北建设领导小组关于“全面推进依法治国，建设法治湖北”的情况通报，听取了省政府关于我省今年上半年经济工作运行情况和下半年经济工作安排的通报，协商讨论了“全面推进依法治国，建设法治湖北”中的重要问题。会议开得很好，取得了丰富成果，达到了预期目的。利用这个机会，我讲两点意见。

一、认真学习全国政协和中共湖北省委有关重要会议精神

最近，全国政协和中共湖北省委先后召开了全国地方政协工作经验交流会和中共湖北省委政协工作会议。这两个会议对当前和今后一个时期全省政协工作具有重要指导意义，我们要认真学习贯彻。

7 月 15 日至 16 日，全国政协在北京召开地方政协工作经验交流会。会议的主要任务是，深入学习习近平总书记关于人民政协工作重要指示精神、中共中央有关重要会议和重要文件精神，交流地方政协工作经验，密切各级政协之间的联系，切实加强对地方政协的指导，不断把人民政协事业推向前进。

中共中央政治局常委、全国政协主席俞正声同志出席会议并作重要讲话，就深入学习贯彻习近平总书记关于统战政协工作的系列重要思想和中央重大决策部署、进一步加强政协工作，提出了九条重要要求。这个讲话已全文印发会议，请大家认真学习，这里就不再详细介绍。

中共中央书记处书记、全国政协副主席杜青林同志出席会议并通报了十二届全国政协以来的主要工作情况，简要介绍了五项重点工作，重点介绍了六项创新举措。重点工作包括：认真学习贯彻中央重要精神；隆重庆祝人民政协成立 65 周年；紧紧围绕“四个全面”战略布局建言献策；扎实推进政协协商民主制度建设；充分发挥全国政协党组领导核心作用。创新举措包括：丰富形式、拓展内容，打造协商议政新格局；抓好选题、整合力量，改进视察调研工作；营造氛围、交流互动，强化会议活动组织；提高质量、加强督办，增强提案工作实效；精心遴选、拓宽渠道，提升大会发言水平；密切联系、做好服务，发挥委员主体作用。会议进行了大会发言和分组讨论，总结交流了近年来各省区市政协、各副省级市政协、部分市级政协的工作经验。全国政协的创新举措和各地

政协的工作经验，对于全省各级政协具有重要参考作用，我们要认真学习借鉴。

8 月 18 日，中共湖北省委在武汉召开政协工作会议。会议的主要任务是，深入贯彻党的十八大和十八届三中、四中全会精神，贯彻落实习近平总书记在庆祝人民政协成立 65 周年大会上的重要讲话和《中共中央关于加强社会主义协商民主建设的意见》精神，总结交流 2010 年省委政协工作会议以来我省加强人民政协工作的经验做法，研究部署下一步工作。李鸿忠书记、王国生省长、张昌尔副书记出席会议并讲话，我也代表省政协党组就做好新形势下政协工作作了具体部署。会前，省委颁发了《关于进一步加强人民政协工作的决定》。这次会议有两个显著特点：一是会议成果丰硕。会议学习贯彻了习近平总书记和中央关于人民政协的最新精神，总结交流了近年来全省各级政协的创新探索，会前颁发的《中共湖北省委关于进一步加强人民政协工作的决定》，具有很强的思想性、指导性和可操作性，是对全省政协工作经验的制度性提升和固化。二是会议规格高、规模大。在家的省委常委、省人大省政府领导都参加了会议，各市、州、县（区）党委书记、统战部长、联系政协的政府领导（一般是常务副职）全部参加会议。小组讨论中，县委书记争先恐后发言，发表了很多很好的意见。相信这次省委政协工作会议将对全省政协工作产生很大的推动作用。鉴于我们在下次常委会议上还要专门对学习贯彻省委政协工作会议精神做出安排，所以，今天利用这个机会，仅就会议的主要精神，向大家作简要介绍。

（一）坚持用习近平总书记系列重要讲话精神统领政协工作，牢牢把握人民政协事业的正确政治方向

党的十八大以来，以习近平同志为总书记的党中央高度重视人民政协工作，从中国特色社会主义事业发展全局的高度，对人民政协工作作出战略部署。我们要把思想和行动统一到党的十八大和习近平总书记重要讲话精神上来，进一步提高对人民政协的认识，进一步增强做好新形势下政协工作的使命感和责任感。要深刻认识做好人民政协工作，是开展具有许多新的历史特点的伟大斗争、实现中国梦的需要；深刻认识做好人民政协工作，是推进国家治理体系和治理能力现代化的需要；深刻认识做好人民政协工作，是协调推进“四个全面”战略布局的需要。

做好新形势下全省政协工作，要坚持中国共产党的领导，确保参加人民政协的各民主党派和无党派人士、各人民团体和各族各界人士在政治上、思想上、行动上，与以习近平同志为总书记的党中央保持高度一致；要坚持共同思想政治基础，高举爱国主义和社会主义旗帜，坚定不移走中国特色社会主义政治发展道路；要坚持人民政协的性质定位，确保人民政协事业沿着正确方向前进。

（二）充分发挥人民政协的职能作用，推动全省各级政协组织在“五个湖北”建设中实现更大作为

推动湖北改革发展。深刻把握我国经济发展进入新常态的阶段性特点和规律，积极组织广大政协委员和专家学者围绕关系湖北改革发展的重大问题和“十三五”规划编制加强调查研究，提出具有前瞻性、战略性、针对性的意见建议，进一步促进决策民主化、科学化。牢固树立“人民政协为人民”的理念，围绕人民群众普遍关心的热点难点问题开展调研视察，助推人民群众最关心最直接最现实问题的解决。

促进法治湖北建设。选择法治湖北建设中的重大问题，特别是涉及保障和改善民生的地方性法规和政府规章的制定，深入推进依法行政、加强建设法治政府，保证公正司法、提高司法公信力，增强全民法治观念、推进法治社会建设等，深入调查研究、加强协商讨论、提出真知灼见。对全省各级各部门实施国家宪法、法律和法规，地方性法律和法规的情况，认真开展民主监督。政协委员特别是政协组织中的领导同志要带头遵守宪法和法律，努力成为法治的忠实崇尚者、自觉遵守者、坚定捍卫者。

汇聚共襄伟业强大力量。充分发挥政协的团结统战功能，把团结各界、凝聚人心摆在政协工作更加突出的位置，多做协调关系、理顺情绪、化解矛盾、增进团结的工作，在坚持一致性中尊重多样性，在包容多样性中寻求一致性，达到凝聚和增进共识、巩固和扩大团结的目的，汇聚起共同推进“五个湖北”建设的强大力量。

（三）大力加强人民政协的协商民主建设，实现政协协商的制度化、规范化、程序化

着力拓展协商内容。省委《关于进一步加强人民政协工作的决定》对政协协商的内容进行了具体化，进一步增强了协商内容的可操作性。对明确规定需要协商的事项，党委必须经协商后再进行决策，不能以情况通报代替协商，不能以个别征求意见代替应当以组织形式进行的协商，不能以决策后的通报代替决策前的协商。

着力完善协商形式。高度重视政协全体会议、专题议政性常委会议、主席会议等例会协商形式。更加经常、更加灵活地开展专题协商、对口协商、界别协商、提案办理协商。鼓励和支持政协协商形式的探索创新，开展网络议政和远程协商，扩大公民有序政治参与。加强政协协商与其它六大协商渠道的衔接配合，形成省域协商民主的整体合力。发挥协商的监督作用。

着力规范协商程序。规范协商程序，就是要解决协商随意性较大的问题，设定类似生产线式的规范程序，对协商议题的提出和确定、协商活动的安排和准备、协商规程的步骤和要求、协商意见的整理和报送、协商结果的反馈和运用等操作环节，进行规范和细化。

着力健全协商机制。健全政协协商与党政决策的衔接机制，将政协协商作为重要程序纳入党委议事规则和政府工作规则，形成党委、政府工作运行机制与政协协商机制的“硬连接”。这次会议从上到下形成了一个最大共识，就是人民政协是中国特色社会主义政治体制的基本架构之一，政协协商是中国特色社会主义的制度性安排，党委、政府应按照这个政治架构和政治安排开展协商，避免协商的随意性。党委主要领导能形成这个共识，对于发挥政协协商民主重要渠道作用将奠定良好的思想基础。健全党政领导参与政协协商的机制，健全协商意见的督办落实机制，对进入党委、政府办理程序的重要协商意见，党委、政府的督查部门要列入重点督查事项进行督查。会上，国生省长就如何将政协协商纳入政府工作程序作了详细、具体的安排，今后涉及到与政府及其有关部门的协商，可按照这个安排进行具体对接。

（四）深入推进人民政协的自身建设，不断夯实全省政协工作基础

围绕坚持政协性质定位加强自身建设，发挥好政协的团结统战功能作用。人民政协不属于权力机关，绝不是不重要或发挥不了作用，作为我国政治体制的重要组成部分，人民政协有着很高的政治地位、很大的话语权和社会影响力。人民政协要充分发挥作为

各党派团体和各族各界人士发扬民主、参与国是、团结合作的重要平台作用，促进有序政治参与，形成社会共识、增进社会团结、维护社会稳定。

围绕服务全省工作大局加强自身建设，发挥好政协的咨政建言功能作用。把围绕中心、服务大局作为履行职能的重要原则，作为彰显优势作用的努力方向，作为评价工作成效的基本标准。要加强政协调研工作，使政协的调查研究和协商议政真正成为党委和政府科学决策、民主决策的重要环节。

围绕树立政协良好形象加强自身建设，发挥好政协的社会示范功能作用。把反腐倡廉和加强作风建设作为重要的政治必修课，开展好“三严三实”专题教育，着力营造风清气正的政治生态，切实形成干事创业的良好氛围。

围绕夯实政协组织基础加强自身建设，发挥好政协的协商民主功能作用。要在加强政协委员队伍建设、发挥专委会基础作用、加强基层政协工作等方面下功夫，着力夯实政协组织基础。要加强各级政协组织的协作与配合，发挥政协组织整体优势，共同就区域发展重要问题和政协工作共性问题开展联合调研、协商讨论、献计出力。

（五）各级党委要加强对人民政协的领导，各级政府要加强对政协工作的支持

各级党委要按照总揽全局、协调各方的原则，加强和改进对政协工作的领导，支持政协依照章程独立负责、协调一致地开展工作。要高度重视人民政协工作，把人民政协工作纳入总体工作部署和重要议事日程，及时研究并统筹解决政协工作中的重大问题。要大力支持政协履行职能，把人民政协政治协商作为重要环节纳入决策程序，完善民主监督机制，更好发挥人民政协参政议政作用。要创造有利于政协开展工作的良好环境和条件，主要新闻媒体要加大对政协协商议政的宣传报道力度，形成有利于人民政协事业发展的良好社会氛围。

各级政府要认真落实中央和省委关于政协工作的决策部署，增强协商民主意识，支持政协工作，发挥政协作用。要更加充分发挥政协服务大局的优势作用，支持政协紧扣改革发展献计，支持政协围绕和谐社会建设出力，支持政协贴近法治政府建设建言。要更加有力支持、配合和参与政协协商活动，主动提请政协协商重大问题，积极参加政协协商议政活动，认真采纳政协的意见建议。要更加自觉接受政协的民主监督，热忱欢迎政协民主监督，认真办理政协提案，确保政协民主监督实效。要加大支持力度，为全面推进政协工作营造良好环境。

这是省委政协工作会议的主要精神，会议材料已印发参会人员，省政协办公厅还要下发关于全面学习省委政协工作会议精神的通知，希望各位常委、委员和地方政协认真组织对会议精神的学习传达，下次省政协常委会议还将专门就这一问题进行学习讨论。

二、继续为推进法治湖北建设献计出力

加强法治湖北建设是我省贯彻全面依法治国方略的具体部署，对于推动我省经济社会跨越式发展具有重要的战略意义。前不久，省委在襄阳召开法治湖北建设工作会议，就加快推进法治湖北建设进行再动员、再部署。本次常委会议把“全面推进依法治国，建设法治湖北”作为协商讨论的主要议题，是省政协坚持围绕中心、服务大局的重要体现。本次常委会议有以下四个特点：一是省委省政府高度重视。省委副书记、省委政法

委书记张昌尔同志，省委常委、常务副省长王晓东同志到会通报有关情况。省委副书记和常务副省长同时参加政协会议、通报情况，是不多见的，这也是落实刚刚召开的省委政协工作会议的具体表现。二是省政协高度重视。为开好这次会议，省政协主席会议进行了研究部署，省各民主党派、省工商联、省政协有关专门委员会和部分常委、委员进行了专题调研，向会议提交了调研报告 30 篇。这次调研工作深入扎实，调研报告质量很高，很多调研报告可以形成信息专报向省委省政府或省委法治湖北建设领导小组呈报。三是会议分组有创新。这次会议根据专题分组，由常委们自主选择参加讨论的小组，有利于充分发挥常委、委员们的专业优势和参政议政的积极性，增强小组讨论的针对性、有效性，提高大会发言的质量。特别是通过小组讨论的进一步提炼和完善，一些大会发言质量在原有调研报告的基础上又有进一步提升。四是成果运用有保障。省直有关部门负责同志都积极列席大会和小组讨论会议，听取常委们的意见建议。昌尔同志明确表示，对本次常委会议提供的建言成果，要认真消化研究。

所以，我们要以这次会议为契机，继续深入贯彻中共中央关于依法治国的方针政策和省委的决策部署，发挥政协组织优势，围绕我省法治建设中的突出问题和薄弱环节，深入调查研究，积极建言献策，充分发挥作用。政协在“全面推进依法治国、建设法治湖北”中可以发挥作用的领域很多，但有三个重点领域需要特别关注：

第一，推进科学民主立法。法律是治国之重器，良法是善治之前提。政协能最广泛地实现政治参与，最大限度地吸纳各方面利益诉求，最大程度地凝聚民智。同时，还具有一整套比较成熟的关于协商议题的提出、协商平台的搭建、协商氛围的营造、协商成果的转化与反馈等制度机制，所以，政协对促进科学民主立法能发挥自己特殊的重要作用。

要加强对法律法规起草、审查的协商，充分汇聚各党派各团体、各族各界的智慧和力量，进一步提高立法工作民主化、科学化水平。政协的立法协商要在省委的统一领导下进行，建立“四大家”工作机构联席会议制度，即由省政协社会和法制委员会与省人大法制委、省委法治湖北建设领导小组、省政府法制办公室每年召开关于政协立法协商的联席会议，确定政协立法协商的重点，经省委批准后，政协以常委专题协商会或界别协商座谈会的形式，开展 1 至 2 次政协立法协商活动。政协立法协商的对象是省人大的立法草案，不包括政府规章，政协就政府规章进行协商的次数更多、更频繁，并且与政府法制办已经形成了一套比较完整、成熟的协商机制。但是对属于人大立法程序内的立法草案的协商，应根据政协的能力和精力，每年有重点地开展 1 至 2 次立法协商，不是每一件地方立法，政协都要协商讨论，避免成为西方式上下两院的制度安排。今年，省政协确定的立法协商对象是《湖北省价格条例（草案）》。各民主党派、人民团体和广大政协委员，要发挥自身在法治方面的专业优势或实践经验，为有关法律法规的制定积极建言献策，献计出力。一方面，各级政协组织要在立法协商中充分发挥自身优势作用。目前，我省在积极推进授予设区的市以立法权，希望各位地方政协主席开始关注和重视地方立法协商问题。地级市立法工作刚开始，地级人大常委会缺乏有关人才、经验和机制，建立立法体系还需要很长的过程，而政协队伍里有大量法律方面的专业人才和领导人才，政协在立法协商方面可以更好发挥自身优势，切实推动地方科学、民主立法。另一方面，政协委员和政协界别可直接参与立法协商。现在不少立法都通过互联网广泛征求各界意见，所以，政协委员可以委员个人身份对公开提出的法律草案提出自己的意见。有些重要的协商意见可通过政协这个渠道，以社情民意信息、专项报告、调研视察报告、提案等形式向有关方面反映，促进立法协商成果的转化利用。因此，政协立法协商可以是多种形式的，既可以政协名义开展有组织的专题立法协商，也可在政协调研、视察、提案、社情民意信息等经常性工作中发挥立法协商作用，还可更充分地发挥政协委员和界别在立法协商中的优势，推动各地切实提高立法工作水平。

第二，推进执法司法监督。法律的生命力在于实施，法律的权威也在于实施。法律法规实施的好坏，不仅取决于政府和司法系统的执行力，而且取决于监督体系建设和作用发挥。在我省依法全面履行政府职能、保障独立公正司法的进程中，都需要发挥政协的优势，调动参加政协的各民主党派、人民团体、各族各界人士的力量，加强对法律法规实施情况的监督。

习近平总书记强调：让人民支持和帮助我们从严治党，要注意畅通两个渠道，一个是建言献策渠道，一个是批评监督渠道。司法监督分六个层次：一是司法机关的内部监督，比如省高级人民法院内部监督；二是司法机关之间的监督，公检法司的体制设计在职能上是互相监督的；三是党的监督，这是最高的监督；四是人大监督，是国家宪法规定的监督；五是政协民主监督；六是社会舆论监督。这个监督体系很大，但实际运作时的问题不少，特别是政协的民主监督职能是最薄弱的环节，需要进一步认真研究，在全面推进依法治国的过程中，更好地发挥政协的民主监督作用。要把围绕法律法规实施开展民主监督纳入政协履职的重要议程，加强筹划，把握监督方向、选准监督内容、丰富监督形式。今年省政协启动了专项民主监督活动，要注重取得实效。今后还将探索开展民主评议、派驻民主监督小组等政协民主监督的新形式新途径，并建立健全相关制度机制。各党派团体、广大政协委员要在省委的坚强领导下，增强履行民主监督职能的责任感和使命感，敢于监督、善于监督，强化监督的建设性、程序性和有效性，更好推进严格执法和公正司法。政协民主监督的主要方式，就是在调研视察的基础上提出有针对性的建议和批评意见。刚才很多同志的发言都已经有了监督的成份，还有很多同志围绕司法体制改革试点工作，做了大量调查研究，提出了很多很好的意见，我们有很多从事法律工作的委员，今后还要继续高度关注、积极建言献策、踊跃开展监督，特别是就一些重点、焦点问题进行深入研究探讨。比如，法官员额制建立后，要解决案多人少的问题，不仅要研究法官队伍建设，还要研究审判辅助人员队伍建设的问题，并将裁判程序问题、诉讼交易现象等结合起来综合分析，才能避免“头痛医头、脚痛医脚”，真正找到问题的关节点，提出切实可行的意见建议，使法官员额制改革真正能够推动司法公平正义，促进司法公信力的提升。

第三，推进全民自觉守法。在推进依法治省和法治湖北建设的过程中，需要实现民主与法治良性互动，通过政协协商民主消除对社会主义法治的错误认识，增强法治意识，弘扬法治精神，达成尊法、信法、学法、守法、用法、护法的广泛共识，营造守法光荣、违法可耻的浓厚社会氛围。

在推进法治湖北建设中，要发挥政协在促进全民守法中的重要作用，认真开展法治宣传教育，引导全民树立法治精神，自觉守法、遇事找法、解决问题靠法，学会用法治思维和法治方式参政议政、促进社会难点问题的解决。政协自身要增强履职的法治观念和法治水平，使各项履职工作有法可依、于法有据，切实增强合法依规履行职能的自觉性，在法治建设中争当表率。要充分发挥政协各方面力量在法治宣传教育中的作用，推动法治社会建设。各民主党派、人民团体要做依法治国方略的宣讲员、宣传员，引导和团结各界人士和界别群众深刻把握依法治国的基本内涵和重要任务，同时加强社会诚信建设和公民道德建设，弘扬公序良俗，推动全社会树立法治意识、弘扬法治精神、建设法治文化，使民众成为社会主义法治的忠实崇尚者、自觉遵守者、坚定捍卫者。政协委员要争做社会主义法治的模范践行者，弘扬中华优秀传统文化，切实增强走中国特色社会主义法治道路的坚定性和自觉性，珍惜委员荣誉，践行法治精神，弘扬法治文化，努力促进全社会牢固树立法治信仰和法治权威。政协机关党员干部要以更高标准要求自己，自觉遵守党的纪律，模范遵守法律法规，带头依法办事，合规履职尽责。目前，我省民众的法治观念还有待进一步增强，社会尚未形成尊法、守法、护法的浓厚风气，普法工作任重而道远，政协组织一定要在推动法治社会建设中发挥更加积极的作用。

各位常委、同志们，省委刚刚召开了五年一次的政协工作会议，使今年成为我省人民政协事业承前启后、改革创新的重要一年。我们要认真学习贯彻中共中央关于政协工作的一系列方针政策和习近平总书记关于政协工作的重要指示精神，认真学习贯彻全国地方政协工作经验交流会精神，认真学习贯彻省委政协工作会议精神，务实进取、开拓创新，聚焦我省改革发展、法治建设以及“十三五”规划中的重大问题，加强调查研究，深入协商议政，推进协商民主，为加快“建成支点、走在前列”进程、促进“五个湖北”建设作出新贡献。

在庆祝九三学社建社70周年暨湖北建立九三学社组织60周年大会上的讲话

（2015年9月2日）

田玉科

今天，我们齐聚一堂，庆祝九三学社建社70周年。在这里，我谨代表九三学社湖北省委员会向莅临今天会议的中共湖北省委、省委统战部、各民主党派省委、省工商联的各位领导同志表示热烈欢迎！向所有关心、支持九三学社湖北省委工作的各界朋友表示诚挚的感谢！向在座的各位社员同志并通过你们向全省九三学社社员致以衷心的问候和良好的祝愿！

七十年前，在中共抗日民族统一战线政策的影响和感召下，许德珩等文教、科技界的进步学者，发起组织“民主科学座谈会”，与中国共产党同仇敌忾、荣辱与共，追求真理、舍生取义，公开宣扬反独裁、求民主的思想，为新生的中国鸣锣击鼓。后为纪念1945年9月3日抗日战争和世界反法西斯战争的伟大胜利，前辈将“民主科学座谈会”改建为“九三学社”。9月3日对九三学社而言是一个值得永远铭记的日子，将其镌刻在组织的名称里，寄托了先贤对民族独立、国家富强、人民幸福的企盼，表达了前辈对爱国、民主、科学精神的追求。每年此时，社员们汇聚一堂，追忆前辈先贤，弘扬光荣传统，纪念九三学社诞辰。

漫漫七十年，穿越跌宕起伏、沧海桑田的历史烟云，九三学社始终在谱写与中国共产党肝胆相照、亲密合作的历史。无论是在万众一心、改天换地的新民主主义革命和组建中华人民共和国的过程中，还是在雄伟壮阔的社会主义革命与社会主义建设浪潮中，九三学社自觉接受中国共产党领导，与中国共产党荣辱与共、团结奋斗，在多党合作与政治协商的政治体制中做出了积极的贡献，为弘扬爱国主义精神、推进民主、倡导科学发挥了重要作用。如今，九三学社已经从几十人的座谈会，发展成为拥有15万余名成员、组织健全、有较强参政能力的政党，并在70年的风雨历程中，取得了宝贵的历史经验，形成了革命的优良传统，成为推动我国科技、教育和文化等各项事业发展的一支重要力量。

七十个春秋不平凡的历程，七十个年头艰苦卓绝的实践，充分证明了中国共产党是中华民族伟大复兴的主心骨，中国共产党的领导是中国崛起的根本保证，只有坚定不移地在中国共产党领导下，风雨同舟、亲密合作、肝胆相照、荣辱与共；只有坚定不移地弘扬九三学社民主、科学的光荣传统，为中华民族伟大复兴自觉奉献；只有坚定不移地自觉履行参政党的职责，坚定不移地走中国特色社会主义政治发展道路，我们九三学社才能不负前辈期望，不辱使命，不断发展壮大。

九三学社在湖北的建立和发展已跨越了六十年的历史，先后经历了中央直属武汉小组、武汉分社、武汉市委会、以及湖北省委员会和各地市委员会的建立等几个发展时期，由1955年武汉小组成立之初的14名社员，发展到现在的4007名社员；由最初的九三学社中央直属武汉小组发展到今天拥有9个市级地方组织，23个基层委员会，116个支社和15个小组的六届社省委；由初期的较松散性组织发展成为致力于中国特色社会主义事业的参政党。六十年来湖北九三学社组织的发展和壮大，离不开中共湖北省委的领导和关怀，离不开各级地方和基层单位中共党组织的真诚帮助和支持，也离不开各级统战部门的热情关心和指导，在此，我代表全省广大九三学社社员向你们表示由衷的感谢。

回顾六十年湖北九三学社的历史道路，凝结着几代“九三人”的艰辛与奋斗、智慧与心血，在老一辈王家楫、伍献文、吴于廑、刘建康、郑楚光的带领下，在一届又一届社省委的领导下，湖北九三组织团结全省广大社员，弘扬民主与科学精神，不断加强自身建设，紧紧围绕中共湖北省委、省政府的中心工作，认真履行参政党职能，为促进湖北省经济发展、社会进步、维护安定团结的政治局面等方面作出了应有的贡献。回顾过去，前辈为国为民、无私奉献的高风亮节，如同迎风招展的旗帜，指引我们前进。传统在心，薪火相继，一代又一代九三学社社员，牢记“民主科学”的宗旨，追随前辈先贤爱国爱民、无私奉献的足迹，沿着与中国共产党“同心同向同行”的道路，坚定前行。

多年来，九三学社湖北省委紧紧围绕国家和湖北省各个时期的中心工作与重大决策部署，深入调查研究，积极建言献策，认真履行参政党职能，许多建议得到国家和省委、省政府领导的重视与采纳。2000年，由湖北九三的全国政协委员章惠民、周星照等提出的联名提案《大力发展光电子产业，建议在武汉建立“中国光谷”》，得到时任国务院朱镕基总理亲自批办，立即受到国家有关部门和湖北省、武汉市领导的高度重视，催生了武汉“中国光谷”；社省委在2008年报送的全国政协提案《行政成本的信息公开与监督》，得到财政部的高度重视和肯定，提案所提出的加强“三公”经费公开，现在已经成为法定要求。近五年，社省委不断开拓进取，在参政议政、民主监督、政治协商方面取得了新的进步，在自身建设取得了新成效、在社会服务工作方面有了新亮点，谱写了履职新篇章。据不完全统计，在省政协会议上，共提交大会发言57件，党派集体提案68件，其中6件被选为省长督办案或省政协主席督办案，在省委、省政协组织的高层协商会议上发言40余次，被社中央采纳并提交全国政协的12件，参加社中央联合调研10余次，多次受到社中央的表彰。向九三学社中央和省政协、省委统战部报送社情民意信息589条，被采用200余条。其中被全国政协采用6条，中央统战部采用8条。社会服务工作作为参政议政、民主监督的延伸与拓展，充分发挥了自身特色和优势。多次组织社中央院士专家湖北行活动，为黄石争取到“多党合作新农村建设”项目，并连续4年获得社中央资助；“九地合作”工作取得了显著成绩；形成了为困难群众免费实施复明手术“同心亮康行动”等一系列社会服务品牌；2014年在英山建立的“九三学社专家科技服务工作站”，成为九三学社发挥自身优势和九三社员科技专长为地方经济社会献计出力的重要平台。

我们自身建设得以健康发展，参政议政能够取得一些成绩，社会服务工作产生新的亮点，都是在社中央和中共湖北省委的领导和关怀下，都是在各位老一辈退居二线九三同仁的大力支持下，同时也是全社4000多名社员的共同努力下取得的成果，在此，我们向关心帮助九三的领导们致以诚挚的谢意，向九三的前辈们致以崇高的敬意，同时，向湖北九三学社全体社员致以节日的问候！

同志们、朋友们！

在九三学社建社70周年之际，我们抚今追昔，深感欣慰和自豪，展望前程，我们深感责任重大。当前，中国正处在新的历史关头，处在形势复杂、机遇难得、挑战不绝之际，我省正处在快速发展的转型时期，处于转变发展方式、调整产业结构的关键阶段。让我们以此次会议为契机，以九三学社建社70周年为新的历史起点，深刻领会习近平总书记系列重要讲话精神，认真学习领会中央统战工作会议精神和《中国共产党统一战线工作条例》，把握新时期参政党工作的行动指南，不断增进道路自信、理论自信、制度自信，最大限度地凝聚共识、凝聚人心、凝聚智慧、凝聚力量；要围绕多党合作的根本任务，更加自觉地服务大局，全面履行“参政议政、民主监督、参加中国共产党领导的政治协商”的职能，努力在服务“四个全面”战略布局上有新的作为；要加强自身建设练好“内功”，全面提升“政治把握、参政议政、组织领导、合作共事和解决自身问题”的能力，让多党合作事业薪火相传。

七十年沧桑巨变，今天我们站在一个新的伟大的历史起点上，身处风云变幻的新时代，秉承历史的神圣使命。让我们更坚定地走中国特色社会主义道路，弘扬九三学社民主科学传统，用汗水和智慧谱写民主爱国的新篇章，创造科学发展的新辉煌，告慰前辈先贤，纪念九三学社成立七十周年。

最后，祝大家身体健康，工作顺利！

谢谢大家。

在全省市州政协经济委员会工作会议上的讲话

（2015 年 9 月 9 日）

肖旭明

同志们：

在中共湖北省委政协工作会议之后，我们齐聚宜昌，召开全省市州政协经济委员会工作会议。首先，我代表省政协向前来参会的各位代表致以诚挚的问候！

今天，我们通过会议座谈，交流工作经验；通过实地参观考察，了解了近年来宜昌市经济建设、城市建设、文化建设和社会建设等方面的显著变化，感受到了宜昌作为“一主两副”城市在全省经济社会发展中的重要地位和作用，也学习了他们做好新时期政协工作的一些好的经验和做法，大家都表示受益匪浅。总之，这次会议虽然时间不长，但是效果很好，圆满完成了任务，达到了预期目的。希望大家以这次会议为契机，进一步加强交流与学习，促进共同进步。利用今天这个机会，我讲三点意见，供大家参考。

一、深入学习贯彻全国政协和中共湖北省委关于人民政协工作的重要精神，努力增强工作的主动性

最近，全国政协和中共湖北省委先后召开了推进政协工作的重要会议，即全国地方政协工作经验交流会和中共湖北省委政协工作会议。这两个会议对当前和今后一个时期全省政协工作具有重要指导意义，我们要认真学习领会。

7 月 15 日至 16 日，全国政协在北京召开地方政协工作经验交流会，中共中央政治局常委、全国政协主席俞正声同志出席会议并作重要讲话，就深入学习贯彻习近平总书记关于统战政协工作的一系列重要思想和中央重大决策部署、进一步加强政协工作，提出了九条重要要求。俞主席讲话的全文在各种媒体上可以找到，我希望大学认真学习，深刻领会。

8 月 18 日，中共湖北省委在武汉召开政协工作会议。会议的主要任务是，深入贯彻党的十八大和十八届三中、四中全会精神，贯彻落实习近平总书记在庆祝人民政协成立 65 周年大会上的重要讲话和《中共中央关于加强社会主义协商民主建设的意见》精神，总结交流 2010 年以来我省加强人民政协工作的经验做法，研究部署下一步工作。在这里，我仅就会议的主要精神，向大家作简要介绍。

1、坚持用习近平总书记系列重要讲话精神统领政协工作，牢牢把握人民政协事业的正确政治方向。党的十八大以来，以习近平同志为总书记的党中央高度重视人民政协工作，从中国特色社会主义事业发展全局高度，对人民政协工作作出战略部署。我们要把思想和行动统一到党的十八大和习近平总书记重要讲话精神上来，进一步提高对人民政协的认识，进一步增强做好新形势下政协工作的使命感和责任感。要深刻认识做好人民政协工作，是开展具有许多新的历史特点的伟大斗争、实现中国梦的需要，是推进国家治理体系和治理能力现代化的需要，是协调推进“四个全面”战略布局的需要。

2、充分发挥人民政协的职能作用，推动全省各级政协组织在“五个湖北”建设中发挥更大作为。深刻把握我国经济发展进入新常态的阶段性特点和规律，积极组织广大政协委员和专家学都围绕关系湖北改革发展的重大问题和“十三五”规划编制加强调查研究，提出具有前瞻性、战略性、针对性的意见建议，进一步促进决策民主化、科学化，为推动湖北改革发展献计出力；选择法治湖北建设中的重大问题，深入推进依法行政、加强建设法治政府，保证公正司法、提高司法公信力，促进法治湖北建设建言立论。

3、有效发挥专委会的基础性作用，努力提高议政建言能力和水平。专门委员会是常务委员会和主席会议领导下的工作机构，是政协联系委员的重要渠道，专委会工作是政协工作的重要基础，是政协履行职能的重要方式。要突出专委会的不同特点和功能，发挥好专委会主任会议、专委会全体会议作为一级重要协商层次的作用；要发挥好专委会主任、副主任的作用；要以专委会为依托开展好界别协商；充分发挥政协位置超脱、委员们时间相对宽裕的优势，在研究问题时要在求深、求精上下功夫，努力提出针对性、前瞻性、可操作性强的意见建议。

二、准确把握我省当前经济形势，紧密围绕各项工作重点，充分发挥政协经济委员会的优势和作用

政协经济委员会联系面广，横向覆盖经济领域各行业，纵向通达社会各阶层，联系广泛、人才荟萃，是综合性经济类的人才库、智囊团。在全党全国以经济建设为中心、全面建设小康社会、实现中华民族伟大复兴的征程中，政协经济委员会的工作大有可为。这就要求我们要结合人民政协尤其是经济委员会的特点与优势，按照围绕中心、服务大局的原则，认真履行职能。虽然政协的工作任务和性质不同于党委和政府，但我们的参政议政必须紧扣党委、政府的中心工作来开展，必须按照党委、政府的统一部署协同推进。我们只有了解情况才能做到建言有据，只有认清形势才能做到献策有方，只有立足省情市情才能做到协商有效。所以，正确把握当前我省经济形势与工作重点，是全省政协经济委员会做好工作的重要基础和前提。

1、为我省科学编制“十三五”规划积极建言献策。科学编制“十三五”规划，是我省继续抓住和用好发展重要战略机遇期、促进经济长期平稳较快发展的需要；是我省实现全面建成小康社会目标、加快建设中部地区崛起重要战略支点的需要。所以，科学编制“十三五”规划，是全省上下的一项重大任务，我们各级政协组织和广大政协委员要

深入研究、准确把握当前形势，为我省科学编制“十三五”规划积极建言献策，同时也要努力提高为科学编制“十三五”规划建言献策的质量和水平。第一，抓住重点内容。编制“十三五”规划是一个庞大的系统工程，涉及到我省经济社会发展的方方面面。要进一步深化对本地情况的认识，准确把握新常态下的新趋势、新特点，加强对事关本地全局的重大问题的调查研究，使规划更具科学性、前瞻性。希望全省各级政协经济委员要围绕这些重点问题，深入调查研究，积极建言献策。第二，坚持问题导向。以问题为导向，是习近平总书记在新时期新阶段提出的一个基本工作方法，当然也符合人民政协工作的特点和规律，也是对人民政协的工作要求。政协的各种履职活动都要坚持问题导向，实事求是地提出问题、研究问题，充分了解实际情况，了解问题的来龙去脉，在此基础上研究问题的解决方法。第三，以可操作性为要求。政协提出的对策建议一定要切实可行，要有可操作性，确保务实管用，同时对策建议还必须要有创新思维，不能简单地重复过去已做的工作，这样才符合新形势新要求。第四，重视区域发展问题。在一个县的范围内或者一个市的范围内难以解决的问题，要提到更高的层面，从区域性的角度来研究，更有利问题的解决。因此，各地政协经济委员之间要互相商量、互相交流，对共同性的问题共同研究。利用政协组织的优势，本级能解决的问题就推动当地党委政府解决，本级解决不了的问题可以再往上提一个层次研究协商。

2、为大力推动两大国家战略政策落地献计出力。继去年 3 月长江经济带上升为国家战略之后，今年 6 月 1 日，《大别山革命老区振兴发展规划》获国务院批复，上升为国家战略，这为我省带来发展的巨大机遇和广阔前景。在这两大国家战略前期申请、批复和颁布的过程中，倾注了政协人的心血，现在我们要继续大力推动两大战略规划落实。一是要充分认识战略规划的意义。发展长江经济带和实现大别山革命老区振兴发展是党中央、国务院高瞻远瞩、审时度势，引领中国经济发展新常态、谋划中国经济新格局作出的重大战略决策；是新形势下加快“五个湖北”建设、加快构建促进中部地区崛起重要战略支点的内在要求。我们应该深刻领会战略意义，切实增强责任意识，以积极的态度和饱满的热情为大力推进两大国家战略努力献计出力。二是要精心调研科学谋划。各级政协经济委员会要认真研究两大战略，把握形势，熟悉政策，找准各自地区的发展定位，增强建言献策的准确性。要精准调研对象，挑选最符合政策条件、最有发展潜力、最需要扶持帮助的地区进行调研，增强调研的时效性。要上下联动。全省各级政协经济委员会要充分沟通交流，相互协作，形成合力。三是要有效对接保障落实。目前正值我国“十三五”规划编制时期，要进一步增强紧迫感和责任感，抢时间，抓机遇，以时不我待的精神，做好两大国家战略的项目策划，精细谋划，深度融合，争取更多的政策、项目纳入国家“十三五”规划。

3、为有效应对我省上半年经济下行压力集思广益。受宏观经济环境影响，我省当前的经济形势下行压力较大，主要表现在三个方面：一是稳增长的压力持续加大；二是调结构的任务十分艰巨；三是经济运行的不稳定性增加。但同时趋稳向好的积极因素正在积聚，机遇和挑战同在。下半年，要根据“竞进提质，升级增效”总要求，保持定力，坚定信心，重点在以下几方面做好政协履职工作：一是突出帮扶实体经济。就如何通过强化主动服务，强化政策惠企，强化市场拓展，有针对性的帮助解决实体经济发展所面临的困难和问题，完善政策加大对企业的支持和帮扶力度等进行深入调研，建言献策。二是推进结构调整。就如何发展现代服务业，发展高科技产业及战略性新兴产业，推动绿色环保节能产业，发展现代农业和农村服务业等方面建言献策。三是推进改革开放、加快推进创业创新。围绕行政审批体制改革，负面清单，中央和省委重大改革落实情况等方面进行调研，建言献策。

三、创新工作形式，改进工作作风，完善工作机制，努力推进政协经济委员会履职能力建设

习近平总书记在庆祝人民政协成立65周年大会上的重要讲话，在对人民政协的历程进行回顾、经验进行总结的基础上，提出了具体的工作要求，同时阐述了社会主义协商民主的战略思想，其理论性、实践性、指导性都非常强，是做好新时期人民政协工作的科学指南和根本遵循。总书记在讲话中对“坚持推进履职能力建设”这一主题用了较大篇幅进行阐述，其中很多都是与专委会工作直接相关的，我们要以总书记重要讲话精神为指导，不断开拓实践、创新发展，争取在推进履职能力建设方面有所作为。重点从五个方面努力：

1、要善于继承，勇于创新。各地的政协都有一些很好的做法，有一些很成功的、可复制的经验，这些经验值得总结、推广，用经验推动人民政协事业的发展是人民政协的优良传统。作为专门委员会，要不断总结工作经验，在实践中检验经验，逐步将经验上升为理论。同时，面对不断变化的新情况、新问题，必须在推进工作创新上下功夫。在经济委员会工作的同志，一定要科学全面地认识当前经济发展的新形势和新常态，努力增强责任心和紧迫感，不断强化勇于创新的观念，通过创新来取得更好的成绩，树立良好的形象。创新永无止境，创新的方式和途径多种多样。从这次会议交流的情况来看，各市州政协经济委员会在继承往年工作经验、推进工作创新方面可以说是亮点纷呈、各具特色，彼此之间可以互为借鉴、互作参考，希望今后各级政协经济委员会能够更多、更深入地进行这方面的探索，积累宝贵经验，争取更大进步。

2、切实提高委员会调研能力。调查研究是人民政协发挥优势、履行职责的基础性工作。调查研究水平的高低，直接决定了人民政协履职能力的强弱。省政协十分重视调查研究工作，尤其是对重大问题的调查研究。今年，《大别山革命老区振兴发展规划》获国务院批复以来，省政协经济委员会在2个月内已经先后组织3次针对大别山区的专题调研，收获颇丰。专委会是政协工作的基础，是政协履行职能、议政建言的重要力量，所以专委会的调查研究能力在很大程度上决定着政协的协商议政水平。要结合全国地方政协工作经验交流会和中共湖北省委政协工作会议精神要求，把改进作风、提高专委会调查研究能力作为加强自身建设的一项重要内容，抓紧抓实抓到位。要注意坚持问题导向，深入实际，到城市农村、街道社区、企业车间、干部群众中，广泛了解民意、集合民智，确保调查研究的质量。

3、营造委员会工作的良好环境。从专委会来讲，要营造良好的工作环境，必须加强三个方面的联系与协作：一是加强与党委、政府相关职能部门的联系与协作；二是加强与民主党派、工商联及其他人民团体、社会组织的联系与协作；三是加强与政协各专委会、各界别的联系与协作。不同层次的协作，由于对象不一样，重点和方法自然也不一样。无论是哪一个层面的协作，都体现着协商民主的精神，因此也必须贯彻协商民主的原则和要求，不仅要做到求同存异，还要做到求同化异、求同尊异，遇事多商量、有事好商量、大家的事情大家一起商量，努力为推进委员会履职能力建设营造良好的内外部环境。

4、进一步增强委员的主体意识。习近平总书记在庆祝人民政协成立 65 周年大会上讲话时强调指出："政协委员是政协工作的主体。要尊重和保障委员民主权利，完善委员联络制度，健全委员联络机构，为委员履职尽责创造良好条件。"政协委员也是专委会工作的主体，委员的积极性和参与程度直接关系到经济委员会工作的效果。俞正声主席在全国地方政协工作经验交流会上强调要加强对委员的服务和管理，经济委员会主任们特别是办公室工作人员，要带着感情和委员交往，起到委员"连心桥"作用，将经济委员会打造成团结之家、民主之家、和谐之家。把每位委员的积极性、主动性、创造性充分调动出来并发挥出去，始终是人民政协的一项基础工程。为此，委员会主任班子要高度重视、认真谋划，办公室工作专班要科学组织、精心实施，通过不定期走访慰问、经常性举办活动、建立联络机制、提供周到服务等有效措施，引导和帮助委员主动履好职、尽好责。总之，要通过我们的努力，营造一种政治上相互信任、工作上相互支持、生活上相互关心的良好氛围，让不同届别的委员之间、经济委员会的委员之间、委员与主任们之间，在团结和民主的气氛中，共同发挥好主体作用，进一步创造生动活泼的工作局面。

5、建立和完善全省政协经济委员会协调配合机制。从会议交流的情况来看，各市州对建立这套协调配合机制的期望值是比较高的，而且不少市州政协已经探索出了各有特色的好做法，同时大家也提出了很多好的要求和建议，省政协经济委员会要好好进行总结，争取在今后的实际工作中有创新举措。杨松主席经常强调，全省各级政协组织要树立系统联动的观念。我们所讲的协调配合机制其实也就是系统联动的问题，所以全省各级政协经济委员会在建立协调配合机制方面，应该积极探索。这种协调配合应该是多层次的，省市县政协经济委员会之间要进一步加强纵向协调配合，各市县政协经济委员会之间也要加强横向协调配合；同时这种协调配合也应该是多种方式和形式的，比如这次的工作会议也是一种方式。今后应强化系统联动观念，将建立和完善协调配合机制作为全省政协经济委员会履职能力建设的重要内容和途径，放在更加突出的位置，采取行之有效的措施。省政协经济委员会也要通过各种形式创造更多的机会，让大家经常地聚在一起进行交流学习、互相探讨，达到相互借鉴、相互促进的目的。

在《关于进一步解决湖北农村饮水安全问题的建议》重点提案督办会上的讲话

（2015年9月18日）

范兴元

同志们：

在今年的省政协十一届三次会议上，民革湖北省委提出了《关于进一步解决湖北农村饮水安全问题的建议》（第2015018号提案），这一提案被列为本年度省政协重点提案，由省水利厅牵头办理，省发改委、省财政厅、省住建厅协办，省政协分工由我负责督办。刚才，各办理单位分别介绍了有关情况，省民革负责同志和省政府督查室的同志也发了言，对办理工作及成效表示满意。长期以来，包括本次提案办理工作在内，水利厅和发改委、财政厅、住建厅等部门大力支持政协工作，在此，我代表省政协表示衷心感谢！

农村饮水安全是事关全局的重要民生问题，为了加深对我省农村饮水安全情况的了解，今年以来，我和部分省政协委员结合其他方面的工作，先后到宜昌、恩施、荆州、咸宁、黄冈、十堰、襄阳、神农架林区等8个市州和林区及部分县市，对有关情况进行了调研和了解。尽管如此，所看的地方还是很有限，只能说对农村饮水安全问题有了初步了解和认识。

总体上看，我省农村饮水安全工作领导重视、措施得力、成效显著，农村饮水安全问题解决得比较好。多年来，省委、省政府高度重视农村饮水安全工作。2012年6月，省第十次党代会就作出了“继续实施农村饮水安全‘村村通’工程，确保全面解决农村饮水安全问题”的重大决策。省政府采取切实措施大力推进，并与各市州、直管市、林区政府签订责任书，明确任务，强化责任，层层抓落实。省政府有关部门特别是省水利厅、发改委、财政厅、环保厅、住建厅等部门密切配合，工作富有成效。各级各地做了大量卓有成效的工作。根据水利厅提供的数据，通过“十一五”、“十二五”两个五年的建设，全省共投入152亿元，建成农村集中供水工程11260处，解决了约3150万农村居民和368万农村学校师生的饮水安全问题，我省农村饮水安全工程规划目标已如期实现。由于农村饮水条件改善，广大农村居民的生活质量和健康水平得到明显提高，农村饮水安全问题的解决受到全社会的充分肯定和赞扬，这是我省农村经济社会发展的重大进步。比如监利县程集镇新观村，过去污水横流，群众饮水困难，得重病的较多。县委、县政府现场办公，筹措资金建设安全饮水工程，彻底解决了饮水问题，村庄面貌焕然一新，生活状况大为改观，群众高度赞扬。

省有关部门和各地在工作中不断创新思路，强化措施，形成了不少好做法好经验。比如，加强组织领导，将饮水安全工作纳入目标责任制，层层签订责任状；积极构建“政府主导、群众自愿、社会参与”的多元化投融资机制，加大资金投入和管理力度；抓规模化发展，加强饮水工程建设，优化管网布局；加强水源地保护、建设，注重水质监测与达标；健全组织机构和管理机构，强化建后管理，明晰产权，明确主体等，使我省农村饮水安全工作不断提升水平，在全国的排位名列前茅。这些好的经验和做法，应继续坚持和推广。

在充分肯定成绩的同时，我们也应看到，我省农村饮水安全工作还存在一些需要研究解决的问题，还有大量工作要做，仍然是任重道远。比如，有些饮水工程建设标准偏低，工程规模小、设施陈旧，有些水厂运行、维修、管护资金短缺；有些地方供水不稳定，水质有待提高；有的地方水源地保护不容乐观，开发活动和排污行为尚未杜绝，水环境问题仍然很突出；有的地方山大人稀、群众居住分散，干旱季节缺乏水源；有些地方饮水安全人口覆盖率偏低。全省虽然基本实现了饮水安全“村村通”，但还没有全面做到“户户通”。归纳起来，主要是如何实现全覆盖、进一步提高保障水平和饮水质量、建立健全长效机制问题。围绕进一步解决好我省农村饮水安全问题，提几点建议：

一、高度重视，下大力做好农村饮水工程巩固提升工作。水是生命之源，是重大的、基本的民生问题，“绿色决定生死，市场决定取舍，民生决定目的”，保障广大农村人民群众饮水安全，关系广大人民群众身体健康，关系党群干群关系，关系党和政府形象。让群众喝上自来水、干净水、放心水，是我们的应尽之责。实际上，农村饮水安全问题解决好了，不仅能改善民生，改善党群干群关系，也能带动热水器、洗衣机、冲水马桶等进入农村寻常百姓家，拉动内需，推进农村经济社会发展。目前，我省还有 200 万人处在饮水安全红线以下，约有 800 万人处在饮水安全红线临界点上，解决好这部分人的饮水安全问题十分紧迫。要看到，饮水安全受经济条件、水资源条件、地形地貌及人口分布等影响，解决“最后一公里问题”难度更大一些。此外，还要抓好永久性解决饮水安全问题的各项工作。所以，我们的工作不可以松懈。我认为，农村饮水安全工程巩固提升工作应引起高度重视，继续实行行政首长负责制，做到任务、责任、措施层层落实到位，领导责任、部门责任、技术责任落实到人，在地方工作的考核评价体系中占有一定的权重。

二、科学编制规划，增加农村饮水安全工作的份量。今年是“十二五”规划的收官之年，目前，我省正在紧锣密鼓地编制全省经济社会发展“十三五”规划。省水利厅已经对各类农村供水工程进行了调查分析。要争取在我省经济社会发展“十三五”规划中，农村饮水安全工作占更重的份量，加大投入力度。坚持注重轻重缓急、远近结合、量力而行、尽力而为、可以持续，以饮水基本安全为红线，解决我省处于红线以下 200 万人口的饮水安全，巩固提升处于线上临界点 800 万人的饮水质量。今年，我省还将编制农村饮水巩固提升工程“十三五”规划，要加强对农村饮水现状调查与需求分析，按照“户户通自来水，人人饮放心水”的原则要求，从进一步优化工程布局、抓好工程整合、提高水质合格率、提升供水保障能力、完善建管体制机制等方面入手，进一步完善具体措施。同时，加强对各县市区农村饮水工程巩固提升“十三五”规划编制工作的指导和检查督办，确保高质量地完成规划编制任务。

三、注重抓好水源地保护与监测、工程布局优化与整合等工作，建立饮水安全工程

运行长效机制。工程建设和水质保护犹如鸟之两翼，缺一不可。工程建设得再好，如果水质不行，就谈不上饮水安全。水源地和水质问题事关重大，要立足长远，搞好水源地保护，加强水质监测。要运用信息化新技术，将农村水源地监测点与国家、省、市、县各级监测点联网。大江大湖的水质情况要按国家要求进行信息公开，中小河流湖库的水质情况要在一定范围内公布。通过信息公开，倒逼水源地保护工作。建议强化水源、水量、水质的可靠性论证，对重点水源地实行一地一策、一河一策、一湖一策予以保护。其次，整合、优化饮水工程布局，供水工程布局选址、水源地选择等要注意与国家和我省主体功能区规划相衔接，与治水工程相结合。关于投资问题，应严格落实国家的要求。关于饮水安全工程的建设及建后管护长效运行机制问题，要按照2013年省政府360号令即《湖北省农村供水管理办法》规定，结合实际抓好贯彻落实，确保工程建得成、管得好、用得起、长受益。

四、加强上下联动，各部门协同配合。农村饮水安全问题，水利部门负有重要责任，但仅靠水利部门是不够的，各部门应密切配合，共同负责，同时要加强上下联动，建立健全解决饮水安全问题的长效机制。近几年，省政府与国家有关部委、与省内各市州、直管市、林区政府分别签订了农村饮水安全工程责任书，明确了省级政府和各地的具体工作责任，对省有关部门也明确了具体责任。比如，工程如何建设、资金由谁出、建后管护由哪一级负责、水源地污染防治由谁负责等，都有明确规定。省直各有关部门特别是在座的各部门，大家责任重大，要密切配合，通力协作，共同努力，切实负起责任，把人民群众的关切解决好。

总的讲，农村饮水安全问题，省政府和各相关部门很重视，省政协通过督办提案的方式再助推一把，目标都是一致的。希望大家以编制我省经济社会发展“十三五”规划和农村饮水安全工程巩固提升为契机，继续坚持领导重视，各级各部门协同，下大力，下狠心，争取在今后五年内把这些问题解决好，巩固提升农村饮水安全水平，逐步实现永久性解决问题。我们将通过多种方式，继续关注和助推农村饮水安全工作。

在湖北武陵山试验区政协主席座谈会上的讲话

（2015年9月29日）

杨　松

省政协高度重视湖北武陵山区的区域发展和扶贫攻坚，这次座谈会以生态环境保护问题作为主题，切入点比较具体，有利于把武陵山区的生态环境保护问题研究的更深更透。会议邀请了有关省直部门听取意见、互动交流，有利于进一步提高省直部门对武陵山区生态环境保护问题的重视程度，更好地做好对我省武陵山区发展的支持和助推工作。刚才认真听取了大家的发言，感到各个县市政协都做了充分准备，所提的问题和建议，均是站在全县的角度，代表了县委、县政府的意见，有情况、有问题、有建议，发言质量都非常高、非常好。下面，我结合实际，讲几点意见。

一、深刻认识湖北武陵山区生态文明建设的重要性。要从三个方面来加深认识。第一，高层高度重视。中共中央、国务院今年 4 月出台了关于加快推进生态文明建设的意见，9 月印发了《生态文明体制改革总体方案》，同时又出台了两个配套文件，一是领导干部损害环境责任追究制度，二是对环境保护设立督察组制度，这四个文件构成一个完整的系统，表明中共中央已经把生态文明建设问题提到了一个从未有过的高度。所以省政协召开这次座谈会，集中研究探讨武陵山区的生态文明建设，是落实中央和省委的决策部署的重要体现。

第二，生态环境的红利效应已经显现。根据大家对武陵山区生态文明建设所谈的情况来看，多年以来，从上到下，从干部到群众对武陵山区生态文明建设的认识越来越深刻，工作力度越来越大，思路越来越清晰，效果越来越明显。根据省环保局刚才提供的数据来看，我们基本上稳住了武陵山区生态环境的恶化趋势，而且有一些地方生态环境明显好转，在全国普遍生态环境问题日趋严峻的情况下，能保持这么好的成绩，是大家共同努力的结果。最重要的是，由于很好地保护了武陵山区的生态环境，也使得我们开始获得大量的红利，这一点必须要承认。恩施州的感受最深，这些年恩施州的增长基本上靠生态旅游业，长阳、五峰、秭归都是一样，这两年从生态旅游业中所获得的收益越来越明显，都以很快的速度增长，并且潜力还很大。但所有获得的红利的前提都是必须始终保持良好的生态环境，实现可持续发展。这一点，我们要看准、要抓住。

第三，认真研究、妥善处理好几个关系。一是保护好生态环境和脱贫奔小康的关系，二是保护好生态环境、调动大家积极性和获得国家支持的关系，三是在保护好生态环境方面每个乡、每个县的努力和区域性共同努力的关系，还有在保护生态文明中涉及到的文化、宣传、法制等相互之间的关系等。这些问题需要我们不断破解。恩施州的马铃薯产业依托于绿色生态，如果环境被破坏了，这些产品优势自然荡然无存。我们确实在保护生态环境方面做了很多的工作，同时我们又依托良好的生态环境发展生态经济，获得相应的红利，让农民群众直接得到了实惠。过去旅游业富民不富财政，但现在随着形势发展，随着旅游业提档升级，向二产、三产延伸，对地方的税收贡献自然就有了。

二、高度重视、准确把握生态文明建设和脱贫奔小康的关系。中央连续出台关于生态文明建设的一系列文件，同时也明确 2020 年要全国实现全面脱贫，摘掉贫困帽子。9 月 24 日省委召开十届六次全体（扩大）会议，通过了《关于全力推进精准扶贫精准脱贫的决定》，而且出台了含金量特别高的措施，这是到 2020 年必定实现的经济发展目标。脱贫奔小康和加强生态文明建设要同步进行，这两者的关系，我们要高度重视、准确把握。做好生态保护是生态文明责任，实行精准扶贫精准脱贫是经济社会建设的责任，归纳起来两者都是我们的政治责任。两者也有区别，脱贫目标是到 2020 年和全国同步进入小康社会，而生态建设是没有穷期的。生态文明建设绝对不可能有穷期，目前我们阶段性的任务是遏制住现在生态恶化的局面，然后再采取适当的措施来修复。不过人工修复作用有限，中央提出的是自然修复，把生态环境保护起来实现自然修复，这需要一个很长的过程。

基层的一些同志，可能感觉到这两个目标是相互矛盾相互冲突的，因为要脱贫就得发展，发展就得搞产业、搞开发，就会影响到生态环境。要把认识上的问题厘清，问题实际上非常简单，就是习总书记经常强调的，一定要牢固树立绿水青山就是金山银山，只要把这个问题认识透，而且在实践中间得以实现，也就能解决既保护了生态环境，又取得了发展。近几年的实践实际上已经证明了这一点。

这里面有几个问题需要准确把握，首先，良好的自然生态本身就具有非常高的经济价值，这是现代经济学充分证明，而且也得到实践验证了的，这个价值很难估算它的绝对量是多少，但是价值现在是越来越重要，价值量还在不断提升。其次，绿水青山不能自动变成金山银山，绿水青山不会自动产生价值，必须通过人的活动使它产生价值，比如说发展生态旅游业，这就是人的一种活动。第三，不能因为要去挖掘金山银山，而破坏了绿水青山，那样只能是自断财路。

对上述问题，在编制“十三五”规划时要认真研究，特别是总结过去的成功经验，再相互借鉴兄弟县市做法，把问题琢磨明白。实现发展和保护相统一，生态文明建设水平与全面建成小康社会目标相适应。

三、明确政协工作下一步的着力点。考虑下一步政协工作，要统筹兼顾生态文明建设、脱贫奔小康和“十三五”规划编制，要通过实际行动来贯彻省委政协工作会议对政协工作新的定位、新的要求。

一是科学编制“十三五”规划。必须把生态文明规划融入到“十三五”规划，经济社会发展总体规划、城镇发展规划、乡村发展规划、产业发展规划、旅游发展规划等等都要和生态文明建设总体规划相协调、相统一。中央提倡在市县一级编制多规合一的规划，这是我们的努力方向，各级政协要组织专家和学者帮助编制好生态文明建设的规划。二是继续为生态环境保护问题献计出力。在生态文明建设里面，生态环境的保护是前提。进一步加大产业结构调整的力度，一些不适应的产业应该大胆的让其退出。保护好清江水环境。解决好管网不配套、污水直排和网箱养鱼等突出问题。要从政协层面推动清江水环境保护的立法工作。三是加快生态经济发展。要推动生态旅游业和生态农业向一二三产业全范围覆盖。要坚持科技先行，提高产品的附加值。四是加大基础设施建设力度。公路建设上要超前一些，提高公路标准。电的问题、宽带网络建设、尤其是公共服务设施，都要加大建设力度。五是要重视生态文化建设。要突出民族特色和地理特色，挖掘潜力，发挥优势，既要富民，还要丰富群众精神文化生活。六是提出制定政策方面的建议。在投融资、生态补偿、产业基金、立法、考评体系等方面，尤其是环保系统能力建设，现在还是短板，要多向省委省政府提出建议。七是加强政协系统联动。无论是生态文明建设还是脱贫奔小康，都大量涉及到跨区域的问题，各级政协要多交流、协调，加强跨区域的共同问题的研究，联合起来提出意见建议。

从本次会议开始，武陵山区的政协主席联席会议机制就正式建立了，省政协民宗委要加强指导，把机制建立起来后，每年集中研究一个专题，然后在此基础上再开始考虑建立比较稳定的跨省协作机制。

就讲这些，供大家参考。

在省政协《湖北省价格条例》常委专题协商会上的讲话

（2015 年 10 月 9 日）

杨　松

同志们：

这次常委专题协商会是省政协深入贯彻落实中共十八大及十八届三中、四中全会关于协商民主和立法协商有关精神而开展的一项重要活动。年初，省政协主席会议研究决定召开一次立法协商的常委专题协商会，并报省委批准，纳入了省政协 2015 年协商计划和年度工作要点。经省委办公厅协调，省政协社法委与省人大法规工作室对接，商定选择《湖北省价格条例》作为今年的协商课题。

刚才，有 10 位委员作了发言，从不同方面提出修改意见和建议；省人大有关负责人、省政府法制办、省物价局负责人到会听取了意见。

以省政协常委专题协商会的形式开展立法协商，在省人大一审后、二审前对地方性立法案进行协商讨论，在我省政协历史上是第一次，是一次试点性、探索性工作，这也是我们的一次尝试，在整个程序设计、参加人员、调研方面都带有探索性质，具有积极意义。

这次讨论《价格条例》草案，要解决几个难题。第一个难题是，目前经济体制改革包括价格体制改革正在进行之中，许多情况正在变化，现在的草案可能还没有完全吸收新的精神。第二个难题是，现在新业态不断发展，对新业态的约束管理比较复杂。互联网经济模式中大量的价格问题、专车服务问题，这些新生业态在《价格条例》中如何概括？第三个难题是，上位法《价格法》是 1998 年施行的，国务院已列入研究和修订，但还没有进入全国人大修订范围。有的省在 2013 年制定了《价格条例》，也是在十八届四中全会以前，那么我省新的《价格条例》如何与原来的法律衔接？又如何适应十八届四中全会以后提出的新的价格改革措施，这也是一个很大的难题。面对这三个难题，既然经济社会需要，又已经进入省人大立法规划，我们还是要依法推进，积极推动，这一点要明确。只不过提出意见建议时要充分考虑刚才几个因素，尽量在法律法规颁布前充分发表意见，使这项法律法规既符合当前要求，又有一定的动态调整能力。下面我讲四点意见，供同志们参考。

一、高度重视价格改革和价格立法工作

一是要充分认识价格在市场机制中的核心作用。选择《湖北省价格条例》作为常委专题协商会的协商议题，偶然当中蕴含着必然。按照马克思主义的观点，价格是价值的反映，是包含一般人类劳动的价值的体现。而市场配置资源主要是通过价格、供求、竞

争等来进行，即根据市场需求与供给的变动引起价格变动从而实现对资源的分配、组合及再分配与再组合。可见，作为市场机制的核心，价格事关国计民生，对资源配置起着基础性、决定性作用。因此，中共十八大报告提出要“更大程度更广范围发挥市场在资源配置中的基础性作用”。因此，湖北省选择价格进行地方立法，用法律形式对价格行为进行规范非常必要，省政协选择价格条例进行立法协商也具有重大意义。

二是要深刻领会十八大及十八届三中全会关于价格改革的重要精神，促进《湖北省价格条例》科学立法。十八届三中全会明确要求“完善主要由市场决定价格的机制。凡是能由市场形成价格的都交给市场，政府不进行不当干预。推进水、石油、天然气、电力、交通、电信等领域价格改革，放开竞争性环节价格。政府定价范围主要限定在重要公用事业、公益性服务、网络型自然垄断环节，提高透明度，接受社会监督。”2014 年 11 月 15 日，李克强总理主持召开国务院第 69 次常务会议，审议通过了《近期加快推进价格改革工作方案》，进一步明确了价格改革的总体思路，即“最大限度地缩小政府定价范围，充分发挥市场决定性作用；最大力度地改革定价机制规则，减少政府直接制定价格水平；最大程度地实现公开透明，使价格权力在阳光下运行。”还特别强调要“修订完善法律法规，确保各项改革有法可依，于法有据”。今年 9 月 23 日，李克强总理召开国务院常务会议，进一步研究了深化价格改革问题，确定在近年来陆续放开部分电信、药品、交通运输等价格的基础上，通过修订中央定价目录，将实行政府指导价、政府定价的商品和服务，从 13 个种（类）精简为天然气、电力、水利工程供水、重要邮政业务等 7 个种（类），具体定价项目从约 100 项减至 20 项，同时对保留的项目也要改进定价方法，规范定价行为，根据价格领域简政放权、放管结合等改革进展，定期修订定价目录。对阶梯电价等涉及民生的价格，政府将继续合理监管，保障困难群众生活，让市场有稳定预期、给群众吃定心丸。中央和国务院的这些重要精神，为我们推进价格改革指明了方向，也为制定《湖北省价格条例》提供了必须遵循的基本原则。我们一定要认真学习、深刻领会，科学制定《湖北省价格条例》，把三个“最大限度”的要求用法律条文的形式固定下来。《价格条例》的制定，要尊重经营者市场主体地位、要保障经营者自主定价、市场调节的权利，要按照法不禁止即可为的原则制定负面清单，对经营业者实行事中事后监管；对于政府定价和政府指导价，要按照法无授权不可为的原则制定权力清单，即政府定价目录，把监管的重点放在规范定价方法和定价行为方面。

三是要广泛听取社会各界意见、集思广益，促进《湖北省价格条例》民主立法。省人大、省政府、省物价局对《湖北省价格条例》立法非常重视，从启动立法至今，历时 4 年多，组织召开各种形式的论证会、听证会进行协商，还通过网络、媒体向社会广泛征求意见，九易其稿，并于 9 月 21 日正式提交省人大 17 次常委会审议。省政协也就《湖北省价格条例》开展立法协商，从 6 月开始，在全体省政协常委、部分省政协委员和省政协律师顾问组中征求意见，并组成 12 个专题调研组，就《价格条例》如何从总体上体现十八大关于市场对资源配置起决定作用；行政机关收费的规范问题；放开部分服务价格问题；相对封闭场所内的价格监管问题；网售商品的价格监管问题；优步、嘀嘀打车、快车等专车行为价格问题；完善价格听证制度问题；建立公开透明的市场体系问题；建立健全市场价格监督管理体系，营造公平竞争的市场价格环境问题；建立健全经营者价格信用制度推进我省价格信用体系建设问题；建立健全价格争议调解制度问题；救济机制问题等开展立法调研。大家不仅提出问题，而且提出了解决问题的意见建议。这些意见建议，凝聚了政协委员的聪明智慧，凝聚了社会各界人士的真知灼见，我相信对进一步修改好《湖北省价格条例》一定会有较大的参考价值。这是促进民主立法，建立广泛的公众参与及民意表达机制的充分体现。

二、进一步提高对立法协商重要意义的认识

一是开展立法协商，有利于完善立法程序，建立完备科学的中国特色社会主义法治体系。十八届四中全会决定指出“建设中国特色社会主义法治体系，必须坚持立法先行，发挥立法的引领和推动作用，抓住提高立法质量这个关键”。“健全立法机关和社会公众沟通机制，开展立法协商，充分发挥政协委员、民主党派、工商联、无党派人士、人民团体、社会组织在立法协商中的作用，探索建立有关国家机关、社会团体、专家学者等对立法中涉及的重大利益调整论证咨询机制。拓宽公民有序参与立法途径，健全法律法规规章草案公开征求意见和公众意见采纳情况反馈机制，广泛凝聚社会共识”。开展立法协商，有利于健全立法机关和社会公众沟通机制，有利于完善立法程序，对于推进科学立法、民主立法具有十分重要的意义。

二是开展立法协商，有利于进一步巩固和完善共产党领导的多党合作和政治协商制度。《全国政协关于政治协商、民主监督、参政议政的规定》、《中共中央关于进一步加强中国共产党领导的多党合作和政治协商制度建设的意见》明确把“国家的重要法律草案”，“宪法和重要法律的修改建议”纳入政治协商范畴；《中共湖北省委关于进一步加强新形势下政协工作的意见》（鄂发［2005］20号）、《中共湖北省委关于加强和改进新形势下人民政协工作的决定》（鄂发［2010］20号）、《中共湖北省委关于进一步加强人民政协工作的决定》（鄂发［2015］14号）等重要文件也把“重要地方性法规和行政规章”、“关系地方全局的重要政策、法规”纳入了政治协商的范畴，并强调“重要地方性法规和政府规章”要先协商后通过。因此，人民政协开展立法协商是履行政治协商题中应有之义，立法协商是政协履行职能的其中之一，这一点一定要明确，不要老是在这上面犹豫不决。

三是开展立法协商，有利于促进科学立法、民主立法。人民政协是中国人民爱国统一战线的组织，是中国共产党领导的多党合作和政治协商的重要机构，是我国政治生活中发扬社会主义民主的重要形式。人民政协作为协商民主的重要渠道和专门机构，开展立法协商具有独特优势，有利于促进科学立法、民主立法。第一，人民政协联系广泛、代表性强。我省政协现有32个界别，基本上覆盖社会各个方面、各个阶层，其联系之广、代表性之强，是任何其他组织无法代替的。在政协开展立法协商，有利于广泛凝聚社会共识、增强立法的民意基础。第二，人民政协智力密集、人才荟萃。政协委员都是各党派、社会各界的杰出代表，参政议政能力强、水平高，他们的参与，有利于提高立法质量。第三，人民政协位置超脱。政协亦官亦民、非官非民的独特性质和地位，决定了政协位置超脱，能够站在最广大人民群众的根本立场来建言献策，有利于摆脱地方利益、部门利益的桎梏，防止地方利益、部门利益法律化。第四，人民政协组织性强。政协的协商活动组织缜密，程序严格，重点突出，全面深入，使协商的效果有保障。这些独特的优势决定了人民政协的作用具有不可替代性。因此，政协参加立法协商有很多好处和优势，界别齐全、智力密集，组织化程度比较高，比分散协商所取得的成果更大。对于敏感性法律制定，政协作为体制内的专门协商机构具有很大的优势。

三、借鉴外省先进经验，积极开展立法协商

近年来，一些兄弟省市从加强中国特色新型智库建设，建立健全决策咨询制度，促进科学立法、民主立法，提高立法质量，从完善协商民主制度，推进中国特色社会主义民主政治建设等方面，探索出了许多好的经验，对推动立法协商工作深入开展起到了积极作用。中共十八大召开后，特别是十八届三中全会决定发布后，从全国政协到各省、市、自治区政协更是掀起了立法协商的热潮。这些立法协商活动有如下特点：

一是领导重视，规格高、影响大。全国政协于 2014 年 3 月 20 日就《安全生产法（修正案）》召开双周协商座谈会进行专题协商，中共中央政治局常委、全国政协主席俞正声亲自主持。这是全国政协第一次将法律修订作为协商座谈的议题，此举首次实现了国家层面的立法协商。2015 年全国“两会”期间，全国政协委员与全国人大代表同步协商讨论《立法法（修正案）》，进一步丰富了立法协商的形式。

北京市政协 2013 年底就《北京市大气污染防治条例》开展立法协商活动，市政协主席吉林同志三次主持会议，就立法协商相关重要问题进行研究和部署，副主席沈宝昌在政协界别召集人会议上专门动员，副主席赵文芝担任立法协商工作领导小组组长，负责组织实施。先后组织各界别及专家组座谈 30 次，直接参与座谈会发表建议的委员有 265 人，共收集意见达 998 条。提交人代会审议的《条例》草案中，有 83 处修改源于 700 多名政协委员的智慧。市政协主席吉林说，这是北京市政协首次开展真正意义上的立法协商。青岛市 2014 年 6 月 5 日召开地方立法协商会议，就《青岛市城市风貌保护条例》进行协商讨论，共有 16 位政协委员和专家发言，市人大常委会主任王文华、市政协主席王书坚共同出席会议并分别讲话，在全国范围内开启了人大政协携手推进立法协商的新篇章。青岛市人大有关领导经过此次立法协商的实践，深有感触地说“作为一个组织化、制度化的协商平台，政协的立法协商更具科学性和专业性”。上海市政协立法协商开展得更早，步子迈得更大一些。

二是建章立制，立法协商逐步走上正轨。福建省人大常委会办公厅与福建省政协办公厅早在 1998 年就联合发布了《关于加强地方立法协商工作的意见》。上海市政协、重庆市政协、新疆自治区政协及杭州市政协、南京市政协、青岛市政协、济南市政协也都制定了立法协商的制度性文件，使立法协商逐步走上制度化轨道。

应该说，全国各地丰富的实践经验，为我们开展立法协商树立了榜样，提供了借鉴。

四、进一步推进立法协商制度化、规范化、程序化建设

我省在省政府法制办和省政协社法委层面开展立法协商的探索与实践，也经过了十多年的历程。自 2005 年以来，省政协社法委先后参与了 50 多部地方性法律、政府规章和其他重要法治文件的协商，为法治湖北建设发挥了积极作用。但以往的立法协商活动

存在协商层级低、主渠道不畅、程序不规范等问题。今天的常委专题协商会，是一次以具体法律草案为对象的协商会，协商的层级、组织化程度、协商效果都有所提高，是一次成功的实践。但从建立完善立法协商机制的角度看，才仅仅是开端。我们要继续探索，进一步推进立法协商制度化、规范化、程序化建设。

1、要准确把握立法协商的基本原则。一是坚持党领导立法原则。协商议题的选定、协商计划的制定、协商意见的报送，都要报省委批准。二是坚持人大主导立法原则。不能将立法协商作为立法的必经程序，立法协商的意见只能供人大参考。三是坚持科学立法、民主立法原则。充分发挥人民政协协商民主重要渠道和专门协商机构的作用，充分发挥政协委员、民主党派、工商联、无党派人士、人民团体、社会组织在立法协商中的作用。四是把握好政治身份原则。政协委员对于任何法律草案或者立法发表意见，应该是以公民个人的身份，不代表政协组织，要界定清楚。五是提高能力的原则。立法问题和一般的建言献策不一样，提出建议需要字斟句酌、上下左右关联，非常复杂。一定要认真分析、研究透彻，保证提出的意见建议有质量，具有准确性。

2、建立联系会议制度和对口联系制度。要探索建立人大、政府、政协法制工作机构联系会议制度，年初通报立法计划、协商立法项目，年终总结立法协商工作、反馈协商意见的采纳情况。在联系会议的基础上，进一步完善对口联系机制，明确由人大法工委、政府法制办对口联系政协社法委。

3、加强立法协商制度建设。建议由人大、政府、政协联合出台有关立法协商的规范文件，重点规范立法协商的主体、范围、内容、程序、机制和方式方法，进一步促进立法协商制度化、规范化、程序化。

4、加强立法协商的理论和工作研究，创新立法协商工作的内容和形式。要认真总结近年来开展立法协商工作取得的成功经验，结合工作实践进行理性思维，更好地指导立法协商工作；要认真学习借鉴兄弟省市开展立法协商工作的成功经验，加强交流，开展比较研究，进一步推进我省立法协商工作；要进一步创新立法协商工作的组织形式，不断探索有利于发扬民主、听取意见、集思广益的新形式、新途径，使我省的立法协商工作在创新中不断发展。

5、加强学习培训，不断提高立法协商工作水平。立法是一项复杂的工作，需要具备较高的法律知识和相关业务知识，尤其需要立法理念上的创新。我们要通过多种形式加强学习培训，加强委员和办公室两个队伍建设。省政协常委、社法委委员要带头加强学习，同时要引导委员、界别、党派团体和有关专委会有针对性的加强学习，不断提高立法协商工作的能力和水平。

6、强化组织协调，调动各方面参与立法协商工作的积极性。政协委员、包括省政协律师顾问组的各位同志，都是各方面的代表，各领域的专家、学者，是政协工作的中坚力量。要加强组织协调，充分发挥他们在立法协商中的作用。参与立法协商的人员，要以高度的政治责任感、崇高的历史使命感，认真调研、潜心研究、仔细推敲、审慎下笔；要建诤言，献良策，不求说了算，但求说得对、说得准，提高立法协商的实效；要注重把政协例会、调研、视察、专题民主监督、提案、社情民意信息等工作与立法协商工作有机结合起来，重视从履行职能的各项工作中收集立法协商工作的意见和建议；要加强与社会各界人士的联系，广泛听取相关专家学者和广大人民群众的意见、建议，了解和反映他们的意愿；省政协各专门委员会要积极参与，根据专业分工，承担主办，认真协商；社法委要发挥工作联系的职能作用，做好综合协调服务工作，努力提高立法协商质量，为法治湖北建设作出应有的贡献。

我相信，在省委的领导下，在省人大和省政府的重视支持下，通过大家的共同努力，我省立法协商工作一定能开展得更加富有成效，一定能为促进我省经济社会发展和“五个湖北”建设作出更大的贡献。

在省政协督办重点提案《深化科技金融创新，加快创新湖北建设》座谈会上的讲话

（2015年10月14日）

郑心穗

同志们：

今天，我们在孝感市召开重点提案督办座谈会，对今年由我领衔督办的重点提案《深化科技金融创新，加快创新湖北建设》进行督办，这也是个沟通协商会，更是一个提案办理落实质量评估会。参加今天会议的有提案单位省民革、承办单位省科技厅、会办单位省财政厅和人民银行武汉分行，还有省金融办、省政协人口资源环境委员会等相关部门负责同志。在此，我向参与提案督办的各单位和相关工作人员，以及提供会务支持的孝感市政府一并表示衷心的感谢！

今年以来，我省经济运行总体平稳正常，一系列宏观调控政策和重大改革措施效果逐步显现，经济发展新生动力加快孕育，积极因素不断累积，在新常态下实现了新发展。但经济运行仍存在一些问题，特别是金融业作为现代经济的核心，对全省实体经济的支持力度仍然缺乏，对扶持科技型中小企业的政策落实力度不够，已严重制约了全省产业结构的调整升级和战略性新兴产业的快速发展。当前，我国金融业的改革创新已呈现出全面推进、重点突破的态势，特别是在《武汉城市圈科技金融改革创新专项方案》获批、我省长江经济带产业基金和股权投资引导基金加快设立和武汉成为全面创新改革试验区域的大背景下，科技和金融的结合正在逐步成为提升科技创新能力、推动经济转型升级的重要支撑力量。湖北省民革作为拥有关注社会经济发展优良传统的民主党派，在今年初召开的省政协十一届三次会议上，立足全省社会经济发展大局提交了这个提案，引起了省委、省政府主要领导以相关省直部门领导的高度重视，并被确定为2015年省政协重点督办提案。

为深入了解省内外科技金融发展情况，省政协在七月份组织学习考察团专程赴深圳

市，与深圳市相关政府部门进行了深入座谈交流，实地考察当地重点科技金融机构，并形成考察调研报告，为省委、省政府领导提供决策参考。这次我们又在省内重点考察武汉、天门和孝感等三市的科技金融创新情况，以期全面总结我省科技金融结合工作发展情况、有益经验与现存问题，提出促进我省科技金融体制机制创新的政策建议，并对参与提案督办的各单位开展科技金融创新提供有益启发。下面根据省内外科技金融工作调研情况和提案办理所形成的共识，我谈三点意见，与大家交流。

一、高度重视，多方支持，建立全省支持科技金融创新的统筹协调机制

实践证明，每一次产业革命的兴起无不源于科技创新，成于金融创新。随着新一轮科技革命和产业变革的方向日显清晰，科技创新与金融资本、商业模式融合更加紧密，全球产业变革正加速推进。随着当前我国经济进入新常态阶段，党的十八届三中、四中全会提出要“改善科技型中小企业融资条件，促进科技成果资本化、产业化”，科技金融的创新融合既是大势所趋，也是形势所迫，科技金融工作点多面广，涉及的金融类别多样，必须有一个强有力的部门来组织领导，更需要各全省有关部门的密切配合，通力协作。我们在省级层面应加强科技、财政、“一行三局”等各部门的资源整合，加快科技金融结合工作的顶层设计，加强全省科技金融工作的组织领导与统筹协调，积极运用“互联网+”技术打造全省性科技金融综合服务平台，打通各部门之间的信息壁垒，形成推动全省科技金融创新的工作合力；在地市层面，我们建议各级政府应将科技金融创新工作摆上重要议事日程，早日实现省、市科技金融工作联动与合作，加快科技金融的区域协同发展和资源有效配置。

二、借鉴经验，加大投入，促进科技金融结合的路径创新

目前，我省科技金融领域的财政投入力度还不足，如全省用于科技金融结合的省级财政专项经费偏少，省级创投引导基金较其他省市相比规模偏小，难以满足全省高新技术产业发展的迫切需求，支持种子期企业的成果转化、天使投资的资金和措施仍显不足，省级财政科技投入对科技担保、科技保险等金融机构的补助基本还未涉及，难以有效调动银行、保险、担保、小贷等金融机构开展面向科技型中小企业服务创新的积极性。下一步，我省科技金融工作要充分学习借鉴深圳等经济发达省市的先进经验，充分发挥政府的引导作用和市场配置资源的决定性作用，有效激活市场主体，面向科技型企业成长全过程的资金需求，进一步深化财政科技投入机制创新，继续做大省级创投引导基金规模，不断完善财政科技投入与银行贷款、创业投资、社会资本等相结合的多元化科技金融体系，同时加强政策引导和信用监督，鼓励各类科技金融机构面向全省战略性新兴产业、科技型小微企业开展科技金融工具、服务创新，形成具有湖北特色的科技金融创新发展模式，为全省的科技资源优势转化为经济发展动力提供有力支撑。

三、勇于探索，抓紧落实，健全全省科技金融创新的政策体系

通过调研我们发现，目前国家出台的关于鼓励科技信贷、保险产品创新、建立风险补偿机制、减免创投机构税收的政策仍难以在武汉市以外的地市推广。如国家税务总局

早在2009年发布的关于“创投机构按照其投资的70%抵扣企业应纳所得额”政策因机构申报抵扣程序非常繁琐，在全省范围内仍未得到有效落地。省级层面出台的促进科技金融结合的优惠政策大多缺乏配套实施细则，难以吸引实力雄厚的投资机构、高层次金融人才来鄂发展。同时全省科技金融资源主要集中于武汉，其他地市的科技金融机构数量少、实力弱，难以满足当地中小企业的融资需求。希望参会的各省直部门今后进一步围绕省委省政府的经济发展部署，对我们提案所提出的建议，目前能够办理的，能够认真吸纳，抓紧制定配套的政策措施，力争取得突破，要加快建立科技信贷风险补偿机制，修改和完善省级创投引导基金管理办法，积极落实包括天使投资在内的创投税收优惠政策，对全省符合条件的创投机构开展备案管理，强化行业监管；因条件所限，现在还不能立刻推动的，要积极创造条件，并在“十三五”期间重点推进。

同志们，金融是现代经济的“血液”，科技与金融的创新结合是提升区域经济发展效益和活力的关键，是服务“大众创业、万众创新”，培育经济增长新动力的引擎。希望提案的主办单位、会办单位等有关部门以此为契机，认真总结这次提案督办的有益经验，使提案办理真正成为了解全省科技金融创新需求、助推全省科技金融机制创新的重要载体，共同开创全省科技金融结合工作的新局面。相信不久的将来，科技金融创新工作一定会在全省各地开满鲜花、结出硕果！我的讲话结束，谢谢大家！

在全省政协教科文卫体委员会工作座谈会上的讲话

（2015年10月27日）

刘善桥

这次全省教科文卫体工作座谈会在宜昌召开，开得非常成功，上午的实地考察很有特色，教科文卫体一个方面一个项目，李亚隆主席对每个参观点了如指掌，介绍起来如数家珍，给大家留下了深刻印象。刚才鲍红志主任对省政协教科文卫体委员会2015年的工作做了总结，让大家对省政协的工作情况有一个基本了解。会议之前，我认真阅读了各地的经验交流材料，刚才又听了17个市州的发言，感到全省市州政协教科文卫体委员会工作开展得有声有色，积累了很多很好的经验。今天的座谈会可以说是一次工作经验大餐、工作理念大餐、工作方法大餐，可以相互学习借鉴。一个市州有一个好经验，就是17个好经验；一个市州有一个好思路，就为我们提供了17个好思路；一个市州有一个好方法，我们就有了17个好方法。今天很受启发、教育和感动。在此，我代表省政协向在座的各位，向全省政协教科文卫体战线的同志们表示衷心的感谢！这次会议得到宜昌市委、市政府的高度重视，特别是宜昌市政协做了大量工作，我代表省政协和与会各位同志向宜昌市委、市政府、市政协和有关部门表示感谢！

下面，我就明年的工作讲几点意见，供大家参考。

一、认真学习、深刻领会中共十八届五中全会精神，用全会精神指导全省政协教科文卫体委员会工作

中共十八届五中全会正在北京召开，会议将就我国制定国民经济和社会发展第十三个五年规划提出建议。“十三五”时期是实现“两个一百年”奋斗目标的第一个百年目标——全面建成小康社会的决定性阶段，当前，和平与发展的时代主题没有改变，我国经济发展进入了新常态，发展既面临大有作为的重要战略机遇期，也面临诸多矛盾相互叠加的严峻挑战。教科文卫体事业改革涉及广大人民的切身利益，全省政协教科文卫体委员会的工作责任重大、使命光荣，大家要认真学习中共十八届五中全会精神，用以指导我们的实际工作。一是要明确五中全会重要意义，原原本本地学习五中全会的公报、决定，领会精神实质。这是我们做政协工作的基本功，是我们的立身之本，要适应我国发展环境、条件、任务、要求的新变化，认识新常态、适应新常态、引领新常态，深刻理解“十三五”规划的指导思想、主要目标、政策导向，认真研究涉及教科文卫体事业改革的新要求，新目标、新任务。二是要将学习五中全会精神与贯彻落实中共十八大和十八届三中、四中全会精神结合起来。深入贯彻习近平总书记系列重要讲话精神，深刻领会“四个全面”的战略布局，大力弘扬与时俱进、锐意进取、勤于探索、勇于实践的改革创新精神，积极实践协商民主，加强履职能力建设，更好服务全面深化改革总目标，为推动经济持续健康发展、促进保障改善民生、维护社会和谐稳定作出新贡献。三是要将五中全会精神的学习与政协教科文卫体委员会工作紧密联系起来，做到学以致用。教育、科技、文化、卫生、体育等方方面面的体制改革已经进入深水区，许多问题牵一发而动全身，我们要深入学习中共十八届五中全会精神，并与本地实际结合起来，对关系群众切身利益的各项民生问题，深入思考，超前研究，科学谋划好明年专委会工作重点。

二、发挥优势，提高调查研究水平，提升专委会履职实效

教科文卫体委员会工作面比较宽泛，联系界别多，调研视察的任务重。增强调查研究工作能力，是提高专委会工作成效的重要途径和必然要求。要进一步提高专委会调查研究工作水平，必须牢牢把握好以下几个关键环节。一是要精心选择课题。从某种意义上来说，调查研究的成效如何，选题是关键。如果题目选不准，即使调查下的功夫再大，也难以被党委政府所采纳，就会事倍功半，甚至徒劳无功。所以，专委会要组织一次成功的调查研究活动，必须从精心选题开始。选好课题，首先要着眼于大局，着眼于为党政中心工作的服务上。抓住了这个大前提，我们的专题调研才能找准与经济、社会发展密切相关的切入点，才能防止出现协商不到点、监督不到位、议政没目的的现象。其次要有适度超前意识。只有适度超前，才能言当其时，才能使建议更好地为党和政府决策服务，推动实际工作。这个观念很重要，就是说有可能的话调查研究要走在实际工作前面，必须与时俱进，决不能落伍这个时代。我们在选题中，要善于选择那些党委政府看到而未看透、想到而未想细、想实施而不到位的课题，选择那些事关群众切身利益，而党政部门一时尚未察觉或无力顾及的问题，见微知著，未雨绸缪，认真组织开展调研。二是调查要真正深入基层、深入实际。“入之愈深，见则愈奇”。现在调研不见得非要调研那些热点单位、知名度高的地方，恰恰应该去那些知名度不高的地方。“学林探路贵涉远，无人迹处偶奇观”。无人去的地方我们去，才能发现最本质的问题。基层工作是一面镜子。从这面镜子当中可以看到我们的工作做得怎么样。有价值的观点往往来源于大量深入的调查，如果不深入基层、深入实际，而浮在面上、走马观花，十有八九提不出好的意见建议，所建之言很可能脱离实际，所立之论很可能缺乏科学性和可操作性。这方面毛泽东同志为我们做出了榜样，他提出“没有调查就没有发言权”的著名论断，长冈乡调查时间长达一个多月，《湖南农民运动考察报告》调查了三十二天。现在我们的调查研究有三个星期吗？有的是蜻蜓点水，道听途说，走马观花。有的是从文字到文字，从材料到材料。都不是第一手材料，都不是亲历亲为。因此，要切实根据调研课题的内容，丰富调研方式方法，不断提高调研水平，尽可能掌握翔实的第一手资料。三是要敢谏真言和善提对策。敢谏真言，就是要求我们在开展专题调研时，注意客观真实地反映来自基层的意见呼声和愿望诉求，勇于识人未识之境、言人未言之理、议人未及之事，从而为党委政府提供其他渠道不易反映、难以得到而又事关决策的诤言。善提对策，真正使所建之言建在点子上，所立之论立在关键处，让党委政府对政协的谏言想听、愿听、真听。四是要注重调研成果转化。省政协教科文卫体委员会在这方面做得很好，根据专题调研情况撰写的集体提案《促进文化与科技融合着力打造武汉·中国创意之城》被选为郭生练副省长督办提案，《关于切实加强我省秦巴山区生物多样性保护优先区域生态保护的建议》、《关于加大我省古民居村落保护与利用发展生态文化旅游业的建议》两件提案被选为省政协副主席督办提案进行了跟踪督办，推进了政府部门工作，有效转化了调研成果。因此，大家要在转化成决策和解决问题上下功夫，坚持多形式、多渠道的调研成果转化推动工作。根据调研报告的时效性、可操作性，充分运用政协特有的信息反映渠道，采取机动灵活的形式，如大会发言、建议案、提案和社情民意专报等，使调研成果能够及时转化实施，为配合支持党委政府正确处理和解决问题建言献策，切实发挥“智囊团”作用。同时，还要探索建立调研成果采纳落实和反馈机制，真正发挥调研视察成果的作用。

三、系统联动，不断加强专委会自身建设

专委会是政协工作的重要基础，基层政协是政协工作的重要支撑，发挥好政协协商民主功能作用，要在发挥专委会基础作用、加强基层政协工作等方面下功夫。杨松主席强调要围绕政协性质定位、围绕服务全省工作大局、围绕树立政协良好形象、围绕夯实政协组织基础加强政协自身建设。因此，一是要进一步把握政协专委会工作的规律性。研究社会主义市场经济条件下，教育、科技、文化、卫生、体育事业发展的规律，从政协工作全局出发，不断拓展政协专委会重点协商的新领域，探索民主监督的新形式，开辟参政议政的新途径，使政协专委会工作更具有针对性和时代性，创造自身的独特经验。二是要用创新精神做好新时期政协专委会工作。专门委员会的工作一定要体现“专”的特色，要从自身特点出发，探索政协履行职能的新方式、新方法，发挥专委会在协商民

主中的重要作用，积极探索专题协商、对口协商、界别协商、提案办理协商等形式，充分调动委员的积极性、主动性，使政协专委会工作更加充满活力，更加富有朝气；探索专委会工作的新机制，充分发挥“互联网+”的作用，加大专委会日常工作与委员的联系沟通，形成规范化、制度化、科学化的工作程序和工作机制。三是要进一步加强系统联动。今天的会议就是给全省政协教科文卫体委员会搭建一个交流学习的平台，大家对这种会议形式还是认可的，我们要尽可能的创造这样的机会。大家可以共同研究好明年的工作，可以就某个或某几个专题开展协作调研，互相沟通情况，借鉴好的经验，形成工作合力。四是要加强专委会办公室建设。政协机关要努力为专委会提供良好的后勤保障和协调服务，改善专委会工作设施，加强专委会经费保障。要加大专委会办公室干部队伍建设力度，提高工作水平和办事效率，为委员履行职能做好参谋、组织、协调、服务工作，大力推进专委会“四个能力”建设，不断开创政协事业新局面。

就讲这么多，谢谢大家！

在全省“人民政协协商民主与履职能力现代化建设”理论研讨会上的讲话

（2015 年 10 月 28 日）

范兴元

这次全省人民政协理论研讨会的主要任务是，学习贯彻以习近平同志为总书记的中共中央关于加强人民政协工作的一系列新思想、新部署，学习贯彻中共湖北省委政协工作会议精神，围绕“人民政协协商民主与履职能力现代化建设”中的重要问题展开深入研讨，充分发挥理论研究对政协工作的推动作用。刚才，虞崇胜副会长传达了中国人民政协理论研究会第二届理事会第二次常务理事会暨 2015 年度人民政协理论研讨会精神，10 个单位和个人交流理论研究成果，华中科技大学欧阳康教授、广水市政协李健强主席作了即席发言，会议开得很好、很成功。总的来看，这次研讨会有以下几个特点：一是主题鲜明。选取“人民政协协商民主与履职能力现代化建设”这一主题开展集中研讨，抓住了当前政协事业发展的重大问题，体现了政协理论研究的鲜明时代特色。二是参与面广。研讨会共收到论文 127 篇，70 多位作者应邀参会。这些作者中，既有在省里的同志，也有在市县的同志，既有政协机关的同志，也有党派的同志，既有政协理论工作者，也有实际工作者。三是成果丰富。这次研讨会研究面宽，几乎涉及到政协协商民主与履职能力现代化建设的各个方面，而且研究深入，不少研究成果很有创新性，体现了较高的研究水平，为全省政协工作发展提供了重要理论支持。下面，我讲几点意见，与大家共同交流。

一、深刻认识人民政协理论研究工作面临的新形势

中央关于人民政协工作的系列重要思想，为政协理论研究提供了新的遵循。中共十八大以来，以习近平同志为总书记的中共中央对社会主义协商民主和人民政协工作提出了一系列战略思想。比如，关于推进国家治理体系和治理能力现代化的重要思想。十八大明确提出“推进国家治理体系和治理能力现代化”是全面深化改革的总目标。习近平总书记强调，人民政协是国家治理体系的重要组成部分，要适应全面深化改革的要求，努力在推进国家治理体系和治理能力现代化中发挥更大作用。比如，关于加强社会主义协商民主建设的重要思想。社会主义协商民主是是中国社会主义民主政治的特有形式和独特优势，是中国共产党的群众路线在政治领域的重要体现，是深化政治体制改革的重要内容。比如，关于人民政协性质定位的重要思想。人民政协是统一战线的组织，是多党合作和政治协商的机构，是人民民主的重要实现形式，体现了中国特色社会主义制度的鲜明特点。人民政协要在宪法法律和政协章程准确定位的基础上，大力推进自身各项工作和各项事业不断向前发展。比如，关于人民政协作为协商民主重要渠道和专门机构的重要思想。要把协商民主贯穿政协履行职能全过程，推进政治协商、民主监督、参政议政制度建设，不断提高人民政协协商民主制度化、规范化、程序化水平，特别是要加强政协协商与党委和政府工作的有效衔接。比如，关于政协履职能力建设的重要思想。人民政协要适应全面深化改革的要求，以改革思维、创新理念、务实举措大力推进履职能力建设，着力提高政治把握能力、调查研究能力、联系群众能力、合作共事能力。比如，关于团结统战工作的重要思想。衡量政协工作成效，关键是要看在履职活动中有没有通过充分发扬民主，达到凝聚和增进共识、巩固和扩大团结的目的。要扎实做好筑牢共同思想政治基础、争取人心凝聚力量的工作，比如，关于委员队伍建设的重要思想。政协委员应勇于担当责任、着力提高能力素质、保持良好形象、增强委员意识，懂政协、会协商、善议政，做到建言建在需要时、议政议到点子上、监督监在关键处；对政协委员要严格教育、严格要求、严格管理、严格监督，等等。中央关于加强人民政协工作的重要思想内容很丰富，我们要认真学习领会，并作为指导理论研究的根本遵循。

人民政协制度建设的重大进展，对政协理论研究提出了新的任务。中共十八大以来，中共中央和中共湖北省委高度重视政协制度建设，今年中央相继出台《关于加强社会主义协商民主建设的意见》、《关于加强人民政协协商民主建设的实施意见》，省委先后颁发《关于加强社会主义协商民主建设的实施意见》和《关于进一步加强人民政协工作的决定》，推进人民政协制度建设特别是协商民主建设取得重要进展。比如，规范了协商内容。兼顾宏观层面、中观层面、微观层面，使政协协商内容既具有指导性，又具有可操作性。比如，规范了协商形式。要求更加灵活地开展专题协商、对口协商、界别协商、提案办理协商，探索网络议政和远程协商，等等。同时要加强政协协商与政党协商、人大协商、政府协商、人民团体协商、基层协商、社会组织协商的衔接配合。比如，规范了协商程序。设定类似生产线式的规范程序，对协商议题的提出和确定、协商活动的安排和准备、协商规程的步骤和要求、协商意见的整理和报送、协商结果的反馈和运用等操作环节，进行规范和细化。比如，规范了协商机制。健全政协协商与党政决策的衔接

机制，将政协协商作为重要程序纳入党委议事规则和政府工作规则，等等。省委对政协工作高度重视，把人民政协工作纳入总体工作部署和重要议事日程，及时研究并统筹解决政协工作中的重大问题，建立健全党委常委会议听取政协党组工作汇报、讨论政协工作中的重大问题和年度协商计划等制度。目前，省政协贯彻落实省委的部署安排，切实加强政协内部配套制度建设，对省政协全体会议、常委会议、主席会议工作规则和专门委员会通则，以及专题协商、对口协商、界别协商、提案办理协商等制度和规定作进一步修改完善，并进一步探索加强民主监督工作的办法，努力构建我省结构合理、层次清晰、科学规范的人民政协制度体系。政协理论研究要在政协制度建设方面给予强有力的理论支撑。

全省政协工作创新发展的生动实践，为政协理论研究提供了丰富素材。近年来，全省各级政协认真贯彻落实中央的指示精神和省委部署安排，在总结实践中的好经验好做法基础上，加强开拓创新，取得了许多新进展。比如，坚持党委领导方面，每年年初由中共湖北省委常委会会议审定批准省政协年度协商工作计划，保证政协履职与党委、政府工作的有效衔接，使政协各项工作在党委领导下有效开展。比如，推进协商民主建设方面，省政协创新了界别协商形式，今年计划召开 10 次界别协商座谈会，近 30 个界别的 300 多名省政协委员将参加协商讨论，省政协平均每月都有 1—2 次协商活动，增加了协商密度；省政协探索开展立法协商工作，今年首次就《湖北省价格条例（草案）》召开常委专题协商会。不少基层政协开门协商，邀请有关方面的代表人士和专家学者列席政协会议，扩大协商的参与面。比如，加强民主监督方面，除了重视发挥协商会议、视察、提案、建议案、专题调研、大会发言、反映社情民意信息、委员举报等在民主监督中的作用外，省政协还组建民主监督组开展专题民主监督工作，许多基层政协积极探索民主评议、委派民主监督员等民主监督新形式新途径，开展专题性、经常性、集中性的民主监督，增加监督工作力度。比如，加强政协自身建设方面，省政协制定出台《关于加强委员履职能力建设的意见（试行）》，就委员履职服务与管理，完善联系委员制度和委员履职考评、动态管理等机制，加强委员学习培训、知情明政工作，搭建委员调研视察、协商议政的平台等方面作出相应规定，及时调整不称职的委员，调动委员履职尽责的积极性，充分发挥委员主体作用。经过多年发展，省政协已建立了一套较为完整的制度体系，我们要很好地运用、传承。这些创新实践为政协理论研究提供了丰富的素材。同时，社会在发展，事业在进步，形势在变化，我们要根据新形势新任务新要求，不断创新政协工作的制度机制，这方面也迫切需要政协理论的指导和支持。

二、进一步明确人民政协理论研究的重点任务

深入推进政协协商民主建设研究。目前，协商民主方面需要进一步探讨和厘清的理论和实践问题不少，并不是都研究透彻了，同时实践的发展也亟需理论研究的引领和指导。作为政协理论工作者和实际工作者，要深入推进协商民主重要理论和实践问题的研究，我认为需要重点把握好以下几个关键环节：第一，要认真学习习近平总书记系列重要讲话精神、中共中央关于社会主义协商民主建设的战略决策以及省委关于人民政协工作的部署安排，真正学懂学深，吃透精神实质。第二，要积极开展对中央关于协商民主

和人民政协工作重大方针政策的理论阐释和宣传解读。比如，中央提出了“人民政协是社会主义协商民主重要渠道和专门协商机构”的重要思想，应深刻认识协商民主是可以充分体现政协三大性质、承载三大职能、融汇两大主题的全局性制度安排，深刻认识在“四大家”中，只有政协是“专门”、“专一”从事协商民主的，政协是社会主义协商民主的专门机构。要围绕发挥政协协商民主的独特优势、完善与“专门协商机构”相适应的程序和机制等问题，积极开展理论阐释和宣传。第三，要在实践层面推动政协协商民主工作和制度创新，形成新的、值得推广的成熟经验和做法。比如，习近平总书记讲话和中央文件中都提出，要坚持协商于决策之前和决策实施之中，如何贯彻这一指示精神，进一步提高协商成效，要深入探索和研究，形成操作性强的具体经验和做法。第四，要及时总结提升政协协商民主的实践经验，促进政协理论研究的创新发展，以理论研究的新成果反过来指导和推动人民政协工作。在实践中，不少基层政协探索政协协商与其他协商渠道有效衔接的方法途径，充分发挥协商民主的作用；有的政协积极参与立法协商，在一些法律草案的起草、审定工作中积极建言献策，较好发挥了政协在立法协商中的作用等等，要进一步加强对这些实践经验的总结。工作中的坚定取决于理论上的清醒。只有把这些问题研究清楚了，不断增强政协协商民主研究的针对性、前瞻性和指导性，才能对政协协商民主建设起到支撑作用。

深入推进政协履职能力现代化建设研究。习近平总书记在庆祝人民政协成立65周年大会上的讲话中指出，人民政协要适应全面深化改革的要求，以改革思维、创新理论、务实举措大力推进履职能力建设。俞正声主席在全国政协十二届二次会议上强调指出，要把改革创新精神贯穿到政协履行职能的各方面和全过程，进一步改进履职方式、提高履职能力、增强履职实效，着力推进履职能力现代化建设。推进政协履职能力现代化建设，是适应政协协商民主建设和全面履行职能的迫切要求，意义十分重要。目前，全省各级政协组织在履职能力建设上，还存在一些与现实要求不相适应的地方，需要对政协履职能力现代化的目标、内涵、要求有更深刻的理解与更准确的把握，对履职能力中存在的具体问题有更深入的研究和探索。比如，如何坚持问题导向，深入调查研究，加强协商讨论，提高议政建言能力和水平。如何进一步调动委员履职的积极性，加强政协委员队伍建设，充分发挥委员在政协中的主体作用、在本职工作中的带头作用、在界别群众中的代表作用。如何有效发挥专委会的基础性作用、如何形成政协组织的履职合力、如何充分发挥政协机关的枢纽作用等。

深入推进更好发挥政协团结统战作用研究。今年召开的中央统战工作会议，深刻分析了统战工作面临的新形势，对统战工作中的重大问题进行了研究、部署。习近平总书记发表重要讲话，科学回答了新形势下需要不需要统一战线、需要什么样的统一战线以及怎样巩固和发展统一战线等重大问题，是指导统一战线事业发展的纲领性文献。俞正声主席多次强调，政协要准确把握中共中央关于新形势下巩固发展爱国统一战线的决策部署，更好地发挥政协的团结统战作用。对此，政协理论工作者要深入学习贯彻，认真开展相关研究。要研究政协统战工作的主要任务。统战工作就是毛泽东同志所讲的，把朋友搞得多多的，把敌人搞得少少的。当前，要深入研究如何发挥人民政协的独特优势，不断巩固共同思想政治基础，团结一切可以团结的力量，调动一切可以调动的积极因素，进一步巩固爱国统一战线，为实现“两个一百年”奋斗目标和中华民族伟大复兴中国梦而共同奋斗。要研究政协统战工作的主题。我们党领导的统一战线已发展成为全体社会主义劳动者、社会主义事业建设者、拥护社会主义爱国者、拥护祖国统一和致力于中华民族伟大复兴爱国者的广泛联盟。这不仅是对统一战线性质的重要完善，也是对统战工作范围的重要拓展。人民政协是中国人民爱国统一战线的组织，我们要根据中央关于统一战线工作的最新指示精神，围绕大团结大联合这个永恒主题，深入研究如何加强政协与各党派团体和各界人士的联系沟通，做好团结联谊工作，特别是要把新的社会群体及时纳入工作视野，拓宽团结联合的覆盖面，不断把各种力量聚拢到党的周围，调动积极因素，化解消极因素，切实发挥协调关系、汇聚力量，化解矛盾、凝聚人心的作用。要研究政协统战工作的主要平台。省委《决定》指出：“发挥政协全体会议、常委会议以及视察、调研等平台作用，促进参加政协的各族各界人士在协商议政中合作共事。”要认真研究如何贯彻好《决定》中这一部署安排。要研究政协统战工作的主要方法。如何正确处理一致性与多样性的关系，在坚持一致性中尊重多样性，在包容多样性中寻求一致性，求同存异、体谅包容，民主协商、平等议事，支持委员在政协这个平台上表达自己的真实意见，寻求最大公约数，更好凝聚湖北改革发展稳定的正能量。

深入推进政协民主监督工作研究。习近平总书记在庆祝人民政协成立65周年大会上的讲话中指出，要加强人民政协民主监督，完善民主监督的组织领导、权益保障、知情反馈、沟通协调机制。俞正声主席在全国政协十二届八次常委会的讲话中提出，要在民主监督上有新突破。不少人认为，民主监督作为人民政协三大职能之一，一直是政协履职中的一个短板。在工作中存在不愿、不敢、不会监督的问题，在政协组织层面，则存在监督形式不多、监督方法不活、监督效果不理想等问题。政协民主监督工作亟需理论的支撑和指导。当前，政协民主监督理论研究需要更多关注以下理论和实践问题：政协民主监督的特点和内涵是什么？要进一步探讨政协民主监督的任务、形式和要求，政协民主监督与其它监督的区别和联系，加强政协民主监督与法律监督、司法监督、舆论监督等其它监督之间的配合，形成监督合力。如何创新政协民主监督的手段、形式？有的基层政协成立了专项民主监督组，有的开展民主评议，有的委派民主监督员，在民主监督的形式方法上积累了一些好的经验做法，可进一步加强总结提升和理论探索。还应加强对政协民主监督制度机制建设的研究，推进民主监督制度化、规范化、程序化，让“软监督”硬起来，等等。

三、正确把握理论研究工作的几个重要方面

坚持正确政治方向。当前人民政协理论研究非常活跃，围绕人民政协事业发展的方方面面，各种研究视角、理论观点、探索争鸣层出不穷，但任何研究都要有一个前提，那就是必须确保正确的政治方向。最根本的就是，坚持中国特色社会主义方向。人民政协理论研究坚持中国特色社会主义方向，就是要坚持中国特色社会主义道路、中国特色社会主义理论体系、中国特色社会主义制度，坚定不移地走中国特色社会主义政治发展道路。要准确把握好三个方面：一是坚持中国共产党的领导。要坚决贯彻执行党的路线方针政策和决策部署，做好理论武装和思想政治工作，努力把党的指导思想和党的主张

转化成为参加人民政协各党派团体和各族各界人士的思想政治共识，有效实现党的政治领导、思想领导和组织领导。二是准确把握人民政协的性质定位。中央反复强调，政协不是权力机关，但决不是不重要或发挥不了作用。政协作为我国政治体制的重要组成部分，有很高的政治地位、很大的话语权和社会影响力，其重要作用不可替代，政协开展的任何工作都要基于这一定位。三是认真贯彻“围绕中心，服务大局”的基本原则。政协履职要紧紧围绕中心、服务大局，与党中央和省委同频共振，自觉把政协工作纳入党委工作总体格局，紧紧围绕党委政府中心工作、经济社会发展重大问题和涉及群众切身利益的实际问题开展工作，争取党委给政协出题目、交任务，切实做到党委、政府工作推进到哪里，人民政协的工作就跟进到哪里、力量就汇聚到哪里。

勇于开拓创新。人民政协理论研究要努力追赶时代进步、实践发展的步伐，努力适应形势发展的需要。一是要提升理论层次。近年来，全省各地政协在政协工作的不少方面进行了有益探索，积累了丰富经验，亟需理论总结和提升。目前，我们的理论研究工作要克服就事论事多、理论思辨少，现象罗列多、规律总结少等问题，切实提高理论抽象、概括的能力，善于站在理论的高度提炼工作规律、看待工作中的利弊得失，为现实工作提供理念和方法上的指导。二是要加强理论创新。虽然目前有关政协工作的理论文章很多，但具有独创性视角和观点的较少。能紧密联系实际、切实解决政协工作中重难点问题的理论成果还不多。希望大家大胆探索，勇于创新，增强政协理论研究的科学性和针对性，努力提升政协理论研究的影响力，突显政协理论研究的中国特色和中国气派。三是要形成我省研究特色。我省是科教大省，社会科学的研究实力在全国都是靠前的，为政协理论研究提供了大批理论研究人才。同时，我省人民政协理论研究起步早，造就了一批具有较高政策水平和丰富实践经验的政协实际工作者。我们要充分发挥这种人才优势，在贯彻落实中央有关大政方针的基础上勇于探索，努力形成我省在政协理论研究方面的特色，培养在全国叫得响的政协理论研究“大家”，把我省政协理论研究打造成为在全国有影响力的品牌。

注重形成研究合力。目前，我省政协理论研究已形成了大专院校、科研院所和党校、社会主义学院的专家学者，政协系统的实际工作者以及政协委员等三支过硬的研究队伍。要增强理论研究效果，既要注重培养具有理论造诣和建树的大学者、大专家，也要调动全省各方面理论研究力量，建立协同研究的制度机制，形成政协理论研究的合力。一是要围绕重点课题组织联合攻关。精选课题，围绕人民政协事业发展中的重大理论和实际问题，积极开展联合攻关。上下级政协组织就政协事业发展中的共性问题一起开展调研，一起进行分析论证，有利于把问题找准，把各种情况分析透，对于提高政协理论研究质量具有重要意义。省政协就经济社会发展重要问题的协商议政实行系统联动的工作机制，取得了很好的效果。在政协理论研究中，我们也要建立健全上下联动机制，就政协工作的共性问题，联合开展调查研究，切实提高研究质量。二是要发挥各自优势，加强理论与实际的结合。将大专院校、科研院所从事政治理论方面的研究机构和专家学者，与政协系统的实际工作者有机结合起来，既发挥专家学者理论修养深厚的优势，又能利用好政协实际工作者精通政协业务的长处，做到理论联系实际，切实增强政协理论研究的针对性、理论性和指导性。三是要充分发挥各级政协理论研究会的作用。各级政协理论研究会要在政协理论研究中充分发挥组织、带头、引领、示范作用，既当好政协理论研究的组织者，也当好政协理论研究的参与者；既组织大家来研究，也积极带头研究，为政协理论研究搭建更多、更好的平台。我省有一批在全国知名度很高的理论研究“大家”，要充分发挥好这批专家的作用。同时，不少从事政协工作的领导，既是政协工作的负责人，又是政协理论研究的骨干。政协研究室系统聚集了一批专门人才，既是政协实际工作者，又是政协理论工作者。理论研究会要加强组织领导，发挥汇聚人才、培养人才、形成合力、提升质量的作用，不断推动政协理论研究取得新成果，迈上新台阶。

当前，人民政协理论研究面临着很好的形势。希望全省广大政协理论研究工作者切实增强责任感使命感，养成勤于思考、善于研究的习惯，不断提高理论素养，求真务实，开拓创新，多出成果，以政协理论研究的新成就推动全省人民政协事业不断取得新的发展。

在全省统一战线坚持和发展中国特色社会主义学习实践活动经验交流暨中期推动会上的发言

（2015 年 11 月 5 日）

郑心穗

坚持和发展中国特色社会主义学习实践活动开展以来，民革湖北省委会在民革中央和中共湖北省委的领导下，在省委统战部的支持下，民革全省各级组织和广大成员认真学习、深入实践，学习实践活动取得阶段性成果。

一、扎实开展学习实践活动

（一）加强组织领导，认真动员部署。为切实组织好学习实践活动，民革湖北省委会成立了学习实践活动领导小组，由主委任组长，副主委任副组长。民革湖北省委会下发了《关于开展坚持和发展中国特色社会主义学习实践活动的决定》，经过认真研究，制定了《民革湖北省委会学习实践活动工作方案》。召开了全省民革学习实践活动动员会，及时传达学习了省委书记李鸿忠同志在全省统一战线开展学习实践活动动员大会上的讲话精神，邀请民革中央副主席何丕洁作了题为《坚持和发展中国特色社会主义学习实践活动》的专题报告，民革省委委员和直属总支、支部主委，民革党员中的省人大代表、省政协委员，民革各市州委员会专干及总支、支部负责人共 150 余人参加会议。会后，各市州也相继召开了动员大会，并成立领导小组。同时，我们通过全委会、常委会、主委会等各类会议及时总结、部署学习实践活动，并将学习实践活动列入目标考核内容。

（二）强化学习教育，夯实政治思想基础。按照全省民革党员比例，下发 300 余份

《民革党员思想状况调查问卷》，这项调查活动为省委会掌握基层组织情况和思想状况提供了第一手资料，增强活动针对性。省委会将学习实践活动纳入《民革中心组学习计划》和《民革省委会机关学习计划》，发放《湖北省统一战线开展学习实践活动资料汇编》700余册，保证骨干党员人手一册。我们将学习实践活动与贯彻落实中央和省委精神结合起来，组织和参加了各类以学习实践活动为主题的学习班，学习培训受益全体骨干党员。活动开展以来，我们始终坚持把自觉接受中国共产党的领导，坚持中国特色社会主义制度，弘扬民革优良传统，夯实共同政治思想基础贯穿学习实践活动始终。

（三）扎实开展丰富多彩的活动，汇聚正能量。为保证学习实践活动有阵地、有舞台，体现民革特色，民革省委会重点抓好5大项14小项学习实践活动载体，让学习实践活动不走形式，力求实效。组织开展民革前辈史料抢救性采集工作，收集10名抗战老兵史料。开展观故居、走多党合作之路主题教育活动。组织“博爱—牵手”活动，全省民革组织共开展活动120余次。结合抗战胜利70周年，开展“民族魂，中国梦”纪念抗战胜利70周年书画展。组织开展坚持和发展中国特色社会主义“亲历者赞”、“捍卫者说”、“实践者行”活动。开展“同心共筑中国梦”主题演讲、诗词、征文等活动。组织学习实践活动十佳党员评比表彰，对在学习实践活动中表现突出的党员，进行深度报道。

（四）积极参政议政，服务湖北改革发展。学习实践活动开展以来，我们深入调研，参加了中共省委“双月座谈会”、“民主协商会”、“征求意见会”、“情况通报会”以及省政协常委专题协商会等会议近30次，结合湖北经济发展中的重大问题，民革湖北省委会在省委、省政府的支持下，向民革中央报送《关于军民深度融合产业发展的建议》、《关于建设中国内陆（湖北）自由贸易试验区的建议》、《关于推进三峡经济枢纽区的建议》，提请民革中央就有关课题开展了联合调研。民革中央常务副主席齐续春将军民深度融合产业发展的建议在党中央召开的座谈会上汇报，得到习近平总书记的肯定。省委会集体提案《关于合力打造长江黄金水道，推进长江中游水运发展的建议》为省长亲自督办。省长对民革省委会《关于我省下半年经济工作的对策建议专报》作出批示。省委会上报社情民意信息151篇，被全国政协采用3篇，中央统战部采用9篇，省委领导批示1篇，省政协采用72篇。

（五）开展达标创优活动，加强自身建设。省委会在学习实践活动中以开展支部“达标创优”工作为抓手，大力推动基层组织建设，基层组织的凝聚力和战斗力不断增强。经过一年多的创建，共有29个基层组织获得优秀支部称号，“达标创优”工作得到民革中央的充分肯定。我们认真贯彻落实《中共中央关于加强新形势下党外代表人士队伍建设的意见》精神，建立健全后备干部的选拔、培养、使用、管理机制。通过学习实践活动，民革全省“五种能力”不断增强，思想建设、组织建设自身建设不断提高。

二、下阶段工作打算

下一步，我们将按照民革中央和中共省委的要求和部署，以这次学习实践活动总结推进会为契机，深入抓好学习教育、主题实践等重点，认真做好民革各项工作，让学习实践活动入脑、入心，推动民革履职能力的提高。

一是把学习贯彻中共十八届五中全会精神、中央统战工作会议和《条例》精神作为学习实践活动的重要载体。

二是紧紧围绕“四个全面”战略布局在湖北实施以及“十三五”规划开局之年做好参政议政工作，为湖北改革发展凝聚人心、凝聚力量。

三是不断加强自身建设，不断巩固坚持中国共产党领导，与中国共产党亲密合作的共同思想基础，推进民革在多党合作中发挥更大作用。

在提案办理回头问效督办检查汇报会上的讲话

（2015 年 11 月 10 日）

陈天会

同志们：

对往年未办结提案开展回头问效督办检查，是提案办理工作的延续和深化，是今年省政协的一项重要工作。这次检查的主要任务是：对十一届省政协前两年（即 2013 年和 2014 年）各承办单位未办结的 B 类、C 类提案开展跟踪督办，推动提案所提建议的采纳和落实。据统计，2013 年和 2014 年省政协共立案提案 1638 件，经当年办理后反馈的 B 类、C 类提案 1049 件，占提案总数的 64%。推动往年未办结提案的办理落实，对提高提案办理实效、发挥提案在政协履职中的积极作用具有重要意义。

这次对往年未办结提案开展回头问效督办检查是系列活动，分为组织发动、清理自查、督办抽查、情况通报四个阶段进行。前期，省政协下发了通知，各承办单位进行了清理自查和跟踪办理，并向省政协上报了《自查情况报告》和《往年未办结提案跟踪办理情况表》。今天的督办检查汇报会是该系列活动的重要环节。今天汇报的单位都是提案办理大户，也都是提案办理工作的先进单位。今天的汇报会既是督办检查，更是经验交流。从汇报情况来看，各单位对往年未办结提案跟踪办理工作高度重视，行动迅速，成效显著，通过跟踪办理，推动了一批建议的落实和问题的解决。对因政策原因和客观条件发生重大变化，提案所提建议无法解决或一时难以解决的，各承办单位都向提案者给予了坦诚、详细的解释说明，取得了提案者的谅解。各单位还汇报了今年的提案办理工作情况，也是各有特色，省发改委提出“四个结合”，省国土资源厅提出“一提高三强化”，省住建厅提出“回头看要逐件自查督办、加强协调配合、及时说明反馈”，省交通运输厅提出“加强组织领导是关键、完善制度机制是重点、提高工作实效是目标”，省农业厅提出“健全三项制度、抓好三个环节、坚持三个结合”。各单位的经验概括起来包括：提高认识是前提，加强领导是关键，推动建议落实是目的，完善办理机制制度是保障，充分沟通协商是关键环节，创新办理办法是持续动力，实行目标责任考核是重要手段，提案信息管理系统是有效平台。这些经验值得总结推广。提案者代表与承办单位沟通交流后，普遍认为各承办单位沟通主动、办理到位、反馈及时。在提案委组织的对委员的查访过程中，很多委员提到，没想到承办单位对两年前的提案还在关注、还在征求意见，非常感谢承办单位付出的努力！在此，我代表省政协和广大政协委员，对各承办单位表示衷心的感谢！

另一方面，我们也要看到，还有少数单位的提案办理情况不理想，认识不够到位，领导不够重视，承办人员责任心不强，沟通不及时、不充分，重答复、轻落实，满足于文来文往、答复了事，导致落实的效果不明显，提案的作用难以发挥。随着我国社会主义民主政治建设的不断推进和人民政协事业的蓬勃发展，广大政协委员和各党派、各人民团体以及政协各专门委员会的参政议政意识不断增强，提案数量逐年增加、质量稳步提高，提案办理的任务将越来越重。对如何与时俱进做好提案办理工作，我讲几点意见：

一、提高认识，增强做好提案办理工作的责任感。提案是人民政协履行政治协商、民主监督、参政议政职能的重要形式，办理好政协提案是各级党政机关的重要职责和政治任务。对承办单位来说，提案办理工作是协商民主的重要手段，是科学决策的重要参考，是履行职能的重要内容，是创新工作的重要突破口，是拓宽工作思路的重要措施，是联系群众的重要渠道，是改进作风的重要体现。承办单位要充分认识到，提案不是负担而是对工作的帮助，不是找麻烦而是对工作的推动，要在思想上更加重视，态度上更加积极，行动上更加有效。

二、注重落实，积极采纳提案的合理建议。提案办理是提案工作的关键，采纳落实是提案办理的目的。凡是有条件解决的，承办单位应集中力量尽快解决；因条件所限一时难以解决的，应制定计划，积极创造条件逐步解决，并及时将进展情况向提案者反馈。既重视提案所提个案问题的解决，又注重以点带面，举一反三，通过深化改革、完善机制，促进面上共性问题的解决。尤其是对委员普遍反映的情况和反复提出的问题，要从制度上、政策上找原因，标本兼治解决问题。承办单位要认真梳理委员反映的问题，加强对提案内容的分析研究，认真采纳合理的意见和建议，制定改进工作的具体措施，自觉把提案办理同中心工作结合起来，做到同部署、同落实，两不误、两促进。

三、创新方式，推动提案办理工作常抓常新。提案办理工作要常抓常新，离不开创新二字。传统的好做法我们要坚持，同时，也要与时俱进推动提案办理工作创新。比如：通过对同类提案集中办理，提高办理效率；通过对重点提案重点办理，发挥示范带动作用；通过对难点提案开展调研办理，在实践中寻求解决问题的办法；通过对反映问题类提案现场办理，现场解决问题；通过对往年未办结提案跟踪办理，取信于政协委员。

四、加强沟通，将协商理念贯穿于提案办理始终。承办单位要把沟通协商作为政协提案办理工作的必要环节，根据提案办理实际，主动加强与提案者的沟通，采取登门走访、电话联系、面商座谈、共同调研等方式，邀请提案者参与办理工作，认真听取意见和建议，共同探讨解决问题的办法，做到“办理前联系、办理中征求意见、办理后跟踪回访”。主办、会办单位要加强协调配合，主办单位要主动协商，会办单位要认真落实各自负责的会办事项，密切配合开展提案办理工作。政协提案委要做好协商服务工作，搭建协商平台。

在检查荆州市“六五”普法依法治理工作时的讲话

（2015 年 11 月 13 日）

刘善桥

同志们：

最近几天，我们实地查看了松滋市、公安县、荆州市中级人民法院、荆州市烟草专卖局以及一些基层单位、乡镇的普法依法治理情况，刚才我们也观看了荆州市的“六五”普法成果展，杨智同志代表荆州市委、市政府做了一个很好的工作报告，充分总结了荆州市这几年在推进法治建设、开展普法依法治理上做的工作，给我们检查组一行留下了深刻的印象。

“六五”普法规划实施以来，特别是党的十八届四中全会和省委十届五次全会以来，荆州市围绕省委工作大局，深入开展法治宣传教育，扎实推进依法治理，取得了优异的成绩，为全面推进法治湖北建设积累了丰富的经验，为“建成支点、走在前列”提供了有力的法治保障，为实现“四个全面”战略布局迈出了坚实的一步。

刚才，仁真同志代表检查组对荆州市的普法依法治理工作反馈了意见，希望大家对照反馈意见进一步抓好法治建设和普法宣传工作。下面我就当前做好普法依法治理工作讲三点意见。

一、提高思想认识，高度重视普法依法治理工作

党的十八届四中全会明确提出，坚持把全民普法和守法作为依法治国长期基础性工作。从全面推进依法治国的战略高度，深刻阐述了新时期普法依法治理工作在推进依法治国中的基础地位和长期的战略任务，各级党委要进一步提高思想认识，高度重视普法依法治理工作。

一是要坚持党委统一领导。坚持党的领导，是社会主义法治的根本要求，是党和国家的根本所在、命脉所在，是全国各族人民的利益所系、幸福所系，是全面推进依法治国的题中应有之义。所以我们在开展普法依法治理工作过程中，各级党委要充分发挥总揽全局、协调各方、统筹普法依法治理各领域的领导核心作用，进一步加强和改善对普法依法治理工作的领导，不断提高领导普法依法治理工作的能力和水平。省委将普法依法治理工作直接纳入到省委法治湖北建设领导小组，省普法工作办公室设在省司法厅，就是为了进一步加强和改善对普法依法治理工作的领导。

二是领导干部要做好表率。党员领导干部是党的事业的组织者、推动者和落实者，是“关键少数”。全面推进依法治国，必须牢牢抓住“关键少数”这个“牛鼻子”。党领导立法、保证执法、支持司法、带头守法，主要靠各级“关键少数”组织领导和层层推

动。各级“关键少数”是重大问题的决策者、组织者和实践者。地位越高，职位越大，其行为给党和国家造成的影响就越大。要通过学法和法治教育进一步促进“关键少数”形成法治思维，用法治的头脑思考问题、分析问题，用法治的方式解决问题，推动工作。以尊崇法治的表率作用，在全面推进法治湖北建设中发挥先锋模范和示范引领作用。

二、坚持多措并举，增强法治宣传教育工作实效

十八届四中全会《决定》明确提出，深入开展法治宣传教育。各级党委政府要加强领导，各部门、各级组织要发挥组织、动员社会力量广泛参与，通过全面开展法治宣传教育，着力推进科学立法、严格执法、公正司法、全民守法。

一是健全普法宣传机制。法治宣传教育是一项系统工程，必须健全理顺工作体制机制。第一要进一步完善党委领导、人大监督、政府实施、政协支持、部门联动、社会参与的领导体制和工作机制，充分发挥宣传、文化、教育部门和人民团体在法治宣传教育中的职能作用。第二要将普法依法治理工作纳入社会治安综合治理、精神文明创建考核内容，扩大法治宣传教育的深度和广度。第三要建立国家机关“谁主管、谁普法，谁执法、谁普法”责任制，落实好各部门行业及社会单位的普法责任，在执法司法实践中广泛开展以案释法和警示教育。

二是抓住普法宣传重点。大力推动法治宣传教育与各个领域、各个层面工作深度融合，厚植法治建设社会根基。一是大力推进法律进机关。要将宪法和法律学习纳入各级党委（组）理论学习中心组的重要内容，纳入各级党校、行政学院主体班次学习培训内容，开办领导干部学法用法专题培训班。二是大力推进法律进校园。青少年是祖国的未来，人类的希望，要进一步加大法律进学校宣传力度，教育引导学生知法守法，从源头上提高法制宣传工作的针对性。三是大力推进法律进企业。通过举办培训班、专题辅导、讲座、交流研讨会等形式，提高企业经营管理人员法律素质。四是大力推进法律进乡村（社区）。着力引导农（居）民依法妥善处理各种利益纠纷。

三是积极搭建普法宣传平台。建设载体阵地是增强普法宣传实效性的重要途径。要善于利用公共活动场所开展普法宣传，推动法治宣传教育向公共场所的广泛覆盖，因地制宜建设法治宣传橱窗、法治广场、法治公园等，让法治融入人民群众公共生活。要善于运用大众传媒开展法治宣传教育，充分发挥广播、电视等传统媒体的优势，注重新媒体新技术的运用，加强普法网站建设，更好地运用微信、微博、客户端开展普法活动，把新媒体建成法治宣传教育的重要平台。

三、注重统筹兼顾，着力提高社会治理法治化水平

十八届四中全会《决定》提出推进法治社会建设的重大任务，强调推进多层次多领域依法治理，提高社会治理法治化水平。这是对多年来我国依法治理经验的总结，反映了我们党对社会治理和依法治国规律性认识的深化。

一是要健全组织机构。基层组织、部门和行业是社会的重要组成单元，在社会治理中具有重要地位。要深入推进基层组织和部门、行业等多领域依法治理，必须进一步建立健全基层、部门和行业组织机构。要健全完善村（居）群众自治组织，推进村民委员

会、居民委员会依照法律和章程自主管理村（居）事务；要健全完善部门行业依法治理组织机构，大力推动各级政府部门和各行业普遍开展依法治理，实现依法治理对部门行业的全面覆盖，促进各级政府部门依法行政。

二是要创新工作方法。要立足实际，根据不同类型社会主体的性质、功能和特点，制定符合实际、特色鲜明的依法治理目标和实施方案，分类指导、务求实效。通过专家访、人物谈、剖析典型案例、答疑释义，加深干部群众对法律法规的理解和运用。要充分利用城市广场、公交车电子显示屏播放法治标语、漫画，在机关单位建法治文化墙等等多种形式，真正让法治文化深入百姓生活。

三是要强化工作措施。对于行政区域，要着眼于法律全面实施，推进区域社会治理的制度化、法治化，规范公共权力行使，保障公民权利；对于市场主体，要着眼于建立现代企业制度，完善法人治理结构，促进依法经营、重信守诺；对于村（居）基层组织，要着眼于推进基层民主法治建设，完善村（居）民自治制度和机制，促进民主管理、依法自治；对于社会组织，要着眼于规范行为、激发活力，完善内部治理机制、强化自律功能。

同志们，深入开展普法依法治理工作，全面推进法治湖北建设，任务艰巨、责任重大。让我们大家共同努力，按照“四个全面”战略布局，以时不我待的使命感和紧迫感，在“六五”普法依法治理坚实的基础上，积极谋划好“七五”普法依法治理工作，真抓实干，推进法治湖北建设走在全国前列！

在省政协十一届十一次常委会议上的讲话

（2015 年 12 月 2 日）

杨　松

各位常委、同志们：

省政协十一届十一次常委会议已经完成各项议程，就要闭幕了。这次会议的主要议题是，“学习贯彻中共十八届五中全会精神”和“学习贯彻省委政协工作会议精神，推进政协协商民主建设”。常委会组成人员围绕会议议题，进行了大会发言和分组讨论，提出了许多很好的意见和建议。会议还修订通过了《政协湖北省委员会全体会议工作规则》等 3 个制度性文件，这是贯彻落实省委政协工作会议精神、加强省政协协商民主制度建设的重要举措。利用这个机会，我讲三点意见，与大家共同研究。

一、深入学习贯彻中共十八届五中全会精神

“十三五”时期是全面建成小康社会、实现第一个百年奋斗目标的决胜阶段。中共

十八届五中全会专门研究“十三五”规划问题并提出建议，对坚持和发展中国特色社会主义，实现“两个一百年”奋斗目标和中华民族伟大复兴的中国梦，具有十分重大的意义。深入学习贯彻中共十八届五中全会精神，把思想和行动统一到中共中央的决策部署上来，是当前和今后一个时期全省各级政协组织和广大政协委员首要的政治任务。

学习贯彻全会精神，要领会好全会的精神实质。一是要深刻理解和把握“十三五”时期我国发展面临的形势。“十三五”时期，我国发展仍处于可以大有作为的重要战略机遇期，但战略机遇期的内涵已由原来加快发展速度的机遇转变为加快经济发展方式转变的机遇，由原来规模快速扩张的机遇转变为提高发展质量和效益的机遇。同时，我国发展也面临许多矛盾叠加、风险隐患增多的严峻挑战。必须准确把握战略机遇期内涵的深刻变化，更加有效地应对各种风险和挑战，继续集中力量把自己的事情办好，不断开拓发展的新境界。二是要深刻理解“十三五”时期发展的指导思想和必须遵循的六条原则。《建议》说得很明确，这里不再重复。三是要深刻理解和把握“十三五”时期新的发展目标要求。《建议》提出了五条新的目标要求。需要明确的是，这些目标要求是对全国的要求，各地不可能整齐划一，比如“两个翻番”，不是说各地人均国内生产总值、人均可支配收入等都要达到全国平均水平，才算是实现了全面小康。同时，中央强调，进入全面建成小康社会的决胜阶段，不是要搞新一轮“大干快上”，不能靠粗放型发展方式、靠强力刺激、靠抬升速度实现“两个翻番”。四是要深刻理解和把握“十三五”时期的发展理念。《建议》明确提出要坚持创新、协调、绿色、开放、共享的发展理念。创新发展，注重解决发展动力问题；协调发展，注重解决发展不平衡问题；绿色发展，注重解决人与自然和谐问题；开放发展，注重解决发展内外联动问题；共享发展，注重解决社会公平正义问题。这五大发展理念是在深刻总结国内外发展经验教训的基础上形成的，也是在深刻分析国内外发展大势的基础上形成的，集中反映了中国共产党对经济社会发展规律认识的深化，也是针对我国发展中的突出矛盾和问题提出来的。

学习贯彻全会精神，要结合湖北实际，为我省“十三五”规划纲要制定实施献计出力。这里面可供我们研究的问题很多，以下几个大的问题要引起我们的重视。

第一，深刻认识社会主义初级阶段基本国情和基本省情。我国仍处在并将长期处在社会主义初级阶段，基本国情和社会主要矛盾没有变，这是我们谋划发展的基本依据。我国生产水平跟发达国家有很大的差距。比如，国产大飞机是中国自主创新的重大成果，但航电系统的关键软件是美国的；重型燃气轮机，日本能生产出来，而我国技术还不成熟；集成电路装备，日本也比我们做得好。中央财政收入在“十三五”时期不可能有高速增长，这就使我国人均收入、公共服务水平的提高受到限制。我国的国民素质、干部作风，也还有很多不适应的地方。这些都是基本国情，湖北的情况也是这样。政协委员为我省“十三五”规划制定建言献策，要高度重视基本国情和基本省情。要充分认识到，很多事情需要长期的努力，必须保持战略定力，抵御各种急于求成的思想，坚韧不拔地克服困难，一步一步迈向宏伟目标。

第二，准确把握经济发展新常态下我省阶段性的特征。俞正声主席指出，新常态下的经济发展要减少四个依赖。一是减少对投资的依赖。现在一方面要千方百计增加投资，但又要看到，新常态下固定资产投资大幅增加的可能性在下降，而且投资特别是有效固定资产投资对经济拉动的机会在减少，效率在下降。过去经济增长主要靠投资、消费和出口“三驾马车”。前不久召开的中央财经领导小组第十一次会议提出，推进经济结构性改革，在适度扩大总需求的同时，着力加强供给侧结构性改革，着力提高供给体系质量和效率，增强经济持续增长动力，这是中央为推动经济发展作出的重大政策调整。下一步省政协和省政协委员应注重研究如何在中央大的经济政策环境下，激发我省企业活力、发挥市场机制作用。二是减少对重化工业的依赖。重化工业投资机会和投资效率正在发生变化，钢铁、水泥、煤炭等产能出现过剩，靠工业特别是重化工业简单扩大规模、取得经济增长的可能性在减少。三是减少对劳动密集型加工业的依赖。因为工资成本、社保成本的上升，劳动密集型加工业的投资热情、出口的增速都会有较大下降。四是减少对房地产业的依赖。同时，“十三五”时期我国增长的有利条件也很多。比如，人民收入的较快增长带来了需求的巨大变化，特别是中产阶级对中高端消费品的需求急剧上升，中高端市场的饥渴为实体经济提供了巨大机遇，也为创新创业提供了动力源泉。此外，我国经济实力的增强为创新提供了强大的支撑，教育的迅速发展为经济转型升级提供了有效的人才支撑，财政收入总量的扩张为财政支出更精准地用于补短板提供了可能。政协委员要准确把握我省经济新常态下的新趋势新特点，加强对事关湖北全局的重大问题的调查研究，使我省“十三五”规划更具科学性和前瞻性。

第三，坚持把提高发展质量和效益放在核心位置。《建议》把转型升级放在核心地位，坚持以提高发展质量和效益为中心，这在中央历次五年规划建议中是不多见的。强调质量和效益，就是要做到投资有效益，产品有市场，企业有利润，员工有收入，政府有税收。核心是企业要有效益，企业没有效益，员工就没有收入，政府就没有税收，银行就会出现大量坏账，创新就成为空谈。经过多年的经济高速增长，我国整体经济实力和综合国力上了一个大台阶，也积累了许多矛盾和问题，尤为突出的是产能过剩，这是当前影响企业效益的关键。当前，采取果断措施化解产能过剩是唯一正确的选择。“十三五”时期，如果不注重转方式调结构，只是为短期经济增长实行刺激政策，必然会继续透支未来的增长。面对传统经济发展方式积累的矛盾和问题，如果一直迟疑和等待，不仅会丧失窗口期的宝贵机遇，而且还会耗尽改革开放以来积累下来的宝贵资源。比如，现在一些“僵尸”企业在破产、倒闭、兼并重组和转产中，最大的障碍不是企业本身，而是政府没有彻底实行转型升级，错失了重要机遇。还有一些地方政府采取临时性救济措施，掩盖了企业困境和突出矛盾，使很多企业处在隐形的极度困难期。一旦这些矛盾暴露，会产生巨大的社会震动、造成更大的损失。这是非常需要关注的问题。政协委员应该多研究我省企业效益问题，研究化解产能过剩的措施和办法，帮助和支持政府克服困难，帮助和支持企业克难向前。

第四，补齐全面建成小康社会的短板。“十三五”规划是建成全面小康社会的收官规划。全面建成小康社会不仅要建成小康，更重要的是要做到全面，必须紧紧咬住短板。其中，一部分农村人口的贫困问题是最突出的短板。“十三五”期间，我国7000万贫困人口要脱贫，贫困县要全部摘帽。最近召开的中央扶贫开发工作会议对此进行了全面部署。我省作为扶贫工作大省，有 37 个贫困县，4821 个贫困村，建档立卡的贫困人口有 590 万。要兑现率先在中部地区全面建成小康社会的承诺，时间异常紧迫、任务异常艰巨。从全国、全省来看，这些短板问题如果长期得不到解决，"木桶效应"就会越加显现，一系列社会矛盾就会不断加深。推动"十三五"时期经济社会发展，必须全力做好补齐短板这篇大文章。当然，对缩小城乡区域发展差距、实现农村贫困人口脱贫，要辩证地看，不能把缩小城乡区域发展差距，仅仅看作是缩小国内生产总值总量和增长速度的差距，而应该是缩小居民收入水平、基础设施建设水平、基本公共服务均等化水平、人民生活水平等方面的差距。政协委员应该围绕这些短板问题，发挥优势，深入调研，提出有价值的政策建议。前不久，省委、省政府召开了学习贯彻中央扶贫开发工作会议精神电视电话会议，进一步部署安排我省的脱贫攻坚工作。中央的目标是在"十三五"规划完成时，使全国 7000 万贫困人口摆脱绝对贫困。我省脱贫工作部署早，措施有力，成效较好，但在实际过程中还存在一些问题。一是如何动态掌握贫困人口底数，做到精准扶贫。广西壮族自治区制定了一个标准，用 74 项指标核定贫困户，这方面我们可以学习借鉴。二是地方各级如何科学制定脱贫时间表。在近期的调研中发现，部分县市、乡镇将脱贫期限定在 2017 年，甚至是 2016 年，这是不科学的，政协组织应充分关注这类问题，发挥好政协的民主监督作用。三是找准乡镇政协联络组的职能定位，补齐政协工作短板。现在，政协工作相对的短板是"三农"工作，我们对"三农"的宏观问题研究得比较多，对一些具体的问题研究得还不够，广大政协委员要在补齐脱贫攻坚短板方面发挥更大作用。

第五，着力增强风险防控能力和水平。"十三五"时期我国面临着诸多矛盾叠加的风险和隐患增多的挑战，这些风险和挑战既包括国内的经济、政治、意识形态、社会风险以及来自自然界的风险，也包括国际经济、政治、军事风险等。在经济高速增长时期，这些矛盾和风险往往被掩盖起来，而当经济速度放缓、下行压力加大，各类隐性风险就会显性化，风险之间还会相互传递，再加上国际政治经济因素的影响，互联网和新媒体的放大效应，各种敌对势力的渗透破坏和刻意滋事，我国面临的风险点将会增多、风险面将会增大。必须把防风险摆在突出位置，树立底线思维，居安思危、未雨绸缪，主动认识风险、及早发现风险、及时化解风险。坚持党的领导是防范和战胜风险的前提，及时发现、及早制定对策是风险防控的良药。目前，在防控风险方面最大的问题是预警机制不全，致使风险苗头没有被及时发现或没有引起足够的重视，这样发展下去会产生很多问题。政协委员要深入调查研究，建诤言、报实情，为省委、省政府防控风险当好参谋助手，为"十三五"规划纲要的顺利实施贡献力量。

二、进一步学习贯彻省委政协工作会议精神

中共湖北省委政协工作会议召开后，省政协采取一系列举措推进会议精神的贯彻落实。十一届十次常委会议对会议精神进行了传达学习，这次常委会议又集中进行学习贯彻。大家在讨论中就进一步贯彻落实省委政协工作会议精神，提出了很多很好的意见和建议，我认为，当前要在三个方面狠下功夫。

要在大力提高认识、统一思想上狠下功夫。中共十八大以来，以习近平同志为总书

记的党中央高度重视政协工作，从中国特色社会主义事业发展全局的高度，对政协工作提出了一系列新的重大思想观点和工作要求，思想深邃、内涵丰富、博大精深，是人民政协重要的思想理论成果和工作遵循。省委政协工作会议认真贯彻落实习近平总书记和中共中央关于加强政协工作的一系列重大决策，对当前和今后一个时期我省政协工作作出了具体安排部署。我们要把思想和行动统一到中共中央和省委对人民政协工作的决策部署上来，努力在提高认识、统一思想上狠下功夫。

一是要牢牢把握人民政协的性质定位。中央和省委对这个问题的态度始终是明确的、坚定的，就是中国不能搞两院制，不能把政协搞成一个权力机关。习近平总书记指出，人民政协是统一战线的组织，是多党合作和政治协商的机构，是人民民主的重要实现形式，体现了中国特色社会主义制度的鲜明特点，人民政协要在依照宪法法律和政协章程准确定位的基础上，大力推进自身各项工作和各项事业不断向前发展。省委政协工作会议对此进行了重申和强调。当然，人民政协不是权力机关，绝不是不重要或发挥不了作用，作为我国政治体制的重要组成部分，人民政协有着很高的政治地位、很大的话语权和社会影响力，具有不可替代的作用。

二是要牢牢把握人民政协的任务原则。做好新形势下的政协工作，是开展具有许多新的历史特点的伟大斗争的需要，是协调推进“四个全面”战略布局、实现全面建成小康社会和中国梦的需要，是推进国家治理体系和治理能力现代化的需要，从根本上说，是实现党的总目标、总任务的需要。省委印发的《决定》提出了全省各级政协组织在现阶段的主要任务，明确了政协履行职能、开展工作的主要原则。鸿忠书记在会上的讲话着重阐述了全省各级政协组织履职的五项重点任务。各级政协组织和政协委员要牢记神圣使命和历史任务，牢牢把握政协工作的重要原则，始终围绕中心、服务大局，为推进“五个湖北”建设献计出力。

三是要牢牢把握坚持党的领导的基本要求。坚持中国共产党的领导，是中国特色社会主义最本质的特征，也是人民政协事业发展进步的根本保证。从政协的角度来讲，就是要坚决贯彻执行党的路线方针政策和决策部署，努力把党的指导思想和主张转化成为参加人民政协的各党派团体和各族各界人士的思想政治共识，有效实现党的政治领导、思想领导和组织领导；就是要发挥政协党组在政协工作中的领导核心作用，健全就重大问题向党委请示报告制度，发挥好把方向、管大局、保落实的重要作用，把党的主张通过民主程序转化为政协领导班子的决定；就是要充分发挥共产党员的先锋模范作用，努力使其成为合作共事的模范、发扬民主的模范、求真务实的模范、廉洁奉公的模范、联系群众的模范。

要在充分发挥专门协商机构作用上狠下功夫。中共十八大以来，中共中央对人民政协在社会主义协商民主中的作用进行了新的定位，在明确人民政协是协商民主的重要渠道的基础上，进一步强调人民政协是专门协商机构。在我国，协商的渠道有很多，但专门从事协商工作的只有人民政协。人民政协的协商民主具有许多独特优势，从国家政治制度层面看，人民政协是实行中国共产党领导的多党合作和政治协商制度的重要政治形式和组织形式；从国家政治体制层面看，中国共产党、人民代表大会、人民政府、人民政协共同构成了我国政治体制的基本架构；从政协组织层面看，完备的组织系统、充足的人才资源、丰富的实践经验、不断健全的制度体系，为政协协商民主提供了重要载体、智力支撑、可靠保障、制度支撑。省委政协工作会议按照专门协商机构的要求，对全省政协协商民主建设作出了新的部署。学习贯彻省委政协工作会议，要在发挥专门协商机构作用上狠下功夫。

一是要加强制度建设，夯实协商制度基础。要立足政协实际，注意总结经验，对经实践检验证明行之有效的制度着力抓好落实，对不适应新形势新要求的制度抓紧修订完善，对缺乏制度规范的及时填补空白，使政协履职的各项工作都建立起相应的规章制度，各个环节都按步骤、按程序开展，努力构建起结构合理、层次清晰、科学规范的我省人民政协制度体系。要突出协商民主制度建设这个重点，加强与《决定》相配套的制度建设，制定“提案办理协商工作基本规程”、“重点协商活动组织实施工作办法”等具体制度，真正把中央和省委关于政协协商民主制度建设的指导思想、工作原则、内容形式、程序机制、保障措施等基本要求落实到政协工作中。

二是要加强调查研究，夯实协商议政基础。坚持把调查研究摆在政协工作的基础地位，开展多种形式的调研活动，及时了解现实情况，摸清真实情况，找准存在问题，着力形成共识，做到建言建在需要时、议政议到点子上、监督监在关键处。要坚持问题导向，实事求是提出问题，精益求精研究问题，把研究重点放在同全局紧密联系的关键性问题上，同时又深入研究一些小中见大的具体问题，以推动全局性问题的研究。既适应协商密度大的需要开展一些短平快的调研，又就若干具有普遍性、跨区域、关系长远的重大问题进行长期跟踪调研。要兼顾调查与研究两个环节，在做好调查的同时，以更多的精力开展研究。

三是要加强自身建设，夯实协商组织基础。要发挥好党派团体和界别的作用，突出政协协商民主的党派特色和界别特色，使人民政协成为各党派、各团体、各界别政治参与的重要渠道。要发挥好委员主体作用，政协各个层面的协商活动都要在队伍组成上保证委员占多数，让委员唱主角，激发委员履职主动性、积极性、创造性。要发挥专门委员会的基础作用，开展好对口协商、界别协商、提案办理协商等协商活动。要加强全省各级政协组织之间的系统联动，充分发挥政协协商民主的整体合力。

要在学习贯彻的组织领导上狠下功夫。国生省长在省委政协工作会议上的总结讲话中指出，当前和今后一个时期全省政协工作的大政方针已定，关键要做好贯彻落实工作，各级党委（党组）要高度重视，加强领导，落实责任，及时传达学习会议精神，真正领会文件和会议精神，积极宣传省委政协工作会议精神，努力营造良好舆论氛围，强化督查落实，各地各部门要在年底前将会议精神的贯彻情况书面报告省委。从各级政协组织来讲，学习贯彻省委政协工作会议精神，要切实加强组织领导工作。

一要把学习组织好。前段时间，各地政协都组织各参加单位、政协委员、政协机关干部进行了学习，取得了阶段性的学习成效。但学习省委政协工作会议精神是一个长期的过程，要通过组织学习会、报告会、研讨会、培训会等多种形式，持之以恒地学习，原原本本地学习，把会议和《决定》精神学深学透。要把学习省委政协工作会议精神同学习中共中央和全国政协关于加强政协工作的一系列新思想、新思路、新部署结合起来，不断地统一思想、提高认识、振奋精神、明确思路，推动全省政协事业进一步创新发展。

省政协常委、委员和省政协机关干部要带头学习省委政协工作会议精神。

二要把经验总结好。学习省委政协工作会议精神的过程，是一个不断推进政协履行职能和加强政协自身建设的过程，是一个不断探索和不断推进人民政协事业的过程。在这个过程中，肯定会形成许多新的做法、新的经验，肯定会产生一些新的情况、新的问题。各级政协组织要加强对政协工作的调查研究，认真总结新经验，切实解决新问题，努力使全省人民政协事业在新的时代条件下实现新发展、开创新局面。省政协常委、委员都要立足自身，认真总结自身履行职责的做法和经验，真正把在政协工作中的主体作用发挥好。

三要把氛围营造好。各级政协组织要配合同级宣传部门、新闻媒体，采取有效形式，积极宣传人民政协的性质、地位、作用，宣传人民政协围绕中心服务大局的经验、做法，宣传参加人民政协的各党派、团体和各族各界人士在经济社会发展中的重要作用、积极贡献，宣传广大政协委员在全省改革发展大局中干事创业的热情、激情，不断扩大人民政协的社会影响。省政协常委、委员要立足自身岗位，自觉宣传人民政协，发挥在本职工作中的带头作用，在界别群众中的代表作用。

三、做好今年底明年初的各项工作

今年以来，省政协常委会认真学习贯彻中共十八大和十八届三中、四中、五中全会精神，围绕科学编制我省“十三五”规划、改革发展重要问题和法治湖北建设等建言献策，协助省委召开政协工作会议和庆祝省政协成立 65 周年大会，加强政协协商民主建设，各项工作扎实有效开展，取得了明显成效，为全面完成全年工作任务打下了很好的基础。从现在起到明年省政协十一届四次会议召开只有一个多月的时间。我们要以十八届五中全会精神和省委政协工作会议精神为指导，始终保持奋发有为的精神状态，认认真真把今年底明年初的各项工作做好。这里，我重点强调三个方面：

要全面完成今年各项工作任务。办公厅和各专门委员会要对照省政协 2015 年工作要点和协商工作计划，以及各自的工作要点、工作计划，认真检查工作进展情况，抓紧时间完成年初确定的各项工作任务。重点要抓好四项工作，一是组织好“助推《大别山革命老区振兴发展规划》实施座谈会”等系列会议和视察调研活动；二是召开好省政协十一届十二次常委会议；三是召开好省政协专委会和界别工作座谈会；四是如期完成本年度的重点提案督办、委员视察、界别协商等活动。按照政协章程和有关政协规章，省政协常委会要向省政协全会报告工作，省政协专委会要向省政协常委会报告工作，因此，在完成工作的同时，要认真总结工作，总结经验，查找不足，增强今后工作的针对性。

要加强对明年工作的谋划。着重是对明年协商议政工作的谋划。总的要求是，把围绕“十三五”规划实施献计出力作为协商议政的重中之重。省政协办公厅就明年省政协协商议题征求了省各民主党派和省工商联、省政协专门委员会、省政协各界别、市州政协和省直有关部门的意见建议。本次常委会议上，又征求了各位常委的意见建议。办公厅、研究室要认真汇总整理各方面关于明年重点协商议题的意见建议，在这个基础上提出省政协 2016 年度协商计划和省政协 2016 年度视察调研安排的计划，报省委批转后实施。各专门委员会也要加强谋划，制定好2016年工作要点，既要加强与省政协协商工作计划的衔接，又要突出自身的优势和特色。

要筹备好十一届四次会议。按照惯例，省政协十一届四次会议将于2016年1月份召开。办公厅从现在开始就要着手筹备，要起草好常委会工作报告、提案工作情况报告等重要文件，要组织好大会发言、委员提案、反映社情民意信息等工作，为会议协商议政取得实效打下坚实基础。要加强组织协调，确保委员到会率、参会率。要做好新闻宣传、后勤保障等方面的工作，营造求是、奋进、团结、民主的良好氛围。一年一度的省政协全会是省政协最高协商形式，而且明年的全会又有许多新的特点和新的要求，希望各位常委发挥带头和表率作用，不仅要按照要求参会，而且要在会前深入调研，在会上踊跃发言，积极建言献策。明年全国两会、省两会的重点议题之一是讨论“十三五”规划纲要，请各级政协组织和政协委员提前做好调研，以个人、集体、界别或专委会等名义提出提案，作好发言，提高建言献策的质量和水平。

各位常委，同志们，人民政协事业正在经历一个新的发展阶段，即将开启的“十三五”时期将为人民政协履行职能提供更加广阔的空间，也将对人民政协工作提出更新更高的要求。我们要紧密团结在以习近平同志为总书记的中共中央周围，认真学习中共十八届五中全会精神，锐意进取，努力工作，为我省“十三五”时期开好局、起好步，率先在中部地区全面建成小康社会而不懈努力！

在“纪念民建成立70周年—中国梦·民建情”主题演讲比赛上的讲话

（2015年12月2日）

郭跃进

各位评委、各位选手、会员同志们：

大家下午好！

今天我们举办的这场主题为“中国梦·民建情”的演讲比赛，是纪念中国民主建国会成立70周年的“六个一”活动之一，省委会高度重视，旨在通过这一形式，抒发我们爱国爱党爱会的深厚情感、展现广大民建会员的时代风采，向民建70华诞献礼。

刚才听了大家声情并茂的演讲，感到本次演讲比赛有三个突出特点：一是演讲主题选得好。“中国梦·民建情”这一主题鲜明而又昂扬向上，引导会员积极思考“加入民建为什么，历史责任是什么，我为湖北做什么”，回顾民建光辉历史，展望多党合作美好未来，倾诉对民建的热爱之情和双岗建功的感悟，极具表现力和感染力。二是演讲内容讲得好。演讲中，既有回顾会史的波澜壮阔，又有展望未来的大气磅礴，而最鲜活生动的是发生在当下的身边事。有的是积极参政议政，有的是热心服务群众，有的是投身社会公益事业，有的是坚持创业带动群众就业，选手讲得好的前提是大家做得好，选手们充分体现了民建会员积极进取精神风貌，以及加入民建组织对于他们个人成长的巨大促进作用。三是演讲比赛组织得好。各级组织对这次活动非常重视，精心组织，层层选拔；各地会员参与热情高，积极报名，认真准备；选手年龄跨度大、领域覆盖广，从朝气蓬勃的90后到老当益壮的七旬老者，从医生、教师、公务员到企业家、新闻记者、科研工作者，充分体现了民建的活力和凝聚力。正因如此，本次演讲比赛取得了圆满成功。在此，我代表民建湖北省委向各位选手在比赛中的精彩表现表示衷心的祝贺，向为本次比赛成功举办付出辛勤劳动的同志们表示诚挚的感谢！

当前，我国正处在协调推进“四个全面”战略布局、努力实现中华民族伟大复兴“中国梦”的重要时期，湖北正处于“建成支点、走在前列”、建设“五个湖北”的关键阶段。新的形势和任务为我们履职尽责、建功立业提供了难得的机遇，创造了广阔的空间，开辟了美好的前景。在此形势下，作为民建人：

一是要加强学习，坚定信念。通过组织开展多种形式的学习教育活动，引领全省各级组织和广大会员不断增强坚持中国共产党领导的多党合作和政治协商制度的自觉性和坚定性，不断增进对中国特色社会主义的道路自信、理论自信和制度自信，不断巩固与中国共产党共同团结奋斗的思想政治基础。当前最重要的就是学习贯彻十八届五中全会精神，牢固树立创新、协调、绿色、开放、共享五大发展理念，明确今后的工作方向和指导思想。

二是要提升素质，参政履职。当前我省正处于经济社会跨越式发展的关键时期，迫切需要凝聚各方智慧，形成发展合力。希望民建会员要围绕中心，服务大局，继续为“四个全面”和“十三五”规划实施建言献策，积极参政议政，认真履职尽责充分发挥民建密切联系经济界的特色和优势，进一步提升履责能力和水平，在推动我省经济社会发展中发挥更大作用、贡献更大力量。

三是要爱岗敬业，双岗建功。民建会员来自各行各业，也是各自领域的精英人士和杰出代表，在刚刚演讲中我们已经认识了多位双岗建功的优秀会员。见贤思齐焉，我们要向他们学习，立足本职，勇于担当，爱岗敬业，乐于奉献，在为民建添光增彩的同时也要自己的岗位上建功立业。

愿每一位民建会员在民建组织中感受到家的温暖，找到精神的归宿，成就更好的自己，为实现中国梦的湖北篇不断创造新业绩、作出新贡献。

谢谢大家！

政治格局中参政党省级组织的政治优势，团结带领广大会员高举爱国主义和社会主义旗帜，坚持社会主义初级阶段基本路线，努力发挥参政党作用，为促进改革开放和现代化建设、坚持和发展中国共产党领导的多党合作和政治协商制度作出了重要贡献。

——坚持把促进发展作为参政议政的第一要务。进入新世纪以来，湖北民建报送的春、秋两季成果征选材料有23篇被民建中央作为集体提案提交全国政协会议；提交湖北省政协大会发言有18篇，集体提案233件，其中18件获省领导督办，25件获优秀提案。征集社情民意稿件3705篇，向民建中央、省政协、省委统战部等单位报送3141篇，被全国政协采用14篇、中央统战部采用13篇，民建中央采用166篇、省政协采用297篇、省委统战部采用74篇，获国家领导人和省领导批示累计达60余篇次。湖北民建多次参与民建中央和中共湖北省委重点课题调研，一批调研报告被民建中央和中共省委、省政府采纳，《关于合力促进武陵山经济协作区全面发展的意见》对民建中央形成《关于加快武陵山经济协作区经济社会发展的调研报告》起到了重要参考补充作用，在随后国务院有关部门研究制定《武陵山片区区域发展与扶贫攻坚规划》中得到了体现；《关于建立武汉城市圈区域性商业银行的建议》促成了湖北银行的成立；《湖北省域副中心城市的发展研究》荣获"'十一五'期间各民主党派工商联无党派人士为全面建设小康社会作贡献建言献策优秀成果"；《突破性发展民营经济研究》荣获"2014年湖北发展研究奖"二等奖；2015年的调研成果《加强经济合作　推动长江经济带健康发展》获国家领导人李克强、俞正声、张高丽批示。湖北民建信息工作在中央和省内多次获奖。一些信息引起了国务院和有关部委的高度重视，许多事关民生的问题得到有效解决。如《唐白河流域污染危及鄂豫两省亟待解决》被全国政协采用后，国家环保部成立督查组赴鄂豫两省实地督办落实；《名目繁多的政府性基金亟待清理和规范》获国家领导人批示后相关建议得到采纳；《乡村违法违规建房现象需大力整治》获张高丽副总理批示，国家有关部委专程赴鄂调研落实。民建各地方组织也把参政议政、履职尽责作为第一要务，深入一线调查研究，了解民情、反映民意，将人民群众最关心、最直接、最现实的利益问题，通过党派反映社情民意的渠道，向各级党委、政府反映，收到了很好的成效。

——坚持发挥自身优势服务社会。一直以来，我们充分发挥联系经济界和人才荟萃的优势，积极开展智力扶贫、咨询培训、职业教育、抗灾救灾、思源工程、捐资助学、医疗义诊、安置下岗职工再就业等多种形式的社会服务。仅在支援四川汶川抗震救灾的工作中，我省各级组织和广大会员通过各种渠道捐款捐物达2400多万元。近年来，随着民建中央和省委统战部对社会服务工作越来越重视，民建湖北省委加大了对社会服务工作的投入力度，积极争取民建中央"思源工程"的支持，先后在建始县、英山县、大悟县、孝昌县建立了"思源生态教育移民班"14个，资助贫困家庭学生706人，资助资金总额达420万元。争取"思源救护"项目惠及湖北，为大悟、英山、红安、麻城、长阳、秭归、郧县、建始等8个贫困县市捐赠救护车15台。武汉、宜昌等市委会成立了民建企业发展促进会和企业家协会，整合会内企业资源，抱团发展，合作共赢；同时，壮大了党派的社会服务工作实力，资助面更广、受益范围更大，民建的社会影响也随之扩大。

——坚持以思想建设为核心、组织建设为基础、制度建设为保障、领导班子建设为关键，不断推进自身建设。通过新世纪以来民建会内开展的政治交接、学习贯彻科学发展观、树立和践行社会主义核心价值体系、坚持和发展中国特色社会主义等主题教育实践活动，本会自身建设不断加强。思想建设、组织建设、参政议政、社会服务、机关建设等均取得长足发展。民建湖北省委 13 次被民建中央评为“全国新闻宣传工作先进单位”，12 次被民建中央授予“全国反映社情民意信息工作先进单位”，11 次被民建中央授予“全国社会服务工作先进单位”。一大批会员被评为全国优秀会员、一批基层组织被评为“全国先进基层组织”。

回顾往昔，湖北民建步履坚实地走过了顺应时代要求，开拓创新、奋发有为的光荣历程，为湖北的改革发展稳定作出了积极贡献。值此纪念民建成立 70 周年之际，我们向伟大、光荣、正确的中国共产党致以崇高的敬意！向为推动民建事业发展与进步付出心血、无私奉献的老领导、老同志表示由衷的敬意！此时此刻，我们深切缅怀为民建的创立和发展作出卓越贡献的已故民建领导人黄炎培、胡厥文、孙起孟、成思危，深切缅怀为湖北民建的创立和发展作出重大贡献的华煜卿、马公瑾、周兹柏、赵厚甫、李崇淮、金斌统等已故省委会老领导、老前辈。他们的光辉业绩和英雄事迹永垂史册！他们的精神风范将激励我们奋发向上，不断把民建事业发扬光大！

回顾民建的历史，我们深刻地体会到：

——坚持爱国主义思想基础，是民建自身发展和政治作为的精神动力。爱国主义思想作为民族凝聚力的核心，具有顺应大势所趋，反映民心所向，与社会发展同步前进的特性。坚持爱国主义是广大民建会员的精神支柱，是全体民建会员的共同理想。民建之所以在中国政治舞台上，不论顺境还是逆境，坚持不辱使命，积极发挥政治作用，其根源就在于爱国主义是民建政治上尽职尽责的精神之魂，为民谋幸福、为国图发展是民建一以贯之的目标和使命。

——坚持中国共产党的领导，是民建郑重的历史抉择和长期遵循的根本政治准则。民建从酝酿到成立，都受到了共产党的影响、帮助和支持，共同的政治思想基础把民建和中国共产党紧紧地联系在一起。实践证明，只有坚持中国共产党的领导，民建才能在多党合作中保持正确的方向，才能在同中共的团结合作中不断取得历史性的进步，才能同心协力地把共同事业推向前进。

——坚持遵从人民群众的根本利益，是民建履行参政党职能的根本目的。黄炎培在民建成立大会上曾说：“对人民有利之行动，我们都赞成，反之，有害于民众之行动，我们坚决反对。”为了人民的利益参政议政，是民建 70 年来坚持的政治理念和行动准则。长期的参政履职实践告诉我们，人民的事业最广阔、最有生命力，只有完全彻底地融入人民的事业，实现人民利益，民建才会有无限光明的前途。

——坚持与经济界的紧密联系，努力发挥会的特色，是民建政治有为的重要法宝。密切联系经济界的特色，是民建区别于其他民主党派的明显标志，也是民建在我国革命、建设和改革事业中发挥作用的基本优势。发挥好民建这一特色和优势，有利于团结经济界人士，围绕经济建设和深化改革献计出力；有利于深入了解民营企业发展变化，建立利益表达和诉求机制，促进民营企业健康发展；有利于推进民营企业会员自我教育、提高政治觉悟，不断巩固共同思想基础，坚定不移走中国特色社会主义发展道路。

——坚持与时俱进，是民建主动适应时代的客观要求。历史表明，只有根据我国发展过程中不同时期的形势和任务，不断发展和完善政治纲领，将民建的事业融入国家和人民的事业，才能保证民建发展的正确方向；只有顺应时代发展要求，不断加强和改进思想建设，在自我教育中与时俱进，才能实现民建的健康发展；只有不断提高履职能力，坚持围绕中心、服务大局、突出特色、发挥优势，才能为国家和社会的改革发展做出新的贡献，彰显民建的独特价值。

各位会员，同志们，回顾历史，总结经验，是为了更好的面向未来、开拓创新。当前，我们正处于协调推进“四个全面”战略布局、奋力实现“两个一百年”奋斗目标的重要阶段，湖北也正处于“黄金十年”机遇期和“建成支点、走在前列”的关键期，任务繁重而艰巨。作为中国特色社会主义事业的亲历者、实践者、维护者、捍卫者，我们要努力继承和发扬优良传统，进一步提高履行参政党职能的能力和水平，不断创造新的业绩。

一要不断增强“三个自信”，进一步夯实团结奋斗的共同思想基础。今年，中央、省委统战工作会议相继召开，为多党合作事业蓬勃发展带来了新的机遇，也提出了新的要求。习近平总书记说“中国共产党同各民主党派和无党派人士的团结合作，是建立在共同思想基础之上的。今天，我们的共同思想政治基础就是中国特色社会主义。”当前，本会正在深入开展坚持和发展中国特色社会主义学习实践活动，目的就是要不断增强广大会员对中国特色社会主义的道路自信、理论自信、制度自信，切实承担起作为中国特色社会主义事业亲历者、实践者、维护者、捍卫者的政治责任，为全面建成小康社会、实现中华民族伟大复兴的中国梦贡献更大力量。各级组织要高度重视、扎实抓好这项重要的政治活动，引导广大会员牢固树立政治意识，不断增强对中国特色社会主义的政治认同和思想认同，在纷繁复杂的形势下保持清醒的头脑，在大是大非面前站稳坚定的立场，在社会深刻变革中坚持正确的方向。在未来开展的学习实践活动中，要正确认识和处理一致性和多样性的关系、学习和实践的关系、阶段性和长期性的关系，不断深化对活动的理解把握；要着眼搞好政治交接，积极做优良传统的传承者、弘扬者，营造学传统、讲传统、用传统的浓厚氛围；要坚持问题导向，解决好贴近成员和贴近时代两个基本问题，不断创新方式方法，提高活动实效；要积极培育和践行社会主义核心价值观，围绕热点问题正面发声，充分释放活动集聚的正能量；要注重将成熟的经验规范化、短期的举措长期化、分散的制度系统化，探索形成思想建设长效机制。

二要以提升“五种能力”为目标，进一步加强会的自身建设。加强思想、组织、制度特别是领导班子建设，提高政治把握能力、参政议政能力、组织领导能力、合作共事能力、解决自身问题能力，是新时期新形势对民主党派提出的新要求。各级民建组织和广大会员要加强理论学习，深刻领会中共十八大、十八届三中四中五中全会和中共中央统战工作会议、学习实践活动中期推进会等重要会议精神，提高政治理论修养；要积极稳妥地推进省市组织换届工作，优化班子结构、提高整体素质；坚持“人才强会”理念，切实加强民建队伍建设，尤其是专家学者和企业家两支队伍建设，增强民建组织的凝聚力、战斗力和影响力；加强制度建设，进一步推进各项工作的制度化、规范化和程序化，以自身建设促进履职能力的提高。

三要以服务“四个全面”为重点，发挥特色优势履职尽责。我国即将进入的“十三五”时期，是协调推进“全面建成小康社会、全面深化改革、全面依法治国、全面从严治党”战略部署的关键时期。我们要始终坚持把促进发展作为参政议政的第一要务，围绕“四个全面”战略布局及其战略方向、重点领域、主攻目标，打造参政议政精品和社会服务的亮点。要把制定和实施好‘十三五’规划作为议政建言的聚焦点，紧紧围绕创新、协调、绿色、开放、共享五大发展理念，调动各级组织、专门委员会、广大会员的积极性，针对创新和完善宏观调控方式、实施创新驱动和转型升级、推动区域经济社会协调可持续发展等重点难点问题，深入调查研究，积极献计出力。同时，要动员引导广大会员立足本职岗位，把自己的人生价值与国家的前途命运结合起来，把个人的奋斗进取与中华民族伟大复兴结合起来，在全面建成小康社会进程中，努力建功立业。

各位会员，同志们：

新的蓝图已绘就，新的征程已开启。站在新的历史起点上，我们要紧密团结在以习近平同志为总书记的中共中央周围，凝聚共识、凝聚人心、凝聚智慧、凝聚力量，继往开来，与时俱进，为实现“两个一百年”奋斗目标、实现中华民族伟大复兴的中国梦、推动湖北率先全面建成小康社会而不懈奋斗！

在提案办理回头问效督办检查汇报会上的讲话

（2015 年 12 月 15 日）

张柏青

同志们：

开展提案办理回头问效督办检查活动，是今年省政协的一项重要工作，主要任务是对往年未办结的提案进行跟踪督办，推动提案所提建议的采纳落实。省政协办公厅通知下发后，各承办单位进行了清理自查，对未办结提案开展了跟踪办理，并向省政协提案委上报了《自查情况报告》和《往年未办结提案跟踪办理情况表》。刚才，省卫计委、教育厅、民政厅、人社厅、扶贫办的负责同志介绍了情况，经验丰富，各有特色。几位提案者代表与承办单位进行了交流，普遍认为各承办单位沟通主动、办理到位、反馈及时。在此，我代表省政协和广大政协委员，对各承办单位表示衷心的感谢！

随着我国社会主义民主政治建设的不断推进和广大政协委员参政议政意识的不断增强，可以预见，承办单位办理提案的任务将越来越重。对如何与时俱进做好提案办理工作，我讲几点意见：

一、在加强协商民主的大背景下深化对提案办理工作的认识。社会主义协商民主是中国社会主义民主政治的特有形式和独特优势。党的十八大以来，中共中央先后出台了《关于加强社会主义协商民主建设的意见》、《关于加强人民政协协商民主建设的实施意见》，中共湖北省委先后制定了《关于加强社会主义协商民主建设的实施意见》、《关于进一步加强人民政协工作的决定》，对推进协商民主广泛多层制度化发展进行了安排部署。提案是人民政协履职的重要形式，提案办理协商是协商民主的重要渠道，各承办单位要把提案办理工作作为加强协商民主、转变工作作风、推动科学决策的重要手段，进一步增强做好提案办理工作的责任感。

二、规范提案办理工作内部运行机制。完善内部运行机制，是做好提案办理工作的可靠保障。各承办单位要认真贯彻落实省委办公厅、省政府办公厅《关于进一步加强人民政协提案办理工作的实施意见》、省政府办公厅《关于办理人大代表建议和政协提案工作的规定》，完善提案办理工作内部运行机制。建立提案收办与分办机制，承办单位收到提案后，要提出办理方案，明确任务分工、时限要求和质量标准，并及时向有关业务部门交办。建立提案办理工作责任制，实行目标责任考核，确保每件提案责任到部门、责任到人。健全提案答复机制，承办单位要按时对提案作出书面答复，提案答复要实事求是、明确具体；对未予采纳的建议，要予以说明。

三、积极推动提案建议的采纳落实。提案办理是提案工作的关键，采纳落实是提案办理的目的。凡是有条件解决的，承办单位应集中力量尽快解决；因条件所限一时难以解决的，应制定计划，积极创造条件逐步解决，并及时将进展情况向提案者反馈。既重视提案所提个案问题的解决，又注重以点带面，举一反三，通过深化改革、完善机制，促进面上共性问题的解决。尤其是对委员普遍反映的情况和反复提出的问题，要从制度上、政策上找原因，标本兼治解决问题。承办单位要认真梳理委员反映的问题，加强对提案内容的分析研究，认真采纳合理意见和建议，制定改进工作的具体措施，自觉把提案办理同中心工作结合起来，做到同部署、同落实，两不误、两促进。

四、创新提案办理工作方式。创新工作方法是做好提案办理工作的持续动力。推动提案办理工作创新的空间还很大，刚才各单位都介绍了很好的经验，比如：通过对同类提案集中办理，提高办理效率；通过对重点提案重点办理，发挥示范带动作用；通过对难点提案开展调研办理，在实践中寻求解决问题的办法；通过对反映问题类提案现场办理，现场解决问题；通过对往年未办结提案跟踪办理，取信于政协委员。总之，通过创新，就能推动我们的工作常抓常新。

五、将协商贯穿于提案办理始终。承办单位要把沟通协商作为政协提案办理工作的必要环节，根据提案办理实际，主动加强与提案者的沟通，采取登门走访、电话联系、面商座谈、共同调研等方式，邀请提案者参与办理工作，认真听取意见和建议，共同探讨解决问题的办法，力争做到办理每一件提案都先协商后办理、先协商再答复。主办、会办单位也要加强协调配合，主办单位要主动协商，会办单位要认真落实各自负责的会办事项，密切配合开展提案办理工作。政协提案委要做好协商服务工作，搭建协商平台。

在省政协港澳台侨和外事委员会全体会议上的讲话

（2015 年 12 月 17 日）

陈天会

刚才，大家围绕《省政协港澳台侨和外事委员会 2015 年工作总结及 2016 年工作思路（审议稿）》作了充分的讨论研究，对港澳台侨和外事委员会 2015 年工作给予了充分肯定，原则上同意 2016 年工作安排，并就如何进一步做好专委会工作提出了很好的意见建议。这些意见和建议都很中恳，视野也很开阔，有很多真知灼见，对我们下一步改进工作、安排部署好明年的工作有很大的帮助。2015 年，港澳台侨和外事委员会的工作，从总体上看比较积极主动，活动内容比较丰富，活动形式既有继承又有创新，较好地完成了年初确定的各项目标任务，实现了工作预期。一是联谊交流的内容日趋丰富，有特色、有创新，也有效果。比如“港澳委员中秋茶话会”、“香港湖北乡亲故乡行”、走访港澳政协委员，还有各种方式的对台联谊活动，等等。二是参政议政的重点比较突出。省内调研、省外考察、组织委员学习，日常各种方式的建言献策等，既围绕省委省政府中心工作和改革发展主线，又体现了专委会特色。三是工作机制日臻完善。特别是“五侨”联席会议等机制的建立健全，收效比较明显。四是委员会的自身建设进一步加强。

近年来，在与专委会同志们的接触中，我感到港澳台侨和外事委员会是一个团结和谐、充满活力，有独特优势，能够很好履职尽责的一个专委会。港澳台侨和外事委员会与别的专委会相比，除了参政履职外，还有为政协联谊交流和外事活动服务的工作，服务对象多，工作压力大，工作任务繁重。就个人而言，我对专委会过去一年的工作是比较满意的，大家都比较团结，比较和谐，有活动积极参加，包括刚才的讨论，大家踊跃发言，本身就反映了专委会委员的素质和参与活动的热情。同时，我们也要正视工作中的差距和不足，在新的一年要切实补短板，加强薄弱环节的工作，使新一年的工作更有特色。

新一年的工作怎么干，有这样几个问题需要大家共同把握。一是关于形势问题。要准确分析新形势，把握好新一年工作的着力点。当前国际形势严峻复杂。大的背景是世界经济发展的不确定性因素增多，当下还看不出明显的世界经济复苏的迹象。中国现在已经成为国际舞台上的一个重要的风向标，面临的国际竞争十分激烈，随着在国际上话语权的增大，责任也相应增大，这些都是新形势新情况。做好港澳台侨和外事工作，需要我们对国际大势、对港澳台的形势有一个基本的把握，有了基本的把握，再考量我们的工作，才能增强工作的针对性。二是关于充分发挥政协委员主体作用问题，这是政协组织保持生机与活力的关键所在。委员是主体，怎样更好地发挥委员主体作用，在什么地方发挥作用，都是新一年工作必须考虑的问题。如何对应“十三五”规划的起步，如何对接国家正在进行的“一带一路”、精准扶贫战略的实施等，都是我们委员发挥作用的大背景。只有在大背景下从事工作，主动适应、融入和契合国家经济新常态，才能事半功倍。三是关于专委会作用发挥问题。要思考怎样进一步发挥专委会的桥梁和纽带作用，使活动内容再丰富一点，活动方式再活泼一点，参加活动的委员覆盖面再大一点，我们的服务再精细一点，工作质量再提高一点。要努力做好这五点，争取专委会工作在新的一年有新的起色、新的进步。

要认真做好当前的重点工作，比如总结好今年的工作，集中精力开好政协全会，谋划好新一年的工作等。尤其是继续做好全会期间的委员服务工作，争取在服务质量上达到一个新水平，上一个新台阶。总之，要抓住机遇，乘势而上，扩大工作成果，取得新的成绩。

在省政协教科文卫体委员会全体委员会议上的讲话

（2015年12月18日）

刘善桥

今天，我们召开省政协教科文卫体委员会全体委员会议，总结今年专委会工作，协商讨论下一年度的工作安排。前不久，我们在宜昌召开了全省政协教科文卫体委员会工作座谈会，全省各市州政协教科文卫体委员会的同志聚在一起，就如何贯彻落实省委政协工作会议精神，进一步做好专委会工作提出了许多好的意见和建议。今天又见到省政协教科文卫体委员会的各位委员，我感到非常高兴。在此，我代表省政协向大家表示诚挚的问候！

在过去的一年里，省政协教科文卫体委员会紧紧围绕全省中心工作和省政协常委会议重点议题，选择全省教科文卫体各项事业改革发展中具有全局性、战略性、前瞻性的课题和民生热点难点问题，深入开展调查研究，积极为编制我省“十三五”规划建言献策；搭建协商平台，认真组织委员活动，不断提高履职实效，圆满完成了全年工作任务。各位委员既立足本职工作岗位，建功立业，又能够认真履行委员职责，积极参政议政，充分展示了政协委员的风采，我为专委会和各位委员所取得的成绩感到高兴，我也完全赞同专委会的工作总结。

下面，我就明年的工作，谈几点意见，供同志们参考。

一、深入学习领会中共十八届五中全会精神，巩固共同思想政治基础

中共十八届五中全会是在全面建成小康社会进入决胜阶段召开的一次重要会议，大

会通过了《中共中央关于制定国民经济和社会发展第十三个五年规划的建议》，阐明了党和国家的战略意图，描绘了“十三五”美好的发展蓝图。“十三五”时期是全面建成小康社会、实现第一个百年奋斗目标的决胜阶段。要按照统一安排部署，原原本本地认真学习中央文件，深入领会、全面落实会议精神。要准确把握中共中央关于新形势的科学判断和中央《建议》确定的发展理念、主要目标、重点任务、重大举措，深刻理解会议精神内涵，自觉把思想和行动统一到会议精神上来。思想是行动的指南，学习不能只停留在“看”上，更重要的是要“想”、要“干”，真正入脑入心，内化成自觉的行动，这是一个长期、反复的过程。中共十八届五中全会精神的学习是当前和今后一个时期，每一个政协委员的学习重点。只有思想统一了，行动才能一致，才能凝神聚力地为实现中国民族伟大复兴中国梦而共同努力。要坚持理论联系实际，把会议精神转化为谋划政协事业发展的思路、推动工作创新的举措、提高履职水平的能力，积极主动建言献策，真正把会议精神落实到专委会各项工作中，为助推我省“十三五”时期教科文卫体各项事业的改革发展，为促进全面建成小康社会和我省“十三五”规划编制实施，汇聚更多的智慧和力量。

二、认真谋划明年工作，突出履职重点

2016 年是我省实施“十三五”规划的开局之年，专委会工作要围绕省委、省政府、省政协中心工作，找准履职切入点，充分发挥在政协工作中的基础作用。广大委员分布在社会各领域，具有丰富的社会生活实践，是专委会履行职能的工作主体和创新源泉。每年专委会全体委员会议都要讨论下一年度的工作思路，这是发挥委员主动性，做好专委会年度工作的关键性步骤，工作思路谋划好了可以增强工作的主动性，减少盲目性，使专委会工作有条不紊地进行。谋划工作要把握好三个方面：一是要准确把握省情。今年上半年，湖北省实现地区生产总值 13104.78 亿元，按可比价格计算增长 8.7%，增幅比全国平均水平高 1.7 个百分点。工业出现企稳迹象，居民可支配收入同比增长 9.6%。这是可喜的成绩，也与广大委员的努力密不可分。与此同时，我省经济社会发展也遇到了一些困难和问题，大家要关注即将召开的省委全会以及全省经济工作会议等，认真学习领会会议精神，准确把握经济发展新常态下我省的阶段性特征，尤其是要把握我省教科文卫体各项事业改革发展的新特征，以问题为导向，找准履职方向。二是要深入了解民情。民情是指民众的愿望，政协委员是各界别群众的代表，就要多倾听界别群众的呼声，了解他们的感受，反映他们的意见，掌握第一手调研材料，搭建起界别群众与政协工作的桥梁，多做释疑解惑的工作，为社会和谐稳定作贡献。三是要善于发现舆情。舆情是民情，又不同于民情，它是较多群众关于社会中各种现象、问题所表达的意见和情绪等的总和。政协委员要勤于了解舆情，从舆情中发现社会热点、难点问题，把这些问题作为专委会年度工作选题，使专委会工作更具针对性。谋事是做好工作的前提。明年，教科文卫体委员会要紧紧围绕我省教育、科技、文化、卫生、体育等领域简政放权、转变职能、增加公共产品和公共服务等方面的改革问题，围绕省政协协商重点，深入开展调查研究，自觉把专委会工作放到推进改革发展稳定的全局中加以谋划，通过参政议政、建言献策推动教科文卫体各项事业协调发展。

三、勇于实践，创新发展，推动成果转化

教科文卫体许多方面都是全面深化改革的重点和难点，对这些问题提出对策建议，实现“十三五”时期发展目标，破解发展难题，厚植发展优势，必须牢固树立创新、协调、绿色、开放、共享的发展理念。同时，政协教科文卫体委员会自身工作也需要改进和创新。要充分发挥专委会基础和纽带作用，积极稳妥推进协商民主实践；要周密组织调研工作、不断丰富调研方式、熟练运用调研手段、切实提高调研成效，进一步提高调研工作的整体水平和质量；发挥专委会集体提案作用，推进调研成果转化、跟踪和督办；要通过创新工作方式，加强专委会与界别、委员的联系，把更多的委员吸收到专委会工作中来，最大限度地把委员的积极性调动起来。要积极探索新形势下教科文卫体委员会的工作特点和规律，进一步发挥委员主体作用和界别作用，拓展委员履职平台和渠道。希望大家对政协和专委会的工作多提宝贵意见，不断推进专委会工作的改进与创新，推动我省教科文卫体等各项事业科学发展。

在省政协文史和学习委员会全体会议上的讲话

（2015 年 12 月 24 日）

王振有

岁末年初，我们在这里召开文史和学习委员会全体会议，总结过去一年工作，研究新一年的工作思路，很必要、很及时。刚才，黄立国主任和林习珍专职副主任分别就文史和学习委员会 2015 年工作总结和 2016 年工作要点向各位委员作了通报，大家也提出了很好的修改意见。12 月 18 日，黄立国同志专门召开主任会议，对今年的工作总结、明年的工作思路进行了充分的协商讨论。希望文史和学习委员会办公室对大家的意见进行认真梳理和吸收，对专委会 2015 年工作总结和 2016 年工作计划作进一步完善，并及时提交省政协十一届十二次常委会议审议。

2015 年，省政协文史和学习委员会的各项工作成绩显著，亮点纷呈，归纳起来主要有以下几个方面：

一是文史资料工作成果丰硕。围绕中国人民抗日战争暨世界反法西斯战争胜利 70 周年开展了富有文史特色的纪念活动，这些活动可圈可点，精彩纷呈。比如，举办了“抗日战争与中国社会”国际学术研讨会、《四万万人民》特展、编辑出版了 80 万字的《湖北抗战史料精编》（上下册）和精选 800 多张照片的《湖北抗战画史》等三本专题图书、出版了 2 辑《湖北文史》，并开辟了纪念抗日战争胜利 70 周年专栏；扎实推进《湖北文化史丛书》（共 18 卷）史料的征集工作；建立了全省政协文史通讯员队伍，评选了优秀文史资料工作论文；完成了《亲历者说》电视专题片第一集《台湾学子、祖国寻梦》的拍摄。

二是委员学习工作开展得有声有色。围绕全国“两会”、科学编制“十三五”规划、建设法治湖北、推进政协协商民主建设等专题，精心组织了形式多样的学习活动。编辑出版《学习与思考》5期。邀请国家发改委发展规划司司长徐林、中国社科院法学研究所副所长莫纪宏等专家学者作专题辅导报告，拓宽了委员的视野，提高了委员的综合素质。

三是委员履职工作扎实有效。围绕“推动武汉抗战纪念馆建设”、抗战遗迹保护与利用、全省文庙保护与利用、大力传承和弘扬优秀荆楚文化、网络专车平台企业价格行为监管、基层司法系统公正执法等组织专题调研、视察、考察、界别协商等活动，撰写的调研报告得到省委书记李鸿忠、省长王国生、省委常委、宣传部部长梁伟年等领导同志的批示。文史和学习委员会提交的3件集体提案，29位委员提交的85件个人提案均已办结。

四是区域历史文化研究中心工作积极推进。全面启动省社科基金资助重点项目《荆楚文化传统与当代湖北伦理秩序建设》研究工作；组织专家对中心下设十个基地的重点项目进行中期考核；与武汉大学联合举办了“荆楚文化与公民伦理道德礼仪规范建设”高层论坛，展示研究成果的两本专业书籍正在编辑之中，将交由人民出版社出版。

总之，2015年文史和学习委员会各项工作在大家的共同努力下取得了可喜成绩。这些成绩的取得，离不开省政协主席会议和常委会的正确领导；离不开文史和学习委员会全体委员的积极参与和大力支持；离不开委员会办公室全体干部的辛勤劳动。在此，我向大家表示衷心的感谢！

下面，我根据最近中央和省委召开的一系列会议精神，结合中共十八届三中、四中、五中全会和习近平总书记系列重要讲话精神及文史和学习工作的特点，就如何在新形势、新任务下，切实加强和改进政协文史和学习委员会工作讲三点意见，供各位委员参考。

一、深刻领会中央和省委关于人民政协工作的新思想新观点新要求

中共十八大以来，习近平总书记高度重视人民政协工作，从中国特色社会主义事业发展全局的高度，就人民政协工作发表系列重要讲话，作出了重要战略部署。习近平总书记多次作出关于政协工作的重要讲话、指示和批示，提出一系列新思想新观点新论断新要求。特别是习近平总书记在庆祝人民政协成立65周年大会上的重要讲话，充分肯定了人民政协建立的历史功勋，深刻总结了政协65年丰富实践积累的宝贵经验，系统地回答了新形势下人民政协工作中具有根本性、全局性、战略性的重大问题，为人民政协事业发展提供了强大思想武器和科学指南。俞正声主席在全国政协十二届八次常委会议上，对政协工作提出了“五个新”的工作思路，即协商民主要有新加强、民主监督要有新突破、制度建设要有新进展、学习成效要有新提高、成果转化要有新举措，这“五个新”是指导我们各级政协工作的重要方针。今年召开的省委政协工作会议总结了2010年以来全省政协工作取得的成绩和经验，研究了新形势下进一步加强人民政协协商民主制

度建设问题。省委书记李鸿忠在会上的讲话，着重阐述了全省各级政协组织履职的五项重点任务。这些都是指导当前和今后相当一段时间人民政协事业发展的纲领性文件，为我们做好人民政协工作特别是文史和学习工作提供了根本遵循，我们要认真学习、深刻领会，并在实践中不断深化认识，认真贯彻落实。

二、切实把握2016年文史和学习工作的重点任务

文史和学习工作是政协一项富有特色、具有独特意义的工作，它深深根植于中国共产党领导的多党合作和政治协商制度的伟大实践，在人民政协事业进程中发挥了不可替代的作用。关于明年的文史和学习工作，刚才讨论的2016年委员会工作要点已经十分明确，我都赞成。这里，我就明年文史和学习工作需要把握的几个原则和重点问题再强调一下。

一是关于文史工作。总的要求是要坚持“亲历、亲见、亲闻”的“三亲”特色，切实发挥文史资料“存史、资政、团结、育人”的作用，为繁荣湖北文化、丰富人民群众精神文化生活、推进政协协商民主发展，助力“五个湖北”建设发挥文史资料应有的作用。工作重点：要进一步加大征集工作力度，为文史资料工作的长远发展打下坚实的基础，提供发展的源泉；要进一步树立精品意识，不断提高文史资料出版物的质量，使文史资料图书有较强的可读性、较高的史料价值，发挥教育育人作用；要进一步加大文史资料协作工作力度，充分发挥各级政协组织和省内社会科学研究机构、各种协会的作用，开展文史资料大协作，力争多出精品；要进一步加强文史工作者队伍建设，不断提高文史工作整体水平。今年，文史委已经在这方面做了新的探索，办公室已经建立了一支通讯员队伍，这个做法很好，希望进一步保持和完善。

二是关于学习工作。重视学习、善于学习、学以致用，是人民政协的优良传统。文史和学习委员会是省政协负责全体委员学习的工作机构，必须把组织委员学习、提高委员素质作为一项重要工作，周密安排部署，常抓不懈。学习内容上，要紧扣时代主题，加强对中共十八大、十八届三中、四中、五中全会和习近平总书记系列重要讲话精神以及省委、省政府重大战略决策部署的学习培训；在学习方法上，要弘扬马克思主义学风，坚持理论联系实际，从提高委员综合素质着眼，从指导委员工作入手，用委员乐于和易于接受的方式进行，通过举办培训班、参观学习等多种形式，有针对性、有组织地开展委员学习培训，不断提高全体委员的履职能力和水平。

三是关于委员履职工作。政协委员是政协工作的主体。本届文史和学习委员会共有38 名委员，大多分布在社科、文化领域和省直相关单位，并且都是这些部门和单位的专业人才和领军人物。大家要十分珍惜政协委员这一崇高荣誉，主动履行委员职责，积极参加各项履职活动。结合各自专业特长，通过调研、视察、考察、撰写提案、反映社情民意信息等多种形式，施展才华，讲真话、建净言，切实提高参政议政、建言献策的水平。

三、坚持问题导向，不断提高文史和学习工作水平

以问题为导向，是习近平总书记在新时期新阶段提出的一个基本工作方法，既符合

人民政协工作的特点和规律，也是对人民政协工作的新要求。全国政协主席俞正声同志指出：人民政协拥有的重要话语权和广泛影响力，很大程度上靠所提意见、建议的质量和可行性，靠对复杂问题的正确见解和工作的预见性。政协的各种履职活动都要坚持问题导向，实事求是地提出问题、研究问题，不求题目大，但求切中要害。

一是聚焦问题要精准。结合湖北实际，当前重点需要关注三个方面的问题。首先，要聚焦如何协调推进“四个全面”战略布局。协调推进“四个全面”战略布局，是当前和今后一个时期党和国家的工作大局，也是湖北的工作大局。有许多亟待解决的重大课题，需要听群言、集民智、增共识、聚合力，促和谐。其次，要聚焦如何建设“五个湖北”和“建成支点、走在前列”。当前，我省正处在加快推进“五个湖北”建设和“建成支点、走在前列”进程的关键阶段。我们要围绕关系湖北改革发展的重大问题和“十三五”规划编制实施，发挥自身优势，加强调查研究，推动文史工作服务现实、服务湖北科学发展、跨越式发展。第三，要聚焦如何挖掘和弘扬优秀荆楚传统文化，讲好湖北故事，弘扬中国精神。湖北是文化大省，楚文化、三国文化、矿冶文化、首义文化、红色文化、宗教文化、山水文化等源远流长，这些文化资源中所蕴含的价值理念和人文精神值得我们去深入挖掘和研究。讲好湖北故事，传承荆楚文化是我们义不容辞的责任和担当。

二是研究问题要扎实。调查研究是议政建言的基础所在，也是委员履职的重要手段。要创新调研方式方法，科学选择调研地点，善于“解剖麻雀”；要深入实际，接地气，广泛听取各方意见，更多占有第一手资料，充分掌握省情、民情、实情，并认真分析，努力做到“言之有据、不道听途说，言之有理、不主观臆断，言之有度、不偏激偏执，言之有物、不大而化之”；做到建言建在需要时、议政议到点子上、监督监在关键处。

三是解决问题求实效。天下大事必作于细，古今事业必成于实。问题导向也要重在落实。我们要将调研、视察的成果，尽快以调研报告、提案、建议案、社情民意信息、发言材料等多种形式转化利用。要加强对所提协商意见建议的分析、提炼与整理，使我们的履职成果更能代表民意，更具科学性和操作性，使党委政府更容易吸收、转化。对一些重大调研成果和重点问题，还要加强跟踪督办。

各位委员，今天的会议开得很好，大家讨论十分充分，工作思路更加清晰。文史和学习委员会要按照即将召开的省政协十一届四次全会的精神，按照文史和学习委员会2016工作要点，明确工作职责，细分工作任务，划定进度要求，对确定的各项工作任务一项一项抓落实，抓出成效。也希望全体委员，切实增强主人翁意识、履职意识、责任意识，在新的一年里，主动作为，扎实工作，为推进文史和学习工作再上新台阶献计出力。文史和学习委员会办公室全体同志要增强责任担当和服务意识，认真听取各位委员的意见和建议，及时解决委员在履职中遇到的困难，做好服务和保障工作，为各位委员的履职创造良好的环境。

决议、决定、工作安排

政协湖北省委员会2015年工作要点

（2014年12月19日省政协十一届十七次主席会议通过）

2015年是全面贯彻中共十八大和十八届三中、四中全会精神的重要一年，是我省完成“十二五”规划、加快推进“建成支点、走在前列”进程的重要一年，也是进一步推进社会主义协商民主制度建设的重要一年，做好2015年省政协工作意义重大。2015年省政协工作总体要求是：高举中国特色社会主义伟大旗帜，以邓小平理论、“三个代表”重要思想、科学发展观为指导，认真学习贯彻中共十八大、十八届三中四中全会、习近平总书记系列重要讲话精神和中央经济工作会议精神，深入学习贯彻中共湖北省委十届四次、五次全体（扩大）会议暨全省经济工作会议精神，在中共湖北省委领导下，坚持团结和民主两大主题，坚持发展社会主义协商民主，坚持围绕中心、服务大局，坚持主动谋事、认真干事、努力成事，切实提升政治协商、民主监督、参政议政实效，切实发挥人民政协作为协商民主重要渠道和专门协商机构的作用，切实推进政协履职能力现代化建设，不断增强机遇意识、进取意识、责任意识，求真务实、勇于担当，开拓创新、有所作为，为推进全省经济社会科学发展、实现中国梦湖北篇作出新的贡献。

一、学习贯彻中共十八大、十八届三中四中全会和习近平总书记重要讲话精神，加强学习型政协组织建设

1、认真学习贯彻中共十八大和十八届三中、四中全会精神。组织和推动全省各级政协组织、省政协各参加单位和全体省政协委员深入学习贯彻十八大和十八届三中、四中全会精神，准确把握两个《决定》的精神实质和深刻内涵，切实把各方面人士的思想、行动和智慧统一到三中、四中全会的决策部署上来，不断坚定中国特色社会主义道路自信、理论自信、制度自信。把学习贯彻三中、四中全会精神与学习贯彻习近平总书记系列重要讲话精神结合起来，深刻把握全面建成小康社会、全面深化改革、全面推进依法治国、全面从严治党的任务和要求，努力提高学习实效。把学习贯彻三中、四中全会精神与学习贯彻省委十届四次、五次全体（扩大）会议精神结合起来，深刻认识湖北全面深化改革和全面推进法治湖北建设的总体目标和主要任务，积极为湖北改革发展与法治建设献计出力。

2、认真学习贯彻习近平总书记在庆祝人民政协成立65周年大会上的重要讲话精神。

认真组织省政协各参加单位和全体省政协委员、推动全省各级政协组织深入学习贯彻习近平总书记重要讲话精神，深刻理解人民政协65年来形成的宝贵经验和重要原则，准确把握人民政协的性质定位，切实贯彻提高政协履职能力现代化水平的具体要求；结合学习贯彻《中共中央关于加强社会主义协商民主建设的意见》精神，进一步加深对社会主义协商民主的理解，全面认识社会主义协商民主是中国社会主义民主政治的特有形式和独特优势这一重大判断，深刻把握社会主义协商民主是中国共产党的群众路线在政治领域的重要体现这一基本定性，切实落实推进协商民主广泛多层制度化发展这一战略任务。引导省各民主党派、各人民团体、各族各界人士在学习的基础上加强贯彻落实，积极参与到人民政协事业发展中来，充分发挥人民政协作为协商民主重要渠道和专门协商机构的作用，共同提高政协履职能力。

3、加强学习型政协组织建设。通过会议、培训班、专题辅导讲座、党组理论学习中心组等多种学习形式，组织省政协各参加单位、各界别和省政协委员原原本本学习领会中共中央和省委精神，深刻领会和准确把握精神实质。注重学以致用、用以促学，结合研究全面建成小康社会、全面深化改革、全面推进依法治国、全面从严治党中的重要问题，努力提高学习的针对性和有效性。加强对政协机关干部学习的组织与指导，充分发挥专委会在学习型政协组织建设中的基础性作用，帮助委员知情明政，切实提高履职能力。加大对学习型政协组织建设的宣传力度，营造浓厚的学习氛围。

二、积极促进“五个湖北”建设，加快推进湖北“建成支点、走在前列”进程

4、坚持“民主、求实、团结、鼓劲”的方针，开好省政协十一届三次会议。做好会议筹备工作，精心组织省政协各参加单位、各界别和各位委员参加会议，紧紧围绕政府工作报告、“两院”报告和计划、预算报告，以及全省改革发展中的重要问题和涉及群众切身利益的实际问题协商议政、建言献策，紧紧围绕全省工作大局和政协工作任务审议省政协常委会工作报告、提案工作情况的报告和政治决议等，确保大会圆满成功。

5、开展好常委会协商议政工作。召开5次常委会议。1月下旬召开第一次常委会议，重点协商讨论政府工作报告（征求意见稿），审议省政协十一届三次会议的文件及其他有关事项。5月下旬召开第二次常委会议，重点协商讨论“科学编制我省‘十三五’规划”有关问题。8月下旬召开第三次常委会议，重点协商讨论“全面推进依法治国，建设法治湖北”有关问题。10月下旬召开第四次常委会议，重点协商讨论“学习贯彻省委政协工作会议精神，推进政协协商民主建设”有关问题。12月下旬召开第五次常委会议，重点协商讨论政府工作报告（征求意见稿），审议省政协十一届四次会议的文件及其他有关事项。

6、组织好常委专题协商会。7月份以“扩大湖北长江经济带对外开放”为主题，召开第一次常委专题协商会，由经济委员会承办。9月份围绕立法协商主题，召开第二次常委专题协商会，由社会和法制委员会承办。

7、开好月度界别协商座谈会。在上一年基础上增加1次界别协商，全年召开10次月度界别协商座谈会。3月份至12月份，分别就“推动武汉抗战纪念馆建设”、“发展乡村旅游，促进农民增收致富”、“我省基层妇联组织建设”、“互联网金融发展”、“切实加强我省突发性地质灾害防控”、“加快国有林场改革，推进国有林场转型发展”、“我省城乡少数民族散杂居和流动人口的服务管理”、“全面深化我省国有企业改革”、“推进县级公立医院改革”、“湖北移动互联和大数据运用”依次开展界别协商。

8、召开宏观经济形势分析会。发挥政协智力优势和组织优势，组织开好我省宏观经济形势分析会，分析新常态下我省经济发展面临的形势和问题，研判我省经济发展趋向，提出推进我省经济平稳较快发展的对策建议，为完善我省宏观经济决策提供参考。

9、做好政协经常性工作。一是加强提案工作，深入调研、科学论证，多提针对性、操作性强的建议，切实提高提案质量。大力推进提案办理协商，注重提案办理落实，切实提高提案办理实效。二是做好委员视察工作，健全完善视察工作机制，发挥视察在咨政建言、民主监督和反映社情民意信息等方面的作用。三是围绕“五个湖北”建设中的重要问题，深入开展专题调研，积极建言献策。进一步改进调研作风，深入基层、深入现场、深入群众，面对面听取基层群众的意见建议。改进调研方法，加强咨询论证，提高专题调研报告质量。加强议政建言成果转化运用和跟踪问效工作。四是围绕改革发展中的重要问题、社会建设和社会管理中的重要问题、带有苗头性倾向性的重要问题，做好反映社情民意信息工作，办好《社情民意专报》。五是成立民主监督组，选取有关专题，开展专项民主监督活动，切实履行民主监督职能。六是做好文史资料的征集和出版工作，办好《湖北文史》、《学习与思考》。

10、推进长期跟踪调研工作。继续围绕我省人民政协协商民主制度建设问题、生态文明建设体制与政策问题、我省重点工业领域节能减排问题、南水北调中线工程调水后对汉江中下游的影响及生态补偿机制问题、长江经济带及长江中游城市群建设问题、助推湖北集中连片特困地区经济社会发展问题、湖北社会管理创新问题、湖北城镇化建设问题、国家自主创新示范区及高新区比较研究问题、医药卫生体制改革问题、湖北民营经济发展问题等长期跟踪调研的重点课题，选择1-2个作为重点，成立专班，深入调研，咨询论证，以调研报告、提案、大会发言、社情民意信息等形式提出有价值、有分量的意见和建议。

三、加强团结联谊和对外交往工作，促进大团结大联合

11、加强团结联谊工作。根据中共中央和省委统一部署，做好中国人民抗日战争暨世界反法西斯战争胜利70周年纪念活动有关工作。办好迎新年茶话会、中秋戏曲晚会，营造欢乐祥和、团结和谐的氛围。组织好委员活动日、界别联谊、书画联谊等活动，增进广大政协委员和各族各界人士的交流和友谊。拓宽团结联谊渠道，做好新形势下政协群众工作，团结一切可以团结的力量，调动一切可以调动的积极因素，汇聚共襄湖北改革发展的正能量。

12、做好民族和宗教工作。全面贯彻党的民族和宗教政策，充分发挥政协独特优势，协助党和政府做好新形势下的民族宗教工作。找准政协在民族宗教领域的角色和定位，密切与少数民族界和宗教界人士的联系，积极引导各族群众增强对伟大祖国的认同、对中华民族的认同、对中华文化的认同、对中国特色社会主义道路的认同，充分发挥宗教界人士和信教群众在推动经济社会发展中的积极作用，促进民族团结、宗教和睦。

13、加强港澳台侨和对外交往工作。密切与港澳台各界的联系，促进鄂港、鄂澳、鄂台经济、文化、科技等方面交流与合作。支持省政协港澳委员履行职责，引导港澳委员为湖北发展献计出力。促进侨务政策落实，支持海外侨胞和归侨侨眷关心和参与湖北现代化建设与祖国和平统一大业。按照国家外交和省外事工作的总体部署，进一步加强人民政协公共外交工作，为扩大湖北对外开放和友好交往贡献力量。

四、协助省委召开政协工作会议，开展省政协成立65周年庆祝纪念活动

14、协助省委开好政协工作会议。围绕中共十八大、十八届三中全会和习近平总书记在庆祝人民政协成立65周年大会上的重要讲话精神及省委《关于加强和改进新形势下人民政协工作的决定》（鄂发\ [2010\] 20 号）的贯彻落实情况，就推进协商民主制度建设问题深入开展调研。根据中共中央和省委有关精神，协助省委起草关于加强人民政协协商民主制度建设的规范性文件，并抓好该文件的贯彻落实，切实推进政治协商、民主监督、参政议政制度建设。推动全省各地认真总结政协协商民主建设经验与做法，相互学习借鉴，促进共同发展。

15、开展省政协成立65周年庆祝纪念活动。组织召开庆祝政协湖北省委员会成立65周年大会，精心组织省政协成立65周年发展历程展、理论研讨等纪念活动，宣传政协履职成效，展示委员履职风采。

五、加强系统联动，密切政协组织间的联系、交流与协作

16、积极争取全国政协的指导。积极争取全国政协对湖北政协工作的重视、支持、指导。积极配合做好全国政协领导及有关方面在鄂视察、考察、调研的组织、协调、服务工作。积极开展与全国政协工作机构的联合调研。切实做好住鄂全国政协委员履职服务的各项工作，组织开展住鄂全国政协委员“汉江中下游生态环境保护”视察活动。

17、加强省际政协间的交流与协作。就湖北与有关省区市间经济社会发展面临的共同问题，开展联合调研、联名提案等活动，承办大别山区鄂豫皖三省政协主席联席会议第四次会议，积极参加省际政协会议和活动，形成合力，共推发展。做好赴外省区市政协的考察调研工作和外省区市政协来湖北考察的接待工作，学习借鉴工作经验，认真研究人民政协工作的共性问题。

18、重视和支持市州县政协工作。加强基层政协工作调研，总结和推广基层政协工作经验，支持基层政协履行职能。开好全省市州政协主席座谈会，研究和推进全省政协带共性的重要工作。加强省政协与市州县政协间的联合调研视察，支持武汉城市圈政协主席论坛和梁子湖四市政协联席会等区域政协协作机制，促进区域经济社会协调发展。发挥《湖北政协通报》、《湖北政协工作简报》等内刊和省政协网站的作用，反映基层政协工作动态，交流基层政协工作经验。

六、加强政协自身建设，提升政协履职能力

19、发挥民主党派和无党派人士作用。坚持省政协领导走访省各民主党派和省工商联制度，完善省各民主党派和无党派人士在省政协履行职能、发挥作用的工作机制，为他们在人民政协发挥作用创造条件。在推进人民政协协商民主建设和经常性工作中，注重发挥民主党派和无党派人士的作用。

20、加强政协界别工作。重视发挥界别作用，统筹协调各界别活动小组积极开展履职性活动和学习类活动。突出做好界别协商工作，深入开展界别调研考察，增强界别协商成效。有计划地安排界别委员列席省政协常委会议、常委专题协商会等。提倡以界别名义提交提案、进行大会发言、反映社情民意信息等。发挥省政协界别活动小组工作机制的作用，通过界别渠道加强与群众的联系。建立界别工作考核机制。

21、做好政协委员工作。以提高政协委员履职能力为重点，丰富和完善委员履职载体和平台，出台委员履职能力建设指导性文件。建立健全省政协党组成员联系党外常委、主席会议成员联系委员制度，落实好委员联系、服务群众制度。加强委员履职统计工作，建好委员履职数据库，健全和落实委员履职考评、通报制度，强化委员履职管理。加强委员服务工作，健全委员履职激励制度，保障委员民主权利，调动委员履职的积极性、主动性、创造性。创新方法和形式，加强委员学习培训，提高委员履职能力。

22、推进政协专门委员会建设。注重加强专门委员会人员配备，提高专门委员会组成人员和办公室工作人员的政治和业务素质，增强履职和服务能力。创新专门委员会工作方式方法，发挥好专门委员会在政协工作中的基础性作用。大力支持专门委员会发挥自身优势，围绕全省工作大局和省政协中心工作履行职能。召开省政协界别和专委会工作座谈会，总结、交流经验做法，进一步推动政协专门委员会建设。

23、加强政协机关建设。认真贯彻落实中共中央和省委有关规定，全面推进机关思想建设、组织建设、作风建设、制度建设和反腐倡廉建设，强化机关干部责任意识、干事意识、自律意识，树立政协机关良好形象。推进“学习型、服务型、创新型、和谐型”政协机关建设，提升政协机关政务、事务、服务能力，提高机关工作水平。采取多种措施，提高综合素质，加强机关干部队伍建设。

24、加强政协理论研究和宣传工作。加强对政协协商民主等重大理论和实践问题的研究。发挥省人民政协理论研究会的作用，召开湖北省“加强人民政协履职能力现代化建设”理论研讨会。实行省人民政协理论研究课题招标制，建立省人民政协理论研究基地。加强人民政协宣传工作，进一步密切省政协办公厅与省主要新闻媒体的协作，提高湖北日报“议政建言”专版和湖北广播电视台“提案追踪”专栏的质量；与市州县政协合办专题专栏，加强对基层政协工作的宣传力度；办好《世纪行》杂志、省政协网站、湖北手机报政协版，增强政协宣传的吸引力和影响力。

政协湖北省委员会
关于表彰省政协十一届二次会议以来优秀提案的决定

（2015 年 1 月 5 日十一届省政协第十八次主席会议通过）

省政协十一届二次会议以来，省各民主党派、工商联，有关人民团体，省政协专门委员会和政协委员（以下简称提案者），积极运用提案参政议政，建言献策。提案者围绕实施我省重大发展战略、推动全面深化改革、保障和改善民生、促进社会事业进步、维护社会和谐稳定、加强生态文明建设等方面，经过精心选题、深入调研、充分论证，提出了许多有情况、有分析，建议合理、操作性强的提案，共审查立案 837 件。这些提案通过承办单位的积极采纳和认真办理，对推动"五个湖北"建设提供了重要参考，产生了积极效果。

为充分发挥优秀提案的示范作用，更好地调动提案者运用提案履行职能的积极性，促进提案质量进一步提高，根据省政协《提案工作条例》和《关于评选表彰优秀提案的实施办法》的规定，在广泛征求各方面意见，认真组织推荐和聘请专家评议的基础上，经十一届省政协第十八次主席会议审议通过，决定对省政协十一届二次会议以来的《关于加强农村生态环境保护夯实生态湖北建设基石的建议》等 68 件优秀提案予以表彰。

希望省政协各参加单位、各界别小组、各专门委员会和政协委员，深入贯彻落实中共十八大和十八届三中、四中全会精神，围绕实施中共湖北省委的重大部署，推动深化改革、扩大开放、科技创新、改善民生、保护环境和加强法治等重要议题，广泛了解社情民意，深入实际调查研究，努力提出更多有价值的提案，为湖北实现"建成支点、走在前列"总体目标作出新的更大的贡献。

特此决定。

附件：省政协十一届二次会议以来优秀提案目录

附件

省政协第十一届二次会议以来优秀提案建议方案（目录）

序号	案 号	案 由	提案者	推荐单位
1	20140002	关于加强农村生态环境保护 夯实生态湖北建设基石的建议	省民革	郑心穗副主席督办 省环保厅
2	20140018	关于合力打造长江黄金水道 推进长江中游水运发展的建议	省民革	王国生省长领办 省发改委
3	20140019	加快推进我省司法鉴定制度改革 进一步完善司法鉴定管理体制	省民革	省司法厅
4	20140027	关于加强湖北职业教育的意见与建议	省民盟	郭生练副省长领办 省教育厅
5	20140032	湖北省农业规模化经营现状与建议	省民盟	肖旭明副主席督办 省农业厅
6	20140041	做好我省雾霾天气治理的十条建议	省民盟	提案追踪栏目
7	20140053	关于加强治理农村面源污染的建议	省民建	提案追踪栏目
8	20140061	科技金融支持科技型中小企业发展的对策	省民建	郭跃进副主席督办 中行武汉分行
9	20140064	湖北城镇化进程中城市新区发展的政策建议	省民建	省民建
10	20140067	关于加快推进武汉长江中游航运中心建设的建议	省民进	杨松主席督办 武汉新港管委会
11	20140072	支持我省民办养老机构的建设和发展的建议	省民进	省民政厅
12	20140079	关于加强三峡工程影响下岩溶塌陷等地质灾害防治的建议	省民进	省民进
13	20140085	解决县级公立医院改革试点面临问题的对策建议	省农工	陈天会副主席督办 省卫计委
14	20140100	关于推进家庭农场健康发展的建议	省农工	省农业厅
15	20140109	关于对南水北调中线水源区生态环境损害成本和修复效益进行科学评估的建议	省农工	省南水北调
16	20140122	关于加强对政策扶持基金监管的建议	省致公	省致公
17	20140123	关于增强我省中小学生体质健康的建议	省致公	张柏青副主席 省教育厅

序号	案 号	案 由	提案者	推荐单位
18	20140124	关于大力推进我省“智能电网”建设的建议	省致公	省电力公司
19	20140132	关于完善农村土地承包经营权流转制度的建议	省九三	省九三
20	20140138	加强科技政策及机制改革 提高科技成果转化率	省九三	省九三
21	20140145	防范湖北省内“地方融资平台”隐蔽融资，规避监管的金融风险集聚问题	省九三	田玉科副主席督办 省审计厅
22	20140153	关于进一步健全完善我省农村养老服务体系的建议	省台盟	陈天会副主席督办 省民政厅
23	20140157	关于大力推进我省废弃矿山生态系统修复工作的建议	省台盟	甘荣坤副省长领办 省国土资源厅
24	20140159	关于大力支持我省企业实施品牌战略的建议	省台盟	许克振副省长领办 省质监局
25	20140160	关于加快我省富硒土壤资源开发与利用的建议	省政协人资环委	省委财经办
26	20140161	关于加大武汉软件新城建设推进武汉暨全省软件信息服务业跨越式发展的建议	省政协教科文委	省政协教科文
27	20140163	关于推进湖北宗教公益慈善事业发展的提案	省政协民宗委	省民宗委
28	20140164	关于将随州重要古文化遗存列入国家大遗址保护片区予以保护和利用的提案	省政协文史委	王振有副主席督 省政协文史委
29	20140183	关于进一步加强农村信息化建设的提案	张薇	省科技厅
30	20140188	关于为中小企业发展提供人才服务的建议	张崇超	省人社厅
31	20140195	关于为种粮大户提供金融支持的建议	潘巧莲	省农业厅
32	20140207	政企联动推进国企退休人员社会养老服务体系建设	赵晋华	省国资委
33	20140212	关于创建全国最佳食品安全放心省的建议	吕春建	省高检
34	20140224	关于推进鄂豫皖大别山革命文物保护工作的建议	袁顺桃	省文化厅
35	20140296	关于推进武昌旧城改造路径和对策的建议	卢纲等3人	武汉市政府
36	20140338	关于推进我省建筑工业化加快发展的建议	王建华	省住建厅

序号	案 号	案　　由	提案者	推荐单位
37	20140375	关于壮大江汉平原城市城市集群，夯实湖北崛起战略支点的建议	韩民春	省发改委
38	20140424	关于湖北省引进和造就科技及企业管理高层人才的建议	陈晓芳	省组织部
39	20140439	关于进一步加强对孤独症儿童的康复教育救助及安置的提案	陶慧芬等3人	省政协社法委
40	20140445	关于加强湖北品牌建设的建议	省工商联	省工商局
41	20140447	关于促进湖北民营经济平等参与市场竞争的建议	省工商联	省工商联
42	20140474	关于在武汉建中国抗日战争武汉纪念馆以此纪念抗日战争胜利70周年的建议	李坦等2人	武汉市政府
43	20140477	关于进一步加大幕阜山片区扶贫开发支持力度的建议	省政协经济委	王晓东常务副省长领办 省政协经济委
44	20140479	关于完善我省被征地农民社会养老保险制度的建议	省政协社法委	吕忠梅副主席督办 省人社厅
45	20140518	关于加强鄂台文化交流的几点建议	朱书刚	省委台办
46	20140520	关于高度重视并引导湖北互联网金融发展的建议	刘冬姣	省银监局
47	20140543	科学有序开发利用我省城市地下空间资源	江利平	省住建厅
48	20140566	关于建立省级少数民族流动人口服务管理工作保障机制的建议	张学忙等3人	省民宗委
49	20140573	关于“强制实施全省重金属污染物定点化、园区化、循环化处置”的建议	许开华等7人	省政协社法委
50	20140603	关于切实加大南湖水污染治理力度的建议	徐礼华	武汉市政府
51	20140636	重视“法治湖北、平安湖北”建设，加强打击出售管制刀具枪支违法活动	释圣君等3人	曾欣副省长领办 省公安厅
52	20140658	关于抓好驻鄂部队随军家属行政调配安置计划督办落实的建议	卢剑等9人	省政协提案委
53	20140661	关于大力发展湖北省油茶产业　推动绿色经济崛起的提案	杨兵等4人	梁惠玲副省长领办 省林业厅
54	20140680	关于加快湖北县域经济发展的建议	叶青	省委编办
55	20140686	关于加强未成年人自护教育的几点建议	吴朝安等2人	省政协社法委

序号	案 号	案 由	提案者	推荐单位
56	20140689	破解农业企业融资难问题，推进农业大省向农业强省的跨越步伐	涂国华等12人	省证监局
57	20140696	关于进一步加强农村留守女孩性安全教育和保护的提案	省妇联	省妇联
58	20140697	治理交通要“疏”大于“堵”	周永春	省公安厅
59	20140718	释放改革红利：吸纳更多香港和社会资本投资现代服务业发展建议	谢俊明	省发改委
60	20140727	关于建立湖北省事业单位专业技术二级领军岗位制度的七条建议	杨少杰等4人	省政协社法委
61	20140729	关于推进政府购买社会服务的建议	王友锋等5人	省政协社法委
62	20140775	关于加快新型城镇化背景下城镇污水和垃圾处理设施建设的建议	李华等5人	曹广晶副省长领办 省住建厅
63	20140778	关于加快新媒体产业发展的建议	丁勤等5人	省新闻出版局
64	20140781	探索对接“国家公园”制度 加强我省自然保护区的建设和管理	黄德华	省林业厅
65	20140782	加大落实渣土车的管理力度 有效降低扬尘对大气污染的建议	张三平	省住建厅
66	20140787	以改革创新精神加强协商民主制度建设	欧阳康等19人	范兴元常务副主席督办 省委统战部
67	20140807	关于加大对中小微科技企业创新扶持力度的建议	黄昆等6人	刘善桥副主席督办 省科技厅
68	20140808	关于健全药品供应保障体制的建议	彭绍蓉等6人	省物价局

十一届省政协理论学习中心组2015年学习计划

（2015年1月20日省政协十一届十九次主席会议通过）

第一次（2月）

学习专题：学习习近平总书记在十八届中央纪委五次全会上的重要讲话和中央纪委五次全会精神，学习省委书记李鸿忠在省纪委十届五次全会上的讲话精神和省纪委五次全会精神；学习《习近平关于党风廉政建设和反腐败斗争论述摘编》。

学习目的：通过学习贯彻习近平总书记重要讲话和中纪委、省纪委全会精神，深刻领会精神实质，统一思想，忠实践行，推动形成不敢腐、不能腐、不想腐的有效机制。

阅读书目：《中国共产党第十八届中央纪律检查委员会第五次全体会议公报》；习近平总书记在十八届中央纪委第五次全体会议上的重要讲话；《习近平关于党风廉政建设和反腐败斗争论述摘编》；《十八届中央纪委第五次全会精神传达提纲》；李鸿忠同志在省纪委十届五次全会上的讲话、侯长安同志在省纪委十届五次全会上的工作报告。

学习方法：分散自学，在此基础上集中学习。杨松同志主持集中学习。请王振有、陈天会、肖旭明同志作中心发言，其他成员讨论发言。本次学习活动与省政协办公厅理论学习中心组集中学习一并进行。

第二次（3月）

学习专题：学习全国“两会”精神。

学习目的：通过传达学习全国“两会”精神，学习人民政协理论和统一战线知识，领会全国政协对当前人民政协工作的新要求；结合实际，研究探讨做好新形势下我省政协工作的思路。

阅读书目：全国政协有关领导的讲话；全国“两会”传达学习材料。

学习方法：参加省委、省政协组织的各项传达贯彻活动，分散自学，在此基础上集中学习。杨松同志主持集中学习。请郑心穗、吕忠梅、张柏青、郭跃进、田玉科同志作中心发言，其他成员讨论发言。

第三次（6月）

学习专题：学习《中共中央关于加强社会主义协商民主建设的意见》（中发［2015］3号）、全国政协相关配套文件。

学习目的：通过学习《中共中央关于加强社会主义协商民主建设的意见》（中发［2015］3号）、全国政协相关配套文件，深刻理解社会主义协商民主的重大意义、指导思想、基本原则和渠道程序，更加深入贯彻落实党的十八大和十八届三中、四中全会精神，推进协商民主广泛多层制度化发展，为建设社会主义政治文明，推进国家治理体系和治理能力现代化，作出应有贡献。

阅读书目：《中共中央关于加强社会主义协商民主建设的意见》、全国政协相关配套文件。

学习方法：在分散自学的基础上集中学习。杨松同志主持集中学习。请范兴元、王振有、陈天会、刘善桥、肖旭明同志作中心发言，其他成员讨论发言。

第四次（9月）

学习专题：学习省委政协工作会议精神。

学习目的：深入学习贯彻省委政协工作会议精神，认真履行政治协商、民主监督、参政议政职能，充分发挥人民政协作为协商民主专门机构作用和重要渠道作用。

阅读书目：省委政协工作会议领导讲话和有关文件。

学习方法：在分散自学的基础上集中学习。杨松同志主持集中学习。请范兴元、郑心穗、肖旭明、吕忠梅、刘安民同志作中心发言，其他成员讨论发言。

第五次（11月）

学习专题：学习中共十八届五中全会精神。

学习目的：深入学习贯彻中共十八届五中全会精神，进一步明确我省政协工作的指导思想、重要任务和工作部署，增强围绕中心、服务大局的意识，提高参政议政实效。

阅读书目：中央全会决议及有关学习材料。

学习方法：在分散自学的基础上集中学习。杨松同志主持集中学习。请王振有、陈天会、刘善桥、郭跃进、田玉科同志作中心发言，其他成员讨论发言。

以上学习内容、时间、方法均可根据实际情况作相应调整。

除集中学习外，中心组成员应参加省政协常委会议后举办的有关专题讲座和其他学习活动。

中国人民政治协商会议
湖北省第十一届委员会第三次会议政治决议

（2015年1月31日政协湖北省第十一届委员会第三次会议通过）

中国人民政治协商会议湖北省第十一届委员会第三次会议，于2015年1月26日至31日在武汉举行。

会议期间，全体政协委员以高度的政治责任感和求真务实精神，认真履行职责，就全省经济、政治、文化、社会、生态文明建设中的重要问题和涉及群众切身利益的实际问题，深入协商议政，积极建言献策，并就加强政协工作提出意见建议。会议听取、讨论并赞同王国生省长所作的政府工作报告，赞同省高级人民法院工作报告、省人民检察院工作报告以及计划、预算报告。会议审议批准杨松主席代表十一届省政协常务委员会所作的工作报告，审议批准张柏青副主席代表十一届省政协常务委员会所作的提案工作情况的报告。会议圆满完成了各项任务，是一次民主、团结、求实、奋进的大会。

会议认为，2014年，中共湖北省委坚决贯彻落实党要管党、从严治党要求，着力加强作风建设，持续推进反腐倡廉工作，广大党员干部贯彻党的群众路线的自觉性明显增强，一些群众反映强烈的突出问题得到解决，一些影响群众切身利益的难点问题得到突破，一批违法违纪的干部受到惩处，委员们表示拥护。面对错综复杂的国内外环境和艰难繁重的改革发展稳定任务，中共湖北省委团结带领全省人民，围绕“建成支点、走在前列”总目标，坚持“稳中求进”工作总基调和“竞进提质、升级增效”工作总要求，践行“绿色决定生死、市场决定取舍、民生决定目的”三维纲要，开拓进取、奋勇前行，全面深化改革实现良好开局，适应经济新常态取得良好开端，委员们给予肯定。政协湖北省第十一届委员会及其常务委员会认真贯彻落实中共中央和中共湖北省委决策部署，围绕中心、服务大局，在服务改革创新发展、促进社会和谐稳定、推进协商民主建设等方面都有新进展，委员们表示满意。

会议认为，中共湖北省委书记李鸿忠同志在会上所作的重要讲话，对过去一年省政协工作给予了充分肯定，对当前和今后一个时期全省政协工作寄予了殷切希望，对各级党委加强和改进对人民政协的领导提出了明确要求，对进一步推动新形势下全省人民政协事业发展具有重要指导意义。全省各级政协组织、政协各参加单位和广大政协委员要深入学习领会，认真贯彻落实。

会议认为，2015 年是全面深化改革的关键之年，是全面推进依法治国的开局之年，是全面完成“十二五”规划的收官之年，做好 2015 年工作，意义重大。委员们建议，要深刻认识经济发展新常态的必然性、决定性和过程性，做到观念上适应、认识上到位、方法上对路、工作上得力，继续坚持“竞进提质、升级增效”的工作总要求，牢牢把握“三维纲要”，一心一意谋发展，促进经济平稳较快发展。要坚定不移稳增长，做大做强做实工业，推进农业现代化，突破性发展战略性新兴产业，加快发展现代服务业；坚定不移抓投资，抓好重大基础设施建设，夯实发展“底盘”；坚定不移转方式，重点抓好绿色转型、市场转型和创新驱动转型；坚定不移促改革，以问题为导向，鼓励基层探索，强化严督实察，确保各项改革举措落地生根，在适应和引领新常态中争取新作为。要扎扎实实做好民生工作，特别是要做好扶贫开发和困难群众基本生活保障工作。全省各级政协组织和广大政协委员要主动认识新常态，深入进行调研视察、协商议政，积极开展民主监督，讲真话、进诤言、谋良策，努力促进我省改革发展稳定。

会议指出，中共十八届四中全会是中国共产党历史上首次以“依法治国”为主题召开的一次中央全会，具有里程碑意义。中共湖北省委十届五次全体（扩大）会议认真贯彻落实中共十八届四中全会精神，对全面推进法治湖北建设作出了全面部署。全省各级政协组织、政协各参加单位和广大政协委员要认真贯彻落实中共十八届四中全会和中共湖北省委十届五次全体（扩大）会议精神，把思想和行动统一到中共中央和中共湖北省委重大方针政策和决策部署上来，积极围绕全面推进法治湖北建设深入调查研究、开展协商讨论、积极建言献策、实行民主监督，以法治思维和法治方式履行职责，努力成为法治的忠实崇尚者、自觉遵守者、坚定捍卫者。

会议指出，协商民主是中国社会主义民主政治中独特的、独有的、独到的民主形式。人民政协是我国社会主义协商民主的重要渠道和专门协商机构。全省各级政协组织要认真学习贯彻《中共中央关于加强社会主义协商民主建设的意见》精神，切实把协商民主贯穿履行职能全过程，推进政治协商、民主监督、参政议政制度建设，不断提高人民政协协商民主制度化、规范化、程序化水平。要拓展协商内容、丰富协商形式，更加灵活、更为经常开展专题协商、对口协商、界别协商、提案办理协商，探索网络议政、远程协商等新形式，提高协商实效，努力营造既畅所欲言、各抒己见，又理性有度、合法依章的良好协商氛围。

会议强调，全省各级政协组织要充分发挥人民政协作为我国最广泛的爱国统一战线组织作用，广泛凝聚实现中华民族伟大复兴和湖北现代化建设的强大正能量。积极为民主党派和无党派人士在政协更好发挥作用创造条件，不断巩固和发展我国新型政党关系。充分发挥民族、宗教界人士在推动我省经济社会发展中的积极作用，促进民族团结、宗教和睦。深入做好群众工作，引导所联系群众支持和参与改革发展，为改革发展添助力、增合力。充分发挥住港澳省政协委员作用，促进“一国两制”方针在港澳地区顺利实施，加强鄂港、鄂澳合作交流，维护香港、澳门长期繁荣稳定。坚持“两岸一家亲、共筑中国梦”，拓展同台湾岛内政团社团和各界人士的联系和沟通，促进两岸关系和平发展。加强与海外侨胞和归侨侨眷的联系，鼓励他们参与湖北现代化建设。按照国家外交工作方针和省委外事工作部署，深化人民政协对外友好交往工作，为湖北改革发展创造良好条件。

会议指出，人民政协是国家治理体系的重要组成部分。全省各级政协组织要适应全面深化改革的要求，以改革思维、创新理念、务实举措大力推进履职能力建设，切实提高政治把握能力、调查研究能力、联系群众能力、合作共事能力，努力在推进我省治理体系和治理能力现代化中发挥更大作用。政协委员具有一定的影响力和示范性，要增强委员意识，履行委员职责，恪守宪法法律，锤炼道德品行，改进工作作风，切实发挥在本职工作中的带头作用、政协工作中的主体作用、界别群众中的代表作用，不负重托，不辱使命。

会议号召，全省各级政协组织、政协各参加单位和广大政协委员，要高举中国特色社会主义伟大旗帜，全面贯彻落实中共十八大和十八届三中、四中全会精神，更加紧密地团结在以习近平同志为总书记的中共中央周围，在中共湖北省委的领导下，主动谋事、认真干事、努力成事，为加快“建成支点、走在前列”进程和“五个湖北”建设作出新的更大贡献！

中国人民政治协商会议湖北省第十一届委员会第三次会议
关于政协湖北省第十一届委员会常务委员会工作报告的决议

（2015年1月31日政协湖北省第十一届委员会第三次会议通过）

中国人民政治协商会议湖北省第十一届委员会第三次会议，批准杨松主席代表政协湖北省第十一届委员会常务委员会所作的工作报告。

2015 年度省政协委员视察工作计划

（2015 年 2 月 15 日省政协十一届二十次主席会议审议通过）

2015 年，是全面深化改革的关键之年，是全面推进依法治国的开局之年，是全面完成“十二五”规划的收官之年，也是加强人民政协协商民主制度建设、推进人民政协事业发展的重要一年。为做好 2015 年度省政协委员视察工作，特制定视察工作计划如下：

一、指导思想

高举中国特色社会主义伟大旗帜，以邓小平理论、“三个代表”重要思想、科学发展观为指导，深入贯彻中共十八大、十八届三中、四中全会精神和习近平总书记系列重要讲话精神，深入贯彻省第十次党代会和省委十届四次、五次全体（扩大）会议精神，围绕全省中心工作，组织委员深入实际、深入基层、深入现场，对全省乃至国家重大方针政策的贯彻落实情况，对全省经济社会发展中重大项目的规划建设情况，对人民群众普遍关注的问题，进行巡视察看，咨政建言，反映社情民意，开展民主监督，进一步推动年度委员视察工作取得更好成效，为加快湖北“建成支点、走在前列”进程和“五个湖北”建设作出新的贡献。

二、视察选题及组团安排

2015 年度省政协委员视察共安排 10 个选题，分别组成以下 10 个视察团：

1. “汉江中下游生态环境保护”常委视察团，由省政协办公厅负责承办；
2. “清江水资源保护”委员视察团，由省政协委员工作委员会负责承办；
3. “新常态下山区县域经济发展”委员视察团，由省政协提案委员会负责承办；
4. “秦巴山片区乡（村）公路建设”委员视察团，由省政协经济委员会负责承办；
5. “全省重大地质灾害问题”委员视察团，由省政协人口资源环境委员会负责承办；
6. “推进学前教育改革发展”委员视察团，由省政协教科文卫体委员会负责承办；
7. “我省司法体制改革试点工作”委员视察团，由省政协社会和法制委员会负责承办；
8. “城市民族工作”委员视察团，由省政协民族和宗教委员会负责承办；
9. “重建武昌文庙　传承荆楚文脉”委员视察团，由省政协文史和学习委员会负责承办；
10. “优化外资企业发展环境”委员视察团，由省政协港澳台侨和外事委员会负责承办。

三、工作要求

2015 年省政协委员视察工作，要切实按照《政协湖北省委员会委员视察工作条例》

及实施细则、《政协湖北省委员会关于加强和改进委员视察工作的意见》的要求，严格遵守中央八项规定、省委六条意见，加强领导，周密策划，精心组织，努力提高视察工作的水平和实效。

1. 加强对视察的领导和组织协调。视察活动由省政协办公厅统一组织，每个视察团的承办责任处室事先要提出视察工作方案，报办公厅审批后统筹安排、组织实施。

2. 充分发挥委员的主体作用。政协委员是视察工作的主体，视察活动的全过程都应注重发挥委员的积极性、主动性和创造性。参加视察的委员要全身心地投入视察工作，积极提出有价值的意见和建议。坚持从实际出发，合理安排参加视察的委员界别、专业结构及成员规模，视察团一般不超过 20 人。视察过程中，应注意吸收被视察地方的省政协委员参加视察活动。

3. 认真做好视察的前期准备工作。各视察团在视察前，应召开组团会议，会议的内容：一是要结合视察选题认真学习中央及省委、省政府相关文件和政策法规；二是要商请省直有关部门为参加视察的委员介绍选题情况；三是要研究视察方案的实施内容，包括视察提纲、日程安排、预期的视察成果等，要增强视察的针对性，注重可行性和可操作性，要使参加视察的委员统一思想，明确任务和要求。组团会议后，承办责任处室应及时将视察方案提供给视察团所到地方的政协、政府和有关部门，并请他们按视察方案的要求认真准备书面介绍材料，协助做好接待视察的各项准备工作。

4. 精心组织实施视察活动。视察中，要认真听取情况介绍，组织视察团成员内部座谈，在委员充分讨论、达成共识的基础上，与当地政府、政协认真交换视察意见。

5. 努力提高视察实效。充分发挥委员视察对咨政建言、反映社情民意、开展民主监督的重要作用。视察结束后，要在 15 日内撰写出视察报告，1 个月内由省政协办公厅统一报送省委、省政府及有关部门。要根据视察内容，通过议政建言、提案、社情民意等渠道，充分反映视察成果。对视察报告的起草，委员应积极发表意见，切实履行职责。省政协办公厅要积极做好视察报告的跟踪反馈工作，加大视察成果的转化和落实力度。

6. 加大委员视察工作的宣传力度。认真做好本年度委员视察工作的宣传策划，通过省政协内部刊物、网站及省主要新闻媒体，及时报道视察情况和视察成果的转化落实情况，扩大委员视察的社会影响。

7. 合理安排视察时间。各视察团应根据视察选题的需要合理确定视察的时间，应在 12 月前全部完成视察任务。

附件：《2015 年度省政协委员视察工作计划》

案　号	案　　由	提案者	办理单位	办理工作责任单位	督办活动组织协调	督办主席	备注
20150162	关于加大我省古民居村落保护与利用 发展生态文化旅游业的建议	省政协教科文卫体委员会	省文化厅、省财政厅、省住建厅、省旅游局、恩施州政府	省文化厅	省政协港澳台侨和外事委员会	陈天会副主席	
20150071	关于加强长江中游故道群湿地保护与管理建议	省民进	荆州市政府、省林业厅、省农业厅、省环保厅	荆州市政府	省政协教科文卫体委员会	刘善桥副主席	
20150022	加快推动湖北汉江生态经济带与长江经济带协同发展的思考与建议	省民盟	省发改委、省环保厅	省发改委	省政协民族和宗教委员会	肖旭明副主席	
20150140	推进长江经济带与汉江生态经济带协调与融合发展	省台盟	省发改委、省环保厅、省交通运输厅、省住建厅、省水利厅				
20150026	积极推进养老和医疗的无缝对接的对策建议	省民盟	省卫生计生委、省民政厅	省民政厅	省政协社会和法制委员会	吕忠梅副主席	
20150076	大力推进医养结合模式 促进我省养老事业持续健康发展	省农工	省民政厅、省卫生计生委、省人社厅、省国土资源厅、省财政厅				
20150107	关于全面推进农村生活污水治理工作的建议	省致公	省环保厅、省住建厅	省环保厅	省政协提案委员会	张柏青副主席	
20150047	关于我省长江经济带战略的几点思考与建议	省民建	省发改委、省交通运输厅、长江航务管理局、武汉市政府	省发改委	省政协经济委员会	郭跃进副主席	
20150123	推进建筑产业现代化 建设绿色生态湖北	省九三	省住建厅、省科技厅、省财政厅、省质监局、人行武汉分行	省住建厅	省政协教科文卫体委员会	田玉科副主席	

2015年度省政协办公厅定点帮扶工作方案

（2015年4月27日）

为深入推进新形势下扶贫攻坚工作，做好省政协机关干部驻村帮扶工作，按照省扶贫开发领导小组办公室《关于报送2015年度行业扶贫和定点帮扶工作方案的函》的要求，现制订定点帮扶实施方案如下：

一、指导思想

坚持以邓小平理论、“三个代表”重要思想和科学发展观为指导，认真学习习近平总书记关于扶贫开发工作的重要讲话精神，学习贯彻党中央、国务院关于开展精准扶贫的战略部署，贯彻落实省委、省政府关于扶贫开发和新农村建设的有关文件精神，在省政协两级党组和省扶贫办的领导和支持下，按照“统筹城乡、消除贫困、缩小差距、稳定脱贫、构造和谐”的20字总体要求，以省政协办公厅驻房县化龙堰镇高桥沟村脱贫奔小康为重点，结合新农村建设、“三万”活动的目标任务，积极发挥政协组织优势，在推进农业产业化扶贫、加强项目支持扶贫等方面加大力度，促进农民较快增收，为建设繁荣、宽裕、文明、和谐、民主的社会主义新农村作贡献。

二、加强组织领导

省政协办公厅成立定点帮扶工作领导小组，由省政协秘书长、办公厅主任、党组书记刘安民任组长，省政协副秘书长杨明福、曾鑫任副组长，机关党委负责牵头做好组织协调工作，省政协办公厅接待处调研员、省政协驻房县新农村建设工作队队长李君柱同志具体负责定点帮扶工作；办公厅党组上半年、下半年各召开一次定点帮扶工作专题会议，研究部署定点帮扶工作，并将定点帮扶工作纳入2015年度省政协办公厅目标责任管理范围，明确责任领导、责任人和完成时限，确保定点帮扶工作落到实处。

三、开展帮扶工作的内容

以开展新一年新农村建设、第五轮“三万”、“双联双促”活动为载体，主要着眼于围绕“生产发展、生活宽裕、乡风文明、村容整洁、管理民主”二十字方针，对驻点村高桥村加大帮扶力度，围绕产业发展、基础设施建设、集体经济发展等重点方面，按照办公厅领导“定规划、抓项目、跑经费、促发展”的要求，认真履行指导、帮助、监督、服务职能，努力把驻点村建设成为富庶、文明、幸福、和谐的美丽新村庄。

1、围绕今年“三万”主题，改善基础交通设施。根据村域内交通网不够合理、完善的现状，完成高桥村至汤峪村连接道路硬化2公里；完成高桥村村内危桥改造2座；村内公路配套安全设施建设。

2、围绕房县当地规划，打造美丽乡村。配合高桥村打造省级“美丽乡村”的规划，完成高桥村片区开发，为高桥村实施夜间照明工程，建设太阳能路灯 30 盏；完成高桥村，村内绿化美化，村民院内植树等绿色环境整治活动，达到美丽乡村规定的人均绿化面积。

3、围绕百姓生活，落实安全饮水。围绕去年工作内容之一，解决全村老百姓饮水难的问题，确保在高桥村河道上游流域选址建设的水厂能在今年年中供水，并做好相关的后期配套工程。切实解决全村 337 户，1349 人的饮水问题。

4、围绕基础条件，壮大特色产业。结合村域现有的产业发展格局，在资金、人力、技术等方面加大投入，提档升级现有的核桃、苗圃和采穗甫基地，优化核桃 800 亩，苗圃 1000 亩；继续新引进、培植特色种养殖大户 8 户。

5、围绕城乡统筹，实施小区建设。在边远村户的集中居住地在村域内选址基础上，进一步规划和打造一个 90 户规模的居民小区，并配套相应基础设施建设，努力实现民众集中居住，共同富裕的生活目标。

6、围绕自身优势，达到精准扶贫。围绕村域劳动力资源丰厚，区位条件明显优势，结合特色的核桃、中药种植，羊类养殖业现有基础，吸引本地有志青年回乡创业，并积极帮助当地现有农户吸引外部资金助力，做到精确扶贫，共同富裕。

7、围绕民生期盼，加强幼儿学校师资以及其他配套设施建设。村委会旁村民广场已建设一所能容纳 50 名儿童就学的幼儿园，但由于是新建幼儿园，师资以及其他配套设施较为滞后。为村幼儿园引进有幼师资格老师 1-2 名，建设有防护措施的幼儿游乐设施 1-2 座。

四、保障措施

1、省政协办公厅要加强对扶贫开发、新农村建设及“三万”的指导工作，选派有担当精神、有工作能力的机关干部赴驻点开展定点帮扶活动，要千方百计从办公厅经费中挤出资金资助驻点村的扶贫建设。

2、围绕打造“美丽村庄”，利用有利条件，科学规划，缜密决策，精心布局，合力制定新农村建设规划。

3、组织和依靠广大群众积极参与，自主投入，鼓励和引导在外能人志士发扬自力更生，回乡创业发展。

4、加强对村干部群众的科学技术培训，同时加大各种惠农政策的宣传，努力提高广大群众的科学文化素质，力促他们成为懂科学、有技术的新型农民。

5、全力做好协调服务工作，确保帮扶出成效。省政协办公厅新农村建设工作队要按照省扶贫办和省政协办公厅党组要求，坚持每月在村镇驻点不少于 15--20 天；对帮扶点，要积极宣传党的强农惠农政策，深入农户家中走访，了解群众所需、所求、所盼，加深与农民朋友的感情，多做交流工作；省政协机关相关处室和新农村建设工作队的同志，要积极协同帮扶县、镇的有关领导走访省政府、省财政厅、省扶贫办、省新农办、省发改委、省商务厅、省农业厅、省交通厅等单位，积极争取资金和项目，为驻点村农民尽快脱贫致富奔小康做出积极贡献。

关于开展政治纪律和政治规矩集中教育活动的通知

（2015 年 3 月 31 日）

机关各党支部：

为深入贯彻党的十八大、十八届三中、四中全会和习近平总书记系列重要讲话精神，按照十届省纪委五次全会关于加强党的政治纪律建设的工作部署和《中共湖北省委办公厅关于开展政治纪律和政治规矩集中教育活动的通知》要求，研究决定，3 月底至 4 月底在省政协机关党员干部中开展政治纪律和政治规矩集中教育活动。现将活动有关事项通知如下：

一、活动主题

严明政治纪律、严守政治规矩。

二、活动目的和意义

通过开展集中教育活动，引导机关党员干部掌握党的政治纪律、政治规矩的基本内涵、主要内容和基本要求，深刻领会精神实质，切实解决在遵守政治纪律、政治规矩和组织纪律方面存在的突出问题，自觉做到严守政治纪律和政治规矩，为我省加快实现“建成支点、走在前列”战略目标和省政协“谋事、干事、成事”提供坚强思想政治保障。

三、活动内容及安排分工

（一）集中学习。各党支部要组织党员干部重点学习《中国共产党章程》、《中国共产党党内政治生活的若干准则》、《中国共产党纪律处分条例》、《习近平关于党风廉政建设和反腐败斗争论述摘编》、《政治纪律和政治规矩党员干部读本》等。（牵头单位：机关各党支部）

（二）集中研讨。在各党支部组织党员干部围绕活动主题，联系个人思想、工作实际开展讨论的基础上，各党支部书记代表所在支部在机关党员干部大会上就“如何做到严守政治纪律和政治规矩、组织纪律”进行交流发言。（牵头单位：机关党委）

（三）集中专题辅导。邀请专家作一次集中专题辅导。（牵头单位：机关纪委）

（四）组织观看一次影视教育片。（牵头单位：机关纪委）

四、有关要求

（一）加强组织领导。各党支部要增强政治责任感，落实主体责任，把政治纪律和政治规矩集中教育活动作为当前一项重要政治任务，以饱满的政治热情，集中精力，精心组织，周密安排，密切配合，抓好各项工作落实，确保活动取得实效。各级领导干部要发挥示范作用，带头学习，带头参加所在支部讨论，带头守纪律、讲规矩。

（二）坚持统筹兼顾。各党支部要把集中教育活动与学习贯彻党的十八大、十八届三中、四中全会和习近平总书记系列重要讲话精神结合起来，与贯彻落实十八届中央纪委五次全会和十届省纪委五次全会精神结合起来，与机关“三抓一促”活动和处室各项业务工作结合起来，推动活动经常化、制度化、规范化。积极参加机关开展的有关集中教育活动，妥善处理工学矛盾，做到两不误、两促进、两提高，努力形成集中教育活动与政协机关各项工作相互融合、相互促进的良好局面。

（三）积极营造氛围。要利用省政协网站、手机报和《世纪行》等载体和各类新媒体、新阵地，不断拓展教育渠道、丰富教育内容，加大对教育活动宣传力度，努力在省政协机关营造守纪律、讲规矩的良好氛围。

各党支部开展政治纪律和政治规矩集中教育活动情况，请于2015年4月25日前以书面形式报省政协机关纪委（504室），统一报厅党组审阅。

2015年省政协机关党建工作要点

（2015年3月30日）

2015年，省政协机关党建工作的总体要求是：深入学习贯彻党的十八届三中、四中全会和习近平总书记系列重要讲话精神，认真落实省委十届四次、五次全会和省直机关党的工作会议精神，紧紧围绕服务中心、建设队伍两大任务，以落实全面从严治党要求为主线，以开展“抓学习、抓作风、抓党建，促改革发展”活动为抓手，积极营造机关党建工作新常态，进一步提高机关党建科学化水平，为“建成支点、走在前列”、加快“五个湖北”建设和人民政协事业科学发展提供坚强保证。

一、以学习贯彻习近平总书记系列重要讲话精神为重点，着力强化思想理论武装

1. 继续深入学习贯彻习近平总书记系列重要讲话精神。要把深入学习贯彻习总书记系列重要讲话精神作为首要的政治任务，引导党员干部进一步坚定道路自信、理论自信和制度自信。认真学习总书记系列重要讲话中提出的重大理论观点、重大战略思想和重大工作部署，特别是关于“四个全面”战略布局的系列重要论述，做到真学真懂、真信真用，使广大党员干部成为讲话精神的主动学习者、自觉实践者和模范贯彻者。

2. 扎实推进学习型党组织建设。结合实际制订《2015年省政协办公厅党组理论学习中心组学习计划》，认真组织好中心组学习。开展“读原著、学原文、悟原理”征文活动。进一步深化“全民阅读·书香机关”活动，组织开展省政协机关学习读书活动。积极组织参加“长江讲坛”、干部在线学习、市场大学等学习活动，以及省直机关工委组织的各类专题培训。通过开展一系列学习活动，引导党员干部真正把思想和行动统一到

中央关于全面建成小康社会、全面深化改革、全面依法治国、全面从严治党的各项部署和要求上来，不断提升为政协履职服务的能力和水平。

3. 深化精神文明创建活动。深入贯彻《关于培育和践行社会主义核心价值观的实施方案》，开展“我们的价值观”主题宣传教育活动，大力弘扬社会主义核心价值观，弘扬中华传统美德，在推动社会主义核心价值观落细落小落实上下功夫。继续开展“创文明单位、建和谐机关”、“讲文明、树新风”和“五个一”等创建活动。加强文明创建工作的动态管理，提高创建质量，做好2013—2014年度文明单位申报迎检工作。深入开展思想政治工作，主动了解和及时掌握党员干部思想动态，做好释疑解惑、理顺情绪、化解矛盾、鼓舞干劲的工作。继续开展“延安精神进机关”活动。

4. 积极开展尊法学法守法用法教育。认真学习宣传贯彻十八届四中全会精神，围绕推进法治湖北建设，开展“法律进机关”活动，强化党员干部法治观念，引导党员干部在尊法、学法、守法、用法上作表率，大力营造“办事依法、遇事找法、解决问题用法、化解矛盾靠法”的法治环境。做好“六五”普法总结迎检工作。切实做好防范和处理邪教工作。

二、以开展严守政治纪律和政治规矩教育为重点，着力落实从严治党要求

5．严肃党内政治生活。严格执行党内政治生活准则和党内各项规定，认真落实“三会一课”、专题民主生活会、基层党组织生活会、领导干部双重组织生活、党员党性定期分析、民主评议党员、谈心谈话等制度。按照要求指导机关各党支部召开以“三严三实”为主题的专题民主生活会，对照“严以修身、严以用权、严以律己，谋事要实、创业要实、做人要实”的要求，用好批评与自我批评这一有力武器，确保党支部生活会的质量。

6．扎实开展严守政治纪律和政治规矩教育。按照省委的统一部署，开展党的政治纪律和政治规矩专题教育，引导各级党员领导干部明纪律、守纪律，懂规矩、讲规矩，始终在思想上政治上行动上同以习近平同志为总书记的党中央保持高度一致，始终与省委和省政协两级党组保持高度一致，杜绝“七个有之”问题的发生，自觉做到政治上讲忠诚、组织上讲服从、行动上讲纪律，坚决遵守“五个必须、五个决不允许”的要求。

7．开展以“学党章、遵法律、守纪律、讲规矩”为主题的大家谈活动。以党支部为单位，组织党员干部重学党章、重温誓词、重申纪律，深入开展学习讨论，进一步强化党员的政治意识、党员意识、规矩意识，落实“心中有党、心中有民、心中有责、心中有戒”要求，做政治上的清醒人、明白人。认真落实党内监督各项制度，增强纪律和制度的执行力，切实解决纪律松弛、组织涣散、作风懒散、自由主义等突出问题。

三、以开展红旗党支部创建活动为重点，着力夯实基层党组织建设

8. 总结推广“支部工作法”。大力总结推广机关“支部工作法”，围绕如何破解党建工作与业务工作“两张皮”的问题，如何更好地转作风、带队伍、促工作、抓党建，充分发挥基层党组织的战斗堡垒作用和党员的先锋模范作用，积极探索创新党支部的活动方式和内容，形成一批能够反映时代需求、解决实际问题、富有特色、务实有效的工作

法，在机关党员大会进行经验交流，进一步推动机关党建基础工作的创新发展。

9. 抓好“红旗党支部”创建活动。认真落实《关于在省直机关开展创建“红旗党支部”活动的通知》精神，在先进基层党组织评选基础上，严格按照“组织队伍强、制度机制强、学用结合强、改革创新强、服务效能强、示范带动强”的标准，积极开展“红旗党支部”创建活动。

10. 开展党支部“强基础、晒台账、亮特色”活动。加强党支部工作的制度化、规范化建设，指导机关党支部开展“强基础、晒台账、亮特色”活动，做到党员有组织、组织有活动、活动有台账、台账有检查，努力使基层组织强起来，组织生活严起来，政治规矩立起来。

11. 充分发挥群团组织作用。认真贯彻落实中央和省委关于加强和改进党的群团工作的意见，加强对机关工会、妇委会的领导，支持依照法律和各自章程独立开展活动，营造健康向上、团结和谐的机关人文环境。积极组织参加省直机关第四届干部职工运动会。

四、以开展“三抓一促”活动为重点，着力推进作风建设

12. 深入开展“三抓一促”活动。认真落实《省政协机关深入开展“抓学习、抓作风、抓党建，促改革发展”活动实施方案》，围绕“新”字抓学习，围绕“实”字抓作风，围绕“严”字抓党建。通过活动的开展，进一步激发党员干部干事创业的工作激情，进一步强化事业至上的用人导向，努力在机关形成良好的学习的风气、干事的风气、研究的风气。继续做好新农村建设工作，扎实开展“三万”活动，为群众办好事、解难事。

13. 持之以恒纠正“四风”。严格落实中央八项规定精神和省委六条意见，继续抓好“三短一简一俭”，切实减少会议活动、精简文件、压缩“三公”经费，倡导勤俭办事的好作风。整治享乐主义和奢靡之风，加强对公款吃喝、公款旅游、公款送礼、乱发钱物等违规违纪问题的监督检查。

14. 强化监督执纪问责。围绕纠正“四风”、解决“三难”（门难进、脸难看、事难办）、整治“为官不为”等工作，加大明查暗访、问责追责力度，就制度完善、责任落实、问题查处、工作推动等情况认真开展自查自纠。

15. 继续深化和拓展教育实践活动成果。按照中央和省委关于对党的群众路线教育实践活动整改落实情况进行“回头看”的要求，认真落实“回头看”各项规定动作，把密切联系群众、加强机关作风建设作为常态化，常抓不懈、保持长效，对照已制订的教育实践活动整改方案，逐项进行整改落实，进一步巩固和拓展教育实践活动成果。

16. 做好目标管理工作。按照《湖北省政协机关目标责任制管理考评工作实施细则》要求，抓好目标分解、过程督办、年终考评等各个环节的工作，加强机关工作制度化、规范化和程序化建设。

17. 开展能力席位建设工作。组织开展学习读书活动、学习辅导讲座、机关文稿评比活动等，不断提高机关干部的学习思考能力、执行落实能力、组织协调能力、团结共事能力、言表文述能力等履行岗位职责的必备能力。

18. 做好人民政协工作机制创新的组织服务工作。深入贯彻落实中央和省委全面深化改革的决策部署，进一步做好人民政协工作机制创新的组织协调等工作，促进我省人民政协事业在新起点上实现新发展。

五、以强化“两个责任”落实为重点，着力推进党风廉政建设

19. 切实抓好“两个责任”落实。认真贯彻省委关于落实“两个责任”的意见，进一步健全制度、细化责任、明确措施，严格执行《湖北省落实党风廉政建设责任制检查考核暂行办法》、《党风廉政建设“一票否决”暂行办法》等规定，推进落实“两个责任”工作具体化。

20. 加强反腐倡廉教育和廉政文化建设。深入开展理想信念和党性党风党纪教育，充分发挥示范教育、警示教育和岗位廉政教育的作用。认真组织开展党风廉政建设宣教月活动，推进机关廉政文化建设，积极营造克己奉公、廉洁从政的良好氛围，不断增强党员干部拒腐防变的“免疫力”。

21. 扎实推进惩防体系建设。坚持力度统一，认真落实中央《建立健全惩治和预防腐败体系2013—2017年工作规划》和省委实施办法。加强对权力运行的有效制约和监督，强化廉政风险防控工作，督促完善党务、政务公开，促进权力在阳光下运行。严格执行领导干部个人事项报告、述职述廉、诫勉谈话、经济责任审计和党政领导干部问责等各项制度。

六、以落实管党治党责任为重点，着力提升机关党建科学化水平

22. 认真落实党建工作责任制。深入贯彻落实中央《党和国家机关基层组织工作条例》和省委《实施办法》，以及中组部即将出台的落实从严治党责任制《意见》。厅党组书记要切实履行“第一责任人”职责，牢固树立“抓好党建是最大的政绩”的理念。认真落实三级联述联评联考制度，按照“党员向支部述职，支部对党员进行考评；支部向机关党委述职，机关党委对支部进行考评；机关党委向工委述职，工委对机关党委进行考评”的要求，认真组织开展党建述职评议考核工作。

23. 大力加强党务干部队伍建设。按照“忠诚干净担当”的要求，选优配强机关党务干部和基层党组织负责人。严格落实“一岗双责”制度。全面落实“支部建在处室、处长担任书记”要求。加强对党支部书记履行党建具体责任的检查考核力度，对不合格党支部书记要进行约谈、培训。

省政协办公厅第十六个党风廉政建设宣传教育月活动方案

（2015年4月27日）

根据《中共湖北省委办公厅关于印发<全省第十六个党风廉政建设宣传教育月活动方案>的通知》要求，结合省政协机关实际，制定如下实施方案：

一、活动主题

守纪律　讲规矩　作表率

二、指导思想

以中国特色社会主义理论为指导，认真学习贯彻习近平总书记系列重要讲话精神，深入贯彻党的十八大、十八届三中四中全会和十八届中央纪委五次全会精神，按照省纪委十届五次全会的工作部署，落实全面从严治党要求，围绕“守纪律、讲规矩、作表率”主题，通过开展丰富多彩的廉政教育特别是警示教育活动，进一步树立和增强机关党员干部纪律意识，教育引导党员干部严格遵守党的纪律和规矩，维护党的团结统一，为加快推进湖北“建成支点、走在前列”进程和人民政协事业创新发展提供强大动力和坚强保障。

三、活动内容及分工

今年宣教月重点组织开展好以下几项活动：

（一）召开机关宣教月动员会议。召开机关干部职工大会，传达学习全省第十六个党风廉政建设宣传教育月暨党风廉政警示教育电视电话动员会精神，部署开展机关第十六个党风廉政建设宣教月活动。（责任单位：机关纪委）

（二）开展“严明党的政治纪律和政治规矩”中心组专题学习。组织学习《习近平关于党风廉政建设和反腐败斗争论述摘编》和《中国共产党党章》、《关于党内政治生活的若干准则》、《中国共产党纪律处分条例》等党内法规，开展学习交流，引导党员领导干部以身作则、率先垂范，带头守纪律、讲规矩，做政治上的清醒人、明白人。（责任单位：机关党委）

（三）各党支部开展守纪律讲规矩学习活动。组织机关各党支部学习《党员干部“禁令”手册》、《政治纪律和政治规矩党员干部读本》、《十八届四中全会精神干部学习读本》等书籍，引导机关党员树牢党员意识，切实做到心中有党、心中有民、心中有责、心中有戒，在机关营造守纪律、讲规矩的良好氛围。（责任单位：机关党委）

（四）举办守纪律讲规矩辅导报告会。邀请专家来机关作“必须严守政治纪律和政治规矩”的辅导报告，教育引导机关党员明纪律、守纪律，懂规矩、讲规矩，坚决维护纪律规矩的严肃性和权威性，不断增强政治定力，努力做到政治信仰不变、政治立场不移、政治方向不偏。（责任单位：机关纪委）

（五）开展新任岗位公务员廉政教育活动。组织对机关新调入的干部、新转业的干部、新招录的公务员进行廉政教育，上好廉政“第一课”，深入学习党规党纪，强化纪律意识，把好廉政“入口关”，帮助他们增强廉洁意识，夯实廉洁从政基础。（责任单位：人事处；配合单位：机关纪委）

（六）开展重点领域和关键岗位党员干部廉政教育活动。将党规党纪的学习作为机关人事、财务、基建以及“三公”经费管理、公车改革等重点领域和关键岗位党员干部廉政教育的重要内容，引导他们树立纪律意识和规矩意识，不断增强遵章守纪的自觉性。

（责任单位：人事处、行政处；配合单位：机关纪委）

（七）开展家庭助廉活动。开展廉洁文化进家庭活动，向机关领导干部的配偶赠送“廉内助”典型事迹学习资料，教育引导她（他）们洁身自好、相互监督、相互提醒，做遵规守纪的积极践行者、反腐倡廉的自觉推动者、廉洁奉公的有效监督者。（责任单位：机关纪委）

（八）集中开展反腐倡廉警示教育活动。组织机关党员干部观看党风廉政警示教育片；组织新调入、新招入、新转业到机关的干部职工参观洪山监狱、听取职务犯罪服刑人员现身说法；组织部分机关党员干部参加庭审旁听活动，教育引导机关党员干部充分认识纪律和规矩的重要性，严守党纪国法底线，提高拒腐防变意识和能力。（责任单位：机关党委、机关纪委）

（九）大力开展廉政文化活动。组织部分党员干部参加廉政大讲堂活动；组织新调入、新招入、新转业到机关的党员干部参加全省廉政书画展活动；鼓励阅读廉政书籍，弘扬廉政文化，传播廉洁理念，不断营造勤政廉政的浓厚氛围。（责任单位：机关党委、机关纪委）

四、组织领导

办公厅党组认真落实主体责任，将党风廉政建设宣教月活动作为一项重要政治任务来抓。省政协秘书长、办公厅主任、厅党组书记刘安民同志负总责，省政协副秘书长、机关纪委书记杨明福同志具体抓，党组成员根据工作职责分工，负责组织分管的各处室抓好落实。机关有关职能处室按照任务分工，负责做好承办工作。各党支部要结合实际，紧密围绕宣教月活动主题，创新举措形式，提高活动实效。宣传处、信息处、机关党委、机关纪委要充分发挥《世纪行》杂志、省政协网站、手机报、机关党建内刊、显示屏等宣传载体的作用，大力宣传宣教月活动动态，突出活动主题，营造宣教月活动的强大声势和良好氛围。

关于在省政协机关处级以上领导干部中开展“三严三实”专题教育实施方案

（2015年5月20日）

为贯彻落实全面从严治党要求，进一步巩固和拓展教育实践活动成果，持续深入推进省政协机关思想政治建设和作风建设，根据《中共湖北省委办公厅印发<关于在全省县处级以上领导干部中开展“三严三实”专题教育方案>的通知》（鄂办发 [2015] 22号）要求，省政协办公厅党组决定，在省政协机关处级以上领导干部中开展“三严三实”专题教育，现提出如下实施方案。

一、教育主题

紧紧围绕学习“三严三实”、践行“三严三实”这一鲜明主题，深入学习贯彻党的十八大和十八届三中、四中全会精神，深入学习贯彻习近平总书记系列重要讲话精神，协调推进“四个全面”战略布局湖北实施，对照“严以修身、严以用权、严以律己，谋事要实、创业要实、做人要实”要求，聚焦对党忠诚、个人干净、敢于担当，推动机关处级以上领导干部进一步坚定理想信念，带头践行社会主义核心价值观，坚守共产党人的精神高地；进一步强化党性原则，增强纪律意识和规矩意识，自觉在思想上政治上行动上与党中央保持高度一致；进一步明确干事创业的行为准则，树立正确的权力观政绩观，坚持为民用权、秉公用权、依法用权、廉洁用权，创造经得起实践、人民、历史检验的实绩。

着力解决处级以上领导干部自身存在的“不严不实”突出问题。围绕严以修身，着力解决理想信念动摇、信仰迷茫、精神缺“钙”，党性修养缺失、不讲党的原则、当政治逃兵，情趣低俗、玩风盛行、失德现象严重等问题。围绕严以用权，着力解决宗旨意识淡薄、忽视群众利益、漠视群众疾苦，滥用权力、设租寻租、官商勾结、利益输送，坚持民主集中制不够、不习惯受监督约束、大事小事“一言堂”等问题。围绕严以律己，着力解决心无敬畏、行无底线、顶风违纪搞“四风”、不收敛不收手，心中无党纪、眼里无国法、徇私枉法、为官不廉，无视党的政治纪律和政治规矩、擅作主张、我行我素、欺骗组织等问题。围绕谋事要实，着力解决急功近利、好高骛远、脱离实际，思想僵化、墨守成规、不思进取，新官不理旧账、朝令夕改，不尊重客观规律、蛮干盲干等问题。围绕创业要实，着力解决心浮气躁、弄虚作假、搞政绩工程和形象工程，不直面问题、不负责任、不敢担当，按部就班、慵懒散拖、干事不用劲、出工不出力等问题。围绕做人要实，着力解决对党不忠诚、做人不老实、处事不厚道，搞团团伙伙、建小圈子，阳奉阴违、自行其是，不坚持原则、当老好人，喊口号、做样子、放空炮等问题。推动各级领导干部把“三严三实”作为修身做人的基本遵循、为官用权的警示箴言、干事创业的行为准则，争做“清廉为官、事业有为”的好干部，确保“三严三实”专题教育在深化“四风”整治、巩固和拓展党的群众路线教育实践活动成果上见实效，在守纪律讲规矩、营造良好政治生态上见实效，在真抓实干、推动改革发展稳定上见实效。

二、主要措施

“三严三实”专题教育作为党的群众路线教育实践活动的延展深化，作为加强党的思想政治建设和作风建设的重要举措，要融入经常性学习教育，不分批次、不划阶段、不设环节，不是一次活动，不以抓集中活动的形式开展专题教育。

省政协机关专题教育从今年 5 月开始，参加对象为在职的省政协机关处级以上领导干部。

1. 开展专题调研。厅党组书记要在基层开展一次以践行“三严三实”为主要内容的专题调研，重点要到困难较多、情况复杂、矛盾集中的地方去。要采取多种形式，深入了解情况，特别是要找准查实自身存在的“不严不实”问题，深入剖析问题根源，寻求措施对策，真正在专题调研中受到教育、提高认识、转变作风。厅党组其他成员可结合分管工作进行调研。

2. 讲好专题党课。结合专题教育动员部署工作，厅党组书记要紧扣“三严三实”要求，联系省政协机关实际，联系党员干部思想、工作和作风实际，带头讲一次专题党课。要发挥带学促学作用，使讲党课的过程成为统一思想的过程，成为深化认识的过程，成为激发自觉的过程。厅党组其他成员也要在所在党支部讲党课。

3. 组织专题研学。学习内容主要是习近平总书记系列重要讲话精神，重点研读《习近平谈治国理政》、《习近平关于党风廉政建设和反腐败斗争论述摘编》等书目，认真学习党章和党的纪律规定，学习《优秀领导干部先进事迹摘编》、《领导干部违纪违法典型案例警示录》等学习资料，学习焦裕禄、杨善洲、沈浩等先进典型，从周永康、薄熙来、徐才厚、令计划、苏荣等案件中汲取教训。学习方式采取个人自学和集中研讨相结合，个人自学要注重读原著、学原文、悟原理，今年集中研讨主要分 3 个专题，大体上每两个月 1 个专题。

专题一：严以修身，加强党性修养，坚定理想信念，把牢思想和行动“总开关”。通过组织厅党组理论学习中心组集中学习（扩大），重点研讨如何始终坚定马克思主义信仰和中国特色社会主义信念，增强道路自信、理论自信、制度自信；如何始终站在党和人民立场上，树立正确的世界观、人生观、价值观和公私观、是非观、义利观，忠于党、忠于国家、忠于人民；如何践行“信念坚定、为民服务、勤政务实、敢于担当、清正廉洁”标准，争当“清廉为官、事业有为”好干部；如何在学习中华优秀传统文化、增强文化自信上下功夫，始终保持高尚情操和健康生活情趣，自觉远离低级趣味，树立良好家风，自觉抵制歪风邪气，坚守共产党人精神家园。

专题二：严以律己，严守政治纪律和政治规矩，自觉做政治上的“明白人”。按照省委部署，继续深入抓好“严明政治纪律、严守政治规矩”集中教育活动，不断巩固成果。开展“读原著、学原文、悟原理”读书征文活动，把《习近平谈治国理政》、《习近平总书记系列重要讲话读本》、《习近平关于党风廉政建设和反腐败斗争论述摘编》作为必读书目。

专题三：严以用权，真抓实干，实实在在谋事创业做人，树立忠诚、干净、担当的新形象。各党支部开展学习交流活动，重点研讨如何坚持用权为民，自觉遵守宪法法律和党的纪律，按规则按制度按法律行使权力，敬法畏纪，为政清廉，任何时候都不搞特权，不以权谋私；如何坚持民主集中制，自觉接受监督，不搞大权独揽、独断专行；如何坚持从实际出发谋划事业、推进工作，敢于担责、“为官有为”，围绕推进“四个全面”战略布局湖北实施，推进人民政协事业科学发展，在“四风”问题整改落实、省政协机关重要工作谋划与推进等方面做实功、求实效。

4. 开展专题交流。适时选择有代表性的厅、处级领导干部就践行“三严三实”要求，结合学习、思想和工作实际，交流观点、分享体会，相互启发、形成共识，提振精神、激发动力，进一步增强践行“三严三实”的自觉性。

5. 召开专题民主生活会和组织生活会。今年年底，厅党组和各党支部要以践行“三严三实”为主题，召开民主生活会和组织生活会。深入查摆问题，采取自己找、群众提、上级点、互相帮、集体谈的方式，深入检查扫描，把“不严不实”问题摆准、摆实、摆具体。深刻剖析原因，要从理想信念、党性观念、宗旨意识、道德品质、法纪意识等方面，对查摆出来的“不严不实”问题认真分析，深刻剖析产生问题的根源。充分交心谈心，领导干部之间要敞开心扉、真诚交流、充分沟通、交换意见，既主动说出自己的问题，也点出对方的问题，把问题谈开、谈透、谈到位。严肃开展批评，要开展积极健康的思想斗争，自我批评要抛开面子，抓住要害，敢于揭短亮丑；互相批评要动真格、有辣味，出汗排毒、使人受益。明确整改方向，对自己查摆出来的问题和民主生活会上相互批评指出的问题要列出整改措施，整改措施要实打实。领导干部在专题民主生活会上要对教育实践活动个人整改事项完成和销号情况进行报告。

6. 强化整改落实和立规执纪。要进一步巩固整治“四风”成果，对顶风违纪、不收敛不收手的，坚决严肃查处。要边学边查边改，对查找梳理出的“不严不实”问题即知即改，立行立改。要自觉整改，对领导干部个人查找出来的问题和尚未完成的教育实践活动整改落实任务，要列出清单，逐项跟踪推进，确保整改到位。要专项整治，对群众反映强烈、影响面大的“不严不实”突出问题，要纳入专项整治内容，综合施策，集中治理。要正风肃纪，对存在“不严不实”问题的领导干部，立足于教育提高，促其改进；对群众意见大、不能认真查摆问题、没有明显改进的，要进行组织调整。要立规执纪，对“不严不实”问题建制度立规矩，强化刚性执行，推动践行“三严三实”要求制度化、常态化、长效化。

三、把握原则要求

扎实有效推进“三严三实”专题教育，要重点把握以下原则要求。

1. 坚持理论武装。把思想理论武装摆在第一位，切实用好思想建党这个传家宝，着眼于坚定理想信念、强化党性观念、增强实干精神，领会核心要义，掌握精神实质，以思想自觉引领行动自觉，内化于心、外化于行，拧紧思想上的“总开关”，做政治上的“明白人”。

2. 坚持问题导向。把问题意识、问题导向贯穿专题教育全过程，紧紧盯住“不严不实”突出问题和具体表现，认真梳理分析，弄清问题性质，找到症结所在。要从具体事情抓起、改起，着力解决突出问题，以解决问题的成果来检验专题教育的成效。

3. 坚持严字当头。发扬讲认真精神，始终贯穿严的标准、严的措施、严的纪律，以严促深入、以严求实效，认真谋划、精心实施，把各项工作做扎实、做细致、做到位。

4. 坚持以上率下。坚持上级为下级作示范，班长给班子成员当标杆，一级做给一级看，一级带着一级干。厅党组主要负责同志要带头抓学习、查问题、严督办、促落实，力争认识高一层，学习深一步，实践先一着，剖析解决突出问题好一筹，带动各级党员干部自觉践行“三严三实”。

四、加强组织领导

开展“三严三实”专题教育，是从严管党治党的一项重要举措，是一项重大政治任务，要高度重视，切实加强领导。

1. 落实领导责任。厅党组全面负责组织好省政协机关“三严三实”专题教育，结合实际作出安排部署，扎实有效推进。厅党组书记要承担起第一责任人责任。要把抓好专题教育作为履行党建主体责任的重要任务。

2. 强化督促检查。厅党组要结合党的群众路线教育实践活动整改落实工作，对专题教育进行督促和指导，及时了解掌握情况，有效传导压力，确保层层压紧、层层落实。坚持以从严从实作风开展专题教育，坚决防止和杜绝形式主义，对搞形式、走过场的要严肃问责。

3. 加强宣传引导。充分运用机关网站、《世纪行》杂志等，宣传专题教育的进展成效，宣传好经验好做法，宣传践行“三严三实”的先进典型，营造良好舆论氛围。

4. 坚持统筹兼顾。积极探索在全面从严治党中加强党的思想政治建设的有效做法和措施，把开展“三严三实”专题教育与做好当前省政协机关各项工作结合起来，与深化教育实践活动整改落实结合起来，做到专题教育与日常工作有机结合、相互促进，两手抓、两不误。

制 度 建 设

政协湖北省委员会关于加强委员履职能力建设的意见（试行）

（2015年1月23日政协湖北省第十一届委员会常务委员会第八次会议通过）

政协委员是政协工作的主体，不断提高委员履职能力，对于提高政协自身建设水平、加强人民政协协商民主建设、推进国家治理能力现代化，具有十分重要的意义。根据中共中央、全国政协和中共湖北省委有关精神，结合工作实际，现就加强湖北省政协委员履职能力建设，提出如下意见：

一、加强委员履职能力建设的指导思想和目标要求

1、指导思想。加强委员履职能力建设，必须以中国特色社会主义理论和习近平总书记系列重要讲话精神为指导，按照《中国人民政治协商会议章程》和省委要求，坚持中国共产党领导，坚持走中国特色社会主义政治发展道路，遵守宪法法律，高举爱国主义、社会主义伟大旗帜，突出团结和民主两大主题，结合经济社会发展和政协委员队伍建设实际情况，不断提高政协委员履行职责的能力，充分发挥人民政协作为协商民主重要渠道和专门协商机构的作用，更好地履行人民政协政治协商、民主监督、参政议政职能。

2、目标要求。加强委员履职能力建设总的目标要求是：增强委员履职意识、提升委员履职能力、提高委员履职成效。增强委员履职意识主要体现在委员认真行使委员权利、承担委员责任、履行委员义务，积极参加政协工作。提升委员履职能力主要体现在提升委员的政治把握能力、调查研究能力、议政建言能力、联系群众能力、合作共事能力。提高委员履职成效主要体现在委员提高建言质量，改进工作作风，密切联系群众，切实发挥在本职工作中的带头作用、政协工作中的主体作用、界别群众中的代表作用，更好地为全面建成小康社会、全面深化改革、全面依法治国、全面从严治党凝聚正能量，为推动湖北经济社会发展作贡献。

二、加强委员履职能力建设的主要措施

3、加强委员学习培训。（1）认真制订每届学习培训规划和年度学习培训计划。每届第一年举办全体委员人民政协基本知识与基础理论学习培训班；第二至四年每年举办1至2次委员专题学习培训班，或省政协专门委员会负责人、市州政协主席会议成员学习培训班。及时做好新任委员的学习培训工作。（2）每次省政协议政性常委会议期间，原

则上应举办专题学习报告会。(3)省政协各专门委员会、各界别要做好委员的业务学习工作，委托市州政协组织住当地省政协委员开展相关学习活动。(4)充分利用省政协刊物、网站、手机报等，提供学习资料，交流学习体会，促进委员搞好经常性学习。

4、保障委员民主权利。(1)尊重和保障政协《章程》规定的政协委员各项权利，主要包括：在本会会议上有表决权、选举权和被选举权；对本会工作提出批评和建议的权利；通过本会会议和组织充分发表各种意见、参加讨论国家大政方针和各该地方重大事务的权利；对国家机关和国家工作人员的工作提出建议和批评的权利；对违纪违法行为检举揭发、参与调查和检查的权利。(2)尊重和保障政协委员通过以下主要方式行使民主权利，包括：参加政协全体会议、常委会议、常委专题协商会、各专门委员会会议、界别协商座谈会以及其他形式的协商会议，通过小组讨论、大会口头发言或书面发言等进行协商议政；参加政协组织的视察、调查，了解情况，就各项事业和群众生活的重要问题进行研究，通过建议案、视察报告、调查报告等形式，向国家机关和其他有关组织提出建议和批评；对违纪违法行为检举揭发，参与有关部门组织的调查和检查；运用政协提案、政协信息等，向有关方面反映委员及其所联系各界群众的意见和要求，对国家机关和国家工作人员的工作提出建议和批评；通过政协报刊和新闻媒体表达委员参政议政的意见等。(3)在政协会议和活动中，坚持民主协商、求同存异，不打棍子、不扣帽子、不抓辫子，营造团结和谐、畅所欲言、理性有度、求真务实的民主氛围。

5、强化委员义务、纪律和职责要求。(1)政协委员必须履行政协《章程》规定的各项义务，包括：遵守和履行政协《章程》，遵守和履行本会全体会议和常委会议决议，遵守和履行政协全国委员会的全国性决议。(2)政协委员必须拥护中国共产党的领导和社会主义事业，维护国家统一和民族团结，遵守宪法法律，践行社会主义核心价值观。始终秉持群众观念和为民情怀，守持道德准则和廉洁自律，保持务实进取和勤勉敬业，坚持民主协商和理性包容，运用好政协的话语权和影响力，为推动经济社会发展和优化党风政风、民风社风做贡献，维护政协组织和政协委员的良好形象。(3)政协委员应当遵守政协规章制度，积极参加政协的会议和活动，密切联系群众，了解和反映群众诉求，认真履行委员职责。每位委员届内至少参加省政协或市州政协组织的2次学习培训，2次视察、调研、考察等活动；积极提交提案、提出建议、反映社情民意信息，倡导委员提交亲见、亲历、亲闻“三亲”文史资料。

6、改进委员调研工作。(1)委员视察和调研活动的选题以省政协年度协商工作计划确定的议题为主，省政协机关要做好统筹协调工作，合理安排调研时间、地点和调研组成员。(2)提倡省政协工作机构、参加单位、界别和地方政协等开展联合调研。适当开展小分队调研、随机调研、无陪同调研、问卷调查。调研组要深入实际开展实地调查，掌握第一手真实材料。委员应主动收集资料，认真思考问题，积极发言并提出建设性的意见建议。调研组要召开会议，讨论调研情况，注重研究和咨询论证，努力提出真知灼见。支持委员结合本职岗位开展专题调研，向省政协提交调研成果。(3)建立对调研成果的评估机制。以调研报告、提案、建议案、社情民意信息、发言材料等形式，转化利用调研成果。每年对省政协的重要调研成果进行汇编。

7、拓宽委员履职平台。(1)落实中央和省委要求，由省委、省政府、省政协联合制订年度协商工作计划，省委常委会议专题讨论并列入省委年度工作要点，省委印发后实施。建立界别和委员联名提出协商议题制度，界别或10名以上省政协常委、委员联名提请并经省政协主席会议审议同意的议题，可列入协商计划。(2) 创新省政协全体会议、常委会议、主席会议等例会协商形式，创新专题协商、对口协商、界别协商、提案办理协商工作，探索网络议政、远程协商等新形式。(3) 提高民主监督的组织化程度，有组织地开展专项民主监督活动，支持委员担任特邀监督员或参与行风评议等活动。(4) 密切省政协工作机构与相应界别的经常性联系，积极开展界别协商活动及界别视察、调研、考察，提倡以界别名义提交提案、建议和反映社情民意信息。各界别活动小组每年应开展履职性活动。(5) 安排不是常委的专门委员会副主任、邀请15名左右委员列席议政性常委会议。委托市州政协组织住当地省政协委员开展相关履职活动。省政协在地方调研时尽可能多安排住当地省政协委员参加。推动军队委员、港澳委员等开展活动。

8、严格委员履职管理。(1) 加强省政协全体会议、常委会议、学习培训活动的考勤管理，严格执行请假制度。(2) 健全省政协委员履职情况档案，每年底以省政协办公厅名义向省委组织部、省委统战部和委员所在单位及委员个人通报履职情况。(3) 健全委员履职评价机制。坚持履职工作数量与履职成效并重，在每年统计履职情况的基础上，每两年对全体委员履职情况进行1次综合考评。(4) 建立委员履职情况提示和劝退制度。对1次无故全程缺席省政协全体会议的委员、2次无故全程缺席省政协常委会议的常委进行提示。对提示或约谈后1年内仍无故不履行职责的委员、2次无故全程缺席省政协全体会议的委员、3次无故全程缺席省政协常委会议的常委，按照有关程序和规定，视情劝其退出政协。

三、加强委员履职能力建设的服务保障

9、加强委员履职服务。(1) 增强省政协机关及工作人员的服务意识，不断提高岗位席位能力特别是为委员服务的能力。(2) 密切与委员的联系。健全省政协主席会议成员联系委员制度，加强专门委员会对其组成人员和界别委员的联络工作。运用现代信息技术，搭建政协组织与委员、委员与委员之间交流互动的网络平台。(3) 省级各民主党派、工商联等承担省政协组织的调研活动，住市州省政协委员开展省内异地调研考察活动，由省政协办公厅向有关方面发出通知。(4) 优化省政协会议和活动的组织服务工作。邀请委员参加省政协重要会议和活动前，省政协机关应至少提前5天给委员发出通知，同时根据需要给委员所在单位发出书面通知，请所在单位协调和支持委员履职。改进全体会议、常委会议分组办法。加强大会发言的组织工作，着力提高发言质量。(5) 通过提案、调研报告、社情民意信息等形式报送和转化委员履职成果，促进委员的合理建议及时得到落实和反馈。加强对委员撰写提案的培训指导，探索网上征集提案选题，对内容相近提案进行整理合并，增加集体提案比重，提倡委员提交联名提案，着力提高提案质量。督促承办单位按规定在收到省政协全体会议期间的提案之日起5个月内，收到省政协全体会议闭会期间的提案之日起3个月内，对提案作出书面答复，采纳落实提案中的合理建议并认真回复。探索在网上公布政协提案和提案办理落实情况。(6) 加强对委员履职成果和事迹的宣传，努力在社会上营造关心支持委员履职的良好氛围。

10、强化委员履职保障。(1)健全省政协参加单位、界别、工作机构与省直部门的对口联系机制，完善政协重要意见建议的办理反馈制度，强化委员履职的制度保障。(2)积极创造条件，帮助委员知情明政。根据委员履职需要，以政协组织名义请职能部门和有关方面为委员介绍情况、提供相关资料。(3)督促委员所在单位，保障委员有必要时间和条件履行职责。推动落实省委、省政府有关文件规定，委员因在政协履行职责而占用本职工作时间，应适当抵免个人工作量，并按正常出勤享受所在单位同等人员的待遇。(4)不断改善委员履职条件，提供必要的经费保障。

11、加强委员队伍建设。(1)落实中央和省委有关要求，充分发挥省政协党组、常务委员会、主席会议在委员队伍建设中的作用。对委员严格教育、严格要求、严格管理、严格监督。完善政协委员协商推选制度，有关各方共同把好委员入口关，真正把政治素质高、德才兼备、代表性强、议政水平高、群众认可的优秀人士吸收到委员队伍中来。(2)参照全国政协做法，适时调整政协界别设置，优化委员结构。(3)完善委员履职激励机制。省政协每届开展1次先进政协组织、优秀政协委员、优秀政协工作者表彰活动，1次优秀文史工作者表彰活动；每年开展1次优秀提案表彰活动，1次全省政协信息工作先进个人、优秀社情民意信息表彰活动。将委员履职情况作为委员表彰、奖励和推荐换届留任委员人选的重要依据。(4)在省委统一领导下，对不履行职责、不遵守政协委员管理规定、严重违反政协《章程》和政协决议的委员，依情节轻重进行诫勉谈话、警告处分直至撤销委员资格。根据省委及有关部门意见，对违纪违法省政协委员，及时作出暂停以委员身份参加会议和活动、免去政协职务、撤销委员资格等处理。

12、切实加强组织领导。(1)将委员队伍建设与委员履职能力建设相关工作列入省政协总体工作的重要内容予以安排部署。(2)省政协党组会议、主席会议每年分别听取1次委员队伍建设与委员履职能力建设有关情况的汇报，研究解决有关问题。(3)省政协办公厅、研究室、各专门委员会应做好委员履职能力建设的相关工作，委员工作机构统筹做好委员履职能力建设的协调服务工作。(4)委托市州政协做好住当地省政协委员履职服务与管理的相关工作。(5)根据委员履职能力建设的目标要求和实际情况，制订完善相关制度机制，不断提高委员履职能力建设水平。

关于调整农业界别对口联系处室和明确小组负责人的通知

(2015年4月21日)

省政协各专门委员会，农业界别委员：

为了统筹发挥省政协界别作用，结合工作实际，经2015年4月21日省政协十一届第二十一次主席会议研究，决定：

1、农业界别在省政协机关的对口联系处室由人口资源环境委员会办公室调整为经济委员会办公室。

2、根据委员人事调整情况，农业界别活动小组组长由张忠宝同志担任，副组长由黄德华同志担任。

政协湖北省委员会

关于学习贯彻《中共湖北省委关于进一步加强人民政协工作的决定》的通知

（2015年8月29日）

各市、州、县（市、区）政协，省各民主党派、工商联，省政协各专门委员会：

《中共湖北省委关于进一步加强人民政协工作的决定》（以下简称《决定》）已于8月中旬印发。这是我省人民政协事业发展中的一件大事。学习贯彻好《决定》，是当前和今后一个时期的一项重大政治任务。为推动全省各级政协组织、政协各参加单位更好地学习贯彻《决定》，特通知如下：

一、充分认识学习贯彻《决定》的重大意义

中共湖北省委历来高度重视和关心我省人民政协事业的发展。《决定》是中共湖北省委为全面贯彻落实党的十八大和十八届三中、四中全会精神，深入贯彻落实《中共中央关于加强社会主义协商民主建设的意见》、中共中央办公厅印发的《关于加强人民政协协商民主建设的实施意见》精神，充分发挥人民政协作为协商民主重要渠道和专门协商机构作用，全面推进我省人民政协事业发展的一项重要部署。

《决定》阐明了人民政协的性质定位和原则，提出了全省人民政协工作现阶段的任务，对人民政协协商民主建设，民主监督、参政议政、合作共事工作和自身建设进行了部署，提出了加强和完善党对人民政协领导的要求，是指导我省人民政协事业发展的重要文件。

学习贯彻《决定》，对于加强和改善中共湖北省委对人民政协的领导，发展我省社会主义民主政治，充分调动一切积极因素，巩固和发展最广泛的爱国统一战线，广纳群言、广谋良策、广聚共识，促进党和政府决策科学化民主化，更好实现人民当家做主，化解矛盾、促进社会和谐稳定，充分发挥人民政协在推进我省经济社会发展和社会主义协商民主建设中的重要作用，推进国家治理体系和治理能力现代化，具有十分重要的意义。全省各级政协组织、政协各参加单位、广大政协委员和政协工作者要充分认识学习贯彻《决定》的重大意义，认真按照中共湖北省委要求，广泛、深入、持久地开展学习贯彻活动。

二、深刻理解和全面把握《决定》的精神

《决定》就进一步加强我省人民政协工作提出的各项政策和措施，内涵十分丰富，我们要认真学习领会、深刻理解、全面把握其内容和精神实质。

深刻理解和全面把握人民政协工作的性质定位。人民政协是中国人民爱国统一战线的组织，是中国共产党领导的多党合作和政治协商的重要机构，是我国政治生活中发扬社会主义民主的重要形式。人民政协不是权力机关，也不是决策机构，而是各党派团体和各族各界人士发扬民主、团结合作的重要平台，具有话语权、影响力，是不可代替的。

深刻理解和全面把握现阶段全省人民政协工作的任务。高举爱国主义、社会主义旗帜，坚持团结和民主两大主题，在热爱中华人民共和国、拥护中国共产党的领导、拥护社会主义事业、共同致力于实现中华民族伟大复兴的政治基础上，最大限度调动一切积极因素，团结一切可以团结的人，为推进“四个全面”战略布局落实、谱写中华民族伟大复兴中国梦的湖北篇不懈奋斗。

深刻理解和全面把握现阶段全省人民政协工作必须坚持的原则。坚持中国共产党的领导，坚持人民政协的性质定位，坚持大团结大联合，坚持发扬社会主义民主。

深刻理解和全面把握政协协商内容、形式、程序，加强人民政协协商民主建设。把政治协商纳入决策程序，协商于决策之前和决策实施之中；扩大公民有序政治参与，丰富民主形式，增加协商密度，推进实现广泛有效的人民民主；坚持求同存异、理性包容，营造既畅所欲言、各抒己见，又理性有度、合法依章的良好协商氛围。

深刻理解和全面把握人民政协民主监督、参政议政、合作共事工作。充分发挥人民政协集协商、监督、参与、合作于一体的功能作用，切实加强政协民主监督、参政议政、合作共事工作。

深刻理解和全面把握政协履职与党政工作的衔接机制。健全政协协商与党政决策的衔接机制；健全党政领导参加协商议政活动机制；健全政协委员履行职责保障机制；健全落实政协重要意见建议的督办机制。

深刻理解和全面把握人民政协自身建设。充分发挥政协界别作用、委员主体作用、专门委员会基础作用、基层政协组织作用，加强政协履职能力建设。

深刻理解和全面把握加强和完善党对人民政协领导的重要意义。按照党总揽全局、协调各方的原则，在党委领导下，依照宪法法律和政协章程独立负责、协调一致地开展工作。充分发挥政协党组领导核心作用，充分发挥政协组织中共产党员的先锋模范作用，积极营造有利于推进人民政协工作的良好环境。

三、切实加强对学习贯彻《决定》的组织领导

全省各级政协组织和政协各参加单位要把学习贯彻《决定》作为当前和今后一个时期的一项重要任务，摆在突出位置，在把握精神、指导实践、推动工作上下功夫，切实抓出实效。要结合政协工作实际，制定学习贯彻《决定》的工作方案，采取有力措施认真加以落实，并积极主动地协助党委和政府制定贯彻实施《决定》的具体措施，推动当地学习贯彻活动的开展。要及时总结、推广、宣传学习贯彻的好经验、好做法，研究解决在贯彻过程中出现的新情况、新问题。要把学习贯彻《决定》精神与充分履行政治协商、民主监督、参政议政职能，加强自身建设结合起来，积极探索履行职能的新形式、新方法，开创全省政协工作的新局面。

全省政协各级组织、政协各参加单位，要紧密团结在以习近平同志为总书记的中共中央周围，把思想和行动统一到党的十八大和习近平总书记重要讲话精神上来，深入学习、全面贯彻《中共湖北省委关于进一步加强人民政协工作的决定》，同心同德，群策群力，为加快推进“五个湖北”建设和“建成支点、走在前列”进程而努力奋斗！

政协湖北省委员会

中国人民政治协商会议湖北省委员会全体会议工作规则

（2015年12月2日政协湖北省第十一届委员会常务委员会第十一次会议修订）

第一章 总则

第一条 为进一步推进中国人民政治协商会议湖北省委员会全体会议（以下简称全体会议）的制度化、规范化、程序化建设，根据《中华人民共和国宪法》、《中国人民政治协商会议章程》，制定本规则。

第二条 全体会议是中国人民政治协商会议湖北省委员会（以下简称政协湖北省委员会），履行政治协商、民主监督、参政议政职能的最高形式。

第三条 全体会议以马克思列宁主义、毛泽东思想、邓小平理论、“三个代表”重要思想、科学发展观为指导，深入贯彻习近平总书记系列重要讲话精神特别是关于人民政协的重要论述，按照“五位一体”总体部署和“四个全面”战略布局的要求，牢固树立和贯彻落实创新、协调、绿色、开放、共享的发展理念，高举爱国主义、社会主义旗帜，坚持和完善中国共产党领导的多党合作和政治协商制度，贯彻“长期共存、互相监督、肝胆相照、荣辱与共”的方针，围绕团结和民主两大主题，认真履行职能，充分发挥人民政协作为社会主义协商民主重要渠道和专门协商机构的作用，不断巩固和发展最广泛的爱国统一战线，为助推“建成支点，走在前列”进程、促进“五个湖北”建设，为实现“两个一百年”宏伟目标、谱写中华民族伟大复兴中国梦而奋斗。

第四条 全体会议坚持民主、求实、团结、鼓劲的方针，集思广益，广开言路，求同存异，民主协商，鼓励委员充分发表意见和建议。

第五条 每届政协湖北省委员会的参加单位、界别设置、委员名额和委员人选，须在每届第一次全体会议举行一个月前，由上届政协湖北省委员会主席会议审议同意后，经上届常务委员会协商决定。

每届政协湖北省委员会任期内，有必要增加或者变更参加单位、界别设置、委员名额和人选时，由本届主席会议审议同意后，经常务委员会协商决定。

第六条 每届政协湖北省委员会第一次全体会议举行前召开预备会议，全体委员参加。政协湖北省委员会每届任期五年，从该届政协湖北省委员会第一次全体会议预备会议开始。如遇非常情况，需变更任期，由常务委员会以全体组成人员的三分之二以上的多数通过。

第七条　全体会议每年举行一次。常务委员会认为必要时，可临时召集。

第八条　全体会议须有三分之二以上的委员出席，方可举行。

第九条　全体会议的主要任务：

（一）贯彻实施中国人民政治协商会议章程；

（二）选举政协湖北省委员会的主席、副主席、秘书长和常务委员，决定常务委员会组成人员的增加或者变更；

（三）协商讨论党和国家大政方针以及湖北省重要决策部署，包括政治、经济、文化、社会和生态文明建设中的重大问题，提出意见和建议；

（四）听取和审议常务委员会工作报告、提案工作情况的报告和其他有关报告；

（五）讨论本会重要工作方针、任务并作出决议。

第十条　全体会议由常务委员会召集并主持。每届第一次全体会议由预备会议选举产生的主席团主持。

第二章　会议的准备

第十一条　全体会议召开前，常务委员会根据主席会议的提议，进行下列准备工作：

（一）审议通过全体会议议程（草案）和日程；

（二）通过常务委员会工作报告、提案工作情况的报告和其他报告；

（三）审议常务委员会组成人员增加或者变更的建议名单；

（四）通过全体会议秘书长和副秘书长名单；

（五）通过全体会议各组召集人名单；

（六）审议提请全体会议审议的建议案（草案）；

（七）会议的其他准备事项。

第十二条　在全体会议举行一个月前，由主席会议向常务委员会提出全体会议的议程（草案）和日程（草案）的建议。

第十三条　第一次全体会议预备会议由上届常务委员会授权主席会议主持，主要任务为通过第一次全体会议的议程和日程，通过本次会议主席团、主席团会议主持人、秘书长和提案审查委员会组成人员名单。

主席团会议由主席团会议主持人主持，主要任务是通过主席团常务主席名单，审议提请全体会议通过的决议，决定全体会议的其他事项。主席团常务主席会议由主席团会议主持人主持，主要任务是审议提请主席团会议审议的各项文件。

主席团和主席团会议主持人、主席团常务主席、秘书长工作至会议选举产生本届政协湖北省委员会主席、副主席、秘书长、常务委员为止，提案审查委员会工作至本次会议结束为止。

第十四条　全体会议设立会议秘书处，秘书处由会议秘书长和副秘书长组成，办理常务委员会或主席团、主席会议或主席团常务主席会议交付的事项，处理会议日常事务。

第三章 会议的举行

第十五条 全体会议各次大会的执行主席、主持人由主席会议协商决定。每届第一次全体会议的执行主席、主持人由主席团会议协商决定。

第十六条 全体会议采取大会和小组会、联组会、专题座谈会等形式进行。

第十七条 全体会议开幕会的任务：

（一）通过会议的议程；

（二）听取政协湖北省委员会常务委员会工作报告；

（三）听取政协湖北省委员会常务委员会提案工作情况的报告；

（四）听取其他报告或说明。

第十八条 全体会议闭幕会的任务：

（一）通过会议的各项决议和报告；

（二）决定常务委员会组成人员的增加或者变更；

（三）通过政协湖北省委员会的建议案；

（四）其他事项。

第十九条 全体会议听取并协商讨论政府工作报告及其他报告，提出意见和建议。

第二十条 全体会议安排大会发言。各党派、工商联、人民团体、专门委员会、界别、委员个人或联名均可提交发言材料。大会发言人选由会议秘书处根据所提交的发言材料质量和内容确定。

第二十一条 委员小组按界别组织，人数少的界别由两个或两个以上界别组成。小组会由委员小组召集人主持。

第二十二条 联组会可由同一界别的委员小组合并而成，也可由不同界别的委员小组联合而成。联组会讨论的主要内容由委员小组会提出，并推荐发言人，报大会秘书处综合后报请主席会议或主席团会议审定。联组会由主席、副主席或主席团成员主持。

专题协商座谈会的议题由省政协专门委员会协商提出，报请主席会议审定。专题协商座谈会的主持人由副主席或主席团成员或负责该专题的专门委员会主任担任。每届第一次全体会议专题协商座谈会的议题由上届专门委员会提出，报上届主席会议审定，主持人由主席团成员或担任本届委员的上届相关专门委员会负责人担任。

联组会和专题协商座谈会邀请有关省领导、省直有关部门及相关单位负责人参加。

第二十三条 全体会议邀请中共湖北省委、湖北省人大常委会、湖北省人民政府、湖北省军区和湖北省高级人民法院、湖北省人民检察院领导同志出席，邀请在鄂全国政协委员、中共湖北省委有关部门、省人民政府有关部门和有关人民团体负责同志列席。也可以根据情况邀请其他人士列席。

第二十四条 经常务委员会审议通过，全体会议可邀请有关方面人士旁听。

第二十五条 全体会议开幕会、闭幕会以及大会发言、联组会均可邀请新闻媒体采访；分组会议可视情况邀请新闻媒体采访。

第二十六条 全体会议期间，委员应按照会议日程和有关规定参加全体会议的相关会议和活动，因病或其他特殊情况不能出席会议和参加活动时，应书面向会议秘书处办理请假手续，经有关领导同意后，方可请假，并向小组召集人通报。会议秘书处以适当方式通报委员到会情况。

第四章　会议的提案和建议案

第二十七条　全体会议期间，参加省政协的各党派、团体、界别、省政协专门委员会和委员个人均可提出提案。提案的审查立案工作由提案委员会或提案审查委员会负责。

第二十八条　全体会议可就涉及经济和社会发展的重大事项、人民群众普遍关心的重点、热点、难点问题，向中共湖北省委、省人民政府提出建议案。

第二十九条　全体会议期间，参加政协的党派、团体或占总数四分之一以上的委员联名，可提出建议案（草案）。建议案（草案）经主席会议审议通过后，由常务委员会决定是否提请全体会议审议。

第五章　选举和表决

第三十条　每届第一次全体会议选举产生本届政协湖北省委员会主席、副主席、秘书长和常务委员，组成常务委员会。常务委员会组成人员从本届委员中选举产生。选举工作由会议主席团领导。

第三十一条　主席、副主席、秘书长和常务委员的建议人选由主席团审议后提交各委员小组充分酝酿讨论。主席团根据委员的意见，确定正式候选人名单，提交大会选举。

第三十二条　全体会议选举采用无记名投票方式。选举时须有三分之二以上的委员出席。候选人得到的赞成票超过全体委员的半数方可当选。

第三十三条　每届省政协第一次全体会议的选举办法，由主席团会议审议后提交大会审议通过。其他各次全体会议的选举参照第一次全体会议的选举办法执行。

第三十四条　全体会议的决议和建议案，应经全体委员过半数通过。

第六章　附　则

第三十五条　本规则自省政协常务委员会通过之日起施行，其解释权和修订权属省政协常务委员会。

中国人民政治协商会议湖北省委员会常务委员会工作规则

（2015 年 12 月 2 日政协湖北省第十一届委员会常务委员会第十一次会议修订）

为进一步推进中国人民政治协商会议湖北省委员会常务委员会（以下简称常务委员会）工作的制度化、规范化、程序化建设，根据《中华人民共和国宪法》、《中国人民政治协商会议章程》，制定本规则。

第一章 总则

第一条 常务委员会以马克思列宁主义、毛泽东思想、邓小平理论、“三个代表”重要思想、科学发展观为指导，深入贯彻习近平总书记系列重要讲话精神特别是关于人民政协的重要论述，按照“五位一体”总体部署和“四个全面”战略布局的要求，牢固树立和贯彻落实创新、协调、绿色、开放、共享的发展理念，高举社会主义、爱国主义旗帜，坚持和完善中国共产党领导的多党合作和政治协商制度，贯彻“长期共存、互相监督、肝胆相照、荣辱与共”的方针，围绕团结和民主两大主题，认真履行政治协商、民主监督、参政议政职能，充分发挥人民政协作为协商民主重要渠道和专门协商机构的作用，不断巩固和发展最广泛的爱国统一战线，为助推“建成支点、走在前列”进程、促进“五个湖北”建设，为实现“两个一百年”宏伟目标、谱写中华民族伟大复兴中国梦而奋斗。

第二条 常务委员会主持中国人民政治协商会议湖北省委员会（以下简称政协湖北省委员会）的会务，在政协湖北省委员会全体会议闭会期间，处理政协湖北省委员会的工作。

第三条 常务委员会由政协湖北省委员会主席、副主席、秘书长和常务委员组成。主席主持常务委员会的工作，副主席、秘书长协助主席工作。

第四条 常务委员会的职权：

（一）召集并主持政协湖北省委员会全体会议。每届第一次全体会议前召开全体委员参加的预备会议，选举第一次全体会议主席团，由主席团主持第一次会议；

（二）协商决定下一届政协湖北省委员会的参加单位、委员名额和委员人数及界别设置。协商决定本届政协湖北省委员会增加或者变更的参加单位、委员名额、委员人选及界别设置；

（三）组织实现中国人民政治协商会议章程规定的任务和政协全国委员会所作的全国性决议；

（四）执行政协湖北省委员会全体会议的决议；

（五）政协湖北省委员会全体会议闭会期间，审查通过提交中共湖北省委、省人民政府的重要建议案或重要建议；

（六）常务委员会组成人员增加或者变更时，常务委员会提出建议名单，由政协湖北省委员会全体会议决定；

（七）根据秘书长的提议，任免政协湖北省委员会副秘书长；

（八）决定政协湖北省委员会工作机构的设置和变动，以及任免其领导成员；

（九）根据中国人民政治协商会议章程决定或授权主席会议对参加政协湖北省委员会的单位和个人的处分事项；

（十）指导市、州、县（市、区）的政协工作。

第五条 常务委员会组成人员要认真执行中国人民政治协商会议章程和政协湖北省委员会及常务委员会的规定、决议，积极参加常务委员会的活动，加强同各方面人士的联系，广交朋友，及时反映群众的意见和要求。

第二章 常务委员会会议

第六条 常务委员会会议一般每季度举行一次；必要时可临时举行。

第七条 议政性常务委员会会议议题、常务委员专题协商会议题及其他协商形式的重要议题，应列入年度协商计划，做到协商议题和协商形式相匹配。

第八条 常务委员会会议的议程（草案）和日程由主席会议拟定，于会前一个月将会议的有关事项通知常务委员会组成人员；临时举行的会议，可以临时通知。

第九条 常务委员会会议由政协湖北省委员会主席主持，也可由主席委托的副主席主持。

第十条 常务委员会会议的主要任务：

（一）学习贯彻中共中央、中共湖北省委和省人民政府的方针政策和重要精神；

（二）审议政协湖北省委员会及常务委员会会务和工作中的重要事项；

（三）协商讨论湖北省重大方针政策和经济建设、政治建设、文化建设、社会建设、生态文明建设中的重要问题，以及涉及群众切身利益的实际问题，听取中共湖北省委、省人民政府领导及有关部门负责人对有关重要问题的报告或说明，提出意见和建议；

（四）审议提交政协湖北省委员会全体会议的文件；

（五）审议重要的建议案、提案、视察报告、调查报告和其他报告。

第十一条 常务委员会举行会议时，不是常务委员的政协湖北省委员会副秘书长，各专门委员会主任、副主任，省政协机关在职厅级干部列席。

第十二条 常务委员会举行会议时，邀请中共湖北省委、省人民政府领导及有关部门负责人参加，通报情况，听取意见；邀请住鄂全国政协委员，有关省政协委员，各市、州、直管市、神农架林区政协负责人和其他有代表性的人士列席。

第十三条 常务委员会会议必须有全体组成人员的三分之二以上出席方能举行；会议应发扬民主，对议题进行充分协商讨论，全面反映常务委员发表的各种意见和建议；会议的议案或其他需要表决的事项，须经常务委员会全体组成人员过半数通过方能生效。

第十四条 常务委员会会议采取全体会议和分组讨论会议以及参观考察等形式相结合的方式。根据会议议题，可按界别编组，也可混合编组。

第十五条 在常务委员会全体会议上，根据需要可安排发言。各专门委员会、党派、团体、界别、常务委员、应邀列席人员、个人或联名均可提交发言材料。大会发言由会议统筹安排。

第十六条 会议成果以综合报告、大会发言专报、政协社情民意信息等多种形式报送中共湖北省委和省人民政府，抄送有关部门。

第十七条 议政性常委会议期间，可举办专题学习报告会。

第十八条 常务委员会组成人员因病或其他特殊原因不能出席会议时，须按照规定程序履行请假手续。对常务委员会会议的全体会议和分组讨论会议的出席情况要进行通报。

第十九条　常务委员会会议闭会期间，由主席、副主席、秘书长组成的主席会议决定常务委员会的重要工作。

第三章　常务委员专题协商会

第二十条　专题协商会不定期举行；根据议题需要，请有关的常务委员及有关人员参加，邀请中共湖北省委、省人民政府领导及有关部门负责人和相关人士出席。

第二十一条　专题协商会的日期、议题由主席或有关副主席提出，也可由秘书长或秘书长会议提出建议报请主席和有关副主席决定。

第二十二条　专题协商会由主席或主席委托的副主席主持。

第二十三条　专题协商会由省政协办公厅统一协调组织，由相关专委会承担专题协商会具体组织工作。

第四章　文件与宣传报道

第二十四条　常务委员会作出的决定，提出的建议、意见和批评，须经主席或主席委托的副主席、秘书长签发，以政协湖北省委员会文件或办公厅文件的形式报送中共湖北省委、省人民政府。

第二十五条　常务委员会会议、常务委员专题协商会，一般应作新闻报道。

第五章　附则

第二十六条　本规则经常务委员会会议通过后施行，解释权和修改权属省政协常务委员会。

中国人民政治协商会议湖北省委员会主席会议工作规则

（2015 年 11 月 30 日政协湖北省第十一届委员会第三十二次主席会议修订）

第一条　为进一步推进中国人民政治协商会议湖北省委员会主席会议（以下简称“主席会议”）的制度化、规范化、程序化建设，根据《中国人民政治协商会议章程》和有关规定，制定本规则。

第二条　主席会议由主席、副主席、秘书长组成，负责处理常务委员会的重要日常工作。主席主持常务委员会的工作，副主席、秘书长协助主席工作。

第三条　主席会议以中华人民共和国宪法为根本准则，以中国人民政治协商会议章程为基本依据，以马克思列宁主义、毛泽东思想、邓小平理论、“三个代表”重要思想、科学发展观为指导思想，深入贯彻习近平总书记系列重要讲话精神特别是关于人民政协的重要论述，按照“五位一体”总体部署和“四个全面”战略布局的要求，牢固树立和贯彻落实创新、协调、绿色、开放、共享的发展理念，高举爱国主义、社会主义的旗帜，坚持和完善中国共产党领导的多党合作和政治协商制度，贯彻“长期共存、互相监督、肝胆相照、荣辱与共”的方针，围绕团结和民主两大主题，认真履行政治协商，民主监督，参政议政职能，充分发挥人民政协作为协商民主重要渠道和专门协商机构的作用，不断巩固和发展最广泛的爱国统一战线，为助推“建成支点、走在前列”进程、促进“五个湖北”建设，为实现“两个一百年”宏伟目标、谱写中华民族伟大复兴中国梦而奋斗。

第四条　主席会议组成人员应认真执行《中国人民政治协商会议章程》和政协湖北省委员会及其常务委员会、主席会议的规定、决议，切实履行职责，加强同各方面人士的联系，广交朋友，及时反映人民群众的意见和愿望，积极参加政协湖北省委员会、常务委员会、主席会议举行的会议和活动。

第五条　主席会议的主要任务：

（一）学习中华人民共和国宪法，学习中国特色社会主义理论体系，学习中共中央、国务院方针政策和中共湖北省委、省人民政府重要决策部署，学习政协章程和有关规定，学习统一战线理论和人民政协理论，学习经济、科技、法律、现代管理等知识，研究部署学习工作。

（二）审议本届湖北省政协增加或者变更参加单位、委员名额和人选，提请常务委员会协商决定。审议下一届政协湖北省委员会的参加单位、委员名额和人选及界别设置，提请常务委员会协商决定。

（三）根据中国人民政治协商会议章程和有关规定，安排协商活动，决定协商的形式和内容。

（四）围绕湖北经济建设、政治建设、文化建设、社会建设、生态文明建设中的重要问题以及人民群众普遍关心的问题进行讨论，提出建议、意见或建议案。

（五）审议以省政协名义向中共湖北省委、省人民政府提出的重要建议案。

（六）召集并主持常务委员会会议，拟定常务委员会会议的议程（草案）和日程（草案），审议提交常务委员会会议审议的文件（草案）。

（七）受常务委员会的委托，主持下一届第一次全体会议预备会议。

（八）审议政协湖北省委员会及其常务委员会的工作计划、工作报告和重要活动方案，审议政协湖北省委员会年度协商计划，审议专门委员会年度工作计划和总结；决定参加专门委员会的委员人选。

（九）执行常务委员会会议的决议；根据常务委员会的授权，履行常务委员会的部分职权。

（十）研究涉及政协湖北省委员会全局性、战略性、前瞻性的重要工作部署，对政协湖北省委员会及全体会议、常务委员会的制度化、规范化、程序化建设提出建议，指导市、州、县（市、区）政协的工作。

（十一）协调政协湖北省委员会各参加单位之间的关系，促进团结合作。

（十二）处理常务委员会的其他重要日常工作。

第六条　主席会议由主席主持，也可由主席委托副主席主持。

第七条　主席会议的议题由主席或副主席、秘书长提出，由主席或主席委托主持会议的副主席确定。

第八条　主席会议一般每月举行一次；必要时可临时召开。

第九条　主席会议举行前，办公厅应将会议时间、地点、主要议题等通知事项和提交会议审议的有关重要文件提前送达主席会议组成人员；临时召开的会议临时通知。

第十条　主席会议举行时，驻会副秘书长，办公厅副主任，研究室主任、副主任，专委会主任、专职副主任列席，必要时也可邀请与会议议题有关的其他人员列席；协商讨论重大问题时，可邀请中共湖北省委、省人民政府以及有关部门负责人到会介绍情况、听取意见和建议。

第十一条　主席会议须在全体组成人员过半数出席时方能举行。

第十二条　主席会议协商讨论问题，要充分发扬民主。讨论决定问题，必须坚持少数服从多数的原则；对于少数人的不同意见，应当认真考虑。如对重要问题发生争论，双方人数接近，除在紧急情况下必须按多数意见执行外，应当暂缓做出决定，待进一步调查研究、交换意见、民主协商、达成共识后再做决定。

第十三条　主席会议决定问题时，一般以分项审议方式通过。必要时也可以合并审议通过。

第十四条　对提请主席会议审议通过的文件，提请人应在主席会议审议时作出说明。

第十五条　主席会议审议通过的文件，需继续提请常务委员会会议审议通过的，在常务委员会会议表决通过前，由主席或主席委托的副主席、秘书长向常务委员会作出说明；主席会议审议通过即发生效力的文件，由主席或主席委托的主席会议其他成员签发，以政协湖北省委员会文件或政协湖北省委员会办公厅文件形式印发送达有关方面或部门。

第十六条　主席会议应作会议记录，并编发会议纪要。会议纪要一般由秘书长审阅后再呈主席或有关副主席签发。主席会议讨论的需公开报道的事项，由办公厅宣传机构与新闻单位衔接和配合，负责做好宣传报道工作。

第十七条　本规则自主席会议审议通过之日起施行。

中国人民政治协商会议湖北省委员会秘书长会议工作规则

（2015年11月30日政协湖北省第十一届委员会第三十二次主席会议修订）

第一条　为进一步推进中国人民政治协商会议湖北省委员会秘书长会议（以下简称秘书长会议）工作的制度化、规范化和程序化建设，根据《中国人民政治协商会议章程》及有关规定，制定本规则。

第二条　政协湖北省委员会设秘书长一人，设副秘书长若干人，协助秘书长工作。

秘书长会议在主席会议领导下进行工作。秘书长会议由秘书长主持。秘书长由政协湖北省委员会全体会议选举产生。副秘书长的任免，根据秘书长提议，由政协湖北省委员会常务委员会决定。

第三条 政协湖北省委员会秘书长参加常务委员会和主席会议集体领导，领导办公厅工作，并协调各专门委员会工作。

第四条 秘书长会议以中华人民共和国宪法为准则，以中国人民政治协商会议章程为依据，以马克思列宁主义、毛泽东思想、邓小平理论、“三个代表”重要思想、科学发展观为指导，深入贯彻习近平总书记系列重要讲话精神特别是关于人民政协的重要论述，按照“五位一体”总体部署和“四个全面”战略布局的要求，牢固树立和贯彻落实创新、协调、绿色、开放、共享的发展理念，高举爱国主义、社会主义的旗帜，坚持和完善中国共产党领导的多党合作和政治协商制度，贯彻“长期共存、互相监督、肝胆相照、荣辱与共”的方针，围绕团结和民主两大主题，认真履行政治协商、民主监督、参政议政职能，充分发挥人民政协作为协商民主重要渠道和专门协商机构的作用，不断巩固和发展最广泛的爱国统一战线，为助推“建成支点、走在前列”进程、促进“五个湖北”建设，为实现“两个一百年”宏伟目标、谱写中华民族伟大复兴中国梦而奋斗。

第五条 秘书长会议的主要任务

（一）学习中华人民共和国宪法、中国人民政治协商会议章程，学习建设中国特色社会主义的基本理论、基本路线、基本纲领和基本经验，学习统一战线和人民政协理论，学习国家大政方针和省委、省政府决策部署，以及经济、科技、法律、现代管理等知识，研究贯彻执行的意见建议；

（二）对参加政协的各党派、无党派人士、各人民团体共同关心的问题进行协商讨论，并向主席会议提出意见和建议；

（三）协助主席、副主席组织实施全体会议、常务委员会会议、主席会议的决议；

（四）负责全体会议、常务委员会会议、主席会议、常务委员专题协商会、界别协商座谈会以及根据需要举办的其他协商活动的准备和服务工作；

（五）审议提交主席会议的各项重要文件和以政协湖北省委员会办公厅名义发出的重要文件；

（六）协调安排省政协各组成单位共同参与的有关活动；

（七）开展调查研究，总结省政协工作经验，就加强和改进人民政协工作，向主席会议和常务委员会提出建议；

（八）加强同省级各部门、各党派团体、各级政协的联系与协作；

（九）负责政协机关思想、组织、制度和作风建设，贯彻落实《中国共产党章程》、《中国共产党廉洁自律准则》和《中国共产党纪律处分条例》，团结带领党内外干部职工，凝聚各方面智慧力量，为政协湖北省委员会主席、副主席、常务委员和委员履行职责服务；

（十）完成主席会议交办的其他事项。

第六条 秘书长会议一般每季度举行一次，如有需要，由秘书长决定可以临时召开。会议的日期、议题由秘书长决定。会议由秘书长或秘书长委托的副秘书长召集并主持，视议题需要，邀请有关负责人列席会议。

第七条 秘书长会议协商讨论问题，应充分发扬民主，广泛听取各种意见和建议。

第八条 除临时召集的会议外，秘书长会议的议题一般应当提前通知。与会人员不能出席会议时，可对讨论的议题提出意见。

第九条 根据工作需要，召开秘书长办公会议。秘书长办公会议由秘书长或秘书长委托的副秘书长召集并主持，驻会副秘书长参加，有关人员列席。秘书长办公会议的日期、议题由秘书长决定。

第十条 秘书长办公会议的主要任务是：传达、学习中央、全国政协和省委、省政府、省政协重要文件及会议精神，研究贯彻执行意见。研究办理主席、副主席交办的工作事项，协调和处理机关各部门的工作关系，讨论和决定机关日常工作。

第十一条 本会专门委员会专职副主任、机关厅级干部以及处室主要负责人可根据工作需要列席秘书长会议和秘书长办公会议。

第十二条 秘书长会议和秘书长办公会议均须作好记录，并编印会议纪要。会议纪要由会议主持人签发。印发范围由会议主持人签定。

第十三条 本规则自省政协主席会议审议通过之日起施行。

中国人民政治协商会议湖北省委员会专门委员会通则

（2015年12月2日政协湖北省第十一届委员会常务委员会第十一次会议修订）

第一章 总则

第一条 根据《中国人民政治协商会议章程》的有关规定，经政协湖北省第十一届委员会常务委员会第一次会议决定，设置以下九个专门委员会：

提案委员会	经济委员会	人口资源环境委员会
教科文卫体委员会	社会和法制委员会	民族和宗教委员会
文史和学习委员会	港澳台侨和外事委员会	委员工作委员会

第二条 专门委员会是常务委员会和主席会议领导下的工作机构，专门委员会的设置和变动，由常务委员会决定。

第三条 专门委员会工作是政协工作的重要基础，是政协履行职能的重要方式。专门委员会在省政协主席或主席委托的副主席直接领导下开展工作，秘书长或秘书长委托的副秘书长负责组织协调联系专门委员会工作。

第四条 专门委员会以马克思列宁主义、毛泽东思想、邓小平理论、“三个代表”重要思想、科学发展观为指导，深入贯彻习近平总书记系列重要讲话精神特别是关于人民政协的重要论述，按照“五位一体”总体布局和“四个全面”战略布局的要求，牢固树立和贯彻落实创新、协调、绿色、开放、共享的发展理念，高举爱国主义、社会主义旗帜，坚持和完善中国共产党领导的多党合作和政治协商制度，贯彻“长期共存、互相监督、肝胆相照、荣辱与共”的方针，围绕团结和民主两大主题，认真履行政治协商、民主监督、参政议政职能，充分发挥人民政协作为协商民主重要渠道和专门协商机构的作用，不断巩固和发展最广泛的爱国统一战线，为助推“建成支点，走在前列”进程、促进“五个湖北”建设，为实现“两个一百年”宏伟目标、谱写中华民族伟大复兴中国梦而奋斗。

第二章 工作任务

第五条 组织委员认真学习宣传贯彻中国特色社会主义理论、宪法法律和国家的各项方针政策、统一战线理论和人民政协理论，巩固团结合作的共同思想政治基础。

第六条 根据政协湖北省委员会和常务委员会会议精神及年度协商计划，围绕政协全体会议、议政性常委会议、专题协商会议题和专门委员会的对口协商、界别协商、提案办理协商等工作任务，组织委员开展调查研究，形成调研报告、发言材料或提出提案，反映社情民意，协助省政协办公厅组织各类协商议政活动。

第七条 围绕宪法法律和法规的实施、国家大政方针和地方重要举措的贯彻执行、国家机关及其工作人员的工作情况，通过提案、反映社情民意信息、专项民主监督、监督性视察和调研、建议、报告等形式，深入开展民主监督。

第八条 围绕湖北省经济建设、政治建设、文化建设、社会建设、生态文明建设中的重要问题以及人民群众普遍关心的问题，组织专题调研、协商座谈会等多种形式的参政议政活动，通过调研报告、提案、社情民意信息等，向中共湖北省委、省人民政府和相关单位提出意见和建议。

第九条 团结联系委员及各族各界人士，维护民族团结、宗教和谐、社会稳定，促进海内外中华儿女大团结，推进祖国和平统一，加强对外友好往来与合作，广泛凝聚实现中华民族伟大复兴的强大力量。

第十条 加强履职能力建设，提高政治把握能力、调查研究能力、协商议政能力、联系群众能力、合作共事能力，推进人民政协理论创新、工作创新、制度创新，加强委员履职服务和管理，积极为委员知情明政、履行职责创造条件。

第三章 组织制度

第十一条 专门委员会的组成，应按照有利于联系各界、各方面人士，自愿、协商和便于组织经常性活动的原则，统筹安排。

第十二条 每届专门委员会的设立一般应在当届政协第一次常务委员会会议上确定。专门委员会一般由 80 人左右组成，设主任 1 人，副主任若干人，专职副主任 1 人。专门委员会的组成人员中，非中共委员要占一定比例。

第十三条 专门委员会人选从省政协委员中产生，一般应具有相关工作经历和专业知识。专门委员会人选安排由省政协委员工作委员会承办，专门委员会委员名单经省政协秘书长会议研究，征得委员本人同意后由主席会议审定。主任、副主任的任命由省政协常务委员会决定。

专门委员会组成人员需调整或增补时，按专门委员会产生程序办理。专门委员会主任会议对本专门委员会委员的调整或增补可提出建议。

第十四条　各专门委员会对口联系界别和界别活动小组，建立健全联系相关界别委员的工作制度。

第十五条　未参加专门委员会的政协委员，根据本人意愿，可向省政协委员工作委员会提出申请，由委员工作委员会协调其同某一专门委员会建立联系，并以适当方式参加该专门委员会的活动，发挥作用。

第十六条　每届省政协第一次全体会议期间成立的提案审查委员会，闭会后根据情况作必要调整，经常务委员会第一次会议决定，作为提案委员会列入专门委员会序列。

第十七条　省政协机关根据精简、统一、效能原则，设立相应的办事机构，为专门委员会服务。

第四章　工作制度

第十八条　专门委员会工作由主任主持，副主任协助主任工作，专职副主任协助主任负责日常工作。

第十九条　专门委员会应按照省政协全体会议精神、省政协年度工作要点和协商工作计划，结合本专门委员会实际，制定年度工作计划，并按年度向常务委员会报告工作。需综合协调的事项，按程序报批同意后组织实施。

第二十条　专门委员会的调研报告和重要文稿，须经专门委员会主任会议或全体会议讨论，并由专门委员会主任或主任委托的副主任签发。凡以省政协办公厅名义发出的文件，一般由组织协调联系本专门委员会工作的省政协副秘书长审核后，由秘书长签发。重大事项或建议案，应提请省政协主席会议或常务委员会会议审议。

第二十一条　专门委员会每年至少召开两次全体委员会议。主任会议原则上每季度召开一次，由主任或主任委托的副主任主持。

第二十二条　根据需要可举行专门委员会主任联席会议，讨论研究专门委员会重要共性问题。会议由省政协主席主持，也可由主席委托的副主席或秘书长主持。

第二十三条　专门委员会应加强同省级各民主党派、有关人民团体的联系，根据需要邀请他们参与专门委员会的有关工作或开展联合调研活动。

第二十四条　专门委员会应注重发挥界别和界别活动小组作用，组织界别视察、界别调研、界别发言、界别提案和界别协商等活动，协调所联系的界别活动小组活动。

第二十五条　专门委员会应发扬民主、充分协商，注重发挥委员主体作用，健全委员联系制度。

第二十六条　专门委员会应加强与在鄂的全国政协委员、往届省政协委员和非委员中的专家、学者的联系，根据工作需要，邀请有关人员参加活动。

第二十七条　专门委员会应主动与中共湖北省委、省人大常委会和省人民政府的有关部门沟通情况，建立经常性的工作联系。

第二十八条　专门委员会应加强纵向、横向联系，争取全国政协有关专门委员会的工作指导，适时与兄弟省（区、市）政协有关专门委员会沟通情况，交流经验，密切与市、州、县（市、区）政协有关专门委员会的联系，研究共性问题，联合开展有关活动。

第二十九条　专门委员会组织开展活动，要厉行节约、深入基层、联系群众，广泛听取并反映各方面意见。

第五章　附则

第三十条　本通则自省政协常务委员会会议通过之日起施行，解释权和修订权属省政协常务委员会。

政协湖北省委员会办公厅关于推进无纸化办公的实施意见

（2015 年 8 月 24 日）

为进一步发挥机关在建内网平台作用，切实做好网上公文处理及传输工作，提高机关办公质量和效率。根据《省委办公厅、省政府办公厅关于进一步推进全省电子政务内网办公应用的意见》（鄂办文〔2014〕60 号）和省委通过电子政务内网传输文件的有关通知要求，现就推进机关无纸化办公提出如下意见：

一、指导思想

认真贯彻落实全省电子政务内网建设有关精神，以践行“三严三实”要求，加强机关作风建设，创新工作方式，提高工作质量和效率为目标，积极推进机关无纸化办公，努力提高信息化水平。

二、实施范围

除涉及秘密和存档以及确需纸质媒介传递等情况外，以下办公事项原则上均应实行无纸化办公：

1、机关一般文件发布；

2、上级机关和外来文件的传阅；

3、机关会议、活动等的通知发布；

4、机关各处室呈送的工作总结、计划、报告；

5、有关文件、文稿的起草、修改、审批等。

三、方法步骤

（一）2015 年 8 月 30 日前，信息处做好机关内网及各处室涉密电脑调试工作，以确保机关无纸化办公及电子公文传输渠道安全畅通。

（二）2015 年 9 月 1 日至 9 月 10 日，信息处会同文书处搞好培训工作，机关工作人员都应熟练掌握和操作机关涉密内网办公系统。

（三）2015年9月11日至9月30日，机关公文处理开始试运行工作。试运行期间实行纸质文件和电子文件双轨运行。对外发文没有通过系统流程提交电子文档的纸质文件，文书处原则上不予办理登记编号。

（四）2015年10月1日起，机关全面推行无纸化办公。在内网通过保密认证之前，除印制少量纸质文件存档外，机关非涉密文件、信息的拟稿、签批、复核分发、归档均在机关内网办公系统处理，严禁处理涉密文件、信息。通过保密认证后，经向机关保密办申请后，方可在内网系统处理涉密文件、信息。各处室电子文件签批到分管副秘书长后打印成纸质文件送秘书长，副主席、主席审签。报送省委、省政府等单位文件通过省电子政务内网终端传输至接收单位；接收到的中央县团级文件、省委、省政府及省直机关单位电子文件（除涉密文件、信息外）均通过机关内网分送至机关厅级领导及各处室，省政协党组成员文件传阅仍按纸质文件办理；机关各处室文件归档采取电子文件与纸质文件一并进行。

四、工作要求

1、加强组织领导。成立省政协机关无纸化办公工作领导小组，组长由省政协副秘书长周向阳担任，省政协研究室副主任梅雪、省政协办公厅副巡视员沈江陵任副组长，办公室工作由文书处、信息处负责，各级领导特别是机关各处室负责人要带头学习和使用无纸化办公系统，养成及时点击、阅读、处理电子公文的习惯。机关文书处会同信息处将不定期对各处室公文、信息处理情况进行检查通报。

2、提高思想认识。加快电子政务建设，推进无纸化办公，是落实省委、省政府有关文件精神，加强机关作风建设、提高工作效率的实际步骤，也是新形势下机关现代化建设发展的必然趋势。机关干部职工要高度重视，充分认识发展电子政务，推进无纸化办公的重要性和紧迫性，进一步更新观念，加强学习，积极实践，熟练掌握网上办公系统的运作，以实际行动全面推进机关无纸化办公的顺利开展。

3、强化工作责任。各处室负责人是机关推进无纸化办公的第一责任人。要认真落实《湖北省党委办公厅（室）系统业务网络电子公文传输管理暂行办法》和《省政协机关公文处理规定》，严格电子文档流转程序，严把电子公文质量关。为保证机关内网办公的正常运行，机关工作人员工作日每天第一时间应打开电脑保持在线状态，及时了解处理相关信息。同时，防止人员因公出差，实行文件收发办理各环节A、B角制度，以免延误工作。

4、严格保密纪律。省政协机关内网属于涉密内网，并且下一步将接入省电子政务内网，对保密工作有极为严格的要求和规定。各级领导及各处室工作人员要严禁接入互联网等非涉密网络，严禁接入非涉密移动存储介质、设备，严禁使用无线设备和接入手机进行充电等。凡违反保密规定造成泄密者，依照《保密法》追究相关人员责任。

5、落实保障要求。按照省委、省政府有关文件精神，加强内网设施建设，加强干部职工培训，确保无纸化办公落到实处。信息处全力做好系统维护和技术保障工作。各处室在系统试运行过程中，及时将系统使用情况和意见、建议反馈到文书处或信息处，文书处将会同信息处组织技术人员及时进行改进和完善，并做好技术服务保障工作。

省政协机关重大决策合法性审查制度（试行）

（2015 年 9 月 15 日）

第一条　为进一步完善依法决策机制，提高决策质量，根据党的十八届四中全会精神和《中国人民政治协商会议章程》，结合省政协机关实际，制定本制度。

第二条　成立机关重大决策合法性审查小组，小组长由省政协副秘书长、机关党委书记兼任，副组长由省政协社会和法制委员会专职副主任兼任，成员由综合处处长、宣传处处长、机关党委专职副书记、社会和法制委员会办公室主任、委员工作委员会办公室主任和省政协律师顾问组副组长组成。领导小组下设办公室，办公室设在机关党委，机关党委专职副书记兼任办公室主任，负责法治建设的专门人员担任联络员。

第三条　本制度所称重大决策合法性审查，是指省政协机关在做出重大决策之前，由机关合法性审查小组对决策的合法性组织审查的活动。

第四条　本制度所称重大决策是指省政协机关就下列重大事项做出的决策：

（一）贯彻落实党中央和省委的路线、方针、政策的实施意见、工作部署和重要措施；

（二）机关重大活动的筹备，重大安全责任事故、突发性事件的处理；

（三）其他需要厅党组集体研究决定的重大事项。

第五条　机关合法性审查小组负责对重大决策进行合法性审查，并出具书面审查意见。必要时，可以委托省政协律师顾问组进行决策合法性审查工作。

第六条　为提高工作质量和效率，决策承办处室可以邀请机关合法性审查小组参加前期的有关调研、论证等工作。

第七条　对决定进行合法性审查的重大决策，决策承办处室应当积极协助机关合法性审查小组，同时按规定时间和要求提供下列材料，并对其真实性、可靠性、完整性负责：

（一）关于决策基本情况的有关材料；

（二）与该决策有关的法律、法规、规章和政策依据，特别是禁止性规定；

（三）与该决策有关的统计数据、调查分析和评估报告等资料；

（四）有关征求意见的综合材料；

（五）该决策的可行性说明；

（六）进行合法性审查时需要的其它材料。

机关合法性审查小组认为需要补充材料的，材料提交单位应当于 3 个工作日内补齐；情况紧急的，应当在机关合法性审查小组要求的时间内提交。

第八条　机关合法性审查小组对重大决策进行合法性审查，一般应当自受理之日起 15 个工作日内完成。

材料提交单位向机关合法性审查小组提供的材料齐备之日为受理日。

第九条　机关合法性审查小组对重大决策进行合法性审查时，可以开展下列工作：

（一）到有关部门和单位进行调查研究；

（二）根据需要组织有关专家学者进行法律咨询论证。

上述工作时间不计算在合法性审查时限内。

第十条　法律审查意见应当主要包括以下内容：

（一）有关法律、法规、规章和政策依据；

（二）重大决策在合法性方面的基本分析及结论；

（三）对重大决策合法性存在问题的解决建议和意见；

第十一条　省政协机关研究决定重大决策时，机关合法性审查小组组长应当出席会议。必要时，应就该决策进行合法性审查的情况做出说明。

第十二条　重大决策未经合法性审查或者未通过合法性审查的，不予提交厅党组讨论决定。

第十三条　重大决策合法性审查工作所需费用，由机关合法性审查小组提出专项预算。

第十四条　参与重大决策合法性审查工作的有关人员，应当严格遵守保密纪律。

第十五条　对需要进行合法性审查的重大决策，决策承办处室未依照本制度提请机关合法性审查小组进行合法性审查，导致决策失误并造成严重后果的，追究有关责任人员的责任。

第十六条　本制度自发布之日起执行。

省政协机关落实党风廉政建设责任制检查考核实施办法

（2015 年 4 月 21 日）

为落实机关党风廉政建设责任制，促使机关各级党组织切实担负起党风廉政建设主体责任和监督责任，不断提高机关党风廉政建设和反腐败工作水平，根据《湖北省落实党风廉政建设责任制检查考核暂行办法》的精神和要求，制定机关党风廉政建设检查考核实施办法如下：

一、检查考核范围

机关各党支部、党员领导干部。

二、检查考核主要内容

（一）机关各党支部检查考核内容

1. 落实主体责任情况。加强对支部党风廉政建设的组织领导、改进作风建设、从源头上防止腐败、支持执纪执法工作、责任追究等方面的情况；党支部书记作为第一责任人，对党风廉政建设研究部署、准确把握廉政状况、大力支持监督执纪、带头参加检查考核、做廉洁从政表率等方面的情况；党支部委员对党风廉政建设主动谋划、支持监督执纪、支持检查考核、廉洁自律等方面的情况。

2. 党风廉政教育情况。组织学习习近平总书记关于党风廉政建设的重要论述和中纪委重要会议精神、李鸿忠书记关于党风廉政建设的讲话和省纪委重要会议精神的情况；参加党风廉政建设宣传教育月活动的情况；参加政治纪律和政治规矩集中教育活动的情况等。

3. 落实《省政协办公厅关于落实党风廉政建设主体责任监督责任的措施》中相关工作任务的情况。

4. 落实省政协办公厅当年度党风廉政建设任务分解方案相关工作任务的情况。

5. 落实《省政协办公厅贯彻落实省委惩防体系建设 2013 — 2017 年实施办法任务分解方案》中相关工作任务的情况。

6. 上年度落实党风廉政建设责任制检查考核中发现问题整改的情况。

7. 党支部纪检委员开展纪律监督检查、配合机关纪委开展监督执纪问责的情况。

（二）机关党员领导干部检查考核内容

1、加强组织领导情况。认真落实“一岗双责”，对党风廉政建设任务进行责任分解，签订党风廉政建设责任书，开展党风廉政建设责任制检查考核，运用好责任制检查考核结果，及时向省委、省纪委报告党风廉政建设责任制落实的情况。

2、维护党的纪律情况。贯彻落实中央和省委、省政协两级党组的重大决策部署情况，维护党中央的权威、遵守党的纪律和规矩、遵循组织程序的情况。

3、选好用好干部情况。贯彻落实《党政领导干部选拔任用工作条例》，匡正选人用人风气，提高选人用人公信度的情况。

4、加强和改进作风建设情况。党员领导干部思想作风、工作作风、领导作风、生活作风、学风文风会风等方面改进的情况。

5、从源头上防治腐败情况。贯彻落实省委惩防体系建设 2013 — 2017 年实施办法，组织开展反腐倡廉宣教月活动，从源头上防止腐败、抓早抓小的情况。

6、支持监督执纪问责情况。支持机关纪委监督执纪问责情况。

7、廉政谈话情况。厅党组主要负责人与领导班子成员、专职副主任、各处室主要负责人廉政谈话，领导班子成员与分管处室负责人廉政谈话，专委会专职副主任与处室负责人廉政谈话的情况。

8、厅党组书记带头讲廉政党课，厅党组成员主动向厅党组汇报党风廉政建设责任制落实的情况。

9、机关纪委协助厅党组落实主体责任情况。协助厅党组制订党风廉政建设年度工作要点，制订机关党风廉政建设任务责任分解方案，对反腐倡廉建设任务落实情况开展监督检查的情况。

10、查处违纪违法案件情况。处室主要负责人对本处室党员干部违纪违法线索主动上报，积极完成机关交办的信访和案件调查任务，对机关办案中发现的突出问题认真整改的情况。

三、检查考核方式

1、省政协机关落实党风廉政建设责任制检查考核工作在省政协办公厅落实党风廉政建设“两个责任”领导小组领导下进行。检查考核组组长由省政协办公厅党组书记担任，检查考核组副组长由机关纪委书记担任，成员由厅党组成员担任。

2、检查考核工作坚持定量考核和定性考核、平时考核与定期考核相结合。平时考核由机关党风廉政建设“两个责任”领导小组办公室根据各党支部上报材料和掌握的情况进行评定；定期考核在每年的6月、12月由厅党组成员分别带队进行交叉检查，根据检查的情况进行评定。

3、检查考核按百分制计算，由落实党风廉政建设“两个责任”领导小组办公室按照考核评分细则组织评分。评分细则由党风廉政建设“两个责任”领导小组办公室根据当年党风廉政建设和反腐败工作的主要工作任务制定。

4、检查考核组采取听取汇报、现场查看资料与平时掌握情况相结合的方式进行检查考核，并根据评分细则进行打分，检查考核结果分为优秀、合格、基本合格、不合格四个等次。90分以上支部为优秀党支部；70—89分为合格党支部；60—69分为基本合格党支部；60分以下的为不合格党支部。

四、检查考核结果运用

1、对各党支部落实党风廉政建设责任制检查考核情况在机关范围内进行通报。对落实党风廉政建设责任制检查考核成绩为优秀的党支部进行通报表彰；对检查考核成绩为基本合格的党支部给予提醒谈话，指出努力方向；对检查考核成绩为不合格的党支部进行批评，并提出整改要求。

2、检查考核结果作为干部提拔任用、评选优秀党支部和优秀党员、优秀公务员的重要依据，并存入干部廉政档案。

重要会议、活动

政协湖北省第十一届委员会第三次会议 1月26日至31日在武汉举行。应到委员728人，实到680人。中共湖北省委书记李鸿忠，省委副书记、省长王国生，省委副书记张昌尔等领导同志出席开幕会和闭幕会，参加联组讨论，听取委员大会发言，与委员共商改革发展大计。会议审议批准省政协主席杨松所作的常委会工作报告和省政协副主席张柏青所作的提案工作情况的报告。26位委员作了大会发言。会议对2014年省政协的工作作了总结，对2015年省政协的工作进行了部署。会议认为，过去的一年里，省政协坚持发挥协商民主重要渠道作用，主动谋事、认真干事、努力成事，服务改革发展取得新成效，推动协商民主取得新进展，加强自身建设取得新成绩。会议要求，全省各级政协组织、广大政协委员要着眼推进新常态下湖北经济社会发展，着眼全省全面深化改革和全面推进法治湖北建设，着眼推进人民政协协商民主制度建设，认真履行政治协商、民主监督、参政议政职能，加强履职能力现代化建设。会议期间，共收到提案851件，经审查立案773件，收到大会发言210多篇，政协委员和列席人员围绕政府工作报告及其他报告进行小组发言、联组发言1300多人次，编发简报69期。

省政协十一届八次常委会议 1月22日至23日在武汉召开。会议决定，省政协十一届三次会议于2015年1月26日至31日在武汉召开。会议听取了副省长许克振代表省政府所做的关于我省2014年经济工作情况的通报、省政府副秘书长王顺华所作的关于《政府工作报告（征求意见稿）》起草情况的说明以及省政协各专门委员会工作报告。会议分组讨论了《政府工作报告（征求意见稿）》，审议了《省政协常委会工作报告（审议稿）》及报告人建议名单（草案）等省政协十一届三次会议相关文件及有关人事事项。会议赞同《政府工作报告（征求意见稿）》，同意将《省政协常委会工作报告（审议稿）》、《提案工作情况的报告（审议稿）》提交省政协十一届三次会议审议。会议同意在省政协十一届三次会议上，由杨松主席作常委会工作报告，张柏青副主席作省政协提案工作情况的报告。会议通过了《关于召开中国人民政治协商会议湖北省第十一届委员会第三次会议的决定（草案）》、《中国人民政治协商会议湖北省第十一届委员会第三次会议议程（审议稿）》、日程（草案）等文件，通过了有关人事安排事项。会议原则通过《政协湖北省委员会关于加强委员履职能力建设的意见（试行）》，将在省政协十一届三次会议期间，提交委员征求意见。省政协主席杨松出席闭幕会并讲话。杨松要求，省政协常委会组成人员要明确自己的使命和责任，带头履行职责，为全会的成功召开作出努力和贡献。要明确指导思想、把握主要任务；要做好协商工作、提高协商成效；要遵守会议纪律、切实改进会风。省政协常务副主席范兴元主持闭幕会。省政协副主席郑心穗、王振有、陈天会、刘善桥、肖旭明、吕忠梅、张柏青、郭跃进、田玉科，秘书长刘安民出席会议。省政协副秘书长、各专门委员会负责人出席或列席会议。

杨松主席走访省级民主党派和工商联 2月5日、6日，省政协主席杨松走访省级民主党派和省工商联，与民主党派、工商联机关干部座谈交流，共商发展之策。杨松对省级民主党派和工商联2014年履职成效表示肯定。杨松指出，在新的一年里，省级民主党派和工商联要发挥组织性强等优势，突出抓好中共十八届三中、四中全会精神的贯彻落实，在推动全面深化改革、推进依法治国、推进协商民主建设进程中下功夫。高度关注国家和湖北“十三五”规划编制，多提战略性、宏观性、全局性的意见和建议，在协助做好顶层设计上下功夫。更好地体现民主党派特色，发挥党派界别委员主体作用；积极探索政协委员通过界别和专委会发挥作用以及跨党派、跨界别开展工作的方式，在搭建合作平台、形成更强合力上下功夫。加大培训工作力度，加强专业培训，运用会议、集中学习、专题讲座等形式，开展行之有效的学习培训活动，着力在提高委员和党派成员履职能力上下功夫。加强党派、工商联自身建设，不断提高政治把握、参政议政、组织领导、合作共事等能力，发挥各自优势，在推动经济建设、社会发展、对外开放、鄂台交流交往等方面下功夫。省政协将为省级民主党派、工商联以及政协委员开展履职活动提供更优质的服务。省政协常务副主席范兴元陪同走访并主持座谈，省政协秘书长刘安民以及省委统战部负责人陪同走访。省人大常委会副主任周洪宇，省政协副主席郑心穗、张柏青、郭跃进、田玉科，以及省台盟主委江利平、省工商联主席杨玉华等参加座谈。

2015年建议提案交办会 2月27日，省人大常委会、省政府、省政协联合召开2015年建议提案交办会。806件提案分别交由115个承办单位办理。省委常委、常务副省长王晓东，省人大常委会党组书记、常务副主任李春明，省政协副主席陈天会出席会议并讲话。省政府秘书长王祥喜主持会议。会议要求，要增强做好提案办理工作的责任感，推进提案办理与落实的制度化、规范化与程序化，丰富提案办理形式，将协商民主精神贯穿于提案办理全过程。要充分发挥提案推动工作的积极作用。

省政协中心组集中学习全国两会精神 3月18日，省政协两级理论学习中心组在武汉集中专题学习全国两会精神。省政协主席杨松主持并讲话。他指出，要准确把握“四个全面”、适应新常态、“十三五”规划、协商民主这四个关键词，深入学习贯彻全国两会精神，推动我省政协工作创新发展。省政协副主席郑心穗、吕忠梅、张柏青、郭跃进、田玉科作重点发言。省政协常务副主席范兴元，副主席王振有、陈天会、肖旭明，秘书长刘安民等参加学习。

在汉省政协委员学习报告会 3月19日在武汉召开。省政协主席杨松作学习传达全国“两会”精神报告。会议要求，全省各级政协组织、政协各参加单位、广大政协委员要把学习贯彻中共十八大、十八届三中、四中全会和全国“两会”精神作为一项长期任务，抓出实效。当前，突出的工作是要为我省“十三五”规划编制协商建言。省政协常务副主席范兴元主持报告会并讲话。省政协副主席王振有、陈天会、肖旭明、田玉科，在汉省政协委员出席报告会。省政协机关干部职工、部分离退休老同志参加报告会。

省政协首次界别协商座谈会 3月30

日在武汉召开，协商“推动武汉抗战纪念馆建设”问题。省政协文史委、省民革、省九三学社以及省政协文艺新闻出版界、社会科学界的部分省政协委员和专家学者参加协商，为湖北开展中国人民抗日战争暨世界反法西斯战争胜利70周年纪念活动建言献策。省政协主席杨松出席协商会并讲话。他指出，“推动武汉抗战纪念馆建设”界别协商座谈会是省政协今年第一个界别协商重点活动，社会各界对这项工作有广泛共识，广大人民群众更是高度关注。省政协委员和专家学者会前实地调查摸底、搜集整理资料、撰写发言材料，为界别协商打下了良好基础。座谈会上，武汉市介绍了武汉抗战纪念馆建设前期工作、主要措施及下步工作计划，省政协委员、专家学者作了《加强抗战纪念设施建设，守护我们共同的历史记忆》等发言。副省长郭生练出席协商会并讲话。省政协副主席王振有主持协商会。省政协副秘书长曾鑫出席协商会。省委宣传部等省直单位以及武汉市相关单位负责人出席会议，现场回应委员和学者的意见建议。

全省市州政协主席座谈会 4月22日至23日在武汉召开。会议深入学习贯彻中共中央和习近平总书记关于加强社会主义协商民主建设、推进人民政协事业发展的重大战略思想和战略部署，研究讨论加强人民政协协商民主制度建设问题。会议要求，全省各级政协组织要认真总结实践经验，健全制度机制，充分发挥人民政协作为协商民主重要渠道和专门协商机构的作用，增加协商密度，拓宽协商内容，促进交流互动，提高协商能力和协商实效，加强制度衔接等，推进社会主义协商民主广泛多层制度化发展。全省各市州、直管市、神农架林区政协以及竹溪县、宜都市、荆州区、广水市政协负责同志参加会议并发言。省政协常务副主席范兴元主持23日座谈会，副主席郑心穗、王振有、陈天会、肖旭明、吕忠梅、张柏青、郭跃进、田玉科，武汉市政协主席吴超，省政协秘书长刘安民，省政协办公厅、研究室以及省政协各专委会负责人、省政协专职常委等参加会议。

杨松率省政协常委视察团视察汉江中下游生态环境保护 5月11日至14日，省政协主席杨松率省政协常委视察团，自汉江中游顺江而下，视察了襄阳市、荆门市，以及两市城区和老河口市、谷城县、宜城市、钟祥市、沙洋县沿江生态环境保护情况。省委常委、襄阳市委书记王君正以及荆门市党政负责人分别介绍了当地经济社会发展、汉江中下游生态环境保护与开放开发情况。杨松充分肯定了两市生态环境保护与开放开发工作。他说，推进汉江流域生态环境保护与开放开发，首要的是提高认识，真正把保护工作作为自己的事，作为保护自己生存环境的大事，做到调水不调水都要保持一江清水，真正呵护好自己的母亲河。要突出汉江中下游生态环境保护的重点，切实研究好丹江口大坝以下到兴隆水利枢纽这一段的相关问题，研究好与“十三五”规划的对接工作等。要在经济结构调整与转型升级方面下大功夫，下足功夫，并主动与陕西、河南携手同行。要加大水污染治理和生态修复力度，逐步建立生态环境保护的长效机制；加强水质监测、数据搜集等环境保护措施，提升生态环境保护能力。省政协副主席王振有参加视察。省政协秘书长刘安民，副秘书长曾鑫，省政协相关常委、委员，省发改委、省环保厅、省水利厅、省南水北调局和长江水利委员会有关负责人参加视察，提出意见和建议。

**省政协机关“三严三实”专题教育动

员会 5月15日在武汉召开。省政协秘书长、办公厅党组书记刘安民在会上讲专题党课。省政协副秘书长、机关党委书记杨明福主持会议，省政协办公厅党组全体成员出席会议。刘安民对如何做一名“三严三实”好干部提出了明确的要求。他说，一是要把牢理想信念的“总开关”，切实增强政治定力；二是要讲规矩、严律己，坚守政治“底线”，不越法纪“红线”，把握生活“界线”；三是要敢于担当、勇于担责，面对大是大非敢于亮剑，面对矛盾敢于迎难而上，面对危机敢于挺身而出，面对失误敢于承担责任，面对歪风邪气敢于坚决斗争；四是要做老实人、说老实话、干老实事，坚持以党和人民的事业为重，始终在省政协机关的工作大局下想问题、做工作；五是要发扬钉钉子的精神，把中央和省委、省政协党组的决策部署与省政协机关的工作实际结合起来，逐项抓好落实。

政协湖北省第十一届委员会第九次常委会议 5月26日至27日在武汉召开，协商讨论科学编制我省“十三五”规划。会议应到133人，实到112人。省政协主席杨松主持会议，并在闭幕会上讲话。省委副书记、省长王国生到会听取大会发言并讲话。省委常委、常务副省长王晓东在开幕会上通报“科学编制我省‘十三五’规划”的有关情况。国家发改委发展规划司司长徐林就国民经济和社会发展“十三五”规划基本思路在会上作专题讲座。与会人员协商讨论了科学编制湖北省“十三五”规划的有关问题。12位委员作大会交流发言。会议通过了有关人事事项。

“推进基层妇联组织发展环境建设”界别协商座谈会 5月29日在武汉召开，就“基层妇联组织发展环境”问题开展界别协商。省政协副主席吕忠梅出席座谈会并讲话。会议认为，全省各级妇联组织要树立问题意识，以改革创新精神，围绕建立有效工作机制、推进妇联自身转型发展、做好妇联工作，加强专题研究，提出理性化对策建议，进一步推进基层妇联组织发展环境建设。省政协副秘书长杨明福主持座谈会，省政协社会和法制委员会副主任崔正军、祝新铭出席座谈会。

“发展乡村旅游、促进农民增收致富”界别协商座谈会 6月10日在武汉召开，就“发展乡村旅游、促进农民增收致富”开展协商讨论。全国政协委员，省政协常委、委员，基层政协有关负责人作协商发言。省直有关部门负责人现场作回应。会议认为，我省发展乡村旅游，要突出重点区域，着重抓好贫困地区、生态功能区、城镇化过程中的部分新区等规划；要按市场规律办事，要把企业和农民两大主体作用结合起来发展乡村旅游；政府要在规划、基础设施、标准、监管、培训等方面发挥主导作用，特别是要注重抓好适合乡村旅游发展的公共服务体系建设，让乡村旅游成为美丽湖北、富美乡村的生动载体。副省长许克振参加协商座谈会，听取发言并讲话。省政协副主席陈天会主持座谈会，副主席张柏青，秘书长刘安民，省政协有关专委会负责人等出席座谈会。

省政协上半年经济形势分析座谈会 7月17日在武汉召开。会议听取上半年湖北经济发展基本情况介绍，分析下半年经济形势，提出对策建议。省政协主席杨松出席并讲话。省政协副主席肖旭明主持座谈会。省政协秘书长刘安民，省政协办公厅、省发改委、省经信委、省统计局和省政协提案委员会、经济委员会等有关负责人出席座谈会。

杨松主席督办重点提案 7月24日，杨松主席率队赴武汉格林美城市矿产循环经济产业园调研，并召开提案办理协商座谈会，协商办理省政协十一届三次会议重点提案《关于加快我省循环经济发展的建议》。杨松认真听取发言，不时与大家交流探讨。他说，循环经济重点提案办前调研报告引起了省委、省政府主要领导以及省直部门领导的高度重视。他指出，发展循环经济是“两型社会”建设的核心，是“建成支点、走在前列”，转变经济发展方式的重要举措，也是落实“三维纲要”，实现绿色发展的重要举措。要认识循环经济发展的重要意义，把循环利用与节能、减排放在同等重要的位置，作为考核的硬指标、硬约束。要深刻认识循环经济跨区域、跨产业、跨企业、跨部门的特点，加大工作推进力度，在政府、企业直至全社会形成广泛共识和共同行动。武汉市政协主席吴超参加协商座谈会，省政协秘书长刘安民参加并主持协商座谈会。省政协办公厅、研究室、提案委员会以及武汉市政协、市直有关部门和新洲区委等负责人参加协商座谈会。

“推进县级公立医院改革”界别协商座谈会 7月30日在武汉召开。省政协主席杨松，副省长任振鹤出席并讲话。农工党界别、医卫界别代表和委员个人发言，就积极探索医疗体制改革创新、进一步开展县级公立医院管理体制改革、进一步健全基本药物制度、构建富有活力的人事和分配制度、理顺医疗服务价格、加大医保改革力度等提出对策建议，并与省编办、省发改委、省财政厅、省人社厅、省卫计委、省物价局、省食品药品监管局等省直部门面对面互动交流，就相关问题达成协商共识。省政协副主席刘善桥主持界别协商会。省政协副主席田玉科，秘书长刘安民等出席界别协商会。

“促进互联网金融健康发展”界别协商座谈会 8月10日在武汉召开。民建界别和工商联界别的部分委员就“互联网金融发展”与省直有关部门开展协商座谈。省政协主席杨松，副省长曹广晶出席会议并讲话。省政府金融办、人行武汉分行、省银监局、省证监局有关负责人作回应式发言。省政协常务副主席范兴元主持座谈会，副主席郭跃进讲话，秘书长刘安民等出席座谈会。

省委政协工作会议 8月18日在武汉召开。会议深入贯彻党的十八大和十八届三中、四中全会精神，贯彻落实习近平总书记在庆祝人民政协成立65周年大会上的重要讲话和《中共中央关于加强社会主义协商民主建设的意见》精神，总结交流2010年省委政协工作会议以来我省加强人民政协工作的经验和做法，研究部署下一步工作。省委书记、省人大常委会主任李鸿忠出席会议并讲话，要求全省各级党委要高度重视人民政协工作，按照总揽全局、协调各方的原则，切实加强和改进对政协工作的领导，支持政协依照章程独立负责、协调一致地开展工作，创造有利于政协开展工作的良好环境和条件，为政协履行职能提供有力保障。省委副书记、省长王国生作总结讲话。省政协党组书记、主席杨松就做好新形势下政协工作作具体部署。省委副书记张昌尔主持闭幕会并讲话。省委、省人大、省政府、省政协领导同志，省军区、省高级人民法院、省人民检察院、武警湖北省总队主要负责同志等出席会议。全省各市、州、直管市、神农架林区党委书记、政协主席、统战部长、联系政协工作的副市（州、区）长，各县（市、区）党委书记、政协主席，省直部门和单位、各人民团体主要负责同志，省各民主党派、省工商联负责同志和无党派代表人士等参加会议。武汉市、宜昌市、孝感市、咸宁市、潜江市、广水市党委负责同志，襄阳市、荆州市政协负责同志和省发改委、省科技厅负责同志在会上作了交流发言。

会议并讲话。省政协各专委会负责人、省政协界别召集人以及界别活动小组组长围绕贯彻落实省委政协工作会议精神，交流了工作情况及经验做法，探讨了进一步发挥专委会和界别作用的有效途径。会议强调，政协专门委员会是在政协常务委员会和主席会议领导下的工作机构，是政协工作的重要基础，是联系委员的重要渠道，是团结各界的重要纽带，要充分认识专委会工作的重要性。要坚持正确政治方向，坚持中国共产党的领导，坚持走中国特色社会主义政治发展道路，坚持人民政协的性质定位。要深入开展调查研究，突出问题导向，坚持长期跟踪调研，加强科学选题、科学咨询、科学论证。各专委会要根据各自的不同特点开展学习、履职和团结联谊等工作，体现各自特色，发挥各自优势。要加强系统联动，丰富合作平台，完善合作机制，开展联合调研。要推进政协界别工作，突出界别特色，开展界别协商，加强沟通联系。要通过专委会发挥好委员主体作用，加强委员教育和履职能力建设，强化委员履职服务和管理。要加强专委会履职能力、作风、组织等方面建设，充分发挥专委会负责人作用，用好专委会主任会议这个协商层次。省政协常务副主席范兴元主持会议。省政协秘书长刘安民等出席会议。

"全面深化我省国有企业改革"界别协商座谈会 12月23日在武汉召开。省政协副主席肖旭明出席会议并讲话。经济委员会主任路策主持会议。会议认为，当前国有企业改革进入攻坚克难关键时期，要进一步处理好出资人和企业的关系，明确责任主体；要进一步解放思想，分类指导，一企一策，因企施策；要坚持政府主导、市场引导的规范化运作；要坚持以人为本，充分调动企业职工的积极性；通过一系列切实有效的举措，实现改革工作的新突破。

省政协党组"三严三实"专题民主生活会 12月29日在武汉召开。省政协党组书记、主席杨松主持会议。省纪委、省委组织部有关同志专程到会指导。会上，杨松代表省政协党组进行对照检查，并带头作个人对照检查发言，请大家进行批评帮助。省政协党组成员逐一进行个人对照检查发言，并开展相互批评。杨松就认真做好下一步整改工作作了总结发言。杨松强调，要进一步深化和拓展专题教育成果，从严转变工作作风，发扬钉钉子精神，狠抓落实，真抓实干；要列出清单促进整改，从具体问题抓起、改起，解决一个销号一个；要建立机制督促整改，强化跟踪督查，听取干部群众意见，督促规范领导干部的言行；要立规执纪强化整改，制定有效管用的制度并确保刚性执行，切实推动践行"三严三实"制度化、常态化、长效化。省政协党组副书记范兴元，党组成员王振有、陈天会、刘善桥、肖旭明、刘安民参加民主生活会。

全省各界人士迎新年茶话会 12月30日在武汉举行。省委书记、省人大常委会主任李鸿忠出席茶话会并致辞。省政协主席杨松主持茶话会。省委副书记、省长王国生，全国政协社会和法制委员会副主任宋育英，省委副书记张昌尔等领导同志出席茶话会。省政协副主席、民建湖北省委主委郭跃进代表省各民主党派、工商联和无党派人士发言。共青团湖北省委负责同志代表省各人民团体和社会各界人士发言。出席茶话会的还有省委、省人大常委会、省政府、省政协、省军区和省高级人民法院、省人民检察院、武警湖北省总队领导同志，省老领导，省各民主党派和省工商联负责同志，无党派人士，省各人民团体和省直部门有关负责同志以及各界人士代表。

专门委员会工作

【提案委员会】

2015 年，省政协提案委员会认真贯彻落实中共十八大和十八届三中、四中、五中全会精神，按照“围绕中心、服务大局、提高质量、讲求实效”的提案工作方针，突出工作重点，创新工作方式，改进提案服务，以提高提案质量为基础，以增强提案办理实效为重点，创新提案办理协商工作机制，加强调研视察工作，使提案在政协履职中的积极作用进一步得到发挥。

（一）做好本年度提案的征集、审查、交办、督办等工作。主要是抓好四个环节：一是网上收集提案。今年，我们引导提案者从省政协网站“提案管理系统”提交提案，网上提交比例从去年的 50%提高到今年的 70%，减轻了纸质提案的录入工作量，有效提高了提案工作效率。二是严格审查提案。省政协十一届三次会议以来，共收到提案稿 887 件，我们组织工作专班，对提案稿进行了逐件审查，经初审、复审、终审三个环节，立案 806 件，对立案的提案，逐一确定了主会办单位。三是及时交办提案。2 月 27 日，省人大常委会、省政府、省政协联合召开 2015 年建议提案交办会，806 件提案分别交由 115 个承办单位办理。目前这些提案已全部办理并答复完毕。四是督办重点提案。经与各专委会沟通协商，遴选确定了 15 件省政协主席督办重点提案，经省政协主席审议通过，专门以省政协办公厅文件下发了《关于 2015 年度重点提案督办活动方案》。一年来，做好主席、副主席督办提案的协调联络和服务工作；同时，对于省长、副省长领办的重点提案，全力配合省政府督查室搞好后续跟进工作，确保重点提案取得预期效果。

（二）对往年提案办理进行了跟踪督办、回头问效。今年是十一届省政协履职第三年，为促进往年政协提案所提建议的采纳和落实，提高办理实效，按省政协主要领导要求，省政协办公厅对省直提案承办单位下发了《关于对往年未办结提案开展跟踪督办工作的通知》，要求各承办单位对十一届省政协前两年尚未办结的 1049 件提案开展回头问效。各承办单位高度重视，认真开展了清理自查工作，并向省政协上报了《自查情况报告》和《往年未办结提案跟踪办理情况表》。11 月，提案委员会会同省政府政务督查室组成检查组，由陈天会、张柏青副主席分别带队对省发改委、省卫计委、省教育厅等部分承办单位进行了检查督办。通过清理自查和跟踪督办，推动了 504 件提案所提建议的采纳落实。

（三）推进提案办理协商机制创新。根据省政协创新领导小组的安排，就规范提案办理协商进行了调研，与有关专家学者和基层实际工作者进行了交流，起草了《省政协提案办理协商工作实施办法》，对实践中形成的各种提案办理协商方式进行了总结，重点对提案形成过程中的引导协商、提案交办过程中的审查协商、提案办理过程中的沟通协商、重点提案的督办协商、对往年提案的跟踪问效协商进行了规范。将协商民主理念贯穿于提案工作全过程，探索完善案前协商、办中协商、督办协商、办后协商工作机制，促进提案办理协商规范化、科学化、制度化。该《办法》将在 2016 年广泛征求意见并进一步修改后下发。

（四）组织开展调研视察工作。组织开展了推进我省军民融合发展、汉江生态经济带建设、汉江中上游生态环境保护、南水北调中线工程和东线工程对比研究等专项调研活动。联合省委政研室（省改革办）、省国防科工办开展《促进湖北省军民融合发展对策研究》专题调研，先后召开 3 场专门座谈会，开展 3 次省内实地调研和 1 次省外学习考察，形成了《抢抓重大战略机遇，推进我省军民融合产业发展》的调研报告，被推荐作省政协常委会大会发言，《推进我省军民融合产业发展迫切需要解决的几个问题》被省政府领导批示，相关建议被省委、省政府、省军区正在起草的《关于促进军民融合发展的指导意见》和《湖北省军民融合“十三五”规划》吸收采纳。按照杨松主席要求，联合鄂豫陕三省政协主席联名致信全国政协俞正声主席，请求支持汉江生态经济带建设，俞正声主席作出重要批示并转国家发改委；组织 25 名住鄂豫陕三省政协委员联名向全国政协提出《关于将汉江生态经济带建设上升为国家战略并纳入国家“十三五”规划的提案》，争取全国政协提案委办公室作为平时提案受理并转国家发改委办理。

（五）积极开展委员界别协商活动。根据省政协统一安排，由提案委员会组织无党派、农业、特邀Ⅰ界别，就“加快国有林场改革，推进国有林场转型发展”议题开展界别协商活动，为我省国有林场改革建言献策。经与相关部门沟通，我们确定了国有林场长效发展机制、管理体制、职工社保、基础设施建设、富余职工安置、历史遗留债务化解等重大问题为协商重点，组织相关界别、科研机构、专家学者开展了前期调研，形成了系列调研报告。10 月中旬，组织召开了界别协商座谈会，省政府任振鹤副省长和省直相关厅局负责人到会听取委员建议，与委员互动交流。会后，根据会议讨论情况整理形成了《省政协界别协商座谈会关于推进我省国有林场改革与转型发展的建议》，省委副书记张昌尔作出批示，要求有关部门认真研究落实，采纳委员所提意见建议。

（六）广泛开展联系协作，强化自身建设。一是加强了同报社、电台、电视台、网站等媒体的联系与合作，扩大提案工作影响。总结《提案追踪》电视专栏节目开播 14 年来的成功经验，适应形势发展，商省广播电视台对《提案追踪》栏目进行改版，把“有事好商量”的理念贯穿报道始终，使选题更接地气、节目更贴近群众，讲好提案故事，传播政协好声音。二是加强提案工作对外交流。今年上半年配合办公厅有关处室热情接待了全国政协、福建省政协、山西省政协及宜昌市政协等前来考察调研提案工作的的客人，组织安排座谈会，交流了相关资料，学习了他们的经验。三是为承办单位和提案者做好服务，积极做好提案委员会例行会议服务工作。筹备组织主任会议、全体会议，认真准备会议材料；平时主动为提、办双方搞好联络协调工作。提案办理过程中，提案者和承办单位只要提出问题，我们尽可能地以最快的速度和最有效的办法帮助解决问题。四是对内强化素质，不断提高工作效率。重党建，制定了专门的党建工作计划，积极配合机关党委开展好日常工作，组织办公室的同志不断学习时事政治，进一步提高各位同志的思想觉悟和政策水平。今年，提案委办党支部被机关评为先进党支部，被省直机关工委评为“红旗党支部”。业务上，让有经验的同志多做经验交流，事前做好启发引导，事中做好具体指导，事后做好总结交流。五是积极做好服务工作。

2015 年，在各方面的关心支持下，提案委员会较好地完成了各项工作任务，但工作中还存在一些不足。主要表现在：专委会忙于日常事务处理，与委员交流沟通不够，组织活动不多；部分委员的参与积极性有待提高；提案工作的信息化水平、服务质量和服务效率还需要进一步提高等等。这些不足需要在今后的工作中进一步加强和改进。

【经济委员会】

2015 年，在省政协常委会议、主席会议和肖旭明副主席的领导下，经济委员会围绕中心、服务大局，充分调动全体委员的积极性、创造性，就影响湖北区域发展和长远发展的重大问题，开展大量活动，为推动“五个湖北”建设献真言、出良谋。

一、围绕推动区域发展献计出力

（一）加强横向联系，力促大别山革命老区建成小康社会

今年 6 月，《大别山革命老区振兴发展规划》经国务院同意颁发。为促进将《大别山革命老区振兴发展规划》与各地“十三五”规划、长江经济带、大别山革命老区振兴发展、中部崛起等其他国家战略的有效衔接，并为在我省举办的鄂豫皖第四次三省政协主席联席会议作准备，7 月底，由经济委员会承办，杨松主席率经济委员会路策主任、张忠宝副主任及省发改委、卫计委、教育厅、民政厅、人社厅、扶贫办等省直部门负责同志，赴襄阳、随州、孝感等市就大别山革命老区基本公共服务均等化进行调研。7—8 月，肖旭明副主席又率经济委员会部分委员赴武汉市新洲区、黄陂区，黄冈市浠水县、英山县、罗田县、团风县进行调研，了解大别山经济社会发展情况。

为将《大别山革命老区发展振兴规划》变成我省大别山地区发展的真金白银，根据省政协主要领导指示，我们于 12 月 9 日承办鄂豫皖三省政协主席座谈会，邀请河南、安徽两省政协主席、分管副主席，秘书长，相关专委会负责同志参加，就三省政协组织如何为全面、高质量地贯彻实施《大别山革命老区振兴发展规划》、促进大别山革命老区基本公共服务均等化出谋划策进行了探讨，并确定明年在河南召开三省政协主席座谈会，继续为推动大别山革命老区精准扶贫、精准脱贫献计出力。12 月 14 日，承办《大别山革命老区振兴发展规划》市县政协主席学习座谈会，邀请全国老区建设促进会会长石宝华作辅导报告，武汉、襄阳、黄冈、孝感、随州及 22 个大别山县（市、区）政协主席、分管副主席，相关专委会领导共 150 多人参加会议，省发改委等省直 13 个部门负责人参加会议，并就相关问题作了现场回应。

（二）关注影响湖北长远发展战略问题，为推进我省长江经济带开放开发建言献策

自 2009 年始，经济委员会就高度关注我省长江经济带的开放开发。当年，经济委员会承担“长江经济带开放开发”议政性常委会议的各项调研组织工作，成立了十一个相关专题的调研组，形成十一份专题调研报告。今年，为推进长江经济带开放开发，我们承担了省政协“推进长江经济带开放开发”常委专题协商会，从 5 月份开始制定会议方案，论证调研课题，遴选课题承担人，赴省内有关市县调研，听取省直有关部门情况介绍，赴重庆市学习考察。同时，通过网络和通讯的方式了解江西、上海的有关做法，丰富了我们的调

研思路和内容。经过努力，此次常委专题协商会形成9份专题调研报告，课题涉及大通关建设、综合交通枢纽建设、长江湿地保护、汉江生态经济带与长江经济带融合发展等领域。会后，我们及时整理并向省委、省政府报送了《关于长江经济带开放开发的建议》。

二、围绕省委、省政府中心工作，为我省科学发展出谋划策

今年是“十二五”规划的最后一年，也是“十三五”规划编制年，为配合省政协十一届九次常委会议协商讨论科学编制我省“十三五”规划，经济委员会组织了广泛调研，听取了省发改委等10多个省直部门和省农科院、中国农科院油料所等科研单位的工作情况和建议，在充分论证的基础上，我们起草了《科学编制我省“十三五”规划的建议》和《“十三五”期间着力推进我省农业现代化对策与建议》两个专题报告。

今年9月，国家《关于深化国有企业改革的指导意见》正式出台，为增强我省国有经济活力，促进省属国有企业健康发展，我们于12月组织承办了“推进我省国有企业改革界别协商会”，邀请部分经济界政协委员、省属国有企业负责人和省直有关职能部门进行座谈，就我省省属国有企业改革情况、企业发展遇到的困难和问题进行充分讨论和协商，并提出对策和建议。会后，我们将会议情况形成综合报告，报省委、省政府决策参考。

同时，我们还组织了“十二五”规划实施情况通报会，邀请省发改委就我省“十二五”规划实施情况向省政协各专门委员会主任、专职副主任进行通报，各专委会办公室主任和有关处室负责同志也听取了通报。会上，省经信委、省农业厅、省商务厅、省扶贫办的同志也分别介绍了2016年的工作思路。

三、加强对内对外联系交流，为经济委员会工作创造良好环境

一是1—11月份，经济委员会共接待8批外省政协来鄂学习考察，组织10次省直机关参加的座谈会，并赴东湖高新、武汉新港、宜昌、随州等地考察，让外省政协充分了解了我省经济社会和相关产业的发展情况。二是组织部分委员赴重庆学习考察长江经济带开放开发，赴河南、安徽考察大别山革命老区振兴发展情况，并就第四次三省政协主席联席会议议题进行沟通，达成共识。三是与省工商联共同组织承办了“相约荆楚地共筑新常态”中华精英企业家走进湖北投资考察活动，邀请50多位知名企业家走进湖北，参观东湖高新，与湖北省有关部门及省内部分民营经济代表人士座谈，让外地企业了解湖北的投资环境和投资机会。四是组织召开全省市（州）、省直管市、神农架林区政协经济委员会工作会议，上述单位分管政协经济委员会的副主席、经济委主任、专职副主任和办公室主任出席会议。五是应湖北省银监局和省环保厅邀请，组织部分委员就银监会工作、化工园区环保与应急体系建设分别与中国银监会调研组和省环保厅进行交流座谈。

四、积极组织界别活动，为界别委员知情明政、履行职能创造条件

开展形式多样的界别活动，为委员知情明政创造条件。9月16日至17日，组织省政协经济界和农业界委员赴孝感，开展界别联谊活动，让委员们视察了解我省“绿满荆楚行动”实施以来我省林业、苗木花卉产业发展以及科技创新促进林业产业转型升级情况。组织部分委员赴钟祥、京山考察特色农业发展和乡村旅游业发展情况。

五、充分发挥整体优势，努力形成工作合力

我们注意强化专委会的平台作用，调

动各个方面的积极性，充分发挥专委会的整体优势，形成了合作共事、共谋发展的强大工作合力。一是发挥主任们的自身优势，强化班子带头作用。省政协党组给经济委员会配备了一个民主团结、坚强干练的领导班子，班子成员以他们丰富的实践经验和领导才能，在委员会工作中充分发挥了表率带头作用，这也是我们工作取得明显进步的核心和关键。二是努力搭建服务平台，充分发挥委员的主体作用。根据委员专业特长、工作领域，有选择地挑选和推荐部分委员参与常委专题协商会、经济形势分析会、界别协商会、座谈会和其他有关部门召开的相关会议，为委员知情明政、履行职能创造条件。同时，我们坚持走访联系委员，掌握委员思想动态，对委员在工作和生活中遇到的困难及时予以协调解决。三是不断加强自身建设，充分发挥委员会的基础作用。主要是抓政策理论学习，提高综合素质；抓制度机制建设，完善工作机制；抓服务水平提升，树立良好形象。

【人口资源环境委员会】

2015 年，省政协人口资源环境委员会在省政协常委会和主席会议领导下，深入贯彻落实党的十八大和十八届四中、五中全会精神，切实改进工作作风，继续创新工作方式，紧紧围绕省委、省政府的中心工作，就我省人口、资源、环境领域的重大问题，深入开展调查研究，认真履行政治协商、民主监督、参政议政职能，有力助推了我省经济社会科学发展和“建成支点、走在前列”发展战略实施。

一年来，委员会组织委员开展视察、调研、学习考察活动 12 次，组织或参与人口资源环境领域重大活动 3 次，组织委员学习、座谈和界别活动 3 次；接待全国政协来鄂调研 3 次；提交视察、调研和考察报告 11 份，集体提案 1 件；反映社情民意信息 12 篇；有些重要履职建言受到省委、省政府的高度重视，省主要领导多次作出重要批示，省直相关部门认真采纳意见建议，履职成效显著。

一、围绕中心，积极开展履职建言工作

（一）按要求完成省政协常委会议专题议政工作

按照省政协十一届九次常委会议的安排，4 月中旬，郑心穗副主席、王振有副主席分别带领人口资源环境委员会的部分省政协常委和委员就“全省污染防控工作”进行调研。在集中听取省发改委等 10 个省直部门关于我省污染防控工作的情况汇报并就某些重大问题进行专题协商后，调研组先后赴荆门、黄石、武汉三地进行实地调研，形成了《关于湖北省“十三五”污染防控的对策建议》调研报告，并在省政协第十一届九次常委会议上作了大会发言。报告提出了“建立改善环境质量的管理体系，完善发展成果考核体系；完善“十三五”污染防治规划体系；持续推进治污减排工作；加强生态保护；强化环境风险管控”等五条建议，并以《社情民意专报》报送省委、省政府，对促进全省污染防控工作、科学制定“十三五”全省污染防控规划起到了很好的推动作用。另外，委员会还组织叶青、黄德华副主任分别在会上作了《湖北省“十三五”期间实施“三圈三带”战略的建议》和《关于“十三五”期间进一步加强我省湿地保护工作的建议》的大会发言，取得了良好效果。

（二）组织委员开展年度视察活动

根据《2015 年度省政协委员视察工作计划》，6 月和 7 月，王振有副主席率领由人口资源环境委员会部分省政协常委和委员以及省直相关部门负责同志和特邀专家组成的视察团，先后到黄石市和十堰市，就“全省重大地质灾害防控工作”进行了委员年度视察，并开展了界别专题协商。视察形成的《关于全省重大地质灾害防控问题的视察报告》报送省委、省政府，提出了“科学制定规划，加快推进地质灾害综合体系建设；加大政策落实力度，强化基层防灾减灾能力建设；坚持政府引导，政策支持，社会参与，加大地质灾害防治投入；加大地质灾害避让搬迁力度；进一步加大丹江口库区地质灾害防治工作”等五条建议。省委书记李鸿忠同志、副书记张昌尔同志对报告进行了圈阅，并请省政府办公厅会同省国土资源厅、省地质局等部门就相关工作建议统筹研办。

（三）围绕省委科学谋划“十三五”规划，组织委员开展专题调研

按照省委常委会议的统一安排，11月中下旬，省政协主席杨松率领由省政协相关常委、委员和省直有关厅局负责同志组成的调研组，专程赴神农架林区、十堰市、咸宁市和鄂州市就“十三五”期间湖北绿色发展问题实地调研。调研组实地调研了神农架林区珍珠河移民搬迁小区、青天袍茶民俗村、红坪林场铁厂河管护所等，十堰市四方山、武当山机场，郧阳区中华水源、青年林，房县杜川红豆杉种植基地、黑獐沟移民小区、化龙堰镇高桥村，咸宁市咸安经济开发区的巨宁竹业、洪盛模具、华琪生物和咸宁经济开发区的光谷南科技城、福人药业和华源印铁，鄂州市破堤还湖现场、梁子湖区万秀村、涂家垴镇污水处理厂、PETCT项目、葛店开发区电商基地等，并与所到各地党委、政府多次召开座谈会，听取工作情况汇报，并就有关问题进行深入探讨和交流。

杨松主席充分肯定了各地“十二五”期间绿色发展成绩，要求在“十三五”时期积极探索绿色发展之路。他指出，五中全会提出的“创新、协调、绿色、开放、共享”五大发展理念，是一个统一的整体，要深刻理解其丰富内涵，妥善处理绿色发展与创新、协调、开放、共享发展的关系，推动湖北“十三五”时期经济社会可持续发展。他还强调，要统筹五大理念，突出本地特色，坚持先行先试，实现绿色崛起。要深入学习贯彻党的十八届五中全会精神，把绿色发展作为我省“十三五”乃至今后更长时期必须坚持的重要发展理念，实现湖北经济社会可持续发展。调研结束后，调研组已向省委写出专项报告，提出助推湖北绿色发展的建言，必将对我省“十三五”规划的科学制定产生积极而深远的影响。

（四）根据全国政协双周协商座谈会主题开展履职建言工作

为了做好全国政协第31次双周协商座谈会的准备工作，3月下旬，全国政协人口资源环境委员会主任贾治邦率调研组来鄂，就“长江经济带开发中的湿地保护”问题进行了专题调研。委员会高度重视，认为是推动湖北经济社会发展的重大机遇，积极与武汉市、荆州市政协和省直相关厅局联系协调，拟定接待工作方案，做好相关服务保障工作。委员会与办公室还积极与相关厅局和市级政协联系协调，完成了杨松主席赴相关湿地专题调研和赴京参会文稿（《关于进一步加强长江湿地保护的建议》）的起草审定工作。该文稿结合湖北工作实际，提出了呼吁国家加快湿地保护立法；做好湿地保护规划；出台湿地保护政策；发展湿地经济；加大对湖北湿地保护支持力度；调整相关管理体制等6条建议。5月19日，杨松主席出席全国政协第31次双周协商座谈会并作了专题发言，发言受到了全国政协主要领导同志和国家相关部委负责同志的充分肯定和赞同。

（五）承办完成省政协年度重点提案的

督办工作

1、为做好省政协20150017号重点提案《深化科技金融创新，加快创新湖北建设》的督办工作，7月中旬，郑心穗副主席率领由省政协人口资源环境委员会、省科技厅、省财政厅、省金融办和省民革负责同志组成的学习考察团专程赴深圳市，学习考察深圳在科技金融创新工作方面的做法和经验。考察形成了《赴深圳市学习考察科技金融创新结合工作有关情况的报告》，并以社情民意信息的形式报送省委、省政府。10月中旬，郑心穗副主席再次带队在武汉、天门、孝感三市就此提案开展督办调研活动。调研组召开座谈会，听取三市政府及有关单位关于中小科技企业融资平台建设发展情况，并对相关金融投资机构和“双创”企业进行了实地考察。调研期间，还召开了提案督办座谈会，认真听取提案主办单位、协办单位和会办单位工作情况汇报，提案提出单位对相关办理情况表示满意和认同，促进了相互之间的交流和沟通，达到了预期效果。

2、为做好省政协20150161号重点提案《我省秦巴山区生物多样性优先保护工作》的督办工作，10月中下旬，王振有副主席率领由人资环委、教科文卫体委部分委员和省林业厅、省环保厅、省野生动植物保护总站以及华中农业大学、中科院武汉植物园等有关单位负责人、特邀专家学者组成的调研组专程赴十堰市，就该提案开展督办调研活动。调研组召开座谈会，听取相关市县政府及有关单位的情况介绍，并就生物多样性的保护工作进行了实地调研考察。调研期间，还召开提案督办座谈会，认真听取提案主办单位、协办单位和会办单位工作情况汇报，提案提出单位对相关办理情况表示满意和认同，促进了相互之间的交流和沟通，达到了预期效果。

（六）认真进行专项民主监督试点的准备工作

委员会按照省政协主席会议的要求，分别由郑心穗、王振有副主席牵头，于5月、6月、9月组织省政协相关常委、委员、省直相关部门和特邀专家，分别对南水北调中线核心水源区和环梁子湖地区开展了以生态环境保护工作为内容的专项民主监督试点推进工作。调研组每到一地，认真听取当地政府关于一年来南水北调核心水源区和环梁子湖生态环境与水质保护相关工作落实和推进情况，通报省政协开展专项民主监督工作的任务要求，具体协商研究相关问题。现在相关市级政协正在按要求与当地党委、政府积极协商沟通，落实目标任务、体制机制、监管体系等相关问题，拟从2016年开始全面开展专项民主监督工作。同时，为了进一步做好该项工作，9月，郑心穗副主席还率队专程赴浙江省学习考察污水治理工作方面的经验，形成了《关于赴浙江省学习考察污水治理工作的报告》，提出“进一步提升我省污水治理工作的理念和格局、努力推动省内污水治理立法工作进程、不断完善污水治理工作机制和经费保障”等三条建议，并以社情民意信息的形式报送省委、省政府。

（七）围绕环境保护和生态省建设，组织委员赴外省学习考察

8月中旬，王振有副主席带领人口资源环境委员会部分常委、委员赴宁夏自治区和青海省，就环境保护和生态省建设进行专题学习考察。考察团分别听取了两省（区）政协及政府相关部门的情况介绍，与相关负责同志进行座谈和交流，同时还实地考察了宁夏平罗县湿地保护和沙坡头沙漠治理情况，青海西宁市城北区生物产业园区和海北州生态环境保护情况等。调研结束后，形成了《赴宁夏、青海考察生态环境保护工作的报告》，报告结合湖北湿地

保护工作的实际，提出了“落实各级党委政府的主体责任，加强湿地红线管理；加快湿地公园建设与实施重大生态修复工程相结合；合理利用湿地资源，为荆楚人民提升福祉；突出‘两江两库’重点，提高湖北湿地生态文明建设的战略地位和影响力；建立长效保护机制，加快湿地立法和建立湿地补偿制度”等六条建议，并以社情民意信息的形式报送省委、省政府。

（八）认真做好全国政协来鄂调研的接待服务工作

1、5月下旬，全国政协常委、人口资源环境委员会副主任张基尧率全国政协调研组，就“推进‘十三五’经济社会与生态环境协调发展”来鄂进行专题调研。调研组实地考察了武汉市阳逻电厂和格林美（武汉）公司、鄂州市梁子湖生态环境保护和农村村庄综合整治项目建设，并听取了相关政府和部门的情况介绍。张基尧副主任表示，湖北确定了“绿色决定生死、市场决定取舍、民生决定目的”三维纲要，树立了协调发展的科学理念，通过积极探索、真抓实干、不断推进了生态文明建设，湖北这几年以“壮士断腕”的决心大力实施，提前一年完成节能减排“十二五”指标，环境保护有了很大进展。他希望湖北依据中央加快推进生态文明建设的意见，尽快制定具体规划，做好定量控制等工作，更多体现绿色发展的重大意义；希望湖北继续做好长江保护的大文章，在长江经济带开放开发过程中，科学利用好湖北的水资源优势，承担更多的生态责任；希望湖北继续在生态环境保护体制机制建设上先行先试，充分利用和发挥好市场在资源配置中的决定性作用，创新探索，在协调发展上树起一面旗帜，为全国提供更多经验。

2、9月中旬，由全国政协人口资源环境委员会副主任徐德明、庄国荣分别任组长和副组长的调研组来鄂，就“国家地理信息公共服务平台‘天地图’应用与发展”进行专题调研。调研组分别在武汉和襄阳召开座谈会，省发改委、省国土资源厅、省水利厅、省测绘地理信息局、省地质局、襄阳市政府以及武汉大学、中科院等有关单位负责人详细汇报了“天地图·湖北”的建设和应用情况以及下一步工作计划，并就国家进一步明确“天地图”战略地位、出台相关文件、加快推动全国时空信息云平台“一张图”建设等反映了问题、提出了建议。

二、立足省情，积极开展特色履职工作

1、部门联动，共推我省生态文明建设。委员会今年与省林业厅紧密协作，继续推进我省生态文明建设。一是委员会负责同志带队赴黄石市指导当地省级森林城市创建工作，关注森林和创建森林城市工作已成为全省推动生态文明建设的重要抓手，得到全省各市州县（市、区）的广泛响应。二是分管副主席和委员会领导积极参加“爱鸟周”、中国森林旅游节和园博会等活动，通过宣传加强全民环保意识和“绿色决定生死”的理念，对全省生态文明建设起到了很好的推动作用。

2、积极发挥提案监督作用，协商推进相关工作落实。2014年12月，在郑心穗、王振有副主席的率领下，组成了以委员会部分常委和委员、省林业厅、省环保厅和省野生动植物保护总站负责同志和特邀专家组成的调研组，在专程赴京山县和武汉市实地调研考察和广泛征求意见的基础上，形成了以省政协人口资源环境委员会和教科文卫体委员会联名提出的《关于进一步加强我省未成年人生态道德教育的建议》的联名提案，提交省政协十一届三次会议，对全省未成年人的生态道德教育和生态文明建设起到了进一步的推动作用。

3、主动作为，加大对生态环境保护工

作的指导和监督。

8 月上旬，委员会组织省政协相关常委、委员、省直相关部门和特邀专家，对保康县磷矿资源开发与楚文化文物遗址和水资源保护工作进行了专项民主监督调研。在实地考察、认真听取各方意见的基础上，形成了《关于保康县磷矿开发与楚文化文物遗址及水资源保护工作的调研报告》，提出了“理清发展思路，对宝贵的磷矿资源实行科学有序的适度开发；制定磷矿资源开发、文物和水资源保护的综合规划；要对荆山沮水流域的楚文化遗产进行系统资源调查和专业研究”等三条意见，并以社情民意信息的形式报送省委、省政府。

4、发挥界别特色优势，推动我省农业产业发展。5 月中旬，委员会组织农业界委员就“农业产业结构调整和相关产业发展”赴咸宁市嘉鱼县开展专题调研活动，听取了嘉鱼县政府的情况汇报，进行了实地调研，形成了《关于嘉鱼县农业产业结构调整的几点建议》的报告，提出了“建议国家和省继续加大农业投入，加强农业基础设施建设，特别是向丘陵地区倾斜，提高综合抗灾能力；增加水稻保险理赔金额；大力推进农业产业化经营，培植龙头企业；加强对农民的培训，提高农民增收意识”等六条建议，并以社情民意信息的形式报送省委、省政府。

【教科文卫体委员会】

2015 年，在省政协常委会和主席会议领导下，在全省各级政协的大力支持下，省政协教科文卫体委员会深入贯彻学习党的十八大、十八届三中、四中、五中全会和习近平总书记在庆祝人民政协成立 65 周年大会上讲话精神，选择全省经济社会发展领域中教科文卫体方面具有全局性、战略性、前瞻性的课题和事关民生的热点难点问题，共开展各种专题调研、视察考察、界别活动 21 次，协助完成 3 次全国政协和 6 次兄弟省市赴我省的专题调研工作，开展重点提案督办活动 5 次，提出调研、视察报告和其他建议材料 13 份，取得了较好的履职实效。

一、围绕中心，服务大局，着力抓好重点工作

一是紧扣常委会议政重点开展调研。突出科技优势，找准“十三五”规划切入点，我委选择“十三五期间加快我省科技创新平台建设”专题赴东湖高新、襄阳市开展实地调研，学习借鉴先进地区经验，赴广州、深圳进行比较研究，形成高质量的调研报告提交省政协十一届九次常委会议。围绕法治湖北建设主题，突出文化特色，以“推进法治文化建设，提升全民法治信仰”为主题，赴宜昌、神农架开展实地调研，形成调研报告提交省政协十一届十次常委会议。

二是继续做好省政协重点课题调研工作。我委承担的省政协重点调研课题是刘善桥副主席带队的“长江中游城市群产业协同发展”。4 月下旬，我委组织召开了有专家学者、省直相关部门负责人参加的调研座谈会，了解长江中游城市群产业发展情况，在此基础上，7 月组成调研组赴河北、天津等省市考察京津冀协同发展情况，形成调研报告已报送省委、省政府。

二、关注民生，搭建平台，高度重视协商工作

一是认真组织好省政协月度界别协商会。根据工作安排，今年我委牵头组织医卫界别与农工党界别召开“推进我省县级公立医院改革”专题协商会。4 月，我委在听取相关界别活动小组负责人意见的基础上，形成工作方案和调研子课题，由省政协医卫界别和农工党界别委员开展深入调研。7 月，组织召开了界别协商会。省政协杨松主席、田玉科副主席及省政府分管副省长、省直主管部门领导等出席会议，刘善桥副主席主持会议，省政协医卫界别、农工党界别部分委员代表参加协商，形成的综合汇报材料《省政协界别协商会对推进我省县级公立医院改革的建议》报省委、省政府后，鸿忠书记高度重视并批示：“省政协对县级公立医院改革的意见很重要，我们要在贯彻落实中央的工作部署中，结合湖北实际，把政协的意见融汇吸纳”。任振鹤副省长也提出了具体落实意见，省卫计委专门报送了落实情况报告。

二是积极做好省政协重点提案督办协商。在充分调研的基础上，完成了两位省政协副主席重点提案督办工作。7 月，省政协副主席田玉科率调研组，赴辽宁省沈阳市学习考察该市在推进绿色建筑产业化方面的做法和经验，8 月，组织召开《推进建筑产业现代化，建设绿色生态湖北》的重点提案督办协商会。9 月，由刘善桥副主席带队赴洪湖湿地实地调研后，召开了《加强长江中游故道群湿地保护与管理》重点提案督办协商座谈会，省直有关部门及荆州市政府汇报了相关工作，并与提案人交流了进一步加强相关工作意见。

三是积极参与专委会集体提案督办协商。今年两会期间，专委会结合去年的调研工作向大会提交了四份集体提案，由于提案前期经过全面深入的调研，所提问题紧扣我省教科文卫体事业发展，其中《促进文化与科技融合着力打造武汉·中国创意之城》、《关于切实加强我省秦巴山区生物多样性保护优先区域生态保护的建议》、《关于加大我省古民居村落保护与利用发展生态文化旅游业的建议》三份提案被选为省政协 2015 年重点督办提案，分别由郭生练副省长、王振有副主席、陈天会副主席领办和督办，我们积极参与相关工作。通过督办协商达到了以提案办理为新起点，进一步推动政府相关职能部门工作目的。

四是深化与党政部门、高校科研院所的对口协商。在开展调研等工作中，专委会积极搭建协商平台，探索与党政部门的对口协商：在开展“推进法治文化建设提升全民法治信仰”调研过程中，专委会组织召开调研座谈会，听取了省司法厅、省文化厅、省新闻出版广电局、省政府法制办等省直部门相关工作情况介绍，并就如何进一步推进我省法治文化建设、提升全民法治信仰进行了深入、热烈的讨论。发挥专委会与高校的联络优势，重视专业意见，加强与省内各高校、科研院所的协商，积极吸纳专家学者的前沿研究成果：在召开“长江中游城市群建设”子课题调研座谈会时邀请了省发改委、省社科院、武汉大学、华中科技大学、华中师范大学等单位的专家、学者，就“长江中游城市群产业协同发展”专题进行了深入的讨论。

三、彰显特色，多方结合，精心组织好界别委员活动

我委共联系教育、科技Ⅰ、科技Ⅱ、科协、医卫、体育等六个界别小组。今年初，我委邀请界别活动小组组长参加专委会主任会议，做好全年界别活动计划，并积极开展形式多样的界别活动。一是结合界别协商会开展界别活动。组织医卫界别委员赴汉川以“推进县级公立医院改革”为主题开展界别活动。二是结合专题调研开展界别活动。在开展“十三五期间加快我省科技创新平台建设”专题调研时，吸纳科技界别部分委员参加专题调研。三是结合委员视察开展界别活动。7 月，结合视察 2015 年高考招生录取现场工作，组织教育界别部分委员参加了活动。10 月，在刘善桥、田玉科副主席的带领下，就“推进学前教育改革发展”专题组织委员开展了视察活动，形成的视察报告报送省委、省政府后，省委书记李鸿忠、省委常委梁惠玲、省政府副省长郭生练分别进行了批示，要求有关部门在工作中积极吸纳委员意见建议。四是结合委员关注的热点开展界别活动。4月，组织体育界别委员就“发挥体彩资金作用促进公益性和群众性体育事业发展”专题赴荆州市开展了界别活动；5月，组织科技界别委员赴东湖高新未来科技城、烽火通信等地实地考察，与企业技术人员交流，了解东湖高新发展最新情况；11月，组织部分文艺、新闻出版界别委员赴黄石市、大冶市就省以下广播电视事业发展及工业遗产保护和申遗工作进行了专题调研。五是多个界别联合开展活动。为了加强各界别之间的交流，5月，专委会组织新闻出版、文化、科技等委员共同开展活动，在武汉调研我省科技创新平台建设及相关产业发展情况，深入华中科技大学材料成型与模具技术国家重点实验室，实地参观了金运科技意造3D打印云平台，与科研人员、企业负责人面对面交流，听取了我省3D打印技术科研的最新成果和3D打印技术市场化应用情况介绍。

四、细心收集，及时报送，提升信息宣传效果

一是及时反映社情民意信息。在调研过程中，我们注重以问题为导向，对于反映出来的突出问题，及时梳理，专题报送。今年我委已报送了《关于加快我省科技创新平台建设的建议》、《关于促进我省仿制药产业发展的建议》等多件社情民意信息，为省委、省政府决策提供参考。

二是加强对专委会工作的宣传。每次专委会组织开展活动前，我们都积极主动与宣传部门沟通联系，邀请媒体参与活动。活动结束后，我们又及时写出报道稿件，向《湖北日报》、省广电总台、省广播电台以及省政协网站、《政协简报》、政协手机报等栏目报送宣传报道材料及照片资料，共计报送各类报道消息近百余篇。同时，我委注重加强自身信息网络建设，在建立了专委会委员工作信息平台的基础上，建立了专委会工作微信朋友圈，适时发布专委会活动消息，让本专委会委员及时了解工作动态，积极参与专委会活动。

五、加强联系，拓展渠道，发挥系统联动效应

一是积极争取全国政协专委会的指导和支持。6月，全国政协教科文卫体委员会副主任马德秀带队赴我省开展“促进高校办出特色和水平”专题调研；7月，全国政协机关党组副书记、全国政协京昆室副主任全广成带队赴我省开展“充分发挥戏曲在培育和践行社会主义核心价值观中的重要作用”专题调研；8月，全国政协教科文卫体委员会副主任黄洁夫带队赴我省开展“仿制药的质量问题与对策”专题调研，我委都认真细致做好调研座谈会、日程安排和其他相关工作，为全国政协提供了有力的保障，得到全国政协充分肯定。11月，参加全国暨地方政协教科文卫体委员会工作座谈会，并向会议提交了经验交流材料。

二是主动密切与兄弟省市政协专委会的工作联系。积极做好兄弟省区市政协专委会的协助调研、情况咨询、对口接待等工作，增加与兄弟政协的交流。我委积极做好了福建、天津、山西、陕西、云南、内蒙等省市赴我省的专题调研工作，介绍我省相关工作情况，召开调研座谈会和安排好实地调研。我委还组织部分委员赴内蒙古、陕西就“文化产业发展”开展了学习考察。11月，应上海市政协邀请，参加了由上海市政协举办的苏浙沪政协保护和扶持地方戏曲艺术第九次座谈会暨上海戏曲论坛，介绍了湖北经验。

三是以会代训，协作调研，加强与全省各级政协相关专委会的系统联动。10月，在宜昌召开全省政协教科文卫体委员会工作座谈会，以会代训，交流经验，增进友谊。同时，积极发挥基层政协专委会作用，开展协作调研、委员界别活动，及时将基层政协提供的情况体现到调研成果之中。

四是注重加强与省直有关职能部门、省级有关民主党派的工作合作。年初，我们及时与省直有关职能部门沟通，通报相关工作情况；专题调研和界别活动前，充分听取相关部门情况介绍，使委员知情明政，加强与部门的联系，形成工作合力。同时，注重加强与省级民主党派的联系，在召开“推进我省县级公立医院改革”界别协商会前，多次与省农工党联系，协助农工党在全省开展相关专题调研，共同组织好界别协商会；与省九三学社、省民进加强工作交流，督办重点提案。

同时，注重学习型专委会建设，高度重视委员和办公室政治理论、政协理论及教科文卫体各项事业政策方针政策的学习，巩固共同思想基础，提升委员履职能力，提高办公室工作质量和水平。

2015 年，教科委较为圆满地完成了全年工作任务。但也存在一些不足：一是由于教科文卫体委员会工作面较宽，调研工作存在重点不突出问题；二是由于调研课题较多，时间安排上过于紧凑，造成调研的广度、深度不够；三是工作方式方法创新不够等等。在今后的工作中，我们将针对不足积极改进，进一步推动专委会工作质量的提升。

【社会和法制委员会】

2015 年，社法委围绕中心、发挥优势、突出特色、开拓创新，完成了全年工作任务。全年共开展专题调研 7 次，提交调研报告 7 篇，视察 1 次，提交视察报告 1 篇，考察 2 次，提交考察报告 2 篇，承办常委专题协商会、界别协商座谈会共 2 次，提交综合报告 2 篇，配合全国政协来鄂调研 2 次，接待内蒙古、宁夏政协社法委来鄂学习考察，完成 7 件地方立法的立法协商工作，完成 1 项省政协规范性文件的起草。全年有 6 份报告得到省委、省政府、省政协领导批示。

一、认真完成省政协全体会议和常委会议安排的任务

1、认真组织动员社法委委员参加省政协十一届三次会议及有关活动。共提交提案 90 件，其中 6 件被评选为 2015 年优秀提案，董玉霞等委员关于《加快中低产林改造，大力促进绿色经济发展》的提案被确定为重点提案，由任振鹤副省长领办，于 11 月 18 日在汉召开座谈会进行督办。有 2 位委员作大会和联组发言，王树忠委员所作“建设农村社区务必留住乡愁”的大会发言、李刚委员所作“建立健全法律顾问制度”的联组发言，都得到省领导的好评。

2、完成了省政协十一届九次常委会议“为科学编制“十三五”规划建言献策”专题调研。3 月下旬至 4 月上旬，社法委尚武主任，韦会林、祝新铭、陶慧芬、姚永宁副主任一行分别赴咸宁市和十堰市调研我省“十三五”残疾人事业发展和残疾人权益保障。在向省政协十一届九次常委会议提交建议的同时，也向省委办公厅、省政府办公厅报送《关于“十三五”期间加快发展残疾人事业的建议》，省委书记李鸿忠同志 6 月 26 日对报告作出批示。目前，我省残疾人事业发展“十三五”专项规划已列入省人大工作安排。

3、完成了省政协委员关于我省司法体制改革试点工作的视察。7 月 21 日至 24 日，省政协副主席刘善桥率委员视察团听取了省司法体制改革领导小组负责人的情况通报，以及襄阳市委政法委、法院、检察院司法体制改革试点工作进展情况的汇报，

实地考察了襄阳中院立案登记窗口、数字化审判庭和襄城区检察院规范化办案区，与该市四个试点单位的法官检察官和司法辅助人员及行政人员座谈，形成了视察报告，并由尚武主任在8月底9月初召开的省政协十一届十次常委会议上发言。张昌尔副书记9月10日批示视察报告：“善桥同志挂帅的专题视察很好，司法体制改革是深水区的改革，我省总体进展顺利，报告所提的6个问题和5项建议符合实际，请省司改办高度重视，认真研处。”李鸿忠书记9月12日批示：“同意昌尔同志意见。”

二、积极开展立法协商

1、承办了省政协《湖北省价格条例》立法协商常委专题协商会。3月10日至11日，社法委领导赴山东省青岛市政协、福建省政协和福州市政协专题学习考察立法协商，学习考察报告受到省政协领导充分肯定，杨松主席还指示发《湖北政协通报》，并送省人大常委会及有关部门参阅。6月我们向全体省政协常委、部分省政协委员和省政协律师顾问组成员征集调研选题40多个，整理归并为12个，分别交由有关专门委员会、省有关民主党派、工商联承担。在10月9日召开的省政协《湖北省价格条例》常委专题协商会上，共收到12篇书面发言材料，13位同志发言。杨松主席出席会议并讲话，刘善桥副主席主持会议。我们向省委、省政府报送了会议情况的报告，李鸿忠书记10月21日批示省人大和省政府有关部门“参阅研办”。

2、完成了杨松主席交办的6件地方法规草案征求意见任务。我们先后于4月下旬、6月中旬、9月底组织省政协委员和律师顾问组律师完成了杨松主席交办的《湖北省城镇供水条例（征求意见稿）》、《湖北省公共资源招标投票监督管理条例（征求意见稿）》、《湖北省人民代表大会及其常务委员会立法条例（修改草案征求意见稿）》、《湖北省农村五保供养条例（草案）》、《湖北省实施《中华人民共和国水土保持法》办法（修订草案修改稿）》、《湖北省志愿服务条例（草案）》等6件地方法规草案征求意见任务，提出了70多条修改意见和建议。

3、积极参与立法计划协商，广泛搜集各专委会意见，向省人大常委会报送5件2016年地方立法选题建议。

三、探索开展专项民主监督

1、完成了“民营企业投资前置审批”专项民主监督工作。根据省政协主要领导意见，社法委今年开始进行建立民主监督小组开展专项民主监督工作试点。社法委办根据主任会议确定的专题认真制定方案并报主席会议审议批准。3月9日，省政协常务副主席范兴元率队专程赴湖南省政协学习考察协商民主制度建设和委派民主监督小组工作。在认真准备基础上，6月15日至19日，省政协启动了对这一事项的专项民主监督活动，助推此项政策的贯彻落实：一是由刘善桥副主席率队，尚武主任、袁松青、崔正军、祝新铭、黎虹、姚永宁副主任等赴省发改委专题听取省发改委、省编办关于取消民营企业投资项目核准前置条件政策贯彻落实情况的介绍并座谈，曾鑫副秘书长主持座谈；二是与省工商联联合召开民营企业家座谈会，听取企业家的意见和建议；三是由刘善桥副主席率队，分两个小组由尚武主任、崔正军副主任带队分别赴孝感、随州和鄂州、仙桃等地实地走访民营企业；四是开展问卷调研；五是认真撰写专项民主监督报告，报省政协主要领导审阅后已向省发改委、省编办反馈，助推问题解决。

2、4月底我们推荐赵晓晋、宋玉、刘卫国等3位省政协委员担任省检察院人民监督员；组织赵晓晋、刘卫国、王友锋、李刚等省政协委员和律师顾问组成员于8月18日赴黄石中级人民法院旁听了社会各界广泛关注的湖北联谊实业开发有限公司涉嫌高利转贷案件的开庭审理；9月29日，梅建敏委员代表社法委参加了省政法委组织的赴武汉市评估司法体制改革效果的评估活动。

3、积极参与省人民政协工作机制创新工作，完成了《湖北省政协关于开展专项民主监督的暂行办法》起草任务。

四、促进社会和谐稳定

1、承办了省政协“基层妇联组织发展环境”界别协商座谈会。此次界别活动的主题是杨松主席去年12月提出的。今年4月中下旬，省政协妇联界部分委员、社法委祝新铭副主任和有关专家赴武汉、黄石、黄冈、荆门、荆州等地就“社会转型时期优化我省基层妇联组织发展环境”开展专题调研，提交了7篇大会发言及1篇调研报告。5月29日，省政协妇联界“基层妇联组织发展环境”协商座谈会在省政协召开。会后，根据委员发言及协商座谈的成果，向省委、省政府报送了《进一步加强全省基层妇联组织建设的建议》，李鸿忠书记等省领导先后多次作出批示。

2、组织工会界别、社会福利和社会保障界别就“集体合同和集体工资协商制度”及“湖北省女职工劳动保护规定”贯彻落实情况7月中旬赴黄石、鄂州开展视察调研，形成了1篇调研报告，以社情民意信息方式报省领导参阅。

3、11月20日，尚武主任、程颖副主任及社法委委员、省政协律师顾问组成员赴武汉市开展在汉新疆籍流动人口和摊贩服务管理问题的专题调研，向省委政法委提交了专题调研报告。

4、支持协助董玉霞委员创新慈善模式，5月为房县捐赠价值108万元的爱心图书室，9月又赴西藏山南捐赠价值65万元的爱心物资。她创办的湖北阳光慈善物资中心被评为五星级社会组织，并荣获全国先进社会组织荣誉称号。

五、加强系统联动提高履职成效

1、圆满完成了全国政协社法委关于“贯彻实施《道路交通安全法》，规范执法行为”的委托调研任务。全国政协社会和法制委员会副主任宋育英率在鄂全国政协委员马力、蒋惠园等及省政协委员吴超、尚武、祝新铭、姚永宁、欧阳云清等，于5月6日至8日、11至14日和25日分别赴黄冈市及黄梅县，十堰市及郧西县、郧阳区，武汉市及汉阳区、江汉区，调研《中华人民共和国道路交通安全法》贯彻实施情况，向全国政协社法委提交了调研报告。

2、圆满完成了全国政协社会和法制委员会来鄂调研人民法院改革试点工作的接待任务。全国政协社会和法制委员会副主任陈冀平率调研组于4月10日至12日来我省专题调研人民法院司法体制改革试点工作。全国政协社法委副主任宋育英，驻会副主任顾伯平，副主任朱孝清等20余人参加调研。省政协主席杨松出席调研座谈会。省政协副主席吕忠梅陪同调研、主持座谈会。全国政协社会和法制委员会驻会副主任吕忠梅率队将于12月23日至25日来鄂调研进一步做好建筑业工伤保险工作，社法委正在认真准备，积极配合。

3、于4月下旬接待了内蒙古自治区政协副主席牛广明率社会和法制委员会来鄂考察行政执法监督工作。我们邀请省政府法制办公室副主任及有关处室负责人与客人作了座谈交流，并安排赴武汉市洪山区地税局实地考察调研。于10月下旬接待了宁夏自治区政协副主席张学武率社会和法制委员会来鄂考察市场监管和消费者权益保护工作，与省工商局、食药局及其有关处室负责人座谈，并由崔正军副主任陪同赴荆门、神农架、襄阳、随州考察。

4、8月上中旬，省政协副主席、省综治委副主任刘善桥率社法委和省维稳办联合考察学习团，赴四川、重庆学习考察社会稳定风险评估工作，先后与四川省委政法委、维稳办、政协社法委，重庆市政协社法委、市信访局及维稳处有关负责人就社会稳定风险评估的范围、内容，社会稳定风险评估的主体、机构，社会稳定风险评估的程序，第三方机构参与社会稳定风险评估的情况，社会稳定风险评估制度化、法制化建设情况，社会稳定风险评估经验和典型等6个方面的内容进行座谈，交流经验，实地考察。向省委提交了《关于赴四川省、重庆市学习考察社会稳定风险评估工作情况的报告》，提出加快我省社会稳定风险评估地方立法的建议。张昌尔副书记10月1日批示"善桥同志带队的考察很好，建议也很好。请省委政法委、维稳办高度重视，认真借鉴四川、重庆的经验。"

5、加强对省政协律师顾问组的指导和联系，为省政协履行职能和开展立法协商提供法律咨询服务。组织协调省政协律师顾问组列席省政协十一届三次会议，并为出席全会的委员和列席人员提供50多件次法律咨询服务。

回顾2015年工作，我们还感到存在一些问题和不足：委员参与活动不够广泛；调研的深度不够；立法协商和专题民主监督等创新试点工作有待进一步制度化、规范化、程序化；因专门委员会与对口联系的界别活动小组组长安排不统一，造成沟通联系不畅。这些都需要我们在今后的工作中继续探索完善和加以改正。

【民族和宗教委员会】

一年来，民族和宗教委员会共组织委员开展专题调研3次、专题考察1次、委员视察1次，举办界别活动1次，承办省政协月度界别协商座谈会1次，组织召开了全省政协民族宗教工作研讨会、湖北武陵山试验区政协主席座谈会，出席全国暨地方政协民宗委工作交流会、省政协专委会和界别工作座谈会，形成各类参政议政材料20余件，其中调研报告3件、视察报告1件、专题建议1件、集体提案1件、社情民意信息4件、经验交流材料2件。

一、围绕党政中心工作，为推动民族地区科学发展献策

1、组织委员就民族地区经济社会发展问题开展专题调研提出意见建议。4月中旬，组织委员赴恩施州、宜昌市及恩施、咸丰、鹤峰、五峰等地，就"十三五期间加快我省民族地区经济社会发展的对策建议"与"湖北武陵山民族地区生态环境保护工作"两个专题开展了深入调研，形成了专题调研报告《关于"十三五"期间加快我省民族地区经济社会发展的对策建议》提交省政协十一届第九次常委会议。针对我省民族地区经济社会发展存在的困难和问题，提出了"要组织力量帮助民族地区科学编制十三五规划；既要落实好现有的民族政策又要争取新的政策支持；加大财政转移支付力度提高少数民族发展资金额度；加大对民族地区基础设施和人才队伍建设支持力度；创新体制机制加强环境整治加大生态环境保护力度"等建议。

2、召开"湖北武陵山试验区政协主席座谈会"，专题协商民族地区生态环境保护。9月下旬，在长阳土家族自治县组织召开"湖北武陵山试验区政协主席座谈会"，宜昌市、恩施州、神农架林区政协及长阳、秭归、五峰、恩施、利川、建始、巴东、宣恩、咸丰、来凤、鹤峰十一县（市）政协主席、分管民族宗教工作的副主席、秘书长及有关专委会负责同志，与省发改委、省民宗委、省环保厅、省水利厅、省林业厅、省旅游局等部门负责同志，就湖北武陵山少数民族经济社会发展试验区生态环境保护工作进行了专题协商座谈。会上提出的“进一步落实国家加快推进生态文明建设、精准扶贫等战略部署，统筹试验区区域发展，因地制宜实施差异发展、特色发展；将清江保护提升为省级生态战略；支持生态转型重点项目建设；联办区域大交通”等建议，得到省领导充分肯定。杨松主席出席会议并作重要讲话。肖旭明副主席主持会议。

3、注重发挥提案和社情民意信息在推动民族地区发展中的重要作用。认真贯彻落实省政协提案工作条例和反映社情民意信息工作条例，及时将专题调研成果和调研活动中了解到的有关情况转化为政协提案、社情民意信息，主动向党委政府反映民族地区少数民族群众和信教群众普遍关心的热点难点问题。提出的《关于进一步加强农村宗教事务管理的提案》，反映的《关于“十三五”期间加快我省民族地区经济社会发展的对策建议》、《我省民族政策落实及财政扶持力度亟需加大》（原标题《民族地区期盼加大民族政策落实及财政扶持力度》）、《现行农机购置补贴政策需要完善》、《依法管理宗教事务、促进法治湖北建设》等信息，真实地反映了少数民族群众和信教群众的迫切愿望与要求，引起省领导和有关部门的高度重视。

二、开展界别协商视察，为促进散居少数民族发展建言

1、注重发挥界别作用，组织开展界别调研，为散居少数民族发展呼吁。7 月下旬，组织少数民族和宗教两个界别的部分委员赴宜都市及潘家湾土家族乡、松滋市及卸甲坪土家族乡、钟祥市及九里回族乡、仙桃市及沔城回族镇，就“城乡少数民族散杂居和流动人员服务管理问题”开展了界别调研，形成了专题调研报告《对城乡少数民族散杂居和流动人员服务管理工作的建议》，针对城乡少数民族散杂居和流动人员服务管理工作存在的问题，提出了“加大政策扶持力度，从政策上完善散杂居民族乡镇扶持措施；加大产业调整力度，从结构上改变散杂居民族乡镇发展模式；加大制度建设力度，从机制上保障少数民族流动人员服务管理需要”等建议。

2、承办省政协月度界别协商座谈会，就少数民族服务管理工作开展界别协商。在界别调研的基础上，9 月中旬，承办了省政协月度界别协商座谈会，组织少数民族、宗教、特别邀请人士三个界别的部分委员，就“城乡少数民族散杂居和流动人员服务管理工作”与省综治办（省维稳办）、省发改委、省民宗委、省教育厅、省公安厅、省民政厅、省司法厅、省财政厅等省直部门负责同志开展了协商座谈，提出了“全面深入持久地开展民族团结进步创建活动，敢于和善于用法律手段处理涉及民族因素的矛盾纠纷，落实基本公共服务，加大对少数民族乡镇的政策扶持、产业调整、人才支持力度，建立异地协助机制，加强服务管理创新，加强民族政策法律法规宣传教育，提高少数民族流动人员法律意识”等建议，得到与会听取意见的郭生练副省长高度评价。

3、组织委员就城市民族工作开展年度视察。11 月上旬，组织无党派、少数民族、宗教三个界别的部分委员到省民族宗教事务委员会就“城市民族工作情况”进行了视察，形成了《关于我省城市民族工作的视察报告》。委员们认为，我省各级党委政府积极探索新形势下城市民族工作新路子，认真贯彻落实党的民族政策和《城市民族工作条例》，深入开展民族团结进步创建活动，努力改善少数民族群众生产生活条件，城市民族工作取得了显著进步。委员们建议：要进一步加强城市民族工作政策法律法规建设，加强城市民族工作队伍建设和执法能力建设，多渠道多形式开展党的民族政策法律法规宣传教育，把依法管理和优质服务结合起来，完善城市流动人员服务管理机制，切实保障少数民族群众合法权益。

三、突出自身职能特色，为发挥宗教积极作用履职尽责

1、选择宗教领域需要加强的工作开展专题调研、提出意见建议。5月中旬，组织委员赴黄冈市及麻城、蕲春等地，就“依法管理宗教事务问题”开展了专题调研；为了推进全面深入地研究问题，我们商请各市州政协有关专委会就“依法管理宗教事务问题”在当地开展了协同调研；在广泛调研的基础上，7月上旬组织召开了“全省政协民族宗教工作研讨会”，肖旭明副主席出席会议并作重要讲话。会议围绕“依法管理宗教事务问题”进行了专题研讨，总结了各地依法管理宗教事务工作的主要做法与成效，分析了各地宗教事务管理工作中存在的主要问题和困难，探讨了进一步推动依法管理宗教事务工作的新思路新举措，形成了专题调研报告《依法管理宗教事务、促进法治湖北建设》提交省政协十一届第十次常委会议及全国政协民族和宗教委员会，针对依法管理宗教事务工作中存在的主要问题，提出了“修订完善宗教事务条例，加强宗教法治宣传教育；健全宗教工作执法主体，着力提高依法行政能力；发挥宗教团体积极作用，加大宗教人才培养力度；抓住关键环节重点突破，加强正面引导改善服务”等建议，受到有关方面的充分肯定。

2、坚持走访看望宗教界人士和参加宗教界重大活动，促进宗教团结和谐。政协民族宗教工作本质上是群众工作、是团结工作，在工作中我们突出团结和民主两大主题，始终坚持春节前走访慰问宗教界代表人士，始终坚持平时经常走访看望宗教界代表人士，与其真心交友，虚心听取他们的意见和要求，主动帮助他们解决实际困难，对宗教界人士和信教群众给予极大鼓舞，较好地发挥了民宗委在联系委员中的渠道作用、在团结各界中的纽带作用。4月8日，肖旭明副主席应邀出席黄梅妙乐寺建寺20周年慈善公益捐赠大会并讲话祝贺妙乐寺建寺20周年，充分肯定了妙乐寺方丈妙乐委员以悲悯怀度、慈悲众生为己任，宏法利生、广结善缘，利乐有情、服务社会，以善行义举回报社会，为全省公益慈善事业做出了突出贡献，赢得了广泛赞誉；12月10日，余立国主任应邀出席中南神学院建院30周年感恩庆典，对中南神学院30年来始终坚持正确办学方向，把“三自爱国原则”教育放在突出位置，努力培养造就爱国爱教教职人员，为中南地区基督教健康发展做出的积极贡献给予充分肯定，极大地鼓舞了宗教界人士。

工作中存在的不足主要有：履职能力建设力度不够，调查研究深度广度不够，委员主体作用发挥不够，政协界别作用发挥不够。这些不足都有待在今后工作中努力改进。

【文史和学习委员会】

2015年，在省政协常务委员会和主席会议领导下，文史和学习委员会深入贯彻中共十八大以来习近平总书记关于加强人民政协工作一系列重要讲话和省委政协工作会议精神，树立谋事、干事、成事的工作理念，认真履职、勇于担当、开拓创新、锐意进取，各项工作取得了新成效。

一、紧扣中央和省委重大决策部署做好重点工作

2015年，紧紧围绕中央和省委作出的一系列重大决策和省委政协工作会议精神来谋划和推进工作，坚持“以委员为主体，以活动为载体，以界别为特色，以创新为动力”，较好地完成了一批重点工作。

1. 纪念中国人民抗日战争暨世界反法西斯战争胜利70周年活动有声有色。一是围绕建立武汉抗战纪念馆组织专题调研和界别协商。年初，组织省九三学社、文艺新闻出版界、社会科学界委员到武汉市，围绕武汉抗战纪念馆筹建工作召开专题座谈会，同委员、专家就如何建馆问题进行协商讨论。3月9日至12日，组织部分委员、专家，赴四川考察，学习外省经验。3月30日，在武汉召开了“推动武汉抗战纪念馆建设”界别协商座谈会。杨松主席、郭生练副省长出席会议并讲话。王振有副主席主持会议。部分省政协委员和专家共50多人参加会议。省委宣传部、武汉市政府等相关部门现场回应了各位委员、专家的意见建议。会后提交的《关于推动“武汉抗战纪念馆”建设工作综合情况的报告》得到省委书记李鸿忠、省长王国生、省委常委、宣传部部长梁伟年的批示。6月30日，武汉市文化局致函我委：“综合各方意见建议，经专家论证并报经相关领导和上级部门，已经形成武汉抗战纪念馆建馆方案，拟选址于江夏金口中山舰文化园区周边”。二是突出湖北特色精编专题文史图书。围绕纪念抗战胜利70周年，策划编辑出版了《湖北抗战史料精编》（上下册）和《湖北抗战画史》。为把这三本图书编辑好，我们专门到省档案馆、省博物馆、武汉市政协、八路军武汉办事处旧址纪念馆等单位征集和查找有关史料和照片，多次召开工作协调会、专家论证会，就编辑主题、编撰大纲等广泛征求意见，反复论证，数易其稿。目前，80多万字的《湖北抗战史料精编》（上下册）已经在中国文史出版社出版。《湖北抗战画史》的编辑工作也已完成。该书共征集反映湖北抗战史料珍贵历史照片1400多张，从中精选了800多张，撰写文字说明5万多字。这些专题图书，以生动详实的史料、弥足珍贵的历史照片，客观真实地展示了湖北人民对中国人民抗日战争暨世界反法西斯战争胜利作出的重大牺牲和杰出贡献。三是联合召开学术研讨会议。5月22日至23日，与中国社会科学院抗日战争史学会、宜昌市政协联合举办了“抗日战争与中国社会”宜昌国际学术研讨会。来自海内外的60多名专家学者参加会议，收到论文80多篇。四是与有关单位共同举办抗战专题展览。7月至9月，与省委宣传部、省博物馆等单位联合举办了《四万万人民——中国抗日战争暨世界反法西斯战争胜利七十周年特展（湖北）》，吸引了近20万人到省博物馆参观。五是对抗战遗迹的保护和利用开展专题调研。9月14日至19日，围绕抗战遗迹保护和利用组织部分委员到辽宁、吉林两省考察，形成了专题考察报告上报。六是开展“委员活动日”活动。7月3日，组织部分委员赴中山舰博物馆、湖北省博物馆开展专题“委员活动日”活动，使委员们深受教育。

2. 专题调研活动成效显著。一是围绕重点选题开展专题调研。6月中旬至7月初，联合省民进、省文物局组成调研组，围绕“我省文庙保护与利用”赴武汉、黄冈等地开展专题调研。在广泛调研的基础上，形成了《关于我省文庙现状及保护利用工作综合情况的报告》上报省委、省政府，受到李鸿忠、王国生、梁伟年、郭生练等省领导的高度重视。省委书记李鸿忠在批示中指出：“文庙保护事关中华传统文化的弘扬光大，省政协的意见要予以高度重视。可按照‘突出重点、保护修缮与综合利用相结合’的思路，选择重点，参照省外经验，普遍摸底规划与重点修复建设相结合，快出成效。”省委宣传部高度重视，12 月 22 日，专门召开会议，研究文庙保护工作，要求有关部门按照李鸿忠书记指示抓好落实。二是紧扣常委会议协商议题开展调研。4 月下旬，围绕《“十三五”期间大力传承和弘扬优秀荆楚文化的对策建议》组织委员到襄阳市、谷城县、保康县、南漳县等地调研。5 月 5 日，召开专题调研座谈会，就大力传承和弘扬优秀荆楚文化进行深入研究。形成的《传承和弘扬优秀荆楚文化，为“建成支点、走在前列”提供强大文化支撑》专题调研报告，被收入到《十一届九次常委会议调研报告汇编》中。三是围绕立法协商议题组织调研。9 月 11 日，围绕《湖北省价格条例（草案）》立法专题协商议题，就网络专车平台企业价格行为的监管问题赴武汉市调研，形成专题调研报告。林习珍专职副主任在省政协召开的专题协商会上作了发言，为《湖北省价格条例（草案）》立法协商提供参考和借鉴。四是围绕“法治湖北建设”组织调研。8 月下旬，组织社科界部分委员赴恩施州、利川市、咸丰县等地，就公正文明执法情况进行调研，委员们围绕推进基层公检法司公正文明执法工作建言献策。五是 11 月中旬，组织部分委员赴红安县围绕“禅宗音乐文化发展”进行专题调研。

3. 中心课题研究成果丰硕。一是围绕中心精心策划选题。组织省内一批有影响的专家学者，共同研究确定了以《荆楚文化传统与当代湖北伦理秩序建设》为主题，作为 2015 年中心研究方向，并向省委宣传部、省社科规划办进行了申报。该课题被确定为全省扶持的 16 个重点项目之一。二是围绕确定的重点课题组织集体攻关。向下设的 10 个研究基地发布课题指南，共收到各基地上报的 39 项课题申请，经严格审查和反复论证，并报省委宣传部同意，共有 9 个子课题和预算通过了中心专家评审委员会的评审，获得 2015 年中心的委托课题。经过近一年的研究，各基地已推出了一批初步成果。10 月至 12 月，组织相关专家对各基地课题研究进展情况进行了中期考核，就下一步课题开展提出了明确要求，形成了课题中期考核报告报省社科规划办。三是举办高层论坛，展示学术研究成果。11 月 28 日至 29 日，与武汉大学联合举办了“荆楚文化与公民伦理道德礼仪规范建设”高层论坛。省委常委、宣传部部长梁伟年出席论坛开幕式。王振有副主席出席论坛并讲话。武汉大学资深教授冯天瑜作了主旨发言。论坛期间，美国夏威夷大学希罗分校教授郑学礼、清华大学教授彭林等来自海内外近 80 名知名专家学者围绕论坛主题，进行了卓有成效的交流与探讨。《人民政协报》以《挖掘和弘扬优秀荆楚传统文化构建当代公民伦理道德礼仪规范》为题作了专版的报道。这次论坛推出了一批学术研究成果，有的论文在《人民日报》、《光明日报》、《人大复印资料》、《思想政治理论教育导刊》、《湖北日报》等中央和省直主要报刊杂志上发表，在学术界产生了广泛影响。

4. 参政建言工作扎实推进。今年，我们加大了提案工作的力度，提交的集体提案 3 件、29 位委员提交的个人提案 85 件，目前均已办结。其中，提出的《关于加快建立武汉抗战纪念馆和国家公祭日纪念场所的提案》列入省政协主席督办重点提案。提出的《整合湖北省与武汉市国有出版资源，打造我省首家国家级骨干文化企业，促进湖北文化强省建设的提案》，得到省委宣传部的高度重视，有关处室专门上门就此提案中提出的问题与委员进行了交流与回应。

二、扎实做好专委会经常性工作

2015 年，我委共召开全体会议 2 次、主任会议4次，到基层调研8次，开展界别活动和委员活动日共3次，组织委员学习活动3次，编辑出版文史资料图书和学习辅导材料10本。

1. 扎实推进“三亲”史料征编出版工作。一是坚持“三亲”特色，做好《湖北文史》编辑出版工作。在今年出版的两辑《湖北文史》中，专门开设了“纪念抗日战争胜利70周年”专栏，精选反映湖北抗战和“三亲”史料文章50篇，共计50万字。二是推进《湖北文化史丛书》编撰工作。加强与省荆楚文化研究会的协作，扎实推进《湖北文化史丛书》（共18卷）史料的征集工作。通过召开全省编撰工作督办座谈会、赴有关市州走访、参加丛书纲目审定座谈会等形式推动编撰工作的落实。三是推动和规范全省各级政协文史图书公开出版工作。专门下发通知，加强与各地的沟通与联系，为各级政协组织公开出版文史图书创造条件。四是建立全省政协文史通讯员队伍。经过努力，建立了由60多名文史工作者组成的全省文史通讯员队伍。五是加强与台湾湖北文献社的联系。7月，接待了台湾湖北文献社社长汪大华一行。

2. 召开全省政协文史工作会议。6月9日，召开了全省政协文史和学习工作暨《湖北文化史丛书》编撰工作座谈会。会上，总结了上半年的工作，交流了经验，还就推进《湖北文化史丛书》编撰工作商定了具体办法。11月，又召开《湖北文化史丛书》执笔人、撰稿人会议，对该书编辑中出现的新情况、新问题进行讨论分析，请相关专家对大家提出的问题进行了答疑，较好地解决了编撰工作中存在的问题。

3. 创新文史资料征编和宣传方式。针对省政协委员经历丰富、特色鲜明的实际，与有关单位合作，拍摄制作《亲历者说》电视专题片。年初，在各专委会推荐的基础上，确定了14位委员为《亲历者说》拍摄对象。目前，第一集《台湾学子，祖国寻梦》拍摄工作已经完成，第二集已进入资料收集阶段。

4. 发挥省政协文史研究会的平台作用，加强文史工作理论研究。2月下旬，以省政协办公厅、省政协文史研究会名义，联合下发了《关于组织十一届省政协文史资料工作论文征集评选活动的通知》，活动得到积极响应，共收到论文50多篇，组织专家对论文进行了评审，在全省政协文史工作座谈会上予以表彰，并将评选的优秀论文以《学习与思考》增刊形式结集出版。

5. 加强湖北政协文史资料馆建设。购买了一批文史资料图书，丰富湖北政协文史资料馆馆藏图书；将全国各地赠送的文史资料书刊进行整理登记并送文史资料馆，供读者借阅。还接待了中国政协文史馆和广东、广西政协有关领导到湖北政协文史资料馆参观，向他们介绍了湖北的做法。

6. 参与“徐霞客游线申遗”活动。5月17日至18日，赴浙江省宁海县出席“首批徐霞客游线标志地现场评审暨徐霞客游线遗产的保护与利用研讨会”，交流了我省的工作进展情况。

7. 加强荆楚文化研究。与省荆楚文化研究会合作，在湖北人民出版社编辑出版了《荆楚文化与社会主义核心价值观》一书，共精选论文82篇。

8. 组织召开在汉省政协委员学习报告会。3月19日，全国“两会”刚刚闭幕不久，就及时组织召开了在汉省政协委员学习报告会，200多名在汉省政协委员和机关干部参加了报告会。

9. 邀请专家为省政协常委会议作专题辅导报告。5月26日，围绕“科学编制我省‘十三五’规划”，邀请国家发改委发展规划司司长徐林为十一届九次常委会议作了题为《关于国民经济和社会发展“十三五”规划基本思路的考虑》的专题辅导报告；8 月 31 日，围绕“全面推进依法治国，建设法治湖北”，邀请中国社会科学院法学研究所副所长莫纪宏为十一届十次常委会议作了题为《全面推进依法治国，建设法治湖北》的专题辅导报告。两次常委会议共有 600 多人聆听了报告。

10. 围绕中心工作编辑学习辅导材料。根据省政协议政性常委会议确定的协商议题，围绕科学编制“十三五”规划、建设法治湖北、推进政协协商民主建设等专题，编辑出版了 5 期《学习与思考》，共计 40 多万字，及时赠送省政协委员、全省各级政协组织。

三、按照“三严三实”的要求抓好制度和队伍建设

今年以来，我委按照“三严三实”的要求，着力加强制度和队伍建设，切实做到“守规矩、敢负责、勇担当、争作为”，真正在思想上、工作上、作风上严起来、实起来，工作质量和水平明显得到提高。

1. 扎实推进队伍和作风建设。一是严格按照中共中央“八项规定”和省委“六条意见”要求，扎实推进“三严三实”专题教育活动。按照省政协两级党组的部署，围绕主题多次组织专题学习和讨论，把纪律和规矩挺在前面。二是深入开展廉洁从政教育。及时组织学习《中国共产党廉洁自律准则》和《中国共产党纪律处分条例》，增强廉洁从政的自觉性。三是按照建设学习型、创新型政协组织的要求，坚持政治理论学习制度，全面提高队伍政治和业务素质，增强履职和服务的能力。

2. 健全规章制度，抓好项目责任制。一是坚持和完善有关征编出版工作的规章制度。严格执行《湖北文史》和《学习与思考》的稿件审查、编辑和出版管理等制度。二是坚持实行重点项目分工负责。坚持民主协商原则，定期召开主任会议，共同商议重点工作。对重点项目进行分工，并由项目牵头领导对其分管的工作进行督办，做到责任到人。三是坚持办公室例会制度。每周召开一次办公室会议，小结上周工作，安排部署本周工作，督办重点工作，有条不紊地推进各项工作的完成。

3. 强化委员履职服务工作。强化服务委员意识，采取面谈、短信、电话和邀请住市州的省政协委员参加我委在当地的调研等多种形式，加强同委员的联系与沟通，广泛听取意见和建议，竭尽全力为委员履职提供帮助、做好服务。

工作中存在的不足主要有：如何调动委员撰写文史资料的积极性还缺乏有效的手段；委员学习的内容和方式还需要进一步拓展和创新等等。

【港澳台侨和外事委员会】

2015 年，港澳台侨和外事委员会在省政协常务委员会和主席会议领导下，认真学习贯彻中共十八大和十八届三中、四中、五中全会以及习近平总书记系列重要讲话精神，按照中共湖北省委政协工作会议的要求和省政协年度工作要点的安排，围绕中心，服务大局，加强联谊，密切交往，较好地完成了各项工作任务。

（一）进一步加强与港澳台侨各界联系，积极做好对外交流交往工作

一是进一步加强与港澳委员联系与交流。一年来，委员会认真组织港澳委员参加政协全会、常委会议和学习座谈会，为港澳委员参政议政提供便利和服务保障。会议期间，组织港澳委员与省委、省政府、省政协领导及有关部门负责同志座谈，交流信息，增进共识。为省政协领导率团访问香港、澳门做好联系协调和服务工作，在珠海主办了港澳委员中秋茶话会，继续组织我省基层优秀教师、先进医务工作者赴澳门考察交流，组织港澳政协委员赴省外考察，与香港湖北联谊会共同组织了在港湖北乡亲故乡行活动等。通过形式多样的活动，密切了联系，增进了感情。10月，与香港湖北联谊会共同组织60多位会员、骨干义工、积极分子到武汉、宜昌、荆州等地考察访问。这些会员长期在社区基层工作，是一支爱国爱港的骨干力量，安排他们回乡参访，进一步激发了他们爱港爱乡的热情，为推进“一国两制”和基本法的落实发挥了积极作用。

二是加强同台湾社企人士交流往来。认真做好来鄂参访台湾团组的联络接待工作，在台湾客人参访期间，积极宣传推介湖北，促进鄂台文化交流和经贸合作。4月14日，省政协副主席陈天会在武汉会见了台湾电力工会湖北参访团一行。5月中旬，委员会组织部分委员、专家分赴武汉、黄石、仙桃对台资企业在转型升级中遇到的有关问题，重点就税费等问题进行了实地调研，形成了《对我省部分台资企业税费问题的调研报告》。7月，委员会领导出席了全国台联2015台胞青年千人夏令营湖北分营开营仪式并致辞。一年来，委员会为省政协领导及办公厅和专委会领导赴台考察做好联络服务工作，使各项考察活动取得了圆满成功。

三是加强与海外华人华侨的联系交往。继续邀请海外侨胞列席省政协全会，并通过与侨领座谈交流，介绍湖北经济社会发展形势，增进其对家乡的了解与认同。积极配合“中博会”、“华创会”组委会的工作，为海外华人华侨在湖北投资兴业搞好服务。在“华创会”期间，支持和协助东南亚华侨成立联谊组织，增强了侨团之间的凝聚力。

四是在对外交往中加大对湖北的宣传力度。5月，杨松主席在武昌会见了出席中博会的法国前总理德维尔潘、柬埔寨前副总理涅本才、美国著名侨领方李邦琴等外国客人。范兴元常务副主席、陈天会副主席分别会见了参加“中博会”的港澳和海外侨商代表。省政协领导的对外交往工作，是我省高层对外交往的重要组成部分，委员会积极与省外侨办等单位联系协调，为省政协领导的外事活动做好具体细致的服务工作，在接待中宣传湖北，在服务中增进互信，确保了省政协对外交往工作的圆满完成。

（二）围绕中心工作，积极建言献策

委员会以省政协常委会议议题和界别协商座谈会专题等为重点，紧扣我省深化改革、依法治省、开放开发、改善民生等问题建言献策，进一步增强了委员的参政意识和议政能力。一年来，组织委员围绕“十三五期间大力推进我省旅游业与关联产业融合发展”、“发展乡村旅游、促进农民增收致富”、“优化台资企业发展环境”、“加强对相对封闭场所内的商品价格的监管”、“加强古民居村落的保护和利用”、“加强基层司法所的建设”等议题，专题开展调研、视察、界别协商座谈、重点提案督办等活动，形成了具有重要参考价值的调研报告；本委31名委员，全年共提交39件提案，就促进我省经济社会发展提出了针对性、可操作性较强的意见建议，得到了有关省领导的高度重视和相关部门充分吸纳。全年分别参加了省政协第九次、第十次议政性常委会的发言和交流，一次常委专题协商会的协商发言，组织了一次界别协商座谈会，两次重点提案督办活动。在开展“优化外资企业发展环境”视察中，针对台资企业反映的税费问题，视察组联系省财政厅现场协调解决了一些有关问题，受到台商的充分肯定。5 月，陈天会副主席率调研组考察武汉中法生态示范城建设，并督办《加快“武汉中法生态示范城”建设》重点提案。11 月，陈天会副主席率部分委员就《加强我省古民居村落保护和利用》重点提案进行调研和督办，推动了我省古民居的保护工作。

（三）加强与各方面协作配合，形成工作整体合力

委员会加强与全国政协有关部门，省外侨办、省台办、兄弟省市政协、市州政协港澳台侨和外事部门以及香港中联办、澳门中联办、省级民主党派、人民团体和涉台涉侨涉外部门的协作配合，形成了工作的整体合力。

1. 协助全国政协开展调研，为提升调研水平做好服务工作。4 月，全国政协常委、全国政协港澳台侨委员会副主任郑立中率调研组在鄂调研考察“台资企业在大陆转型升级中遇到的新问题”，与在鄂台资企业代表进行了座谈，王国生省长会见了调研组一行。调研组在鄂调研后形成的工作报告，有针对性地提出了建议，对国办〔2014〕62 号文件出台后，在执行过程中遇到的难点问题的调解起到了推动作用。7 月，中国侨联李卓彬副主席率全国政协侨联界委员考察团来我省就“贯彻实施国家长江经济带战略情况”进行考察，杨松主席会见了考察团一行。10 月，全国政协外事委员会副主任王国庆带队就“提升长江经济带开放型经济水平”到我省进行了考察。委员会与调研组认真研拟具体议题，精心安排调研路线和现场，充分组织座谈研讨，为全国政协调研组形成较高质量的调研报告提供了帮助。为此，全国政协调研组专门发来感谢信表示感谢。

2. 开展与兄弟单位的交往交流，学习借鉴先进经验。接待了宁夏自治区政协、浙江省政协来我省考察调研，组织委员会委员赴外省考察调研，与兄弟省区市政协交流了港澳台侨和外事工作经验，为改进工作提供了借鉴。

3. 加强与工作联系单位的协作，健全工作机制。坚持和完善与省致公党、省人大民族宗教侨务委员会、省侨办、省侨联建立的“五侨”联席会议制度，多次与省致公党、省台盟开展联合调研，与省民革联合举办了孙中山先生逝世90周年和诞辰149 周年纪念活动。通过上述活动，形成了工作合力，有效推动了工作开展。

（四）加强自身建设，不断提高履职能力和工作水平

委员会认真落实专委会工作简则和工作要点，不断加强自身建设，保障了各项工作有序开展。

1. 坚持思想政治建设。积极开展“守纪律、讲规矩”和“三严三实”教育活动，组织委员认真学习贯彻中共十八大和十八届三中、四中、五中全会精神以及习近平总书记系列重要讲话精神，保持了委员坚定正确的政治方向。

2. 认真落实党风廉政建设责任制。贯彻落实中央、省委关于惩治和预防腐败的各项规定措施，严格遵守政治纪律和廉洁自律规定，保持了政协委员良好的形象。

3. 认真组织开展相关活动。3 月，组织部分委员赴云南省考察学习当地“美丽乡村”建设的经验，为开好“发展乡村旅游、促进农民增收致富”界别协商座谈会提供了借鉴。5 月，组织部分委员视察了南水北调管理局调度指挥中心，听取了有关工作情况的报告。7 月，召开全省政协港澳台侨和外事委员会工作座谈会，研究部署了相关工作。通过丰富活动内容和形式，保持委员参政议政的积极性。

2015年工作中，注重委员会办公室建设。组织办公室开展“守纪律、讲规矩”和“三严三实”研学活动，认真查找问题和不足，落实整改措施，改进工作作风，提高了办公室工作效率和服务能力。

一年来，港澳台侨和外事委员会的工作虽然取得了一定的成绩，但是，我们也清醒地看到，与新形势新任务的要求和委员的期望相比，委员会的工作还存在一些需要改进的地方。主要是，要进一步加强对新形势下港澳台侨和外事工作的特点和工作重点的研讨；进一步协调好参政议政、调研视察工作与对外联络服务工作的有机结合，形成工作合力；进一步扩大委员活动的参与面，丰富和活跃委员活动的形式和内容；对委员的服务工作要更加精细，进一步提高工作质量。对于上述问题，将认真研究措施，切实加以改进。

【委员工作委员会】

2015年，委员工作委员会以中国特色社会主义理论体系为指导，认真学习贯彻中共十八大和十八届三中、四中、五中全会精神，深入学习贯彻习近平总书记一系列重要讲话及省委政协工作会议精神，在省政协及分管副主席领导下，在省政协办公厅、各专门委员会及有关方面支持下，围绕加强人民政协协商民主建设，着力强化委员履职服务与管理，推进委员履职能力建设，较好地完成了年度工作任务，在服务政协履职中发挥了积极作用。

一、委员履职服务和管理水平进一步提高

1、做好委员履职服务的经常性工作。加强与委员的经常性联系，及时了解委员思想动态、履职情况和相关诉求。加强与部分委员所在单位的联系，督促落实委员履职时间、条件和相关待遇。根据界别活动小组和委员开展调研活动的需要，协调省直有关部门和市州政协提供知情便利。做好3月份省政协学习贯彻全国“两会”精神等委员学习活动的联络服务工作。做好省政协十一届三次会议大会组织组相关工作，联系并安排370多名列席人员参会。增加并及时拨付住市州省政协委员的年度活动经费。

2、加强对委员履职情况的动态管理。扎实做好全会和常委会议的履职管理工作，严格执行签到、请假制度。精心做好省政协十一届三次会议的委员考勤工作，及时将参会情况报告领导，并向省委组织部、统战部通报；对个别缺席人员较多的小组进行书面提示。向省政协委员较为集中的部分高校党委统战部门提供委员履职表现情况。协调建好委员履职档案，强化经常性的委员履职管理工作。督促各市州政协做好当地省政协委员履职情况的动态记录，及时将有关情况报送省政协。

3、推进委员履职服务与管理工作不断创新。调整省政协全会期间分组办法，安排市州政协主席和市州党委统战部长等特邀人士参加中共1组、中共2组的小组讨论。从5月开始，向届中离任的省政协常委和专委会负责人制发《致敬信》纪念座牌。与办公厅相关处室配合，对省政协委员履职管理软件系统进行升级改造，推动创建“湖北省政协委员履职通”APP手机终端，目前软件系统正在调试。加强委员履职情况通报工作，将2014年度履职情况向委员个人反馈，并向省委组织部、统战部通报；以适当方式对部分履职不够积极的委员进行提示，促进增强了委员履职意识。与部分市州政协探讨其委员履职管理和考评制度，为省政协加强制度建设提供参考。

二、委员履职能力建设进一步推进

1、制订加强委员履职能力建设的制

度。做好省人民政协工作机制创新专项领导小组及办公室相关工作，积极参与省政协制度建设。起草《政协湖北省委员会关于加强委员履职能力建设的意见(试行)》，3月份以省政协文件印发。《意见（试行)》提出了加强委员学习培训、保障委员民主权利、强化委员纪律和职责要求、改进委员调研工作、拓宽委员履职平台、强化委员履职保障等具体要求。针对近年来省政协增加协商活动密度的实际，起草省政协《重点协商活动组织实施工作办法》文稿，着力为委员履职搞好制度保障。我们的做法受到全国政协和省政协委员的充分肯定。

2、强化委员履职能力建设的措施。7月底，召开“全省政协加强委员履职能力建设座谈会”，范兴元常务副主席作重要讲话。会后，各地采取切实措施抓好贯彻落实，部分市州政协相应出台了加强委员履职能力建设或履职考评工作的文件制度。11 月下旬，在范兴元常务副主席率领下，对部分高校省政协委员履职能力建设特别是履职保障情况开展专题调研，促进高校更加重视做好委员履职相关工作。认真办理省政协委员关于加强委员队伍作风建设的提案，与提案人反复沟通，按要求及时办复，积极落实委员建议。根据要求，3月份分别向全国政协、中央组织部调研组等汇报省政协委员管理情况，结合实际完善工作措施。

3、加强对委员履职能力建设问题的研究探索。根据省政协要求，12 月中旬召开省政协专委会和界别工作座谈会，探讨加强省政协专委会和界别工作的有效措施，杨松主席作重要讲话。围绕贯彻省委政协工作会议精神，向12月初召开的十一届十一次常委会议提交“着力加强委员履职服务和管理工作”的建言报告。利用各种机会，通过面对面交流、回复来函、电话沟通等方式，与部分市州县政协及外省市政协人员探讨委员履职能力建设相关工作，深化了认识，拓宽了工作思路。

三、委员作用进一步发挥

1、积极创造条件发挥委员作用。从5月份开始，邀请不是常委的专委会副主任列席议政性常委会议，已经形成惯例。继续坚持邀请10名左右委员和专家列席议政性常委会议。做好委员参与省有关部门民主监督活动的联络服务工作。截至 12 月下旬，已直接联系推荐 105 名委员参与省直单位的督查、检查、考评、论证等活动。2次委托部分市州政协集中组织省政协委员参加省直单位的活动。督促市州政协积极组织当地省政协委员开展履职性活动和学习联谊活动。做好住市州的省政协委员 3 批次开展异地考察的组织协调工作，帮助转化履职成果。

2、促进发挥界别委员作用。发挥好界别活动小组的作用，加强对界别活动情况的了解，促进开好本年度 9 次界别协商座谈会，各民主党派和工商联、经济、农业、文艺、新闻出版、社科、医卫、科技等界别的协商活动产生较大影响。视情安排人员参加有关界别委员“活动日”。召开座谈会，由省发改委主任率工作专班征求部分委员对编制我省“十三五”规划的意见建议。按照省政协工作部署，12 月中旬，召开省政协“互联网与大数据运用”界别协商座谈会，会前组织部分委员赴云南、贵州省及武汉市进行调研考察，做好科技 2、科协、教育界别开展子课题调研的联络服务工作；会后向省政府提交综合情况报告。

3、组织委员开展调研和协商议政活动。组织部分委员赴荆州、黄冈、宜昌、咸宁等市，深入调研农村面源污染治理情况，向 5 月召开的省政协十一届九次常委会议提交调研报告。7月，组织开展“清江水资源保护”委员视察，省委书记李鸿忠、副书记张昌尔、副省长曹广晶同志对视察报告作出批示，予以充分肯定。根据省政协安排，承办分管副主席负责督办的农村安全饮水重点提案，赴荆州、襄阳、咸宁、十堰等市调研，9月组织召开提案督办座谈会。10月，对远安县精准扶贫情况进行深入调研，李鸿忠、张昌尔等省领导对调研报告作出批示。11月，组织无党派界别委员，对我省电子商务发展情况进行调研。本年度委员工作委员会提交议政性视察、调研、考察报告等共6份，提出的关于推进湖北互联网与大数据运用、加强农村面源污染治理、提升农村饮水安全保障水平、推进清江流域绿色生态经济带发展等具体建议，均被吸收采纳到我省“十三五”规划文稿中。

四、委员队伍建设进一步加强

1、认真做好委员人事有关工作。加强对委员个人情况的动态了解，分析委员队伍结构状况，及时向省政协及省委有关部门提供情况，提出委员人事工作的建议。与有关方面密切协作，按程序承办好省政协党组会议、主席会议、常委会议和全体会议的委员人事事项，本年度已顺利完成51人的届中任免或职务调整。根据工作需要，调整农业界别在省政协的对口联系处室、部分界别活动小组负责人。

2、加强对委员队伍建设的研究探索。6月初，召开专题会议，与省委统战部共同研究加强党外委员队伍建设问题。围绕贯彻中央统战工作《条例》，对党外委员、高校委员、住市州委员结构和党外委员在省政协任职情况进行统计分析，提出有针对性的建议。10月，围绕支持做好2016年市县两级政协换届工作，对各市州有关情况进行了解，并赴孝感市调研，向省委组织部提交综合建议报告；以省政协信息专报形式，对加强政协乡镇（街道）联络工作机构建设提出具体建议，报送省委领导及省委组织部。

3、把加强委员会自身建设贯穿于工作全过程。抓好委员工作委员会的学习，强化思想理论武装。深入学习研究中央和省委关于加强人民政协协商民主建设、加强统战工作、加强政协履职能力建设等一系列重要精神，结合实际研究委员工作措施。按照“三严三实”要求，不断改进思想和工作作风。及时制订委员会阶段性和月度工作计划，搞好与省政协办公厅和有关方面的衔接，抓好工作落实。

总的看，通过近年来不懈努力，省政协的委员工作逐步走上规范化轨道，同时，工作中还面临一些问题，主要是：委员工作委员会职责需要进一步明确，委员履职服务工作不够精细，委员履职管理措施有待进一步研究和强化。

经常性工作

【委员视察】

2015年湖北省政协委员视察工作总结

在省委、省政府、省政协领导的关心和地方各级党委、政府的大力支持下，通过省政协委员和全省各级政协的共同努力，省政协办公厅联络处较好地完成了《2015年度省政协委员视察工作计划安排》的工作任务。全年共承办省政协常委视察1次、省政协委员视察9次，增加住鄂全国政协委员视察1次，均产生了良好的社会影响，多份报告得到省委、省政府主要领导的批示，为促进我省经济社会发展发挥了积极作用。现将本年度省政协委员视察工作总结如下：

一、统筹年度视察计划安排

2015年，是全面深化改革的关键之年，是全面推进依法治国的开局之年，是全面完成“十二五”规划的收官之年，也是加强人民政协协商民主制度建设、推进人民政协事业发展的重要一年。为精心设计2015年度的省政协委员视察选题，安排好年度委员视察工作，从2014年11月下旬开始，办公厅联络处即本着早动手、早谋划的要求，根据省政协领导的要求，分别向省政协各专门委员会征求2015年度省政协委员视察工作计划安排。各专门委员会就视察选题、组团形式、视察时间和地点等内容提出了意见和建议。考虑到视察时间和地点比较集中的问题，联络处又同各专门委员会办公室协商，进行了部分调整，形成了《2015年度省政协委员视察工作计划安排表》（送审稿）。尔后送请各专门委员会汇签，报请省政协领导审示后，根据领导批示，提交省政协十一届十五次秘书长会议并报请省政协十一届二十次主席会议审议通过。3月23日，联络处将《2015年度省政协委员视察工作计划安排》以省政协办公厅文件（鄂协厅〔2015〕22号）形式印发给各市州、直管市、神农架林区政协及省政协各专门委员会，请各相关单位协助做好省政协委员视察工作，并将该《安排》报省政府办公厅。省政府办公厅向相关市、州政府及省直有关部门进行了转发，要求做好接待省政协委员视察的各项准备工作，积极创造条件，配合省政协搞好委员视察工作。

二、认真抓好视察计划落实

2015年，省政协认真落实计划安排，全年组织常委视察团1个，组织委员视察团9个，增加住鄂全国政协委员视察1次，共完成委员视察11次，分别为：

1.“汉江中下游生态环境保护”常委视察团，由省政协办公厅联络处负责承办；

2.“清江水资源保护”委员视察团，由省政协委员工作委员会办公室负责承办；

3.“新常态下山区县域经济发展”委员视察团，由省政协提案委员会办公室负责承办；

4.“秦巴山片区乡（村）公路建设”委员视察团，由省政协经济委员会办公室负责承办；

5. “全省重大地质灾害问题”委员视察团，由省政协人口资源环境委员会办公室负责承办；

6. “推进学前教育改革发展”委员视察团，由省政协教科文卫体办公室负责承办；

7. “我省司法体制改革试点工作”委员视察团，由省政协社会和法制委员会办公室负责承办；

8. “城市民族工作”委员视察团，由省政协民族和宗教委员会办公室负责承办；

9. “武汉抗战纪念馆建设”委员视察团，由省政协文史和学习委员会办公室负责承办；

10. “优化外资企业发展环境”委员视察团，由省政协港澳台侨和外事委员会办公室负责承办；

11. “《大别山革命老区振兴发展规划》实施情况”住鄂全国政协委员视察团，由省政协办公厅联络处负责承办。

省政协各承办单位对视察活动高度重视，作为一项重要的政治活动来完成。视察前，大家认真起草、报批视察方案，根据视察内容确定参与视察的委员和视察线路，增强视察的针对性和有效性。视察过程中，各视察团深入实际，深入基层，深入群众，认真听取情况介绍，充分了解社情民意；有些视察团还根据视察人员较多的实际，分成若干小组开展活动，以进一步扩大视察面。视察结束后，各视察团在充分讨论的基础上，汇聚视察团成员集体智慧，分别起草并向省委、省政府报送了视察报告6篇，分别为《省政协办公厅关于视察汉江中下游生态环境保护情况的报告》、《省政协办公厅关于视察清江水资源保护情况的报告》、《省政协办公厅关于视察全省重大地质灾害防控问题的报告》、《省政协办公厅关于视察推进学前教育改革发展情况的报告》、《省政协办公厅关于视察我省司法体制改革试点工作的报告》、《省政协办公厅关于视察我省城市民族工作情况的报告》，得到了省委、省政府领导同志的肯定和赞扬。

省政协提案委员会、文史和学习委员会将今年的视察工作同专门委员会承办的重点调研、界别协商等工作相结合，向省委、省政府报送了综合报告2篇，分别为：《关于推进我省国有林场改革与转型发展的建议》、《关于我省文庙现状及保护利用综合情况的报告》，得到了省委、省政府领导同志的重视。

另外，还形成了《对我省部分台资企业税费问题的视察报告》1篇，《关于阳新县精准扶贫、精准脱贫的建议》社情民意信息1篇，关于大别山革命老区振兴发展的基础设施建设、公共服务特别是职业教育、产业扶贫等方面的住鄂全国政协委员联名提案3个。

三、视察工作的主要特点

2015年的省政协委员视察工作，切实按照《政协湖北省委员会委员视察工作条例》及实施细则、《政协湖北省委员会关于加强和改进委员视察工作的意见》的要求，严格遵守中央八项规定、省委六条意见，加强领导，周密策划，精心组织。

1. 领导高度重视，各方密切配合。2015年，省政协领导继续把委员视察工作作为省政协履行职能的重要抓手，并在带队视察过程中带头抓好委员视察相关规章制度落实。省政协杨松主席和各位副主席从视察选题到组织实地视察，多次提出具体指导意见，秘书长和分管秘书长亲自审定年度各项视察方案，多次参加重要视察活动，指导相关处室抓好视察活动的组织实施，委员视察工作水平得到进一步提高。在联系协调工作时，积极向省委办公厅、省政府办公厅报送视察工作计划，争取各级党委、政府对委员视察工作的关心支持，保证委员视察工作顺利进行。同时，又充分发挥省政协委员主体作用，把界别代表性强、有专业优势的委员吸收到视察团队中来，并特别邀请与视察选题相关部门的领导和被视察地的部分省政协委员参加视察活动，确保视察团成员了解政策法规、熟悉行业布局、具有专业优势，通过实地视察，能提出具有参政议政价值的意见和建议。

2. 统筹考虑安排，精心设计视察选题。提出《2015 年度省政协委员视察工作计划安排》，一方面兼顾选题的综合性、全局性和前瞻性，既有涉及我省经济建设和社会发展重大问题的选题内容，又有人民群众关心的热点、难点问题的选题内容；另一方面在总结十届省政协委员视察工作经验的基础上，充分考虑到视察选题的针对性和可操作性，即将综合性、全面性、前瞻性的内容，落实到具体的切入点上，有利于年度委员视察工作的开展，有利于提高视察工作的实效。

3. 科学制定方案，精心组织实施。省政协办公厅及各专委会办公室在承办委员视察时严格按照业已形成的“五统一”的要求，围绕视察选题，进行统筹安排，制定了详细的集针对性、可行性和科学性于一体的视察方案，报办公厅审批，做到简单明了不漏项，详细全面不烦琐。具体实施时，特别注意程序和节奏，做到有条不紊、忙而不乱，防止顾此失彼、丢三落四。一是认真做好视察的前期准备工作，在实地视察前召开视察组团会议，认真学习中央及省委、省政府有关文件和政策法规，商请省直有关部门为参加视察的委员介绍选题情况，统一思想，明确任务和要求，让参加视察的委员结合自身实际，发挥智力优势和专业特长，提高视察的针对性。二是积极联系协调被视察的地方政府和单位，认真准备书面介绍材料，吸收部分住当地省政协委员参加视察活动，选定与视察选题密切相关的、具有代表性的基层单位和视察现场，通过现场察看，增强委员的直观感觉和实际体验，提高视察的有效性。三是组织好视察团与视察地方的党委、政府、政协及有关方面人士座谈，面对面进行交流讨论，了解社情民意、掌握视察专题当前现状和发展趋势的第一手材料，并在视察团内部会议讨论协商后，认真与被视察的地方党委、政府、政协交换意见，表达视察团的态度和体会。

4. 坚持统筹协调，注重成果转化。委员视察都是围绕视察选题，选择委员关心、部门重视、地方欢迎、适于视察的重要专题进行的。省政协办公厅及专委会承办处室在视察结束后，认真写出视察报告或综合情况报告，在征求参加视察委员的意见并经视察团团长审示后，统一以省政协办公厅名义报送省委、省政府及有关部门，以供指导工作和决策参考。主动加强与相关职能部门联系，征求有关部门对领导同志批示意见的落实情况，以及对视察报告所提建议的采纳情况，促进视察成果转化为政府决策。加强与政协其他职能部门的沟通，根据视察内容的不同，积极将视察成果转化为议政建言、提案、社情民意信息等，同时在常委会等会议上阐述视察团的视察成果。围绕视察成果的转化，积极联络报刊、电（视）台、有关网络等新闻媒体，及时报道委员视察情况和视察成果的转化落实情况，督促相关工作的落实，扩大委员视察的社会影响。

【专题调研】

2015 年湖北省政协主要调研报告目录

一、科学编制我省“十三五”规划篇

1. 抢抓重大战略机遇推进军民融合产业发展（湖北省政协提案委员会）

2.“十三五”期间着力推进我省农业现代化的对策与建议（湖北省政协经济委员会）

3. 关于科学编制我省“十三五”规划的建议（湖北省政协经济委员会）

4. 关于湖北省“十三五”污染防控的对策建议（湖北省政协人口资源环境委员会）

5. 关于加快我省科技创新平台建设的建议（湖北省政协教科文卫体委员会）

6. 关于我省“十三五”期间残疾人事业发展的建议（湖北省政协社会和法制委员会）

7. 关于“十三五”期间加快我省民族地区经济社会发展的对策建议（湖北省政协民族和宗教委员会）

8. 传承和弘扬优秀荆楚文化为“建成支点、走在前列”，提供强大文化支撑（湖北省政协文史和学习委员会）

9.“十三五”期间我省农村面源污染治理的对策建议（湖北省政协委员工作委员会）

10. 加快制定我省健康产业“十三五”规划大力促进健康服务业发展（民革湖北省委员会）

11.“十三五”期间我省贫困地区全面建成小康社会的建议（民盟湖北省委员会）

12.“十三五”期间加大我省金融支持实体经济发展力度的对策建议（民建湖北省委员会）

13.“十三五”期间支持我省普通高中建设和发展的建议（民进湖北省委员会）

14.强动力调结构创品牌促进新常态下湖北县域经济健康快速发展（农工党湖北省委员会）

15.依托丝绸之路经济带构建我省开放新格局（致公党湖北省委员会）

16.“十三五”期间提高我省开放型经济水平的建议（致公党湖北省委员会）

17.“十三五”期间推进我省城镇节约集约用地的对策建议（九三学社湖北省委员会）

18.“十三五”期间大力推进我省旅游业与关联产业融合发展的建议（台盟湖北省委员会、湖北省政协港澳台侨和外事委员会）

19. 对制定我省民营经济发展“十三五”规划的几点建议（湖北省工商联）

20.“十三五”期间湖北抢抓“一带一路”战略机遇的对策建议（王冬胜）

21. 湖北省“十三五”实施“三圈三带”战略的建议（叶　青）

22.促进我省科技创新与战略性新兴产业发展的涉税对策建议（刘　勇）

23. 改革规划体制机制创新实施“多规合一”（李　坦）

24. 关于在“十三五”期间对我省抢抓国家长江经济带发展战略的建议（陈　锋）

25. 关于“十三五”期间进一步加强我省湿地保护工作的建议（黄德华）

26.抓住国家能源布局机遇促进我省生态文明建设（焦跃华）

27.关于我省构建和谐劳动关系的调查报告（冀群风）

28.让遗址像公园般美丽让公园有历史般底蕴（郑　斌）

29.关于以洪湖为中心的湘鄂西革命老区振兴发展的对策建议（熊　瑛）

二、全面推进依法治国、建设法治湖北篇

30.保障和强化司法作用助推法治湖北建设（农工党湖北省委员会）

31.关于加快推进基层公共法律服务体系建设的建议（九三学社湖北省委员会）

32. 以法治构建和谐医患关系（胡运星）

33. 法治湖北建设做好法律、法规、规范性文件清理是关键（李明华）

34. 关于加快推进“法治湖北”建设的建议（李腊生）

35.依法管理宗教事务促进法治湖北建设（湖北省政协民族和宗教委员会）

36. 推进依法行政加快法治政府建设（民盟湖北省委员会）

37.进一步优化我省民营经济法治环境的建议（湖北省工商联、湖北省政协经济委员会）

38. 关于信访法治化改革的思考（郑斌）

39.关于完善我省各级政府法律顾问制度的建议（谢文敏）

40.关于切实规范行政执法行为的对策建议（民革湖北省委员会）

41.健全依法决策机制加快推进法治湖北建设（民盟湖北省委员会）

42.在新常态下造就法治型领导干部的思考（肖冬祥）

43.关于积极稳妥推进我省司法体制改革试点工作的建议（湖北省政协社会和法制委员会）

44.推进司法体制改革要着力完善司法监督机制（致公党湖北省委员会）

45.深化司法体制改革提高司法公信力（范道宠）

46.推进我省法治文化建设提升全民法治信仰（湖北省政协教科文卫体委员会）

47.关于完善我省社区矫正工作机制的建议（九三学社湖北省委员会）

48. 怎样提高人民群众的法制观念（陈家义）

49. 提升守法意识遵守法律规则（谢登峰）

50. 培育法治信仰促进全民守法（何建刚）

51.加强人文法治环境建设让青少年茁壮健康成长（范　苇）

52.关于推进湖北法治文化建设的几点思考（饶玉梅）

53.关于加强法律和法治意识建设的建议（陶前功）

54.整顿和规范市场经济秩序加快建成覆盖全社会的信用信息系统（蒋红星）

55.法官员额制度在我省实施过程中存在的问题及对策（民建湖北省委员会）

56.关于创新我省律师服务企业模式的建议（民进湖北省委员会）

57.加强基层司法所建设夯实法治湖北战斗堡垒（台盟湖北省委员会、湖北省政协港澳台侨和外事委员会）

58.关于进一步完善我省人民陪审员制度的建议（陈邦利）

59.法律援助中存在的现实问题及解决办法（王　霞）

三、学习贯彻省委政协工作会议精神、推进政协协商民主建设篇

60.深入学习贯彻省委政协工作会议精神，积极推进人民政协协商民主发展（民革湖北省委员会）

61.牢固树立协商民主理念将协商贯穿于提案工作全过程（湖北省政协提案委员会）

62.学习贯彻十八届五中全会和省委政协工作会议精神，充分发挥民主党派在政协协商中的作用（民建湖北省委员会）

63.着力加强委员履职服务和管理工作（湖北省政协委员工作委员会）

64. 充分发挥政协协商的制度化优势，为“十三五”规划落到实处献计出力（曾宪初）

65.乘势而为深入推进政协事业创新发展（政协荆门市委员会）

66.深入贯彻十八届五中全会和省委政协工作会议精神，做好大别山片区精准扶贫工作（王耀辉）

67.认真学习贯彻十八届五中全会和省委政协工作会议精神，推动鄂州政协工作再上新台阶（政协鄂州市委员会）

68. 把握精神实质明确目标要求，推动人民政协工作创新发展（政协当阳市委员会）

69.“五个到位”抓学习“五个注重”抓落实（政协竹溪县委员会）

70.发挥民主党派在政协协商民主中的作用，助力湖北省“十三五”发展（九三学社湖北省委员会）

四、发展乡村旅游促进农民，增收致富篇

71. 挖掘农村非物质文化遗产促进我省乡村旅游提档升级（致公党湖北省委员会）

72.大力发展乡村旅游促进农民增收致富（台盟湖北省委员会）

73.加强基础设施建设促进乡村旅游发展（湖北省台联）

74.我省发展乡村旅游存在的主要问题及对策建议（湖北省侨联）

75. 关于打造规模化经营、集中连片、全域旅游的乡村旅游示范区的建议（熊剑平）

76. 发展乡村旅游，推动新型城镇化建设（余意峰）

77.主动适应旅游发展新常态努力实现乡村旅游新跨越（政协远安县委员会）

78.看得见田园体验到农事记得住乡情（政协罗田县委员会）

79. 依托资源，突出特色，大力发展乡村旅游（政协恩施市委员会）

80. 房县乡村旅游现状与思考（林华）

五、加快国有林场改革、推进国有林场转型发展篇

81.关于加快推进我省国有林场改革的建议（李名家）

82.关于加快我省国有林场改革的建议（蒋雅静）

83.关于妥善解决国有林场历史遗留问题的建议（吕春建）

84.关于推进国有林场改革与发展的建议（卢富昌）

85.关于建立国有林场长效发展机制和管理体制的建议（曾玉平）

86.关于国有林场转型发展的初步探索及几点建议（万亚平）

87.关于对加快国有林场改革推进国有林场转型发展的建议（殷德才）

88.关于山区县国有林场改革的思考与建议（文　牧）

89.关于推进基层国有林场改革与发展的建议（贺　勇）

90. 关于国有林场改革的建议（陈木林）

91.省政协委员关于推进我省国有林场改革发展的建议（湖北省政协提案委员会）

六、《湖北省价格条例》立法篇

92. 深入贯彻十八大精神科学制定《湖北省价格条例》（尚　武）

93.关于对相对封闭场所内的商品和服务加强价格监管和规范的建议（骆新华）

94.关于建立价格争议调解制度的建议（陈邦利）

95.如何加强网售商品价格投诉案件监管（叶　青）

96. 关于《湖北省价格条例（草案）》的修改建议（游　林）

97.关于科学规范专车平台企业价格行为的建议（林习珍）

98.关于湖北省建立健全经营者价格信用制度的建议（方　黎）

99. 关于《湖北省价格条例》（草案）的修改意见、建议（李　刚）

100. 量化权力促监督依法治价保救济（欧阳云清）

101.完善价格听证程序的若干设想（郑耀华）

102. 关于《湖北省价格条例（草案）》的几点修改意见（潘世炳）

103. 对《湖北省价格条例（草案）》的修改意见（李　华）

七、推进县级公立医院改革篇

104. 积极探索医疗体制改革创新切实推进公立医院改革发展（李跃念）

105. 关于进一步开展县级公立医院管理体制改革的建议（省政协农工党界别）

106. 关于进一步健全基本药物制度的建议（省政协农工党界别）

107. 着力医院核心人力资源激励构建富有活力的人事分配制度（陈安民）

108.关于理顺医疗服务价格的建议（省政协农工党界别）

109.关于加大医保改革力度的建议（省政协农工党界别）

八、湖北互联网与大数据运用篇

110. 促进湖北互联网金融发展的建议（民建湖北省委员会）

111. 规范市场运营机制促进互联网金融健康发展（民建湖北省委员会）

112. 湖北省民营互联网金融企业发展状况调研报告（湖北省工商联）

113. 加强大数据科普宣传推动大数据产业发展（省政协科协界别）

114. 运用互联网与大数据推进产业发展调研报告（省政协科技2界别）

115. 运用互联网与大数据服务湖北教育发展（省政协教育界别）

116. 抢占产业发展制高点发展我省大数据产业（省政协委员工作委员会）

117. 湖北省互联网与大数据应用现状及建议（钟　珞）

118. 推进湖北大数据运用的建议（石　岗）

119. 大数据：信息技术的新趋势、产业形态的新动力（廖小飞）

九、推动武汉抗战纪念馆建设篇

120. 加强抗战纪念设施建设守护我们共同的历史记忆（曾成贵）

121. 建立武汉抗战纪念馆工作情况汇报（省政府参事室省文物局）

122. 关于“武汉抗战纪念馆”的馆名及相关问题（陈　锋）

123. 论“武汉抗战”在抗日战争与反法西斯战争中的历史地位（毛　磊）

124. 关于加快推进武汉抗战纪念设施建设的几点思考和建议（李　坦）

125. 关于武汉抗战纪念馆选址工作的建议（卢　纲）

126. 关于我省隆重纪念中国人民抗日战争胜利70周年的建议（陈邦利）

十、推进湖北长江经济带开放开发

127. 夯实基础促转型环保优先惠民生（路　策）

128. 关于进一步加强我省长江流域湿地保护的建议（黄德华）

129. 关于推进长江中游城市群产业协同发展的建议（曾　鑫）

130. 关于促进湖北长江经济带扩大对外开放的建议（湖北省政协经济委员会）

131. 加快三峡综合交通运输体系建设扩大三峡枢纽货运通过能力（李亚隆）

132. 拓展国际班轮航线增强武汉对外开放功能（黄卫国）

133. 推进长江经济带与汉江生态经济带协调与融合发展（张天弓）

134. 长江中上游水利水电开发对湖北长江经济带的影响与建议（管光明）

135. 坚持产业第一，加快湖北长江经济带产业发展（曾宪初）

136. 加快区域一体化进程助推长江经济带发展（湖北省政协经济委员会）

十一、基层妇联组织发展环境篇

137. 社会转型时期优化基层妇联组织建设发展环境的建议（吴红娅）

138. 我的两条建议（赵晓晋）

139. 关于妇联组织参与社会治理的思考（胡　俊）

140. 关于新形势下基层妇联组织职能定位的调查与思考（姜青和）

141. 基层妇联组织如何发挥“联”的作用（皮汉萍）

142. 打通诉求通道维护基层妇女群众的合法权益（谢文敏）

143. 关于提高农村妇女担任村两委主职比例的建议（刘筱红）

144.“社会转型时期优化我省基层妇联组织发展环境”调研报告（省政协妇联界别）

十二、城乡少数民族散杂居和流动人员服务管理篇

145. 对城乡少数民族散杂居和流动人员服务管理工作的建议（余立国）

146. 对恩施州民族乡镇发展情况的调查和建议（吕春建）

147. 少数民族乡镇发展中存在的扶持政策差异有待破解（向　斌）

148. 精准施策　补齐短板促进回族群众如期迈入小康社会（赛大富）

149. 加大少数民族服务力度　促进民族团结社会进步（马平佺）

150. 周郎嘴回族镇群众的期盼及做好少数民族流动人员服务管理工作的建议（李　莉）

151. 关于充分发挥民委委员单位和社会力量的积极作用共同做好少数民族流动人口服务管理的几点建议（王献良）

十三、全面深化国有企业改革篇

152.打好农村饮水安全工作的攻坚战、保卫战、持久战（路　策）

153. 关于建立县级农村饮水安全工程维修养护基金的建议（钟国伟）

154. 加强面源污染防治，保障农村饮水安全（蔡俊雄）

155. 南水北调对汉江中下游地区农村安全饮水取水点的影响及建议（张宗光）

156. 加强平原湖北区农村饮水安全工程建设与管理的建议（魏昌松）

157. 政府主导、部门配合，建立农村饮水安全管理长效机制（李少平）

158. 关于尽快启动我省农村安全饮水立法进程、制定《湖北省农村供水条例》的建议（叶向明）

159. 加强农村饮用水卫生监督管理，提高安全保障水平（贺　勇）

160. 关于实施安全饮水巩固提升工程进一步解决农村饮水安全“最后一公里”问题的建议（李　华）

161. 关于巩固提升农村饮水安全的建议（陶　丹）

162. 关于推进城镇一体化供水的建议（刘红梅）

163. 黄冈市农村饮水安全工作存在的问题及建议（詹汉彬）

164. 关于农村饮水安全问题的补充建议（秦群燕）

165. 发挥鄂北水资源配置工程作用，解决枣阳农村安全饮水难题（段永建）

【信息】

2015 年湖北省政协信息工作情况

2015 年，我们按照年初确定的目标，有条不紊地开展各项工作，较好地完成了全年工作任务。

一、紧抓重点，反映社情民意信息工作取得新成效

2015 年，我们以增强政协信息服务党委、政府决策的实效，发挥好人民政协的民主监督作用为目标，充分运用政协信息这一载体，及时准确地向党委、政府反映社会各界的愿望和呼声，为党政领导了解民情、集中民智、科学决策提供了重要参考依据。省政协办公厅被省委表彰为“全省党委信息工作突出单位”。

一是积极采编信息，信息质量不断提高。2015 年，共采用编发社情民意信息 1178 篇次，其中：编发《社情民意专报》及专报全国政协 449 篇次，向省委、省政府转报转送信息 1075 篇次（含部分重复）；全国政协采用 22 篇，省领导批示 38 篇，省委办公厅、省政府办公厅刊物采用 92 篇。

二是加强信息工作调研指导，发挥各方面作用，努力形成合力推进信息工作的良好局面。制定下发了《2015 年信息工作要点》、《2015 年度反映社情民意信息征集要目》，在十一届省政协三次会议期间向全体委员印发了《关于反映社情民意信息工作致委员的一封》。4 月份，到老河口市、南漳县、宜城市政协就做好新形势下政协信息工作开展调研，总结推广这些地方的信息工作先进经验。8 月份，到团风、罗田、英山、红安等地调研，针对这些地方信息工作较为薄弱的问题提出改进意见，推动政协信息工作均衡发展。先后受邀到省民盟、省致公、鄂州市政协、赤壁市政协、松滋市政协、华容区政协、武昌区政协等单位就信息工作进行交流和讲座。全省政协各信息单位、委员高度重视信息工作，积极报送信息，反映民意，全年共收到全省政协系统社情民意信息 4021 篇。

三是成功举办全省政协第五次社情民意信息工作培训班。10 月 19 日至 21 日，我们举办了全省政协第五次信息工作培训班。全省各市州、县（市、区）政协、省各民主党派、省工商联、省政协各专委会从事信息工作的同志以及省政协特邀信息员共 170 余人参加了培训。全国政协办公厅研究室副巡视员贾燕赓就做好新形势下政协信息工作、宜城市政协委员杨明生就做好基层政协信息工作，分别作了专题讲座。在培训班上，对 2014 年度全省政协反映社情民意信息工作先进单位、先进工作者、优秀特邀信息员等进行了表彰；有 16 个单位作了经验发言；与会人员分成 6 个小组围绕如何加强反映社情民意、做好政协信息工作进行了深入探讨；省政协副秘书长姚永宁在培训班结束时就进一步做好全省政协反映社情民意信息工作提出了具体要求。整个培训气氛热烈融洽，发言积极踊跃，达到了交流工作经验、加强培训力度、提高工作水平的预期目的，受到与会同志的一致好评。

四是加强信息通报、考评和表彰工作。坚持信息工作每季度通报制度，已印发《关于 2015 年第一季度全省政协各信息单位反映社情民意信息来稿采用情况通报》、《关于 2015 年上半年全省政协反映社情民意信息采用情况的通报》、《关于 2015 年全省政协反映社情民意信息采用情况的通报》。坚持信息年度考评制度，对 2015 年度全省政协 143 个信息报送单位进行了计分考评，并下发了通知。坚持信息表彰制度，印发了《关于表彰 2015 年度全省政协信息工作先进单位、先进个人和省政协优秀特邀信息

员、优秀社情民意信息的通知》，评选表彰了41个先进单位、44名先进工作者、10名省政协特邀信息员以及40篇优秀社情民意信息。

二、突破难点，电子政务内网建设稳步推进

建设电子政务内网是近年来省委加强信息化建设的一项重要举措。我们按照全省电子政务内网建设的统一部署和要求，找准机关内网功能定位，不断加大投入，强化措施，初步建成了省政协机关电子政务内网，推动内网安全运行，取得了较好成效。省内网办以简报的形式介绍了省政协办公厅加强内网建设的经验和做法。

一是稳妥开展电子政务内网部署运行工作。机关电子政务内网于2014年底初步验收通过，从2015年2月开始试运行，主要目的是进一步测试机关内网中各项系统的功能是否完善、流程是否合理、性能是否稳定，并结合试运行当中出现的问题进行相应的调试和完善。到今年9月份，机关电子政务内网已全部部署运行到位。从目前情况看，总体建设和运行工作达到了预期的要求。

二是积极推动保密测评。从3月开始，积极主动跟省保密局相关部门沟通联系，按其要求着手准备各种资料，从网络线路、终端配置、系统安全等多个方面，对照分级保护测评要求进行整改。5月14日上午，省保密局测评中心对机关涉密内网进行了全面的现场测评，涉及测评项目400多个。测评组用了三个“非常”评价我们的工作：非常顺利，非常省时，非常满意。6月初，省保密局又按程序对机关内网的保密性能进行了专家评估。目前，省政协机关内网已通过分级保护现场测评和专家评估，国家保密科技测评中心经审核后认为基本合格。这为省政协办公厅以局域网形式接入省内网打下了坚实基础。

三是不断规范内网安全管理。认真学习研究内网建设和管理的相关政策和要求，制定出台了《省政协办公厅电子政务内网管理制度汇编》。将安全防护与网络建设同步考虑，严格按照内网网络防护要求，综合运用安全审计、安全监控和网络安全评估等技术构建安全防护体系，确保机关网络和信息安全。狠抓现有省内网终端电脑（4台）的运行管理和安全维护工作，确保了内网终端电脑运行正常，安全保密。建立完善了机关内网终端管理、网络运维、应用系统维护和升级、内网应急事件处置等工作机制，在机关各处室设立了信息化工作联络员，首批22人已承担大量包括内网安全管理在内的相关工作，构建了一个从上到下、横贯全机关的工作网络。

四是认真开展内网业务应用。以当前急需、提升效能的业务应用为重点，建成了内网网站和综合办公系统，将公文流转、收发等公文档案管理以及会议、车辆、工资、办公用品、值班、请销假等机关事务管理事项都纳入到内网应用平台，全面提高了机关办公运转效率。配合文书处推进无纸化办公，9月份，在机关开展了内网应用系统操作及安全保密知识培训。

五是初步完成了省直纪检监察专网的接入联通工作。

三、关注热点，网络信息化管理水平不断提高

一是加强省政协门户网站管理维护，提升政协网站宣传服务功能。及时更新和丰富网站各栏目内容，全方位宣传全省政协工作。每天经过审查并发布的上网信息有10条左右，基本做到了信息当天收、当天审、当天发，确保了对全省政协工作进行宣传的时效性、动态性，网站的内容更新速度在省直网站中位居前列。2015年，

共更新网站信息13100余条，新闻图片4000多幅，网站点击率增加约200万余人次。强化对省政协十一届三次全会的网络宣传力度，打破以往分散宣传的模式，专门设计开发了省政协十一届三次会议专题网页，设置了会议新闻、领导讲话、提案选登、大会发言选登、会议日程、会议事项及文件等10多个栏目，集中对三次全会进行全方位宣传报道，共发布、更新从大会报道、开幕到讨论、发言、闭幕等全过程、各方面的信息135条，新闻图片82幅。增加了与网民互动的栏目，在2015年两会召开前开通了“在线调查”频道，收集到群众对省两会的建议和期盼100多条。结合中央、省委的重大会议和活动，积极开展专题宣传，凸显各级政协组织贯彻落实中央、省委有关精神的力度。先后新开设了“学习贯彻党的十八届五中全会精神”、“深入开展三严三实专题教育”、“严明政治纪律严守政治纪律”、“学习贯彻省委政协工作会议”、“建言献策十三五”、“精准扶贫政协在行动”等6个专栏，对全省政协系统学习贯彻和活动开展情况进行广泛宣传，共发布有关信息400多篇。

二是积极开发部署业务应用。对提案线索征集系统进行了开发集成，每次政协全会召开前在网站发布出来，方便群众提供提案线索。开发建设了问卷调查系统平台，各项业务工作可以利用该平台发布调查问卷，2015年通过该平台对2014 年省政协机关预算绩效评价进行了网上调查问卷。为充分利用已有的较为成熟的互联网资源优势，进一步丰富机关学习内容和形式，开展了中国知网数据库试用工作。与委员工作委员会一起推动“湖北省政协委员履职通”服务软件系统的开发建设。

三是做好机关电子大屏的维护更新工作。及时在电子大屏上发布省政协领导重要活动信息、媒体新闻及机关各类通知，及时播放机关工间操视频。每天在大屏上播发各类信息15条左右。

四是大力加强软件正版化工作。省政协办公厅高度重视软件正版化工作，坚持把软件正版化工作作为信息化建设重要内容，一同总结，一同部署和安排。按照要求积极采购正版软件，从源头上确保正版化；将正版软件购置经费纳入年度经费预算，从经费上保障正版化；加大对正版软件使用情况的督促检查力度，从使用上保证正版化；加强规范管理，出台了《省政协机关使用正版软件管理暂行规定》，从制度上保护正版化。

五是狠抓网络安全保密工作。坚持定期或不定期地在全机关开展网络安全保密检查，特别是节假日开展重点检查，组织力量对全机关计算机及网络设备等进行逐机、逐盘、逐网检查，发现问题及时整改。先后召开两次机关信息化工作联络员会议，开展信息化保密教育，安排相关保密自查工作。强化技术防范，部署了外网计算机查密系统，实现了对外网计算机公文处理的实时监控；安装了小型存储介质销毁中心，及时对废旧光盘、U 盘、硬盘等存储介质进行销毁，严防废旧存储介质发生泄密问题。

六是做好计算机网络和办公自动化设备的维护管理工作。增强服务意识，积极为领导、各处室以及重要会议提供及时和良好的技术保障和服务，全年维护维修设备1500多次，确保了机关办公的正常运转。

【新闻宣传】

2015年湖北省政协新闻宣传工作总结

2015年，我们认真贯彻落实党的十八大、十八届三中、四中、五中全会精神、习近平总书记系列重要讲话精神，坚持民主、求实、团结、鼓劲和正面宣传为主的方针，牢牢把握正确的政治方向和舆论导向，全方位报道省政协履行职能的情况，积极反映我省各界人士协商议政情况和政协各界别、政协委员声音，较好完成了全年工作任务。

（一）做好重要会议、活动新闻宣传工作

重点做好省政协十一届三次会议和 4 次常委会议、两次常委专题协商会、10 次月度界别协商会、2 次经济形势分析会等重要议政性会议的宣传报道工作；宣传全省各级政协探索实践社会主义协商民主制度建设的措施和成果；反映各级政协委员围绕“十三五”规划建言献策活动和成果。

做好省政协十一届三次会议新闻宣传工作。会议期间，新闻宣传工作紧紧围绕会议议题，客观报道省政协 2014 年工作情况，真实反映我省各界人士履职成果，充分展示政协委员风采，为会议营造了良好舆论氛围。湖北日报等主流新闻媒体开辟“围绕中心献良策　服务大局促发展”议政建言专版和“月度界别协商座谈会：省政协协商民主新常态”省两会特别报道专版；人民政协报开辟“新思路　新作为——湖北省政协创新协商民主形式纪实”专版；机关刊物《世纪行》2014 年第 12 期用 8 个版面“镜头里的 2014”对省政协 2014 年工作梳理回顾；湖北手机报 · 政协版用“回望 2014 湖北政协工作”“2015 两会热点前瞻之一、二、三”等 4 期深度周刊。各类新型媒体加盟两会报道，丰富了报道形式。

做好省政协其他重要会议活动新闻宣传工作。2015 年，我们认真组织住鄂全国政协委员参加全国两会、省政协常委会议、主席会议、常委专题协商会、界别协商会、全省市州政协主席座谈会、理论研讨会、重点提案督办会等重要会议和重要活动的宣传报道工作。省政协重要会议和活动得到省主要新闻媒体的充分报道，人民政协报、中国政协杂志和人民网、新华网、光明日报等央媒对部分重要会议活动也进行了宣传报道。

突出抓好重要专题的宣传报道工作。围绕“协商讨论科学编制我省‘十三五’规划”“协商讨论全面推进依法治国建设法治湖北”等常委会议，在湖北日报上开辟“议政建言”专版，深度解读，扩大影响；对常委专题协商会和月度界别协商会进行深度报道，一些重要选题还通过人民政协报等中央媒体作专题报道；湖北手机报 · 政协版每周末的深度周刊，都仅仅围绕省政协中心工作，每周选择一个专题分析解读，受到了委员们的欢迎和肯定。

（二）做好省政协成立 65 周年系列活动的宣传工作

2015 年是湖北省政协成立 65 周年。65 年来，省政协始终坚持围绕中心，服务大局，认真履职，取得了辉煌业绩。我们围绕纪念省政协成立 65 周年系列活动，做好本职工作。

做好庆祝湖北省政协成立 65 周年新闻宣传工作。配合省委做好“庆祝政协湖北省委员会成立 65 周年大会”活动新闻宣传工作，代拟起草湖北日报评论员文章；做好其他相关纪念活动的新闻报道工作，扩大政协影响力；在《湖北画报》策划 20 个专版宣传省政协 65 年来的光辉历程；在《湖北手机报 · 政协版》连续报道省政协 65 年来精彩瞬间。

做好省政协成立 65 周年图片展筹备、协调、服务工作。我们从 6 月份启动此项工作，制定较完善的工作方案，完成议标和图片收集、初选、甄别、二次筛选等流程，确定 500 余幅图片入围图片展。对工作专班人员明确分工，各负其责，先后完成图片库、图片文字说明、各部分文字简介、历史资料图表等工作。

本次图片展最终展出图片 298 张，分“亲切关怀、坚强领导、发展历程、履行职能、重要活动·团结联谊、委员风采、自身建设、创新发展”等八个篇章，以图片方式再现湖北省政协 65 年来的光辉历程，反映省政协为湖北社会主义革命、建设、改革事业作出的重要贡献。

社会各界踊跃参观。省委主要领导同志在参观图片展后给予较高评价，认为图片展很好地反映了历届省政协围绕中心、服务大局，为“五个湖北”建设作出的不可替代的重要贡献，要求省直各部门组织参观，进一步加深对中国共产党领导的多党合作和政治协商制度这一基本政治制度的认识。

做好省政协成立 65 周年纪念画册编辑、发送工作。根据安排，我们在图片展基础上，编印了《湖北省政协 65 年》大型图片集，收录图片 400 余幅，较完整地反映了各个历史时期省政协履行职能的精彩画面，是省政协 65 年来图片历史资料的一次集中展示，将发挥出良好的社会效益。

（三）巩固宣传阵地，打造宣传品牌

在做好重要会议、活动新闻宣传的同时，还充分发挥《世纪行》《湖北手机报·政协版》《提案追踪》等品牌优势和各类专版的功效，多层次多渠道强化宣传效果。

办好《世纪行》杂志。全年将编辑、出版、发行（赠阅）12 期，截至目前已编辑、出版、发行（赠阅）10 期，每期 9 万字、5　0 多幅图片，全年约 300 余篇稿件，600 多幅图片，约 100 多万字。积极探索办刊新思路，在宣传各级政协服务中心履职建言上下功夫，在展示委员风采上下功夫。注重策划，力争一期一主题，唱响主旋律，传播正能量，其中，“学习与研究”“纪念抗战胜利 70 周年”等专栏、学习宣传十八届五中全会、省委政协工作会议等会议精神以及《中共中央关于加强社会主义协商民主建设的意见》《中共湖北省委关于进一步加强人民政协工作的决定》等文件精神等专题，受到委员的肯定。同时，加强对名家大家、基层政协和基层政协委员等参政议政“明星”的约稿组稿力度。

办好《湖北手机报·政协版》。坚持每天推出上午版、下午版，以计约 7000 字和多幅图片的容量报道省、市州、县（市、区）政协的履职活动，图文并茂，凸显新媒体优势，覆盖面和影响力进一步拓展；坚持每周推出周末深度周刊，每周围绕一个主题，进行精深报道，比如，聚焦学习十八届五中全会、全国两会、省委政协工作会议等会议精神和“三严三实“专题研学、“十三五”规划、大别山振兴发展规划、地方政协经验交流会、界别协商、循环经济、抗战纪念、湿地保护、中三角、履职能力建设、开发区转型升级、汉江生态经济带、长江航道航运、生态环保、乡村旅游、等深度周刊专题受到好评。中央人民广播电台在 2015 年全国两会期间，曾专门报道了我省政协创办手机报的工作情况。

办好《提案追踪》栏目。始终坚持民主监督与舆论监督有机结合，以政协提案为载体，讲述提案背后的故事，进一步加大对民生、社会热点选题的跟踪报道工作，如邀请政协委员参与，先后推出了《让老百姓享受蓝天、碧水、净土》《新能源汽车能否迎来爆发式增长》、《政府支招破解停车难》《专车困境如何破局》《公共自行车重现“江湖”》等系列节目，更加深入群众，引起广泛关注。近年来，一方面，围绕提案工作不断拓展栏目广度，打通我省各地市州政协及武汉市各城区政协选题通道，先后与咸宁、大别山、随州、神农架、罗田、鄂州等地政协合作，采制了《潮涌幕阜山》《幸福家园看罗田》《深山里的宝贝》《神农架动物保护》等大型系列节目。其中《幸福家园看罗田》受到了杨松主席的好评。另一方面，紧贴提案工作创新挖掘节目深度，如今年两会期间策划报道了《盛会观“潮”》《一江清水永续北送》《大力推进长江经济带建设》《出租车体制改革剑指襄阳模式》《一根秸秆的自白》等节目，形成了重点突出，特点鲜明的两会政协报道总格局，在社会各界和人民群众中产生了良好反响。栏目被誉为“一块不可多得的阵地”和“向百姓身边延伸的两会平台”。年内，我们正组织对《提案追踪》栏目进行改版，将以更新的面貌呈现在广大观众面前。

办好各类专版。在《湖北日报》上围绕省政协 2015 年 4 次常委会议议题推出 4 个专版，集中宣传报道了常委会议调研和协商建言的成果；在人民政协报就重要专题推出 3 个专版，其中关于省委召开政协工作会议的工作专版，引起较好反响，扩大了我省政协在全国的影响；在湖北画报等报刊推出了 20 余个专版，其中纪念省政协成立 65 周年专版反响良好。通过专版，加大了省政协深度报道和重要选题新闻宣传力度，扩大了省政协工作的社会影响。

（四）做好省政协中心组集中学习的秘书服务工作

包括计划、方案、通知的拟定，代拟主持词，起草、整理领导讲话，学习活动的组织联络服务、宣传报道等工作。截至目前，2015 年已进行五次集中学习。其中，第一次集中学习主题是：党风廉政建设；第二次集中学习主题是：全国“两会”精神；第三次集中学习主题是：“三严三实”专题教育学习研讨交流；第四次集中学习主题是：学习习近平总书记系列重要讲话精神，贯彻落实中共中央关于在县处级以上领导干部中开展“三严三实”专题教育工作部署。第五次集中学习主题是：省委政协工作会议精神。

另外，认真做好《人民政协报》、《中国政协》杂志等的发行工作和省政协机关综合治理秘书服务工作，认真完成领导交办的其他事项。

【理论研究】

2015 年湖北省人民政协理论研究会工作总结

2015 年是全面贯彻中共十八届三中、四中、五中全会精神的重要一年，是进一步推进社会主义协商民主制度建设的重要一年，也是本届省人民政协理论研究会的开局之年。一年来，省人民政协理论研究会高举中国特色社会主义伟大旗帜，以邓小平理论、“三个代表”重要思想、科学发展观为指导，认真学习贯彻中共十八大、十八届三中四中五中全会和习近平总书记系列重要讲话精神，进一步落实中共中央、全国政协和中共湖北省委关于加强人民政协工作和人民政协理论建设的要求，深入开展人民政协重大理论和实践问题研究，促进理论研究课题化、载体多样化、交流经常化，圆满完成研究会各项工作任务，为全省政协提升履职能力提供了有力支撑。

一、进一步加强思想理论建设，确保正确政治方向

一年来，本会始终把思想理论建设作为自身建设的首要政治任务，引导广大会员和会员单位加强对重大理论、重要会议精神的学习，进一步夯实政治理论基础，增强从理论高度分析、研究和把握政协具体问题的能力，确保理论研究的正确方向。

进一步学习贯彻中国特色社会主义理论体系。通过组织专题学习、召开专题研讨会、组织小型座谈会等形式，组织理事会成员、团体会员单位和个人会员认真学习贯彻中共十八大、十八届三中四中五中全会精神和习近平总书记系列重要讲话精神，准确把握中共中央关于全面深化改革和全面推进依法治国两个《决定》的精神实质和深刻内涵，准确把握“十三五”规划要求和推进精准扶贫精准脱贫的精神，及时学习贯彻中央经济工作会议和全国“两会”精神、省委十届六次、七次全会精神，引导会员高举中国特色社会主义伟大旗帜，坚定不移走中国特色社会主义政治发展道路，切实把思想、行动和智慧统一到中央和省委的决策部署上来，把坚持和发展中国特色社会主义贯彻到人民政协理论研究工作全过程和各方面。

深入学习贯彻社会主义协商民主理论。组织广大会员和会员单位深入学习贯彻中共十八大、十八届三中全会和习近平总书记讲话中关于加强社会主义协商民主建设的重要思想，深入学习贯彻《中共中央关于加强社会主义协商民主建设的意见》、《中共湖北省委关于加强社会主义协商民主建设的实施意见》，深刻领会社会主义协商民主的丰富内涵、基本原则和主要任务，准确把握中央和省委对社会主义协商民主建设的具体要求，为加强社会主义协商民主研究打牢理论基础。

准确把握人民政协理论和要求。认真学习贯彻《中共中央关于加强人民政协协商民主建设的实施意见》，深入学习贯彻全国政协俞正声主席在 2015 年全国“两会”上的讲话精神以及全国政协张庆黎副主席在中国人民政协理论研讨会上的重要讲话精神，深入学习全国地方政协工作经验交流会精神，深入学习贯彻省委政协工作会议精神和《中共湖北省委关于进一步加强人民政协工作的决定》，加深对人民政协性质、地位、职能和任务的理解，进一步深化对人民政协协商民主建设的认识，深刻领会人民政协工作特别是政协协商民主工作的着力点，牢牢把握人民政协理论研究的重要作用和理论联系实际的重要方针，确保人民政协协商民主研究的正确方向。

二、深入开展理论研究，取得一批研究成果

着眼全省人民政协协商民主和履职能力现代化建设中的重要问题，积极开展不同形式的理论研讨和交流活动，促进理论研究的课题化和研讨交流的经常化，取得了一批重要理论研究成果。

组织理论研究和征文活动。组织研究会会员和理论工作者、政协实际工作者围绕“加强人民政协协商民主和履职能力现代化建设”主题，提出理论研究参考选题，组织专题征文活动，加强对理论研究的组织和指导。研究中注重理论联系实际的原则，将有关理论研究与省委设立的人民政协工作机制创新领导小组的工作紧密结合起来，与省政协正在开展的工作紧密结合起来，并借助政协内外部力量，形成人民政协理论研究合力，不断将理论研究工作推向深入。

委托开展重点课题研究。围绕本年度研究主题，分“发挥人民政协在国家治理体系和治理能力现代化中的作用”、“人民政协协商民主和政协三大职能的关系”、“人民政协协商民主的政治伦理精神研究”、“对加强政协长期跟踪调研的探索和思考”、“对加强政协界别协商的探索和思考”、“加强民主党派自身建设，增强合作共事能力”、“人民政协协商议政能力建设研究”、“加强政协协商民主制度建设”、“公民有序参与政协协商民主制度建设研究”、

“人民政协协商成果运用机制研究”10个子课题，委托高等院校、科研院所有关专家学者和部分市州政协理论研究会开展课题研究，形成了一批重要理论研究成果。

举办全省专题理论研讨会。2015年10月，组织召开全省“加强人民政协协商民主和履职能力现代化建设”理论研讨会，会议收到论文127篇，经专家评审后有60篇论文参与大会交流，10个单位和个人作了大会发言。会议认真梳理和分析人民政协协商民主和履职能力现代化建设的理论与政策依据，深入总结全省各级政协组织的经验和做法，探索推进政协协商民主和提高履职能力现代化建设的途径办法，为全省各级政协事业发展提供了重要理论支持和指导。通过评选优秀论文、组织大会发言等方式进一步调动了会员及有志于从事人民政协理论研究工作人员的积极性。年终精选出版《人民政协协商民主和履职能力现代化建设的理论与实践创新》论文集。

深入开展小型理论研讨活动。邀请省内大专院校和科研院所有关专家学者、有理论造诣的政协实际工作者，围绕深入学习贯彻《中共中央关于加强社会主义协商民主建设的意见》，就省政协代拟的《中共湖北省委关于进一步加强人民政协工作的决定（稿）》征求意见，研讨交流，并联系我省实际，及时加强对社会主义协商民主广泛多层制度化发展的研究，努力形成我省人民政协理论研究的特色。

三、发挥人民政协理论研究会的平台作用，激发了理论研究活力

加强研究会日常工作，切实发挥研究会调研平台、交流平台和教育宣传平台的作用，理论研究活力进一步增强。

发挥调研平台作用。加强与中国人民政协理论研究会、省社科联的联系，积极参加有关活动，争取他们对我省人民政协理论研究的指导和支持。积极开展与兄弟省区市政协研究会的交流合作。适时组织研究会理事和团体会员单位负责人到兄弟省区市政协研究会进行学习考察，拓宽我省人民政协理论研究思路和视野。

发挥交流平台作用。搭建与省内各市区县人民政协理论研究会联系与合作的平台，建立和完善相关机制，加强与省内各市区县人民政协理论研究会的工作交流与合作；建立省市县人民政协理论研究会之间的研究信息与资料交流机制；加强对各市区县人民政协理论研究会的业务指导，形成全省人民政协理论研究的整体合力。

发挥教育宣传平台作用。邀请市区县人民政协理论研究会积极参加省人民政协理论研究会组织的学习培训。办好本会会刊《人民政协理论和实践》，全年共出刊6期，刊发54万字、60余幅图片；利用国家和省级新闻媒体，宣传我省人民政协理论研究的重要成果，增强人民政协及其理论的影响力。加强与省委党校、省社会主义学院的联系，与省社会主义学院学报联合举办“人民政协理论研究”专栏和有关论坛，提升政协理论研究与交流的层次和质量，并促进人民政协理论进入干部学习培训教学计划。

四、加强自身建设，夯实研究会发展基础

一年来，研究会注重加强自身建设，为研究会工作和发展提供有效保障。

加强研究会新型智库建设。按照中共十八届三中全会和习近平总书记就加强中国特色新型智库建设的指示精神，以推动人民政协自身建设、促进我省改革发展为目的，进一步吸引和网罗一批既有理论造诣、又有实践经验的人民政协理论研究人才，着力打造省人民政协理论研究会新型

智库，多出理论研究成果，切实为我省社会主义协商民主建设和人民政协事业发展提供强有力的支撑。

坚持和完善研究会各项运行机制。坚持落实例会制度，以会长会议为纽带、专家学者为关键、广大会员为基础，调动各方面人士积极性，不断提高研究会工作实效。进一步加强秘书处建设，适当增强工作力量，明确工作职责，健全工作制度，更好保障研究会工作的有效运转。做好研究会日常工作，自觉接受社团管理部门的业务指导。主动配合省民间组织管理局完成年度年报年检相关工作，努力提高为人民政协理论研究工作服务的能力和水平。

加强对人民政协理论研究人才的培养。以课题为抓手，在各类课题研究、攻关、协作中不断加强对人民政协理论研究人才的锻炼；强化培训工作，拓宽研究人员视野，使其深入系统掌握理论研究的科学方法，进一步提高思想、政治和业务素质；以年度工作要点、课题指南和情况通报等形式，指导全省各地人民政协理论研究会从本地区特色和优势出发，深入开展理论研究，培养一批地方理论研究人才；倡导省政协机关干部学习研究人民政协理论，提升机关干部理论素养和综合素质，提高服务省政协履职能力和水平。

一年来，研究会圆满完成各项工作，取得了较为丰硕的理论成果，不少工作得到全国政协、兄弟省区市政协和省政协领导的肯定。但与人民政协事业发展的要求相比，还存在一些不足。比如，如何加强思想理论建设的有效性，增强理论学习的经常性和时效性；如何深入探索重点研究课题招标制度，进一步提高政协理论研究水平；如何完善研究会工作组织和机制，更好发挥研究会的平台作用等。这些不足和问题，需要在今后的工作中深入研究、努力解决。

组织情况

辞去省政协副主席名单

（2015年9月1日政协湖北省第十一届委员会常务委员会第十次会议通过）

根据政协章程和有关规定，由于工作变动原因，决定：吕忠梅同志不再担任湖北省政协副主席、委员职务。

关于彭桃安同志不再担任十一届省政协委员的决定

（2015年1月23日政协湖北省第十一届委员会常务委员会第八次会议通过）

按照政协《章程》和有关规定，因工作变动，决定：彭桃安同志不再担任十一届湖北省政协委员职务。

关于增补程颖同志为十一届省政协委员职务的决定

（2015年1月23日政协湖北省第十一届委员会常务委员会第八次会议通过）

按照政协《章程》和有关规定，决定：增补程颖同志为十一届湖北省政协委员。

关于黄运全、程颖同志任职的决定

（2015年1月23日政协湖北省第十一届委员会常务委员会第八次会议通过）

根据工作需要，按照政协《章程》和有关规定，决定：黄运全同志任省政协文史和学习委员会副主任；程颖同志任省政协社会和法制委员会副主任。

关于朱清涛等同志职务调整的决定

（2015 年 1 月 23 日政协湖北省第十一届委员会常务委员会第八次会议通过）

根据工作需要，按照政协《章程》和有关规定，决定：朱清涛同志任省政协港澳台侨和外事委员会专职副主任，不再担任省政协提案委员会专职副主任职务；叶泽林同志任省政协提案委员会专职副主任，不再担任省政协教科文卫体委员会专职副主任职务；王利同志任省政协教科文卫体委员会专职副主任，不再担任省政协港澳台侨和外事委员会专职副主任职务。

关于杨玉华同志免职的决定

（2015 年 1 月 23 日政协湖北省第十一届委员会常务委员会第八次会议通过）

按照政协《章程》和有关规定，因工作变动，决定：杨玉华同志不再担任省政协文史和学习委员会主任职务。

关于阮继清等同志免职的决定

（2015 年 5 月 27 日政协湖北省第十一届委员会常务委员会第九次会议通过）

根据政协《章程》和有关规定，决定：阮继清同志不再担任省政协常委、人口资源环境委员会副主任职务；韦会林同志不再担任省政协常委、社会和法制委员会副主任职务；刘斌斌、宁琴同志不再担任省政协常委职务。

关于调整增补十一届省政协委员的决定

（2015 年 5 月 27 日政协湖北省第十一届委员会常务委员会第九次会议通过）

根据政协《章程》和有关规定，决定：阮继清、韦会林、金伟成、周继光、刘瑞林、刘斌斌、宁琴等 7 名同志不再担任十一届省政协委员职务。曾庆福涉嫌违纪违法被检察机关立案调查，撤销其省政协委员资格。增补胡运星、刘学甫、周谊群、熊承家、陈吉学、蒋南平、袁松青等7名同志为十一届省政协委员。

关于黄立国等同志任免职的决定

（2015年5月27日政协湖北省第十一届委员会常务委员会第九次会议通过）

根据政协《章程》和有关规定，决定：黄立国同志任省政协文史和学习委员会主任，免去省政协副秘书长、提案委员会副主任职务；周瑞超同志不再担任省政协民族和宗教委员会专职副主任职务；熊承家同志任省政协文史和学习委员会副主任；陈吉学同志任省政协经济委员会副主任；蒋南平同志任省政协文史和学习委员会副主任；贺方红同志任省政协教科文卫体委员会副主任；袁松青同志任省政协社会和法制委员会副主任。

关于王建华等同志不再担任湖北省政协职务的决定

（2015年9月1日政协湖北省第十一届委员会常务委员会第十次会议通过）

根据政协章程和有关规定，由于到龄退休、工作变动原因，决定：王建华同志不再担任湖北省政协常委、提案委员会副主任、委员职务；祝新铭同志不再担任湖北省政协常委、社会和法制委员会副主任、委员职务；张建仁同志不再担任湖北省政协常委、港澳台侨和外事委员会副主任、委员职务；徐菊明同志不再担任湖北省政协常委、教科文卫体委员会副主任、委员职务；吴朝安同志不再担任湖北省政协常委、提案委员会副主任、委员职务。

关于邱安翔等同志不再担任湖北省政协职务的决定

（2015年9月1日政协湖北省第十一届委员会常务委员会第十次会议通过）

根据政协章程和有关规定，由于到龄退休原因，决定：邱安翔同志不再担任湖北省政协经济委员会副主任、委员职务；何兆成同志不再担任湖北省政协经济委员会副主任、委员职务；彭明同志不再担任湖北省政协文史和学习委员会副主任、委员职务。李盈奕同志不再担任湖北省政协委员职务。

关于姚永宁同志职务任免的决定

（2015 年 9 月 1 日政协湖北省第十一届委员会常务委员会第十次会议通过）

根据工作需要，按照政协章程和有关规定，决定：姚永宁同志任省政协副秘书长，免去省政协社会和法制委员会专职副主任职务。

关于增补湖北省政协委员的决定

（2015 年 9 月 1 日政协湖北省第十一届委员会常务委员会第十次会议通过）

根据工作需要，按照政协章程和有关规定，决定：增补释明基、马净植、刘宝林、宋君慧、周天磊为十一届湖北省政协委员。

机关建设

2015年湖北省政协机关工作总结

一年来，在省委、省政协党组坚强领导下，省政协机关坚持以马克思列宁主义、毛泽东思想、邓小平理论、“三个代表”重要思想、科学发展观为指导，认真贯彻落实《中共中央关于加强社会主义协商民主建设的意见》和全省政协工作会议精神，紧紧围绕省政协中心工作，切实履行当好参谋助手、做好协调服务等职责，圆满完成了各项工作任务。

一、加强思想政治建设，提高班子领导能力

近年来，机关牢牢抓住执政能力建设这条主线，认真加强理论学习，充分发挥厅党组班子在思想政治建设上的示范带动作用，严格执行党的各项规章制度，不断提高班子整体素质和水平。

1. 深入学习贯彻党的十八大和十八届三中、四中、五中全会及习近平总书记系列重要讲话精神。通过各种形式，深入学习贯彻党的十八大和十八届三中、四中全会精神，特别是在五中全会召开后迅速掀起学习贯彻十八届五中全会精神的热潮，做到传达学习、宣讲辅导、讨论交流、媒体宣传“四个全覆盖”，努力使机关全体干部第一时间学习掌握五中全会精神实质。坚持知行合一，结合省政协机关实际抓好贯彻落实，确保四中、五中全会精神特别是“五大发展理念”落地生根、开花结果。通过学习教育，进一步增强党员干部的政治认同、理论认同、情感认同，进一步坚定在思想上政治上行动上同以习近平同志为核心的党中央保持高度一致。同时，深入学习贯彻省委十届五次、六次、七次全体（扩大）会议精神，深刻认识和把握省委关于我省全面深化改革、法治湖北建设、新常态下促进经济社会发展的重大决策部署、我省“十三五”规划目标任务及重大举措，切实增强贯彻落实的自觉性与坚定性。

2. 扎实开展省政协机关“三严三实”专题教育。按照省委和省政协党组的统一部署，在认真抓好党的群众路线教育实践活动整改方案落实的同时，坚持从严要求，突出问题导向，注重立根固本、落细落小，确保“三严三实”专题教育取得显著成效。突出思想教育，广泛征求意见，结合实际制定实施方案，注重从思想上解决问题，以思想自觉引领行动自觉。突出以上率下，厅党组主要负责同志以身示范，带头作专题辅导报告，其他党组成员分别在分管处室的党支部会议上作学习体会交流。厅党组一班人带头深入基层调研、带头专题研学、带头查摆问题。突出问题整改，对省政协机关查找的不严不实问题，列出问题清单、整改项目清单、落实结果清单，督促推动各处室把问题整改到位。由于各级领导干部作表率、当标杆，积极推动省政协机关专题教育深入开展，提振了机关干部干事创业的精气神，促进了党员干部作风持续转变，推动了从严治党、从严监督管理干部工作落到实处。

3. 深入学习中央关于加强人民政协工作的理论和方针政策。我们坚持加强对人民政协基本理论、基本政策、基本知识的学习，努力提高做好新形势下政协工作的能力和水平。

一是深入学习贯彻中央和习近平总书记在庆祝人民政协成立65周年大会上的重要讲话精神。重点学习中央颁布实施的《关于加强社会主义协商民主建设的意见》、《关于加强人民政协协商民主建设的实施意见》等文件精神。特别是深入学习习近平总书记在庆祝人民政协成立65周年大会上的重要讲话精神，深刻理解人民政协65年来形成的宝贵经验和重要原则，切实贯彻提高政协履职能力现代化水平的具体要求；深刻把握社会主义协商民主是中国共产党的群众路线在政治领域的重要体现这一基本定性，努力推进协商民主广泛多层制度化发展这一战略任务。

二是深入学习全国政协文件精神和工作要求。深入学习全国政协十二届二次会议和全国政协常委会议精神，学习全国政协主席俞正声同志在人民政协成立65周年大会上的讲话精神和关于政协工作的重要论述，以及全国地方政协工作经验交流会议精神，正确把握人民政协的性质、地位、作用，切实增强做好新形势下政协工作的紧迫感和责任感。

三是深入学习全省政协工作会议精神。重点学习李鸿忠书记在庆祝省政协成立65周年大会上的讲话精神和省政协主要领导讲话精神，学习省委颁布实施的《关于加强社会主义协商民主的实施意见》、《关于进一步加强人民政协工作决定》等有关文件精神。举办了湖北省政协成立65周年图片展览，进一步宣传了人民政协工作，扩大了我省人民政协的社会影响。通过学习，把省政协机关干部的思想和行动统一到中央和省委关于加强人民政协工作的决策部署上来，切实增强服务省政协履行职能的自觉性。

4. 进一步加强机关意识形态领域工作。厅党组书记带头承担加强意识形态工作的第一责任，党组成员认真履行职责范围内加强意识形态工作的责任，各处室负责人按照“一岗双责”要求，自觉抓好本部门的意识形态工作。建立健全机关意识形态工作的学习、检查、考核等制度，加强省政协网站、《湖北手机报·政协版》、《世纪行》、《学习与思考》等媒体的管理，有效维护了机关网络和宣传思想文化阵地的安全。认真做好机关干部和广大政协委员的思想教育工作，坚持每周四下午以机关各党支部为单位，组织学习党的路线方针政策，加强政治引领和政治吸纳，筑牢机关干部思想基础和团结引导广大政协委员与党同心同德、同向同行，最大限度地凝聚共识、汇聚力量，牢牢掌握省政协机关意识形态工作的领导权和主动权。特别是增强了政协工作的正能量，扩大了政协履行三大职能的地位和作用，进一步提高了政协履行职能的社会影响力。

5. 不断加强厅党组班子自身建设。一是严格执行中央八项规定和省委六条意见精神。坚持把中央八项规定、省委六条意见和“反四风”的要求作为一项“铁规”来执行，持之以恒地深化作风建设。厅党组成员在每一次陪同省政协领导开展调研、视察、考察活动中，都能坚持深入基层、了解真实情况，按照厉行节约的要求，轻车简从、减少陪同，没住超规格套房，没安排宴请，没有接受各类纪念品和土特产。在公务接待中，按照中央和省委的要求，严格控制接待开支，未赠送和接受礼品。

二是遵守党的政治纪律、政治规矩和组织纪律。厅党组能够始终保持对马克思主义的坚定信仰、对中国特色社会主义的坚定信念，严格遵守国家法律法规，坚决维护党的集中统一，确保中央权威和政令畅通。用周永康、薄熙来、郭伯雄、徐才厚、令计划、苏荣等人严重违反党的纪律的反面案例，警示自己，教育机关干部。严格执行党内政治生活纪律，注重发扬民主，自觉按照党的组织原则和党内政治生活准则办事，切实做到纪律面前人人平等、纪律面前没有特权、执行纪律没有例外。

三是认真贯彻落实民主集中制。第一，坚持集体领导，凡属“三重一大”（重大决策、重要干部任免、重要建设项目安排和大额资金使用）等事项，都按照集体领导、民主集中、个别酝酿、会议决定的原则，由厅党组集体研究决定。坚持集体领导与分工负责相结合，主要负责同志带头发扬民主，带头贯彻落实班子的集体决定，团结和带领班子其他成员一道工作；班子其他成员切实增强全局意识和责任意识，积极参与集体领导，切实做好分管工作。第二，坚持团结和谐，把团结摆在班子建设的突出位置，主要负责同志经常听取班子其他成员的意见建议，班子其他成员经常与主要负责同志就分管工作乃至全局工作交流谈心，坦陈意见建议，以真诚换取真心，不断增强班子的团结和谐。第三，健全党内生活，按照省委和省政协党组要求，及时召开厅党组专题民主生活会，班子成员之间认真开展批评与自我批评，在批评中寻找工作不足，在批评中明确努力方向，确保省政协机关协调高效运转，努力增强秘书长班子整体合力。

二、加强协调服务，提高政协履职实效

始终围绕以省政协全体会议为龙头，以议政性常委会议和常委专题协商会为重点，以月度界别协商座谈会为常态的协商议政新格局，积极联系沟通，加强协调服务，以务实有效的工作，不断推动协商议政活动广泛深入开展。

1. 积极服务省政协各项协商议政工作，大力推进建言献策成果落实。近年来，机关围绕“四个全面”战略布局湖北实施献计出力。把参加人民政协的各民主党派团体和各族各界人士的思想和行动统一到省委重大决策部署上来，围绕中心、建言献策，86 篇议政建言成果获省委省政府领导同志批示和采纳，为湖北改革发展凝聚了智慧和力量。为了服务好省政协协商议政工作，推动建言献策成果的落实。省政协机关主要做了以下 3 个方面工作：

一是积极组织协调抓好服务。一年来，为省政协召开 1 次全体委员大会、3 次议政性常委会议、2 次常委专题协商会、10 次月度界别协商座谈会、2 次经济形势分析座谈会等做好服务保障工作。二是注重跟踪问效抓紧落实。围绕开好会议，在选题确定、视察调研、会务组织、宣传报道、材料整理、督促办理等方面做了大量深入细致的工作。一年来，省政协常委和委员就我省“上下半年的宏观经济形势”、“扩大湖北长江经济带对外开放”等问题提出了一系列重要意见建议。省委、省政府主要领导予以充分肯定，特别是对省政协 80 多件视察、调研报告的办理作出批示，提出落实要求，省政协机关积极跟踪推进，使一大批意见建议得到采纳，取得了良好的经济和社会效益。三是主动协调服务抓出实效。为了取得协商工作实效，实行秘书长、副秘书长对应服务主席、副主席制度和联系专委会制度，努力为省政协领导班子成员做好联络、协调、服务工作，进一步理顺了工作机制，推动了省政协协商议政工作高效有序运行。

2. 服务省政协提案、视察、调研等经常性工作。围绕提案、视察、调研、信息、文史、学习、港澳台侨、对外交往等经常性工作，办公厅各处室和各专门委员会办公室做了大量组织协调工作。

一是协调提案工作。全年立案806件。通过培训引导、知情引导、选题引导和审查立案等工作，提高了提案质量。通过组织提案交办会、遴选编发《提案摘报》、遴选15件重点提案，由省政府、省政协领导领办、督办，推动重点提案所提意见建议落实，提高了提案办理实效。特别是通过回头问效，跟踪督办往年未办结的提案，改版《提案追踪》栏目，扩大提案工作影响，较好地推动了往年提案的办理落实。二是协调视察工作。全年组织开展了11次委员视察活动，杨松主席、范兴元常务副主席和各位副主席率团就我省汉江中下游生态环境保护、清江水资源保护、精准扶贫等问题进行实地考察或视察，与被视察地方和单位当面交换意见，促进了相关工作的开展。三是协调调研工作。协调组织省政协主席会议成员和省工商联主要负责同志就11个长期跟踪调研重要课题开展年度调研；协调组织各类视察、调研和考察活动130余次，界别活动40余次，调研内容涉及我省经济、政治、文化、社会以及生态文明建设各个方面，撰写专题性议政建言报告80多篇。四是做好信息工作。一年来，围绕全省经济社会发展和涉及群众切身利益的焦点问题、带有苗头性倾向性的重要问题以及界别共性问题，积极向党委政府反映重要情况，提出很多有价值的意见建议。全年共反映社情民意信息1178篇，中央领导批示和全国政协采用22篇，省委省政府领导批示和省委省政府采用130篇。征集文史资料160万字、图片1000余幅。

3. 协调服务省政协推进人民政协协商民主制度建设相关工作。一年来，完成了人民政协协商民主制度建设多项重要任务的协调服务工作。一是争取省委出台关于人民政协协商民主建设的相关文件。协调省委颁布实施了《关于加强社会主义协商民主的实施意见》、《关于进一步加强人民政协工作决定》两个文件，省委还转发了《省政协2015年协商工作计划》，这是省委把人民政协政治协商纳入决策程序、协商于决策之前和决策实施之中的重要制度性安排。二是完善省人民政协工作相关制度。为进一步加强委员履职能力建设，在广泛调研基础上，组织召开了全省政协加强委员履职能力建设座谈会，制定出台了省政协《关于加强委员履职能力建设的意见》等文件。修订完善了省政协《全体会议工作规则》、《常务委员会工作规则》、《秘书长会议工作规则》和《专门委员会工作通则》等5个制度性文件，有力推进了政协协商民主制度化、规范化、程序化。三是认真开展人民政协协商民主建设的理论研究。召开全省市州政协主席会议，专题学习社会主义协商民主理论，总结推广全省政协协商民主建设经验。组织召开加强人民政协协商民主和履职能力现代化建设专题理论研讨会，征集论文127篇，先后编辑和出版了《人民政协协商民主与履职能力现代化建设的理论与实践创新》，交流理论研究成果。

三、加强机关干部教育管理和监督检查，营造风清气正的选人用人环境

一年来，我们深入学习贯彻习近平总书记关于党要管党、从严治党的要求，严格执行新修订的《干部任用条例》，大力加强领导班子和干部队伍建设，努力营造风清气正的选人用人环境，为推进人民政协事业的发展提供了坚强组织保证。一年来，

机关先后提拔、平级调整16名厅级、处级和科级干部，遴选2名公务员，接收安置3名军队转业干部。根据任职时间和现实表现，及时对6名试用期满的厅级、处级干部进行转正，6名厅级、处科级干部进行内部交流轮岗，力求选准和用好干部，做到人尽其才，人岗相适。

一是牢牢把握选人用人正确方向。厅党组坚持好干部标准，突出“清廉为官、事业有为”的选人用人导向，坚持以实干论实绩、从实绩看德才、凭德才用干部，着力选拔理想信念坚定、锐意改革创新、敢于负责担当、得到群众公认的优秀干部，努力造就高素质的干部队伍和人才队伍建设。充分发挥厅党组集体把关作用，不断强化党组在推荐、考察、识别、使用干部中的权重和责任，充分体现党组的主体地位和主导作用，切实把好人选的政治关、廉政关、能力关。严格遵循《干部任用条例》的规定程序和纪律要求，坚持原则不动摇，执行标准不走样，履行程序不变通，遵守纪律不放松，公道正派地选人用人，始终做到酝酿在前、方案先行，不搞临时动议，严禁拉票、打招呼，跑官要官、买官卖官，不折不扣地按照《干部任用条例》规定办事，增强干部选拔任用工作的规范性、科学性，机关干部选人用人的公信度不断上升。

二是强化教育培养。着眼于提升政治鉴别能力、战略思维能力和岗位履职能力，狠抓干部的理论信念教育、党性教育、专业能力培训和实践锻炼。通过报纸、广播电视、网络等各种方式进行学习，积极选送11名机关党员干部参加全国政协培训学习和各级党校的培训学习，要求参加学习的每位同志撰写学习心得，并进行汇编，促进大家相互学习，相互借鉴，进一步提高机关干部政策理论水平和业务素质。坚持选派1名年轻干部到基层挂职、2名同志到城市社区进行了学习实践、6名同志到房县参加新农村建设、“三万”活动和精准扶贫工作，锻炼了基层工作能力，帮助基层乡镇、困难群众解决生产生活中的难题，为当地经济社会发展作出贡献。坚持选派4名机关干部到省委办公厅、省政府办公厅等单位跟班学习，提高办文办会办事能力。同时，积极帮助省各民主党派、省工商联培养4名优秀年轻干部，其所在单位领导给予高度评价。

三是严格日常管理。在厅党组班子和有关处室领导干部中实施履职尽责管理，根据领导班子职责和领导干部岗位职责，科学设置领导班子和领导干部年度工作目标任务，列出领导班子年度履职尽责、党建工作和干部个人履职尽责项目清单。要求机关各处室实行台账式管理，注重跟踪督办和考核评价，促进目标任务完成。强化考评结果运用，将履职尽责管理与干部教育培养、选拔任用、激励约束结合起来，引导干部立足岗位、竞进提质、干事创业。对机关干部存在的不足及时进行谈话提醒，努力营造风清气正的选人用人环境。

四是加强干部监督约束。严格按照《干部任用条例》规定的原则、标准、程序和纪律，对拟任人选的资格条件、德才素质以及选任程序进行全程监督，促进干部选拔任用工作质量的不断提升。严把拟任人选廉政关，建立干部监督廉政特别档案，在干部选拔任用工作中，坚持“凡提必核”原则，并充分听取机关纪检、财务和派驻纪检组等部门的意见，切实防止干部“带病提拔”。全年共核查拟提拔重用干部23人。扎实开展干部档案专项审查工作，共完善机关干部档案材料157卷。

四、做好政协机关经常性工作，进一步提高科学化水平一年来，我们紧紧围绕省政协履行职能开展各项工作，不断加强机关思想建设、组织建设、作风建设、制度建设，不断提高政协机关服务委员、服务领导、服务基层的能力和水平，较好地完成了机关各项工作任务。

1. 加强机关党的建设。一是切实加强理想信念教育和思想政治建设。紧紧抓住思想建设这个根本，以理想信念教育为重点，组织机关党员干部读原著、学原文、悟原理，补足精神之“钙”，增强“三个自信”，解决好“总开关”问题。强化政治理论学习，深入开展中国特色社会主义理论和习近平总书记系列重要讲话精神等学习宣传教育活动，做到党员干部全覆盖。

二是切实加强机关各党支部建设。始终把从严治党的主体责任和党组书记抓党建的第一责任抓紧抓到位，实行处长（办公室主任）兼任党支部书记，履行“一岗双责”，进一步提高了支部组织生活会质量，使各党支部的战斗堡垒作用和共产党员的先锋模范作用不断增强。迅速成立省纪委派驻省政协机关纪检组党支部，使派驻纪检组及时融入机关党的工作。

三是认真做好机关综治维稳工作。坚持学习贯彻中央政法工作会议精神和习近平总书记关于政法综治维稳工作的重要指示精神，按照省委政法委统一部署和要求，认真抓好机关干部学习教育活动，提高干部职工的思想认识。突出政协特色，促进政协委员为全省综治维稳、平安建设积极建言献策。认真做好省政协机关综治联系点青山区的指导工作。一年来，省政协机关综治工作继续保持了良好的发展势头，实现了机关综治维稳工作“六无”目标。

四是认真开展精神文明等创建活动。近年来，认真开展社会主义核心价值观教育活动，干部职工思想道德素质明显提高。认真开展群众性文体活动，营造积极向上、充满活力的机关氛围。认真开展结对帮扶活动，困难群众的生活得到改善。通过系列活动，机关党建、文明创建、目标责任制、综合治理、档案管理、计划生育、机要密码、老干部等工作受到省委省政府表彰。特别是在机关全体党员干部的共同努力下，我们连续4年获得党建、文明创建、目标责任制、综合治理和档案管理五个奖项；在省直机关考核中，办公厅综合成绩排名从2011年度的第三方阵，进入到2014年度的第一方阵，在全省党政群机关中树立了省政协机关的良好形象。

2. 加强目标管理等制度建设。一是制订机关年度工作要点。年初，各处室围绕工作职责，结合政协工作新形势新任务新要求，认真谋划新年度各项工作要点，使机关工作有章可循、有据可依。机关党的建设、理论研究、社会管理、保密机要、文明创建、法制教育、计划生育、老干部工作等都出台了工作要点。二是完善目标管理责任制。建立健全领导机构，分解目标任务，将具体工作任务分解成6大类80项，明确完成要求和时限，落实责任部门、责任人和责任领导，层层签订《目标责任书》。加强日常监管，通过半年检查、年底总结讲评等方式，有力促进了各项目标任务的完成。三是完善机关相关制度。以机关开展“三严三实”专题教育为契机，进一步完善了省政协党组和省政协办公厅党组议事规则、机关公务用车规定、电子政务内网管理制度等，进一步改进了省政协机关作风。

3. 扎实开展新农村建设、“三万”活动、精准扶贫工作。为贯彻落实中央和省委关于大力实施精准扶贫的战略目标，进一步提高机关干部开展精准扶贫的能力素质，我们先后4次召开会议学习贯彻中央和省委有关精准扶贫会议精神，对即将赴精准扶贫第一线的新队员和机关部分干部进行了为期一周的精准扶贫工作培训，并就贯彻落实中央和省委有关精准扶贫重要决定的精神提出具体要求，为高标准做好省政协机关精准扶贫工作奠定了坚实基础。

五、加强法治建设，提高依法履职能力

一年来，我们紧紧围绕省政协民主监督的职能，加强学习，不断增强机关干部群众特别是各级领导干部的法治观念和依法执政能力，为我省全面深化改革、加快转型发展、促进全省治理体系和治理能力现代化建设作出积极贡献。

1. 认真贯彻落实中央和省委省政府法治建设会议精神。近年来，我们认真学习贯彻中央有关法治建设的文件精神和习近平总书记关于全面依法治国的一系列重要论述精神，深刻理解党的十八届四中全会作出的《中共中央关于全面推进依法治国若干重大问题的决定》重大意义。深刻理解省委十届五次全会审议通过的《中共湖北省委关于贯彻落实党的十八届四中全会精神，全面推进法治湖北建设的意见》精神实质，进一步增强全面推进法治湖北建设的自觉性。利用省政协网站和《湖北手机报·政协版》等媒体开展形式多样的宣传教育活动，营造浓厚的学法守法氛围。组织机关干部参加省法治办开展的法律知识网络学习与考试活动，不断提高机关干部依法履职能力。

2. 完善机关法治领导工作机制。一是及时建立健全厅党组统一领导、统筹协调，各处室分工负责、相互配合、齐抓共管，厅党组领导班子和机关干部广泛参与的法治工作领导机制。二是厅党组书记认真履行推进法治建设第一责任人职责，党组成员各负其责，认真履行分管职责。各处室实行“一把手”负责制，强化责任，狠抓落实。三是厅党组定期听取机关纪委、机关法治办、综治办的工作情况汇报，分析形势，制定措施，进一步建立健全机关法治工作群防群治协作机制。四是人事处（机关党委）、行政处定期与当地派出所、社区联系，互通情况，了解信息，积极构建全方位、立体化的治安防控体系，及时掌握周边社情民意，消除机关安全隐患。

3. 积极开展依法履职活动。一是积极开展立法协商。2015 年，我们围绕《湖北省价格条例（草案）》开展立法协商，就《湖北省城镇供水条例（征求意见稿）》等 6 件地方法规草案提出意见建议，受到省委书记李鸿忠同志的高度评价。同时，积极参与立法计划协商，向省人大常委会提交了 5 件 2016 年立法选题建议。二是探索开展专题民主监督。我们组建“民营企业投资前置审批”、“梁子湖水生态环境保护”两个专项民主监督小组，赴省直有关单位和有关市州进行调研座谈，起草了专项民主监督报告，向有关单位作了反馈。协调组织政协委员参与有关民主监督活动，先后推荐省政协委员担任省检察院人民监督员和参加黄石市中级人民法院旁听案件审判活动。三是积极开展法治惠民活动。加强对省政协律师顾问组的指导和联系，为省政协依法履职提供法律技术支撑。省政协律师顾问组坚持多年为政协委员和困难群众开展法律援助活动，成为我省法律顾问制度的典范。

4. 坚持依法办事。一是省政协机关在签订有关协议前，及时请省政协律师顾问组律师把关并提出法律意见。二是严格依法处理有关经济、劳务纠纷。顾问组律师先后为机关干部职工在依法处理劳动关系、交通事故、拆迁补偿及其他有关法律事务方面提供了热情细致的法律咨询服务，收到良好效果。

六、加强廉政建设，提高拒腐防变能力

我们高度重视机关党风廉政建设和反腐败工作，认真落实党风廉政建设党委主体责任和纪委监督责任，完善制度，加强监督，推动机关党风廉政建设扎实开展。

1. 加强廉政教育，筑牢拒腐防变思想防线。认真学习贯彻中央和中纪委关于党风廉政建设和反腐败工作的会议精神以及习近平总书记关于廉政建设的重要讲话精神，及时传达学习贯彻省委、省纪委以及省直纪工委有关文件精神，深刻认识落实"两个责任"的极端重要性，自觉担负起党风廉政建设的政治责任。在机关开展"严明政治纪律和政治规矩"集中教育活动，组织机关党员干部认真学习《党章》、《廉洁自律准则》、《纪律处分条例》等规章制度，通过采取集中收看警示教育片、集中学习相关会议精神、分析典型案件等形式，教育引导机关党员干部明纪律、守规矩，自觉遵守"五个必须、五个决不允许"的要求，不断增强政治定力，夯实反腐倡廉的思想基础，努力做到政治信仰不变、政治立场不移、政治方向不偏。

2. 坚持以上率下，认真落实党风廉政建设的主体责任和监督责任。一年来，我们压紧压实"两个责任"，特别强化全面从严治党的主体责任和党组书记第一责任人的责任，加强监督检查，强化问责追责，倒逼责任落实。先后 9 次召开厅党组会议研究部署机关党风廉政建设和反腐败工作，制定下发了 8 个相关文件和规定，积极构建惩防体系，不断完善监督制约机制。年初，将党风廉政建设纳入机关目标责任管理体系，由厅党组主要负责同志与机关各处室分别签订目标责任书，细化目标任务，不断增强各级领导干部的责任感、使命感。认真落实"把纪律和规矩挺在前面"的要求，加强对政治纪律和政治规矩执行情况的监督检查，及时发现苗头问题，有效开展教育监督工作。通过监督检查，有效促进了机关各级负责同志依法依规办事。

3. 加强监督管理，做好反腐倡廉重点工作。一是加强对党员干部的监督和管理。严格任职条件，建立健全任前廉政谈话、述职述廉、集中保管个人因私出国（境）护照和完善干部轮岗交流等制度，严格执行公务用车、办公用房、工资关系等规定，严控"三公"经费支出。认真开展清理规范退（离）休领导干部在社团兼职和干部职工多占政策性住房活动。加强对机关人事、财务、物资采购等关键岗位人员的教育和管理，有效防止重要岗位党员干部发生违法违纪问题。二是加强财务监督和管理。积极推行政务公开，对省政协机关财务支出情况采取一年一审计，并进行公开，保障机关干部对机关财务工作的知情权。省政协办公厅进一步修订完善了机关财务管理规定，不断健全财务管理制度，加大监控力度，确保资金管理规范有序，重点保障可靠及时，财务账目清晰规范，外部衔接便捷顺畅。三是加强对机关维修改造和物资采购等工作的监督和管理。在机关大楼部分会议室维修改造、机关电子政务内网建设等工程建设中，对设计、施工、监理等单位进行公开招标；在物资材料招标采购中，始终做到机关纪检、统建办、代建、监理、审计、总承包等单位及基建人员全程参与，有力保障了财政资金的安全和效益。

2015 年湖北省政协机关党委工作总结

2015 年，省政协机关党委在省政协党组、省政协办公厅党组和省直机关工委的领导下，深入学习贯彻党的十八届三中、四中、五中全会精神和习近平总书记系列重要讲话精神，认真贯彻落实省委十届六次、七次全会精神，坚持围绕中心、服务大局，主动谋事、干事、成事，按照中央提出的从严治党的总要求，扎实开展党的建设、精神文明创建、目标责任制管理、普法依法治理等工作，努力保持和发展机关党的先进性和纯洁性，不断提高机关党组织的创造力、凝聚力和战斗力，有力地推进了省政协机关各项工作。现将省政协机关党委2015年工作总结如下：

一、坚持从严治党，不断强化机关党建

按照习近平总书记提出的党要管党、从严治党的总要求，坚持“抓好党建是最大的政绩”理念，从思想建设、组织建设和党风廉政建设等方面入手，不断强化机关党建。

1. 努力创建学习型党组织，切实加强思想政治建设。今年以来，省政协机关不断探索和创新，通过厅党组带头学、召开大会集中学、组织党支部讨论学、利用平台自觉学等形式加强学习型党组织建设，及时学习贯彻党的十八届五中全会、全国“两会”、省委十届七次全会、省委政协工作会议、“三抓一促”动员会等重要会议精神，确保机关党员、干部职工在思想上、政治上与中央和省委保持高度一致。全年厅党组理论学习中心组共组织了8次集中学习。成立了读书兴趣小组，组织了书香机关活动；在“读原著、学原文、悟原理”征文活动中，共收到稿件二十余篇，向省直机关工委推荐了四篇。为机关干部购买了《习近平谈治国理政》、《习近平用典》、《中国超越》等书籍，组织参加湖北干部在线学习，不断提高机关干部的学习积极性。

2. 夯实机关党建基础工作，切实加强机关组织建设。一是认真落实党内政治生活制度。认真落实党小组会、支委会议、支部党员大会、厅党组民主生活会、党组会议等“五项会议”制度，严格党的组织生活。督促落实党支部每周四的学习制度，全年各党支部开展集中学习40多次；落实党员关怀、激励、帮扶制度，春节前夕给机关30名生活困难党员发放了困难补助；组织召开庆祝建党94周年大会，走访慰问了建国前入党的老党员；认真开展党员思想动态分析，把握人员思想脉搏，帮助党员解疑释惑；组织开展党支部“强基础、晒台账”活动，进一步规范了机关各党支部台账管理，总结了“支部工作法”。二是认真开展年度党员民主评议活动。坚持评选并表彰优秀共产党员和先进党支部，向省直机关工委积极推荐先进典型。今年2个党支部被评为“省直机关先进基层党组织”，2名党员被评为“省直机关优秀党员”，1名党务工作者被评为“省直机关优秀党务工作者”，省政协机关提案委办党支部被省直机关工委评为红旗党支部。三是积极做好各类党内培训。机关党委专职副书记李辉参加了机关党委书记培训班，2名党支部书记参加了支部书记培训班，1名新党员参加了新党员培训班。四是抓好群团工作。积极支持机关工会、妇委会开展工作。组队参加省直机关第四届职工运动会八段锦表演和羽毛球、乒乓球、游泳、保龄球比赛，取得了奖牌数第五的好成绩，省政协办公厅荣获“最佳组织奖”。机关工会还在机关组织了羽毛球比赛和生日慰问等活动，机关妇委会组织“恒爱行动”等活动，营造了积极向上的良好氛围。

3. 扎实开展教育和整治，切实加强党风廉政建设。一是深入开展党的政治纪律和政治规矩专题教育。组织机关党员干部学习《习近平关于党风廉政建设和反腐败斗争论述摘编》、《关于党内政治生活的若干准则》、《准则》和《条例》等书籍，17

名厅党组理论学习中心组成员在机关干部大会上作了交流发言，教育引导党员干部明纪律、守纪律，懂规矩、讲规矩，自觉遵守“五个必须、五个决不允许”的要求，不断增强政治定力。二是认真开展机关第十六个党风廉政建设宣教月活动。研究制定《省政协办公厅第十六个党风廉政建设宣传教育月活动方案》，围绕“守纪律、讲规矩、作表率”主题，开展了系列反腐倡廉活动。邀请省委党校任大立教授来机关作题为“必须严守政治纪律和政治规矩”的专题辅导报告；向机关领导干部的配偶赠送“廉内助”典型事迹学习资料和书籍；组织新进机关干部参观洪山监狱，听取职务犯罪服刑人员现身说法，上好廉政“第一课”；组织观看警示教育片《贪途欲海无归路》，引导机关党员树牢党员意识，不断营造守纪律讲规矩的良好氛围。三是扎实开展“四项专项整治”等活动。研究制定了“四项专项整治”实施方案，明确整治重点、方法步骤和工作要求，实行专班推进，重点开展了票据检查，整治违规接待、违规发放津补贴和带彩娱乐问题；继续开展对“为官不为”、大操大办婚丧喜庆事宜等问题的监督检查，坚持抓早抓小，动辄则咎，坚决防范“四风”问题反弹；四是加强惩防体系建设。认真贯彻落实《省政协办公厅贯彻落实省委惩防体系建设2013—2017年实施办法任务分解方案》和《省政协办公厅惩防体系建设2015年重点工作任务》，着力形成责任分解、监督检查、倒查追究的完整链条，以实实在在的行动将惩防体系建设落到实处，切实从源头上预防腐败。

二、扎实开展专题教育，不断加强作风建设

作风建设永远在路上，作风建设没有休止符。改进作风是一场任重道远的长期任务，必须以实际行动确保作风转变的好势头保持下去，确保作风建设的要求真正落地生根，实现改进作风规范化、常态化、长效化。

1. 扎实开展“三严三实”专题教育。一是厅党组高度重视，认真做好动员部署。厅党组研究制定了《省政协机关开展“三严三实”专题教育实施方案》，明确了“三严三实”专题教育的主题、主要措施、具体日程和有关要求。5月15日下午，省政协机关召开全体党员干部职工大会，对“三严三实”专题教育进行了动员部署。二是讲好党课，认真开展专题调研。省政协主席、党组书记杨松同志和省政协秘书长、办公厅主任、厅党组书记刘安民同志分别给机关全体党员干部讲了“三严三实”专题教育党课。6月29日，刘安民秘书长到武汉市青山区开展了“三严三实”专题调研。办公厅党组成员也分别讲了党课、开展了专题调研。三是扎实开展研学交流。汇编并发放《省政协机关“三严三实”专题教育学习资料汇编》，不断探索专题研学的方式方法。第一次专题研学以两级党组中心组集中学习为主，第二次专题研学以厅党组成员带领党支部联合研讨为主，第三次专题研学以各支部分头研讨为主，专题研讨则以典型发言为主。四是认真召开民主生活会。省政协两级党组、机关各党支部都按照省委要求分别召开民主生活会和组织生活会，通过征求意见建议、交心谈心、对照检查和批评帮助，有效推进了“不严不实”问题的整改落实。通过专题教育，大大增强了党员干部践行“三严三实”的自觉性。

2. 认真开展“三抓一促”活动。机关及时召开全体干部职工大会，传达学习省委“三抓一促”动员会精神，省政协常务副主席、党组副书记范兴元对机关开展“三抓一促”活动进行了动员和部署。在抓学习方面，不断探索和创新，采取多种措施组织学习，确保学习取得实效。在抓作风方面，不断提升政协干部的为民情怀和服务意识，继续抓好“三短两简（俭）”活动。今年省政协及机关发文同比减少12%，三公经费开支同比减少11.8%。在抓党建方面，利用各种活动载体，不断夯实党支部工作基础，加强基层党组织建设。在促改革发展方面，省政协机关以建立健全人民政协协商民主制度、创新发展人民政协协商民主工作为关键点和切入点，分析新情况，解决新问题，创造新经验，全面推进政协工作创新发展。

3. 深入开展“三联三促”“三万”活动。围绕“村村通客车”主题，以“宣传政策、增进感情、兴办实事、服务群众”为目标，机关想方设法筹集资金，有效解决了4个驻点村农民的安全出行问题；工作队在春节前后对驻点村的困难群众和化龙堰镇中心福利院的孤寡老人进行慰问，积极动员省政协委员、省阳光慈善物资中心理事长董玉霞，向房县20所学校捐赠校服、电脑、图书等价值108万元，建20个“爱心图书室”，上门慰问困难学生6名，不断加深了干部群众的感情。

三、以目标责任制管理等为抓手，推动机关全面发展

1. 扎实抓好目标责任制管理工作。一是抓好动员部署。2015年3月，召开机关全体干部职工动员大会，全面部署年度目标责任制管理工作，增强了做好目标管理工作的主动性和责任感。二是明确目标责任。及时制定了《省政协机关2015年度目标责任制管理工作方案》、《省政协办公厅2015年度工作目标分解表》、《省政协办公厅2015年目标管理责任书》，对机关目标管理工作的指导思想、组织领导、目标设置、考核对象、目标考核、工作要求提出了总体思路，明确了机关目标管理的主要任务和目标要求。厅党组书记刘安民与厅党组成员、20个处室负责人（党支部书记）逐一签订目标管理责任书，机关各处室将全年的目标责任工作分解到每个人，做到人人有责任，个个有压力。三是加强目标管理。为了增强完成目标任务的计划性和针对性，对各处室平时目标责任书实施情况进行跟踪。组织开展机关目标半年自查和年终自查，对各处室目标完成情况进行检查和督促，促进了省政协机关的目标管理工作扎实有效地开展。

2. 积极做好文明创建工作。一是开展社会主义核心价值观教育活动。组织参观“中流砥柱——湖北省纪念中国人民抗日战争暨世界反法西斯战争胜利70周年展览”和“湖北省政协成立65周年图片展览”，组织参加第五届全国道德模范推荐评选和全省道德模范的评选表彰活动，继续开展“我推荐、我评议身边好人”活动，举办“道德讲堂”，了解干部职工的思想动态，及时反映他们的诉求，做好释疑解惑、理顺情绪、化解矛盾工作，引导干部职工树立正确的世界观、人生观、价值观。二是组织开展“讲文明树新风”活动。深入开展文明用语、文明交通、文明餐桌、网络文明、无烟机关等教育活动。围绕“我们的节日”主题，积极参与“重阳节·孝行荆楚”文化节活动，倡导孝老、爱老、助老、敬老的良好风尚。三是开展“创文明单位，建和谐机关”主题活动。2015年5月20日下午，邀请了省政协委员、同济医院综合科主任张存泰教授作了心脑血管健康知识专题讲座，并就心脑血管方面的问题与机关干部职工进行了互动交流；10月20日下午，邀请了省委统战部常务副部长、湖北心理咨询师协会秘书长盛国玉同

志为机关全体干部职工就公务员身心健康与心理调适作了专题辅导讲座，不断营造健康文明和谐的良好风尚。四是认真组织好学雷锋志愿服务和献爱心活动。在机关积极宣传“学习雷锋、奉献他人、提升自己”的志愿服务理念，广泛开展关爱他人、关爱社会、关爱自然“三关爱”志愿服务活动。组织在职党员到社区开展认领“微心愿”活动，为群众办实事、做好事。组织机关“吴天祥小组”在节假日登门看望社区特困户，送去生活必需品，帮他们排忧解难。

3. 扎实做好普法依法治理工作。一是不断完善领导体制和工作机制。机关成立普法依法治理领导小组，定期研究和部署机关普法依法治理工作，不断完善主要领导亲自抓，分管领导具体抓，分管处室牵头，其他处室配合的有效工作机制，为法治创建工作提供了有力的组织保障。二是扎实开展法治宣传教育活动。年初，机关制定了《省政协机关2015年普法依法治理工作要点》，明确了年度普法任务，切实将普法和法治创建工作列入机关重要工作内容，做到“三个纳入”：即纳入了年度工作计划，纳入了党委中心组政治学习计划，纳入年度目标责任制管理。组织机关干部参加干部在线法治专题班的学习，对机关“六五”普法依法治理工作开展自查，认真组织“12·4”国家宪法日暨全国法治宣传日活动，不断营造尊法学法守法用法的浓厚氛围。三是抓好学法用法和普法考试无纸化工作。在机关组织新一轮普法教育无纸化系统软件的操作培训和指导，及时解决无纸化系统软件使用过程中出现的一些问题，广泛组织机关干部职工开展“网学网考”，机关干部参加全省普法考试的参考率、合格率和优秀率进一步得到提升。

4. 做好人民政协工作机制创新的组织服务工作。一是做好起草《中共湖北省委关于进一步加强人民政协工作的决定（送审稿）》的组织服务工作。二是做组织并参与有关制度的制订和修订。对政协湖北省委员会全体会议、常委会议、主席会议、秘书长会议工作规则和专门委员会通则，以及省政协开展重点协商活动组织实施办法、提案办理协商工作基本规程、专项民主监督的暂行办法等八项制度进行了制订和修订。三是组织探索加强民主监督工作的办法。选择南水北调中线工程核心水源区和梁子湖生态环境保护、民营企业投资前置审批等内容为切入点，精心制订了工作方案，积极探索政协民主监督与政府及部门职能监管有效衔接、相互促进的新途径，寻求更好履行人民政协民主监督职能、发挥协商民主作用的工作机制和方式方法，取得了较好的民主监督效果。四是贯彻落实《关于加强委员履职能力建设意见（试行）》。

回顾2015年的工作，机关党委在省政协两级党组的领导下，经过机关上下的共同努力，省政协机关获得2013—2014年省直机关党建工作先进单位、2014年度省直机关目标责任制考核优秀单位、2014—2015年省级最佳文明单位、省直机关第四届职工运动会最佳组织奖等荣誉。这些成绩的取得主要得益于三个方面：一是得益于厅党组的坚强领导。厅党组从党要管党、从严治党的高度，重视和支持机关党委工作，对于党建、目标、文明、普法等各项工作，多次召开厅党组会议和秘书长办公会进行专题研究部署；刘安民秘书长亲自部署和过问机关党委的各项重要工作，杨明福副秘书长直接领导和参与了各项具体工作，这为机关党委完成各项任务提供了坚强保障。二是得益于机关各党支部和全体党员的大力支持。一年来，机关党委布置的理论学习、党建活动、年度计划总结、评选先进、组织民主生活会等各项工作，机关各党支部和全体党员都能够做到认真组织、积极参与，充分发挥了党组织的战斗堡垒作用和党员的先锋模范作用。三是得益于机关党委全体工作人员的努力奋斗。面对全年繁重任务，全体同志发扬团结拚搏、无私奉献精神，加班加点，埋头若干，以顽强的工作作风，圆满完成了各项任务，并做到认真细致、精益求精，得到领导和同志们的肯定，充分体现了党务工作者的应有的品格和素质。

在充分肯定工作成绩的同时，我们也应清醒地认识到我们工作中存在的不足和需要努力的地方。一是学习理论不够深入，二是工作能力和素质仍待提升，三是工作创新上还需进一步加强。

2016 年，机关党委将在省政协两级党组和省直机关工委的领导下，认真学习党的十八届三中、四中、五中全会精神，学习领会习近平总书记系列重要讲话精神，学习贯彻省委十届六次、七次全会精神，牢牢把握服务中心、建设队伍两大任务，按照党要管党、从严治党的总要求，全面推进机关党的思想、组织、作风、制度和反腐倡廉建设，争取在机关党建、精神文明创建、目标责任制管理和普法依法治理、人民政协工作机制创新等方面取得新进步，为省政协机关各项建设作出新的更大贡献！

2015年湖北省政协机关文明创建工作总结

2015 年，省政协机关文明创建工作坚持以邓小平理论、“三个代表”重要思想、科学发展观为指导，深入学习贯彻习近平总书记系列重要讲话精神，学习贯彻党的十八大、十八届三中、四中、五中全会精神，在省委和省直工委的领导下，在各级文明委的指导下，紧紧围绕全省工作大局和结合省政协工作实际，以文明创建为抓手，以开展活动为载体，做了大量工作，取得了一些成效。现将情况总结如下：

一、以学习为抓手，促进机关文明素养的提高

省政协办公厅始终把抓好干部职工的学习作为文明创建工作的重要内容，通过健全学习制度，完善学习计划，丰富学习内容，努力改进学习方式，营造学习氛围，注重学习效果，极大地提高了机关干部职工的业务能力和文明素养。

1. 组织理论学习。及时组织传达学习党的十八届五中全会和习近平总书记系列重要讲话精神，组织学习习总书记在主持中共中央政治局就培育和弘扬社会主义核心价值观、弘扬中华传统美德进行集体学习时的重要讲话精神，使机关全体干部职工对社会主义核心价值观有了更深的理解。

2. 邀请专家作辅导讲座。2015 年 5 月 20 日下午，邀请了省政协委员、同济医院综合科主任张存泰教授作了心脑血管健康知识专题讲座，并就心脑血管方面的问题与机关干部职工进行了互动交流。2015 年 10 月 20 日下午，邀请了省委统战部常务副部长、湖北心理咨询师协会秘书长盛国玉同志为机关全体干部职工就公务员身心健康与心理调适作了专题辅导讲座，在如何保持积极健康的平和心态，自我调适的基本理念、基本原则和基本方法等四个方面对身心健康与心理调适做了深入而细致的专题辅导。大家认为，讲座既有理论高度，又有很强的现实针对性和指导性，是指导机关干部职工加强自我调节，开启心理健康之门的金钥匙。

3. 通过订阅各类书籍、报刊等学习资料，支持和鼓励干部职工进行自学。

4. 积极组织干部职工参加湖北干部在

线学习、周末大讲堂、干部大讲堂和省图书馆周末讲座等新的学习形式，激发大家的学习热情，进一步促进了文明素养的提高。

二、以活动为载体，积极引导人人参与文明创建的活跃氛围

1. “讲文明树新风”活动持续开展。按照省文明委、水果湖街要求，省政协机关积极组织开展了“讲文明树新风”活动，深入开展文明用语、文明交通、文明餐桌、网络文明等教育实践活动。围绕“我们的节日”主题，积极参与“重阳节·孝行荆楚”文化节活动，倡导孝老、爱老、助老、敬老的良好风尚。

2. 参观各类展览成效显著。9 月 10 日上午，机关组织部分党员干部到省博物馆参观了由省委宣传部、省文化厅等单位联合举办的“中流砥柱——湖北省纪念中国人民抗日战争暨世界反法西斯战争胜利 70 周年展览”。展览分共赴国难、全面抗战、战略相持、伟大胜利四个单元，参观结束后，机关干部纷纷表示，作为一个中国人、一名共产党员一定要牢记70年前那段辛酸史、血泪史、抗争史和奋斗史，勿忘国耻。要一心一意跟党走，更要珍惜今天来之不易的美好生活，立足岗位，恪尽职守，做好本职工作。11 月 6 日下午，省政协机关组织全体干部职工赴省档案局（馆）参观了“湖北省政协成立 65 周年图片展览”。在参观过程中，大家热情高涨，边观看、边思索。认为回顾历史，我们由衷感到欣慰和自豪；展望未来，人民政协事业前程似锦，大有可为。通过观看图片展览，进一步增强了政协机关干部职工的荣誉感和责任感，进一步增强了加快湖北“建成支点、走在前列”进程和推动我省人民政协事业发展的信心和决心。

3. 思想道德教育深入开展。组织参加第五届全国道德模范推荐评选和全省道德模范的评选表彰活动，继续开展“我推荐、我评议身边好人”活动，举办“道德讲堂”，引导干部职工树立正确的世界观、人生观、价值观。了解掌握干部职工的思想动态，及时反映他们的诉求，做好释疑解惑、理顺情绪、化解矛盾工作。大力弘扬以“八荣八耻”为主要内容的社会主义荣辱观，营造知荣辱、讲正气、促和谐的良好风尚，积极提升省政协机关整体文明形象。

4. 创建模范“家园”行动贵在坚持。开展创建国家卫生城市和环保模范城市，参加水果湖地区的环境美化活动，以主人翁的精神积极为文明街道、文明小区创建建言献策，按照水果湖街文明办划片分工，积极协助小区做好卫生清理工作，确保包片区域实现蓝天、碧水、宁静、洁净。

5. 全民阅读氛围浓厚。利用专栏、杂志、网站等多种形式广泛宣传，大力营造良好的阅读氛围。5 月 4 日，机关学习读书活动在 802 会议室拉开帷幕，机关 20 余位读书爱好者共聚一堂，畅谈读书体会。学习读书活动目的在于拓展机关学习读书方式，加强机关内部学习交流，在机关形成“读书好，好读书，读好书”的浓厚氛围，切实把“抓学习”落到实处。晏小平等 20 余位读书爱好者向大家推荐了自己喜爱的书籍，大家还就读书的意义是什么、现代社会的读书方式有哪些、如何选择书籍种类问题进行了热烈的讨论与交流，并互相交换了图书。

6. 各类文体活动丰富多彩。发挥好荣誉室、党员活动室、职工之家、老干部活动室、书画室和运动场所的作用，组织开展健康向上、形式多样、丰富多彩、有益身心健康的文化体育活动。为加强省政协机关文化建设，丰富干部职工业余生活，营造“和谐融洽、凝心聚力”的工作氛围，

举办了机关乒乓球、羽毛球比赛、八段锦工间操等活动，机关还派代表参加了省直机关干部职工羽毛球、乒乓球游泳等比赛活动。并取得了骄人的好成绩：省政协老干部合唱团获得省直机关合唱比赛“牡丹金奖”；李东同志取得50米蛙泳第三名、50米自由泳第八名的好成绩；机关健身气功八段锦表演队在省直机关第四届职工运动会上技惊四座，成为了一道靓丽的难忘的风景线，不仅为本届运动会开幕式增辉添彩，而且充分展示了省政协机关干部职工的精神风貌和全民健身的显著成效。

7.“六型”机关建设深入开展。按照《省政协机关学习贯彻落实习近平同志关于厉行勤俭节约反对铺张浪费重要指示精神的意见》要求，坚持以节约型机关为重点的“六型”（学习型、创新型、服务型、效能型、节约型、廉洁型）机关创建工作。

8. 送温暖献爱心行动工作实诚。在机关积极宣传“学习雷锋、奉献他人、提升自己”的志愿服务理念，广泛开展关爱他人、关爱社会、关爱自然“三关爱”志愿服务活动。

“吴天祥小组”每年多次慰问新建、滨湖社区困难户，及时把慰问金送到困难家庭手中。

9.精准扶贫、精准脱贫工作成效显著。今年以来，机关共投入扶贫项目5个、春节前扶贫慰问1次、扶贫捐赠活动1次，共投入资金480余万元。其中，年初对驻点村特困户节前慰问3万元，修建道路集中停车点、安全标示标牌、修缮危桥等基础设施投入15万元，升级村间连通道路30万元，向省直有关部门争取美丽乡村专项建设资金300万元，精准扶贫、精准脱贫帮扶资金20万元，省直新农村工作队帮扶专项资金10万元，省政协委员的教育帮扶捐赠108万元。

10. 精神文明创建在驻村深入开展。以提高农民素质、培育新型农民为根本任务，以建设美丽乡村为主题，在开展“三万”和新农村建设工作中，大力开展省政协机关驻点村的文明户、文明新村创建活动，推进农村精神文明创建工作的深入开展。

三、以措施促创建，保障文明创建工作卓有成效

1. 组织领导是保证。建立办公厅党组统一领导、机关文明办负责组织协调、机关各处室和全体干部职工积极参与的文明创建领导体制和工作机制，落实文明创建工作责任制，不断提高省政协机关精神文明创建工作的科学化、制度化、规范化水平。

2. 落实清单整改是举措。按照“年度水果湖示范区创建任务清单”，逐条对照检查，发现有不符合清单要求的地方，立即整改到位，同时完善相关机制，做到各项创建工作落到实处。

3. 激励机制是动力。抓好每月一次的文明卫生检查评比活动，对达标处室和示范处室通报表扬，并给予一定的奖励，以激发机关干部职工经常性地做好此项工作；制定出台“十好”文明处室创建标准，加强对机关各处室文明创建工作的检查评比工作，进一步营造浓厚地创建氛围，为机关文明建设作出积极贡献。

报刊社论

以民主聚共识　以团结增力量

——热烈祝贺省政协十一届三次会议开幕

（2015 年 1 月 26 日《湖北日报》社论）

在全省上下深入学习贯彻中共十八届三中、四中全会精神，深入学习贯彻习近平总书记系列重要讲话精神，全面深化改革、全面推进法治湖北建设，加快“建成支点、走在前列”进程的关键时刻，省政协十一届三次会议今天隆重开幕。我们对大会的召开表示热烈祝贺！

2014 年是全面深化改革元年，也是发展压力较大的一年。面对错综复杂的严峻形势和艰巨繁重的改革发展稳定任务，全省经济社会发展保持了“稳中有进、进中向好”的发展态势，延续了“高于全国、中部靠前”发展势头。来之不易的成绩，是党中央、国务院坚强领导的结果，是全省人民团结奋斗的结果，也凝聚着全省各级政协组织和政协委员们的智慧和汗水。一年来，政协湖北省第十一届委员会聚焦全面深化改革的重要问题参政议政，围绕省委、省政府重大决策部署和政策措施的贯彻落实建言献策，以改革思维、创新理念、务实举措推进履职能力现代化，一项项生动具体的实践清晰地表明，人民政协作用无可替代，人民政协工作大有可为，人民政协事业前景无比广阔。

展望前程，一项项重点领域的改革行动正在激荡荆楚，法治湖北建设开始全面推进，经济发展进入新常态呼唤更多担当、更大作为。在深水区狠抓改革攻坚，尤其需要人民政协团结各族各界人士支持改革、参与改革；法治建设要走在全国前列，尤其需要人民政协发挥优势发扬民主、加强监督；以“竞进”的姿态主动适应经济发展新常态，尤其需要人民政协瞄准转型发展多出实招、多谋良策。“在中国社会主义制度下，有事好商量，众人的事情由众人商量，找到全社会意愿和要求的最大公约数，是人民民主的真谛”。我们相信，700 多名政协委员积极建言，32 个界别齐心协力，就一定能巩固中国特色社会主义共同思想政治基础，调动一切可以调动的积极因素，团结一切可以团结的力量，为谱写中国梦的湖北篇凝聚充沛的正能量。

社会主义协商民主，是中国社会主义民主政治的特有形式和独特优势，是中国共产党的群众路线在政治领域的重要体现。人民政协已经走过 65 年的光辉历程，更好地促进团结、推进民主，实现国家富强、民族振兴、人民幸福，既是人民政协产生和发展的历史依据，更是人民政协事业继往开来的方向和使命。

我们的目标越伟大，我们的愿景越光明，我们的使命越艰巨，我们的责任越重大，就越需要广泛凝聚共识、不断增进团结。投身于湖北改革发展新的伟大实践，不断拓展协商民主的深度和广度，围绕推进改革发展的难点问题、国计民生的实际问题广泛协商，人民政协必将在全面建成小康社会、实现“建成支点、走在前列”目标的道路上再立新功！

预祝大会圆满成功！

驰而不息图竞进　真抓实干创未来

——热烈祝贺省十二届人大三次会议和省政协十一届三次会议胜利闭幕

（2015 年 2 月 2 日《湖北日报》社论）

民主、团结、务实、奋进，在全省人民的热切关注下，在全体与会代表委员的共同努力下，省十二届人大三次会议和省政协十一届三次会议完成各项议程。我们对大会的圆满成功表示热烈祝贺！

“湖北人民也是蛮拼的！”“成绩单底气十足、中气十足！”“逆势中奋进，不容易；困难中跨越，了不起！”政府工作报告中，“全省 GDP 增速全国第七、中部第一”，“市场主体突破 400 万，居全国第五、中部第一”，“农产品加工产值居全国第五”，“城乡常住居民人均可支配收入增速分别居全国第四位和第七位”……一项项喜人的数据，跳动着改革发展的强劲脉动，呈现出民生福祉的温暖分量，激励着每一位代表委员。

“我们要蹦起来干事、跳起来摘桃子。”“只有超前谋划，才能争取国家重大基础设施布局湖北。”“改革任务再难，也要推行下去！”……在清新简朴、务实高效的两会会场，谋发展、求发展的智慧和激情时时迸发，狠抓改革攻坚、加快转型升级的机遇意识和紧迫感处处体现。经济发展新常态的大背景之下，竞进提质、升级增效的目标更加明确，战胜困难、赢得主动的信心更加坚定。

“大厦之成，非一木之材也；大海之阔，非一流之归也。”两会就是凝聚共识、汇聚力量的民主政治平台。看准了目标，理清了思路，凝聚了共识，我们就能走得更快、更远、更好。2015 年，是全面深化改革的攻坚之年，全面推进依法治国、加强法治湖北建设的开局之年，全面完成“十二五”规划目标任务的收官之年。加快“五个湖北”建设，实现“建成支点、走在前列”的宏伟目标，全省上下、社会各方面心往一处想，劲往一处使，拿出众人拾柴的心劲，我们就能蓄积起改革创新的正能量，形成无坚不摧的强大合力。

道虽远不行不至，事虽难不为不成。新常态绝非一马平川，既要做大总量、又要提升质量，既要改造传统产业、又要发展新兴产业，等待观望等不来，坐而论道也论不来。

转型升级越是艰巨、越是紧迫，越需要滴水穿石、一抓到底的狠干实干；发展态势越是中流击水、不进则退，越需要有知难而上、力争上游的精神风貌。众多的发展机遇正向我们走来，巨大的发展潜力正在日益显现，强劲的发展气场正在持续发力，我们靠“竞进”的精气神赢得了良好态势，形成了人心思干、人心思进的浓厚氛围，也完全有基础、有条件、有能力实现新常态下更高质量的新发展。经济新常态下的非均衡性特征，需要我们坚持竞进提质不动摇；发展不够这一湖北的最大的实际，需要我们咬定有效增长目标不放松。依据新常态的规律、依据湖北的省情，我们提出了2015年全省GDP增长9%以上的新目标，拿出驰而不息的竞进姿态，拿出一往无前的拼劲闯劲，改革就能激流勇进，发展就能乘势而上。

新常态孕育新机遇，新机遇催生新发展，新发展需要新作为。两会再次敲响了昂扬向上的竞进鼓点。鼓足干劲再出发，只争朝夕抓落实，我们一定能加快“五个湖北”建设，实现“建成支点、走在前列”，在谱写中国梦的湖北篇的道路上，创造出无愧于时代、无愧于使命、无愧于人民的崭新业绩。

汇聚起共襄伟业的强大力量

——热烈祝贺省委政协工作会议召开

（2015年8月19日《湖北日报》社论）

“我们的目标越伟大，我们的愿景越光明，我们的使命越艰巨，我们的责任越重大，就越需要汇聚起全民族智慧和力量，就越需要广泛凝聚共识、不断增进团结。”在加快推进“五个湖北”建设和“建成支点、走在前列”进程的关键时期，省委政协工作会议召开，为做好新形势下我省政协工作，充分发挥人民政协作为协商民主重要渠道和专门协商机构作用指明了方向。

人民政协是我国社会主义民主政治的重要体现，是我国政治体制的重要组成部分。人民政协具有代表性强、联系面广、包容性大的特点，具有人才荟萃、智力密集、渠道畅通的优势，是实现国家富强、民族振兴、人民幸福的重要力量。做好人民政协工作，是开展具有许多新的历史特点的伟大斗争、实现中国梦的需要，是推进国家治理体系和治理能力现代化的需要，是协调推进“四个全面”战略布局的需要。

人民政协成立60多年来的辉煌历史表明，做好新形势下政协工作，根本前提是必须坚持党的领导，坚持共同思想政治基础，坚持人民政协性质定位，确保人民政协事业始终沿着正确方向前进。社会主义协商民主是中国社会主义民主政治的特有形式和独特优势，是中国共产党的群众路线在政治领域的重要体现。真正的民主、优质的民主靠制度保障。紧跟时代发展的需要，进一步完善省级层面协商民主制度和工作机制，着力拓展协商内容、完善协商形式、规范协商程序、健全协商机制，人民政协才能在推进社会主义协商民主建设中发挥更重要作用。

当前，经济社会发展机遇与挑战并存，调结构、转方式、惠民生、促发展的任务十分繁重。发展是解决湖北一切问题的关键，迫切需要充分发挥人民政协职能作用，围绕中心、服务大局，自觉为改革发展献计出力；党的十八届四中全会发出了全面依法治国的最强音，迫切需要人民政协围绕法治湖北建言献策，提出真知灼见；建设“五个湖北”是全省人民共同的事业，迫切需要发挥人民政协大团结、大联合的团结统战功能，汇聚起共同推进“五个湖北”建设的强大力量；提高政协协商能力和建言献策水平，迫切需要全省各级政协组织以改革创新精神推进政协履职能力现代化，提高政治把握能力、协商议政能力、自身建设能力、系统联动能力，不断提升政协履职实效，在“五个湖北”建设中争取更大作为。“大厦之成，非一木之材也；大海之阔，非一流之归也”。我们相信，不断健全社会主义协商民主制度，让社会主义民主充满生机活力，我们就能广泛凝聚全省各党派团体、各族各界人士的智慧和力量，为推进“四个全面”战略布局的湖北实施、谱写中华民族伟大复兴中国梦的湖北篇作出更大贡献。

大 事 记

1月

5日 省政协主席杨松在武汉主持召开省政协十一届十八次主席会议。会议审议通过省政协十一届八次常委会议议程（审议稿）、日程，关于召开省政协十一届三次会议的决定（审议稿），省政协十一届三次会议议程（审议稿）、日程（审议稿）、各次会议主持人建议名单（草案）、常委会工作报告（审议稿）及报告人建议名单（审议稿）、常委会关于十一届二次会议以来提案工作情况的报告（审议稿）及报告人建议名单（审议稿）、通过议案表决方式的决定（审议稿）、大会秘书长和副秘书长建议名单（审议稿）、列席人员范围（审议稿）、分组办法及召集人名单（审议稿）、省政协关于加强委员履职能力建设的若干规定（审议稿）。会议审议通过关于评选表彰省政协十一届二次会议以来优秀提案的建议方案、省政协关于表彰省政协十一届二次会议以来优秀提案的决定。常务副主席范兴元，副主席郑心穗、王振有、陈天会、刘善桥、肖旭明、吕忠梅、张柏青、郭跃进、田玉科，秘书长刘安民出席会议，省政协驻会副秘书长、专委会主任列席会议。

7日 省政协召开主席（扩大）会议，省长王国生就《政府工作报告（征求意见稿）》，专门听取省政协主席会议成员、住鄂全国政协委员代表、省政协专委会主任代表、省政协常委代表的意见和建议。省政协主席杨松主持会议。常务副主席范兴元，副主席郑心穗、王振有、陈天会、刘善桥、肖旭明、吕忠梅、张柏青、郭跃进、田玉科，住鄂全国政协委员茅永红、马敏、胡树华，省政协提案委员会主任毛凤藻、经济委员会主任路策、人口资源环境委员会主任邵汉生等参加。省政府秘书长王祥喜，省政协秘书长刘安民等出席会议。

8日 十一届省政协文史和学习委员会召开第三次全体会议，副主席王振有出席会议并讲话。会议总结委员会2014年工作，研究2015年工作要点。省政协副秘书长曾鑫主持会议并讲话，文史和学习委员会专职副主任林习珍作报告。文史和学习委员会副主任石山、曾成贵、王建刚、袁顺桃、陈锋出席会议。

同日 省政协副主席、省民革主委郑心穗带领由部分省政协委员和环保专家组成的调研组到武汉市调研我省餐厨垃圾处理情况。省政协人口资源环境委员会主任邵汉生、专职副主任杨水晶、省民革秘书长范道宠、省环境科学研究院副院长蔡俊雄、武汉大学环境学院副院长侯浩波等参加座谈会。

9日 省政协民族和宗教委员会召开委员会主任会议，主任余立国主持。专职副主任周瑞超就《省政协民族和宗教委员会2014年工作总结及2015年工作设想（讨论稿）》起草情况作说明。会议讨论通过《省政协民族和宗教委员会2014年工作总结及2015年工作设想（草案）》。委员会副主任柳望春、陈新、黄波、罗秉武、汪振仁、释隆醒等出席会议。

12日 省政协召开十一届三次会议筹备会，听取大会秘书处各组工作进展情况汇报，研究部署下一阶段的筹备工作。常务副主席范兴元出席会议并讲话，秘书长刘安民主持会议。

13日 省政协民族和宗教委员会主任余立国主持召开委员会全体会议。专职副主任周瑞超就《省政协民族和宗教委员会2014年工作总结及2015年工作设想（草案）》起草情况作说明。会议讨论通过《省政协民族和宗教委员会2014年工作总结及2015年工作设想》。委员会副主任柳望春、陈新、吴红娅、罗秉武、释隆醒，委员会委员李小国、钟珞、赛大富、王晓林、王献良、朱致国、李金林、崔庆琪、蔡松、谭必恩等出席会议。

14日 省政协副主席肖旭明到通城县调研县域经济发展情况，经济委员会专职副主任吴忠强参加调研。

15日 住鄂全国政协委员座谈会在武汉召开，协商讨论提交全国政协十二届三次会议的重点联名提案（草案），交流2014年履职情况，讨论通过2015年住鄂全国政协委员活动计划。住鄂全国政协委员活动召集人、省政协主席杨松发表讲话，常务副主席范兴元、副主席郭跃进出席座谈会，副主席田玉科主持座谈会。秘书长刘安民参加会议。

同日 省政协人口资源环境委员会召开全体委员会议，讨论通过委员会2014年度工作总结和2015年度工作计划、省政协十一届三次会议期间委员会的集体提案和大会发言。副主席郑心穗、王振有出席会议并讲话。委员会主任邵汉生主持会议，副主任阮继清、黄德华、薛彦卓、陈纯星、杨水晶等参加会议。

16日 省政协委员工作委员会召开全体委员会议，常务副主席范兴元出席会议并讲话。会议总结委员会2014年工作，研究2015年工作要点。委员会主任陈绪群主持会议，专职副主任王虹作汇报。副主任刘艳红、蔡藻鲜、李杰、李华，省政协常委毛凤藻、陈邦利、叶青、曾宪初、李坦、谢俊明，部分界别活动组长和委员参加会议。

20日 省政协十一届十九次主席会议在武昌召开。省政协主席杨松主持会议。会议通过《十一届省政协理论学习中心组2015年学习计划》，研究有关人事问题。常务副主席范兴元，副主席郑心穗、王振有、陈天会、刘善桥、肖旭明、张柏青、郭跃进，秘书长刘安民出席会议，省政协驻会副秘书长、专委会主任列席会议。

22日至23日 省政协十一届八次常委会议在武汉召开。省政协主席杨松主持会议开幕会并在闭幕会上讲话。副省长许克振在会上通报我省2014年经济工作情况。会议听取省政府副秘书长王顺华所作的关于《政府工作报告（征求意见稿）》起草情况的说明以及关于省政协十一届二次会议以来提案办理工作情况的通报。会议协商讨论《政府工作报告（征求意见稿）》。会议听取省政协各专门委员会工作报告，审议通过省政协十一届三次会议有关文件和人事事项。会议原则通过了《关于加强委员履职能力建设的意见（试行）》。常务副主席范兴元主持闭幕会。副主席郑心穗、王振有、陈天会、刘善桥、肖旭明、张柏青、郭跃进、田玉科，秘书长刘安民出席闭幕会。省政协副秘书长、各专委会负责人出席或列席会议。

26日 省政协第十一届委员会第三次会议在武汉开幕。省委书记、省人大常委会主任李鸿忠，省委副书记、省长王国生到会祝贺，并在主席台就座。省政协主席杨松，常务副主席范兴元，副主席郑心穗、王振有、陈天会、刘善桥、肖旭明、吕忠梅、张柏青、郭跃进、田玉科，秘书长刘安民在主席台前排就座。范兴元宣布大会开幕。李鸿忠代表中共湖北省委致辞，省政协主席杨松代表常务委员会向大会作工作报告，副主席张柏青受常务委员会委托，向大会报告了省政协十一届二次会议以来的提案工作情况。祝贺省政协十一届三次会议开幕并在主席台就座的有：王晓东、阮成发、侯长安、张岱梨、尹汉宁、傅德辉、黄楚平、王君正、冯晓林、李春明、田承忠、赵斌、周洪宇、王玲、王建鸣、郭生练、曹广晶、梁惠玲、曾欣、段轮一、陈守民、李静、敬大力、周旭光、吕能亚。全国政协社会和法制委员会副主任宋育英，历届正省级老领导王群、蒋祝平、王生铁，全国人大常委会委员苏晓云，省老领导李明波到会祝贺并在主席台就座。省十一届人大常委会副主任林志慧，十届省政协副主席李佑才、涂勇，郑楚光、周宜开、陈春林、仇小乐，武汉市政协主席吴超等在主席台就座。

同日 出席省政协十一届三次会议的委员们分组学习了省委书记李鸿忠的致辞，审议了省政协常委会工作报告及提案工作情况报告。

同日 省政协主席杨松在武汉会见了以全国政协委员韩红为团长的全国政协共青团、青联界别委员大学生创业调研团一行。全国政协委员严望佳、白松涛、王台明、林积灿、彭静会见时在座。副主席王振有，秘书长刘安民等参加会见。

27日 出席省政协十一届三次会议的省政协委员分组讨论《政府工作报告》。范兴元委员参加无党派人士组的讨论。王振有委员参加了民进组讨论。陈天会委员参加了特邀人士Ⅲ组的讨论。

28日 省政协主席杨松分别主持召开省政协主席会议、常委会议，审议《省政协第十一届委员会第三次会议关于省政协第十一届委员会常务委员会工作报告的决议》(审议稿)、《省政协第十一届委员会第三次会议政治决议》(审议稿)。常务副主席范兴元，副主席郑心穗、王振有、陈天会、刘善桥、肖旭明、吕忠梅、张柏青、郭跃进、田玉科，秘书长刘安民出席会议。

同日 省政协主席杨松参加省十二届人大三次会议黄冈代表团审议政府工作报告。

29日 省政协十一届三次会议举行第二次大会，占传忠、曾宪初、刘伟、陈连生、李德才、李燕萍、王立兵、万桃元、蔡俊雄、王树忠、吴红娅、江浩、张志等13名委员分别代表有关党派、人民团体、省政协专委会或委员个人进行大会发言。省委书记、省人大常委会主任李鸿忠出席会议并讲话，省政协主席杨松，常务副主席范兴元，副主席郑心穗、王振有、陈天会、刘善桥、肖旭明、吕忠梅、张柏青、郭跃进、田玉科，秘书长刘安民到会听取委员发言。会议由副主席郑心穗主持。

30日 省政协十一届三次会议举行第三次大会，黄惠宁、杜耘、钱忠东、李少平、罗鹰、李斐、朱才坤、叶泽林、徐礼华、李传德、林颖、冀群风、李亚隆等13名委员分别代表有关党派、人民团体、省政协专委会或委员个人进行大会发言。省委副书记、省长王国生出席会议并讲话，省政协主席杨松，副省长曹广晶，常务副主席范兴元，副主席郑心穗、王振有、陈天会、刘善桥、肖旭明、吕忠梅、张柏青、郭跃进、田玉科，省政府秘书长王祥喜，省政协秘书长刘安民到会听取委员发言。会议由副主席王振有主持。

同日 省政协主席杨松分别主持召开

主席会议、常委会议。审议通过《省政协第十一届委员会第三次会议关于省政协第十一届委员会常务委员会工作报告的决议》(审议稿)、《省政协第十一届委员会提案委员会关于省政协十一届三次会议提案审查情况的报告》(审议稿)、《省政协第十一届委员会第三次会议政治决议》(审议稿)。常务副主席范兴元，副主席郑心穗、王振有、陈天会、刘善桥、肖旭明、吕忠梅、张柏青、郭跃进、田玉科，秘书长刘安民出席出席会议。

同日 省领导及省直有关部门负责人，分别参加政协联组讨论，听取意见和建议。省委书记李鸿忠，省政协主席杨松，全国政协社会和法制委员会副主任宋育英，省领导傅德辉、曹广晶、郑心穗、肖旭明参加了第一联组讨论。省委副书记、省长王国生，省领导侯长安、梁惠玲、范兴元、王振有、吕忠梅参加了第二联组讨论。省委副书记张昌尔，省领导尹汉宁、甘荣坤、陈天会、张柏青参加第三联组讨论。省领导王晓东、张岱梨、刘善桥、郭跃进、田玉科参加第四联组讨论。

31日 省政协第十一届委员会第三次会议通过《省政协第十一届委员会第三次会议关于省政协第十一届委员会常务委员会工作报告的决议》、《省政协第十一届委员会提案委员会关于省政协十一届三次会议提案审查情况的报告》、《省政协第十一届委员会第三次会议政治决议》。

2月

1日 省政协十一届三次会议在武汉闭幕。中共湖北省委书记、省人大常委会主任李鸿忠，省委副书记、省长王国生，省委副书记张昌尔到会祝贺，并在主席台就座。省政协主席杨松，常务副主席范兴元，副主席郑心穗、王振有、陈天会、刘善桥、肖旭明、吕忠梅、张柏青、郭跃进、田玉科，秘书长刘安民在主席台前排就座。杨松主持闭幕会并讲话。闭幕会依次通过了关于十一届省政协常委会工作报告的决议、关于提案审查情况的报告和本次会议的政治决议。罗清泉、宋育英，王晓东、阮成发、侯长安、张岱梨、尹汉宁、傅德辉、黄楚平、王君正、冯晓林，苏晓云，李春明、田承忠、赵斌、周洪宇、王玲、王建鸣，郭生练、曹广晶、许克振、甘荣坤、曾欣、段轮一，陈守民，李静、敬大力，周旭光、吕能亚等领导同志到会祝贺并在主席台就座。到会祝贺并在主席台就座的还有：历届正省级老领导王群、王生铁，省老领导李明波，省十一届人大常委会副主任林志慧，十届省政协副主席李佑才、涂勇，周宜开、陈春林、仇小乐，武汉市政协主席吴超等。

4日 省政协两级理论学习中心组2015年第一次集中学习在武汉举行。省政协主席杨松主持会议，传达学习十八届中央纪委五次全会精神并讲话，集中学习党风廉政建设。副主席王振有、陈天会、肖旭明等6位同志作中心发言。常务副主席范兴元，副主席郑心穗、刘善桥、张柏青，秘书长刘安民等参加集中学习。

5日 省政协民族和宗教委员会专职副主任周瑞超应邀参加省民族和宗教委员会委员全体会议暨贯彻《宗教事务条例》10周年座谈会。

同日 省政协民族和宗教委员会主任余立国主持召开委员会主任会议。会议讨论通过《政协湖北省委员会民族和宗教委员会2015年工作要点》。委员会副主任陈新、吴红娅、汪振仁、专职副主任周瑞超出席会议。

5日至6日 省政协主席杨松走访省各民主党派以及省工商联，与民主党派、工商联机关干部座谈交流，共商发展之策。常务副主席范兴元陪同走访并主持座谈，秘书长刘安民以及省委统战部负责人陪同走访。省人大常委会副主任周洪宇，省政协副主席郑心穗、张柏青、郭跃进、田玉科，以及省台盟主委江利平、省工商联主席杨玉华等参加座谈。

7 日 吉林省湖北商会成立大会在长春市举行。省政协副主席陈天会、吉林省政协副主席支建华出席商会成立大会并为商会成立揭牌。省政协副秘书长胡礼鸣、省工商联主席杨玉华等出席了成立大会。

10 日 省政协社法委召开主任会议，讨论社法委 2015 年工作要点和计划安排，以及社法委2015年开展专题民主协商的选题。社法委主任尚武主持会议，副主任韦会林、孙永平、崔正军、祝新铭、陶慧芬、姚永宁出席了会议。

11 日 省政协主席杨松率队赴黄冈市黄州区，走访慰问基层困难群众。秘书长刘安民陪同看望慰问。

同日 省政协副主席肖旭明代表省政协走访慰问民族宗教界代表人士——省佛教协会常务副会长、武昌宝通寺方丈释隆醒，省佛教协会副会长、汉阳归元寺方丈释隆印，省道教协会会长、武昌长春观方丈吴诚真，省伊斯兰教协会会长赛大富。省政协副秘书长周向阳，民族和宗教委员会专职副主任周瑞超随同走访慰问。

12 日 省政协主席（扩大）会议在武汉召开，听取省政协 11 个调研组就我省部分市州政协协商民主制度建设调研情况的汇报。主席杨松主持会议并讲话。常务副主席范兴元，副主席郑心穗、王振有、陈天会、刘善桥、肖旭明、吕忠梅，秘书长刘安民出席会议。省政协副秘书长、各专委会负责人、省政协副厅级干部等列席会议。

13 日 省政协副主席王振有率队赴武汉市调研武汉抗战纪念馆筹建工作，并召开座谈会。武汉市政协主席吴超、副主席吴勇参加座谈及调研。省政协副秘书长、省九三学社副主委李坦，教科文卫体委员会主任鲍红志，文史和学习委员会副主任石山、袁顺桃，省政协委员严荣利、朱莎莉、胡应明、卢纲等参加调研，文史和学习委员会专职副主任林习珍主持座谈会。

同日 省政协民族和宗教委员会专职副主任周瑞超代表省政协走访慰问民族宗教界代表人士——省基督教三自爱国运动委员会主席、中南神学院院长汪振仁，省基督教协会会长朱致国，省天主教爱国会副主席崔庆琪。

15 日 省政协十一届二十次主席会议在武汉召开。省政协主席杨松主持会议。会议听取并通过省政协各专门委员会 2015 年工作要点。会议通过《湖北省政协十一届九次常委会议专题调研工作方案》以及省政协开展专项民主监督的两个工作方案。会议通过《2015 年度省政协委员视察工作计划》。常务副主席范兴元，副主席王振有、刘善桥、肖旭明、吕忠梅、张柏青、郭跃进、田玉科，秘书长刘安民出席会议。省政协驻会副秘书长，各专门委员会主任、驻会副主任列席会议。

同日 省政协民族和宗教委员会专职副主任周瑞超代表省政协赴黄梅走访慰问民族宗教界代表人士——中国佛教协会副会长、省佛教协会会长、黄石东方山弘化寺方丈、黄梅五祖寺方丈释正慈，省佛教协会副会长、黄梅妙乐寺方丈释妙乐。

19 日 省政协主席杨松看望武汉西藏中学师生并共庆新年。武汉市政协主席吴超，省政协秘书长刘安民，省教育厅、省民族和宗教委员会、省建藏援藏工作者协会等有关部门负责人参加了看望活动。

27日 省政协机关“三抓一促”活动动员大会在武汉召开。会议传达学习省委、省政府召开的省直机关“抓学习、抓作风、抓党建、促改革发展”活动动员大会精神，部署省政协机关“三抓一促”活动。常务副主席范兴元出席会议并作动员讲话。副秘书长杨明福主持会议并传达有关文件，副秘书长熊维明、胡礼鸣、黄立国、周向阳出席会议。

同日 省人大常委会、省政府、省政协联合召开2015年建议提案交办会，对省“两会”建议提案进行交办，并对办理工作进行动员部署。省委常委、常务副省长王晓东，省人大常委会党组书记、常务副主任李春明，省政协副主席陈天会出席会议并讲话。省政府秘书长王祥喜主持会议。省直136个部门和单位负责人到会。省政协提案委员会主任毛凤藻、专职副主任叶泽林参加会议。

28日 省三大重点工程指挥部第四次会议在武昌召开。省委常委、常务副省长王晓东主持会议并讲话。省人大常委会副主任王玲，省政协副主席陈天会，武汉市市长万勇出席会议。

3月

2日 省政协主席杨松率队实地考察北京紫光展讯科技有限公司、北京小米科技有限责任公司、百度公司、中关村国家自主创新示范区展示中心学习、了解中关村国家自主创新示范区创新发展经验与做法。省政协秘书长刘安民和武汉东湖高新区负责人等陪同调研。

同日 省委书记李鸿忠，省长王国生，省委副书记张昌尔等省领导到武汉市黄陂区武湖湿地公园，与省直机关干部、黄陂区干部群众一道义务植树。省政协常务副主席范兴元，副主席王振有、肖旭明，省政府秘书长王祥喜等一同参加植树活动。

4日 出席全国政协十二届三次会议的住鄂全国政协委员，分别在所在界别参加小组讨论，审议政协常委会工作报告和提案工作情况的报告。杨松、郭跃进等委员在小组讨论中发言。

同日 住鄂全国政协委员联名签署拟提交提案，吁请国家按照长江经济带发展战略要求，加强对湖北省长江经济带建设的支持力度。第一提案人杨松委员，以及张岱梨、郑心穗、郭跃进、田玉科、茅永红、赵晓勇、李长安、李仁真、黄利鸣、蒋惠园委员签名。

同日 省政协教科文卫体委员会召开了主任（扩大）会议。委员会主任鲍红志主持会议，副主任杜建国、吕值友、欧阳建平、徐菊明、罗五金、毛宗福，专职副主任王利，科技Ⅰ界别活动组组长阮继清，教育界别活动组组长陈绪群，专委会科技组组长吴志振参加了会议。

5日 省政协民族和宗教委员会主任余立国主持召开委员会主任办公会议，学习《关于加强人民政协协商民主制度建设的意见（征求意见稿）》，并结合湖北政协工作实际提出了若干修改意见。专职副主任周瑞超出席会议。

7日至8日 住鄂全国政协委员在所在界别参加小组讨论，就政府工作报告、计划报告和预算报告建言献策。

9日 省政协常务副主席范兴元率队赴湖南省政协学习考察协商民主制度建设和委派民主监督小组工作。湖南省政协副主席王晓琴、副秘书长许石林、社法委主任袁海平分别介绍了有关情况。省政协副秘书长黄立国，研究室副主任梅雪，社法委主任尚武、副主任祝新铭、专职副主任姚永宁参加学习考察。

9日至12日 省政协副主席王振有带

队赴四川调研抗日战争纪念设施建设的经验和做法。四川省政协副主席高烽、文史和学习委员会专职副主任钟钢陪同考察；湖北省政协副秘书长、省九三学社副主委李坦、省政协文艺和新闻出版界活动召集人、教科文卫体委员会主任鲍红志、文史和学习委员会副主任曾成贵、袁顺桃、林习珍、文史和学习委员会委员卢纲、武汉市文化局副局长张宏斌等参加调研。

10 日 省政协常务副主席范兴元主持召开省政协专题座谈会，就《关于加强人民政协协商民主制度建设的意见（征求意见稿）》听取省各民主党派专职副主委、省工商联常务副主席和省政协各专门委员会专职副主任的意见。省政协民族和宗教委员会专职副主任周瑞超出席座谈会并提出建议。

10日至11日 住鄂全国政协委员分别在所在界别小组，学习《中共中央关于加强社会主义协商民主建设的意见》，结合常委会工作报告讨论了政协工作和政协全国委员会 2015 年协商工作计划。

11 日 省政协副秘书长黄立国、社会和法制委员会主任尚武率队赴山东省青岛市政协、福建省政协和福州市政协专题学习考察立法协商。

11日至12日 省政协副主席陈天会率部分省政协委员赴孝感市和武汉市，就“十三五”期间推进我省军民融合产业发展开展专题调研。副秘书长胡礼鸣，提案委员会主任毛凤藻、副主任王建华、专职副主任叶泽林，省经信委总工程师陶红兵，省国防科工办副主任杨峰及部分省政协委员参加调研。

16 日 省政协调研组赴东湖高新国家自主示范区调研我省科技创新平台建设情况。省政协教科文卫体委员会主任鲍红志，副主任杜建国、吕值友、杜耘，专职副主任王利，省政协常委马骏，省政协委员林晓华，华中科技大学教授徐顽强等参加调研。

18 日 省政协两级理论学习中心组在武汉集中专题学习全国两会精神。主席杨松主持并讲话。副主席郑心穗、吕忠梅、张柏青、郭跃进、田玉科发言。常务副主席范兴元，副主席王振有、陈天会、肖旭明，秘书长刘安民等参加学习。

18 日至 20 日 省政协教科文卫体委员会调研组赴襄阳调研我省科技创新平台建设情况。省政协教科文卫体委员会主任鲍红志带队，副主任杜建国、吕值友、杜耘，专职副主任王利参加调研。

19 日 省政协在武汉召开在汉省政协委员学习报告会，主席杨松作学习传达全国“两会”精神报告。常务副主席范兴元主持报告会并讲话。副主席王振有、陈天会、肖旭明、田玉科，在汉省政协委员出席报告会。省政协机关干部职工、部分离退休老同志参加报告会。

20 日 省政协常务副主席范兴元出席全省政协研究室工作座谈会并讲话，与会人员对政协协商民主制度建设提出意见建议，以及对《关于加强人民政协协商民主制度建设（征求意见稿）》提出建议。副秘书长杨明福主持座谈会，研究室副主任梅雪出席座谈会。

22 日 省政协主席杨松在汉会见美国飞虎队历史委员会名誉主席方李邦琴女士一行。

23 日至 25 日 省政协副主席肖旭明率省政协经济委员会部分委员赴红安、大悟、广水等县市调研鄂豫边界地区经济社会发展情况。

23 日至 25 日 省政协社会和法制委员会调研组赴咸宁市调研我省“十三五”残疾人事业发展和残疾人权益保障。省政协社法委主任尚武、副主任祝新铭、陶慧芬、省残联副理事长熊新发等参加调研。

23 日至 27 日 省政协副主席陈天会带领省政协港澳台侨和外事委员会委员，就“大力发展乡村旅游，促进农民增收致富”主题，赴云南省考察学习。省政协副秘书长胡礼鸣，港澳台侨和外事委员会主任骆新华，副主任龚强华、邵元洲、张天弓，专职副主任朱清涛参加考察。

24 日至 26 日 省政协常务副主席范兴元率队赴宜昌长阳、五峰和宜都三县市，调研清江水环境污染防治及网箱养殖整治、农村面源污染治理和农村安全饮水情况以及五峰新县城建设情况。省政协委员工作委员会主任陈绪群、文史和学习委员会副主任袁顺桃等参加调研。

25 日至 26 日 省政协主席杨松在阳新县调研考察贫困地区同步奔小康工作、在黄石市调研考察循环经济及老工业基地产业转型升级工作。副秘书长周向阳，研究室副主任梅雪等陪同调研。

26 日至 28 日 全国政协人口资源环境委员会主任贾治邦率调研组来鄂，就“长江经济带开发中的湿地保护”问题进行专题调研。省政协主席杨松出席座谈会并发言。省政协副主席郑心穗、王振有，省政协秘书长刘安民，人口资源环境委员会主任邵汉生，副主任杨水晶及省直相关部门负责人等参加调研及座谈会。

30 日 省政协在武汉召开“推动武汉抗战纪念馆建设”界别协商座谈会，省政协文史委、省民革、省学三学社以及省政协文艺新闻出版界、社会科学界的部分省政协委员和专家学者参加协商。省政协主席杨松、副省长郭生练出席协商会并讲话。省政协副主席王振有主持会议。省政协副秘书长曾鑫，省委宣传部等省直单位以及武汉市相关单位负责人出席会议。

同日 省政协副主席、农工党湖北省委会主委吕忠梅在宜昌市主持召开“社会治理创新法治化”课题座谈会。省政协副秘书长、农工党省委会专职副主委曾宪初，中南财经政法大学方世荣，江汉大学赵立新，湖北经济学院嵇雷、崔凯等课题组专家出席座谈会。

30 日至 4 月 2 日 省政协社会和法制委员会调研组赴十堰市调研我省“十三五”残疾人事业发展和残疾人权益保障。省政协社法委主任尚武、副主任韦会林、陶慧芬、姚永宁，省残联副巡视员陈三定等参加调研。

31 日至 4 月 1 日 省政协主席杨松赴长江中游故道群湿地（公安崇湖国家湿地公园）、四湖流域（荆州长湖湿地、洪湖国际重要湿地）、武汉沉湖国际重要湿地考察，并召开座谈会。武汉市政协主席吴超参加调研，省政协秘书长刘安民参加调研、主持座谈会，荆州市、武汉市党政负责人以及省政协有关专委会、省直有关部门负责人陪同调研。

30 日至 4 月 2 日 省政协副主席田玉科率调研组赴广东省广州、深圳开展科技创新平台建设调研。省政协教科文卫体委员会主任鲍红志，副主任杜建国、吕值友、杜耘，专职副主任王利，华中科技大学教授徐顽强等参加调研。

4月

2 日至 3 日 省政协副主席王振有到联系点黄梅县就黄梅经济社会发展、县政协工作进行调研，并召开座谈会。省政协文史和学习委员会专职副主任林习珍陪同调研。

8 日 省政协肖旭明副主席应邀出席黄梅妙乐寺建寺20周年慈善公益捐赠大会并讲话。省政协副秘书长周向阳，民族和宗教委员会副主任柳望春，专职副主任周瑞超等出席大会。

同日 省政协提案委专职副主任叶泽林前往省社会主义学院，为2015年民主党派中青年骨干培训班学员就“政协提案与提案写作”进行专题讲座。

同日 省政协教科文卫体委员会组织省政协体育界别和文体组委员就“发挥体彩资金作用，促进公益性和群众性体育事业发展”专题赴荆州开展界别小组活动。教科文卫体委员会主任鲍红志，副主任杜建国、杜耘，专职副主任王利，省政协委员、体育界别活动小组组长林晓华，省政协委员、教科文卫体委员会文体组组长严荣利，省政协委员、荆州市新媒体发展中心主任丁勤等参加活动。

8日至9日 省政协常务副主席范兴元率调研组赴咸宁市嘉鱼、通城两县，调研农村面源污染治理和安全饮水情况以及通城经济社会发展情况。

8日至10日 省政协主席杨松在襄阳市调研当地经济社会发展情况。省委常委、襄阳市委书记王君正陪同调研。省政协秘书长刘安民，省政协有关专委会负责人陪同调研。

9日 湖北欧美同学会·湖北留学人员联合会第一届理事会第八次常务理事会议在武昌召开，省政协副主席、欧美同学会会长张柏青出席会议并作工作报告。

同日 省政协民族和宗教委员会主任余立国主持召开委员会主任办公会议。

10日至12日 全国政协社会和法制委员会副主任陈冀平率调研组在鄂调研人民法院改革试点工作。省政协主席杨松出席有关调研座谈会。全国政协社法委副主任宋育英，驻会副主任顾伯平，副主任朱孝清，全国政协常委苏士亮、李钺锋等参加调研。省政协副主席吕忠梅陪同调研、主持座谈会，省政协秘书长刘安民等参加座谈会。

13日至17日 省政协副主席郑心穗、王振有带领人口资源环境委员会的部分省政协常委和委员赴荆门、黄石、武汉三地进行实地调研考察全省污染防控工作。省直相关部门负责同志及有关环保专家陪同调研。

13日至19日 省政协民族和宗教委员会主任余立国带领委员会部分组成人员赴恩施土家族苗族自治州及恩施市、咸丰县、鹤峰县、宜昌市及五峰土家族自治县，就“十三五期间加快我省民族地区经济社会发展的对策建议”与“湖北武陵山民族地区生态环境保护工作”两个专题开展调研。委员会副主任陈新，委员会委员钟珞、段绪慧、赛大富、李凯等参加调研。

14日 省政协副主席陈天会在武汉会见了台湾电力工会理事长丁作一湖北参访团一行。省政协副秘书长胡礼鸣，省政协港澳台侨和外事委员会主任骆新华、专职副主任朱清涛，省台盟主委、省台联会长江利平，省台联副会长兼秘书长罗鹰参加会见。

同日 省政协副主席、武十高铁建设指挥部副指挥长陈天会到汉十铁路公司调研，听取武十高铁建设情况的汇报，并与省铁路办、省铁投集团公司、汉十铁路公司和铁四院等有关单位负责同志进行了交流座谈。省政协副秘书长胡礼鸣参加调研座谈。

15日至17日 全国政协常委、全国政协港澳台侨委员会副主任郑立中、刘凡及全国政协常委邵琪伟率调研组在鄂调研考察“台资企业在大陆转型升级中遇到的新问题”，并召开座谈会。省政协副主席陈天会主持专题座谈会。全国政协委员史茂林、黄紫玉、江利平等参加调研。湖北省暨武汉市有关部门负责人、在汉台资企业代表参加调研座谈会。

16 日至 17 日 省政协常务副主席范兴元率调研组赴荆州市江陵、监利两县，调研农村面源污染治理和安全饮水情况，并考察经济社会发展情况。省政协副秘书长杨明福、陈邦利和有关专门委员会负责人陈绪群、张忠宝、王虹等参加调研。

16 日至 23 日 省政协副主席吕忠梅率省政协妇联界别委员到赴黄石、黄冈、荆门、荆州、武汉市调研基层妇联组织建设情况。省政协社会和法制委员会副主任祝新铭，省妇联主席彭丽敏、武汉市政协常务副主席李传德，省政协妇联界别活动召集人、省妇联副主席吴红娅等参加调研。

18 日至 19 日 全国政协提案委员会副主任干以胜，新疆维吾尔自治区政协主席努尔兰·阿不都满金来鄂，就全国政协提案"关于推进鄂疆赛马赛事合作，促进马产业转型升级的建议"进行调研，并召开座谈会。省委书记李鸿忠、省长王国生会见了干以胜、努尔兰·阿不都满金等一行。省政协主席杨松陪同调研。省委常委、省纪委书记侯长安参加会见。省政协副主席陈天会陪同调研、主持座谈会。武汉市政协主席吴超，省政协秘书长刘安民等陪同调研。

18 日至 19 日 省政协经济委员会、省工商联等单位共同发起"相约荆楚地、共筑新常态——菁英企业家投资考察湖北行"活动。省政协副主席肖旭明出席有关活动并讲话。省政协副秘书长周向阳、经济委员会专职副主任吴忠强，省工商联主席杨玉华、副主席江浩，省台办副主任章良华，省商务厅副厅长袁亚杰等参加有关活动。

21 日 省政协十一届二十一次主席会议在武汉召开。会议听取近期省政协提案工作情况汇报，通过《省政协关于 2015 年度重点提案督办活动方案》，通过 2015 年度省政协主席、副主席督办的重点提案，决定对跨年度提案办理工作开展"回头问效"检查。会议审议 2015 年在我省召开的鄂豫皖三省政协主席联席会议主题；审议通过《关于调整农业界对口联系处室和明确小组负责人的通知》。会议审议《省政协十一届九次常委会议议程（审议稿）》和《省政协十一届九次常委会议日程》。省政协主席杨松主持会议。省政协常务副主席范兴元，副主席郑心穗、王振有、陈天会、吕忠梅、张柏青、郭跃进、田玉科，秘书长刘安民等出席会议。

22 日至 23 日 全省市州政协主席座谈会在武汉召开，深入学习贯彻中共中央和习近平总书记关于加强社会主义协商民主建设、推进人民政协事业发展的重大战略思想和战略部署，研究讨论加强人民政协协商民主制度建设问题。省政协主席杨松主持座谈会并讲话。省政协常务副主席范兴元，副主席郑心穗、王振有、陈天会、肖旭明、吕忠梅、张柏青、郭跃进、田玉科，武汉市政协主席吴超，省政协秘书长刘安民等参加会议。

24 日 省政协教科文卫体委员会组织召开省政协重点调研课题"长江中游城市群建设"子课题调研座谈会，座谈会由省政协副秘书长黄立国主持。省政协教科文卫体委员会专职副主任王利，武汉大学发展研究院院长李光，华中科技大学经济学院副院长张建华，华中师范大学校长助理杨光富，省发改委中部办调研员张清安，省社科院助理研究员周睿全及省政协教科文卫体委员会办公室工作人员参加会议。

27 日至 29 日 省政协常务副主席范兴元率调研组赴十堰市及房县、郧阳区调研经济社会发展和"三万"工作。省政协副秘书长黄立国、委员工作委员会负责人陈绪群、王虹等参加调研。

27 日至 30 日 省政协副主席王振有带领专题调研组，围绕"'十三五'期间大力传承和弘扬优秀荆楚文化的对策建议"在襄阳进行专题调研，并召开座谈会。省政协副秘书长曾鑫参加调研活动并主持座谈会，襄阳市政协主席万桃元陪同调研并出席座谈会。省政协文史和学习委员会副主任曾成贵、王建刚、黄运全、专职副主任林习珍，委员马大强、朱莎莉、王元山参加调研活动。

29 日 省政协副主席肖旭明主持召开专题会议，研究部署经济委员会、民族和宗教委员会第二季度工作安排。省政协副秘书长周向阳，经济委员会专职副主任吴忠强、民族和宗教委员会专职副主任周瑞超等参加会议。

5 月

4 日 省政协主席杨松调研武汉经济技术开发区（汉南）经济社会发展情况。省政协秘书长刘安民等陪同调研。

5 日 省政协主席杨松在武汉见来鄂参加第七届海峡两岸退役将军联谊活动的部分代表。省委常委、统战部部长梁惠玲，省政协副主席郑心穗等参加会见。省政协秘书长刘安民等参加会见。

同日 省政协十一届二十二次主席会议在武汉召开。省政协主席杨松主持会议。会议主要研究 5 月份省政协要做好的有关会议、调研、视察、考察以及配合全国政协来鄂调研等重点工作。常务副主席范兴元，副主席郑心穗、王振有、陈天会、肖旭明、张柏青、郭跃进、秘书长刘安民出席会议。

同日 省政协教科文卫体委员会调研组在武汉调研我省科技创新平台建设及相关产业发展情况。委员会主任鲍红志，副主任杜建国、吕值友、杜耘，专职副主任王利参加调研。

6 日 省政协民族和宗教委员会主任余立国主持召开委员会主任会议，审阅《关于加强人民政协协商民主制度建设的意见（代拟稿）》并提出修改意见和建议。委员会副主任柳望春、陈新、黄波、周瑞超等出席会议。

6 日至 7 日 省政协提案委员会组织部分省政协委员赴咸宁市调研政协提案办理协商工作。省政协常委、提案委员会副主任韩民春，省政协常委钟国伟、曹敬兰，省政协委员万晓红、乔冠芳、李刚等参加了调研。提案委员会专职副主任叶泽林主持座谈会。

6 日至 8 日、11 日至 14 日和 25 日 全国政协社会和法制委员会副主任、湖北省政协原主席宋育英同志率部分住鄂全国政协委员分别赴黄冈市及黄梅县，十堰市及郧西县、郧阳区，武汉市及汉阳区、汉江区调研《中华人民共和国道路交通安全法》贯彻实施情况。在鄂全国政协委员马力、蒋惠园，省政协副秘书长黄立国，社会和法制委员会主任尚武，副主任祝新铭、姚永宁，省政协委员欧阳云清等参加调研。

7 日 省人民政协工作机制创新专项领导小组召开会议，研究省人民政协工作机制创新若干问题。省政协常务副主席范兴元主持会议并讲话。

8 日至 10 日 省政协主席杨松调研神农架林区经济社会发展。省政协秘书长刘安民，副秘书长周向阳等陪同调研。

10 日至 16 日 省政协副主席陈天会率考察组就南水北调中线、东线工程开展对比调研，并赴天津、山东、江苏三省市实地考察。省政协副秘书长胡礼鸣、省政协提案委员会专职副主任叶泽林等参加了考察活动。

11日至13日 省政协副主席郑心穗率调研组赴咸宁、黄石、鄂州、武汉四市，对开展专项民主监督试点工作的具体内容、方法、措施等进行专题调研。省政协常委、人口资源环境委员会主任邵汉生，省政协常委、林业厅副厅长黄德华，省政协委员、人口资源环境委员会专职副主任杨水晶等参加调研活动。

11日至14日 省政协主席杨松率省政协常委视察团赴襄阳市、荆门市视察汉江中下游生态环境保护情况。副主席王振有参加视察，主持襄阳座谈会，受杨松委托率团视察荆门并讲话，秘书长刘安民参加视察和座谈会。副秘书长曾鑫，省政协常委叶青、刘泉声、杜耘、吴北平、吴朝安、段亚辉、徐菊明、梅香雪，省政协委员杨淳、蔡俊雄、许红洲、潘巧莲、朱才坤、杨希雄等参加视察。

12日至14日 省政协常务副主席范兴元率队赴黄冈市，调研农村面源污染治理和安全饮水情况，并考察经济社会发展情况。省政协副秘书长杨明福和有关专门委员会负责人陈绪群、王建华、袁顺桃、王虹等参加调研。

12日至15日 省政协民族和宗教委员会主任余立国带领委员会部分组成人员赴黄冈市及麻城市、蕲春县，就“依法管理宗教事务问题”开展专题调研。委员会副主任陈新、黄波、释隆醒、周瑞超，委员赛大富等参加调研。

13日 省政协教科文卫体委员会组织开展科技1界别委员活动，赴东湖高新未来科技城、烽火通信等地实地考察。科技1界别活动小组组长阮继清，省政协教科文卫体委员会专职副主任王利，省政协科技1界别委员孔君华、孙先明、李建成、李跃军、肖海荣、陈海斌等参加活动。

14日至15日 省政协农业界委员就“农业产业结构调整和相关产业发展”赴咸宁市嘉鱼县开展界别委员专题调研活动。省政协常委、经济委员会副主任、农业界别组长张忠宝，省政协常委、人口资源环境委员会副主任、省林业厅副厅长、农业界别副组长黄德华，农业界别委员余胜伟、李名家、张薇、张庆祝、顾枫、徐小建、廖伯寿等及中科院武汉植物园特邀专家参加调研活动。

15日至16日 省政协教科文卫体委员会组织医卫界别委员开展以“县级公立医院改革”为主题的界别活动，赴孝感市汉川市考察，并召开专题座谈会。教科文卫体委员会主任鲍红志参加活动并主持座谈会，医卫界别活动小组组长杨有旺，省政协教科文卫体委员会专职副主任王利，省政协医卫界别委员王华、龙兵、刘波、李跃念、余育才、陈志松、周福祥、彭绍蓉、喻锋等参加活动。

18日 省政协十一届二十三次主席会议在武汉召开。省政协主席杨松主持会议。会议审议有关人事事项，就加强人民政协协商民主制度建设进行讨论研究。常务副主席范兴元，副主席陈天会、肖旭明、张柏青、郭跃进，秘书长刘安民出席会议，省政协副秘书长、专委会负责人等列席会议。

19日至22日 省政协经济委员会主任路策率队赴河南、安徽两省考察，考察组在河南省南阳市、信阳市，就“推进鄂豫省际间边界地区的协作发展”听取两地的意见和建议。考察组还就第四次三省政协主席联席会议征求河南、安徽两省政协的意见建议。省政协经济委员会副主任张忠宝、专职副主任吴忠强等参加调研。

20日至21日 省政协副主席陈天会赴嘉鱼县就乡村旅游工作和县域经济发展

情况进行调研。副秘书长胡礼鸣、港澳台侨和外事委员会专职副主任朱清涛参加调研。

20 日至 22 日 省政协民族和宗教委员会副主任黄波在汉接待，来鄂考察“加快高新区科技创新平台建设、推动高新区产业集聚创新发展”工作情况的中国民主促进会第十三届中央委员会副主席、福建省政协副主席张帆一行。

21 日 省政协副主席陈天会率提案委员会、港澳台侨和外事委员会部分委员视察武汉中法生态示范城，并召开座谈会。武汉市政协副主席黄卫国，省政协副秘书长胡礼鸣，港澳台侨和外事委员会主任骆新华、副主任张建仁、邵元洲、专职副主任朱清涛，提案委员会专职副主任叶泽林等参加视察活动。

21 日至 22 日 省政协主席杨松赴宜昌市调研三峡综合交通体系规划及建设情况，并召开座谈会。省委常委、宜昌市委书记黄楚平陪同调研。省政协副主席王振有主持座谈会，秘书长刘安民等陪同调研。

21 日至 23 日 省政协副主席肖旭明率湖北代表团赴西安出席第十九届中国东西部合作与投资贸易洽谈会暨丝绸之路国际博览会开幕式，并考察陕西省湖北商会工作。省政协副秘书长周向阳、省发改委副主任陈吉学等陪同出席有关活动。

22 日 省政协副主席王振有赴宜昌出席《宜昌抗战史料汇编》出版座谈会。

23 日 省政协主席杨松在潜江市调研全面禁止露天焚烧农作物秸杆的情况。省政协秘书长刘安民等陪同调研。

23 日至 24 日 中国抗日战争史学会、省政协文史和学习委员会、宜昌市政协联合举办“抗日战争与中国社会”宜昌国际学术研讨会。省政协主席杨松出席开幕式并讲话。省委常委、宜昌市委书记黄楚平致辞。省政协副主席王振有主持开幕式。中国社科院学部委员、中国史学会会长张海鹏，中国抗日战争史学会会长步平出席并讲话。省政协文史和学习委员会副主任袁顺桃，文史和学习委员会部分委员和专家参加了此次纪念抗战系列活动。

26 日至 27 日 省政协十一届九次常委会议在武汉召开。省委副书记、省长王国生到会听取大会发言并讲话。省政协主席杨松主持开幕会并在闭幕会上讲话。省委常委、常务副省长王晓东在开幕会上通报“科学编制我省‘十三五’规划”的有关情况。国家发改委发展规划司司长徐林在会上作专题讲座。省政协常委王耀辉、巫军、陈林祥、路策、王应华、陈新、张华容、陈绪群、龙炳煌、叶青、杨玉华、江利平作大会发言。会议通过有关人事事项。省政协常务副主席范兴元，副主席郑心穗、王振有、陈天会、肖旭明、吕忠梅、张柏青、郭跃进、田玉科，秘书长刘安民出席会议。在汉全国政协委员、部分省政协委员、各市、州、县（市、区）政协负责人等列席或旁听会议。

28 日 省政协十一届二十四次主席会议在武汉召开。省政协主席杨松主持会议。会议听取省政协六月份重点工作的汇报，就加强研究和规范人民政协协商民主制度建设等问题进行讨论。省政协常务副主席范兴元，副主席王振有、陈天会、肖旭明、吕忠梅、张柏青、田玉科，秘书长刘安民出席会议，省政协副秘书长、专委会负责人等列席会议。

28 日至 29 日 全国政协常委、人口资源环境委员会副主任张基尧率全国政协调研组，就推进“十三五”经济社会与生态环境协调发展在鄂专题调研。省政协主席杨松，全国政协人口资源环境委员会委员王光谦、史玉波、姚中民、宋原生等参加调研、出席座谈会。副省长曹广晶以及省直暨武汉市有关部门负责人在座谈会上介绍相关情况。省政协副主席郑心穗陪同调研、主持座谈会。省政协副主席王振有，秘书长刘安民等出席座谈会。

29日 省政协在机关召开妇联界别协商座谈会，就“基层妇联组织发展环境”问题开展界别协商。省政协副主席吕忠梅出席座谈会并讲话。省妇联主席彭丽敏介绍了我省妇联组织有关工作情况，省政协委员吴红娅、赵晓晋、胡俊、姜青和、皮汉萍、谢文敏及华中师范大学教授刘筱红、省社科院马列所所长苏涛发言。省政协副秘书长杨明福主持座谈会，社会和法制委员会副主任崔正军、祝新铭出席座谈会。

同日 省政协副主席陈天会率提案委员会、港澳台侨和外事委员会部分委员到省南水北调管理局，调研南水北调中线工程通水后我省相关工作情况。省政协副秘书长胡礼鸣，全国政协委员、省政协常委、省台盟主委江利平，省政协提案委员会副主任王建华、巫军、叶泽林，港澳台侨和外事委员会主任骆新华，副主任阮英梓、龚强华、张建仁、邵元洲、朱清涛等参加调研活动。

29日 由省政协委员、湖北省阳光慈善物资中心理事长董玉霞发起和组织的“阳光慈善·关爱留守儿童教育——情系房县‘六一’行，援建‘爱心图书室’捐赠仪式”在房县举行。省政协社会和法制委员会专职副主任姚永宁出席捐赠活动。

6月

1日 省政协主席杨松到东湖高新区调研创新驱动发展战略实施情况。秘书长刘安民参加调研、主持座谈会。

1日至3日 全国政协教科文卫体委员会副主任马德秀率全国政协调研组，就促进高校办出特色和水平在鄂专题调研。省政协常务副主席范兴元、文史和学习委员会主任黄立国、教科文卫体委员会专职副主任王利等陪同调研。

1日至5日 省政协副主席王振有带领由人口资源环境委员会部分常委、委员和省直相关厅局负责人组成的调研组，赴十堰市、神农架林区对南水北调中线工程核心水源区生态环境保护进行民主监督前期调研工作。人口资源环境委员会主任邵汉生，副主任黄德华、杨水晶等参加调研活动。

2日至8日 以住鄂全国政协委员召集人、省政协主席杨松为团长的部分住鄂全国政协委员赴山东省考察循环经济发展情况。山东省委书记姜异康会见考察团一行。山东省政协主席刘伟，省委常委、青岛市委书记李群，副省长于晓明，省政协副主席许立全、济南市政协主席殷鲁谦、青岛市政协主席张少军等先后看望考察团一行并陪同考察和座谈。全国政协常委、省政协副主席郑心穗、田玉科，省政协秘书长刘安民，住鄂全国政协常委赵晓勇，住鄂全国政协委员石文先、马力、刘惠好、江利平、杨占秋、李长安、李仁真、黄利鸣、蒋惠园、舒心参加考察。省政协常委徐菊明，省政协委员许开华等应邀参加考察。

5日 省政协文史和学习委员会召开第九次主任会议，总结上半年工作，研究部署下半年重点工作。文史和学习委员会主任黄立国主持会议并讲话。专职副主任林习珍通报委员会今年1月以来的工作情况和下半年重点工作安排。各位副主任就做好下半年工作提出了意见和建议。委员会副主任石山、黄运全、曾成贵、王建刚、熊承家、蒋南平、袁顺桃出席会议。

7日至9日 中国政协文史馆副馆长王京平一行来鄂调研政协文史资料工作。省政协副主席王振有、副秘书长曾鑫、文史和学习委员会主任黄立国会见王京平一行。文史和学习委员会主任黄立国，副主任石山、袁顺桃、专职副主任林习珍参加座谈并发言。

8日 省政协副主席肖旭明带领经济委员会部分副主任赴长江证券公司调研。省政协副秘书长周向阳，经济委员会副主任张忠宝、余胜伟、左新亚、陈大林，专职副主任吴忠强等一起参加调研。

9日 全省政协文史工作暨《湖北文化史丛书》编撰工作座谈会在汉召开，省政协副主席王振有出席会议并讲话，省政协副秘书长曾鑫主持会议。省政协文史和学习委员会主任黄立国，副主任石山、曾成贵、王建刚、袁顺桃，专职副主任林习珍，全省各市、州、直管市、神农架林区政协分管文史工作的副主席、联系文史工作的副秘书长、文史委员会负责人、《湖北文化史丛书》编委会副主任陈昆满以及有关专家学者等出席会议。

10日 省政协在武汉召开界别协商座谈会，就“发展乡村旅游、促进农民增收致富”开展协商讨论。省政协主席杨松出席座谈会并讲话。副省长许克振出席座谈会并讲话。全国政协委员江利平，省政协常委罗鹰，省政协委员宋清龙、刘文华，湖北大学教授熊剑平，基层政协有关负责人庄辉俊、柳国庆、赵萍作协商发言。省政协副主席陈天会主持座谈会，副主席张柏青，秘书长刘安民，省政协有关专委会负责人等出席座谈会。

同日 省政协副主席肖旭明带领省政协经济委员会一行对湖北银行的业务发展情况开展专题调研。省政协副秘书长周向阳，经济委员会副主任张忠宝、余胜伟、左新亚，专职副主任吴忠强一起参加调研。

11日 省政协十一届二十五次主席会议在武汉召开。会议审议省政协十一届十次常委会议专题调研工作方案、省政协“推进湖北长江经济带开放开发”常委专题协商会工作方案。省政协主席杨松主持会议。省政协常务副主席范兴元，副主席郑心穗、王振有、陈天会、刘善桥、肖旭明、张柏青、郭跃进、田玉科，秘书长刘安民出席会议。省政协副秘书长、各专委会负责人等列席会议。

14日 乙未年世界华人炎帝故里寻根节暨拜谒炎帝神农大典在随州举行。全国政协副主席马飚，第十届全国人大常委会副委员长、中华炎黄文化研究会会长许嘉璐，中国国民党中央评议委员会主席团主席张荣恭，海峡两岸关系协会副会长孙亚夫，中国文联副主席、书记处书记杨承志，中华全国归国华侨联合会副主席康晓萍，中华炎黄文化研究会常务副会长兼秘书长张希清，世界中医药学会联合会会长佘靖，海峡两岸旅游交流协会秘书长刘克智等嘉宾出席大典。出席大典的省领导有省委书记、省人大常委会主任李鸿忠，省政协主席杨松，省委常委、省委秘书长傅德辉，省委常委、省委宣传部部长梁伟年，省人大常委会党组书记、常务副主任李春明，副省长甘荣坤，省政协副主席刘善桥。省老领导李明波、林志慧以及来自全球各地的华人华侨商会、社团组织、知名企业的嘉宾参加拜祖大典。

14日至18日 省政协副主席陈天会率提案委员会一行赴湖北十堰、陕西安康、汉中、西安等地，就汉江中上游水质保护和生态环境建设开展专题调研工作。省政协副秘书长胡礼鸣、十堰市政协主席陈家义等参加调研活动。

15日至19日 省政协开展关于取消民营企业投资项目核准前置条件政策贯彻落实情况专项民主监督。省政协副主席刘善桥率队赴省发改委专题听取省发改委、省编办关于取消民营企业投资项目核准前置条件政策贯彻落实情况的介绍并座谈。省政协与省工商联联合召开民营企业家座谈会，听取企业家的意见和建议。省政协分两个小组分别赴孝感、随州和鄂州、仙桃等地实地考察、走访民营企业。省政协副秘书长曾鑫，社会和法制委员会主任尚武，副主任袁松青、崔正军、祝新铭、黎虹、姚永宁，省政协委员梅建敏、万汉英、王佩、王友峰、王树忠，省政协律师顾问组律师汪少鹏、王均国等参加专项民主监督活动。

15日至19日 省政协副秘书长周向阳在汉接待来鄂考察"宗教文化旅游资源保护与开发工作情况"的江西省政协民族和宗教委员会副主任方娅、专职副主任陈淦彬一行。

19日 省政协文史和学习委员会副主任石山带队，在武汉市专题调研文庙保护与利用工作，并分别在武昌区、新洲区召开调研座谈会。委员会副主任石山主持座谈会并讲话。专职副主任林习珍发言，委员会副主任蒋南平、袁顺桃，省民进调研室主任张琼、省文物局文物处副处长汤强松、华中师范大学城市与环境科学学院博士张涛等参加调研。

22日至28日 应台湾海峡两岸文化经济交流协会的邀请，省政协副主席刘善桥一行赴台考察公共卫生事业发展情况。省政协文史和学习委员会主任黄立国、省委台办副主任涂阳斌等陪同考察。

24日 省政协主席杨松在武汉专题调研促进军民融合发展问题，并召开座谈会。秘书长刘安民，副秘书长胡礼鸣、提案委员会专职副主任叶泽林等出席座谈会。

同日 省三大重点工程指挥部召开第五次会议。省委常委、常务副省长王晓东出席会议并讲话，省人大常委会副主任王玲，副省长许克振，省政协副主席陈天会出席会议。

25日 黄冈市党政代表团一行专程到省政协，汇报该市贯彻落实国务院批复的《大别山革命老区振兴发展规划》情况。省政协主席杨松听取黄冈市委书记刘雪荣、市长陈安丽的情况汇报，常务副主席范兴元出席并主持汇报会，副主席陈天会、肖旭明出席汇报会并讲话。省政协秘书长刘安民，研究室副主任梅雪、提案委员会专职副主任叶泽林、经济委员会专职副主任吴忠强出席汇报会。

26日 省政协在武汉召开纪念建党94周年暨两级理论学习中心组大会，省政协主席杨松讲"三严三实"专题教育党课，省政协常务副主席范兴元主持大会并讲话。省政协副主席王振有、陈天会、肖旭明，秘书长刘安民作中心发言。民族和宗教委员会主任余立国等列席会议。

29日 省政协常务副主席、党组副书记范兴元赴武汉东湖高新技术开发区调研互联网与大数据运用情况。

29日至7月3日 省政协副主席王振有率领由人口资源环境委员会部分省政协常委和委员以及省直相关部门负责同志组成的视察团，先后到黄石市和十堰市，就"全省重大地质灾害防控工作"开展了委员专题视察。省政协人口资源委员会邵汉生主任等参加视察。

30日、7月7日至8日 省政协主席杨松分别到武汉市、襄阳市调研促进军民融合发展。省委常委、襄阳市委书记王君正陪同在襄阳的调研。省政协秘书长刘安民等陪同调研。

7月

1日 省政协十一届二十六次主席会议在武汉召开。省政协主席杨松主持会议。会议听取省政协七月份重点工作的汇报，对各项工作进行了安排部署。省政协常务副主席范兴元，副主席郑心穗、陈天会、肖旭明、张柏青、郭跃进、田玉科，秘书长刘安民出席会议，省政协副秘书长，研究室、专委会负责人等列席会议。

1日至2日 全省政协民族宗教工作研讨会在武汉召开。全国政协民族和宗教委员会主任朱维群应邀到会并作专题辅导报告。省政协主席杨松、副主席肖旭明、秘书长刘安民等与朱维群主任进行座谈。省政协副秘书长周向阳主持研讨会。省政协民族和宗教委员会主任余立国在会上作《关于全省政协民族宗教工作研讨会有关情况的说明》。全省各市、州、直管市、林区政协民族和宗教委员会负责同志就“依法管理宗教事务问题”进行大会交流。省政协办公厅巡视员周瑞超；省政协民族和宗教委员会副主任黄波、吴红娅、罗秉武、汪振仁、释隆醒等出席会议。

1日至9日 为做好省政协主席会议确定的重点课题——长江中游城市群协同发展的调研工作，省政协副主席刘善桥带领省政协教科文卫体委员会部分委员和部分市州政协主席赴河北、天津、北京考察京津冀协同发展情况，就长江中游城市群协同发展与京津冀协同发展进行比较调研。刘善桥副主席先后会见河北省政协副主席葛会波、天津市政协副主席田惠光，就长江中游城市群协同发展与京津冀协同发展的有关问题交流意见。省政协教科文卫体委员会专职副主任王利等参加调研考察活动。

3日 省政协文史和学习委员会主任黄立国率委员会委员围绕纪念中国人民抗日战争暨世界反法西斯战争胜利70周年，赴中山舰博物馆、湖北省博物馆开展专题“委员活动日”活动。省政协文史和学习委员会副主任石山、袁顺桃、彭明、专职副主任林习珍，部分文史委委员参加本次活动。

7日 省政协副主席陈天会带领部分省政协委员，视察湖北广播电视台改革发展情况和电视经济频道《提案追踪》栏目建设情况。省政协副秘书长胡礼鸣，提案委员会主任毛凤藻、副主任王建华、专职副主任叶泽及部分常委和委员参加视察活动。

8日 十堰市副市长、郧西县委书记刘学华带领郧西党政代表团赴省政协专题汇报争取“武西”（武汉至西安）铁路客专过境郧西等相关工作。省政协副主席、“武西”铁路客运专线建设指挥部副指挥长陈天会出席汇报会并讲话。省政协副秘书长胡礼鸣等出席座谈会。

8日至9日 全国政协常委、全国侨联副主席、浙江省政协副主席吴晶同志率港澳台侨和外事委员会调研组来我省就海外人才回国创业发展问题进行调研，并召开座谈会。省政协副主席郑心穗出席座谈会并讲话。港澳台侨和外事委员会主任骆新华、专职副主任朱清涛等参加了座谈。

14日 省政协副主席陈天会带领省政协部分港澳台侨和外事委员会委员赴阳新县，就促进台资企业转型发展和乡村旅游工作进行调研。港澳台侨和外事委员会主任骆新华，副主任阮英梓、张建仁、邵元洲、朱清涛等参加调研。

14日至16日 省政协常务副主席、党组副书记范兴元率省政协委员视察团，对恩施州清江水资源保护情况进行视察。省政协委员工作委员会主任陈绪群、副主任王虹参加视察。

14 日至 17 日 省政协副主席郑心穗率领由省政协人口资源环境委员会、省科技厅、省财政厅、省金融办和省民革相关负责同志组成的学习考察团专程赴深圳市，学习考察该市在科技金融创新工作方面的做法和经验。人口资源环境委员会主任邵汉生，副主任叶青、杨水晶等参加学习考察活动。

16 日至 17 日 省政协常委、社会和法制委员会副主任祝新铭，省政协委员、工会界活动小组召集人、省总工会副主席冀群风率省政协工会、社会福利和社会保障界委员赴黄石、鄂州两地开展界别活动，重点就《湖北省集体合同条例》、《湖北省女职工劳动保护规定》等劳动法律法规的实施情况进行视察调研。省政协社会和法制委员会专职副主任姚永宁，委员李香华、向娟芬、宋红、卓俊杰、盖卫星、石巧珍、贺方红、董玉霞，省总工会法律和集体合同工作部负责人等参加界别调研活动。

17 日 省政协召开2015年上半年经济形势分析座谈会。路策、毛凤藻、杨玉华、陈大林、赵晓晋、鄢烈文等省政协常委、委员发言。省政协主席杨松出席并讲话。省政协副主席肖旭明主持座谈会。省政协秘书长刘安民出席座谈会。

21 日至 22 日 由全国政协机关党组副书记、全国政协京昆室副主任仝广成带队的调研组赴湖北调研“充分发挥戏曲在培育和践行社会主义核心价值观中的重要作用”，并召开座谈会。省政协副主席田玉科参加并主持座谈会，省政协副秘书长曾鑫，省政协教科文卫体委员会专职副主任王利参加座谈并陪同调研。

21 日至 23 日 省政协主席杨松率考察团赴陕西考察军民融合发展和汉江生态经济带建设情况。陕西省政协主席马中平出席调研座谈会并讲话。陕西省政协副主席郑小明陪同调研并主持座谈会。陕西省政协秘书长姚增战陪同调研。省政协秘书长刘安民参加调研。

21 日至 25 日 省政协副主席刘善桥率委员视察团视察我省司法体制改革试点工作。省委常委、襄阳市委书记王君正看望视察团一行。省政协社会和法制委员会主任尚武，副主任崔正军、程颖、祝新铭、姚永宁，省政协常委赵晓晋，省政协委员梅建敏、张颖江、魏静、刘卫国、付群刚、李刚、宋玉、董玉霞、谢文敏、万桃元、金崇保，省政协律师顾问组成员王均国参加视察。

22 至 24 日 为做好省政协 2015 年重点提案《推进建筑产业现代化，建设绿色生态湖北》的相关督办工作，省政协副主席田玉科率调研组，赴辽宁省沈阳市学习考察该市在推进绿色建筑产业化方面的做法和经验。省政协教科文卫体委员会、省九三学社、省住建厅的相关工作人员参加了调研。

22 日至 25 日 以致公党中央副主席、中国侨联副主席李卓彬为团长，全国政协港澳台侨委员会副主任赵阳为副团长的全国政协侨联界委员考察团在我省武汉、宜昌、荆州、潜江等地，考察我省经济社会发展状况、归侨侨眷及侨务工作情况、长江经济带战略情况和利用海外联系促进经济社会发展情况，并在武汉召开座谈会。省政协副主席王振有主持座谈会。省政协港澳台侨和外事委员会主任骆新华、专职副主任朱清涛出席座谈会。

24 日 省政协主席杨松率队赴武汉格林美城市矿产循环经济产业园调研，并召开提案办理协商座谈会，协商办理省政协十一届三次会议重点提案《关于加快我省循环经济发展的建议》。武汉市政协主席吴超、省政协秘书长刘安民参加协商座谈会。

27 日至 31 日 省政协少数民族界和宗教界部分委员在界别召集活动人余立国、赛大富同志带领下，赴宜都市及潘家湾土家族乡、松滋市及卸甲坪土家族乡、钟祥市及九里回族乡、仙桃市及沔城回族镇，就“城乡少数民族散杂居和流动人员服务管理问题”开展界别调研。省政协民族和宗教委员会副主任黄波、释隆醒，少数民族界和宗教界委员刘文国、朱锦龙、李小国、李莉、李明华、陈晓玲、张廷瑜、赵久芹等参加调研。

28 日 省政协副主席刘善桥率省政协委员视察我省 2015 年高考招生录取现场。省政协委员工作委员会主任、教育界别委员活动小组组长陈绪群，省政协教科文卫体委员会副主任吕值友、罗五金、专职副主任王利，省政协常委陆培祥等参加视察。

29 日 省政协十一届二十七次主席会议在武汉召开。省政协主席杨松主持会议。会议审议省政协十一届十次常委会议议程（审议稿）、日程（草案）。会议研究部署省政协 8 月份重点工作。省政协常务副主席范兴元，副主席郑心穗、王振有、陈天会、刘善桥、肖旭明、张柏青、田玉科，秘书长刘安民出席会议。省政协驻会副秘书长、各专委会负责人、机关厅级干部列席会议。

30 日 全省政协加强委员履职能力建设座谈会在武汉召开，与会人员围绕《政协湖北省委员会关于加强委员履职能力建设的意见（试行）》，就加强委员履职能力建设和委员工作有关问题进行交流探讨。省政协常务副主席范兴元出席座谈会并讲话。

同日 省政协在武汉召开“推进县级公立医院改革”界别协商会。省政协主席杨松，副省长任振鹤出席并讲话。李跃念、陈立波、王文清、陈安民、吴志龙、徐光木、余育才等分别代表农工党界别、医卫界别或委员个人发言。省政协副主席刘善桥主持界别协商会，省政协副主席田玉科，秘书长刘安民等出席协商会。

31 日 省人民政协理论研究会五届三次会长会议在武昌举行。省政协常务副主席、省人民政协理论研究会会长范兴元，省政协秘书长、研究会副会长刘安民，研究会副会长王耀辉、刘光远、杨述明、黄利鸣、虞崇胜等出席。会议由省政协常务副主席、省人民政协理论研究会会长范兴元主持。省政协研究室副主任、理论研究会副秘书长梅雪同志报告了《省人民政协理论研究会 2015 年上半年工作总结和下半年重点工作安排》。

8 月

3 日至 6 日 全国政协教科文卫体委员会副主任黄洁夫率全国政协调研，就“仿制药的质量问题与对策”在我省专题调研。省政协副主席刘善桥、教科文卫体委员会主任鲍红志、专职副主任王利等陪同调研。

4 日至 6 日 安徽省政协副主席夏涛一行来鄂考察“民族地区经济社会发展中差别化扶持政策”等有关工作情况。省政协办公厅副巡视员张惠勋陪同考察。

4 日至 7 日 省政协主席杨松率省政协调研组赴枣阳、随县、曾都、安陆、云梦五县市区，就国务院批复的《大别山革命老区振兴发展规划》落实情况进行调研。省政协秘书长刘安民参加调研并主持相关座谈会。

4 日至 7 日 省政协人口资源环境委员会组织由部分委员、省直相关厅局负责人和专家组成的调研组，赴保康县对磷矿开发与楚文化遗址及水资源保护工作开展专题调研工作。省政协人口资源环境委员会专职副主任杨水晶等参加调研活动。

4日至12日 省政协副主席肖旭明率团赴内蒙古、黑龙江两省区就少数民族特色经济和少数民族文化保护与传承问题进行学习考察。省政协副秘书长周向阳，办公厅巡视员周瑞超，民族和宗教委员会副主任罗秉武，省政协常委赛大富等参加考察学习。

6日 全省政协港澳台侨和外事委员会工作座谈会在武汉召开。省政协副主席陈天会出席会议并讲话。港澳台侨和外事委员会主任骆新华主持会议。委员会副主任阮英梓、张建仁、邵元洲、张天弓、专职副主任朱清涛出席座谈会。

7日 省政协教科文卫体委员会组织召开“推进法治文化建设，提升全民法治信仰”调研座谈会。省政协教科文卫体委员会专职副主任王利主持会议，省政协教科文卫体委员会主任鲍红志，副主任杜建国、吕值友等参加会议。

7日至14日 省政协副主席、省综治委副主任刘善桥率团赴四川省、重庆市考察学习社会稳定风险评估工作。四川省政协副主席罗布江村，重庆市政协副主席彭永辉等参加有关活动；省政协社会和法制委员会主任尚武，副主任崔正军、祝新铭、姚永宁等参加考察学习。

10日 省政协召开界别协商座谈会，就“互联网金融发展”问题开展协商座谈。省政协主席杨松，副省长曹广晶出席会议并讲话。全国政协委员刘惠好，省政协委员梅建敏、李文华、陈潜锋、方黎，中南民族大学余序洲教授，企业家王灿分别代表所在界别发言。省政协常务副主席范兴元主持座谈会，副主席郭跃进讲话，秘书长刘安民等出席座谈会。

10日至15日 省政协副主席陈天会应邀率队赴香港、澳门出席座谈会、走访港澳委员。副秘书长胡礼鸣，港澳台侨和外事委员会主任骆新华、专职副主任朱清涛等参加走访。

10日至17日 省政协副主席王振有带领人口资源环境委员会部分常委、委员赴宁夏自治区和青海省，就生态省建设和生态环境保护工作进行专题学习考察。人口资源环境委员会主任邵汉生，副主任周歆昕、黄德华、杨水晶等参加学习考察活动。

11日 省政协副主席田玉科在中建武汉科技有限公司进行了实地调研并召开提案办理协商座谈会，督办重点提案《推进建筑产业化 建设绿色生态湖北》。省政协教科文卫体委员会专职副主任王利主持协商座谈会，省政协常委、九三学社省委会副主委焦跃华、张华容，九三学社省委会专职副主委应楚洲等参加督办活动。

11日至13日 省政协主席杨松赴豫鄂两省大别山区部分市县，开展鄂豫皖三省政协主席座谈会会前调研，考察大别山革命老区经济社会发展情况。河南省政协主席叶冬松参加在豫调研。河南省政协副主席邓永俭、秘书长郭俊民，省政协秘书长刘安民参加调研。

18日 省委政协工作会议在武汉召开。省委书记、省人大常委会主任李鸿忠，省委副书记、省长王国生，省委副书记张昌尔出席会议并讲话。省政协党组书记、省政协主席杨松就做好新形势下政协工作作具体部署。省委、省人大、省政府、省政协其他领导同志，省军区、省高级人民法院、省人民检察院、武警湖北省总队主要负责同志等出席会议。全省各市、州、直管市、神农架林区党委书记、政协主席、统战部长、联系政协工作的副市（州、区）长，各县（市、区）党委书记、政协主席，省直部门和单位、各人民团体主要负责同志，省各民主党派、省工商联负责同志和无党派代表人士等参加会议。

20 日至 21 日 辽宁省政协主席夏德仁率考察团在鄂调研湖北科学编制“十三五”规划情况和湖北政协为“十三五”规划建言献策情况。省委书记李鸿忠在武汉会见辽宁省政协考察团一行。省政协主席杨松出席调研座谈会并讲话。副主席肖旭明主持调研座谈会，陪同考察。省政协副秘书长周向阳，经济委员会专职副主任吴忠强陪同考察。

21 日至 24 日 省政协副主席刘善桥带队赴神农架林区专题调研法治文化建设情况。教科文卫体委员会副主任杜建国、吕值友，专职副主任王利等参加调研活动。

24 日至 27 日 省政协副主席肖旭明赴黄冈市大别山革命老区部分县，开展“大别山革命老区振兴发展”调研。省政协副秘书长周向阳，省政协经济委员会副主任张忠宝、余胜伟、陈吉学，专职副主任吴忠强参加调研。

25 日至 27 日 吉林省政协民族和宗教委员会专职副主任裴胜彬一行来鄂考察“科技体制改革、科技创新体系、科技成果转化、人力资源开发”等方面工作情况。省政协民族和宗教委员会主任余立国、省政协办公厅巡视员周瑞超等陪同考察。

25 日至 28 日 省政协副主席王振有率省政协社科界委员赴恩施州来凤、咸丰、利川等地调研基层司法系统完善执法程序、公正文明执法工作开展情况，并在恩施州召开座谈会。省政协社科界活动小组组长、提案委员会主任毛凤藻，文史和学习委员会副主任石山、专职副主任林习珍，省政协社科界委员王友峰、刘卫国、欧阳云清、谢文敏等参加调研。

28 日 省政协副主席张柏青率省政协重点提案督办活动调研组，就省致公党提交的省政协十一届三次会议重点提案《关于全面推进农村生活污水治理工作》，赴鄂州市实地调研。省政协提案委员会专职副主任叶泽林陪同调研并主持了座谈会。

29 日 省政协十一届二十八次主席会议在武汉召开。省政协主席杨松主持会议。会议听取并审议有关人事事项。会议审议通过省政协十一届十次常委会议议程（审议稿）、日程。会议研究部署省政协 9 月份重要工作安排。省政协常务副主席范兴元，副主席郑心穗、王振有、陈天会、刘善桥、肖旭明、张柏青、郭跃进、田玉科，秘书长刘安民出席会议。省政协副秘书长、专委会负责人列席会议。

30 日 省政协主席杨松专程赴武汉市新洲区视察问津书院。十届省政协副主席李宗柏陪同视察，省政协秘书长刘安民陪同视察并主持座谈会。

31 日至 9 月 1 日 省政协十一届十次常委会议在武汉召开，协商讨论全面推进依法治国建设法治湖北。省政协主席杨松主持常委会议并在闭幕会上讲话。省委副书记、政法委书记、法治湖北建设领导小组常务副组长张昌尔，省委常委、常务副省长王晓东出席常委会议，中国社会科学院法学研究所副所长莫纪宏作专题讲座。省政协常委尚武、占传忠、韩民春、杜耘、杨少杰、彭光华、周佳念、陈纯星、毛宗福、叶青、刘嗣元，省政协委员刘伟代表所在省级民主党派、工商联、省政协有关专委会或常委个人作大会发言。省政协常务副主席范兴元，副主席郑心穗、王振有、陈天会、刘善桥、肖旭明、张柏青、郭跃进、田玉科，武汉市政协主席吴超，省政协秘书长刘安民出席会议。

同日 湖北省政协副主席、民革湖北省委会主委郑心穗，民革湖北省委会专职副主委陈邦利一行去医院探望抗战将领遗属蔡绍芝，为其颁发“中国人民抗日战争胜利70周年”纪念章。

9月

7日至8日 省政协副主席、省汉十高铁指挥部副指挥长陈天会检查汉十高铁随州段、襄阳段进展情况。

7日至10日 为深入做好南水北调核心水源区水质和环梁子湖生态环境保护专项民主监督工作，省政协副主席郑心穗率由省政协人口资源环境委员会相关常委、委员和省住建厅、省环保厅相关负责同志组成的学习考察团专程赴浙江省，学习考察该省在开展污水处理专项监督方面的做法和经验。人口资源环境委员会主任邵汉生，副主任周歆昕、杨水晶等参加了学习考察活动。

8日至9日 省政协副主席刘善桥在洪湖市进行实地调研并召开提案办理协商座谈会，督办重点提案《加强长江中游故道群湿地保护与管理》。省政协教科文卫体委员会专职副主任王利主持协商座谈会。省政协教科文卫体委员会副主任、省科技厅副厅长、杜耘参加座谈会。

9日至12日 全国政协外事委员会副主任王国庆率全国政协调研组来鄂，就提升长江经济带开放型经济水平等进行考察。省政协副主席陈天会主持座谈会。

11日 省政协文史和学习委员会主任黄立国率队赴武汉市就网络专车平台企业价格行为的监管问题调研并召开座谈会，为《湖北省价格条例（草案）》立法协商，提供参考和借鉴。省政协文史和学习委员会副主任黄运全、袁顺桃，专职副主任林习珍和部分委员参加座谈。

14日 省政协“城乡少数民族散杂居和流动人员服务管理”界别协商座谈会在武汉召开。副省长郭生练出席协商会并讲话，省政协副主席肖旭明主持协商会。省政协常委余立国、赛大富，省政协委员吕春建、向斌、马平佺、李莉、王献良在协商座谈会上发言。省政协副秘书长周向阳，办公厅巡视员周瑞超，研究室副主任梅雪，民族和宗教委员会副主任陈新、黄波、吴红娅、隆醒等出席协商会。

15日 住十堰市省政协委员召集人、十堰市政协主席陈家义率住十堰省政协委员视察团深入丹江口市、郧阳区，视察环库生态旅游公路建设工作。省政协委员、市政协副主席黄剑云、朱仕雄、刘运梅等参加视察。

同日 省政府副省长许克振在省交通运输厅召开重点提案办理工作座谈会，领办《对如何发挥交通物流在发展湖北现代物流业的引领作用建议》重点提案。省政协副秘书长、民建湖北省委专职副主委李玲玲，省政协常委、提案委员会副主任、湖北能源集团副董事长、党委副书记巫军分别代表提案单位和省政协提案委员会对提案办理工作发表意见。

16日至17日 省政协副主席肖旭明带领省政协农业界委员到孝感孝昌县、孝南区和汉川市，视察了解我省“绿满荆楚行动”实施以来湖北林业、苗木花卉产业发展以及科技创新促进林业产业转型升级情况。省政协副秘书长周向阳，省政协经济委副主任张忠宝、余胜伟、左新亚，省政协常委、省林业厅副厅长黄德华，省政协经济委专职副主任吴忠强等参加了视察活动。

17日至20日 省政协副主席陈天会率港澳委员考察团赴宁夏回族自治区就当地经济社会发展情况及民族特色产业方面的经验进行考察学习。省政协副秘书长胡礼鸣，省政协常委梁亮胜、谢俊明、熊汉生，省政协港澳台侨和外事委员会专职副主任朱清涛等参加学习考察。

18 日 省政协常务副主席范兴元率队到省水利厅，督办省政协十一届三次会议重点提案《关于进一步解决湖北农村饮水安全问题的建议》。省政协副秘书长杨明福主持督办会并参加督办活动，省政协委员工作委员会主任陈绪群，省政协副秘书长、省民革专职副主委陈邦利，省政协提案委员会专职副主任叶泽林，省政协委员工作委员会专职副主任王虹等参加督办活动。

21 日至 24 日 由全国政协人口资源环境委员会副主任徐德明、庄国荣为组长、副组长的全国政协人资环委调研组一行，在鄂就“国家地理信息公共服务平台‘天地图’应用与发展”专题进行调研。省政协副主席郑心穗主持会议。人口资源环境委员会主任邵汉生、专职副主任杨水晶等参加调研活动。

22 日 省政协在武汉举办各界人士中秋戏曲晚会。省政协主席杨松，全国政协社会和法制委员会副主任宋育英，正省级老领导王生铁，省政协常务副主席范兴元，副主席郑心穗、王振有、陈天会、肖旭明，省高级人民法院院长李静，省政协秘书长刘安民出席并观看。范兴元主持晚会开幕式。省政协老领导李佑才、陶醒世、胡永继、陈春林、武清海、仇小乐、涂勇出席并观看。全国政协委员、著名京剧表演艺术家朱世慧主持晚会。部分住鄂全国政协委员、在汉省政协委员；省直有关部门，省级各民主党派、省工商联、省主要人民团体，部分在汉高校和大型国有企业、金融单位负责人；省政协离退休老领导、老委员、老同志，省政协和省级各民主党派、省工商联机关干部职工等观看演出。

24 日 省政协港澳委员中秋茶话会在广东珠海召开。省政协副主席陈天会，省政协副秘书长胡礼鸣，省政协常委马有恒、梁亮胜、熊汉生，省政协港澳台侨和外事委员会主任、副主任，湖北省政协港澳委员等出席。

25 日 副省长郭生练在省文化厅召开提案办理工作座谈会，领办省政协重点提案《促进文化与科技融合着力打造武汉·中国创意之城》。省政协常委、提案委员会副主任巫军，教科文卫体委员会专职副主任王利出席座谈会。

29 日 湖北武陵山试验区政协主席座谈会在长阳县召开。省政协主席杨松讲话，省政协副主席肖旭明带队考察长阳县经济社会发展，主持座谈会。省政协副秘书长周向阳等出席座谈会。

10月

8 日 省政协十一届二十九次主席会议在武汉召开，研究部署 10 月份重要工作安排。省政协主席杨松主持会议。省政协常务副主席范兴元，副主席郑心穗、王振有、陈天会、肖旭明、郭跃进、田玉科，秘书长刘安民出席会议。

9 日 省政协《湖北省价格条例》常委专题协商会在武汉召开。省人大有关领导，省政府法制办、省物价局负责人到会听取了意见。省政协主席杨松听取协商发言后讲话。省政协副主席刘善桥主持协商会，秘书长刘安民等出席协商会。

同日 全国副省级城市“协商民主建设与人民政协理论”研讨会在武汉召开。十一届全国政协副主席郑万通出席会议，省委常委、武汉市委书记阮成发致辞，省政协常务副主席范兴元出席，武汉市政协主席吴超发言。

12 日 省政协副主席、民建省委会主委、省科技厅厅长郭跃进到咸宁市崇阳县港口乡油榨村考察调研。

13 日至 15 日 省政协副主席郑心穗率由省科技厅、省财政厅、省金融办、中国人民银行武汉分行和省民革负责同志组成的调研组，专程赴武汉、天门、孝感三市，开展省政协重点提案《深化科技金融创新，加快创新湖北建设》的督办调研活动。省政协人口资源环境委员会邵汉生主任，民革省委会相关提案人参加此次督办。

15日 省政协在武汉召开界别协商座谈会，由无党派、农业、特邀Ⅰ界别与省直有关部门开展协商座谈，为“加快国有林场改革，推进国有林场转型发展”建言献策。省政协委员李名家、蒋雅静、吕春建，市县政协负责人卢富昌、曾玉平、万亚平、熊登赞、文牧，基层林业部门代表韩德焱、陈木林分别发言。副省长任振鹤讲话。省政协副主席陈天会主持协商会。省政协副秘书长胡礼鸣、提案委员会专职副主任叶泽林参加会议。

同日 省长王国生召开省政协十一届三次会议重点提案《加强养老服务业标准化建设》办理工作座谈会。省政协常务副主席范兴元出席座谈会并讲话。省政府秘书长王祥喜主持座谈会，省政协提案委员会主任毛凤藻出席会议。

15日至19日 由省政协常委谢俊明率领的香港湖北联谊会“湖北故乡行”参访团一行赴鄂考察访问。省政协副主席陈天会会见参访团一行。省政协副秘书长胡礼鸣、港澳台侨和外事委员会主任骆新华、专职副主任朱清涛参加会见。

19日至21日 省政协常务副主席范兴元率队赴宜昌远安县、当阳市，就精准扶贫、政协工作和经济社会发展情况进行调研。省政协副秘书长杨明福、委员工作委员会副主任王虹、办公厅副巡视员董家裕等参加调研。

19日至21日 省政协副主席陈天会率队赴荆州市松滋、公安、石首、监利、洪湖等地就各地学习贯彻省委政协工作会议精神和新形势下如何做好政协工作进行专题调研。省政协副秘书长胡礼鸣参加调研。

19日至23日 省政协副主席王振有率领由人资环委、教科文卫体委部分委员以及专家学者组成的调研组专程赴十堰市，就我省秦巴山区生物多样性优先保护工作，开展省政协重点提案督办活动。省政协人口资源环境委员会邵汉生主任、副主任黄德华，专职副主任王利等相关人员参加此次督办活动。

20日 省政协重点提案《大力发展“新三板”业务，促进湖北省产业结构调整》办理工作座谈会在汉召开，副省长曹广晶出席会议并讲话，对提案落实情况进行部署。省政协提案委员会专职副主任叶泽林出席会议。

20日至21日 省政协文史和学习委员会、省区域历史文化研究中心联合组织相关领导和专家，围绕中心委托各基地研究的“2014年湖北省社科基金重点项目--荆楚文化传统与当代湖北伦理秩序建设”开展中期考核。省政协文史和学习委员会主任黄立国，副主任石山、蒋南平，专职副主任林习珍等参加考核。

20日至26日 应埃及埃中商务理事会、伊朗东阿塞拜疆省邀请，省政协主席杨松率领省经济友好代表团访问埃及、伊朗两国。省政协秘书长刘安民陪同出访。

21日 省政府组织召开重点提案《打击建筑工程恶势力，推动平安和谐湖北建设》办理工作座谈会。副省长、省公安厅厅长曾欣出席并讲话。座谈会由省政府副秘书长聂天元主持，省政协提案委员会专职副主任叶泽林出席会议。

22日至23日 省政协副主席刘善桥、田玉科率省政协委员视察团，就“推进学前教育改革发展”赴咸宁视察。省政协副秘书长姚永宁，教科文卫体委员会主任鲍红志，委员工作委员会主任、教育界别活动小组组长陈绪群，教科文卫体委员会副主任罗五金，省政协常委解飞厚，委员严超贤等参加视察，省委高校工委副书记余学敏陪同参加视察活动。

22日至24日 受省政府委托，省政协常务副主席范兴元率湖北代表团赴内蒙古自治区呼和浩特市，参加首届中国—蒙古国博览会暨第九届中国民族商品交易会。省政协副秘书长杨明福等参加博览会。

25至26日 省政协副主席王振有到恩施州咸丰县调研精准扶贫工作。省政协副秘书长曾鑫主持座谈会。省政协文史和学习委员会主任黄立国、专职副主任林习珍、人口资源环境委员会专职副主任杨水晶参加调研。

27日 全省政协教科文卫体委员会工作座谈会在宜昌召开，省政协副主席刘善桥出席会议并讲话。省政协教科文卫体委员会主任鲍红志作工作报告。省政协教科文卫体委员会副主任杜建国主持会议，省政协副秘书长姚永宁，省政协教科文卫体委员会副主任贺方红、吕值友、欧阳建平、杜耘、罗五金、毛宗福，专职副主任王利等参加会议。

27日至28日 省政协副主席肖旭明到通城调研精准扶贫工作。省政协副秘书长周向阳，省政协经济委员会副主任张忠宝、专职副主任吴忠强等参加调研。

28日 省人民政协理论研究会在武汉召开研讨会。省政协常务副主席、省人民政协理论研究会会长范兴元出席会议并讲话。省政协副秘书长杨明福主持研讨会。

28日至29日 为推动省政协十一届三次会议提案《关于加大我省古民居村落保护与利用，发展生态文化旅游业的建议》的落实，省政协副主席陈天会率省政协教科文卫体委员会、省政协港澳台侨和外事委员会部分委员赴咸宁通山调研了解当地古民居保护与利用的情况。省政协副秘书长胡礼鸣，港澳台侨和外事委员会主任骆新华、专职副主任朱清涛，教科文卫体委员会副主任吕值友等参加。

11月

2日 省政协十一届三十次主席会议在武汉召开，研究部署11月份重点工作。省政协主席杨松主持会议。省政协常务副主席范兴元，副主席郑心穗、陈天会、刘善桥、肖旭明、郭跃进、田玉科，省政协秘书长刘安民，副秘书长杨明福、胡礼鸣、周向阳、曾鑫、姚永宁，省纪委派驻纪检组组长张雪，省政协办公厅副主任梁细林、研究室副主任梅雪以及省政协各专门委员会负责人等出席会议。

3日 省政协在武汉召开常委专题协商会，协商推进长江经济带开放开发。省政协主席杨松出席会议并讲话。副省长许克振介绍我省长江经济带开放开发的有关情况，省政协副主席肖旭明主持会议。省政协常委路策、叶青、张天弓、杜耘、张忠宝，省政协委员李亚隆，以及武汉市政协丁顺清、长江水利委员会管光明作大会发言。省政协秘书长刘安民，副秘书长周向阳等出席会议。

4日 省政协两级党组专题传达学习党的十八届五中全会精神。省政协主席杨松主持传达学习并讲话。省政协常务副主席范兴元、副主席王振有传达十八届五中全会有关精神，副主席肖旭明，十届省政协常务副主席李佑才，秘书长刘安民，机关厅级干部参加传达学习。

同日 省政协副主席、省645长江深水航道整治工程指挥部副指挥长刘善桥主持召开会议，听取指挥部办公室关于645

工程进展情况的汇报，研究推进 645 工程的工作措施。

4 日至 6 日 广西壮族自治区政协副主席高枫率队赴鄂学习考察“加强城乡出版物发行网点建设，推进全民阅读活动深入开展”情况。省政协副主席王振有会见了考察组一行。省政协文史和学习委员会组织相关单位召开座谈会。文史和学习委员会主任黄立国、专职副主任林习珍等参加有关活动。

5 日 省政协常务副主席、党组副书记范兴元率无党派界别等部分省政协委员，考察武汉市汉口北国家级示范基地、硚口区国家级示范基地和九州通医药集团公司的电子商务发展情况。省政协副秘书长杨明福，委员工作委员会主任陈绪群、专职副主任王虹参加调研。

同日 省委常委、常务副省长王晓东主持召开省重点提案办理工作座谈会，督办落实省民盟关于加快武汉长江中游航运中心建设提案的办理工作。省政协提案委主任毛凤藻等参加。

9 日 副省长甘荣坤召开省重点提案《关于适应旅游市场新常态打造灵秀新湖北的建议》办理工作座谈会。省政协常委，提案委员会副主任韩民春参加了座谈会。

10 日 省政协副主席陈天会率省政协提案委委员在武汉召开提案办理工作汇报会，对承办单位 2013 年、2014 年未办结提案进行回头问效督办检查，并了解今年的提案办理工作情况，推动提案的办理落实。省政协副秘书长胡礼鸣出席会议，提案委员会主任毛凤藻主持会议。

同日 省政协民族和宗教委员会主任余立国带领无党派、少数民族、宗教三个界别的部分委员组成的省政协委员视察团到省民族宗教事务委员会，就“我省城市民族工作情况”开展视察。无党派界别委员钟珞、少数民族界别委员李莉、李明华、宗教界别委员赛大富等参加视察活动。

11 日 省政协副主席陈天会督办省政协十一届三次会议《关于加大我省古民居村落保护与利用发展生态文化旅游业的建议》重点提案。省政协港澳台侨和外事委员会主任骆新华主持会议，教科文卫体委员会副主任吕值友，港澳台侨和外事委员会专职副主任朱清涛参加座谈会。

同日 省政协副主席、九三学社湖北省委员会主任委员田玉科率队到来凤县，开展精准扶贫工作。省政协民族和宗教委员会主任余立国、省九三学社专职副主委应楚洲等陪同走访。

12 日 省政协主席杨松视察“中国光谷”国际光电子博览会暨产学研洽谈会。省政协副主席郭跃进，办公厅副主任梁细林等陪同视察。

12 日至 13 日 湘鄂黔渝边区政协工作联系会第 33 次会议在来凤县召开。省政协副主席田玉科出席大会第一次会议并讲话。省政协民族和宗教委员会主任余立国一同出席会议。

12 日至 13 日 省政协副主席王振有率队赴红安县天台寺视察禅宗音乐文化发展情况。省政协副秘书长曾鑫、文史和学习委员会副主任王建刚、袁顺桃、专职副主任林习珍等陪同视察。

12 日至 13 日 省政协教科文卫体委员会组织部分文艺、新闻出版界别委员赴黄石市、大冶市就省以下广播电视事业发展及工业遗产保护和申遗工作进行了专题调研。省政协教科文卫体委员会主任、文艺、新闻出版界别活动小组组长鲍红志，省政协教科文卫体委员会副主任杜建国、吕值友，专职副主任王利，省政协委员付群刚、卢纲、刘奇峰、李丽、徐燕玲等参加活动。

16 日 省政协教科文卫体委员会召开主任会议，讨论研究 2016 年专委会主要工作。委员会主任鲍红志主持会议，副主任杜建国、贺方红、吕值友、罗五金、龙炳煌、彭青莲、专职副主任王利参加会议。

16 日至 18 日 省政协主席杨松在神农架林区、十堰市就绿色发展问题实地调研。省政协办公厅副主任梁细林，省政协人口资源环境委员会主任邵汉生，经济委员会主任路策、副主任张忠宝，人口资源环境委员会副主任周歆昕、黄德华，省政协委员蔡俊雄等陪同调研。

17 日至 18 日 省政协副主席陈天会率省扶贫办、省卫计委、省军区、中国地质大学、大冶有色金属公司主要负责同志到竹山实地调研推动精准扶贫工作，并召开推进会。省政协副秘书长胡礼鸣主持推进会。

17 日至 19 日 省政协副主席郑心穗带领由省扶贫办和省农行、长江大学（对口扶贫单位）负责同志以及省政协人口资源环境委员会办公室工作人员组成的工作专班，前往兴山县就精准扶贫工作开展专题调研。

18 日 副省长任振鹤领办的政协湖北省十一届三次会议提案《加快中低产林改造，大力促进绿色经济发展》办理工作座谈会在汉召开。省政协常委、提案委员会副主任韩民春出席会议并发言。

同日 荆门市政协主席、住荆门省政协委员召集人王启泉带队到荆门钟祥市，就 2016 年省两会提案“建设江汉平原城市群”开展调研。

18 日至 20 日 省政协副主席刘善桥带领教科文卫体委员会部分委员赴十堰市郧阳区、郧西县，就精准扶贫、公共文化服务体系建设进行调研。省政协教科文卫体委员会专职副主任王利，省政协委员袁瑞青等参加调研。

19 日 苏浙沪政协保护和扶持地方戏曲艺术第九次座谈会暨上海戏曲论坛在上海举行，省政协教科文卫体委员会副主任杜建国，省政协常委、省艺术研究院学术委员会主任胡应明应邀参加会议。

20 日 省政协副主席肖旭明在省发改委督办省政协十一届三次会议重点提案《加快推进湖北汉江生态经济带与长江经济带协同发展的思考与建议》和《推进长江经济带与汉江生态经济带协调与融合发展》。省政协副秘书长周向阳主持座谈会，民族和宗教委员会副主任吴红娅等参加督办活动。

同日 省政协机关在三楼常委会议厅举办党的十八届五中全会精神宣讲报告会，邀请省委宣讲团成员、省政府副秘书长王顺华同志作专题宣讲。会议由省政协副秘书长、厅党组成员、机关党委书记杨明福主持，省政协副秘书长曾鑫、姚永宁，省纪委驻省政协机关纪检组组长张雪等同志出席会议。

同日 省政协文史和学习委员会在武汉召开《湖北文化史丛书》编撰工作督办座谈会。省政协文史和学习委员会主任黄立国出席会议并讲话，专职副主任林习珍主持会议，副主任王建刚、袁顺桃等出席会议。

23 日 省政协十一届三十一次主席会议在武汉召开。省政协主席杨松主持会议。会议审议通过省政协十一届十一次常委会议议程（审议稿）、日程。会议审议《中国人民政治协商会议湖北省委员会全体会议工作规则（审议稿）》、《中国人民政治协商会议湖北省委员会常务委员会工作规则（审议稿）》、《中国人民政治协商会议湖北省委员会主席会议工作规则（草案）》、《中国人民政治协商会议湖北省委员会秘书长会议工作规则（草案）》、《中国人民政治协商会议湖北省委员会专门委员会通则（审议稿）》。省政协常务副主席范兴元，副主席郑心穗、王振有、陈天会、刘善桥、肖旭明、张柏青、郭跃进，秘书长刘安民以及驻会副秘书长、省纪委派驻纪检组组长、办公厅副主任、研究室副主任、专委会负责人等出席会议。

24 日 省政协常务副主席、党组副书记范兴元对部分高校的政协委员履职能力建设及履职保障情况进行调研。省政协副秘书长姚永宁，委员工作委员会主任陈绪群、专职副主任王虹陪同调研；陈绪群主任主持座谈会。

24 日至 25 日 省政协主席杨松在咸宁、鄂州两市就绿色发展问题实地调研。省政协办公厅副主任梁细林，省政协人口资源环境委员会主任邵汉生，经济委员会主任路策，人口资源环境委员会副主任周歆昕、黄德华，省政协委员蔡俊雄，省政协研究室副主任梅雪等陪同调研。

26 日 省政协王振有副主席应邀出席在安陆举行的湖北省第二届生态文化论坛开幕式，并讲话。

28 日至 29 日 由省政协文史和学习委员会、省区域历史文化研究中心和武汉大学联合举办的“荆楚文化与公民伦理道德礼仪规范建设”高层论坛在武汉大学举行。省委常委、宣传部部长梁伟年出席论坛开幕式。省政协副主席王振有出席论坛并讲话。省政协文史和学习委员会主任黄立国、副主任曾成贵、专职副主任林习珍分别主持了论坛开幕式、专题报告会和闭幕式。省政协文史和学习委员会副主任王建刚、袁顺桃和省政协文史和学习委员会部分委员出席论坛。

29 日至 12 月 6 日 应英国温彻斯特市政府市长安吉拉·克里尔议员、瑞士施利伦市政府行政主管英格里德·赫容纳密、托尼·布吕尔曼先生的邀请，由省政协民族和宗教委员会主任余立国为团长，委员会副主任黄波、汪振仁，省政协办公厅巡视员周瑞超等为团员的湖北省政协考察团，赴英国、瑞士进行考察访问。

30 日 省政协十一届三十二次主席会议在武汉召开。省政协主席杨松主持会议。会议审议省政协十一届四次会议前重要工作安排。会议审议《中国人民政治协商会议湖北省委员会全体会议工作规则（修订草案）》、《中国人民政治协商会议湖北省委员会常务委员会工作规则（修订草案）》、《中国人民政治协商会议湖北省委员会专门委员会通则（修订草案）》。会议修订通过《中国人民政治协商会议湖北省委员会主席会议工作规则》、《中国人民政治协商会议湖北省委员会秘书长会议工作规则》。省政协副主席郑心穗、王振有、陈天会、刘善桥、张柏青、郭跃进、田玉科，秘书长刘安民以及驻会副秘书长、省纪委派驻纪检组组长、办公厅副主任、研究室副主任、专委会负责人等出席会议。

12 月

1 日 武汉至十堰铁路项目征地拆迁工作推进会在十堰市召开。省政府副省长许克振、省政协副主席陈天会出席会议并讲话。

1 日至 2 日 省政协十一届十一次常委会议在武汉召开。会议协商讨论“学习贯彻省委政协工作会议精神，推进政协协商民主建设”的有关问题。省政协主席杨松主持开幕会并在闭幕会上讲话。审议通过了新修订的《中国人民政治协商会议湖北省委员会全体会议工作规则》、《中国人民政治协商会议湖北省委员会常务委员会工作规则》、《中国人民政治协商会议湖北省委员会专门委员会通则》。省政协副主席郑心穗主持闭幕会，副主席王振有、刘善桥、张柏青、郭跃进、田玉科，秘书长刘安民等出席会议。

7 日 省政协副主席郭跃进在省发改委督办省政协十一届三次会议重点提案《关于我省长江经济带战略的几点思考与建议》。省政协常委、副秘书长李玲玲主持会议。

8 日 省政协副主席刘善桥率调研组就新农村建设赴武汉市江夏区调研。省政协副秘书长姚永宁,省政协教科文卫体委员会主任鲍红志、专职副主任王利参加调研。

同日 黄石市政协组织23位住黄省政协委员视察黄石沿江经济带建设。

9 日 大别山鄂豫皖三省政协主席座谈会在武汉召开。省政协主席杨松出席座谈会并讲话。省委副书记张昌尔出席会议并致辞。省政协常务副主席范兴元主持座谈会。湖北省政协副主席肖旭明、河南省政协副主席邓永俭、安徽省政协副主席李卫华分别代表三省政协发言。湖北省政协秘书长刘安民，三省政协办公厅、有关专委会负责人出席座谈会。

11 日 省政协在武汉召开“湖北互联网和大数据运用”界别协商座谈会。副省长甘荣坤出席会议并讲话,省政协常务副主席范兴元主持座谈会。省政协科技界（Ⅱ）、科协界、教育界以及委员工作委员会开展协商讨论。省政协常委陈绪群、钟珞、叶青，省政协委员吴志振、毛炯辉、杨宗凯、石岗，华科大博导廖小飞教授发言。

12 日 问津书院百年修复落成暨祭孔大典在武汉市新洲区孔子山南麓举行。省政协主席杨松出席并宣布大典开始。正省级老领导王群，省委常委、宣传部部长梁伟年，武汉市政协主席吴超，十届省政协副主席、省孔子问津文化发展促进会会长李宗柏，联想控股股份有限公司董事长柳传志，武汉大学教授冯天瑜等出席。

14 日 省政协召开《大别山革命老区振兴发展规划》学习座谈会。中国老区建设促进会执行会长石宝华作专题辅导报告。杨松主持专题辅导报告。省政协副主席肖旭明主持座谈会，秘书长刘安民出席会议。

14 日至 15 日 省政协副主席田玉科带队赴十堰市调研精准扶贫工作。省政协教科文卫体委员会专职副主任王利等陪同调研。

15 日 省政协党组、省政协办公厅党组在武汉召开征求意见座谈会，听取部分省政协委员和省政协机关干部对省政协两级党组及成员践行“三严三实”的意见建议。省政协常务副主席范兴元主持座谈会。省政协常委陈绪群、陈邦利，省政协委员林习珍、刘平安、江浩，省纪委派驻省政协机关纪检组，省政协办公厅各处室和活动中心负责人在座谈会上发言。省政协秘书长刘安民、副秘书长杨明福出席座谈会，听取意见建议。

同日 省政协提案办理回头问效督办检查座谈会在武汉召开。省政协副主席张柏青出席会议并讲话。

同日 省政协社会和法制委员会全体会议在省政协机关召开。会议审议通过了社法委 2015 年工作总结和 2016 年工作思路。省政协副主席刘善桥出席会议并讲话。社法委主任尚武主持会议，省政协副秘书长姚永宁，社法委副主任孙永平、袁松青、崔正军、程颖、陶慧芬，以及省政协委员万汉英、毛炯辉、王友锋、王树忠、刘卫国、刘自明、宋玉、闵捷、欧阳云清、钟必林、梅建敏、董玉霞、潘世炳、魏静、谢文敏参加会议。

16 日 省政协副主席陈天会带队赴湖北广播电视台调研《提案追踪》栏目改版

工作，现场审片和召开座谈会。省政协常委毛凤藻、钟国伟，省政协委员胡礼鸣、杜建国、叶泽林、乔冠芳、范道宪提出意见和建议。

同日 省政协专委会和界别工作座谈会在武汉召开。省政协主席杨松出席会议并讲话。省政协常务副主席范兴元主持会议。省政协秘书长刘安民等出席会议。省政协办公厅、研究室负责人参加会议。

17日 省政协主席杨松主持省政协两级党组“三严三实”专题民主生活会前的两级中心组集中学习。省政协常务副主席范兴元，副主席王振有、刘善桥，机关干部胡礼鸣、张雪、朱清涛、李辉、彭发仁作学习讨论发言。省政协副主席陈天会，秘书长刘安民等省政协两级党组成员参加学习。

同日 省政协港澳台侨和外事委员会全体会议在武汉召开，会议审议通过《港澳台侨和外事委员会 2015 年工作总结及2016年工作思路》。省政协副主席陈天会出席会议并讲话。省政协副秘书长胡礼鸣，港澳台侨和外事委员会主任骆新华、副主任阮英梓、龚强华、邵元洲、刘锡汉、张天弓、谢俊明，专职副主任朱清涛参加会议。

18日 省政协教科文卫体委员会召开2015年全体委员会议，会议审议通过《省政协教科文卫体委员会2015年工作总结和2016年工作思路》，副主席刘善桥、田玉科出席会议并讲话。会议由委员会主任鲍红志主持。省政协副秘书长姚永宁，省政协教科文卫体委员会副主任杜建国、贺方红、欧阳建平、罗五金、彭青莲，专职副主任王利，省政协常委马骏、刘醒龙、解飞厚，省政协委员刘奇峰、刘建凡、刘铁桥、师洪、严荣利、李亚隆、杨宗凯、陈安民、陈海斌、周应佳、周福祥、姚雪、姚运生、徐映梅、高鹏军、黄翠、龚洁、彭绍蓉、刘宝林、马净植等参加会议。

同日 省政协文史和学习委员会在省政协机关召开第十次主任会议，总结委员会2015年工作，研究讨论委员会2016工作要点。委员会主任黄立国主持会议并讲话。专职副主任林习珍通报了2015年工作情况和2016年工作安排。各位副主任就总结好2015年各项工作和谋划好2016年工作提出了具体意见和建议。文史和学习委员会副主任黄运全、曾成贵、王建刚、蒋南平陈锋出席会议。

21日 省政协十一届三十三次主席会议在武汉召开。省政协主席杨松主持会议。会议审议通过省政协十一届十二次常委会议议程（审议稿）、日程。会议审议通过《关于召开中国人民政治协商会议湖北省第十一届委员会第四次会议的决定（审议稿）》、《中国人民政治协商会议湖北省第十一届委员会第四次会议议程（审议稿）、日程（审议稿）》、《中国人民政治协商会议湖北省第十一届委员会常务委员会工作报告（审议稿）》及报告人建议名单（审议稿）、《中国人民政治协商会议湖北省第十一届委员会第四次会议列席人员范围（审议稿）》。省政协常务副主席范兴元，副主席陈天会、刘善桥、肖旭明、张柏青、郭跃进、田玉科，秘书长刘安民以及驻会副秘书长、驻省政协纪检组组长、办公厅副主任、研究室副主任、各专委会负责人出席会议。

同日 省政协主席杨松主持召开座谈会，征求省各民主党派和工商联对省政协两级党组及成员践行“三严三实”的意见建议。省人大常委会副主任周洪宇，省政协副主席郭跃进，省各民主党派和工商联负责人江利平，陈邦利、钟国伟、李燕萍、唐瑾、曾宪初、彭光华、焦跃华、应楚洲、梅建敏、张天弓等参加会议。省政协秘书长刘安民出席会议。

22日　省政协律师顾问组2015年工作总结座谈会在省政协机关召开。刘善桥副主席出席并讲话。全国政协委员、省司法厅副厅长、省政协律师顾问组组长李仁真主持座谈会，省政协副秘书长、律师顾问组副组长姚永宁回顾2015年工作，省政协办公厅副主任梁细林出席并讲话。

22日至23日　以住鄂全国政协委员活动召集人、省政协主席杨松为团长，省政协副主席郭跃进、田玉科为副团长的住鄂全国政协委员视察团，赴湖北大别山区视察《大别山革命老区振兴发展规划》实施情况。省政协秘书长刘安民参加视察。

23日　省政协召开界别协商座谈会，协商全面深化国有企业改革。省政协副主席肖旭明出席会议并讲话，副秘书长周向阳，省政协经济委员会主任路策，副主任邹晓瑜、孙其明出席会议。省政协经济委员会主任路策主持会议。

23日至25日　全国政协社会和法制委员会驻会副主任吕忠梅率调研组，来鄂专题调研人力资源和社会保障部、住房和城乡建设部、安全生产监督管理总局、全国总工会《关于进一步做好建筑业工伤保险工作的意见》(人社部发〔2014〕103号)落实情况。全国政协社会和法制委员会副主任宋育英，省政协常务副主席范兴元、副主席刘善桥、武汉市政协主席吴超参加有关活动、出席座谈会。全国政协常委赵晓勇、全国政协委员薄绍晔、李蓝、李仁真，国家四部委有关部门负责人参加调研。省政协副秘书长姚永宁、社会和法制委员会副主任崔正军陪同调研。

24日　十一届省政协文史和学习委员会召开第四次全体会议，总结2015年工作，研究和部署2016年工作，省政协副主席王振有出席会议并讲话，副秘书长曾鑫主持会议。委员会主任黄立国报告了2015年工作情况，专职副主任林习珍报告了2016年工作要点，副主任黄运全、曾成贵、王建刚、蒋南平、袁顺桃和各位委员参加会议。

同日　省政协召开“十二五”规划实施情况通报会，就我省十二五时期经济社会发展情况和各项指标完成情况向委员进行通报，并围绕2016年经济工作展开研究讨论。省政协副主席肖旭明主持会议并讲话。省政协副秘书长周向阳，经济委员会主任路策，文史和学习委员会主任黄立国、专职副主任林习珍，港澳台侨和外事委员会主任骆新华、专职副主任朱清涛，委员工作委员会主任陈绪群、专职副主任王虹，教科文卫体委员会专职副主任王利出席会议。

25日　省政协提案委员会召开全体会议，讨论修改省政协常务委员会《关于十一届三次会议以来提案工作情况的报告(审议稿)》，审议《提案委员会2015年工作总结及2016年工作思路(讨论稿)》，省政协副主席陈天会、张柏青出席会议并讲话。会议由提案委员会主任毛凤藻主持，省政协副秘书长胡礼鸣出席会议。

同日　省政协经济委员会召开全体委员会议。省政协副主席肖旭明出席会议并讲话。经济委员会主任路策主持会议，副主任张忠宝通报了2015年工作总结和2016年工作计划。

25日至26日　省政协副主席、民革湖北省委主委郑心穗带领民革专家组一行，到神农架林区阳日镇调研省民革精准扶贫工作开展情况并看望慰问困难群众。

26日　2015问津文化论坛暨湖北省孔子问津文化发展促进会理事会会议在武汉举行，会议推选十届省政协副主席李宗柏为促进会新一任会长。

29日　省政协党组召开“三严三实”专题民主生活会。省政协党组书记、主席杨松主持会议。省纪委、省委组织部有关同志专程到会指导。省政协党组副书记范兴元，党组成员王振有、陈天会、刘善桥、肖旭明、刘安民参加民主生活会。

同日 省政协民族和宗教委员会主任余立国主持召开委员会主任会议。会议讨论通过《省政协第十一届委员会民族和宗教委员会2015年工作总结及2016年工作设想（审议稿）》。委员会副主任柳望春、陈新、黄波、汪振仁、释隆醒出席会议。

同日 省政协民族和宗教委员会主任余立国主持召开委员会全体会议。会议讨论通过《省政协第十一届委员会民族和宗教委员会2015年工作总结及2016年工作设想》。省政协副主席肖旭明出席会议并讲话。省政协副秘书长周向阳，委员会副主任柳望春、陈新、黄波、汪振仁、释隆醒，委员周瑞超、刘文国、李小国、钟珞、龚玉亮、赛大富、刘平安、朱梅、朱致国、吴琳、李金林、孟德民、崔庆琪、释明基、蔡松、谭必恩等出席会议。

30日 我省各界人士迎新年茶话会在武汉举行。省委书记、省人大常委会主任李鸿忠，省委副书记、省长王国生，省政协主席杨松，全国政协社会和法制委员会副主任宋育英，省委副书记张昌尔等领导同志与会。李鸿忠在茶话会上致辞。省政协主席杨松主持茶话会。省政协副主席、民建湖北省委主委郭跃进代表省各民主党派、工商联和无党派人士发言。共青团湖北省委负责同志代表省各人民团体和社会各界人士发言。省委、省人大常委会、省政府、省政协领导同志，省军区、省高级人民法院、省人民检察院、武警湖北省总队领导同志，省老领导，出席茶话会。省各民主党派和省工商联负责同志，无党派人士，省各人民团体和省直部门有关负责同志以及各界人士代表，参加茶话会。

31日 省政协十一届三十四次主席会议在武汉召开。省政协主席杨松主持会议。会议审议有关人事事项。会议审议省政协第十一届委员会第四次会议分组办法及召集人名单（审议稿），省政协第十一届委员会常务委员会关于十一届三次会议以来提案工作情况的报告（审议稿）及报告人建议名单（审议稿），省政协第十一届委员会第四次会议大会秘书长、副秘书长建议名单（审议稿），省政协第十一届委员会第四次会议通过议案和选举表决方式的决定（审议稿）。会议审议通过省政协十一届四次会议期间各次会议主持人名单，省政协关于表彰十一届三次会议以来优秀提案的决定。省政协常务副主席范兴元，副主席郑心穗、王振有、陈天会、刘善桥、肖旭明、张柏青、郭跃进、田玉科，秘书长刘安民出席会议。

市州、直管市、神农架林区政协篇

政协武汉市委员会

【全体委员会议】

十二届四次会议 2月2日至6日举行。会议认真学习了中共湖北省委常委、武汉市委书记阮成发在开幕大会上的重要讲话，学习了湖北省政协副主席王振有的讲话。与会政协委员列席了武汉市第十三届人民代表大会第四次会议，听取、讨论并赞同代市长万勇所作的政府工作报告，赞同市中级人民法院工作报告、市人民检察院工作报告和其他报告。审议批准市政协主席吴超和副主席李传德代表政协武汉市第十二届委员会常务委员会所作的工作报告和提案工作报告。根据通过的选举办法，选举胡继堂同志为市政协秘书长、王继连等15位同志为市政协常委。委员们围绕全面深化改革和城市转型发展、建设法治武汉、推进民生事业发展和社会管理创新、推进生态文明建设等提出了许多建设性的意见和建议。会议充分肯定2014年武汉经济、政治、文化、社会和生态文明建设所取得的成绩和过去一年市政协的工作。会议强调，习近平总书记在庆祝人民政协成立65周年大会上的重要讲话明确提出了进一步做好人民政协工作的具体要求，全市各级政协组织、政协各参加单位和政协委员要认真学习贯彻，用讲话精神指导工作实践，把协商民主贯穿履行职能全过程。会议指出，2015年是全面深化改革、加快转型发展、推进全面依法治市的重要一年，也是全面完成“十二五”规划目标任务的收官之年。市政协要在中共武汉市委领导下，深入贯彻落实中共十八大、十八届三中、四中全会和习近平总书记系列重要讲话精神，高举爱国主义和社会主义旗帜，坚持团结、民主，主动适应“新常态”对政协工作的新要求，不断提高履职能力，为建设国家中心城市、复兴大武汉积聚正能量作出新贡献。

【常务委员会会议】

第18次会议 1月5日召开。会议听取政协武汉市委员会十二届四次会议筹备情况通报，审议通过关于召开政协武汉市委员会十二届四次会议的有关事项及有关人事事项。书面审议市国资委关于办理市政协十二届17次常委会议意见建议的情况汇报。

第19次会议 2月1日召开。会议讨论和审议通过了有关人事事项。

第20次会议 2月5日召开。会议听取大会秘书处关于各小组讨论常委会工作报告、提案工作报告、政府工作报告、计划报告、预算报告、法院工作报告、检察院工作报告及有关决议（草案）等情况的汇报；审议通过十二届四次会议建议案草案及各项决议草案；审议通过有关人事事项。

第21次会议 3月18日召开。会议传达学习全国“两会”精神。全国人大代表、市政协副主席郭粤梅，全国政协委员、市政协主席吴超分别传达全国人大十二届三次会议、全国政协十二届三次会议精神。会议听取了市委督查室关于《2014 年武汉市协商工作计划》落实情况的通报，表彰了 2014 年度“十佳界别活动小组”、“十佳界别召集人”，部分政协常委进行了述职。

第 22 次会议 6 月 19 日召开。会议围绕 1 号建议案“健全政府重大行政决策机制”开展协商。市政府秘书长郭胜伟通报了建议案的办理工作情况。刘菊生等常委和委员分别作大会发言，提出编制重大行政决策清单、健全和完善政府重大行政决策公众参与机制及专家论证机制等意见建议。市长万勇、市政协主席吴超讲话。

第 23 次会议 9 月 28 至 29 日召开。会议围绕科学编制武汉市国民经济和社会发展“十三五”规划开展专题协商。委员们就推进“十三五”工业结构转型升级与优化产业布局、现代都市农业转型发展、互联网金融发展等提出意见建议。会议审议通过有关人事事项，书面审议了市政府关于办理 22 次常委会议意见建议的情况通报。市长万勇、市政协主席吴超讲话。

【专门委员会工作】

提案委员会 举办现场提案咨询活动，完成十二届四次会议提案收集、登记、审查、合并及提案综合分析等工作任务。组织专家咨询会，为建议案、重点提案选题出谋划策。经多次筛选修改，确定全年 3 件建议案送交市政府办理。组织对建议案、重点提案开展民主测评。开展同类提案办理集中协商，提高提案办理实效。对 13 区政协、市政协各参加单位及有关职能部门开展调研，形成《关于加强提案办理协商制度建设的调研报告》等，推进我市提案办理制度化、规范化、程序化。围绕常委会、常委专题协商会，组织委员调研视察，形成调研报告并作大会发言。围绕“挖掘和利用钢铁工业文化遗产”组织召开界别协商会议，取得良好效果，《长江日报》专版报道。就“办理群众投诉不及时不到位问题”开展专项督查，督促整改落实。

经济委员会 承担第 23 次常委会议选题、专题辅导、会务保障和成果转化工作，就科学编制武汉“十三五”规划开展四个专题调研，形成高质量调研成果。组织“创新驱动发展、促进武汉产业升级”常委专题协商会，提出一揽子建议，获得市领导高度评价。围绕“武汉都市生态农业建设”组织界别协商，委员与政府部门直接对话沟通，《人民政协报》等多家媒体报道。聚焦旅游产业项目，将视察与协商紧密结合，生动开展对口协商。就“部分村级组织软弱涣散问题”开展专项督查，继续开展“公共财政体系建设”民主评议，组织主席会议成员视察新农村建设，开展建议案和重点提案督办和民主测评。

人口资源环境委员会 围绕“中心城区湖泊截污治污”组织常委专题协商会；围绕“推进建筑产业现代化”参与组织界别协商会；联合经济委围绕“推进国家旅游中心城市建设”筹备召开专题协商会；组织委员对《武汉市基本生态控制线管理条例（草案）》等法规开展立法协商。首次开展协商监督，推动“加强建筑扬尘治理”，市领导充分肯定；就“农村环境污染治理不力问题”开展专项督查；开展绿道停车场路网建设年民主评议；组织建议案和重点提案督办，扎实开展建议案“回头看”。围绕健全重大行政决策机制、“十三五规划”编制、绿色工业指标体系建设深入调研，突出生态文明建设和民生改善开展视察。积极开展内外联动。代表市政协参加汉丹江流域城市政协联席会，交流材料获全国政协领导肯定。

科教文卫体委员会 积极献策“十三五”规划编制和“创新驱动发展，促进武汉产业升级”等重大议题。围绕“加快健康服务业发展”深入调研，组织召开专题协商暨重点提案督办工作会议，协商成果得到较好转化落实。就“促进我市民办教育发展”组织界别协商，全市多家媒体进行报道。扎实开展民主监督。持续几年提提案，实现首例“旧楼加装电梯”。就“文明城市建设不深入不持久问题”开展专项督查。不断加强自身建设。各界别依据自身特色开展丰富界别活动；举办多种形式委员学习活动。参加全国暨地方政协教科文卫体委员会工作会议，作为副省级城市代表作大会经验交流。

社会法制委员会 就“进一步健全我市政府重大行政决策机制”提出建议案，并在22次常委会上开展专题协商，9个专题发言获万勇市长充分肯定，市政府认真吸纳。就“救助特殊青少年群体，加强未成年人社会保护”提出重点提案，组织召开常委专题协商会议，并通报办理情况，开展办理满意度测评，将此问题办理纳入综治测评，推动成果转化落实。联合妇联界别开展“多部门合作预防、制止和依法查处家暴”界别协商，提出了很好的意见建议。就《武汉生态基本控制线条例（草案）》、《武汉建筑农民工工资保障条例（草案）》组织开展立法协商。律师顾问团发挥优势，积极参与相关活动。针对“路网、停车场”建设中暴露出的问题，开展明察暗访及集中专项督查，与有关部门及时沟通和跟踪督促，促进整改长效机制建立。

民族宗教委员会 组织召开五大教政协委员和各宗教团体座谈会，就政府依法管理宗教事务听取意见建议，形成调研报告报省政协；就“宗教界参与公益慈善事业”开展专题调研，有针对性地提出意见建议；向党委政府建言“将宗教活动场所合理规划布局纳入十三五规划”；对民权路清真寺重建、基督教武昌堂搬迁选址问题跟踪调研，并开展多次协商。就“绿化管理养护不及时问题”开展专项督查和电视问政。连续四年就“清真牛羊肉补贴”问题提出提案，市委市政府已出台文件落实。发挥优势开展协调，维护归元寺稳定。继续组织宗教界别委员开展助残助孤；继续组织开展委员视察、“委员听取群众意见周”活动。

文史学习委员会 依托浦东干部学院和全国政协干部培训中心，举办三期学习班，培训委员近400名；就深入学习贯彻中共十八届五中全会精神等举办学习报告会6场；编发《学习参考资料》6期。围绕纪念抗战胜利70周年提出重点提案，督促修缮抗战遗址遗迹及纪念场馆；与省政协文史学习委联合助推武汉抗战纪念场馆建设；就做好万里茶道申遗的前期调研和宣传，邀请专家学者、委员开展申遗工作协商，形成全国政协大会提案；深入调研历史文化街区保护工作，为我市“十三五”规划编制建言；围绕问津书院修缮多次协商。持续跟踪督办，推动我市首批200座智能报刊亭落成。积极参与“街道、社区对业主委员会组建、履职管理不到位问题”专项督查。

港澳台侨和外事委员会 围绕武汉参与“一带一路”建设、提升国际化水平组织协商提出建议；围绕完善我市金融市场体系，提出设立众筹金融交易所和大数据交易所等建议；围绕建设国家创新型城市，增强对外开放功能开展调研；围绕加快我市健康服务业发展建言献策。强化提案办理协商；开展“企业违法排污整治、监管不到位”承诺整改专项督查。组织市领导与港澳委员座谈；组织汉港澳资企业与市政府领导座谈，市政协主席率团赴港澳组织委员座谈。开展“鄂港一家亲，莲藕叙温情”慰问，组织港澳委员赴内地考察，配合市委市政府对台工作。服务政协主席会议成员率团访问，开展公共外交和经贸活动。组织向海外征集“纪念反法西斯战争胜利暨抗日战争胜利70周年”书画作品等特色活动。

委员工作委员会 组织起草《武汉市政协界别协商工作实施办法》。新设武汉经济开发区政协委员联络处。全市街道办事处、乡政府、镇政府实现政协联络机构全覆盖。开展调研考察，策划筹备“委员之家“建设。动态掌握委员退休、岗位变动、违法违纪等情况，主动配合组织部、统战部做好协商、推荐、调整工作。组织开展委员述职、评比表彰、新委员培训，首次启动委员约谈工作。继续开展界别“双十佳”评比活动。协调落实主席会议成员全年走访委员 200 余人次。组织召开市区政协委员联系群众工作现场会，交流经验做法。协助市农工界别围绕“推进我市农村卫生网底建设”开展界别协商，提出意见建议供市政府决策参考。就“安全生产隐患发现、整改、查处不及时”问题开展专项督查，督促整改。

【重要活动】

理论研讨会 9月10日，由中国人民政协理论研究会支持指导、武汉市政协和人民政协报社联合主办的“社会主义协商民主建设与人民政协”理论研讨会在汉召开，国内知名专家学者和15个副省级城市政协负责人围绕如何发挥政协作为协商民主重要渠道和专门协商机构作用、人民政协协商民主的性质定位、拓展政协协商渠道、提高协商实效、加强制度建设等主题进行交流和研讨。

中秋联谊会 9月23日，举行武汉各界人士中秋联谊会，全市各界人士和海内外朋友欢聚一堂，共庆佳节。市政协主席吴超致辞。

市委政协工作会议 12月18日召开，会议总结部署我市政协工作，推动人民政协事业再上新台阶。与会代表从区委、区政府、区政协和市职能部门等角度，就政协工作进行了交流发言，中共湖北省委常委、武汉市委书记、市人大常委会主任阮成发出席会议并讲话。

新年茶话会 12月31日举行。中共湖北省委常委、武汉市委书记、市人大常委会主任阮成发出席会议并致辞。

【重要文件】

中共武汉市委书记阮成发在政协十二届四次会议上的讲话（摘要）（2015年2月2日） 在过去的一年里，全市各级政协围绕深化经济体制改革、构建产学研协同创新机制、“两型社会”建设、武汉城市圈融合发展等重大问题，认真履行政治协商、民主监督、参政议政职能，充分发挥协商民主重要渠道作用，为全市改革发展各项事业作出了重要贡献。2015年，是全面深化改革的关键之年，是全面推进依法治国的开局之年，也是全面完成“十二五”规划的收官之年。希望全市各级政协组织深入贯彻习近平总书记在庆祝人民政协成立65周年大会上的重要讲话精神，牢牢把握民主、团结两大主题，充分发挥作为专门协商机构的作用，更好协调关系、汇聚力量、建言献策、服务大局。希望广大政协委员进一步增强责任感和使命感，紧紧围绕实现经济总量“万亿倍增”、全面深化改革、建设国家创新型城市和法治城市，深入开展调查研究，提出更多有深度、有分量的意见和建议；及时反映真实情况，勇于提出建议和批评；自觉践行社会主义核心价值观，切实发挥在本职工作中的带头作用和界别群众中的代表作用，不负重托，不辱使命。政协工作是党的工作的重要组成部分，全市各级党委要认真贯彻落实中央《关于加强社会主义协商民主建设的意见》，高度重视、大力支持人民政协事业发展。要多给政协出题目、提要求，多为政协解难题、办实事，进一步形成党委重视、政府支持、政协履职、各方配合的工作格局。要支持人民政协履行民主监督职能，自觉接受来自人民政协的意见、批评和建议，完善民主监督的组织领导、权益保障、知情反馈、沟通协调机制。

常委会工作报告（摘要）（2015 年 2 月 2 日） 一、2014 年工作回顾。（一）紧紧围绕学习贯彻中央精神和部署主动作为。深入学习贯彻中共十八届三中、四中全会和习近平总书记系列重要讲话精神，举办委员学习理论培训班，组织形势报告会，邀请专家学者专题辅导。召开常委会议，贯彻落实全国“两会”重要部署和工作安排。下发文件并召开社会各界人士座谈会，学习贯彻习近平总书记在庆祝人民政协成立 65 周年大会上的重要讲话。（二）紧紧围绕我市改革发展的重大问题议政建言。就深化经济体制改革，发展混合所有制经济、壮大非公经济提出建议案，组织政协委员深入调研，召开常委会议专题协商。就深化行政管理体制改革、建立权力清单制度，组织政协委员与政府部门专题协商。就深入推进我市“两型社会”建设综合配套改革试验组织开展专题协商。就推进金融体制改革、建设武汉民间金融街与省市金融管理部门开展界别协商。向全国政协十二届二次会议提交提案，积极争取国家支持东湖创新示范区先行先试。以“加快构建产学研协同创新机制”为主题召开常委专题协商会。组织委员和专家学者深入基层和企业调研，积极助推产业升级和“万亿倍增”。就城市垃圾处理和再生资源回收利用开展专题协商。与省政协联合举办梁子湖生态环境保护座谈会，创新体制、依法管理、协同保护生态环境等建议在环梁子湖各市形成共识。围绕举办园博会、推进三环线城市生态带建设提出建议案，组织调研视察、加强督查协调，召开常委会议专题协商。集思广益促进区域合作共赢。围绕建立武汉内陆自由贸易区、推进长江干线六米深航道上延至武汉项目建设、将在上海办理的长江沿线省市船员办理 A 类证书改在武汉办理等问题向全国政协提出提案，并取得成效。以“深化跨区域合作，推进武汉城市圈持续发展”为主题，精心组织承办了武汉城市圈政协主席论坛，意见建议得到省委省政府采纳。（三）紧紧围绕增进民生福祉建设幸福武汉务实献策。就发挥失业保险预防失业促进就业功能，向全国政协提出提案。就政府向社会组织购买社区养老服务开展协商。针对我市疾病应急救助体系建设中存在问题提出合理化建议。围绕加强食品安全监管和提高菜地质量协商建言。高度关注农村留守儿童健康成长，召开常委专题协商会，市区党委政府新建可容纳 1000 名留守儿童的服务站 13 个。就促进“犟妈类”企业健康发展组织调研，市委市政府及时出台扶持福利企业发展、促进残疾人就业的配套文件。就《完善我市公共文化服务体系，推进“幸福武汉”建设》建议案开展“回头看”。持续跟踪“文化五城”建设，重点就艺术档案馆、艺术博物馆建设、报刊亭建设等开展调研提出建议。就万里茶道申遗、武昌昙华林和地铁 6 号线中山大道段历史文化街区保护提出建议，做好征集武汉抗战史料和《品读武汉非物质文化遗产》丛书编辑出版工作。组织召开“促进社区管理转型升级”常委专题协商会。调研交通拥堵、出行难、停车难等问题，提出改进措施。围绕智慧城市建设开展协商。就中心城区既有住宅加装电梯问题提出意见，促进政府有关部门组织开展工作试点。（四）紧紧围绕创新协商机制深化民主监督探索实践。积极配合市委市政府制定出台了《2014年武汉市协商工作计划》。成立了人民政协工作机制创新专项小组。积极协助市委制定出台了《中共武汉市委关于加强人民政协政治协商的意见》。创新界别协商机制，制定了《界别协商座谈会试行方案》和界别协商计划，全年召开了9次界别协商座谈会，形成了一批实实在在的协商成果。完善对口协商机制，市人大常委会、市政府、市政协相关机构就地方立法协商形成纪要，组织政协委员参与地方性法规立法协商。创新提案办理协商机制，试行提案“会中初审、会后终审”和同类提案并案处理新办法。完善建议案和重点提案选题咨询和办理评估机制，制订实施了《政协建议案、重点提案办理工作民主测评的意见》，组织委员对3件建议案年度办理情况进行满意度测评。全年增加协商活动15次。在协商中引入即席发言和提办双方交流互动环节，创新了建言成果的转化方式。围绕协商民主广泛多层制度化发展，组织召开市委书记、市长与政协委员协商座谈会。研究制定《加强市区政协系统联动的十条意见》，开展市区政协联动协商调研，一批意见建议得到办理落实。组织市区政协理论研究会和政协工作者，围绕“推进协商民主制度建设”等主题开展研究，面向社会公开组织重大课题招标，一批研究成果得到肯定。积极组织委员参与“治庸问责”与“电视问政”，就“十个突出问题”进行监督评议，召开协调会50多场次，参与委员达1100多人次。继续推荐政协委员担任社会特邀监督员，广泛参加特约监督、执法检查、行风评议、党风廉政评议、绩效管理第三方评估等活动。围绕增加市民群众收入、公共财政体系建设、新农村建设等开展民主评议和专题视察。政协全体会议、常委会议、主席会议、专题协商会议形成的会议情况报告、重要建议与市委市政府办文办事程序实现了有机衔接。全年征集社情信息1500多条、报送500多篇，在全国副省级城市中位居前列。《建议把长江开发提升为国家战略》及其他一些社情信息得到全国政协和省市领导批示。（五）紧紧围绕发扬民主增进团结凝心聚力。主席会议成员坚持走访民主党派、工商联，召开座谈会听取意见。市各民主党派、工商联积极运用政协平台参政履职建言献策，形成了一批在全国全省有影响的建言成果。围绕完善与少数民族流出地合作机制开展专题调研，推动禅文化主题园区、归元文化旅游商务区建设，协助政府部门解决少数民族群众清真肉食补贴问题，做好回族群众聚居区拆迁安置工作。加强港澳台同胞和海外侨胞联系交往，积极开展“中国梦赤子情”主题联谊活动，拓宽对台文化交流合作领域，引导港澳委员支持特别行政区行政长官和政府依法施政。践行人民政协公共外交，深化与国际友城和国际组织友好交往，组织美、法、韩驻汉总领馆总领事参观历史街区活动，积极参与“鄂港粤经贸招商”、“华创会”、“湖北武汉台湾周”等活动。成功举办武汉各界人士中秋联谊会和新年茶话会，增进了团结和谐。（六）紧紧围绕提高素质增强履职能力开拓创新。做好政协委员履职服务工作，主席会议成员带头，全年走访委员200多人次。从学习培训、力量整合、业绩考核入手提升委员履职能力。组织政协常委年度述职，表彰履职先进单位和个人。加强基层政协联络机构建设，在一些社区设立委员工作室，在东湖新技术开发区建立政协委员联络处。认真贯彻中央八项规定、省委六条意见和市委十一条禁令，以“严格党内生活、严守党的纪律、深化作风建设”为主题，召开政协党组民主生活会。巩固群众路线教育实践成果，以务实的作风推进政协机关建设，市政协机关被评为全省文明单位、全市“十佳机关”和学习型机关示范单位。二、2015 年工作部署。（一）深入学习贯彻中央部署和习近平总书记重要讲话精神。把学习贯彻中共十八届三中、四中全会的《决定》和习近平总书记在庆祝人民政协成立65周年大会上的重要讲话，学习贯彻中共武汉市委的决策部署作为全年工作的重要任务。认真贯彻《中共中央关于加强社会主义协商民主建设的意见》和全国政协实施细则，认真落实《中共武汉市委关于加强人民政协政治协商的意见》，积极协助市委市政府研究制订 2015 年协商工作计划。（二）围绕改革发展、民生改善和法治武汉建设积极协商议政。聚焦全面深化改革，建设国家创新型城市，推进“工业倍增升级版”、“十三五”规划编制、“武汉制造 2025”战略。紧贴大众创业和万众创新、环境整治和雾霾防治、中心城区湖泊截污治污、完善社会养老服务体系等重要民生问题开展研究。积极推进依法行政，研究完善重大行政决策机制。帮扶特殊困难群体，促进社会和谐。（三）在协商于民协商为民中努力提高协商监督实效。组织委员进社区走基层，探索网络议政等新形式。研究制定年度协商工作计划的办法，制订完善《界别协商活动实施办法》。围绕人民群众反映“十个突出问题”的承诺整改，继续深入开展专项督查。选择 1—2 个重要问题探索组织监督性较强的协商议政活动。（四）发扬民主增进团结，不断凝聚改革发展的正能量。定期走访各民主党派、人民团体和无党派人士，认真听取各方面意见建议。跟踪调研宗教活动场所合理规划布局、少数民族群众务工经商等情况，及时反映少数民族群众和信教群众合理意见。加强与港澳台同胞、海外华侨华人、爱国爱港爱澳社团的联系联谊，举办海峡两岸文化交流等活动，协助市委市政府做好对台工作。拓宽对外交往渠道，拓展人民政协公共外交，深化国际友好城市的交流与合作。（五）以改革创新的精神加强人民政协履职能力建设。探索开展以提案办理为牵引、“三项职能”融合发挥作用的实践活动。深化人民政协系统联动，组织开展重大课题联合调研和协商议政。组织策划纪念抗战胜利 70 周年相关活动，围绕“发挥人民政协专门协商机构作用”等主题开展理论和工作研究。大力推进党派、界别、委员、专委会、政协机关“五位一体”建设。

【武汉市各级政协领导名单】

武汉市政协

主　席　　吴　超

副主席　　李传德

　　　　　郭粤梅（女）

　　　　　江中联（女）

　　　　　侯晓华

　　　　　石大鸿（女）

　　　　　黄卫国

　　　　　彭富春

　　　　　吴一民

秘书长　　胡继堂

区政协主席

江岸区　　吴松林

江汉区 严国运
硚口区 周付民
汉阳区 张本满
武昌区 魏建中
青山区 袁 朴
洪山区 张光合
蔡甸区 艾慕晴（女）
江夏区 张 敏（女）
东西湖区 徐保忻
汉南区 刘启雄
黄陂区 李胜桥
新洲区 易金莲（女）

武汉市各级政协组织和委员数

（截至 2015 年底）

项目＼级别	副省级市	区	合 计
组织数	1	13	14
委员数	588	3338	3926

（黄莉莉 编写 刘 石 审稿）

政协黄石市委员会

【全体委员会议】

十二届四次会议 1月19日至22日在黄石市海观山宾馆举行。本次大会应到委员343人，实到318人。中共黄石市委书记周先旺致开幕词，市政协副主席肖唐友代表市政协第十二届委员会常务委员会向大会作工作报告，市政协副主席杨晓梅作提案工作情况报告，市政协主席郭远东致闭幕词。全会期间，广大政协委员认真履行职责，通过大会发言、提交提案、联组讨论、小组讨论等方式积极参政议政，围绕推动新常态下经济发展、实施创新驱动发展战略、加快建设鄂东特大城市、建设生态黄石、建设法治黄石、全面深化改革、重视“三农”问题、发展文化教育体育事业、保障和改善民生、加强政协工作等问题，提出了意见和建议。

【常务委员会会议】

第19次会议 4月24日召开，就编制黄石“十三五”规划进行协商。13位委员围绕推动传统产业转型升级、大力发展物流业、加快工业遗产申遗、完善城市功能定位等问题进行了大会发言。会议协商并通过了提交市委、市政府的“关于编制‘十三五’规划的若干建议”，建议案从推进新型城镇化、加快产业转型升级、促进文化教育事业发展、切实改善和保障民生等四个方面提出15条建议，市发改委将其中14条建议吸收到黄石“十三五”规划纲要之中。

第20次会议 7月8日召开，就“推进创新驱动发展，加快创新黄石建设”专题协商。12位委员围绕推进“互联网+”行动计划、健全企业技术创新机制、加快科技与金融结合、大力发展创客经济等问题进行了大会发言。会议协商并通过了提交市委、市政府的“关于推进创新驱动发展加快创新黄石建设的建议”，从明确创新驱动发展的思路和目标、完善科技体制机制、增强企业自主创新能力、深化产学研合作、加强创新发展载体建设、推进重点领域科技创新、加强创新人才队伍建设、完善科技创新政策、推进创新文化建设、建立健全创新驱动发展长效机制等十个方面提出了20条建议。

第21次会议 10月29日召开，会议对市经信委、市商务委进行民主评议，对市城建委等部门开展问政建言。

第22次会议 12月29日召开，协商召开政协黄石市第十二届委员会第五次会议有关决定、议程等事宜，协商讨论政协黄石市第十二届委员会常务委员会工作报告（征求意见稿）及提案工作情况报告（征求意见稿），协商讨论《政府工作报告》（征求意见稿），听取市政府关于市政协建议案、提案办理情况的通报。

【专门委员会工作】

提案委员会 市政协委员、政协各参加单位和专门委员会，共提交提案471件，经审查立案236件，占提案总数的50.1%，并案71件，占15.1%，作为意见转有关部门研究处理164件。已立案的提案交由61家承办单位办理。所提问题已经解决或基本解决的提案119件，占立案总数的50.4%；已采取措施正在解决的提案82件，占立案总数的34.8%；已列入计划解决的提案23件，占立案总数的9.8%。提案工作主要作法：注重广集民智，切实提高提案质量。坚持早动员早征集提案，坚持搭建知情问政平台，坚持提案立案的严格审查把关，坚持激励机制。注重跟踪督办，切实增强提案办理实效。加强重点提案的督办，加强承办大户提案协商督办，加强提案跟踪督办。注重协同配合，切实强化提案工作整体合力。注重机制创新，切实提升提案工作服务水平。不断拓宽委员知情机制，召开提案征集座谈会，邀请五家政府职能部门通报工作情况；建立完善提案筛选机制，对收到的集体提案线索逐件研究；建立提案预交办机制，在提案正式交办之前，向市政府督办室进行提案预交办。

经济科技委员会 围绕中心，突出重点，做好常委会议专题议政性协商。分别就“十三五”规划编制和“推进创新驱动发展，加快创新黄石建设”，组织专题调研活动，就“十三五加快推动传统产业转型升级”、“打造鄂东物流中心”等问题形成6篇大会发言。搭建平台，关注热点，多渠道活跃委员会工作。进一步完善专题协商形式，邀请各类专家、学者、业内精英及部分委员以调研走访、召开座谈会面对面协商等形式，就“推进黄石传统商业创新发展”、“建立农村保洁制度，加快美丽乡村建设”进行了专题协商。配合“千名干部进千企”工作部署，组织政协委员深入委员企业，抓好“优环境、破难题、稳增长”活动。广泛开展民主监督活动，选派19名委员担任政府职能部门的民主监督员，60多人次委员参与干部民主推荐、年度目标考核、政风行风评议等工作，有针对性地提出批评建议。发挥“黄石市政协公共财政民主监督小组”的作用，对市公共财政的执行与管理情况开展常态化监督。加强提案督办工作，对涉及经济科技委员会的55件提案进行了督办。

人口资源环境和城乡建设委员会 深入开展调研，为经济社会发展建言献策。围绕“十三五”规划编制，形成了《关于加快新型城镇化建设，推进黄石与大冶、阳新一体化的建议》、《关于加快磁湖南岸和老下陆生态新城建设，促进磁湖和东方山旅游开发的建议》、《关于“十三五”时期推进实施“绿满黄石”行动，加快建设森林城市的建议》调研报告。围绕“创新黄石建设”专题调研，形成了《关于加快科技与金融结合，强化资本市场对技术创新支持的建议》调研报告。开展了治理耕地污染、大气污染防治、城市综合执法工作、棋盘洲新港建设、中心城区停车难等调研，并献计献策。积极开展民主监督。在分管主席的带领下，委员会对市规划局、市城建委、市城投公司等单位进行了提案督办。根据省政协对梁子湖生态环境开展专项民主监督工作要求，专委会组织市直相关部门深入大冶市金牛镇调研视察，督促大冶市政府对虬川河生活污水截流和污水处理厂启动运行制定出时间表。加强与民主监督员和派驻单位的工作联系，有计划、有组织的开展民主监督活动。关注民生改善。针对老旧楼房安装电梯、“五一”湖“七一”湖污染治理、新下陆及铁山污水管网建设等问题深入调研，并在市政协问政建言会上对相关部门开展了问政和建言。

教卫体文史和学习委员会 积极开展

调研建言献策。围绕“十三五”时期推进文化教育发展，提升城市软实力，关于完善科技创新政策，营造创新环境等重点课题开展调研。组织委员就黄石创建中国历史文化名城工作，深入调研，邀集相关部门负责人以及部分市政协委员专题协商国家历史文化名城创建工作，向市委市政府提交了《关于加快创建国家历史文化名城的建议》。接待了省政协原主席王生铁、原副主席武清海来黄调研民俗文化和非物质文化保护传承工作，接待了省政协科教文卫委员会、苏州市政协等兄弟政协来黄石调研考察矿冶工业遗产保护、民间资本参与公共文化服务体系等工作。开展提案督办。将7月作为提案督办月，围绕31件重点提案进行了重点督办。积极反映社情民意。组织政协委员开展界别活动，视察了市广播电视台、国药物流中心、档案馆、妇幼保健院、东方社区卫生服务中心、熊家境国家健身步道，形成了推进教育均衡发展、优化黄金山开发区交通、加强校园安全工作、学校信息化建设、打造体育赛事等提案和社情民意信息。突出特色做好文化简史和文史资料编撰工作。贯彻落实省政协文史工作暨《湖北文化史丛书》编撰工作座谈会精神，部署启动《黄石文化简史》编撰工作。做好文史资料工作，编辑出版了第31期《黄石文史资料》。

社会法制港澳台侨和民族宗教委员会 深入开展专题调研。就编制“十三五”发展规划和加快创新人才队伍建设等课题，会同民革市委会调研，形成了《加快创新人才队伍建设的调查与建议》等2篇调研报告和《关于加快医疗卫生事业发展为城乡居民提供健康保障的建议》等5篇大会发言。开展专题协商。组织社会福利与社会保障界、社科界的委员就“加强社保基金监管”和“推进权力清单制度”与市人社局、市编办等政府职能部门进行了协商座谈。开展民主监督活动。加强派驻民主监督员工作，定期召开民主监督员、被监督单位座谈会，掌握监督工作进展情况。组织委员到市监狱观摩减刑庭审，促进司法公平公正公开。对市经信委进行了民主评议，提出了加快传统产业升级等工作建议。开展界别活动。组织青联界、宗教界等界别委员对未成年人权益保护、台资企业发展、依法管理宗教等工作进行了视察。加强对外联系。定期与市公安局、市法院、群团组织等进行工作座谈，建立规范的对口联系和协商制度。走访了市民宗局、市台办等十多家对口单位，积极参加对口单位组织的视察、检查、座谈等活动。配合省政协社法委、外事委到黄石开展行政执法建设、妇联组织建设等课题调研，参加省政协组织召开的“依法加强管理宗教”专题研讨会，并在大会上作经验交流。

【重要活动】

县市区政协主席座谈会 8月11日召开。会议通报了上半年市政协反映社情民意信息采用情况。随后，各县（市）区政协主席就上半年工作情况及下半年工作安排进行交流。市政协主席郭远东在会上讲话。会议对做好政协下半年重点工作作出了部署。市政协副主席肖唐友主持会议，市政协副主席占传忠、方东明、柯旺升、刘恒咏，秘书长汪岚出席会议。

武汉城市圈政协主席论坛 10月15日至16 日举行。会议的主题是：实施创新驱动战略，推动武汉城市圈产业转型升级。武汉城市圈9市和3个观察员市县的政协主席及有关部门负责同志参加论坛。国家发改委国土开发与地区经济研究所所长肖金成、省社科院副院长秦尊文在论坛上作专题讲座。黄石市委书记周先旺在论坛开幕时致辞，省政协常务副主席范兴元出席论坛并作重要讲话。中共黄石市委、市人大、市政府、市政协的领导同志出席论坛。省政府研究室、省发改委、省经信委、省科技厅等单位的负责同志，中共黄石市委中心组成员、黄石市有关部门负责人和企业家代表参与论坛活动。论坛期间，与会政协紧扣协商主题展开认真讨论。与会政协提出，武汉城市圈要把创新驱动作为发展的“主引擎”，加快打造创新创业高地，真正把武汉城市圈科教优势转化为科技创新优势，把科技创新优势转化为发展的优势，使武汉城市圈成为中部地区创新环境最优越、创新协同最密切、创新产业发展最快速、创新实力最强大的城市群。论坛就深化武汉城市圈科技创新发展提出营造有利于科技创新发展环境、促进城市圈科技创新资源有序开放流动、深化城市圈科技金融合作、推进城市圈大众创新创业、促进城市圈产业协同发展、加快科技创新人才引进培养等建议。会议形成《2015 年武汉城市圈政协主席论坛（黄石）纪要》。

八省十三市政协书画联展 10月13日至14日举行。书画联展作品260幅，皆来自嘉兴、肇庆、延安、扬州、宣城、湖州、苏州、合肥、济宁、临沂、黄石、池州、攀枝花十三城市政协委员和书画家之手，作品充分彰显了不同的风土人情和艺术特色。市政协主席郭远东，市政协副主席肖唐友、秘书长汪岚参加活动。

市委政协工作会议 10月19日召开。市委书记、市长、市政协主席、市委副书记、市委常委、统战部长出席，各县（市）区、市直各部门、各乡镇（街办）党政一把手，市各民主党派、工商联负责人，各县（市）区政协主席、乡镇（街办）政协联络组负责人参加。会前，市委正式配套下发了《中共黄石市委关于进一步加强人民政协协商民主建设的实施意见》。市委书记周先旺、市长董卫民分别作重要讲话，对做好新形势下全市政协工作和推进政协协商民主制度建设作出了安排部署。市政协党组书记、市政协主席郭远东讲话。阳新县委等 8 家单位部门总结交流近几年政协工作成绩和经验。

【重要文件】

《中共黄石市委关于进一步加强人民政协协商民主建设的实施意见》（摘要）

一、政协协商的基本要求。加强政协协商民主建设，要坚持党的领导，坚定不移走中国特色社会主义政治发展道路；坚持宪法和政协章程确定的人民政协性质定位，始终围绕中心、服务大局；坚持协商于决策之前和决策实施之中，切实提高协商实效；坚持民主协商、平等议事、求同存异、体谅包容，努力营造良好协商氛围。二、政协协商的主要内容。（一）党委、政府重大决策和重要文件；（二）经济建设中的重要问题；（三）政治建设中的重要问题；（四）文化建设中的重要问题；（五）社会建设中的重要问题；（六）生态文明建设中的重要问题；（七）党的建设中的重要问题。三、政协协商的主要形式。（一）政协全体会议；（二）政协常务委员会会议；（三）政协主席会议；（四）专题协商；（五）对口协商；（六）界别协商；（七）提案办理协商；（八）书面协商；（九）其它形式协商。四、政协协商的主要程序。（一）协商计划的制定；（二）协商活动的准备；（三）协商活动的开展；（四）协商成果的报送；（五）协商意见的办理。五、政协协商的组织与保障。（一）建立健全协商民主工作制度；（二）发挥政协党组领导核心作用；（三）推动政协协商与党政决策有效衔接；（四）健全政协委员履行职责保障机制；（五）健全落实政协重要意见建议的督办机制。

中共黄石市委书记周先旺在市委政协工作会议上的讲话（摘要） 一、坚持用习近平总书记系列重要讲话精神统领政协和统战工作。二、准确把握做好新时期政协和统战工作的几个关键。第一，要以坚持党的领导为根本，确保政协和统战工作的正确政治方向；第二，要以增进团结为宗旨，不断巩固共同思想政治基础；第三，要以加强协商民主建设为核心，做到先协商、多协商、真协商；第四，要以联谊交友为纽带，巩固发展最广泛的爱国统一战线。三、统一战线和人民政协要在推动黄石转型发展中争取更大作为。要服务经济转型；要大力支持扶贫开发；要积极参与深化改革；要推进法治黄石建设；要维护社会和谐稳定。四、各级党委要切实加强对政协和统战工作的领导。

常务委员会工作报告（摘要）（2015 年 1 月 19 日） 一、2014 年工作回顾 （一）充分发挥协商民主重要渠道作用，着力推进生态立市产业强市。常委会认真贯彻中共十八大和十八届三中全会精神，从发展社会主义民主政治的高度，推进社会主义协商民主制度建设。紧扣改革发展的重要问题协商议政，有效开展专题协商、对口协商、界别协商、提案办理协商等多层次协商活动。先后就“推进新型城镇化”和“推进养老服务业和健康服务业发展”等议政性课题开展了专题调研，并召开市政协常委会进行了专题协商。坚持把建言立论与参与发展结合起来，积极推进生态立市建设。为促进森林城市创建，市政协成立了“关注森林”活动组织委员会，与下陆区共建“政协林”达 100 亩。（二）积极推进民主监督的制度机制创新，着力推动重大民生问题的有效解决。修订了派驻民主监督员工作实施细则，进一步明确了民主监督员的职责、派驻单位的职责以及对民主监督员的组织管理，保障了派驻民主监督员工作的规范开展。对过去探索开展的议政建言工作进一步改革，创新建立了“问政建言”这一新的民主监督形式，围绕中心城区夜市管理等八个方面的问题，采取现场问政、当面建言、公开测评的形式对市直 7 个部门和单位进行了问政和建言。对市民政局和市教育局进行了民主评议。紧紧围绕人民群众关心关注的突出问题，充分运用提案、视察、调研等监督形式，推动重大民生问题的有效解决。（三）坚持团结和民主两大主题，着力凝聚黄石转型发展正能量。加强与各民主党派、工商联和无党派人士的联系。重视新闻宣传和文史工作。推动以书画会友、翰墨传情为特色的文化统战工作。（四）深入开展群众路线教育实践活动，着力加强政协履职能力。结合工作实际，市政协常委会组织开展了政协委员“岗位建功、履职为民”主题活动，各民主党派开展了坚持和发展中国特色社会主义学习实践活动。持续深入开展学习型政协组织创建活动，进一步巩固团结奋斗的共同思想政治基础。以群众路线教育活动为契机，对本届已出台的制度进行了全面梳理和修订，初步形成涵盖政协全部工作领域的规章制度体系。二、2015 年工作部署 （一）进一步加强中国特色社会主义理论体系学习；（二）围绕黄石改革发展履职尽责；（三）扎实做好新形势下群众工作；（四）加强人民政协协商民主建设；（五）进一步加强自身建设。

【黄石市政协各级领导名单】

黄石市政协

主　席　　郭远东

副主席　肖唐友
　　　　占传忠
　　　　方东明
　　　　柯旺升
　　　　刘恒咏
　　　　刘昌猛
　　　　杨晓梅（女）
　　　　黄曲波

秘书长　汪　岚（女）

县（市）区政协主席

大冶市　胡志国
阳新县　黄锡钢
黄石港区　周绎兵
西塞山区　褚兰新
下陆区　曾庆龙
铁山区　胡国香

黄石市各级政协组织和委员数

（截至 2015 年底）

级别 项目	地级市	县（市）区	合 计
组织数	1	6	7
委员数	342	1180	1522

（张少庚　编写　李建国　审稿）

政协十堰市委员会

【全体委员会议】

四届五次会议 2月5日至8日召开。本次会议应出席委员315人，实到295人。开幕式由市政协副主席刘修俊主持，闭幕式由市政协主席陈家义主持。中共十堰市委书记周霁在开幕式上致辞。会议听取和审议四届市政协常委会工作报告和提案工作报告，列席市四届人大六次会议，听取和审议政府工作报告及其他重要报告，通过各项决议。市政协副主席严炳洲宣读了《关于表彰市政协四届四次会议以来优秀提案的决定》，《关于落实城区住宅配套幼儿园建设的建议》等15件优秀提案获得表彰。住市全国、省政协委员及市直有关部门负责人等应邀列席开闭幕式。会议期间，委员们围绕《政府工作报告》和2015年全市重点工作，以分组讨论、联组讨论、提交提案等形式，积极建言献策。会议期间，中共十堰市委书记周霁，市委副书记、市长张维国，市委副书记郭俊苹等市领导参加委员分组讨论，面对面听取委员的意见建议，与委员诚恳沟通交流，共商十堰发展大计。大会以无记名方式投票选举王晋洪为政协十堰市第四届委员会副主席，李跃为政协十堰市第四届委员会秘书长。经过与会委员举手表决，通过了《政协十堰市第四届委员会第五次会议关于政协十堰市第四届委员会常务委员会工作报告的决议》、《政协十堰市第四届委员会第五次会议政治决议》、《政协十堰市第四届委员会关于四届五次会议提案审查情况的报告》。大会收到提案335件，立案314件（各民主党派、人民团体、政协专门委员会集体提案24件，委员联名提案72件）。

【常务委员会会议】

第23次会议 1月23日召开。市委副书记、市长张维国，市委常委、常务副市长龙良文参加会议，听取常委们对政府工作的意见建议。市政协主席陈家义主持会议。会议传达学习市委四届九次全体扩大会议暨全市经济工作会议精神；协商讨论了《政府工作报告（征求意见稿）》；审议通过《政协十堰市第四届委员会常务委员会工作报告》（审议稿）、《政协十堰市第四届委员会常务委员会关于四届四次会议以来提案工作情况的报告》（审议稿）以及《政协十堰市委员会2015年工作要点》（审议稿）；协商通过关于召开市政协四届五次会议的决定（草案）等事项；听取和审议市政协各专门委员会工作报告；审议通过有关人事事项。

第24次会议 2月6日召开。市政协主席陈家义主持会议，市委常委、组织部长钟芝清出席会议并就有关人事事项作说明。会议审议候选人名单（草案），市政协四届五次会议选举办法（草案），市政协四届五次会议大会选举总监票人、监票人名单（草案），市政协四届五次会议关于市政协四届常委会工作报告的决议（草案）

和市政协四届五次会议政治决议（草案）。

第 25 次会议 2 月 7 日召开。市政协主席陈家义主持会议。会议通过《关于接受王晋洪同志辞职请求的决定》。会议听取市政协四届五次会议各组关于市政协四届常委会工作报告决议（草案），市政协四届五次会议政治决议（草案），市政协四届委员会副主席、秘书长、常务委员候选人名单（草案），市政协四届五次会议选举办法（草案），市政协四届五次会议大会选举总监票人、监票人名单（草案）讨论情况的汇报。会议通过市政协四届委员会副主席、秘书长、常务委员候选人名单，市政协四届五次会议选举办法，市政协四届五次会议大会选举总监票人、监票人名单，市政协四届常委会工作报告决议（草案），市政协四届五次会议政治决议（草案）和市政协四届五次会议提案审查情况的报告（草案）。

第 26 次会议 3 月 26 日召开。市政协主席陈家义主持会议并讲话。会议传达学习习近平总书记重要讲话精神和全国“两会”精神，审议通过有关人事事项。

第 27 次会议 7 月 24 日召开。市政协主席陈家义主持会议并讲话，市委常委、常务副市长龙良文代表市人民政府作关于 2015 年上半年经济运行情况及下半年工作安排、“科学编制十堰‘十三五’规划有关情况”的通报。会议传达学习中共中央办公厅《关于加强人民政协协商民主建设的实施意见》。与会常委分组协商讨论十堰市下半年经济工作安排；协商讨论科学规划编制十堰市“十三五”规划有关问题；审议通过有关人事事项。

第 28 次会议 12 月 7 日召开。市政协主席陈家义主持会议并讲话。市委常委、政法委书记师永学代表市委作关于法治十堰建设工作情况的通报；市委常委、常务副市长傅继成代表市政府作关于市政协四届五次会议以来提案办理工作情况的通报；会议传达学习中共十八届五中全会和市委政协工作会议精神；与会常委分组协商讨论法治十堰建设的有关重要问题；讨论市政府关于市政协四届五次会议以来提案办理工作情况的通报和市委政协工作会议精神；会议还审议通过有关人事事项。

【专门委员会工作】

提案委员会 市政协委员、政协各参加单位和各专门委员会，共提交提案 374 件。经审查，立案 343 件，不予立案 31 件。截止 2015 年 12 月底，提案全部办复，办复率、见面率达到 100%。组织开展主席带队督办视察活动，主席会议成员先后带队赴张湾区、竹山县、市交通局、市人社局等开展实地督办视察活动。组织提案人及政协委员代表深入市住建委、市交通局、市公安局等提案承办“大户”单位视察调研，开展提案办理民主评议。针对办理结果不满意的提案，组织开展提案办理“回头看”再协商活动，邀请提案人、提案承办单位进行协商座谈，推动提案办理达成共识。

经济委员会 围绕助推十堰工业经济转型升级、加强我市城区居民区物业管理开展调研和专题协商，形成《关于我市工业经济转型发展中有关问题专题协商报告》、《关于加强我市城区居民区物业管理工作专题协商报告》，报市委、市政府领导参阅，许多意见和建议已被采纳。围绕“推进依法治市”专题议政常委会议题，提交的《充分发挥人民政协在法治十堰建设中的立法协商和民主监督职能》等 3 份材料被编入专题议政常委会材料汇编。组织界别委员开展“十堰市民营企业融资现状”、“推动电子商务发展”等专题视察调研活动，其中撰写的《关于十堰市民营企业融资现状的调研报告》，为市政府研究化解中小企业融资难问题提供了决策参考。

人口资源环境委员会 围绕经济社会发展大局开展调研活动，完成《加快我市水环境保护地方立法，确保丹江口水库水质长期稳定安全》等3篇调研报告。组织部分常委、委员及市直相关部门就进一步加快推进丹江口库区环库生态旅游公路建设进行专题调研，形成《坚持四个统筹四个结合、加快推进环库公路建设》等5篇调研报告，并召开专题协商会，形成专题报告报送市委、市政府。积极配合省政协人资环委就我市地质灾害防治、秦巴山区生物多样性保护工作，深入各县（市、区）调研。积极选派委员及工作人员参与行评等民主监督工作，参加“电视问政”等直播节目。

教科文卫体委员会 围绕“全面推进法治十堰建设”专题开展调研，形成《关于完善行政执法机关法律顾问制度的建议》等4篇调研报告提交专题议政常委会。深入城区各高中、初中，就深化城区基础教育管理体制改革进行专题调研，组织开展专题协商，形成《关于深化城区义务教育管理体制改革的建议》，供市委、市政府领导参阅。组织部分委员深入东风高级中学、柳林中学、郧阳区一中，就公办普通高中面临的办学困难开展调研，形成《取消“三限生”后公办普高亟待解决的问题》参阅件，引起市委、市政府高度重视，省政协以第47期《社情民意专报》报送郭生练副省长。重点围绕县级公立医院综合改革、推进分级诊疗工作等内容，深入竹山县、竹溪县等地调研，形成《关于全市医改情况的调研报告》，为市委、市政府提供决策参考。

社会法制和民族宗教委员会 组织委员对全市公共法律服务体系建设情况进行专题调研，并开展专题协商，形成专题协商报告。组织委员到市残联、房县等地就残疾人事业和残疾人权益保障问题、建立新型检律关系等情况开展了专题调研视察。组织界别委员围绕民族宗教事务到城区清真寺、龙泉寺开展联合调研视察活动。先后深入到市民族宗教事务局、丹江口市净乐宫等地就宗教事务管理工作开展调研和对口协商。做好全国政协社法委、省政协社法委来十堰就“贯彻实施《道路交通安全法》，规范执法行为”、“残疾人事业和残疾人权益保障问题”开展专题调研的协调服务工作。

文史和学习委员会 围绕“全面推进法治十堰建设”专题组织调研，形成《抓住“关键少数”推进法治十堰建设》等专题议政发言材料。参加十堰市2049远景战略规划、城市总体规划修编文化特征、影响力专题协商座谈会，并形成会议综述报市委、市政府决策参考。组织委员围绕传承和弘扬地域优秀文化开展专题调研。围绕委员关注的宏观经济形势和社会热点、难点问题，选编15期《学习参考资料》。开展十堰三线建设史料征集工作，编辑出版《十堰文史・三线建设・二汽卷》专辑，共收录文章144篇91余万字、珍贵历史图片150幅。做好十堰抗战文史宣传，联手十堰晚报连续推出36期“打捞抗战记忆”文史精品。全面启动《十堰文化简史》编纂工作。

港澳台侨委员会 开展全市养老服务体系建设专题协商，形成《我市养老服务体系建设专题协商报告》。围绕“全面推进法治十堰建设”组织专题调研，形成《关于我市侨界维权工作的建议》等三篇调研报告。组织民盟界别委员赴市卫生计生监督局就我市卫生监督执法开展界别协商，形成专题调研报告。配合省政协开展“关于我市旅游业与生态农业融合发展”的专题调研，组织委员深入市旅游局、农业局就我市旅游业与生态农业融合发展开展座谈调研，提出将“十堰市整体纳入国家旅游扶贫试验区”的建议，形成专题调研报告提交省政协，得到省政协的肯定。组织部分委员视察了台资企业。

委员工作委员会 围绕加强履职能力建设，组织部分政协常委、委员赴全国政协委员（干部）培训中心参加第70期地方政协委员（干部）培训班学习。组织住市省政协委员视察丹江口库区环库公路建设情况。选派60名省、市、区政协委员担任城市管理督查员，选派23名省市政协委员参加市委督查室、市委组织部、市纪委党风廉政教育督导室等7个部门和单位组织的“八项规定”贯彻落实情况、政风行风评议、百姓电视问政、督查检查、咨询论证等活动。推荐1名省政协委员参加省委十届六次全会精神贯彻落实情况专项督查工作。根据工作需要和委员的实际情况，对委员所在界别进行了适当调整，明确了24个界别活动小组各小组组长、联络员和市政协机关对口联系专委会。

【重要活动】

市委政协工作会议 11月23日在市行政中心召开。会议深入贯彻党的十八大、十八届三中、四中、五中全会精神和习近平总书记重要讲话精神，以及省委政协工作会议精神，总结交流我市加强人民政协工作的经验和做法，研究新形势下进一步加强人民政协协商民主制度建设，充分发挥全市各级政协组织和政协委员的作用，广泛汇聚各方智慧力量，形成推进区域性中心城市建设的强大合力。市委书记周霁出席会议并讲话。市委副书记、市长张维国主持会议。市委副书记龙良文，市人大常委会主任王铁军，市政协主席陈家义，市委常委吴世杰、师永学、钟芝清、傅继成、宋继光，副市长刘学勤、张歌莺、张慧莉、刘学华、孙学余、杜海洋、侯昭位，市政协副主席卢富昌、严炳洲、黄剑云、朱仕雄、李光富、刘修俊、王晋洪，市中级人民法院院长王健、市人民检察院检察长白章龙等出席会议。市政协党组、市委统战部、民盟十堰市委员会、市公安局、市房管局有关负责同志在会上作了交流发言。市委印发了《关于进一步加强人民政协工作的意见》，对我市市级层面进一步完善协商民主制度和工作机制作出了具体安排。

新年茶话会 12月31日在世纪百强大酒店举行。市委书记周霁，市委副书记龙良文，市人大常委会主任王铁军等出席。市政协主席陈家义主持。市委副书记、市长张维国受周霁委托，代表市委、市人大、市政府、市政协，向参加茶话会的嘉宾表示热烈欢迎并致辞。市领导吴世杰、师永学、钟芝清、傅继成、沈学强、张歌莺、陈冬芝、刘学勤、卢富昌、严炳洲、黄剑云、朱仕雄、刘修俊、王晋洪，东风公司十堰管理部党委副书记彭泽龙等出席茶话会。市政协副主席、农工民主党十堰市委员会主委严炳洲代表各民主党派、工商联及无党派人士发言。

【重要文件】

中共十堰市委书记周霁在市政协四届五次会议开幕式上的致辞（摘要）（2015年2月5日） 一年来，全市各级政协组织和广大政协委员，高举中国特色社会主义伟大旗帜，坚持团结和民主两大主题，聚焦全面深化改革、秦巴山片区扶贫攻坚、“五城联创”、“保水质、迎调水”百日攻坚和国家生态文明先行示范区创建等重点工作，认真履行政治协商、民主监督、参政议政职能，为促进我市转型跨越发展和生态文明建设做出了重要贡献。2015 年是全面深化改革的关键之年，是全面推进法治十堰建设的开局之年，也是全面完成“十二五”规划的收官之年。新的一年，全市各级政协组织要深入学习贯彻习近平总书记在庆祝人民政协成立65周年大会上的重要讲话精神，继续发扬优良传统、牢记神圣使命，进一步提高履职能力和水平，以工作新状态展示政协新作为，为全市改革发展稳定作出更大贡献。第一，要高举伟大旗帜，巩固团结奋斗的共同思想政治基础。全市各级政协组织、广大政协委员要把学习中共十八届三中四中全会和习近平总书记系列重要讲话精神作为重大政治任务，不断增强中国特色社会主义的道路自信、理论自信、制度自信，始终与中国共产党同心同德、同心同向、同心同行，严守政治纪律和政治规矩，确保政协事业始终沿着正确的方向向前推进。第二，加强协商民主建设，为改革发展凝聚正能量。中共十堰市委将一如既往地把政治协商作为决策程序和必要环节，同时在全面深化改革、推进依法治市、加快生态文明建设和实施“四双”精准扶贫等重要工作中，吸收政协的负责同志参加，为政协履职尽责创造良好条件。第三，加强民主监督，为法治十堰建设献计出力。要准确把握新形势对人民政协工作的新要求，自觉把全面推进法治十堰建设作为政协工作的重要内容，充分发挥民主监督在法治建设中凝聚力量、促进和谐的重要作用，通过民主评议、视察监督、提案办理监督、社情民意反映等形式，加强对重点执法部门和重点执法环节的监督，增强政协对公正执法的民主监督力度，争做公正执法的推动者。广大政协委员要争做社会主义法治的模范践行者。第四，加强自身建设，不断提高政协工作科学化水平。要提高自身建设水平，巩固拓展教育实践活动成果，全面加强政协机关建设，从严管理领导班子和干部队伍，持续深入推进作风建设，切实抓好党风廉政建设和反腐败斗争，强化纪律约束和制度建设，更好地担负起人民政协的光荣使命。广大政协委员要增强委员意识，珍惜委员荣誉，坚持讲政治、讲大局、讲法治、讲学习，自觉树立和展示良好形象。各级党委要切实加强对政协工作的领导，把政协工作摆上党委重要议事日程，定期听取工作汇报和意见建议，切实解决实际困难和问题，依法保障政协委员的民主监督权利，关心、支持政协依照章程独立负责、协调一致地开展工作，形成和衷共济、团结一心的良好局面。

常务委员会工作报告（摘要）（2015 年**2 月 5 日**） 2014 年工作回顾：一、加强学习，巩固团结合作的思想政治基础。完善学习制度，创新学习方式。建立健全主席会议成员、常委、委员、机关干部多层次系列学习制度，形成坚持不懈抓学习的新常态。按照市委党的群众路线教育实践活动的安排部署，组织市政协中心学习组、市政协机关党员干部，对重点内容进行集中学习交流。二、围绕中心，紧扣转型跨越发展协商建言。开展多层次政治协商。围绕加快国家生态文明先行示范区建设开展专题协商议政，就生态文明制度建设、探索建立国家公园体制等重要问题开展调研，提出加强生态建设顶层设计、以产业化方式推进生态建设、积极开展绿色载体创建等一批有针对性的意见建议。召开 10 次主席会议，围绕城市规划、协商民主建设等全市重点工作及重要人事事项，进行协商讨论。各专委会围绕重点项目建设、招商引资、养老服务业发展等有关工作，分别与市直20个部门开展对口协商和界别协商，提出意见建议。将区域性中心城市建设、国家生态文明先行示范区建设、国际商用车之都建设、秦巴山片区区域发展与扶贫攻坚、南水北调中线工程核心水源区生态建设与水质保护作为常委会重大调研课题，由主席会议成员负责长期跟踪督办。市委、市政府对政协协商建言成果高度重视，纳入全市工作大局中研究、谋划和落实。三、服务大局，推动民主监督健康有序开展。认真做好提案工作，提案办复率、见面率达到100%。扎实开展民主监督，选派政协委员参加市纪委、市委组织部、市环保局、市房管局等部门和单位组织的“八项规定”贯彻落实情况、政风行风评议、“百姓电视问政”、价格听证会等活动，履行民主监督职能。组织市政协委员就“五河”流域治理、生态乡镇建设等人民群众关注的重点工作，开展25次视察活动。全年编发《各界反映》20期，报送省政协信息100多篇，采用16篇，转报转送省委、省政府47篇。四、弘扬主题，凝聚推动改革发展正能量。加强与各民主党派、工商联的团结合作。加强与民族宗教界的联系。积极开展团结联谊活动。注重加强对外联系和交往，认真做好全国政协、省政协视察、调研以及港区省级政协委员联谊会来十堰参观考察的接待服务工作。积极参与全市重点工作。五、强基固本，不断加强自身建设。扎实开展党的群众路线教育实践活动。加强专委会建设，完善界别工作机制。发挥委员主体作用。开展以“政协主席（常委）联系委员、政协委员联系界别群众”为内容的“双联”活动，让界别委员联系群众“接地气”，增强了委员在界别群众中的影响力和责任感。加强委员服务管理工作。对市政协《关于委员、常委参加会议的有关规定》、《关于建立委员履职情况通报制度的暂行规定》等规章制度进行了修订完善。召开全市政协文史工作会议，总结交流政协文史工作经验，认真安排部署重点工作。成立《十堰文化简史》编纂委员会，启动编纂工作，编辑出版《十堰文史·南水北调专辑》三卷，编印《十堰城区地名库地名征集汇编》。加强与省政协的联系，及时准确把握省政协工作思路，积极配合省政协开展相关活动，并主动争取指导。做好住鄂全国政协委员视察团“保水质、迎调水”专题视察等调研视察活动的协调服务工作。以开展机关党的群众路线教育实践活动为契机，加强政协机关思想建设、组织建设、作风建设，着力提高机关干部队伍的学习力、创新力、协调力、执行力。2015 年工作安排：一、牢牢把握人民政协工作的政治方向；二、扎实推进协商民主健康有序发展；三、围绕改革发展大局献计出力；四、着力营造团结和谐的社会氛围；五、切实加强政协履职能力建设。

《中共十堰市委关于进一步加强人民政协工作的意见》（摘要） 一、正确把握人民政协的性质定位和政协工作的任务原则。二、加强人民政协协商民主建设。（一）进一步明确政协协商内容。（二）进一步丰富政协协商形式。（三）进一步规范政协协商程序。三、切实加强人民政协民主监督工作。（四）明确民主监督内容。（五）丰富民主监督形式。（六）深化民主监督工作。（七）加强民主监督工作协调配合。四、积极推动人民政协参政议政工作。（八）加强视察工作。（九）加强调查研究工作。（十）加强反映社情民意信息工作。五、努力加强人民政协团结合作工作。（十一）促进多党合作共事。（十二）促进参加政协的各族各界人士合作共事。六、健全政协履职与党政工作的衔接机制。（十三）健全政协协商与党政决策的衔接机制。（十四）健全党政领导协商议政活动机制。（十五）健全政协委员履行职责保障机制。（十六）健全落实政协重要意见建议的督办机制。七、不断加强人民政协自身建设。（十七）高度重视政协领导班子建设。（十八）加强政协界别建设。（十九）加强政协委员队伍建设。（二十）加强政协专门委员会建设。（二十一）加强基层政协组织建设。（二十二）加强政协机关建设。八、加强和完善党对人民政协的领导。（二十三）高度重视人民政协工作。（二十四）发挥政协党组领导核心作用。（二十五）大力推进人民政协理论建设和宣传工作。

【组织情况】

选举副主席

（2015年2月8日十堰市政协四届五次会议选举）

王晋洪

选举秘书长

（2015年2月8日十堰市政协四届五次会议选举）

李　跃

常务委员辞去名单

（2015年1月23日十堰市政协四届二十三次常委会议通过）

郑道瑄

（2015年3月26日十堰市政协四届二十六次常委会议通过）

许凤娇　陈德范

委员辞去名单

（2015年1月23日十堰市政协四届二十三次常委会议通过）

王有群　王　涛　王新理
刘金成　陈新荣　柯大成
曹　奎　王康金　陈　壮
魏明波

秘书长辞去名单

（2015年2月7日十堰市政协四届二十五次常委会议通过）

王晋洪

增补委员名单

（2015年1月23日十堰市政协四届二十三次常委会议通过）

潘少义　李鸿冰　罗　勤
陈勇军　王建军　明正慧
何世明　任新华　王　超
蒋　波　张海涛　李千宝
夏海龙　杨学军　朱上能
钱国济

增补常务委员名单

（2015年2月8日十堰市政协四届五次会议选举）

王建军　王建新　李鸿冰
何世明　陈勇军　明正慧
罗　勤　熊玉泉　潘少义

【十堰市政协领导成员名单】

十堰市政协

主　席　　陈家义
副主席　　卢富昌
　　　　　严炳洲
　　　　　黄剑云
　　　　　朱仕雄
　　　　　李光富
　　　　　刘修俊
　　　　　刘运梅
　　　　　王晋洪
秘书长　　李　跃

县（市、区）政协主席

茅箭区　　黄小平
张湾区　　官开意
郧阳区　　赵学国
丹江口市　田玉玲（女）
郧西县　　王绪桔（女）

房　县　　陆　毅（女）　　　　　　　　竹山县　　唐泽斌
（2015年5月免职）　　　　　　　　竹溪县　　尹熙祥

十堰市各级政协组织和委员数

（截至2015年底）

级别 / 项目	地级市	县（市、区）	合计
组织数	1	8	9
委员数	309	1712	2021

（肖　军　陶　然　编写　周新亚　审稿）

政协襄阳市委员会

【全体委员会议】

十三届四次会议 1月19日至23日举行。省委常委、市委书记王君正作重要讲话。会议听取并协商讨论《政府工作报告》、《襄阳市中级人民法院工作报告》、《襄阳市人民检察院工作报告》，协商讨论《襄阳市发展和改革委员会关于2014年国民经济和社会发展计划执行情况和2015年国民经济和社会发展计划的报告》、《襄阳市财政局关于2014年财政预算执行情况和2015年财政预算（草案）的报告》。各界委员以促进汉江流域中心城市建设为主题，围绕打造区域金融中心、积极争创国家生态文明先行示范区、建设国际陆港城市、总结推广高新区制度创新经验、提高法治城市建设水平、加快实施改善民生三年行动计划等重大问题提出意见建议。会议听取并审议《政协襄阳市第十三届委员会常务委员会工作报告》《政协襄阳市第十三届委员会常务委员会关于市政协十三届三次会议以来提案工作情况的报告》；会议选举曾玉平同志为十三届市政协副主席，潘世国、杜道中、张海鹰、乔海林、陈国良、罗毓然等6名同志为十三届市政协常务委员；审议通过了《政协襄阳市第十三届委员会第四次会议政治决议》；表彰了一批政协工作先进单位和先进个人。会议形成联组讨论建言材料38份、提案719件，编发简报33期，建言成果丰硕，起到了鼓舞士气、增进团结、发扬民主、凝心聚力的重要作用。

【常务委员会会议】

第16次会议 1月22日召开，市政协副主席宋清龙主持会议。会议审议通过候选人名单（草案）、大会选举办法（草案）、总监票人、监票人名单（草案）；通过《政协襄阳市第十三届委员会第四次会议政治决议（草案）》。

第17次会议 4月15日召开，市政协主席万桃元主持会议。会议专题协商全面推进“法治襄阳”建设的有关问题。6名委员围绕深入推进“阳光司法”、加快推进我市公共法律服务体系建设、严格依法行政、培育公民法治信仰、加强法治队伍建设、进一步完善预防和依法化解社会矛盾相关体制机制等提出意见建议。会议审议关于市政协十三届四次会议提案审查情况的报告；听取关于法治城市建设内涵及创新路径的专题讲座。省委常委、市委书记王君正同志，市委副书记、市委政法委书记虞国旗同志，市委常委、市委秘书长岳兴平同志，市政府副市长、公安局长张启波同志，以及市直有关部门的主要负责同志应邀出席会议。

第18次会议 7月10日召开，市政协主席万桃元主持会议。会议专题协商关于科学编制“十三五”规划的有关问题，并通报上半年经济社会发展情况。11位委员围绕“互联网+”思维推动产业转型升级、发展众创空间促进大众创新创业、对接国家发展战略加快对外开放、加快建立公平开放透明的市场环境、提升汉江流域中心城市文化软实力、加快基本公共服务体系建设、发展生态文明建设美丽襄阳等主题在会上做了大会发言。省委常委、市委书记王君正同志，市委副书记、市委政法委书记虞国旗同志，市委常委、常务副市长王兆民同志，市委常委、市委秘书长岳兴平同志，以及市直28个单位和部门的主要负责同志应邀出席会议。部分市政协委员、市民代表应邀列席会议。会议形成《关于科学编制襄阳市国民经济和社会发展“十三五”规划有关问题的建议案》，省委常委、市委书记王君正作了批示。

第19次会议 9月21日召开，市政协主席万桃元主持会议。会议协商讨论《改善民生三年行动计划》落实情况；审议通过有关人事安排，任命林芳立同志为市政协办公室主任，接受李才智、刘英、王宁进等三位同志辞去委员职务。市委副书记、市长秦军同志，市委常委、常务副市长王兆民同志，市委常委、统战部长李跃华同志，政府秘书长胡颐新同志，以及市直有关部门的主要负责同志应邀出席会议。

第20次会议 12月24日召开，市政协主席万桃元主持会议。会议听取市政府关于市政协十三届四次会议以来提案办理情况的通报，全市党风廉政建设、市中级人民法院和市人民检察院工作情况通报，《政府工作报告》起草情况说明。会议决定，中国人民政治协商会议襄阳市第十三届委员会第五次会议于2015年1月7日至11日在襄城区召开，会期4天半。会议审议通过政协襄阳市第十三届委员会委员调整建议名单和有关文件，并对提案办理工作进行评议。

【专门委员会工作】

提案委员会 市政协十三届四次会议以来，共收到提案725件，经审查立案597件。市委、市人大、市政府、市政协联合召开建议提案交办会，向77家承办单位做了提案交办。创新提案办理工作方式方法，积极搭建“提、办”双方沟通交流的平台，将提案办理协商与对口协商、界别协商、实地视察、专委会联合督办相结合，选择涉及深化改革发展、保障民生和城市建设方面的三类重点提案，开展了形式多样的提案协商活动56场次。对重点提案办理工作加强领导领办和督办力度，积极开展提案办理工作“双回访”，继续坚持市政协常委会议评议提案办理工作，促进承办单位的重视，提高了提案办理质量。

经济技术委员会 紧紧围绕汉江流域中心城市建设，先后就“深入推进阳光司法”、“以互联网+推进产业转型升级”、“加快新能源汽车产业发展”、“城市安全管理”、“大力发展生产性服务业，促进实体经济健康发展”、“加快发展乡村旅游”等六个专题深入调查研究。围绕“加快新能源汽车产业发展”、“打造汉江流域区域金融中心”开展专题协商；围绕茶产业龙头企业发展进行对口协商；深入米芾社区，就解决米芾社区民生问题，开展基层民主协商。联系民主监督小组，以监督“法制城管”、“智慧城管”、“惠民城管”为工作重点，开展了一系列专题民主监督活动。

人口资源环境委员会 组织开展“公共法律服务体系建设”、“关于发展生态文明建设美丽襄阳的建议”、“改善民生三年行动计划”、“加强环境保护推进绿色发展”等专题调研4次，提出意见建议20余条。联系第三民主监督组，围绕推进安能公司污染整治、余家湖污水处理厂运行、污水直排大李沟等问题开展民主监督；与南阳市政协就“唐白河水环境保护”问题开展联动监督。组织部分常委、委员视察了汉江干流水文水情、九水润城项目，围绕“落实最严格的水资源保护制度情况”召开市政协常委专题协商会议。深入襄城区余家湖办事处周家冲社区，召开了基层民主协商会，协商市路灯管理为该社区安装了路灯70盏，市华润天然气公司投资300万元为该社区铺设了燃气专线，居民生活环境得到极大改善。

教文体卫委员会 深入开展“严格依法行政”、“提升汉江流域中心城市文化软实力”、“提升公共服务共建共享水平”、“医疗废弃物处理”等专题调研，结合实际提出推进工作的意见建议。开展民办教育发展基层民主协商，改善空气质量界别协商。促进我市文化、教育、卫生、体育等各项社会事业的发展，充分发挥界别委员的主体作用，深入开展调查研究、视察活动。组织我市13名文化艺术界政协委员和书画家到襄阳军分区开展“送书画进军营”活动；组织医卫界政协委员和农工党有关医疗专家到襄州区程河镇乔庄村开展送医送药下乡活动。联系第二民主监督小组，围绕公共文化服务设施和文化惠民活动落实情况开展民主监督工作。

社会和法制委员会 围绕“培育公民法治信仰”、“加快建立公平开放透明市场环境”、“改善民生三年行动计划”开展调查研究，提出意见建议。与经济技术委员会联合开展国家安全发展示范城市创建情况专题视察活动，并召开座谈会进行协商。就农村社区养老服务问题开展界别协商；就促进我市快递行业发展进行对口协商，形成了社情民意《我市快递行业迅猛发展中亟待解决的问题》；组织第14委员活动组就昌隆小区改造问题与市建委、房管局、供电公司、电信公司进行基层民主协商。联系第一民主监督小组，充分运用调研视察、召开专题协商会、现场督办等多种方式反映意见建议，抓好公共交通安全的民主监督。

民族和宗教委员会 就经济社会发展中的重要问题和人民群众关注的热点问题，深入基层调查研究，形成了关于加强法治队伍建设、加快基本公共服务体系建设、城区标准化社区卫生服务中心建设和村卫生室建设、加快推进以人为核心的新型城镇化建设等多篇调研报告。就创建“全国食品安全城市”开展对口协商；就樊城区友谊街回族社区改造建设开展基层民主协商；就清真肉食补贴、回民公墓建设等问题开展提案办理协商。联系第八民主监督组，围绕“食品安全和卫生计生综合执法”深化民主监督工作。积极发挥五大宗教团体公益慈善活动平台，开展公益慈善活动。主动加强与“三会一站”联系，妥善处理涉及少数民族领域矛盾纠纷，为维护社会和谐安定聚集正能量。

学习文史委员会 进一步加强委员学习培训，组织开展市委政协工作会议精神宣讲，策划举办三期政协大讲坛，创办“委员微讲坛”。召开市政协委员“双献双实”主题实践活动报告会，展示各界委员履职成效及风采。出版抗战史料专辑《襄阳抗战记忆—纪念中国人民抗日战争暨世界反法西斯战争胜利七十周年专辑》，积极促成《湖北下荆南道志》校注本一书的研究和出版发行。组织委员围绕襄阳法治城市建设、科学编制“十三五规划”、襄州建设城乡一体化示范区等专题开展调研，建言献策；围绕市区新建居住小区配建教育设施进行界别协商，就特困群体的医疗救助问题开展基层民主协商。联系第五民主监督小组，围绕教育工作主题，以“义务教育学校规范化建设”为重点，深化监督工作实效。

港澳台侨和外经外事委员会 围绕“依法化解社会矛盾”、“发展众创空间促进大众创新创业”、“三年民生行动计划”、“聚合创新资源构建高效众创空间”等专题深入开展调查研究，提出意见建议；围绕“适应新常态推进经济转型升级”、推进2015城建重点项目建设开展常委专题协商；组织对我市海归新侨企业发展情况进行视察。联系第六民主监督小组，围绕“城市建设”主题，暗访了相关项目法定建设程序执行情况、项目推进情况，助推了城区建设项目全部纳入法定建设程序。引导各位委员履行社会责任，积极奉献爱心，资助贫困学生，支持地方旅游文化事业发展。

委员工作委员会 分两批次组织全市乡镇（街道）政协联络处主任到北戴河参加学习培训。在襄阳市委党校举办传达学习中共襄阳市委政协工作会议精神培训班，320多人参加学习培训。围绕“对接国家发展战略、加快对外开放”、“三年民生行动计划”开展专题调研；联合港澳台侨和外经外事委员会就“适应新常态推动经济转型升级”开展常委专题协商；就峪山镇南环路新社区建设问题进行基层民主协商。协调组织住襄省政协委员赴武汉市学习考察地方立法协商工作，就襄阳开展立法协商提出意见建议。联系第七民主监督小组，稳步推进民主监督工作的开展，形成的《关于加快推进被征地农民基本养老保险的建议》，得到市政府领导的批示。组织部分驻襄省政协委员和市政协常委视察了我市“五城同创”工作，组织部分政协委员视察城建重点项目建设情况。做好委员服务和管理，开展委员综合考评，激励委员履职。

【重要活动】

全市县（市、区）政协主席座谈会 9月17日召开，市政协主席万桃元主持会议并讲话。会议学习贯彻全国地方政协工作经验交流会议和省委政协工作会议精神，认真研讨《中共襄阳市委关于加强人民政协协商民主制度建设的实施意见（代拟稿）》。各县（市）区政协交流发言。

“双献双实”主题实践活动报告会 9月29日召开。与会人员观看反映委员开展“双献双实”（献良策、献力量、说实话、做实事）主题实践活动的专题片，会议印发36名先进委员典型经验材料。8位委员代表、3位组长代表在报告会上交流发言。市政协主席万桃元就进一步深化“双献双实”主题实践活动讲话。

落实最严格的水资源管理制度常委专题协商会 5月29日召开。市政协委员陈凡作了关于我市实行最严格水资源管理制度的主题发言；市环保协会会长运建立就全市水资源管理和水环境保护提出建议；市水利局、市环保局、市建委等部门就当前工作和采纳落实委员建议作了情况介绍和表态发言。市政协主席万桃元、市政府副市长范斌就推进最严格水资源管理制度落实和加强水资源管理水环境保护协商讲话。

适应新常态推进经济转型升级常委专题协商会 8月28日召开。市政协常委吴少伟作主题发言，万涛、吴正明等企业负责人代表就企业转型升级提出建议，薛云龙、刘海林等8名市政协委员分别就发展“互联网+”、提高企业产品核心竞争力等问题进行了讨论交流。市经信委、科技局、人民银行等部门负责人就采纳落实政协委员和企业提出的意见建议作了表态发言。市政协主席万桃元、市政府副市长王忠运就发挥政协协商民主重要作用、推进我市经济转型升级讲话。

推进城建重点项目建设常委专题协商会 11月20日召开。市政协委员黄潮海代表作主题发言，王定文、唐黎等委员结合调研和自身工作实际作了补充发言，襄城区、市建委等单位通报了工作进展情况，并就进一步推动重点项目建设作了表态发言。市政协主席万桃元，市委常委、副市长朱慧分别就推进城建重点项目建设讲话。

推进新能源汽车产业发展对口协商会 6月25日召开。市政协常委陈时付作主题发言，东风旅行车公司、湖北（众泰）弘泰阳新能源汽车公司等企业负责人分别就襄阳新能源汽车企业发展情作了发言，市汽车办、市科技局等有关部门就采纳落实委员和企业提出的意见建议作了表态发言。市委副书记、代市长秦军，市政协主席万桃元分别就推进新能源汽车产业发展和加强政协专题协商讲话。

创建全国食品安全城市对口协商会 6月30日召开。市政协委员针对上半年创建工作中存在的进展不平衡，创建氛围不浓厚，群众满意度不够乐观等问题提出了意见建议。市政协主席万桃元，市政府副市长丁亚琳分别就做好全国食品安全城市创建工作讲话。

加快建设汉江流域金融中心对口协商会 10月27日召开。市政协委员梁跃武作主题发言，市政协委员樊廷军、熊华庆、张开杰、姜耀玲及金融专家吴章勇、李元富等就襄阳市汉江产业基金、信用体系建设等问题作补充发言，市金融办、市发改委等有关部门就采纳落实委员建议作了表态发言。市政协主席万桃元，市委常委、市政府常务副市长王兆民分别就加快推进汉江流域金融中心建设讲话。

农村、社区养老问题界别协商会 5月28日召开。市政协委员沙鸿、程义江分别就我市发展农村、城市社区养老服务提出了意见建议。襄城区政府、樊城区政府、市民政局等有关部门就采纳落实委员意见建议作了表态发言。副市长沈学军对委员提出的意见建议给予充分肯定，对抓好落实、推进下一步工作进行安排部署。

改善空气质量界别协商会 10月23日召开。市政协委员马妮代表市政协教文体卫委员会作主题发言，阮先会、贺丛平、杨桂红等委员结合调研实际议政建言，襄城区政府、樊城区政府、市建委、市城管局、市环保局等单位就工作开展情况和进一步推进改善空气质量工作发言。市政协主席万桃元，市委常委、副市长朱慧分别就推进改善我市空气质量工作讲话。

新建居住小区配建教育设施界别协商会 11月30日召开。市政协第五民主监督小组通报了新建居住小区配建教育设施调研情况。姚卫东委员分别向市教育局、市规划局送达民主监督意见书。副市长丁亚琳对教育界委员和民主监督小组提出的意见建议给予充分肯定，对抓好落实、推进下一步工作进行了安排部署。

推进“行刑衔接”依法打击食品犯罪专题协商会 5月20日举行。市政协第八民主监督组组长陈心安代表市政协社会和法制委员会、民族和宗教委员会、第一民主监督组、第八民主监督组作《关于实行“行刑衔接”依法打击食品犯罪的建议报告》。市政协部分常委、委员，有关副秘书长和专委会主任参加会议。市食安办（食药监局）、市人民法院、市检察院等部门负责人，部分早餐原材料配送示范企业负责人参加了会议。市政协主席万桃元、市政府副市长丁亚琳分别讲话。

【重要文件】

中共襄阳市委书记王君正在市政协十三届四次会议开幕会上的讲话（摘要）（2015年1月19日） 一年来，市政协领导班子和广大政协委员紧紧围绕全市发展大局，牢牢把握团结和民主两大主题，积极履行职能，切实服务市委、市政府中心工作和重大决策部署，协商有方，监督有力，参政有为，开创了我市人民政协事业发展的新局面，为建设汉江流域中心城市作出了重大贡献。2015 年是收官“十二五”、谋划“十三五”的接续之年，是全面建成小康社会、全面深化改革、全面依法治国、全面从严治党的关键之年。我们要把思想和行动统一到中央和省委、市委的决策部署上来，奋力开创政协工作的新局面。一、坚定正确的政治方向，以习近平总书记系列重要讲话精神统揽政协工作全局。保持高度的政治清醒，认真贯彻落实中央和省市委的各项重大决策部署，时刻与党中央保持高度一致，与市委、市政府在思想上同心同德、目标上同心同向、行动上同心同行、落实上同心同力，凝聚“竞进提质、又好又快”发展的正能量。二、围绕新常态下的中心任务，充分发挥人民政协的职能作用和独特优势。一要切实发挥人才荟萃、智力密集的优势，着力在又好又快发展中建功立业。各级政协组织要增强大局观念，找准发挥政协优势与服务工作大局的结合点，在服务发展中找准定位，在支持发展中提升水平，在促进发展中树立形象。二要切实发挥联系面广、代表性强的优势，着力在全面深化改革中凝聚共识。各级政协组织要切实发挥自身优势，聚焦关键领域和关键环节的改革，重点围绕行政审批制度改革、投融资机制改革、土地管理制度改革，加强调查研究，多谋良策、多出实招。三要切实发挥扎根基层、深入群众的优势，着力在增进人民福祉上发挥作用。继续关注以保障和改善民生为重点的社会建设，充分利用联系广泛的优势，协助党委、政府发现和解决民生问题，发展社会事业，维护社会稳定，促进社会和谐。四要切实发挥位置超脱、包容各界的优势，着力在推进法治襄阳建设上履职尽责。要把全面推进法治襄阳建设作为政治协商的重要内容，协助党委政府全面提高法治襄阳建设水平。三、适应转型发展的新要求，努力提高政协履职的能力和水平。（一）树立适应转型发展的新思维。（二）切实加强协商民主制度建设。建立健全协商主体的互动机制、协商议题的形成机制、民主协商的知情机制、为民协商的民情机制、协商成果的落实机制，提升政治协商的实效性。（三）不断提升新时期的政协履职能力。着力提升调查研究的能力，联系服务群众的能力，共事兴业的能力。（四）展示新时期政协委员的良好形象。要严守章程，珍惜荣誉，牢记使命，转变作风，积极履职，切实维护政协委员的良好形象。四、加强和改进党的领导，为政协工作顺利开展提供坚强保证。各级党委（党组）要充分认识做好人民政协工作的重要意义，把政协工作纳入重要议事日程，把政治协商作为科学民主决策的重要环节，作为改进作风、推动工作的重要手段，把参政议政作为做好工作的有效方式，积极做好政协提案办理工作，定期向政协通报经济社会发展情况、听取意见建议，积极支持政协开展调查研究和视察、考察活动，高度重视政协参政议政成果的研究和转化，支持政协委员开展各种形式的监督活动，依法保障政协委员的民主监督权利，形成和衷共济、团结一心、共谋发展的生动局面。

常务委员会工作报告（摘要）（2015 年 1 月 19 日）（一）坚定信念、增进共识，巩固团结奋斗的思想基础。一是着力在深化理论学习中坚定思想信念。二是努力在发展协商民主中增进各方共识。三是致力在践行群众路线中强化作风建设。（二）围绕中心、服务大局，开展广泛多层次的协商议政。一是助推汉江流域中心城市建设。市政协十三届十二次常委会议形成了《关于加快建设汉江流域中心城市的建议案》。组织开展了关于文化旅游业、农产品加工业、非公有制经济发展等多层次的协商活动。二是建言全面深化改革。着眼于全面深化改革、推动经济社会持续健康发展，向市委、市政府提交了《关于全面深化改革有关问题的建议案》。三是聚焦新能源汽车产业发展。常委会集中优势力量，对新能源汽车产业发展进行了多次调研，召开专题协商会。在专题协商的基础上，常委会与《人民政协报》报社联合在我市举办了“新能源汽车产业化与改善城市环境”专题座谈会。四是关注汉江流域生态建设。围绕汉江流域生态建设问题，连续两年向全国政协、省政协提出相关提案，争取国家部委和省直部门的支持，推动了汉江生态经济带开放开发战略的实施。（三）创新方式、注重实效，努力提高民主监督工作水平。一是深入开展主题式民主监督。紧紧围绕市委、市政府的中心工作，突出市区公共安全、社会保障和卫生食品安全等八大主题，深入开展联动、联手、联合监督，推动关系群众切身利益的民生问题的解决。二是扎实做好委员视察工作。组织住襄省政协委员视察团和市政协常委、委员视察团，先后对市政府“十件实事”办理情况、“五城同创”工作、侨资企业发展等专题进行视察，向市委、市政府及有关部门提交了高质量的视察报告，扩大了委员视察的社会影响力。三是发挥政协提案的监督作用。继续坚持联合交办、市领导领办提案，就农村环境整治、汉江水资源保护、农村公路养护等事关经济社会发展和人民群众关注的热点提案，开展提案协商办理30多次。十三届三次会议以来，审查立案的547件提案全部得到认真办理，取得了提案者、承办单位、人民群众“三满意”的良好效果。四是畅通渠道反映社情民意。一年来，共采用社情民意信息404篇，中央、省、市领导批示82篇，《建议积极争取把加强汉江航道综合整治纳入国家重点工程》等5篇信息被中共中央办公厅和全国政协采用。（四）服务发展、关注民生，不断深化“双献双实”主题实践活动。一是务实资政建言，服务发展大局。重视发挥委员主体作用，引导广大委员开展专题调研50多次，形成了一批有深度、有价值的调研报告。二是密切联系群众，凝聚各界力量。认真落实《关于进一步加强与群众联系的意见》，完善邀请群众参与政协活动、委员活动组联系社区、政协委员联系界别群众等各项工作机制，29个委员活动组与全市47个社区、477名委员与872名界别群众建立了经常性联系。三是扎实扶贫帮困，促进民生改善。组织委员继续捐助“阳光慈善班”和“爱心班”，对口援建希望小学；并深入保康县白峪沟村、谷城县温坪村等6个县（市）区的12个村组（社区）开展“送科技、送医药、送体育、送温暖”活动，解决农民群众饮水难、行路难、发展难问题。一年来，全市政协委员共开展各类为民服务活动80多次，累计捐款1000多万元。（五）发挥优势、凝心聚力，巩固发展大团结大联合的生动局面。一是注重合作共事。二是注重团结联谊。加强与台湾新竹的文化经贸交流，举办了湖北襄阳·台湾新竹书画展、交响音乐会、休闲农业与农产品深加工合作洽谈会、光电子和动漫经济技术合作洽谈会等一系列交流活动，深化了两地联谊合作。三是注重联系协作。率先倡导并推动建立汉江流域城市政协联系协作机制，承办了汉江流域城市政协联系协作会暨工商联（总商会）经贸交流联席会第一次会议，加强区域内城市政协之间联系交流。综合协商意见，形成了《南水北调中线即将调水：

15个汉江流域城市政协呼吁高度重视汉江生态保护》的信息，中央办公厅《每日汇报》采用，中央领导作出重要批示。（六）健全机制、夯实基础，提升服务保障委员履职的能力和水平。一是着力提升委员履职能力。二是强化专委会基础作用。三是做好政协理论研究和宣传、文史工作。四是进一步加强机关建设。市政协机关在保康县白峪沟村开展的对口帮扶工作获国务院扶贫办督察组肯定，工作队队长杨才举同志被国务院扶贫办授予“全国社会扶贫先进个人”称号。

中共襄阳市委关于加强人民政协协商民主制度建设的实施意见（摘要）（2015年10月13日） 明确政协协商的内容：党委、政府重大决定和重要文件，经济、政治、文化、社会、生态文明建设以及党的建设中的重要问题。规范政协协商的形式：政协全体会议、议政性常委会议、主席会议等例会协商；专题协商、对口协商、界别协商；提案办理协商；书面协商；基层民主协商；探索创新协商形式。把协商民主贯穿于政协履职全过程，加强民主监督、参政议政、合作共事工作。加强政协协商与党委和政府工作的有效衔接：规范协商议题提出机制，规范政协协商程序，健全政协协商与党政决策的衔接机制，健全党政领导参加政协协商议政活动机制，健全政协委员履职保障机制，健全政协重要意见建议的办理落实机制。加强人民政协自身建设：发挥政协界别作用、委员主体作用、专门委员会基础作用、基层政协组织作用，加强政协履职能力建设。加强和完善党对人民政协协商民主制度建设的领导：高度重视人民政协协商民主制度建设，发挥政协党组领导核心作用，营造全党全社会重视和支持人民政协协商民主建设的良好氛围。

【组织情况】

襄阳市政协

主　席　　万桃元

副主席　　潘巧莲（女）
王绍玲（女）
龚爱华（女）
宋清龙
陈洪基
王万清
武保健
曾玉平

县（市、区）政协主席

枣阳市　　段永建
宜城市　　楚定立
南漳县　　郑风元
保康县　　肖定佐
谷城县　　周　云
老河口市　李守成
襄州区　　郑国元
襄城区　　杨开忠
樊城区　　汪自亮

襄阳市各级政协组织和委员数

（截至2015年底）

项目＼级别	地级市	县（市、区）	合计
组织数	1	9	10
委员数	478	2351	2829

（柯玉山　编写　陈绍华　审稿）

政协宜昌市委员会

【全体委员会议】

五届四次会议 1月20日至22日召开。省委常委、市委书记黄楚平致辞，会议听取市政协主席李亚隆、副主席李德才分别代表政协宜昌市第五届委员会作的常务委员会工作报告和关于五届三次会议以来提案工作情况报告。14位政协委员围绕经济社会发展中的重大问题和人民群众关心的热点难点，分别提出了建议。会议通过《政协宜昌市第五届委员会第四次会议政治决议》、《政协宜昌市第五届委员会提案委员会关于政协宜昌市五届四次会议提案审查情况的报告》等文件。徐炜同志当选政协宜昌市第五届委员会副主席，谭卫国同志当选政协宜昌市第五届委员会秘书长，王怀兰、覃根深同志当选政协宜昌市第五届委员会常务委员会委员。市各民主党派、工商联、各人民团体、市直部委办局和各新闻单位负责同志，在宜的港澳台侨代表人士，基层群众代表及有关人士等列席会议。

【常务委员会会议】

第18次会议 1月21日召开。会议审议政协宜昌市第五届委员会第四次会议选举办法（草案）等文件。会议听取有关人事任免事项的说明。会议审议通过政协宜昌市第五届委员会第四次会议选举办法（草案），选举政协宜昌市第五届委员会副主席、秘书长、常务委员候选人名单（草案），政协宜昌市第五届委员会第四次会议总监票人、监票人名单（草案），政协宜昌市第五届委员会第四次会议政治决议（草案），政协宜昌市第五届委员会第四次会议关于常务委员会工作报告的决议（草案），政协宜昌市第五届委员会第四次会议关于政协五届三次会议以来提案工作情况报告的决议（草案），政协宜昌市第五届委员会提案委员会关于五届四次会议期间审查提案情况的报告和《科学处理黄柏河水生态保护与磷矿开发关系的建议案》。市政协副主席伍卫星、李盈奕、黄克、李德才、蔡建国、屈鹏、黄惠宁、望蓉出席会议。

第19次会议 3月27日召开。会议书面传达全国“两会”精神，协商讨论“黄柏河流域保护与磷矿开发”问题，审议《宜昌市政协协商咨询委员聘用办法（试行）》（草案），专题通报宜昌高新区建设发展情况，协商讨论有关人事安排事项，同意免去曹文金同志市政协常委、委员、市政协经济委员会主任职务。副市长王国斌到会听取意见并讲话。市政协主席李亚隆主持并作总结讲话。市政协副主席伍卫星、李盈奕、黄克、李德才、蔡建国、屈鹏、黄惠宁、望蓉，秘书长谭卫国出席会议。

第20次会议 6月26日召开。会议协商讨论做好“十三五”规划的建议，听取了市委常委、常务副市长宋文豹关于“科学编制宜昌市‘十三五’规划的有关情况及全市上半年经济运行情况和下半年经济工作安排”通报，审议通过《2015年民主评议提案办理工作实施方案》（草案）。6名协商咨询委员参会并参与小组讨论，会议共提交调研报告32篇。市政协主席李亚隆主持并作总结讲话。

第21次会议 9月28日召开，围绕“积极推进全民守法，增强公民法治观念”开展议政协商，共收到53项建议。市委常委、市委政法委第一副书记、市公安局局长刘红洲到会听取意见并讲话。会议听取市委政法委关于“法治宜昌建设”的专题通报，传达学习省委政协工作会议精神，讨论通过《关于进一步加强与人民政协经常性联系 建立政协协商与基层协商衔接配合机制的指导意见（试行）》，协商讨论“积极推进全民守法、增强公民法治观念”问题，审议通过有关人事安排事项。市政协主席李亚隆主持并作总结讲话。市政协副主席伍卫星、黄克、屈鹏、黄惠宁，秘书长谭卫国出席会议。

第22次会议 12月28日召开。会议传达学习了党的十八届五中全会和省委、市委工作会议精神，听取并讨论市纪委关于反腐倡廉有关情况的通报，协商讨论并通过《政协宜昌市委员会关于提高民主监督实效的指导意见（试行）》，对市发改委、市国土资源局、市住建委、市水利水电局提案办理工作进行了民主评议，协商讨论并通过有关人事安排事项。市政协主席李亚隆主持并作总结讲话。

【专门委员会工作】

提案委员会 市政协五届四次会议以来，共收到提案606件，经审查，立案601件。其中，集体提案105件，占17.5%；委员个人或联名提案 496件，占82.5%。经过办理，所提问题已经解决或基本解决的395件，占65.7%；所提问题正在解决或列入计划逐步解决的137件，占22.8%；所提问题因目前条件限制或其它原因需以后解决留作参考的69件，占11.5%。所有提案办结率、见面率和委员满意率均达到100%。政协提案为加快推进宜昌大城建设、促进经济社会发展、增进人民福祉作出了积极贡献。一是关注规划制定，对接国家战略。提案紧扣“一带一路”和“长江经济带”给宜昌发展带来的重大机遇，围绕“十三五”规划的制定，提出的具有全局性、宏观性和前瞻性意见与建议。二是聚焦大城建设，助推协调发展。三是心系社情民意，推动民生改善。委员们把群众的满意作为提案的出发点和落脚点，推动了一大批事关群众切身利益问题的解决。

文史资料委员会 完成《三峡工程史料选编移民卷》资料整理及汇总，在此基础上进行了篇目定稿，按计划进入录入阶段，完成大事记定稿；《宜昌文化简史》年初召开了编审会议，完成纲目审定工作和资料征集工作，编撰工作进展顺利；《宜昌摩崖碑刻》基本完成征稿工作，已征集稿件180多篇；四是征集《三线建设在宜昌》稿件近40万字，为明年编辑出版打好基础。为纪念抗日战争暨世界反法西斯战争胜利70周年编辑出版《宜昌抗战史料选编》（宜昌市政协文史资料第三十八辑）。全书共收录有关宜昌抗战的史料67篇40万字和78幅图片。组织四次委员学习活动。

经济委员会 一是围绕全市经济社会发展重大问题建言献策，积极为科学编制“十三五”规划、推进清江流域保护与开发、三峡综合运输体系建设、西北物流转运新通道建设积极建言献策；二是突出重点调研视察。开展市重点项目督办调研视察。4月、6月、12月，前往联系的市重点项目“宜昌惠科显示器”和“高新区凯富多功能环保复合布”项目现场调研指导工作。还开展了农民专业合作社发展调研、

“军民融合发展”专题调研、公共服务重点项目财政保障视察、农村扶贫帮扶和督办调研。

人口资源环境委员会 一是围绕“科学处理黄柏河保护与磷矿开发的关系”、“黄柏河流域磷矿开采对黄柏河水质的影响”、“磨基山城市自然地标保护”开展了专题协商。二是组织委员开展了棚户区改造工作、环保模范城市复核工作、移民重点村建设情况、湿地保护情况、基层残疾人专职委员待遇问题系列专题调研和视察活动。三是组织本专委会委员认真履职，在市政协五届四次全会上和会后共提交建议案1件，委员个人或联名提案63件。今年本专委会及委员共有17篇《社情民意》被市政协采用，其中有10篇得到市领导批示。

教科文卫体委员会 一是完成了市政协2015年“增强村级医疗卫生服务能力”常委专题协商会议和“文艺精品创作及环境”协商座谈会两次重大协商会议的专题调研及会议相关筹备工作。二是关注民生热点难点，认真组织开展界别调研协商工作。深入调研职业教育市级统筹规划和管理，关注爱婴医院创建行动。围绕特色文化社区建设、农村科普工作、宜昌市创建全国知识产权示范城市工作积极协商建言。三是专委会委员认真履行参政议政职能，积极建言，向大会提交提案58件，提交《社情民意》10期，市委政府领导批示7期。四是继续开展“四送”下乡活动。

民族宗教和社会法制委员会 一是民族地区小康建设、“十三五”期间民族地区经济社会发展及武陵山民族地区生态环境保护、我市散居少数民族和流动少数民族人员的服务管理、围绕土家族文化的挖掘、保护与传承积极开展调研和视察活动，促进民族地区经济社会发展；二是采取多种形式宣传党的宗教政策，密切联系宗教界人士和广大信教群众，积极引导宗教与社会主义社会相适应，促进宗教和顺，形成了《依法管理宗教事务，充分发挥宗教作用》的专题调研报告，报送省政协，并在省政协民族宗教工作研讨会上作交流发言，受到省政协肖旭明副主席的肯定。三是积极推进全民守法、增强公民法治观念，就强化基层法律服务、保障公民合法权益，加强村级法律援助体系建设、保障农村困难群众法律权益，推进社区法治建设、提升居民法治素养。四是深入兴山县，就农村妇女土地权益维护开展了专题调研，推进农村妇女权益的维护，切实关爱留守儿童。

港澳台侨和外事委员会 一是做好纪念抗战胜利70周年工作，牵头召开“抗日英烈高志航纪念园建设”协商座谈会，协同完成“宣传宜昌抗战光荣历史，弘扬伟大抗战精神”常委专题协商会。二是做好港澳台侨外联谊交友工作，广泛联谊交友。积极开展入户走访、入企走访，了解侨胞所盼所需，摸清企业发展情况，帮助排忧解难。三是做好服务经济社会发展工作，积极围绕“十三五”规划制定和涉外商务工作开展调研视察，收集、编辑、报送社情民意16篇，其中领导批示11篇。上报省政协1篇。提交提案54件，其中3件被确定为重点提案，郑则暖、徐东胜委员的提案被评为优秀提案。

【重要活动】

常委专题协商会 4月30日，市政协召开“宣传宜昌抗战历史、弘扬伟大抗战精神”常委专题协商会。这是市政协首次将文史资料工作纳入协商议政议题。副市长王应华应邀出席会议并讲话。市政协主席李亚隆主持并作总结讲话。市政协副主席李盈奕、黄克、李德才、蔡建国、屈鹏、黄惠宁、望蓉、徐炜，秘书长谭卫国等参加会议。10月13日上午，市政协召开“增强村级医疗卫生服务能力”常委专题协商会。副市长王国斌参加会议并讲话。对如何进一步增强村级医疗卫生服务能力。市政协主席李亚隆主持并作总结讲话。市政协副主席伍卫星、黄克、李德才、屈鹏、黄惠宁、望蓉、徐炜，秘书长谭卫国出席会议。

全市县市区政协主席座谈会 全年共召开三次县市区政协主席座谈会。6月9日，全市县市区政协主席座谈会召开，会议贯彻学习《中共中央关于加强社会主义协商民主建设的意见》，总结并推广伍家岗区政协协商与基层协商衔接配合的试点经验。8月6日，全市县市区政协主席座谈会在秭归召开，总结推广伍家岗区、秭归县政协协商与基层协商衔接配合的经验。12月24日，全市县市区政协主席座谈会在长阳召开。与会人员观看了《民主监督创新之路》专题片，听取了相关经验介绍，并围绕《政协宜昌市委员会关于提高民主监督实效的指导意见（试行）（征求意见稿）》进行了讨论。市政协主席李亚隆出席会议并讲话。

市委政协工作会议 11月23至24日在城区召开。会议深入学习党的十八大和十八届三中、四中、五中全会精神，贯彻落实习近平总书记在庆祝人民政协成立65周年大会上的重要讲话和《中共中央关于加强社会主义协商民主建设的意见》精神，贯彻落实省委政协工作会议和全省推进城市绿色发展现场会精神，总结交流2011年市委政协工作会议以来我市加强人民政协工作的经验和做法，研究部署下一步工作。省委常委、市委书记黄楚平出席会议并讲话。市委副书记、市长马旭明主持会议。市领导张建一、吴静、宋文豹、刘红洲、吴海涛、李智、王应华、张军辉、伍卫星、黄克、李德才、蔡建国、屈鹏、望蓉、徐炜等出席会议。

“抗日战争与中国社会”宜昌国际学术研讨会 5月23日至24日，由中国抗日战争史学会、湖北省政协文史和学习委员会、宜昌市政协共同主办“抗日战争与中国社会”宜昌国际学术研讨会召开，60余位海内外专家学者齐聚宜昌，研讨会围绕中国人民抗日战争、宜昌抗战等主题展开讨论，回顾中国人民抗日战争的历史，深入研究抗日战争的历史启迪、当代意义和伟大抗战精神，并对宜昌抗战及其在抗日战争中的地位、作用等进行深入探讨。省政协主席杨松，中国社会科学院学部委员、中国史学会会长张海鹏，省委常委、市委书记黄楚平，中国抗日战争史学会会长步平出席开幕式并讲话。开幕式由省政协副主席王振有主持。

市政府、市政协联席会议 12月25日召开。会议相互通报了今年以来的工作情况和下一阶段的工作安排。市委副书记、市长马旭明说，今年以来，市政协围绕中心，服务大局，特别是针对市政府的重点工作，广泛开展调研，积极建言献策，提出了550多个提案，为推进宜昌大城建设和全市改革发展发挥了重要作用。市领导宋文豹、毛传强、王国斌、王应华、袁卫东、刘建新、伍卫星、黄克、李德才、蔡建国、屈鹏、黄惠宁、望蓉、徐炜，市政府秘书长王均成、市政协秘书长谭卫国等出席会议。

宜昌市各界人士2016年新年茶话会 12月29日举行。省委常委、宜昌市委书记黄楚平出席茶话会并讲话。市委、市人大、市政府其他领导同志和市政协副主席伍卫星、黄克、李德才、黄惠宁、望蓉、徐炜及市中级人民法院、市人民检察院领导同志，市老领导，市各民主党派和市工商联、无党派人士和各族各界人士代表，出席茶话会。

【重要文件】

中共宜昌市委书记黄楚平在全市政协工作会议上的讲话精神 黄楚平充分肯定近几年来全市政协工作取得的成绩和全市各级政协组织、广大政协委员围绕中心、服务大局作出的重要贡献。黄楚平书记在讲话中就进一步加强人民政协工作提出了明确要求：1. 坚持思想引领，切实增强做好新形势下政协工作的使命感和责任感。第一要深刻认识到做好人民政协工作，是实现中华民族伟大复兴“中国梦”的需要。第二要深刻认识到做好人民政协工作，是推进“四个全面”战略布局顺利实施的需要。第三要深刻认识到做好人民政协工作，是加快宜昌现代化特大城市建设的需要。2. 坚持改革创新，充分发挥人民政协在促进社会主义协商民主中的重要作用。主要是做好“三个充分”：一是要充分尊重政协协商的重要地位。二是要充分创造政协协商的生动形式。三是充分完善政协协商的有效机制。3. 坚持务实推进，在现代化特大城市建设中展现政协更大作为。主要是展现“四个新作为”：一是要高举团结大旗，在凝心聚力上展现新作为。二是要胸怀全局视野，在建言献策上展现新作为。三是要牢记为民宗旨，在为民谋利上展现新作为。四是要力行职责使命，在求真务实上展现新作为。4. 坚持党的领导，为人民政协履职尽责提供坚强保障。一是要着力加强党对人民政协的领导。二是要着力发挥政协党组领导核心作用。三是要着力营造政协工作良好环境和条件。

常务委员会工作报告（摘要）（2015 年 1 月 20 日） 2014 年工作回顾：一、聚焦改革发展，议政协商谋良策。一积极在国家和省级协商中建言。坚持主动作为，争取上级政协和政协参加单位将建设最佳食品安全放心城市、新型农村合作医疗、扩大三峡枢纽货运通过能力等重大问题纳入高层协商。一年来，向上级政协提交提案 48 件，在全国和省政协会议上发言 9 次，反映社情民意信息 143 件。积极在全市改革发展中立论。政协五届三次全会以来，围绕稳增长、调结构、促发展、惠民生，委员们共提交提案 622 件，立案 605 件，提案提出数和立案数再创历史新高，提案综合采纳率达到 91.5%。积极在推动落实中协商。二、深化群众工作，履职为民转作风。着力汇集民意民智。以“两进”活动为载体，组织全市委员开展了 4 次问需于民、问计于民活动。以“四请两公开”为主要内容，请群众代表参与各种协商活动。一年来，全市 2600 多名市县（市区）两级政协委员走访基层群众 8 万多人次，召开座谈会 1500 多场次，收集整理群众意见与建议 4000 余条，社情民意市委市政府主要领导批示 86 件。全市两级政协委员广泛开展“三帮”（困难农民、困难学生、困难市民）、“三下乡”（文化、医药、科技）活动，捐赠资金近 7000 万元。围绕全市特困村脱贫攻坚行动，30 名政协委员发起“春暖”助推扶贫活动。三、活跃联系交往，凝心聚力促团结。充分发挥民主党派的作用。主动争取民主党派中央支持，发展与民革中央、农工党中央、九三学社中央、民建中央的联系合作。2015 年工作安排：一、突出主轴，增强三个自信：深入学习领会中共十八届四中全会和习近平总书记系列重要讲话精神，全面把握中共中央对政协工作提出的新要求。二、紧扣中心，服务现代化特大城市建设：围绕全市重大问题建言。紧紧围绕“五位一体”建设中的重大问题开展协商。三、推进“三化”，发挥专门协商机构作用。完善协商工作规范。完善协商形式，增加协商密度。四、扩大团结，汇聚共襄伟业正能量。广泛凝心聚力。搭建平台，充分发挥各民主党派、工商联和无党派人士在参政议政方面的优势。五、改革创新，推进履职能力现代化：发挥委员主体作用。充分调动并有效发挥委员的积极性主动性创造性，始终是人民政协的一项基础工程。加强作风建设。巩固党的群众路线教育实践活动成果。加强机关建设。以机关党建为抓手，进一步加强思想建设、组织建设和能力建设。

【组织情况】

补选副主席

（2015 年 1 月 22 日政协宜昌市第五届委员会第四次会议选举）

徐　炜

补选秘书长

（2015 年 1 月 22 日政协宜昌市第五届委员会第四次会议选举）

谭卫国（土家族）

补选常务委员

（2015 年 1 月 22 日政协宜昌市第五届委员会第四次会议选举）

王怀兰（女）　覃根深（土家族）

增补委员名单

（2015 年 1 月 21 日政协宜昌市第五届第十八次常委会议通过）

谭卫国

（2015 年 9 月 28 日政协宜昌市第五届委员会常务委员会第二十一次会议通过）

罗建国

（2015 年 12 月 28 日政协宜昌市第五届委员会常务委员会第二十二次会议通过）

文　牧　叶明米　田亚洲
刘　文　刘祖华　刘晓华
孙劲松　余　庆　吴宏亮
张白华　张　军　陈大为
周　文　罗国新　胡达军
高后远　黄文峰　黄声东
黄建军　楚文军　詹国春

（2015 年 12 月 28 日政协宜昌市第五届委员会常务委员会第二十四次会议通过）

张永林　揭　明　宋化力

免去委员名单

（2015 年 3 月 27 日政协宜昌市第五届第十九次常委会议通过）

曹文金

（2015 年 6 月 26 日政协宜昌市第五届委员会常务委员会第二十次会议通过）

李盈奕

（2015 年 9 月 28 日政协宜昌市第五届委员会常务委员会第二十一次会议通过）

朱大学

（2015 年 12 月 28 日政协宜昌市第五届委员会常务委员会第二十二次会议通过）

潘德远　王仁俊　王传兵
李传文　李兴慧　肖　达
陈道军　易礼平　赵建生
徐为民　梅云年　黄文云
黄芳帅　潘言宏　魏建功

辞去副主席名单

（2015 年 6 月 26 日政协宜昌市第五届委员会常务委员会第二十次会议通过）

李盈奕

撤销委员名单

（2015 年 6 月 26 日政协宜昌市第五届委员会常务委员会第二十次会议通过）

吴克岸

（2015 年 12 月 28 日政协宜昌市第五届委员会常务委员会第二十二次会议通过）

胡学东

【宜昌市各级政协组织及领导】

宜昌市政协

主　席　　李亚隆

副主席　伍卫星
黄　克
李德才
蔡建国
屈　鹏
黄惠宁（女）
望　蓉（女）
徐　炜
秘书长　谭卫国（土家族）

县市区政协主席

宜都市　李家华
枝江市　陈　燕（女）
当阳市　孙照玉
远安县　庄辉俊
兴山县　许开龙
秭归县　陶　丹（女）
长阳县　李云达（女）
五峰县　李传文（截止到6月）
文　牧
伍家岗区　赵建生（截止到6月）
周　文
夷陵区　易仁和
点军区　李兴慧（女）
西陵区　祁必清
猇亭区　龚名财

宜昌市各级政协组织和委员数

（截至2015年底）

级别 项目	地级市	县（市、区）	合计
组织数	1	13	14
委员数	389	2328	2717

（侯天臻　编写　何新华　审稿）

政协荆州市委员会

【全体委员会议】

四届五次会议 1月19日至22日在荆州凯乐会议中心举行。会议应出席委员499人，实到472人。会议听取并审议市政协主席雷中喜代表常务委员会所作的工作报告和市政协副主席窦华富代表常务委员会所作的关于四届四次会议以来提案工作情况的报告。与会委员列席四届市人大五次会议，听取并讨论政府工作报告、市中级人民法院工作报告、市人民检察院工作报告及其他报告。市委书记李新华，市委副书记、市长李建明等市领导列席了开、闭幕会，并参加联组讨论和小组讨论，听取大会发言。大会共收到大会发言材料76篇，12名委员就荆州公共水资源现状及对策、针对国家长江经济带规划中荆州元素不足的补救对策、发展新兴服务业促进经济转型升级、建设中国荆州水文化博物馆、强化社区自治功能、推进良法善治荆州建设、培育壮大荆州电子商务产业、加强院士专家工作站建设、建设荆州绿色交通、推动少数民族乡经济社会发展、发展现代农业、打造中国绿谷等作大会发言，14名委员在联组讨论会上就加快推进城乡社会养老服务体系建设、将科技馆新馆建设纳入荆州"十三五"规划、激发荆州中小型科技企业创新活力等问题作了发言。会议选举罗清洋、李佑虎、张明军同志为政协荆州市第四届委员会副主席；选举马林武、向光明、邹贤林、郑泽光、胡荆琳、涂勤学、陶润华同志为政协荆州市四届委员会常务委员。会议审议通过市政协四届五次会议关于政协荆州市第四届委员会常务委员会工作报告的决议、市政协四届五次会议关于提案审查情况的报告和政治决议。会议授予丁仕祥等11名政协委员"十佳委员贡献奖"、马金华等10名政协委员"十佳委员风采奖"、万齐斌等34名政协委员"优秀政协委员奖"，表彰《加强我市公共安全体系建设，确保人民生命财产安全》等26件优秀提案。大会共收到提案348案，经审查立案326件。

【常务委员会会议】

第22次会议 1月18日召开。会议协商通过市政协四届五次会议选举办法（草案），协商通过了市政协四届五次会议总监票人、监票人建议名单，协商通过了关于陶润华同志任政协荆州市第四届委员会副秘书长职务的决定。大会还协商通过了其他人事安排的决定。市政协主席雷中喜主持会议并讲话。

第23次会议 1月22日召开。会议审议通过市政协第四届委员会常务委员会工作报告的决议（草案），审议通过市政协四届五次会议提案审查情况的报告（草案），协商通过市政协四届五次会议政治决议（草案）等。市政协主席雷中喜主持会议并讲话。

第24次会议 3月8日召开。会议通报政协荆州市委员会关于2015年度民主协商计划、重要活动安排、重点提案和重要提案篇目以及关于开展政协委员培训工作的方案，协商通过关于开展“加快荆州中心城区电子商务发展”专题调研的方案，并协商通过有关人事事项。市政协主席雷中喜主持会议并讲话。

第25次会议 7月10日召开。会议听取市政府关于2015年上半年全市经济发展情况的通报，听取市发改委、商务局关于荆州电子商务发展情况的汇报，协商通过市政协《关于加快荆州中心城区电子商务发展的建议案》。市政协主席雷中喜主持会议并讲话。

第26次会议 9月22日召开。会议学习传达省委政协工作会议精神，听取市政府关于荆州市“十三五”规划编制情况的说明和市政协调研组关于荆州市“十三五”规划调研情况的汇报，协商讨论荆州市“十三五”规划编制情况。市政协主席雷中喜主持会议并讲话。

第27次会议 12月29日召开。会议听取市政府关于2015年提案办理情况通报和市纪委关于2015年全市党风廉政建设和反腐败工作情况通报；听取市中级人民法院、市人民检察院2015年工作情况通报；听取市直相关部门2015年重点提案办理情况的汇报，并对市政协2015年重点提案办理情况进行了评议；协商通过市政协四届六次会议有关事项。市政协主席雷中喜主持会议并讲话。

【专门委员会工作】

提案委员会 全年共提交提案400件，审查立案371件，已全部办复，提案的办复率100%，满意和基本满意率99.7%。未立案提案中，作意见转送相关部门参考21件。注重发挥提案办理协商的重要作用，从提、立、交、办、督、评等具体环节入手，求真务实，守正出新，着力构建重点突出、协商深入、督办有力、落实到位的提案办理工作机制。开展提办双方学习培训，将提案办理工作纳入常委会协商，督办落实10件重点提案和20件重要提案，制定出台《提案办理考核评价试行办法》，重点抽查考评了市卫计委、市水利局、市文广局、市人社局、市城管局五家单位提案办理工作。组织在荆全国政协委员、省政协委员调研视察，推动提案工作不断发展。

经济委员会 调研荆州中心城区电子商务发展，形成专题调研报告；调研荆州农业产业化发展，形成了《关于“十三五”时期加快我市农业产业化建设的建议》的调研报告；视察荆州雷竹笋产业发展情况，促进市农业局出台《发展雷竹笋产业的实施方案》；视察荆州“放心粮油”市场体系建设情况，省政协对这次调研成果以简报形式转载。

人口资源环境委员会 调研荆江河段航道治理工程，建议工程指挥部充分认识长江黄金水道开放开发的历史意义，加强与地方政府的衔接，在确保工程质量的前提下，加快工程进度，建设生态航道，让工程早日造福于民；调研荆州生态环境建设，建议加大科学规划力度，提高绿化覆盖率，探索建立林业可持续发展、符合市场经济规律的机制；督促推动《高度重视土壤污染防治工作建议》建议的办理工作，市环保局对该建议和领导批示高度重视，从四个方面研究出台了九条具体措施，加强了全市土壤污染防治和修复工作。

教科文卫体委员会 调研科普服务“三农”和提高全民科学素质工作，形成了《关于做好我市科普工作的情况报告》的参阅件以及《加大我市科普场馆建设力度》的社情民意信息；调研编制荆州市“十三五”加快生态环境保护方面规划，形成了

《关于"十三五"期间加快我市生态环境保护建设的建议》调研报告，提交市政协常委会议进行议政发言；开展关爱留守儿童、孤寡老人、空巢家庭的"健康社区行"活动，开展健康讲座、义诊咨询、免费施药，面对面服务居民和村民，服务患者5000余人次，免费送医送药费用近30余万元；参与荆州市疾病应急救助基金监管委员会工作。

社会和法制委员会 调研全市刑释人员安置帮教工作，通过市政协《参阅件》送市委、市政府参阅；视察全市公安工作；协助省政协民盟界别就"深入推进依法行政、加快建设法治政府"开展专题调研，形成《调研报告》；协助省政协社会和法制委员会做好"社会转型时期优化基层妇联组织发展环境问题"的专题调研，形成《调研报告》；参与文明执法工作的法律监督，组织委员到市中级人民法院和荆州监狱旁听案件审理；参加荆州市江北地区人民检察院"公众开放日"活动；参与"六五普法"检查验收工作。

民族和宗教委员会 持续关注支持少数民族乡经济社会发展，得到市委、市政府的高度重视和市直部门的大力支持；市委、市政府召开专题会议部署民族宗教工作，并下发《关于加强和改进新形势下民族宗教工作的意见》，促进了少数民族乡村经济社会的发展。调研少数民族特色经济发展，扶持少数民族创新创业，助力特色产业成长服务，形成专题报告，通过《社情民意信息》上报给有关市领导参阅；调研依法管理宗教事务执行情况，形成专题报告，通过《参阅件》上报给有关市领导参阅。

学习和文史资料委员会 建言关公文化发展，视察关公义园项目，形成《参阅件》报送市委市政府；编辑出版近54万字的《关公文化学》，抢占关公文化研究制高点；征编出版《血火见证—荆州抗战文集》，图文并茂地真实再现了荆州抗战血与火的历史。积极组织《荆州文化史》编撰工作，如期完成省政协交办的编撰任务。参与编写《荆州改革开放实录》，启动《湖北重点工程亲历记》征编工作。努力推进《荆州巨变》出版。组织政协委员学习培训，举办市政协新任委员、特邀信息员和基层政协联络处主任学习培训班。

港澳台侨和外事委员会 利用荆州对外经济文化交流促进会筹备荆州台湾关公文化交流活动，先后5次接待"台湾两岸一家亲"董事长王先生一行，共同商讨活动内容、活动方式、接待原则、接待标准及相关事宜；组织21名市政协委员中部分优秀中小学教师和医务工作者赴澳门进行了为期五天的考察交流。组织部分港澳台侨和外事委员会的委员调研荆州引进国外智力工作的情况；做好对外联系工作，接待全国政协常委、致公党副主席、中国侨联副主席李桌彬一行25人、全国政协外事委员会副主任王国庆一行12人、香港湖北联谊会在港湖北老乡故乡行一行65人等莅荆考察。

【重要活动】

各界人士迎春茶话会 2月10日召开。市政协主席雷中喜主持茶话会并讲话，市委书记李新华出席茶话会并致辞，市各民主党派、工商联、无党派人士代表和市港澳台侨界人士代表先后发言。

政协委员学习报告会 3月8日举行。邀请全国政协文史和学习委员会副主任卞晋平教授，为全体市政协常委、中心城区政协委员、各民主党派成员和政协工作者，作《推进社会主义协商民主建设》专题辅导报告。

市政协委员、特邀信息员和基层政协联络处主任学习培训班 5月26日至28日在荆州市委党校举办。围绕社会主义协商民主建设开展专题学习培训，重点学习了人民政协的地位、性质和作用，政协委员如何撰写好提案，发挥主体作用当好政协委员等方面知识，提高了新任政协委员和基层政协工作者的履职能力。市政协主席雷中喜作了题为《推进人民政协和委员履职能力现代化建设》的报告。

纪念抗战胜利 70 周年诗歌朗诵会 9月 17 日举行。通过朗诵一系列革命诗歌，让人民“勿忘国耻、珍爱和平，同时举办历史不会忘记——沙市区纪念中国人民抗日战争暨世界反法西斯战争胜利70周年大型图片展。市政协主席雷中喜在诗歌朗诵会上致辞。

全市政协主席座谈会 10 月 13 日召开。会议深入学习省委政协工作会议精神，协商讨论市委文件《关于进一步加强人民政协工作的决定》（代拟稿）的修改意见和加强人民政协协商民主建设。市政协主席雷中喜主持会议并讲话。

全市政协宣传信息工作会议 10月13日召开。各县市区政协主席，市各民主党派、工商联负责人参加会议。各县市区政协和市直新闻媒体负责人就政协宣传信息工作交流发言。市政协主席雷中喜主持会议并讲话。

市委政协工作会议 11 月 5 日召开。市委书记李新华讲话，强调要以“四个全面”战略布局为统领，进一步加强政协协商民主建设，充分发挥全市各级政协组织的重要作用，促进荆州经济社会发展。市委副书记、市长杨智主持会议并从政协与党委政府关系的层面提出要求。市政协主席雷中喜就切实把握人民政协正确的政治方向、围绕推进“四个全面”战略谋事干事成事、推进人民政协制度创新、提升人民政协履职能力现代化水平等四个方面，向全市各级政协组织提出要求。

精心组织召开市政协知情咨政圆桌会议 全年围绕少数民族乡村经济社会发展、“绿满荆州”行动和环荆州古城国家湿地公园建设、关公文化与荆州文化旅游产业发展、荆州农业特色产业发展、体育场馆高效利用等主题召开 5 次会议。委员代表、市民代表分别围绕会议主题提出意见建议，市直相关部门分别作相关情况汇报，并针对代表们提出的问题进行了答复和表态。会后都形成了相关报告，以市政协《参阅件》或会议纪要等形式，报送市委、市政府，供领导参考。《中国政协》、《人民政协报》多次报道了荆州市政协知情咨政圆桌会议的作法，省政协推广了荆州政协的经验。市政协主席雷中喜出席各次会议并作重要讲话，市政府分管副市长和市政协相关副主席参加会议。

“三严三实”专题教育 3月到12月，按照中央、省委和市委统一部署，市政协党组开展了以“严以用权、严以修身、严以律己，谋事要实、创业要实、做人要实”为主题的“三严三实”专题教育活动。市政协党组坚持“认真、严格、深刻、实效”方针，各项规定动作扎实到位，自选动作有特色有亮点，教育实践活动取得了阶段性成效。

【重要文件】

中共荆州市委书记李新华在市政协四届五次会议开幕会上的致辞（摘要）（2015 **年 1 月 19 日**） 市委希望，各级政协组织和广大政协委员要围绕中心，服务大局，尽心履职，参政建言，抢抓新常态下的新机遇，以新作为应对新常态，以新跨越引领新常态。要把握新常态下的机遇与挑战、优势与潜力、速度与质量。要奋力新作为，在跨越赶超上要有新作为、在深化改革上要有新作为、在法治建设上要新作为、在民生保障上要有新作为。要切实加强对政协工作的领导，牢牢把握人民政协工作的正确方向，以改革创新精神做好新形势下政协工作，充分发挥人民政协作为协商民主重要渠道作用，积极发挥政协作用。

常务委员会工作报告（摘要）（2015年1月19日） 2014工作回顾：全力助推壮腰工程三年见成效，建言打造文化旅游支柱产业、招商引资重大项目建设、加快中心城区新区建设建议案的落实，争取上级部门对荆州发展的支持。探索协商民主实践形式，围绕重大决策部署开展例会协商，围绕重要民生问题开展“圆桌会议”协商，围绕重点工作落实开展专题协商。创新民主监督工作机制，组织开展36次视察监督、8次咨政监督、10次评议监督。做好新形势下群众工作，开展“让政协走进人民群众，让人民群众走进政协”实践活动，建立健全反映社情民意的工作机制和工作机构，帮助群众排忧解难，市政协机关连续3年被评为全省“三万”活动先进单位。做好凝心聚力构建和谐的工作，发挥民主党派在政协中的重要作用，加强同社会各界人士的团结，精心组织主题庆祝活动。不断加强自身能力建设，加强作风建设、制度建设、主体建设、政协宣传理论研究工作和对县市区政协的指导。2016年工作部署：继续助推壮腰，围绕荆州市经济社会发展“十三五”规划的编制、荆江段开放开发、争取中省支持、搞活中小企业开展专题调研。深入探索协商民主，重视协商民主制度建设，丰富协商民主内容，完善民主协商形式，开展协商民主理论研究。积极开展民主监督，进一步完善“三位一体”监督机制，加大提案办理监督力度，继续跟踪重大建议案的督办落实，加强与新闻媒体合作的舆论监督。切实做好群众工作，扩大群众有序政治参与，切实维护人民群众利益，健全联系群众长效机制。加强能力建设，不断增强学习能力、创新能力、管理能力和统筹能力。

中共荆州市委关于进一步加强人民政协工作的决定（摘要） 推进协商民主建设，明确协商内容，丰富协商形式，完善协商程序。支持政协开展民主监督，明确监督内容，丰富监督形式，完善监督程序，加强监督协调。发挥政协参政议政作用，加强专题视察工作，开展调查研究，反映社情民意信息，加强政协智库建设。健全政协履职与党政工作的衔接机制，健全政协协商与党政决策的衔接机制、党政领导与政协领导“双向”参会机制、政协委员履职保障机制、政协协商议政成果督办落实机制。提高政协履职能力现代化水平，加强和完善党对人民政协的领导，营造支持人民政协工作的社会环境。

荆州市政协提案办理工作考核评价试行办法（摘要） 一、适用范围。承办市政协提案所有部门（单位）。二、基本原则。全面考核，客观公正，公开透明。三、组织实施。由市政协分管领导任组长，市委督查室、市政府督查室、市政协提案委等单位领导参加，组成市政协提案办理工作考评领导小组，领导小组下设办公室，具体负责考评工作的组织实施。坚持每年第四季度常委会议民主评议10件重点提案，实行党政领导包案制度，将于每年10月中旬至11月中旬在各承办单位自评的基础上，根据实际情况选择5至7家承办单位进行抽查评议。四、评价内容及标准。考核评价实行量化打分，主要内容有领导重视、责任明确（20分），程序规范、工作到位（45分），解决问题、注重实效（35分）

等三个基本部分；另附加项目 10 分，满分为 110 分。五、考评方式。考评采取自评、评议、综合评价等方法分步骤进行。六、结果应用。年度考评结果除反馈给各承办单位外，还将抄送市委、市政府和有关部门作为部门年度绩效考核的一项重要内容。另对考核结果在下年度市政协全体会议上予以通报。

【荆州市各级政协领导人名单】

荆州市政协

主　席　雷中喜
副主席　罗清洋
　　　　张国荣
　　　　李建明
　　　　窦华富
　　　　张端芳
　　　　姚荆汉
　　　　林　红（女）
　　　　毛精华
　　　　李佑虎
　　　　张明军
秘书长　周晓君

县市区政协主席

荆州区　李学军
沙市区　黄荆祥
江陵县　易波涛
松滋市　郑海云
公安县　毛世奇
石首市　涂勤学
监利县　羿卫国
洪湖市　邹贤林

荆州市各级政协组织和委员数

（截至 2015 年底）

项目＼级别	地级市	县（市、区）	合计
组织数	1	8	9
委员数	480	2238	2718

（罗华伟　编写　沈清平　审稿）

政协荆门市委员会

【全体委员会议】

八届四次会议 1月5日至8日在荆门市群众文化中心召开。大会应到委员 329 人，实到 320 人。会议听取并赞同肖菊华所作的《政府工作报告》，赞同市中级人民法院工作报告、市人民检察院工作报告以及其他报告。审议批准王启泉代表市政协常委会所作的工作报告和张峰代表市政协常委会所作的提案工作报告。会议期间，中共荆门市委书记、市人大常委会主任万勇到会致辞，市委、市政府领导到会听取委员大会发言，参加分组、联组讨论，现场协商提案办理，与委员们共商荆门发展大计。市民盟、民建、民进、农工党、九三学社等 5 个民主党派和市工商联、共青团、党外知识分子联谊会、市科协、市社科联，就汉江以西水系连通及城市备用水源工程建设、强化政府调控服务助推企业健康发展、突破性发展大健康产业、汉江流域荆门水生态环境建设等方面作大会发言。与会委员围绕电子商务发展、物流配套、环境治理、城市建设、社会组织培育、法治政府建设等事关“四个全面”战略布局在荆门落实和社会治理现代化的重大问题建言献策。会议期间，共收到提案 456 件，经审查立案 412 件。

【常务委员会会议】

第 17 次会议 1 月 6 日召开。会议听取市委组织部有关人事安排说明，协商讨论选举办法（草案）、候选人名单（草案）及总监票人、监票人名单（草案），审议关于常委会工作报告的决议（草案）、关于市政协八届三次会议以来提案工作情况报告的决议（草案）和政治决议（草案）。

第 18 次会议 1 月 7 日召开。会议听取各讨论组关于讨论情况的汇报，审议并通过有关选举事项、关于常委会工作报告的决议（草案）、关于市政协八届三次会议以来提案工作情况报告的决议（草案）、关于市政协八届四次会议提案审查情况的报告（草案）和政治决议（草案）。

第 19 次会议 1 月 8 日召开。会议听取并原则通过市政协 2015 年工作要点，书面听取市政协各专门委员会 2014 年工作情况及 2015 年工作计划的报告。

第 20 次会议 5 月 25 日召开。会议围绕“推进大众创业、万众创新”开展专题协商，听取市政协各调研组，以及京山县、钟祥市政协和创新创业代表关于“推进大众创业、万众创新”调研情况汇报和发言。审议通过《关于推进大众创业万众创新的建议案》《政协荆门市委员会常务委员会关于授权主席会议对违纪违法政协委员及时作出处理的意见（试行）》，提出加快创新创业平台建设、不断拓宽创新创业融资渠道、强化创新创业人才支撑等意见建议。协商讨论并票选了 2015 年度市政协重点督办提案和提案办理工作民主评议对象。会议还审议通过有关人事事项。市委代理书记别必雄出席会议并讲话，市政协主席王启泉主持会议并讲话，市委常委、常务副市长胡功民出席会议并讲话。

第21次会议 8月17日，围绕科学编制我市“十三五”规划开展专题协商，听取市政府关于“编制我市‘十三五’规划”的情况通报，听取市政协各调研组调研情况的汇报。协商讨论并审议通过《关于科学编制进门“十三五”规划的建议》，提出坚持特色发展突出七大支柱产业、理顺城区工业发展的体制机制、建设区域性综合交通枢纽城市等意见建议。市委书记别必雄出席会议并讲话，市政协主席王启泉主持会议并讲话，市委常委、常务副市长胡功民出席会议并讲话。

第22次会议 12月18日召开，协商讨论市政协八届五次会议相关事宜。会议听取市政府办公室关于市政协八届四次会议以来提案办理情况的通报和政府工作报告的起草说明、市纪检监察机关关于全市党风廉政建设情况的通报、市中级人民法院和市人民检察院2015年工作情况通报。协商讨论市政府工作报告（征求意见稿），协商讨论并原则通过政协荆门市第八届委员会常务委员会工作报告（审议稿）和提案工作报告（审议稿），审议通过八届五次会议相关草案和决定。会议还听取市政协2015年度提案办理工作被评单位提案办理工作情况汇报，并进行了提案办理工作民主评议。会议还进行了专项监督工作民主评议。

【专门委员会工作】

提案委员会 市政协八届四次会议以来，市政协委员、政协各参加单位和各专门委员会提出提案469件，立案427件。截至2015年底，承办单位对提案都给予了正式答复。据统计，提案所提问题已经解决或基本解决的194件，占45.4%；正在办理的208件，占48.7%；所提问题列入计划办理的16件，占3.8%；所提意见留作参考的9件，占2.1%。提案委员会有组织有重点地向全国政协、省政协提交提案，先后就汉江荆门段生态保护、荆门高铁开通等议题，向上反映了荆门人民的期盼，已引起全国政协和国家部委的高度重视和积极回应。

经济委员会 围绕“双创”平台建设、中心城区“十三五”产业发展方向等议题开展专题调研，围绕整村推进扶贫开发、农村产权交易平台等课题开展专题协商。重点围绕主席会议成员包联的汉西水系连通、东外环、湖北航特、荆门新港等项目和企业做了一些协调服务工作。

人口资源环境委员会 围绕“如何培育激发创新创业主体活力”、“加强地方税源建设，提高财政保障能力”等开展专题调研。围绕“生态立市战略”、“十里铺花卉苗木产业”协商建言，为我市生态立市战略的确立提供支撑。

教科文卫体委员会 围绕“建设文化荆门”、“打造我市航模运动基地”等开展专委会对口协商。围绕发展乡村旅游产业等开展专题调研和视察活动。成立市政协书画摄影研究室，举办“中国梦、荆门颂”书画摄影展，甄选160篇书法、绘画、摄影作品参展。

社会法制委员会 围绕推进服务农民工社会组织建设、我市安全生产管理等开展调研视察。围绕推进法治荆门建设、转变招商引资方法提高招商引资质效等开展专题协商。围绕关爱农村留守儿童课题开展界别协商。

民族宗教及港澳台侨联谊委员会 就“完善政策激励、促进创新创业”、“科学谋划‘十三五’综合大交通”、“实施创新驱动战略”、“海归创业园建设”、“散杂居少数民族流动人员服务管理”、“宗教活动情况”等专题进行调研。

文史和学习委员会 征集出版《岁月如磐》《清代名臣周培公研究》专辑。为纪念世界反法西斯战争胜利暨中国人民抗日战争胜利70周年，收集相关史料近10万字，图片100多幅，并在《荆门日报》上发表了10期专题报道。继续开展文史资料“五进”活动，赠送文史书籍1000多册。

委员工作委员会 围绕加强我市智库建设、幸福荆门建设等开展调研协商。探索推行“履职菜单”，155名委员主动申报参加56项调研、视察、协商等履职活动。建立履职档案，加强委员履职管理。制定出台了《政协荆门市委员会常务委员会关于授权主席会议对违纪违法政协委员及时作出处理的意见（试行）》，健全进出机制，提高委员队伍素质。组织委员开展主题活动，共走访委员企业100家，帮助企业解决发展中的实际困难和问题120余个，为企业发展壮大发挥了积极作用。

【重要活动】

开展“三严三实”专题教育 5月至12月，围绕“严以修身、严以用权、严以律己，谋事要实、创业要实、做人要实”的要求，扎实开展专题调研、讲好专题党课、组织专题研学、进行专题交流。坚持开门抓教育，通过走访座谈、个别谈话、发放征求意见函、深入农村社区企业联系点开展调研等多种形式，广泛听取市各民主党派、市工商联、市直有关单位、各县（市、区）政协、市政协机关干部以及基层群众等方面的意见，共征集到意见建议55条，经过梳理汇总，涉及政协党组的13条。对照征求意见情况，深入查找在遵守党的政治纪律、政治规矩以及落实党风廉政建设主体责任等方面的问题，在修身做人、用权律己、干事创业等方面的不严不实问题，深刻分析问题存在的根源，提出努力方向和整改措施。

举办“中国梦·荆门颂”主题书画摄影活动 8月25日，市政协书画摄影研究室联合市文联、市文体新广局共同承办“中国梦·荆门颂”主题书画摄影展，旨在纪念中国人民抗日战争暨世界反法西斯战争胜利70周年，礼赞荆门发展的辉煌成就，弘扬和平发展的主旋律，促进荆门文化事业大发展大繁荣。此次活动面向全市各级政协、历届政协委员、政协工作者及全市广大书画、摄影爱好者共甄选书法、美术、摄影入展作品160余件。十届省政协副主席李佑才，市委书记别必雄，市政协主席王启泉等现场参观了展览。

市委政协工作会议 10月29日，市委召开政协工作会议，传达学习省委政协工作会议精神，总结2010年省委政协工作会议、2012年市委政协工作会议以来的工作。各地党委政府和市住建委等部门就广范围多方式常态化协商、实行提案办理量化考评和民主测评、将民主监督纳入党政绩效考评、开展委员年度述职和考核通报制度等方面交流，各地政协从开展届度协商，建立协商选题、论证、成果转化机制，政协协商与基层民主协商结合等方面，总结了创新做法。会议就党委在政协协商民主建设中发挥主导作用，明确党委政府“在”政协协商和政协的协商载体作用、党政决策与政协协商硬连接的“三在前、三在先”原则，以专项监督为民主监督的主攻方向等重要问题作出具体明确规定，形成重要共识。会议对今后政协工作作出具体部署。

【重要文件】

《中共荆门市委关于进一步加强人民政协工作的意见》（摘要） 一、进一步加强人民政协工作的总体要求。充分认识进一步做好人民政协工作的重要性。进一步加强人民政协工作的基本任务。二、进一步发挥人民政协作为协商民主重要渠道和专门协商机构的重要作用。(一)进一步明确协商内容。党委、政府重大决策和重要文件。经济建设、文化建设、社会建设、生态文明建设、党的建设中的重要问题。(二)进一步丰富协商形式。政协全体会议协商。政协常委会议协商。政协主席会议协商。政协专委会对口协商。政协界别协商。政协提案办理协商。网络议政和远程协商。其他协商形式。(三)进一步规范协商程序。制定协商计划。党委会同政府、政协制定年度协商计划。建立健全制定年度协商计划的工作机制。开展协商活动。加强协商准备统筹，每次协商活动，党委办公室或政府办公室要根据议题统筹协调有关方面做好准备工作。办理协商意见。三、切实提高人民政协民主监督的针对性和实效性。(一)明确民主监督内容。(二)完善民主监督选题机制。政协民主监督选题可由党委提出要求或政府提出建议，或由政协党组向党委、政府提出建议。政协在综合各方面意见的基础上，起草年度监督工作计划，报党委常委会议研究审定。(三)丰富民主监督形式。重点加强专项民主监督。探索选派民主监督小组监督。强化联动联合监督。完善民主监督员监督。积极开展其他形式监督。四、积极推动人民政协参政议政务实有效开展。(一)加强视察工作。(二)支持政协开展调查研究工作。(三)发挥政协社情民意信息“直通车”作用。(四)拓展政协参政渠道。五、努力加强人民政协团结合作工作。(一)促进多党合作共事。(二)促进参加政协的各族各界人士合作共事。发挥政协全体会议、常委会议以及视察、调研等平台作用，促进参加政协的各族各界人士在协商议政中合作共事。(三)支持政协广泛联系服务群众。六、建立健全支持人民政协履行职能的工作机制。(一)建立健全政协协商与党政决策的衔接机制。(二)建立健全知情知政机制。(三)建立健全参会保障机制。(四)建立健全协调配合机制。(五)建立健全政协重要意见建议督办落实机制。各级党委要把办理人民政协提案、社情民意信息、重要协商意见建议情况纳入各地、各部门、各单位年度综合考评体系。七、不断加强人民政协自身建设。(一)加强政协界别建设。探索发挥政协界别作用的思路和办法，依托政协专委会开展界别性的协商、提案、视察、调研、考察、信息、座谈、联谊等活动，提高界别工作组织化、经常化程度。(二)加强政协委员队伍建设。(三)加强政协专委会建设。(四)加强基层政协组织建设。八、进一步加强和改善党对人民政协的领导。(一)高度重视人民政协工作。(二)发挥政协党组领导核心作用。(三)大力推进人民政协理论建设和宣传工作。(四)积极推进政协领导班子和政协机关建设。

中共荆门市委书记别必雄在市委政协工作会议上的讲话(摘要)(2015 年 10 月 29 日) 一、始终坚持把习近平总书记系列重要讲话精神作为统领政协工作的行动指南。推进“四个全面”战略布局、推进治理体系和治理能力现代化、巩固和发展新形势下的统一战线，需要人民政协发挥更大作用。二、始终坚持人民政协事业的正确政治方向。要始终坚持中国共产党的领导，始终坚持团结奋斗的共同思想政治基础，始终坚持人民政协的性质定位，始终坚持严守政治纪律政治规矩。三、始终坚持发挥人民政协在推进社会主义协商民主建设中的重要作用。(一)要把握协商“三原则”。坚持党委主导协商、坚持“在”政协协商、坚持“三在前、三在先”原则。

（二）要探索完善协商的五种形式。完善政协例会协商形式，开展网络议政和远程协商，开展专项民主监督形式，联合联动监督形式，完善政协提案办理协商形式。（三）要规范协商的“六步曲”。规范协商议题制订程序，协商活动准备程序，协商活动开展程序，协商成果报送程序，协商意见的办理程序，建言反馈程序。（四）要完善协商的十项机制。党委、政府与政协定期联系沟通的机制，政协民主协商议题提出的机制，政协协商程序与党政决策程序相衔接的机制，政协履职与党政工作密切衔接的机制，党政领导参加政协协商议政的制度，党政领导定期向政协通报的制度，委员知情参政的保障机制，加强与民主党派以及界别协商的制度，政协协商成果运用的机制，政协重要意见建议协商成果督办落实的机制。四、始终坚持服务大局，在实施“两大战略”、建设“四个荆门”的实践中展现更大作为。（一）要在推进改革发展上作出新贡献。要当好“智囊团”、“监督员”、“宣传员”、“生力军”、改革“促进派”。（二）要在落实市委、市政府重点工作上作出新贡献。助推招商引资、项目建设和大众创业万众创新。（三）要在法治城市建设中作出新贡献。（四）要在促进社会和谐、建设幸福荆门上作出新贡献。（五）要提高议政建言专业水准。五、始终坚持加强党对人民政协的领导。（一）坚持把政协工作纳入党委工作全局。各级党委要高度重视人民政协事业发展，把政协工作纳入全局工作的大盘子，纳入党委重要议事日程之中，做到与党委全局工作同研究、同部署、同推进。（二）充分发挥政协党组的领导核心作用。政协党组是党在人民政协的派出机构，肩负着实现党对人民政协领导的重大责任。（三）大力支持政协履行职能。（四）积极主动为政协创造良好工作环境。

常务委员会工作报告（摘要）（2015年**1月5日**） 2014年工作回顾。一、紧扣改革发展主题，发挥服务大局的重要作用。（一）围绕“鼓励创新创造，促进加速转型”献良策。市政协八届十四次常委会议就此开展专题协商，形成了增强创新意识、聚力产业升级、激发创新活力、打造荆门经济“升级版”的重要共识。（二）围绕“创建美丽乡村，推进生态荆门建设”提建议。协商形成的《关于创建美丽乡村建设生态荆门的建议》，从明晰美丽乡村愿景、恢复生态功能、打造产业支撑、强化建设保障、培育生态文化等方面提出建议。（三）围绕改革发展中的热点难点问题建诤言。一年来，常委会就“民间借贷”、中国农谷紫薇花海景观、家庭农场、乡镇文化体育设施、乡村旅游、餐饮服务监管、保障性安居工程、机动车尾气排放检测等课题，开展26次专题调研和视察。组织委派委员65人次担任司法、纪检监察机关特邀监督员、行风监督员，参与部门评议、电视问政、考试巡查等专项活动，就群众关注的热点难点问题提出意见和建议，为改进部门工作尽心给力。（四）围绕全市中心工作出实力。市政协主席会议成员认真做好市委交办的联系重点企业和项目工作，为金艺立水晶玻璃制品、昕泰生态旅游农业观光园、荆门台银两岸三地华中创业中心等项目协调服务。根据市委安排，一名副主席担任绕城公路副指挥长，协调牌楼至麻城团林段建设。帮助沙洋县三峡土家族村申报省现代农业特色产业项目，助推千亩精品蔬菜基地建设。二、扎实开展党的群众路线教育实践活动，进一步加强作风建设密切同人民群众的联系。（一）聚焦“四风”查摆、整改问题。市政协坚持把查找“四风”方面的突出问题，作为改进作风、提升能力的重要动力，对征求到的167条意见建议认真整改。（二）搭建联系党心民意的信息“直通车”。一年来，共收集社情民意信息 220 多条，编报《社情民意》46 期，其中，《基层反映农村耕地改良工作应引起重视》等 13 期信息被省政协采用，《乡村公路重建轻管现象亟待改善》等 30 篇信息得到市领导批示。市政协荣获全省政协反映社情民意工作二等奖。（三）开展联系服务群众“三回一扶”活动。市、县两级政协委员累计为群众办实事 2162 件，捐赠支持帮扶资金 380 余万元，帮助困难家庭 520 户。开展“委员进社区”活动，227 名委员深入中心城区 8 个社区走访慰问困难群众、开展义诊、法律咨询、赠送图书、举办“道德讲堂”等，进一步增进了政协委员与人民群众的感情。三、创新工作机制和方法，彰显协商民主优势。（一）努力探索政协工作新机制。制定了《荆门市人民政协工作机制创新工作规划（2014-2020）》，明确了工作目标、基本原则、阶段任务和推进措施。召开县（市、区）政协主席座谈会，专题研讨人民政协的工作机制创新。（二）不断优化协商议政工作方式。（三）致力构建广泛多层的协商格局。先后就政府工作报告提出的有关工作等组织全会协商，就鄂中城市群规划与建设等开展 4 次主席会议重点协商，就国土资源保护与开发利用等开展 4 次界别协商，就柴湖双河村经济社会发展等进行了 6 次对口协商，对“引汉济荆”、杨竹流域治污等提案进行了 5 次提案办理协商。四、广泛开展团结联谊，形成共促发展的强大合力。（一）搭建党派团体参政议政舞台。全年共安排 46 名民主党派和无党派委员作大会及专题发言，立案党派团体集体提案 248 件，编报来自党派的社情民意信息 24 期。积极支持各民主党派、工商联开展“坚持和发展中国特色社会主义”学习实践活动。（二）加强与各级政协的系统联动。（三）发挥政协文史和宣传的社会功能。五、切实加强自身建设，夯实履职尽责基础。（一）“常”“长”加强思想理论建设。（二）充分发挥委员的主体作用。举办了 30 名新任政协委员培训班。邀请专家学者讲授经济形势和创新创造理论知识，讲授人口与计划生育、国土资源保护与开发利用等政策和形势。制发《关于进一步发挥驻县市区的市政协委员作用的意见》，评选表彰 20 件优秀提案。全年 120 名（次）委员参与调研视察活动，80 名（次）委员列席常委会议。（三）注重强化专委会基础作用。（四）不断加强机关作风建设。2015 年工作打算。市政协工作的总体思路是：以中共十八大、十八届三中、四中全会和习近平总书记在庆祝人民政协成立65周年大会上的重要讲话精神为指导，在中共荆门市委领导下，围绕法治荆门建设、全面深化改革、推进转型发展开展协商议政，着力推进协商民主制度和工作机制创新，巩固和深化党的群众路线教育实践活动成果，主动服务大局、努力协调关系、广泛汇聚力量、积极建言献策，为实施“两大战略”，建设“四个荆门”，奋力“缩差领跑”，实现“提前小康”作出新贡献。

【组织情况】

补选常委名单

（2015 年 1 月 8 日政协荆门市第八届委员会第四次会议通过）

王明锦　　刘　飞　　刘化甫
刘锡海　　宋本清　　李光泉
杨勇刚　　陈芝凤（女）黄早红（女）

辞去委员名单

（2015 年 5 月 25 日政协荆门市第八届委员会常务委员会第二十次会议通过）

郑晓华

辞去常委、委员名单

（2015年12月18日政协荆门市第八届委员会常务委员会第二十二次会议通过）

胡忠卿

辞去委员名单

（2015年12月18日政协荆门市第八届委员会常务委员会第二十二次会议通过）

程国平　郑其玉　释心觉

戴正全　李宗武　罗小文

【荆门市各级政协领导人名单】

荆门市政协

主　席　　王启泉

副主席　　陈祖涛

朱才坤

杨希雄

张　峰

舒行飚

张保民

丁　萍（女）

秘书长　　李方新

县市区政协主席

京山县　　曹　伟

沙洋县　　任清锋

钟祥市　　颜昌成

东宝区　　陈治禄

掇刀区　　许贤德

荆门市各级政协组织和委员数

（截至2015年底）

项目＼级别	地级市	县（市、区）	政协联络组	合 计
组织数	1	5	65	71
委员数	328	1210		1538

（王晓虹　审校）

政协鄂州市委员会

【全体委员会议】

七届四次会议 1月19至22日，在鄂城召开。会议应到委员255人，实到委员243人。开幕式由副主席张忠义主持，闭幕式由副主席姜昭定主持。中共鄂州市委书记李兵在开幕式上致辞。副主席姜昭定、张忠义代表七届市政协常委会分别向大会作《常委会工作报告》和《关于提案工作情况的报告》。会议审议通过了市政协七届四次会议《政治决议》、《关于常委会工作报告的决议》、《关于提案工作情况报告的决议》和《市政协七届四次会议提案审查情况的报告》；表彰了市政协七届三次会议以来的优秀提案。全体委员列席了市人大七届六次会议，听取并讨论了《政府工作报告》和其它有关报告；补选胡运星为市政协主席，周核平为副主席，李永捷、何仲生、熊忠厚为常务委员。会议期间，中共鄂州市委书记李兵，市委副书记、市长叶贤林等市领导深入各委员小组，参加小组讨论，听取委员意见。

【常务委员会会议】

第18次会议 1月20日在鄂州长城花园酒店召开。副主席姜昭定主持会议。会议应到36人，实到36人。会议协商讨论市政协七届四次会议《政治决议》（草案）、《关于常务委员会工作报告的决议》（草案）、《关于提案工作报告的决议》（草案），提交全体会议各小组讨论；协商补选市政协主席、副主席、常委候选人建议名单（草案），提交全体会议各小组讨论；协商讨论大会选举办法（草案）及总监票人、监票人名单（草案），提交全体会议各小组讨论。副主席邵中兴、张忠义、陈茉莲、吴坚、徐虹、刘醒宇，秘书长何大刚出席会议。

第19次会议 1月21日在鄂州召开。副主席姜昭定主持会议。会议应到36人，实到36人。会议审议通过市政协七届四次会议《政治决议》（草案）、《关于常务委员会工作报告的决议》（草案）、《关于提案工作情况报告的决议》（草案），提交大会通过；听取《关于市政协七届四次会议提案审查情况的报告》（草案），提交大会通过；协商通过补选市政协主席、副主席、常委候选人建议名单（草案），提交大会选举；协商通过大会选举办法（草案）及总监票人、监票人名单（草案），提交大会通过。副主席邵中兴、张忠义、陈茉莲、吴坚、徐虹、刘醒宇，秘书长何大刚出席会议。

第20次会议 3月26日在鄂州召开。副主席张忠义主持会议。会议应到41人，实到32人。会议听取了武汉大学副校长周叶中教授所作的题为《坚持依宪治国，建设法治中国》专题辅导讲座。主席胡运星，副主席姜昭定、邵中兴、陈茉莲、吴坚、徐虹、刘醒宇、周核平，秘书长何大刚出席会议。

第21次会议 6月25日在鄂州召开。主席胡运星主持会议。会议应到41人，实到35人。会议传达学习省政协十一届九次常委会议主要精神；部署市政协开展科学编制鄂州市“十三五”发展规划专题调研工作；听取相关部门关于创新社会矛盾纠纷调处化解机制建设工作情况汇报；协商讨论市政协常委会《关于创新社会矛盾纠纷调处化解机制，提高社会治理法治化水平的建议》（讨论稿）；审议通过有关人事任免事项。副主席姜昭定、邵中兴、张忠义、陈茉莲、吴坚、徐虹、刘醒宇、周核平，秘书长何大刚出席会议。

第22次会议 9月22日在鄂州召开。主席胡运星主持会议。会议应到40人，实到31人。会议传达贯彻省委政协工作会议精神；协商讨论《中共鄂州市委关于进一步加强人民政协工作的决定》（代拟稿）；协商通过《政协鄂州市委员会委员履职考评办法（试行）》；审议通过有关人事任免事项。副主席姜昭定、邵中兴、张忠义、陈茉莲、吴坚、刘醒宇，秘书长何大刚出席会议。

【专门委员会工作】

提案委员会 投入使用提案网络管理系统，首次进行网上交办、网上办理提案。联合市委督办检查室建立党群口提案网络管理系统，规范党群口提案督办工作。建立提案办理工作绩效考核网站，为承办单位提案办理工作年度目标考核提供基础数据。七届四次会议以来，共收到提案268件，立案254件。交办提案均已办结，提案者对办理工作满意率和基本满意率达100%。提案所提问题已经解决或基本解决的141件，占55.5%；提案已被采纳并正在解决的63件，占24.8%；列入计划逐步解决的46件，占18.1%；因条件不具备，但承办单位已向提案者作解释说明的4件，占1.6%。提案当年落实率达到55.5%。坚持市政协主席会议成员和副秘书长领衔督办重点提案制度，共督办重点提案13件。评选表彰优秀提案32件。

经济委员会 就“十三五”规划编制、发展现代物流业、内湖防汛及水利基础设施建设、梁子湖湖泊生态补偿、生态保护和旅游等工作开展调研、视察、界别活动，向市委、市政府建言。召开民营经济座谈会，提出缓解民营企业融资难融资贵、推进民营企业科技创新等建议，得到市委主要领导重视和肯定。参加武汉城市圈政协主席论坛，以《协同构建绿色生态体系，加快推进生态文明建设》为题交流发言，所提意见、建议被会议论坛纪要吸收。

人口资源环境社会法制委员会 就“十三五”规划编制、建立重点领域矛盾纠纷调处化解机制、出生人口性别比综合治理、“多规合一”规划编制、城市建设与管理等工作深入调研，开门协商，提交系列调研报告。其中，《关于创新社会矛盾纠纷调处化解机制，提高社会治理法治化水平的建议》、《关于鄂州市出生人口性别比综合治理工作调研报告》得到市委书记李兵批示，所提意见建议被市委、市政府出台的有关文件或相关职能部门采用。配合全国政协社会法制委员会、人口资源环境委员会来我市考察调研基层社会治理工作、推进经济 社会与环境保护协调发展情况。促成国家开发银行与我市达成合作意向，提供200亿元授信额度支持梁子湖生态文明示范区建设。助推海军鄂州舰命名。

教科文卫体委员会 就“十三五”规划编、血液安全管理、中心医院改革和建设工作、职业教育发展、学生校外托管中心规范管理等工作开展调研、视察、界别活动，向市委、市政府建言。《关于我市血液安全管理情况的视察报告》提出加大无偿献血公益宣传力度的建议得到相关部门采纳，无偿献血已纳入公益宣传范畴。

文史和学习委员会 组织委员深入学习中共十八届三中、四中、五中全会和习近平总书记系列重要讲话精神。邀请武汉大学副校长周叶中教授在七届二十次常委会上以《坚持依宪治国，建设法治中国》为题作专题辅导报告。编辑出版文史资料23辑《鄂州生态文化旅游》一书，全书分文化、生态、旅游三个部分，近十万字，图片320余幅。围绕农村公共文化服务体系建设、发展文化产业、基层文化阵地建设等工作开展调研、视察、界别活动。组织开展《湖北文化史丛书》编撰工作。参加省政协文史资料编撰工作和全市社会科学征文活动，分别荣获优秀奖和二等奖。完成文史馆前期筹建工作。

台港澳侨民族宗教委员会 就全市宗教民族工作开展专题调研，形成《关于我市宗教工作的调研报告》，得到市委书记李兵批示。就“十三五”规划编制、政协协商民主制度建设开展调研，提出意见建议。参加在河南南阳市召开的九省（区）24城市政协横向联系会第31次会议，以《切实履行政协职能，充分发挥协商民主重要渠道作用》为题作经验交流。

委员工作委员会 出台《市政协委员履职考评办法（试行）》，加强委员履职能力建设。组织委员“进社区促和谐”，选派108名委员深入城市36个社区，宣传党的惠民政策和法律法规知识，争取市直各有关单位支持，帮助群众解决问题。先后组织近百名委员参与市政协党组走访民主党派、工商联和无党派座谈，参加市委政协工作会、市委征求委员意见会，参与科学编制“十三五”规划、精准扶贫调研等大型活动，选派委员参与行风评议和社会监督。开展委员违法违纪违规调查。摸排省、市、区三级，六、七两届市政协委员1561人（次），形成《政协委员违法违纪违规情况调研报告》。完成省委组织部、省政协《关于市区政协领导班子成员构成情况及对换届的意见和建议》收集整理和反馈工作。“三万”工作再次获省委省政府联合表彰。

【重要活动】

拓展委员“进社区促和谐” 每位主席会议成员联系4个城市社区，108名政协常委和委员进驻36个城市社区，反映社情民意，加强民主监督，促进社区和谐。主席会议成员分头深入社区，开展走访、座谈和指导活动，听意见，解难题。广大委员与社区群众同坐一条凳、共喝一壶茶，宣传政策，传递爱心。民主党派和工商联主要领导带队到社区，开展讲座、义诊和慰问等活动。先后收集整理群众意见建议46条，协调解决实际问题37个，向困难群众捐款30多万元，帮助社区筹措建设资金230多万元，开展送医送药、法律咨询等活动35场（次），受益群众达5700多人。

市政府市政协召开第十次联系会议 7月28日，市政府、市政协召开第十次联系会议，相互通报上半年工作情况和下半年工作安排，加强联系和沟通，共同研究问题，促进全市经济社会科学发展。市长叶贤林，市政协主席胡运星出席会议并讲话。市委常委、常务副市长杨军主持会议。副市长程少云、吴友安、董煜华、吴涛，市政协副主席姜昭定、邵中兴、张忠义、陈茉莲、吴坚、徐虹、周核平，市政府秘书长孙俊全，市政协秘书长何大刚出席会议。会上，部分市政协委员围绕实施精准扶贫项目、改善农村生态环境、坚持科技创新驱动战略、推进制造业转型升级、加快物流业发展等方面建言献策，对市政府工作提出意见和建议。

工业经济业主座谈会 9月2日，市政协召开工业经济业主座谈会，分析研究当前工业经济运行发展态势，听取企业家们对工业经济发展的意义和建议，了解企业经营状况以及发展中存在的问题与困难，为企业出谋划策。市政协主席胡运星，副市长吴友安，市政协副主席姜昭定、张忠义、陈茉莲、刘醒宇、周核平，秘书长何大刚出席会议。市经信委主要负责人汇报了元至7月份全市工业经济运行情况。湖北世纪新峰雷山水泥有限公司、顾地科技股份有限公司、兴欣建材有限责任公司、湖北枫树线业有限公司等10家重点工业企业负责人分别介绍了各自今年生产经营情况、存在的困难和下阶段的经营思路等。部分市政协委员围绕工业企业的发展提出了许多中肯的建议。

科学编制“十三五”规划专题协商议政会 9月29日，市政协召开常委专题协商议政会议，就科学编制“十三五”规划建言献策。市政协主席胡运星，副主席邵中兴、张忠义、陈茉莲、吴坚、徐虹、周核平，秘书长何大刚出席会议。市委常委、常务副市长杨军列席会议。市发改委负责人作关于我市“十二五”规划执行情况及“十三五”规划编制工作情况的报告；市政协17个“十三五”规划调研课题组围绕基层社会治理体系建设、加快传统产业改造步伐、梁子湖生态补偿等重大问题形成17篇调研报告，分别以口头发言和书面发言的形式，为规划编制提出90多条意见建议。

市委政协工作会议 10月29日召开。会议深入贯彻落实党的十八大和十八届三中、四中全会精神，认真贯彻习近平总书记在庆祝人民政协成立65周年大会上的重要讲话和《中共中央关于加强社会主义协商民主建设的意见》精神，全面落实省委政协工作会议和市委六届十次全会精神，进一步总结成绩，交流经验，部署工作。市委书记李兵出席会议并讲话，市长叶贤林主持会议，市政协主席胡运星就做好新形势下全市政协工作作具体部署。市领导陈新林、毕华、陈昌宏、何文、彭泽成、程少云、汪继明、吴友安、吴涛、闫冀楠、邵中兴、张忠义、陈茉莲、吴坚、徐虹、刘醒宇、周核平，市中级人民法院院长廖天明，市人民检察院检察长古峰，鄂州职业大学党委书记杨植涛，葛店开发区工委书记、管委会主任李军杰出席会议。会议出台《中共鄂州市委关于进一步加强人民政协工作的决定》。

城市建设与管理专题协商议政会 11月12日，市政协召开常委专题协商议政会议，就推进城市建设与管理工作建言献策。市政协主席胡运星，副市长汪继明，市政协副主席陈茉莲、吴坚、刘醒宇、周核平，秘书长何大刚出席会议。市城乡建设委员会、市城市管理局主要负责人分别汇报了全市城市建设、城市管理工作。委员围绕城市建设和城市管理工作提出了针对性的意见和建议。

【重要文件】

中共鄂州市委关于进一步加强人民政协工作的决定（摘要）（2015年10月16日）

一、正确把握人民政协的性质定位和政协工作的任务原则。二、加强人民政协协商民主建设。（一）政协协商内容。党委、政府重大决策和重要文件。经济建设中的重要问题。政治建设中的重要问题。文化建设中的重要问题。社会建设中的重要问题。生态文明建设中的重要问题。党的建设中的重要问题。（二）政协协商形式。政协全体会议、议政性常委会议、主席会议等例会协商。专题协商、对口协商、界别协商。提案办理协商。书面协商。探索创新协商形式。（三）政协协商程序。协商计划的制定。协商活动的准备。协商活动的开展。协商成果的报送。协商意见的办理。协商信息的公开。三、加强人民政协民主监督、参政议政、合作共事工作。(一)加强民主监督工作。明确民主监督内容，丰富民主监督形式，深化民主监督工作，加强民主监督工作协调配合。(二)加强参政议政工作。加强视察、调查研究、反映社情民意信息工作。(三)加强合作共事工作。促进多党合作共事。落实中央关于发挥民主党派、工商联在政协中作用的政策。促进参加政协的各族各界人士合作共事。健全完善政协工作与统战工作协商机制，坚持商以求同、协以成事，正确把握一致性和多样性的关系，切实加强协商互动和讨论沟通，促进不同思想观点交流交融，凝聚思想上的最大共识,形成推进鄂州“一改两化”的强大正能量。四、健全政协履职与党政工作的衔接机制。(一)健全政协协商与党政决策的衔接机制。(二)健全党政领导参加协商议政活动机制。(三)健全政协委员履行职责保障机制。(四)健全落实政协重要意见建议的督办机制。五、加强人民政协自身建设。(一)探索发挥政协界别作用的途径和办法，依托政协专门委员会开展界别性的协商、提案、视察、调研、考察、信息、座谈、联谊等活动。(二)发挥政协委员主体作用。(三)发挥政协专门委员会基础作用。(四)发挥专门委员会在联系政协界别、政协委员和组织开展经常性履职活动中的重要作用。探索建立政协协商与基层协商衔接配合机制，发挥乡镇（街道）政协联络工作机构在基层协商民主中的积极作用。(五)加强政协履职能力建设。六、加强和完善党对人民政协的领导。

李兵同志在市委政协工作会议上的讲话（摘要）(2015 年 10 月 20 日) 一、深刻认识新形势下做好人民政协工作的重大意义。第一，做好新形势下的人民政协工作，是进一步提高党的执政能力的迫切需要。第二，做好新形势下的人民政协工作，是推动社会主义政治文明建设的内在要求。第三，做好新形势下的人民政协工作，是推进国家治理体系和治理能力现代化的需要。二、牢牢把握人民政协事业的正确政治方向。第一，要坚持中国共产党的领导。第二，要坚持人民政协的性质定位。第三，要坚持大团结大联合。第四，要坚持发扬社会主义民主。三、充分发挥人民政协在社会主义协商民主建设中的重要作用。第一，着力健全协商机制。要健全政协协商与党政决策的衔接机制，将政协协商作为重要程序纳入党委议事规则和政府工作规则，实现政协协商与党政决策的有机互动。要健全党政领导参与政协协商的机制，党委、人大、政府领导和党政部门主要负责人要参加政协全体会议，视协商议题参加政协的其他重要协商议政活动。要健全政协委员协商权利的保障机制，保障政协委员的知情权，党委、政府及其有关部门要按照要求向政协通报情况。要健全协商意见的督办落实机制，对进入党委、政府办理程序的重要协商意见，党委、政府的督查部门要列入重点督查事项进行督查，政协要配合党委、政府加强对协商意见落实的督办。要认真抓好协商意见办理情况的集中通报、公开公示、问责追责工作。第二，科学确定协商内容。市委《关于进一步加强人民政协工作的决定》对政协协商的内容进行了具体规定，进一步增强了协商内容的可操作性。要按照社会主义协商民主的要求，抓住关键点，科学合理地确定协商范围，使协商内容明确化，确保政协协商的质量和效果，更好地体现人民政协协商民主的优势和价值。要加强对事关全局的重大决策的协商，抓住那些决定地区发展方向、影响时间长、涉及范围广的重大决策实施协商，不仅在前期政策调研时就要时时关注，还要深入到决策中以及决策实施全过程，使协商民主一贯到底。要加强对重大制度建设的协商，当前正处于经济转型期，各种机构改革和体制改革方案不断推出，协商民主要抓住重大制度建设和规划制定等，听取和收集社会各界的意见和建议，以提高制度机制的有效性，减少改革成本，体现公共利益。要加强对事关民生的重大项目的协商，在具体议题确定上，应紧贴实际、紧贴民生，就与群众利益息息相关的重大项目安排、重大财政开支等重大事项进行充分的协商讨论。对明确规定需要协商的事项，党委必须经协商后再进行决策，不能以情况通报代替协商，不能以个别征求意见代替应当以组织形式进行的协商，不能以决策后的通报代替决策前的协商。第三，切实规范协商形式。要高度重视政协全体会议、专题议政性常委会议、主席会议等例会协商形式，完善发言遴选机制，增加即席发言比重，提高发言质量。要更加经常、更加灵活地开展专题协商、对口协商、界别协商、提案办理协商，增加协商密度，为参加政协的各民主党派、工商联和无党派人士提供更多发表意见建议的平台。要鼓励和支持政协协商形式的探索创新，开展网络议政和远程协商，扩大公民有序政治参与。要加强政协协商与政党协商、人大协商、政府协商、人民团体协商、基层协商、社会组织协商的衔接配合，形成协商民主的整体合力。要发挥协商的监督作用，探索民主评议、委派民主监督员等民主监督新形式新途径，党委和政府的监督机构以及新闻媒体要密切与人民政协的联系，加强工作中的协调配合。第四，不断形成深入推进政协协商民主的强大合力。要加强协同联合，通过党政机关、党派团体、基层组织、社会组织协商渠道，开展多种协商，扩大包容性，充分反映各党派团体、各族各界人士的意见建议。各级政府要增强主动协商意识，坚持有事多商量，遇事多商量，做事多商量，支持、配合和参与政协协商活动。各级政协要进一步增强工作主动性，不断创新思路，加大力度。政协专门委员会要主动加强与党政部门的联系沟通，主动选题，主动跟踪，主动宣传。组织、统战等部门要完善委员推选制度，改进委员产生办法，优化政协委员构成，严把委员素质关，不断增强政协委员的代表性。四、进一步加强政协履职能力建设。第一，提高政治把握能力，增强固本强基主动性。一要保持政治定力不动摇。二要围绕大局服务不偏离。三要勇于担当使命不退缩。第二，提高调查研究能力，投身改革发展主战场。一要提高选题能力。二要善于改进调研方式。三要积极转化调研成果。第三，提高联系群众能力，打好服务民生主动仗。一要做好凝聚民心工作。二要做好反映民意工作。三要做好改善民生工作。第四，提高合作共事能力，唱响团结民主主旋律。一要凸显团结民主主题。二要注重系统联动。三要搞好统一战线内部的合作共事。五、各级党委要切实加强对政协工作的领导。第一，高度重视政协工作。第二，大力支持政协履职。第三，优化政协工作环境。

常务委员会工作报告（摘要）（2015 年 1 月 19 日） 2014 年主要工作回顾：（一）围绕中心、服务大局，大力助推改革发展。主要抓了三项工作：一是深入开展调查研究。先后就我市被征地农民就业和社会保障、现代物流业发展、洋澜湖保护及江湖连通港湖连通、梁子湖生态环境保护联防联控、生态农业示范点建设、文化建设、外事侨务引智等课题开展专题调研，形成调研报告近10份，许多意见和建议被市委、市政府及有关部门采纳。二是积极参与招商引资。坚持领导带头，积极走出去，主动请进来，捕捉投资信息，洽谈合作项目。不断深化和拓展与北京市政协的联系和合作，促进京企、央企来我市考察、洽谈项目。发动委员广泛开展各种联系、联络、联谊活动，为招商引资牵线搭桥。三是关注基层排扰解难。中共党员副主席积极开展“五个一”活动，帮助联系点筹措资金、协调关系、化解矛盾，做了不少工作。（二）参政为民、情系群众，着力促进民生改善。主要抓了五项工作：一是开展委员“进社区促和谐”活动。选派72名委员进驻36个城市社区，反映社情民意，加强民主监督，促进社区和谐。党员副主席分期、分批走访社区，了解情况，加强指导，解决问题。先后向市委、市政府反映社区群众普遍关心的问题50余个。在市委、市政府及有关部门支持下，三友巷小区内涝改造、莲花山社区144户居民水改等30余个问题圆满解决，社区群众很满意。二是做好提案工作。开通政协提案网络管理系统，推行市政府领导领衔督办、市政协主席会议成员和副秘书长重点督办等举措，今年立案的317件提案均已办复完毕，落实率超过50%，比上年有较大幅度增长，加强农村食品安全管理等一批群众关心的问题得到解决。三是开展民主监督。先后就主城区“禁鞭”、粮食安全、公立医院改革、农村学前教育、食品药品安全、归侨侨眷权益保护法的贯彻落实情况、农村宗教事务管理等群众普遍关注的问题开展视察、协商和界别活动，帮助相关部门总结经验、查找不足，进一步转作风、提效率、上水平。四是反映社情民意。不断拓展信息网络，完善奖励、通报、笔会等制度，先后向市委、市政府和省政协反映社情民意信息80多条，为党政领导掌握舆情、科学决策提供了参考，被评为全省政协信息工作二等奖。五是积极扶贫帮困。参加“三万”、结对共建、扶贫帮困、捐资助学等活动，派出“第一书记”驻村服务，帮助有关乡镇、村组理清发展思路、协调项目资金、解决具体问题，进一步完善了基础设施，发展了农业生产，改善了生活条件。机关“三万”工作队受到省委、省政府通报表彰。（三）扩大交流、团结各界，广泛汇聚发展力量。主要抓了三项工作：一是广泛团结社会各界。重点是开展“三联”活动，即中共党员主席、副主席联系市级民主党派、工商联，政协常委联系委员，委员联系群众。主动听取意见，融洽感情，反映情况，凝聚共识，想方设法协调解决一些实际问题。二是密切联系各级政协。主动争取全国政协、省政协的指导和支持，积极参加全国九省区25城市政协横向联系会、武汉城市圈政协主席论坛。主动配合省政协就梁子湖水生态环境保护、人民政协工作机制创新、民营经济发展、人民政协协商民主建设等课题开展调研座谈。加强同兄弟城市政协的联谊交流，加强对基层政协的联系和指导，形成了上下呼应、左右联动的政协工作新格局。三是加大宣传力度。在省政协《世纪行》开辟专栏，以组稿形式，集中反映我市政协工作“党委重视、政府支持、政协主动、委员积极”的生动实践。在人民政协成立65周年之际，开展三大活动，即举办一次书画展、召开一次座谈会、在报纸上开展一次集中宣传。先后在《人民政协报》等全国、省、市级媒体刊播稿件200余篇（次），营造了良好的舆论氛围。（四）深入学习、固本强基，不断加强自身建设。主要抓了三项工作：一是强化理论学习。以中共十八届三中、四中全会精神、习近平总书记系列重要讲话精神、在庆祝人民政协成立65周年大会上的重要讲话精神为重点，开展多种形式的学习、宣讲、研讨活动，引导广大委员和机关干部把这些重要精神内化于心、外化于行，不断提升政治把握能力、调查研究能力、联系群众能力和合作共事能力，确保政协工作正确的政治方向。二是深入开展党的群众路线教育实践活动。按照“照镜子、正衣冠、洗洗澡、治治病”的总要求，坚持为民务实清廉主题，严格标准，扎实做好每个“规定动作”，深入贯彻落实中央八项规定精神，严格遵守党的政治纪律，对“四风”问题来了一次大扫除、大检修。三是完善相关制度。积极探索创新人民政协履职制度机制，先后制订出台《充分发挥市政协委员主体作用的意见》、《市政协委员履职考核办法》等 4 项制度，大胆摸索政协在立法协商中的作用，推进了政协履职的制度化、规范化和程序化。2015 年重点工作安排：一、夯实共同思想政治基础，始终保持正确政治方向。二、深入调查研究，积极为改革发展献计出力。三、关注民意民生，努力维护社会和谐稳定。四、加强团结联谊，不断发展统一战线。五、发挥政协优势，加强协商民主建设。六、切实改进作风，着力推进政协自身建设。

【鄂州市各级政协领导人员名单】

鄂州市政协

主　席　胡运星

副主席　姜昭定

邵中兴

张忠义

陈茉莲（女）

吴　坚（女）

徐　虹（女）

刘醒宇

周核平

秘书长　何大刚

区政协主席

鄂城区　张新明

华容区　叶新华

梁子湖区　高兴长

鄂州市各级政协组织和委员数

（截至 2015 年底）

级别 项目	市	区	乡镇街联络处	合计
组织数	1	3	26	30
委员数	254	524		778

（饶　滢　方　钢　曹智敏　李　磊　何海锋　汪加强　方　韬　沈　欣　吴淑华　编写　何大刚　饶维桥　审稿）

政协孝感市委员会

【全体委员会议】

五届四次会议 1月18日至21日在孝感召开。中共孝感市委书记陶宏致辞。市政协主席李广波、副主席喻楚林代表政协孝感市第五届委员会常务委员会分别向大会作了常委会工作报告和政协五届三次会议以来提案工作情况的报告。市政协副主席周良斌宣读《关于表彰市政协优秀提案的决定》。与会委员列席市人大五届六次会议，讨论并赞同政府工作报告及其他报告。各位委员和列席人员通过大会发言、提交提案、反映社情民意信息、参加小组讨论等形式，围绕主动适应新常态，全面推进改革创新、法治孝感建设、小康社会建设建言献策，全体委员通过提交提案、反映社情民意信息、参加小组讨论、大会发言等形式建言献策，共提交大会发言 17 篇，提交提案 208 件，审查立案 191 件，参加小组讨论发言 330 多人次，提出了许多有价值的意见建议，有关意见建议整理后，报市委、市政府分解到相关单位办理落实。会议补选了张志敏同志为政协孝感市第五届委员会副主席，补选李咬明等 3 位同志为政协孝感市第五届委员会常务委员。

【常务委员会会议】

第 22 次会议 4 月 2 日在孝感召开，会议深入学习贯彻中共中央《关于加强社会主义协商民主建设的意见》，围绕发挥人民政协作为协商民主重要渠道和专门协商机构作用进行协商研讨。市政协主席李广波出席会议并讲话，市政协副主席喻楚林主持会议。会议听取了部分市政协常委、委员围绕发挥人民政协协商民主重要渠道和专门协商机构作用议题的大会发言，就重点提案办理协商、丰富界别协商、乡镇基层协商、网络远程协商、协商衔接机制等提出意见建议。常委会组成人员围绕会议议题进行了分组协商讨论。会议还协商通过了有关人事任用事项。

第 23 次会议 6 月 25 日至 26 日在孝感召开，会议围绕全面依法治国推进法治孝感建设协商议政。市政协主席李广波，市委副书记周松青出席会议并讲话。市委常委、政法委书记、市委法治孝感建设领导小组副组长刘义明通报法治孝感建设情况并听取大会发言。市中级人民法院院长李小菊、市人民检察院检察长韩先清到会通报市法院、市检察院司法体制改革工作情况。市各民主党派、政协各专委会、部分常委（委员）围绕助推法治孝感建设进行大会发言，提出探索“谁执法谁普法”的责任落实机制，制定孝感城区建筑施工扬尘污染防治办法，依法推进国有土地房屋征收工作，借力行政诉讼推进依法行政，完善政府法律顾问团制度等建议，与会人员围绕会议主题进行分组协商讨论。会议还传达学习了省政协十一届九次常委会议精神。住孝省政协委员，市直有关单位负责人和部分市政协委员列席会议。

第 24 次会议 9 月 14 日至 15 日在孝

感召开，会议围绕科学编制我市“十三五”规划进行专题协商，建言献策。市委书记、市人大常委会主任陶宏，市长滕刚到会听取大会发言并讲话，市政协主席李广波主持会议，副市长史芳斌通报了我市“十三五”规划编制情况。市有关民主党派、市政协有关专委会、常委（委员）代表作大会发言，与会人员围绕会议主题进行分组协商讨论。会议提出的促进农民持续增收、加快汽车及零部件产业发展、加快我市军民融合产业发展、提高水资源保障能力、打通孝感鄂北跨区域旅游通道、将汉孝城际铁路延伸至孝感北站等意见建议，得到市委、市政府主要领导批示，市政府在编制“十三五”规划与策划重大项目时给予充分吸收。

第25次会议 12月28日在孝感召开。市政协主席李广波、副主席喻楚林分别主持会议。会议听取市政府秘书长郭国文关于市政协五届四次会议以来提案办理工作情况的通报；协商通过关于召开政协孝感市第五届委员会第五次会议的决定；通过政协孝感市第五届委员会第五次会议议程（草案）、日程（草案）；通过了政协孝感市第五届委员会常务委员会工作报告、提案工作情况的报告和报告人建议名单；通过政协孝感市第五届委员会第五次会议秘书长和副秘书长名单、议案和选举表决方式的决定、列席人员范围和委员、列席人员分组及召集人建议名单。

【专门委员会工作】

提案委员会 创新提案工作激励机制，评选优秀提案20件，在五届四次全会上予以表彰。全面启动提案电子化征集工作，实现提案同步电子化。细化重点提案遴选办法，筛选11件重点提案由主席会议成员领衔督办，筛选40件提案由8个专委会对口督办，推动办理工作。研究制定《市政协重点提案办理协商办法（暂行）》，并组织实施。筛选6件重点提案作为2015年度提案办理协商选题，列入市政府、市政协年度协商计划。启动并分步开展了对提案办理工作的民主监督。落实提案办理工作专项考核责任，结合委员满意度调查情况和督查、抽查、集中考核情况，对市直48个主办单位提案办理工作和7个县(市)区提案工作实施了综合考评，推动市直单位和县（市）区提案工作责任制的落实。扎实开展专委会“八个一”活动，加强无党派人士界别委员联系，积极开展界别协商。

经济委员会 持续助推大别山革命老区振兴发展，加强检查督办，先后组织3次到大别山试验区视察调研和督办检查活动。撰写《关于进一步加快孝感大别山试验区建设的建议》的调研报告，并转化为提案。积极研究推进鄂豫省际间边界地区区域协作发展，撰写《加快口子镇建设，推进鄂豫省际间边界地区区域协作发展》的调研报告。深入调查研究汉江经济带发展，撰写《发展特色产业，建设汉江生态经济带》的调研报告，在汉丹江流域城市政协联系协作会第三次会议上作了大会发言。围绕“十三五”规划编制，建言进一步加快孝感汽车及零部件产业发展。深入开展委员“三进”活动，助推企业加快发展。积极探索将同类提案一并开展提案办理协商，提高提案办理实效。主动服务市政协领导联系新社区、重点企业、精准扶贫等工作，扎实推进各项工作。

人口资源环境和城市建设委员会 积极参加市政协和机关组织的学习活动，将“三严三实”的要求落实到各项具体工作中。围绕中心，就界别协商、城区建筑施工扬尘污染依法防治、“十三五”期间水资源保障能力等深入开展调研，撰写调研报告，作大会发言。加强提案培植，提早介入，督促委员写提案，专委会委员提案质量持续提高。加强提案督办，推动提案建议落实。支持委员积极参与全市规范性文件的修订，就农产品质量安全开展视察监督。关注民生，深入群声社区，走访群众，了解社情民意，慰问社区老人，赠送文体用品，为困难群众办实事、做好事、解难事。加强委员联系沟通，在委员中开展“三个一”活动，促进委员履职。加强对外联系联谊，配合滁州政协等来孝考察调研，参加汉丹江流域城市政协联系协作会，广泛汇聚发展力量。

教科文卫体委员会 围绕加强中小学法治教育、“十三五”期间提升企业科技创新能力等主题开展调研，形成调研报告，为市委市政府决策提供参考。围绕专委会督办的 5 件重点提案，开展协商活动，达成广泛共识。组织报送社情民意信息，被省政协采用。积极组织开展委员进社区活动，进行捐资助学、扶贫帮困、健康知识普及等主题实践活动，为社区群众奉献爱心，回报社会。组织科技科协、文化艺术、医药卫生界别的政协委员及相关专家到孝南区陡岗镇，开展科技、文化、卫生“三下乡”活动。协助省政协及外地政协来孝就民俗文化和非遗保护利用、公立医院改革、孝文化名城建设等开展调研考察任务。组织委员就“医养融合”养老模式进行视察，提出意见和建议。积极参与并做好国家园林城市创建、新社区建设、领导联系企业和精准扶贫等中心工作。

社会与法制委员会 与市检察院组成联合调研组，对县市区检察院体制改革中的相关问题进行了调研，调研形成的《关于孝感市基层检察院司法体制改革有关问题的调查和建议》报省委、省政府及省政协；《关于妥善处理我市“两院”司法体制改革中有关问题的建议》以各界反映形式报市委市政府，市委书记陶宏作出批示。深入基层、实地走访、面对面交流等形式，对社会关注的“劳务派遣用工情况”、“公共法律服务体系建设”等热点问题进行调研，提出意见建议，为市委决策提供了参考。注重突出界别特色，扎实开展政协委员“三进”活动，指导社区建立司法工作室，推进社区公共法律服务平台建设。探索建立委员旁听庭审活动长效机制，发挥政协民主监督职能作用，促进司法公开公平公正。做好加强禁毒工作等重点提案督办工作，促进平安孝感建设。

文史和学习委员会 围绕学习贯彻中共十八届四中全会和中央、省、市主要领导系列讲话精神，编辑了 2 期《学习资料》专辑，编辑 4 期《槐荫大家庭》。编撰出版文史资料《孝感非物质文化遗产及其传承人》，起草《湖北文化简史》孝感部分编写方案。围绕军民融合产业发展进行专题调研，分别在武汉城市圈政协主席论坛和市政协五届第 24 次常委会议进行发言。组织召开纪念抗日战争胜利 70 周年座谈会，弘扬抗战精神，汇聚强大力量。扎实做好联系的市高新区理丝社区政协委员“三进”工作，为理丝社区改善居民文娱生活和社区办公条件。组织部分政协委员，对孝感城区全民健身场所建设情况进行了视察，并就城区全民健身场地建设提出了意见和建议，得到市领导的签批。认真做好市政协“三万”活动、新农村建设和精准扶贫工作。

港澳台侨、外事和民族、宗教事务委员会 开展界别活动，看望、慰问部分少数民族困难群众，对我市流动少数民族人员提供关爱服务。创新活动载体和工作举措，开展政协委员进皇楼食品企业活动。开展“宗教场所建设”专题调研，被省政协座谈会采用交流；协调大佛寺建设矛盾，使该项工作取得满意效果。先后就我市贯彻实施《森林法》情况、旅游扶贫和精准扶贫、孝感大别山旅游路网建设等开展调研，并在市政协会议上作大会发言。就“依法规范管理宗教活动场所工作”开展视察，提出意见和建议，并形成视察报告。加强专委会督办的重点提案督办实施。争取与省政协对口专委会就孝感外向型经济发展情况、港澳台侨和外事工作等进行调研。开展政协联谊，接待外地政协来孝考察。协助做好市政协领导联系大悟生态文化旅游区工作。

委员工作委员会 加强委员联系走访，了解委员工作和履职情况，听取委员意见建议。起草《市政协 2015 年视察计划》。督办 5 件重点提案，并及时跟进督促后续办理工作，提高提案办理实效。扎实开展委员进社区活动，围绕文化路社区推进书香社区创建、群众医疗健康、关爱留守儿童等，受到了社区群众的欢迎和称赞。认真做好市政协常委视察绿满澴川及国有林场改革活动的组织协调等工作。围绕职业教育发展、城管执法体制改革开展考察调研，形成了专题调研报告，并分别在市政协全会和常委会做大会发言。围绕双峰山周边采石场整治开展专项视。围绕我市夜市排挡建设管理问题，组织开展界别协商，增进共识。推荐了 30 余名委员参加电视问政等民主监督活动。加强委员履职管理，做好委员履职情况的收集、整理、汇总等日常工作。

【重要活动】

市政协常委视察团视察国有林场改革工作 6 月 10 日，市政协主席李广波率市政协常委视察团到双峰山旅游度假区视察国有林场改革工作。市政协副主席喻楚林、刘萍、周良斌，市政协秘书长周千亮参加视察。市长助理万忠鑫及市有关部门负责人陪同视察。视察团一行实地察看了双峰山生态农业示范基地，听取了双峰山管委会工作情况、市林业局关于全市国有林场改革工作情况汇报，与双峰山、白兆山、五岳山林场负责人进行了座谈。常委们围绕全市国有林场改革进行讨论，视察团建议要高度重视并认真做好国有林场改革各项工作，认真研究国有林场改革中存在的问题和困难，解决好债务、体制、人员、保险等具体问题，促进林场和林业生态更大发展。

市政协常委视察团视察“绿满澴川”工作 6 月 11 日，市政协常委视察团到孝昌视察“绿满澴川”工作。市政协主席李广波，副主席喻楚林、万文涛、刘萍、周良斌，市政协秘书长周千亮参加视察。市委常委、统战部长、副市长周先来，市长助理万忠鑫及市有关部门负责人陪同视察。视察团一行实地察看丰山镇金银山紫薇园、周巷镇新张村苗木基地等，听取市林业局和孝昌县“绿满澴川”进展情况汇报。视察团建议要提高“绿满澴川”行动整体水平，延伸产业链，将林业生态发展与旅游经济发展紧密结合，创造和发挥更大效益。

全市政协委员“三进”工作座谈会 7 月 16 日，全市政协委员“三进”（进社区、进园区、进农村）工作座谈会召开，市政协主席李广波出席会议并讲话，市政协副主席刘萍主持会议。市政协副主席喻楚林、钱波东、杨军、周良斌、陈鸿杰、吴婕、张志敏，秘书长周千亮出席会议。会前，与会人员观摩了市政协委员“三进”工作现场。座谈会上，各专委会、民主党派和县市区政协作了交流发言。会议要求要明确思路，重点在政协委员“进”字上下功夫，要认真总结经验，坚持问题导向，深入转变作风，务实推进活动开展。

纪念抗日战争胜利 70 周年座谈会 8 月 26 日，市政协召开纪念抗日战争胜利 70 周年座谈会，市政协主席李广波出席会议并讲话，市政协副主席喻楚林、万文涛、刘萍、钱波东、杨军、周良斌、吴婕、张志敏，秘书长周千亮出席会议。张志敏主持会议。各县市区政协、新四军研究会、孝感日报社、政协老文史工作者围绕会议主题作了发言，从不同角度回顾了孝感抗战历史，控诉日寇罪行，缅怀革命先烈，展望光辉未来。会议强调，要发挥抗战文史资料“存史、资政、团结、育人”的功能作用，为孝感实施“四个全面”战略布局贡献力量。

全市县市区政协主席座谈会 11 月 20 日在孝感召开，会议围绕深入学习贯彻中共十八届五中全会精神，谋划研讨 2016 年政协工作。市政协主席李广波，市委常委、统战部长、副市长、市政协党组副书记周先来出席会议并讲话，市政协副主席喻楚林主持座谈会，副主席万文涛、刘萍、钱波东、杨军、周良斌、陈鸿杰、吴婕、张志敏，秘书长周千亮出席会议。会议强调，全市各级政协组织要把思想和行动统一到对“十三五”时期发展形势的战略判断上来，找准政协工作的切入点和努力方向，凝心聚力，履职尽责，为全面建成小康社会贡献力量。

【重要文件】

中共孝感市委书记陶宏在政协孝感市五届四次会议开幕式上的讲话（摘要）（2015 年 1 月 18 日） 一年来，全市各级政协组织和广大政协委员牢牢把握团结和民主两大主题，围绕中心、服务大局，加强调查研究，加大协商力度，积极建言献策，发挥了协商民主重要渠道作用。2015 年是推进全面深化改革的关键年，是全面推进法治孝感建设的开局年，是全面完成“十二五”规划的收官年。市委五届六次全会通过了全面推进法治孝感建设的实施意见，明确了新一年工作的指导思想、目标任务。面对新常态，我们要进一步增强责任感、使命感，认真贯彻落实市委、市政府的决策部署，积极投身孝感改革发展的伟大实践，努力做到“五个更加注重”。1、更加注重凝聚社会各界共识。市政协要发挥自身优势，主动做好各界群众的思想工作，凝聚全面深化改革、推进法治孝感建设的新共识，努力寻求全市人民意愿和要求的最大公约数，形成全市上下推动改革发展的强大正能量。2、更加注重服务孝感改革发展。要引导所联系群众支持和参与改革发展，增强改革发展合力。要敢于讲真话、进诤言，及时真实传递民情民意，推动各项改革发展举措落到实处。3、更加注重推进法治孝感建设。要紧紧围绕党委决策的贯彻执行、政府部门依法行政、司法机关公正执法、干部作风建设等，认真开展民主监督。要争做法治孝感建设的模范践行者，带动和引领社会各界学法、尊法、守法、用法，增强法治理念，树立法治信仰。4、更加注重促进社会和谐稳定。要将凝聚人心作为最大的政治，通过各种有效方式，当好党委政府联系群众的桥梁和纽带。5、更加注重加强履职能力建设。全市各级政协组织和广大政协委员要增强思想引领、方法引领、能力引领、作风引领，发挥在本职工作中的带头作用、在政协工作中的主体作用、在界别群众中的代表作用。全市各级党委要重视和支持政协事业发展，要关心和支持政协加强自身建设，主动帮助解决实际问题，落实好市委、市政府“八个明确”的要求，切实为政协组织发挥作用创造良好环境。

常务委员会工作报告（摘要）（2015 年 1 月 18 日） 2014 年工作回顾 一年来，市政协常委会在中共孝感市委的领导下，围绕中心大局，发挥委员作用，团结各界人士，认真履行职能，加强协商民主，服务改革发展稳定，为实现市委、市政府确定的目标任务作出了积极贡献。一、认真开展党的群众路线教育实践活动，切实加强作风建设。根据中央和省、市委的统一部署，市政协党组和政协机关以“为民务实清廉”为主题，扎实开展党的群众路线教育实践活动，政协委员和社会各界高度关注、自觉参与，政协组织作风建设有了新进步。在教育实践活动中，市政协突出打牢学习基础，突出认真查找问题，突出边学边查边改，突出巩固活动成果，推动政协工作创新发展。二、贯彻落实中共十八届三中全会精神，为全面深化改革建言献策。把全面深化改革放到履职尽责的重要位置。8 月份，专题召开五届第 17 次常委会议，听取我市全面深化改革工作进展情况通报，着重就经济体制、生态文明、民生保障三大领域的改革开展协商，提出意见建议 103 条。这些建议受到市改革办的重视和采纳，有 76 条交各专项改革办落实。省改革办发《工作简报》对我市政协常委会专题协商全面深化改革工作给予充分肯定。把推动专项改革融入政协经常性工作之中。围绕司法改革，开展调查研究，与市人民检察院协商形成联动意见，探讨改革中存在问题的解决办法，省政协发《工作简报》进行推介。配合省政协开展农村金融改革、社会组织建设、养老服务体系建设等专题调研，助推相关领域改革进展。把推进政协工作机制改革创新作为全面深化改革的重要内容。创新协商民主工作机制、常委会议组织方式、委员服务管理工作机制、提案办理民主评议机制和社情民意信息直报机制等。三、围绕市委、市政府工作重点，为促进全市经济社会发展尽责出力。高度重视推进新型城镇化工作，5 月份，召开五届第 16 次常委会议，围绕建设中华孝文化名城、鄂豫省际区域性中心城市和武汉城市圈副中心城市的议题进行专题协商。《人民政协报》以《孝感市政协专题协商孝文化名城新型城镇化建设》为题进行了报道。助推市直“三区”发展。主席会议成员及有关常委多次调研市高新区简政放权及企业发展情况，推动权力下放和企业发展。认真落实市委、市政府 100 个重大工程项目和联系基层“六个一”工作部署。高度关注全市生态文明建设。召开槐荫河污水治理对口协商会，组织专班深入调研关闭双峰山周边采石场，围绕治理府澴河流域污染、整治企业跨区排污、控制建筑扬尘、建设林业生态示范县等课题，提出提案，上报信息，推动工作。四、发挥职能作用，促进民生改善。深化政协委员“三进”工作，截止 2014 年底，全市委员“三进”工作延伸到 354 个社区、园区（企业）和农村，参与面扩大到 1747 人，当年新参加“三进”委员 612 人，受到了群众好评。注重运用经常性工作推动民生改善。在调研、视察、社情民意信息反映和协商中突出民生改善的内容，促进了一批民生问题的解决。扎实开展“三万”活动。组织科技、文化、卫生“三下乡”活动，为基层群众义诊义检，送医送药，解答技术难题，普及安全知识，开展文艺演出。五、彰显政协优势，助推文化发展。与国际亚细亚民俗学会联合主办了“重阳与亚洲孝道文化国际论坛”，围绕主题，深入开展孝文化研讨，交流论文 80 多篇。运用多种形式促进文化事业发展。围绕古民居保护利用、小河明清古街开发建设、孝感特色地域文化发展等开展调研，积极建言。积极推动地方传统文化保护传承，组织开展《孝感非物质文化遗产及其传承人》文史资料征编工作，《百年楚剧源于孝感》的编纂被列入全市重点文艺创作扶持项目。六、切实加强履职能力建设，发挥政协协商民主重要渠道作用。加强协商民主理论研究和实践探索。结合庆祝人民政协成立 65 周年，召开人民政协理论研讨会、县市区政协主席座谈会，总结全市各地推进政协协商民主的实践和经验，探讨加强协商民主制度建设。探索以专题为内容、以界别为纽带、以专委会为依托、以座谈为方法的协商形式，规范协商流程，增强协商实效。推进经常性工作创新发展。以提案提出质量为基础，以提案办理协商为重点，以提案督办为抓手，以规范提案办理流程和提案工作目标考核为保障，创新提案工作。支持和帮助县市区政协和乡镇（街道）政协联络处解决实际问题，政协工作合力得到加强。研究加强委员工作的办法和措施，进一步发挥委员主体作用。2015 年工作意见。一、加强中国特色社会主义理论体系学习。二、围绕法治孝感建设履职尽责。三、围绕全面深化改革贡献智慧力量。四、围绕经济社会发展中的重大问题献计出力。五、创新服务群众工作机制。六、继续深化履职能力建设。

【孝感市各级政协领导人名单】

孝感市政协

主　席　　李广波
副主席　　喻楚林
　　　　　万文涛
　　　　　刘　萍（女）
　　　　　钱波东
　　　　　杨　军
　　　　　周良斌
　　　　　陈鸿杰
　　　　　吴　婕（女）
　　　　　张志敏
秘书长　　周千亮

县市区政协主席

孝南区　　王望姣（女）
汉川市　　田水欣
应城市　　刘敬喜
云梦县　　丁财庆
安陆市　　刘爱萍（女）
大悟县　　卢美胜
孝昌县　　戴传亮

孝感市各级政协组织和委员数

（截至 2015 年底）

项目＼级别	市	县（市、区）	合计
组织数	1	7	8
委员数	428	1796	2224

（胡厚宝　编写　胡绍翔　彭爱平　审稿）

政协黄冈市委员会

【全体委员会议】

四届四次会议 1月17日至21日在黄州召开。应到委员484人，实到委员463人。市委书记刘雪荣在会议开幕会上致辞。市政协副主席黄良章、万亚平受常务委员会委托分别作常委会工作报告和提案工作报告。委员们列席市四届四次人大会议，听取陈安丽市长所作的《政府工作报告》及其他重要报告。12名政协委员就市区创建国家卫生城市工作等方面各抒己见、建言献策。郭应虎委员就关于市区创建国家卫生城市工作提出建议。李玮委员就确立三大定位、放大禅宗文化品牌效应提出建议。陈春霞委员提出关注留守儿童、守望明天的建议。丁志明委员对科技型企业发展过程的问题提出建议。王基家委员提出深入开展市校合作、服务黄冈创新发展的建议。尤金明委员提出了坚持市区一体、发展市区休闲经济的建议。胡丰委员对加快黄冈“中国书法城”硬件载体建设提出了建议。周晓华委员对强化法治意识、建设法治黄冈提出建议。许建荣委员就提高新型农村合作医疗整体工作水平提出建议。方正委员对努力营造民营企业家健康成长的环境提出建议。张志雄委员对促进养老事业发展提出了推进“医养结合”模式的建议。汪佳委员对支持中小企业科技创新发展提出了建议。会议期间，共收到提案347件。其中，集体提案65件，委员提案282件，经审查，共立案318件，立案率为91.64%。会议选举童德昭为政协黄冈市第四届委员会副主席。会议以举手表决的方式，依次通过常务委员会工作报告的决议、提案工作情况报告的决议、提案审查情况的报告和全会的政治决议。

【常务委员会会议】

第13次会议 1月19日召开。会议作了关于增补童德昭同志为政协黄冈市第四届委员会委员的建议。会议协商并通过政协黄冈市第四届委员会副主席候选人名单(草案)及政协黄冈市第四届委员会第四次会议选举大会总监票人、监票人名单（草案）。会议审议并通过政协黄冈市第四届委员会第四次会议选举办法（草案），政协黄冈市第四届委员会常务委员会工作报告的决议(审议稿)、政协黄冈市第四届委员会常务委员会关于四届三次会议以来提案工作情况报告的决议（审议稿）、政协黄冈市第四届委员会提案委员会关于四届四次会议提案审查情况的报告（审议稿）、政协黄冈市第四届委员会第四次会议政治决议(审议稿)。

第14次会议 7月8日召开。会议听取市政府“十三五”规划编制情况的通报和市政府上半年经济运行情况的通报；协商讨论关于黄（州）团（风）浠（水）区域一体化发展调研报告及建议案。建议案对推进黄团浠区域经济一体化发展提出了“科学定位，着力推进区域发展战略；规划先行，着力发挥规划引领作用；创新驱动，着力完善区域发展协调机制；循序渐进，着力找准区域一体化突破口；发挥优势，着力打造现代产业体系；统筹发展，着力提升区域城镇化和公共服务水平”等六条建议。会议还审议通过有关人事事项，讨论其他事项。

第 15 次会议 10 月 13 日召开。会议传达省委政协工作会议、市委政协工作专题会议精神，学习《中国共产党巡视条例》；听取市纪委监察局、市中级人民法院、市人民检察院和市公安局今年以来工作情况的通报；审议通过市四届政协“优秀政协委员”评选办法；听取了市政协部分常委、委员赴全国政协培训中心培训情况的报告；会议还协商通过有关人事任免事项。

【专门委员会工作】

委员工作委员会 提升委员履职能力，组织 50 名市政协委员赴北戴河全国政协干部培训中心进行培训学习。搭建履职平台，组织委员参加省委巡视组巡视黄冈的动员会和反馈意见会、市中级人民法院重大疑难信访案件听证、二审案件旁听、房地产市场问题座谈会，参加视察市公安局、国土资源局和住建委等活动。推荐 7 名委员分别担任政风监督员和案件执法监督员，协调、组织住黄冈省政协委员开展“为大别山振兴发展献计献策”调研活动。密切与委员的联系，由主席会议成员带队，围绕市委全会主题先后联系、走访了从事经济工作、在黄冈投资和执纪执法的 106 名委员。2 次组织市纪委、公安局、检察院等部门召开座谈会，要求有关部门要关心爱护政协委员，及时通报情况，维护委员的合法权益。加强委员队伍建设，建立委员履职档案。对委员参加履职活动进行统计。强化对涉嫌违纪、违法委员的管理。凡是被政法部门通报涉嫌违纪、违法并采取强制措施的委员，参照省政协有关规定，立即暂停其委员身份，直至政法部门作出处理结果后，按规定程序恢复委员身份或撤销委员资格。今年先后按规定暂停了 8 名委员以委员身份参加会议和活动，撤销了 3 名市政协委员的资格。制定委员履职服务和管理工作的意见。开展“十佳政协委员”评选活动，在四届五次全会上进行通报表彰。

提案委员会 着力提高提案质量，开展“提案线索征集月”活动，征集提案线索 80 多条供委员参考。召开提案选题协商会，鼓励各民主党派、人民团体、各专门委员会多提高质量的精品提案，共收到提案选题 46 个。严把审查立案关。完善审查程序，创新立案方式。实行大会提案组预审、提案委小组初审、全委会终审的“三审制”，保证了提案立案质量。通过交办协商，办前协商，重点提案遴选协商，扎实推进办理协商，不断完善提案办理协商机制。编发 10 期《政协提案摘要》报市委、市政府主要领导阅示。制定督办方案，组织召开座谈会议，协商推进 19 件重点提案办理。通过召开现场会推进、检查督办、定期通报，截至 2015 年底，全市 10 个县市区有 9 县市区建立了提案信息平台，并已投入使用，运行效果良好，实现提案工作全程网络化管理，提高了提案工作效率。召开市政协提案宣传工作座谈会议，邀请主流媒体负责人参加会议，对全年提案工作宣传作出部署和安排。在《黄冈日报》、《鄂东晚报》开辟《提案追踪》、《提案线索征集》等栏目，全年在《人民政协报》、省政协网站、湖北手机报（政协版）、《黄冈日报》、《鄂东晚报》等新闻媒体上，共刊载 280 篇，较好地展示了提案办理协商的新成果。全年组织提案督办活动 5 次，调研 2 次，考察 2 次，充分发挥委员们履职能力，提高委员的履职水平。

经济委员会 开展专题调研活动，参与以“推进黄州、团风、浠水区域一体化发展”为课题的调研，向市委、市政府提出科学定位、规划先行、创新驱动、重点突破、做强产业、统筹发展等建议。以“沿江港口开发与建设”为课题，对沿江六县市区开展专题调研。针对岸线资源管理体制尚未理顺、长江沿岸基础设施条件较差、协调联动机制不够顺畅、资源要素压力较大等问题，提出港为中心、路为纽带、业为重点、市为主线、深度融合、协调发展的对策思路，突出加快构建沿江县市区协作机制、产业融合发展机制、多元化投融资机制的措施建议。开展委员视察活动，组织视察黄梅、武穴、蕲春、浠水等地禅宗文化，并向市委提交视察报告，市委书记刘雪荣肯定市政协视察报告情况实、问题准、建议好，并批示分管领导组织相关部门认真研究、吸收、借鉴，做好禅宗文化开发这篇大文章。时隔不久，市委、市政府分管领导积极落实视察报告成果，主持组织召开禅宗文化开发推进会。围绕四届十二次全体（扩大）会议主题开展走访委员活动，迅速地传达了市委全会精神，客观了解委员情况，积极向市委反映走访情况。围绕重点提案，开展协商督办活动，对《关于加快发展我市电子商务的建议》和《关于进一步推进农村土地流转的建议》两件重点提案进行督办，取得良好办理效果。

社会法制和人口资源环境委员会 周密安排，组织好调研视察活动，协助分管的主席开展“百名委员走访”活动。分别就我市国土资源、住房城乡建设履职尽责工作，服务黄冈经济社会发展情况进行专题调研。参加省政协社会和法制委员会组织的学习培训和研讨会，陪同全国、省政协社会和法制委员会来我市就“社会转型时期优化我省基层妇联组织发展环境问题”、“贯彻实施《道路交通安全法》，规范执法行为”开展专题调研。主动加强与委员联系，为委员知情问政、履职尽责搭建平台，市政协四届四次会议期间，共收到委员提案33件，占立案总数9.9%，数量、质量明显提升。抓好重点提案、集体提案督办工作。对《关于加强城际铁路西站配套设施及站前管理秩序的建议》、《关于选派律师进社区，建立健全公共法律服务体系的建议》两件重点提案进行督办。认真学习党的十八届四中、五中全会精神和习近平总书记系列重要讲话精神，严明政治纪律，严守政治规矩，践行“三严三实”要求，坚持“两为”标准，不断提升专委会履职尽责水平。

教科文卫体委员会 加强理论学习，始终把握正确政治方向。围绕“三严三实”专题教育、助推经济社会发展、专委会工作开展学习，切实做到真学真信、学以致用。加强履职尽职，积极助推黄冈改革发展。组织开展红色文化遗存专题协商。市长陈安丽在专题协商上强调要推进政协协商成果的转化运用，努力建设红色文化遗址保护重要示范区、红色文化旅游示范区。《人民政协报》、《黄冈日报》对此予以专题报道。有关内容已写入市十三五规划纲要（草案）。组织督办重点提案落实，四届四次会议以来，本专委会委员积极撰写并提交提案41件，占提案立案总数的12.98%。注重筛选重点提案，其中《关于充分挖掘遗爱湖文化内涵的建议》、《关于加快黄冈中国书法城建设的建议》、《关于加强幼教师资队伍建设，促进学前教育均衡发展建议》等5件提案被主席会议确定为2015年度督办的重点提案。对重点提案进行督办，保证提案工作落到实处、办出成效。组织委员视察创建卫生城，开展申报历史文化名城专题调研。加强服务管理，充分发挥委员主体作用。在分管主席的领导下，积极开展走访政协委员活动。开展政协委员乒乓球赛，在全省政协系统尚属首例。持续开展送医、送药、送科技“三下乡”活动，受益群众近1000人。

港澳台侨外事民族宗教委员会 加强学习，提高思想政治能力水平。认真学习习近平总书记系列重要讲话，积极参加市政协机关组织的系列学习活动以及“三严三实”专题教育学习活动。观看反腐倡廉专题教育警示片，认真学习政协、统战、民族、宗教、对台、侨务外事工作等方面的政策、法规，不断提高政策水平和履职能力。突出重点，加强委员学习培训。召开专委会全体委员会议，请统战部领导做关于巩固和发展爱国统一战线的专题辅导报告以及传达全国统战工作会议精神。关注热点，组织委员撰写提案并督办落实。四届四次会议期间，组织本专委会委员提交了 20 多件提案。民建黄冈市委提交的《关于大力发展具有鄂东特色的乡村旅游的建议》76 号集体提案得到了高度重视，被列为重点督办的提案。组织委员就我市水资源湖泊保护进行了实地调研，并形成调研报告提交四届五次全会发言材料。彰显特点，开展禅宗文化主题调研，调研成果得到积极转化，应邀参加省政协主持召开的全省政协民族宗教工作研讨会，代表黄冈市政协在会上进行《黄冈市依法管理宗教事务工作情况》专题汇报，交流我市加强宗教事务依法管理的做法和经验，得到省政协、参会各方的充分肯定。积极参与中心，服务经济建设，进一步加强与全国政协和兄弟省、市政协的学习交流。

【重要活动】

视察禅宗文化开发 6月2日，市政协主席会议成员到黄梅、武穴、蕲春、浠水视察禅宗文化开发情况。黄梅、武穴、蕲春、浠水等县市主要领导参加调研，并汇报相关工作。市委书记刘雪荣肯定市政协视察报告情况实、问题准、建议好，并批示分管领导组织相关部门认真研究、吸收、借鉴，做好禅宗文化开发这篇大文章。市委、市政府分管领导主持组织召开禅宗文化开发推进会，推进禅宗文化开发工作扎实开展。

区域一体化发展 4至6月份，市政协紧扣市委、政府中心工作，开展以“推进黄州、团风、浠水区域一体化发展”为课题的调研，经过广泛听取意见和建议，反复讨论修改，形成调研报告和建议案。在辨证分析黄团浠一体化面临的机遇和有利条件的基础上，针对黄团浠区域一体化工作是一项涉及面广、政策性强、关联度高、全新的系统工程，还存在市区首位度不高、协调机制不健全、资源整合不够、思想认识不统一等诸多制约因素和问题，向市委、市政府提出了科学定位、规划先行、创新驱动、重点突破、做强产业、统筹发展等建议。建议案得到市委、政府重视，转化为市委、政府下一步工作的重点内容。

百名委员走访谈心活动 5至6月份，为贯彻落实市委四届十二次全体会议精神，响应市委“抓党建、严纪律、促发展”主题活动，营造“崇尚成功、宽容失败”的干事创业环境，经市政协党组研究决定，围绕市委提出的“五个支持、五个反对”开展“百名政协委员访谈”活动。主席会议成员开展与“百名委员走访谈心”活动。市政协由主席会议成员带队，分成10个组，采取集中座谈、逐一走访、实地调研、现场办公等形式开展了走访活动。

红色文化遗存专题协商会 市政协主席会议确定将红色文化遗址遗迹保护和利

用作为专题协商课题。组织调研专班深入全市开展实地调研，广泛收集第一手资料，积极了解各方面真实情况，召集代表人士深入研究探讨，形成《我市红色文化遗存保护工作亟待加强》的专题调研报告，针对红色文化遗存存在保护意识单薄、保护经费短缺、保护机制缺位、开发利用滞后等问题，提出认识要提升、规划要加速、管理要加力、投入要加大、开发要加快等建议。市长陈安丽在专题协商会上指出要推进政协协商成果的转化运用，努力建设红色文化遗址保护重要示范区、红色文化旅游示范区。年底，市政协主席亲自带队到红安、麻城，就红色文化遗存协商意见的落实情况进行专题督办，继续为实施黄冈文化强市战略献计出力。有关内容已写入黄冈市十三五规划纲要。

市委政协工作专题会议 9月9日在黄州召开。传达学习全省政协工作会议精神，研究黄冈市贯彻落实会议精神相关事项。市委书记刘雪荣出席会议并讲话。市长陈安丽主持会议。市委书记刘雪荣强调，要全力提升政协工作新水平，要让政协作用“大”起来，要让政协工作“活”起来，要让政协队伍“强”起来。陈安丽要求，要充分发挥协商在政府决策中的作用，要充分发挥政协的民主监督作用，要充分发挥政协参政议政的作用。市政协主要领导围绕人民政协工作要坚持党的领导这一主题作了深刻阐述。

【重要文件】

中共黄冈市委书记刘雪荣在市政协四届四次会议开幕式上的致辞（摘要）（2015年1月17日） 全市各级政协组织要以习近平总书记系列重要讲话精神为指引，立足黄冈实际，锐意创新，团结奋进，以工作新状态、事业新业绩展示政协新作为。要突出两大主题，巩固加快黄冈发展的最广泛统一战线。紧紧围绕“四个大别山”的建设目标，深入贯彻黄冈科学发展思路体系，把全市各民主党派、工商联、人民团体、无党派人士和各族各界人士团结起来，切实做到思想上同心同德、目标上同心同向、行动上同心同行，为促进经济社会发展凝聚强大智慧力量。要履行三大职能，展现服务黄冈发展的独特优势。全市各级政协组织要把围绕中心、服务大局作为履行职能必须遵循的重要原则，聚焦黄冈改革发展稳定，聚焦市委重大决策部署，聚焦人民要解决的问题，发挥优势、献计出力。要围绕加快发展履职尽责。主动适应经济发展新常态，多想转型升级之事，多谋创新发展之计，多献务实落实之策。要坚持“三严三实”，担当推动黄冈发展的光荣使命。全市各级政协组织和广大政协委员、政协机关干部，必须更加自觉地坚持中国共产党的领导，深刻领会“三严三实”的丰富内涵和重要意义，把握“三严三实”标准，坚持“两为”导向，切实加强政协机关自身建设，以改革创新精神推进政协履职能力现代化。要认真落实市委《关于加强人民政协协商民主工作的意见》，推动协商民主广泛多层制度化发展。

常务委员会工作报告（摘要）（2015年1月17日） 2014年，市政协常务委员认真学习贯彻中共十八大、十八届三中、四中全会和习近平总书记系列讲话精神，高举社会主义和爱国主义伟大旗帜，突出团结和民主两大主题，履行三大职能，在“四个大别山”的发展旗帜下，围绕深化改革、服务“双强双兴”、开展“三大行动”，主动谋事，认真干事，努力成事。一、开展学习教育活动，增进共识取得新成效。认真学习中央重要会议和习近平总书记系列讲话精神，始终与党中央保持高度一致。认真开展党的群众路线教育实践活动，不断加强思想和作风建设。认真组织委员学习培训，努力提高委员综合素质和履职能力。二、坚持改革创新，履职尽责取得新突破。高标准开展协商民主，人民政协协商民主工作快速推进，协助市委出台了《关于加强人民政协协商民主工作的意见》。高频率开展民主监督，在实践中不断创新完善新的民主监督形式。高质量开展调查研究，开展调查研究50余次，提出建设性意见、建议300多条。高效率推动提案办理，大力推行提案信息化建设，不断推进提案工作创新。高成效助推经济建设，支持和鼓励委员投身“双强双兴”和“三大行动”的建设热潮之中。高力度关注民生福祉，一大批政协委员积极响应市政协常委会的号召，真诚回馈社会。三、广泛联动联谊，团结民主取得新收获。加强上下联动，服务上级政协调研视察，指导县市区政协开展工作。加强内部联系，与各民主党派、工商联、无党派人士、人民团体的联系和团结合作，巩固和发展多党合作的良好政治格局。加强横向联谊，一年来，全国各地来我市学习考察的有10多个省（市），30多个市（州）、50多个县（市）500多人次。加强文史交流，为全国政协、省政协编辑抗战画册提供“三亲”史料，拍摄《口述历史》，召开散文集《游在黄冈》研讨会，出版了第17辑《黄冈文史资料》。四、加强能力建设，发挥作用取得新提升。以专委会为依托，组织政协各界别开展视察调研活动，形成了一批重要调研成果，提出的一系列建设性意见和建议，得到市委、市政府的高度重视和积极采纳。树立委员中心意识和大局观念，积极为委员搭建知情明政平台、协商议政平台。依托专委会组织开展调研视察，以“专”求深，以“专”求新，以“专”求真，以“专”求实，勇于创新、积极进取，不断提升工作水平和实效。开展“学习型、创新型、服务型、效能型、节约型、廉洁型”六型机关建设，强化机关保障作用。

【组织情况】

撤销委员名单

（2015年7月8日政协黄冈市第四届委员会常务委员会第十四次会议通过）

王　宏　方　莉（女）李立新　张龙飞　梅素益　龙友田　刘来燕（女）周志炼

（2015年10月13日政协黄冈市第四届委员会常务委员会第十五次会议通过）

刘冈萍

增补委员名单

（2015年1月19日政协黄冈市第四届委员会常务委员会第十三次会议通过）

童德昭

（2015年10月13日政协黄冈市第四届委员会常务委员会第十五次会议通过）

田文国　郑建华　饶　彬　徐　菲

【黄冈各级政协领导人名单】

黄冈市政协

副主席　张友启

万亚平

肖红娟（女）

詹汉彬

余　觅（女）

秘书长　吴佑元

县市区政协主席

黄州区　尤金明

团风县　杜泉源

红安县　徐鼎荣

麻城市　戴福生

罗田县　张绍辉　　蕲春县　尤爱凤（女）
英山县　胡百齐　　武穴市　胡晓青
浠水县　郑　宁　　黄梅县　郭小野

黄冈市各级政协组织和委员数

（截至2015年底）

项目＼级别	地级市	县（市、区）	合计
组织数	1	10	11
委员数	476	2527	3003

（蔡成军　黄河　编写　方成　审稿）

政协咸宁市委员会

【全体委员会议】

四届四次会议 1月18日至22日在温泉召开。市委书记任振鹤在开幕式上致辞。会议听取并协商讨论市长丁小强作的《政府工作报告》，听取并审议市政协主席胡建华作的市四届政协常委会工作报告和副主席殷德才作的市四届政协常委会关于四届三次会议以来提案工作情况的报告；听取并协商讨论“两院”工作报告和计划报告、财政预算报告；审议通过市四届政协第四次会议提案审查情况报告、关于市四届政协常务委员会工作报告的决议、关于市四届政协提案工作情况报告和大会政治决议；选举郭杨城为市四届政协常委。在大会闭幕式上，市政协主席胡建华讲话。孙和平等8位市政协委员分别代表市各民主党派和市政协有关专委会或以个人名义作大会议政发言。大会开、闭幕式分别由周力、胡建华主持。副主席杨荣才、吴鸣虎、郑凌、孙基志、殷德才、熊登赞出席会议。

【常务委员会会议】

第15次会议 1月14日在温泉召开，胡建华主持。会议听取副市长刘红洲所作的《市人民政府关于市政协四届三次会议以来提案办理工作情况的通报》；电视评议四届三次会议重点提案办理单位；审议通过市政协常委会工作报告、提案工作报告；协商通过了有关人事事项。副主席周力、杨荣才、骆传勇、孙基志、殷德才、熊登赞出席会议。副秘书长游强进、黄新文、郑光勇及各专（工）委负责人、各县（市、区）政协主席列席。

第16次会议 1月21日在温泉召开，胡建华主持。会议协商通过了市四届政协副主席、秘书长、常务委员候选人名单、《市政协四届四次会议提案审查情况的报告》（草案）、《关于市四届政协常委会工作报告的决议》（草案）、市政协四届四次会议政治决议（草案）以及有关人事任免事项。副主席周力、杨荣才、吴鸣虎、郑凌、殷德才、熊登赞出席会议。四届四次会议副秘书长、各县（市、区）政协主席列席。

第17次会议 4月28日在温泉召开，胡建华主持。市委常委、市纪委书记王远鹤到会作严明政治纪律和政治规矩的辅导报告。会议传达了全国政协第十二届三次会议精神；通过了有关人事事项。副主席杨荣才、吴鸣虎、郑凌、孙基志、殷德才、熊登赞、周辉庭，秘书长游强进出席会议。副秘书长黄新文、郑光勇及各专（工）委负责人、市直有关部门负责人及各县（市、区）政协主席列席。

第18次会议 7月29日在温泉召开，胡建华主持。副市长曾国平到会通报上半年全市经济社会发展情况，听取委员讨论发言。会议审议通过了《关于我市城管执法工作情况的调研报告》。副主席周力、杨荣才、吴鸣虎、郑凌、孙基志、殷德才、熊登赞、周辉庭，秘书长游强进出席会议。副秘书长黄新文、郑光勇及各专（工）委负责人、各县（市、区）政协主席列席。

第19次会议 10月29日在温泉召开，胡建华主持。市纪委副书记、监察局局长熊亚平到会通报2015年反腐倡廉工作情况。市中级人民法院院长刘太平、市人民检察院院长罗继洲分别通报“两院”2015年工作情况。审议通过了《关于我市农村住宅规划建设工作的调研报告》《关于学习荆州经验，加快发展咸宁体育事业的建议》。副市长镇方松到会听取意见并讲话。副主席周力、杨荣才、吴鸣虎、郑凌、孙基志、殷德才、熊登赞，秘书长游强进出席会议。市政协副秘书长黄新文、郑光勇及各专（工）委负责人、各县（市、区）政协主席列席。

【专门委员会工作】

提案委员会 一年来，共收到提案104件，立案交办98件，采纳率94.2%，分别交由67个承办单位承办。截止2015年底，所交办的提案已全部办复，见面率100%，满意率100%。已经落实和基本落实81件，落实率82.7%。市政协专门召开主席会议，协商通过了主席会议成员督办的10件重点提案。市政协办公室、研究室及各专（工）委会按照主席会议成员督办重点提案的要求，全程跟踪各重点提案的办理。通过开设新闻专栏、编发《提案督办通报》、走访提案承办单位等方式，加强提案督办宣传工作。配合咸宁电视台做好拍摄专题节目《提案追踪》的系列报道工作。并以在市政协常委会议上播放电视短片、专题民主评议的方式，对10件重点提案办理效果进行现场无记名测评，并将测评结果报市考核办。

经济人口资源环境委员会 4月份，配合省政协赴嘉鱼、通城两地，就农村安全饮水问题开展专题调研，收集了一些建设性意见；组织相关人员就大气污染防治工作开展对口协商，切实加强了城区“三禁三治”工作。5月中旬，配合省政协调研组赴嘉鱼县，就调整农业产业结构、发展特色产业情况开展调研。6月份，就关爱失独家庭成员问题开展界别协商。向市政府及市直有关部门提出“着力摸清各类情况、着力解决实际困难、着力落实养老保障、着力建立长效机制”的建议，得到市政府高度重视，城乡计生失独家庭在扶助标准上已取消差别，实现了待遇同等。9月下旬，赴广西南宁市考察学习农村住宅规划建设管理经验。向市委、市政府提出了严格落实管理责任、抓紧规划科学编制、加强建设质量管理、做好确权发证工作、切实加强组织领导等对策建议。市委、市政府主要领导高度重视，责成有关部门抓紧研究具体落实意见。11月上旬，召开打造农产品加工千亿产业专题协商会。向市委、市政府提出了准确摸清全市农业资源“家底”、抓紧编制农产品加工千亿产业发展规划、大力建设特色产业基地、加快推进农产品加工项目建设、着力打造精品名牌等7条意见建议。

社会和法制委员会 3月下旬，配合省政协社会和法制委员会，开展“残疾人权益保障问题”专题调研，收集相关材料20多份，为“十三五”期间我省残疾人事业和残疾人权益保障的问题提出了较有说服力的对策建议。6月中旬，赴武汉、宜昌、湖南岳阳等地考察学习城管执法工作经验，形成了《关于我市城管执法工作情况的调研报告》并报市委、市政府。李建明书记批示：“市政协的调研报告对我市加强城管工作很有参考价值，请国平同志组织认真学习借鉴，提出具体强化措施报市政府研究”。12月上旬，针对“市区餐饮安全卫生”问题开展界别协商，提出50余条意见建议。形成《关于加强市区餐饮安全卫生监管工作的协商建议》报市委、市政府。市委、市政府几位领导分别作出批示。11—12月，对我市残疾人的基本情况开展深入调研，形成《关于切实推进残疾人小康进程的建议》，作为市政协四届五次会议议政材料提交。

教科文卫体委员会 年初，组织相关人员就我市体育工作的发展和群众健身活动的开展问题，深入各县、市进行调研。10月中旬，又赴荆州市考察学习，提交了《关于学习荆州经验，加快发展咸宁体育事业的建议》，得到市委、市政府领导的高度重视和肯定。11月中旬，组织我市16名政协常委、委员和相关民主党派、各界专家到咸宁外国语学校进行考察，提出了部分建设发展的建议，得到师生和家长的一致好评。协调指导市科技局起草的《实施创新驱动战略 推动产业转型升级》文稿，在武汉城市圈政协主席论坛上发表，受到有关方面的重视和肯定。配合省政协深入赤壁、嘉鱼两地，对学前教育发展情况开展深入调研，提出了有关要求和建议。紧扣教育、卫生、体育等民生热点问题开展调研，完成《抓住热点调研 促进民生改善》论文。

港澳台侨和民族宗教委员会 7月上旬，分赴佛教场所大乘禅寺、道教场所太乙观，就宗教与旅游、宗教与社会生活、宗教与社会和谐、宗教的自治与依法管理、宗教教职人员请求解决的事项等进行深入调研，调研文章《积极稳妥做好农村宗教事务管理工作》被市委政研室内刊采用。12月上旬，组织相关人员，就"'十三五'期间如何加快推进我市散居少数民族经济社会发展，如期脱贫奔小康"开展界别协商。形成了《加快推进散居少数民族脱贫步伐 促进各民族共同发展》协商报告，为市委、市政府科学、民主决策"十三五"扶贫工作建言献策。5月中旬，赴台湾开展参访、交流活动。提升了我市与台湾在宗教事务方面的交流合作，增进了与台湾同胞的感情。并向市委、市政府呈报了考察成果《台湾宗教文化考察报告》。积极参加"绿满鄂南"、"三万活动"和新农村建设，工作组被评为全市三万活动先进工作组。

文史资料和学习委员会 编印《咸宁文史资料》第13辑——《鄂南抗战纪事》。主动参与纪念中国人民抗日战争暨世界反法西斯战争胜利70周年活动，联合相关单位举办《不能忘却的历史——咸宁抗战史特展》。配合省政协编撰出版《湖北文化史丛书》。年底，完成《咸宁文化简史》部分的纲目编写；搜集图书、文献、考古资料，为撰写《文化简史》做好准备；开展初步研究，完成各文化发展期背景与概貌的撰写。为调查研究如何有效地保护和利用我市抗战遗址，挖掘抗战文化，弘扬抗战精神，将资源优势转化为产业优势，8月底，参观侵华日军南京大屠杀遇难同胞纪念馆，提出《关于加强我市抗战遗址保护和利用的建议》。积极开展工作研讨，文史委副主任邓丹萍撰写的《政协文史工作在地方文化建设中的优势、作用及其发挥》在全省政协文史工作论文征集评选活动中获奖。

委员工作委员会 认真做好政协常委、委员履职活动情况的统计分析工作。根据《委员履职服务与管理暂行规定》要求，对个别委员进行了调整及诫勉谈话。加强了与省政协、县（市、区）政协的工作联系。3月份，赴各县（市、区）开展走访慰问委员活动。6月下旬，组织部分委员进行"依法行政"的界别协商座谈会。7月下旬，在全省政协委员工作专题研讨会上作交流发言。组织33名市政协委员和机关干部，分四批次赴北戴河、青岛全国政协干部培训中心参训。11月上旬，杨荣才副主席带队到市城管执法局督办90号重点提案。

【重要活动】

市委政协工作会议 12月3日，中共咸宁市委政协工作会议在市会议中心召开。市委书记李建明作重要讲话、市委副书记、市长丁小强主持会议。市政协主席胡建华讲话。中共嘉鱼县委、咸安区政协、通城县政协、市科技局和市林业局作交流发言。市委副书记陈树林，市委常委王远鹤、王汉桥、王济民，市人大代理主任胡毓军，副市长曾国平、何志雄、胡甲文，市政协副主席杨荣才、吴鸣虎、孙基志、熊登赞、周辉庭，咸宁军分区政委关苏，市人民检察院检察长罗继洲，咸宁高新区管委会主任汪凡非，市政协秘书长游强进、副秘书长黄新文、郑光勇，县（市、区）党委书记、政协主席、统战部部长，市直各单位主要负责同志、市政协常委及市政协机关全体干部共240多人出席和参加会议。21日，《咸办通报》第24期印发李建明同志的讲话。25日，中共咸宁市委印发《关于进一步加强人民政协工作的实施意见》(咸发〔2015〕18号)。

省领导来咸慰问困难群众 2月8日，省委副书记张昌尔、省政协副主席肖旭明等来咸走访慰问困难群众。市政协主席胡建华等陪同。

省政协主席杨松来咸考察 11月24日，省政协主席杨松就“十三五时期湖北绿色发展问题”来咸进行专题调研。省政协常委邵汉生、路策、省环保厅副厅长周歆昕、省林业厅副厅长黄德华等一同调研。市委书记李建明，市长丁小强，市政协主席胡建华，副主席熊登赞、秘书长游强进陪同调研。市委常委、常务副市长吴晖，市委常委、市委统战部部长张方胜，市政协副主席杨荣才、吴鸣虎、郑凌、周辉庭参加座谈会。

考察学习政协开展协商民主工作 3月17日至18日，市政协主席胡建华，副主席熊登赞到宜昌、恩施市（州）政协学习考察政协开展协商民主工作。省委常委、宜昌市书记黄楚平会见胡建华一行。宜昌市政协主席李亚隆、副主席李盈奕，秘书长谭卫国；恩施市委副书记董永祥、政协主席甘方谦、副主席刘志兵、陈卫平、秘书长胡其龙等陪同考察。市政协秘书长游强进、副秘书长郑光勇一同考察学习。

考察学习城管执法工作 6月24至26日，市政协副主席郑凌率考察组到岳阳、宜昌和武汉市政协，学习考察三市城市管理综合执法工作。市政协社会和法制委员会主任周新祥，市城管局副局长黄军等一同参加考察。

考察学习农村建房管理工作 9月21日至25日，市政协副主席熊登赞率调研组到广西壮族自治区南宁市考察农村建房管理工作。副秘书长郑光勇、经济和人口资源环境委员会主任郑裕爱等参加考察。

考察学习城市公交事业发展工作 10月9日至10日，市政协副主席熊登赞率考察组到随州市考察城市公交事业发展。市委统战部常务副部长陈冬民等参加调研。

考察学习体育基础设施建设工作 10月12日至13日，市政协主席胡建华率团赴荆州市考察体育基础设施建设工作。荆州市代市长杨智会见考察组一行。荆州市政协主席雷中喜、常务副主席罗清洋等陪同考察。市政协副主席周力、吴鸣虎，秘书长游强进，副秘书长黄新文，教科文卫体委员会主任秦垂世及市体育局局长孙金波等一同考察。

党员志愿者服务“微心愿”活动 3月

31日，市直机关“香城义工，红色情怀”党员志愿者服务活动启动。市政协办公室与市卫计委等5家单位的党员志愿者到温泉办事处花坛社区开展“点亮微心愿，传递正能量”活动，向花坛社区部分困难群众发放了生活物品。市政协主席胡建华出席并宣布活动开始。市政协秘书长游强进主持发放仪式，副秘书长黄新文、郑光勇，市卫计委主任王勇、市行业管理办公室主任罗建明，咸安区政协主席周家添等参加活动。

民革咸宁市总支委员会成立 5月18日，中国国民党革命委员会咸宁市总支委员会在市政协常委会议室召开成立大会。省政协副主席、民革湖北省委会主委郑心穗，市委常委、市委统战部部长张方胜，市政协副主席郑凌等出席成立大会。

“三严三实”相关活动 6月4日，市政协主席、市政协党组书记胡建华为市政协机关全体党员干部、县（市、区）政协负责人、市各民主党派和工商联负责人上“三严三实”党课。市政协副主席周力主持。副主席周力、郑凌、殷德才、熊登赞、周辉庭，秘书长游强进等听课。10日至11日 市政协主席、党组书记胡建华在通城县石南镇花亭村进行“三严三实”专题调研。胡建华一行住进花亭村二组农户李朝霞家，与他们同吃同住同劳动。调研中，胡建华一行在村委会、县政协分别召开党员和村民代表、县市两级政协委员座谈会，征求意见和建议；走访慰问了6户贫困党员和群众家庭，给他们送上慰问金；调研了镇、村经济社会发展项目和民生工程。6月12日，市政协副主席、党组成员殷德才为机关全体党员干部上“三严三实”专题党课。6月18日，全市县处级以上领导干部警示教育活动暨市委中心组“三严三实”专题学习分别在咸宁监狱和市会议中心举行。市政协主席胡建华作了题为《从政之道，修身为本》的中心发言。副主席周力、杨荣才、郑凌、孙基志、殷德才、熊登赞，秘书长游强进参加活动。

“主题党日+”活动 11月2日，按照市委安排部署，市政协机关举行全市第一个“主题党日+”活动，诵读党章，缴纳党费，学习文件。市政协党组书记胡建华，副书记周力，成员殷德才、熊登赞、游强进，机关党组成员黄新文、郑光勇及全体党员参加。按照市委要求，自此后的每月第一周周一下午为党员“主题党日+”活动。

“关爱失独家庭”界别协商 6月12日，就关爱失独家庭问题在市卫技委召开界别协商会。市政协副主席熊登赞，副秘书长郑光勇及人口资源环境委员会主任郑裕爱出席。

“畜牧业发展”界别协商 9月1日，就我市畜牧业发展情况进行界别专题协商。市政协副主席殷德才出席活动并讲话。秘书长游强进参加活动并主持协商会。来自中共、民主党派、工商联、经济等7个界别的委员及朱敏、王守金等参加活动。28日，向市委、市政府报送《关于我市畜牧业发展情况的界别协商报告》（咸协办〔2015〕24号）。

“打造农产品加工千亿产业”专题协商 11月4日，召开“打造农产品加工千亿产业”专题协商会。市委副书记陈树林到会听取协商意见并发表讲话。市政协主席胡建华主持会议。市委农办、市农业局和市林业局分别介绍情况，各县（市、区）政协负责人和刘忠、张德胜、胡振华、董改珍、刘宁、魏佳、郑绍方、龚东林、庞彦卿、杨小柏等10位市政协委员、企业家发言。20日，市政协以咸协文〔2015〕10号文件向市委、市政府报发了《关于“打造农产品加工千亿产业”的协商报告》。

“散居少数民族地区和群众发展”专题协商 12月1日，市政协港澳台侨和民族宗教委员会召集部分市政协委员就散居少数民族地区和群众发展问题进行专题协商。市政协副主席周辉庭出席协商会并讲话。11日，市政协办公室向市委、市政府报送《关于加快散居少数民族脱贫步伐，促进各民族共同发展的协商报告》(咸协办〔2015〕26号)。18日，市委书记李建明批示：“请树林、英姿同志研处，市指挥部办公室会民宗局细化措施。”

“城区餐饮卫生”专题协商 12月16日，就城区餐饮安全卫生问题进行界别专题协商。市政协副主席郑凌出席协商会并讲话。副秘书长黄新文主持会议。23日，市政协办公室文件向市委、市政府报送了《关于加强市区餐饮安全卫生监管工作的协商建议》(咸协办〔2015〕28号)。12月30日，市委书记李建明批示：“请市政府认真采纳协商建议，加大整改、监管力度。”市长丁小强同日批示：“请方松市长并食药监局、商务局、城管局按建明书记要求研究具体意见。”市委常委、常务副市长吴晖2016年1月4日批示：“此协商主题选得好，建议也很好。”副市长镇方松1月6日批示：“请食安办按李书记、丁市长要求拿出具体方案，加快整治和日常星星监管。”

调研王英水库引水工程 7月14日，市政协主席胡建华调研王英水库引水工程项目建设情况。

调研市道教协会工作 7月15日，市政协副主席周辉庭到市道教协会调研。市政协提案委主任朱敏、市民宗局长蓝琼，太乙观住持陈信君等陪同调研。

理想信念教育实践活动暨乡镇商会建设工作推进会议 7月15日，理想信念教育实践活动暨乡镇商会建设工作推进会在温泉召开。市政协副主席郑凌、省工商联主席杨玉华等出席会议并讲话。

重点提案督办工作 7月22日，市委副书记、市长丁小强专题督办市政协四届四次会议第82号提案《关于深化科技体制改革，加快我市科技公共服务体系建设的建议》。市政协主席胡建华，副主席殷德才、吴鸣虎出席督办会。督办会由市政府秘书长夏福卿主持。市政协秘书长游强进，提案委员会主任朱敏、副主任王守金等参加督办会。

精准扶贫工作 11月5日，市政协主席胡建华到精准扶贫联系点——通山县通羊镇泉港村调研和慰问贫困户。秘书长游强进，市房产局局长李勤才、市体育局局长孙金波，村第一书记金艳夫，村支部书记、村委会主任许善行陪同调研。

第二届长江文化论坛 11月5至6日，十一届全国政协副主席、中国文联主席孙家正在中国文联办公厅处长武震鑫，省政协原副主席李佑才等陪同下，来咸参加第二届长江文化论坛并考察赤壁古战场。市政协主席胡建华、秘书长游强进参加陪同。

【重要文件】

中共咸宁市委书记任振鹤在咸宁市政协四届四次会议开幕会上的致辞（摘要）（2015年1月19日） 全市各级政协组织和广大政协委员要紧扣党委、政府中心工作，充分发挥人民政协协商民主的重要渠道作用，最大限度地调动一切可以调动的积极因素，最大限度地团结一切可以团结的力量，最大限度地为做强、做富、做高、做美咸宁贡献智慧和力量！凝心聚力做强咸宁。做强咸宁，重在坚持效速兼取，坚持经济总量和经济质量同步提升，拿出“转方式、调结构”的硬招数，推动创新驱动成为经济发展主引擎，增强经济发展的活力和韧性。希望政协发挥人才荟萃的智力优势，聚焦重点任务、重大课题，在创新驱动、产城融合、“十三五”规划谋划等方面深入调研，在破解产业结构不够优、投入产出率不够高、市场作用发挥不够足、创新效能释放不够快等难题上多出主意，推动更多优质发展要素向咸宁加速集聚，协力打造改革发展升级版。凝心聚力做富咸宁。做富咸宁，重在把公平普惠作为发展的“最大公约数”，不断加大民生投入力度，切实提高人民群众收入水平、社会保障水平和基本公共服务水平。希望政协树牢“协商于民、协商为民”的理念，为民生鼓与呼，解群众需与盼，进一步把就业、社保、教育、医疗、住房、出行等作为政治协商、民主监督、参政议政的重点内容，进一步创新服务人民群众的方式方法，进一步做好统一思想、理顺情绪、排忧解难、凝聚人心的工作，努力让每一个城乡居民都能提升幸福感和满意度。凝心聚力做高咸宁。做高咸宁，重在提高公民素质和社会文明程度，确保公平正义得到保障、守法用法成为习惯、诚信友善蔚然成风、社会大局和谐稳定。希望政协深入研究咸宁优秀的传统文化和新的时代精神，深入研究新时期人民群众文化需求特点，积极培育和践行社会主义核心价值观，全面推动群众性精神文明创建，不断丰富城乡居民精神文化生活。紧密结合咸宁市情和政协工作实际，倡导法治信仰，树立法治思维，以法治的力量推进公民道德建设、提升社会文明程度。凝心聚力做美咸宁。做美咸宁，重在发挥好、保护好咸宁的生态优势，促进城市融入自然、现代融入村庄，让自然与人文交相辉映、传统与现代相得益彰，让全市人民拥有更加美好的家园。希望政协紧扣全国生态文明示范区创建这一重大课题，紧扣群众反映强烈的生态环境问题，深入开展专题调研、视察和监督，帮助查找不足，协力解决问题，调动社会公众参与生态文明建设的积极性，推动绿色崛起规划深入实施。政协工作是党的工作的重要组成部分。全市各级党委要牢固树立“支持政协工作就是加强党的领导，树立政协权威就是树立党的执政权威，发挥政协作用就是推进科学执政、民主执政和依法执政”的理念，进一步加大对政协工作的支持力度，认真办理政协委员提案，不断巩固和发展全社会重视、支持、促进政协工作的良好局面。全市各级政协组织要积极适应新常态，不断推进人民政协的理论创新、制度创新和工作创新，努力开创与党委政府同频共振、同轴运转、同向发力的新局面，为推动咸宁经济社会发展再上新台阶作出更大贡献！

常委会工作报告（摘要）（2015 年 1 月 19 日） 一、2014 年工作回顾。牢牢把握团结和民主两大主题，紧紧依靠全体委员，广泛团结各族各界人士，充分发挥专委会作用，切实履行各项职能，大力推进协商民主，积极服务全市大局，为促进咸宁经济社会发展作出了应有贡献。一是大力推进协商民主。协助市委适时制定《关于加强人民政协协商民主工作的意见》，按《意见》要求修订完善年度协商计划、有关会议和工作制度；组织开好重要例会和议政性常委会议，搞好专题协商和重点协商；指导基层政协推进协商民主。探索开展界别协商和对口协商。组织相关人员，围绕加快“工业崛起”、发展高新技术产业、宗教文化旅游、桐木产业和化解中小企业融资难融资贵等课题开展界别协商；针对嘉鱼大崖山历史文化资源保护利用、崇阳雷竹产业发展等问题进行对口协商，主动为市委、市政府和有关方面决策服务。就科学合理编制本市 2014 年财政预算进行协商，提出建议。领导牵头督办重点提案，并对重点提案办理情况进行电视民主评议，配合湖北电视台拍摄提案追踪专题片《潮涌幕阜山》。二是积极助推绿色崛起。围绕加快实现绿色崛起协商议政。以市委确立的“发挥生态资源优势，推进咸宁绿色崛起”主题组织专题协商，就发展绿色产业、打造绿色品牌、建设绿色家园、完善绿色机制等提出建议，得到市委、市政府高度重视。就咸宁城区一批新建路桥命名提出的建议大多数被市政府采纳。积极参与“咸宁精神”概括提炼的讨论活动。围绕大力发展绿色产业建言献策。精心选择加快发展竹、茶、油茶产业和推进咸宁武汉同城化、加强资源再生利用产业培育等课题，进行专题调研考察，提出意见建议，为市委市政府的决策部署提供依据和对策。就咸宁旅游新城建设、生态旅游发展，组织委员视察，提出推进措施。就推进圈域旅游融合发展提出的 6 点主张，相继在武汉城市圈政协主席论坛和《人民政协报》发表。围绕加强生态环境保护，加强城区山体林地和水体保护、建设美丽咸宁建言献策；跟踪《大气污染防治视察报告》建议采纳落实情况，提出的相关建议得到市政府采纳；认真督办生态文明建设和环境保护等方面提案，促进有关部门完善工作机制，倡导全社会合力推动生态宜居城市建设；积极配合省政协，就加强梁子湖流域生态环境保护进行专题调研和协商，立足咸宁实际反映情况、提出意见和要求，为我省制订有关政策、法规献智。三是竭智尽力服务群众。去年 9 月，省政协杨松主席率省政协常委视察团来咸视察幕阜山片区扶贫开发，我们配合市委市政府主动反映情况、提出建议和要求，加强与省有关部门沟通，积极争取政策倾斜和项目支持；就建立完善农村留守儿童帮扶互助机制、推进养老服务体系建设、加强农村留守老人照料等民生问题，进行调研座谈，提出意见建议、反映社情民意；配合省政协对职业技术教育发展、农村经济发展类社会组织建设与管理等问题，进行深入调研。常委会议首次听取市纪委书记关于党风廉政建设情况报告，听取市两院工作情况通报。组织部分委员参加 16 家市直单位征求群众意见建议座谈会、银行业消费热点评议会、电视问政和 3 · 15 国际消费者权益日活动，提出意见建议 140 多条；推荐委员担任多部门的特邀监督员、民主监督员、行风评议员，积极进行民主监督；组织委员参加党风廉政建设、社会治安综合治理、食品药品安全、目标责任制考评等专项检查。积极做好武深高速咸宁段、王英水库饮水工程等重大项目建设协调服务工作，认真办好“三万”、幕阜山片区扶贫和新农村建设联系点，机关新农村建设工作队被评为全市先进。组织委员、各界人士和爱心企业捐款 670 万元，幕阜山区农村中小学 212 个“希望厨房”如期建成使用。组织委员深入双鹤桥社区开展送医送药义诊活动。四是加强团结联谊工作。坚持联系和走访民主党派、工商联和政协委员，主动征求意见，及时沟通情况，共同推动工作。重视发挥各民主党派、工商联和无党派人士参政议政的骨干作用，有计划地组织安排他们参加履职活动。积极为促进散居少数民族地区经济社会发展献计出力。配合省政协开展“宗教事务管理实施情况”专题调研。深入台资企业走访座谈，密切与港澳同胞、台湾同胞和海外侨胞的联系交往，引导他们在促进经济社会发展和维护地区稳定中发挥积极作用。加强文史资料征编工作，编印咸宁文史资料第 12 辑——《前人 · 往事》。搜集整理咸宁地方历史文化资料，配合省政协征集抗战史料。五是切实加强自身建设。

深入开展党的群众路线教育实践活动。坚持聚焦“四风”，广泛征求意见建议，深入查摆突出问题，严肃开展批评与自我批评，狠抓整改落实，建立健全长效机制。规范各类会议和调研视察活动，严格执行公务接待标准，全年压缩会议12.6%，精简文件32.1%，“三公”经费支出大幅下降。加强委员队伍建设。先后两次组织98名政协委员和干部，到全国政协干部培训中心参训。组织规模以上企业和旅游行业的市政协委员，开展学习交流。增补委员9名，免去委员7名，撤销委员资格4名。加强对县市区政协的联系和指导。召开县市区政协主席座谈会。经常深入县市区政协，就共同关心的问题联合开展调研视察活动。扎实做好经常性工作。及时反映各界别群众的意愿诉求，征集社情民意信息50多件、编报40多期。围绕“人民政协的群众工作”开展专题研讨和理论、实践研究。二、2015年工作安排。在中共咸宁市委领导下，深入贯彻落实中共十八大、十八届三中、四中全会和习近平总书记系列重要讲话精神，认真落实“三严三实”要求，紧扣团结和民主两大主题，深入进行调研视察、协商议政，积极开展民主监督，讲真话、进诤言，出实招、谋良策，充分发挥人民政协协商民主重要渠道作用，为推动省级战略咸宁实施贡献力量。

【组织情况】

增补常委名单（共1人）

（2015年1月18日政协咸宁市第四届委员会第四次会议选举产生）

郭扬城

增补委员名单（共12人）

（2015年1月13日政协咸宁市第四届委员会第十五次常委会议协商通过）

王爱维　刘纯德　李满林

张　樟　张志才　周辉庭

钟　芳　郭扬城　葛志英

（2015年12月29日政协咸宁市第四届委员会第二十次常委会议协商通过）

万晓春　尤　晋　林　彬

同意辞去常委名单（1人）

（2015年12月29日政协咸宁市第四届委员会第二十次常委会议协商通过）

肖　彬

不再担任委员名单（共13人）

（2015年1月13日政协咸宁市第四届委员会第十五次常委会议协商通过）

王成林　邓　俊　叶文华

李　瑶　徐诗国　舒朝辉

谢　卫

（2015年12月29日政协咸宁市第四届委员会第二十次常委会议协商通过）

肖　彬　陈建郧　范伟才

胡建平　顾　城　葛志英

撤销委员资格（2人）

（2015年1月14日政协咸宁市第四届委员会第四次会议协商通过）

方保安　定　文

【咸宁市各级政协领导人名单】

咸宁市政协（以2015年12月31日任职为准）

主　席　　胡建华

副主席　　周　力

杨荣才

吴鸣虎

骆传勇

郑　凌（女）

孙基志

殷德才

熊登赞

周辉庭

秘书长　　游强进

县市区政协主席（以 2015 年 12 月 31 日任职为准）

咸安区　　周家添

嘉鱼县　　葛　婷（女）

赤壁市　　李满林

通城县　　黎九龙

崇阳县　　王艳梅（女）

通山县　　周尚谋

咸宁市各级政协组织和委员数

（截至 2015 年底）

级别 项目	地级市	县（市、区）	合计
组织数	1	6	7
委员数	319	1350	1669

（姜以钢　高 莉　编写　郑光勇　审稿）

政协随州市委员会

【全体委员会议】

三届四次会议 1月13日至15日在随州市神农大剧院隆重召开。市政协主席肖伏清，副主席王洪霞、张书文、黄秋菊、包毅国、江崇嵩、闵文强、裴在刚，秘书长谌述文出席会议。会议听取和审议通过江崇嵩同志代表常务委员会所作的工作报告和裴在刚同志代表常务委员会所作的提案工作报告，审议通过市政协三届四次会议政治决议。与会委员列席了市三届人大五次会议，听取并讨论政府工作报告及其他有关报告。委员们围绕我市经济建设、政治建设、文化建设、社会建设、生态文明建设和政协工作中的重要问题，广泛协商讨论，积极建言献策。会议期间，刘晓鸣、郄英才等市领导参加小组讨论并听取意见。肖伏清作闭幕讲话。会议补选罗国银为政协随州市第三届委员会副主席，补选肖志强、戴百雄为政协随州市第三届委员会常务委员。会议对2014年度优秀政协委员、先进委员活动小组组长和优秀提案进行了表彰。

【常务委员会会议】

第15次会议 1月13日举行。市政协主席肖伏清主持会议，副主席王洪霞、张书文、黄秋菊、包毅国、江崇嵩、闵文强、裴在刚，秘书长谌述文参加会议。会议听取市政协三届四次会议各讨论小组关于讨论市政协常委会工作报告和提案工作报告的情况，以及委员参会情况的通报；协商通过《关于通过议案和选举表决方式的决定》(草案)；协商《选举办法》(草案)、有关人事事项和《总监票人、监票人建议名单》。

第16次会议 1月14日举行。市政协主席肖伏清主持会议，副主席王洪霞、张书文、黄秋菊、包毅国、江崇嵩、闵文强、裴在刚，秘书长谌述文参加会议。会议听取了市政协三届四次会议各讨论小组关于讨论市政府工作报告及其它报告的情况，有关人事安排建议名单、《选举办法》(草案)、《总监票人、监票人建议名单》和《政治决议》(草案)酝酿情况；商定了《选举办法》(草案)、《总监票人、监票人建议名单》和《政治决议》(草案)；协商增补副主席、常务委员候选人名单。

第17次会议 3月26日举行。市政协主席肖伏清主持会议，副主席王洪霞、张书文、黄秋菊、包毅国、江崇嵩、闵文强、裴在刚、罗国银，秘书长谌述文参加会议。会议学习传达全国政协十二届三次会议和省政协十一届三次会议精神；协商讨论市政协常委会2015年工作要点、市政协2015年度重点协商计划和“六百行动”实施方案。会议提出，认真学习贯彻全国和省“两会”精神，以及市委有关会议精神，把握政协工作的新要求和基本遵循，广泛凝聚共识、夯实思想政治基础，紧紧围绕“四个全面”战略布局，履职尽责服务发展大局；切实增强常委会自身建设，带头守纪律、讲规矩、顾大局。会议要求，在抓整体工作全面推进的同时，突出抓好市政协2015年度重点协商活动和“六百行动”，推进政协工作的创新与实践，为助推随州科学发展汇聚起更强大正能量。

第18次会议 7月15日举行。市政协副主席江崇嵩主持会议，副主席王洪霞、张书文、黄秋菊、包毅国、闵文强、裴在刚、罗国银，秘书长谌述文参加会议。会议学习传达省政协主席杨松同志在全省市州政协主席座谈会上的讲话；听取市政府关于上半年全市经济运行情况通报；听取并协商讨论我市小微企业发展情况专题调研情况、全市新型农业经营主体发展专题调研情况。副市长王志勇到会通报情况并听取常委讨论意见。

第19次会议 9月25日举行。市政协副主席江崇嵩主持会议，市政协副主席王洪霞、黄秋菊、闵文强、裴在刚、罗国银，秘书长谌述文参加会议。会议传达学习省委政协工作会议精神；听取并协商讨论了我市“十三五”规划编制情况；协商讨论了大洪山禅宗文化调研情况，委员们就相关问题建言献策；通过有关人事任免事项。市政府党组成员、秘书长李国寿到会通报情况并听取常委讨论意见。

【专门委员会工作】

经济委员会 4月，组织开展我市小微企业发展情况专题调研，经市政协常委会议协商，以建议案报送市政府，得到市政府主要领导亲自批示。5月，与委员工作委员会联合开展了全市新型农业经营主体发展情况调研，经市政协常委会议协商，以建议案形式报送市政府，得到市政府主要领导批示。7月，组织开展了全市电子商务发展情况调研，提出了系列支持发展电子商务的对策及建议。10月，组织开展了全市汽车零部件产业发展情况视察，从打造品牌、推动转型、重点扶持、完善链条、优化环境五个方面提出了意见建议。参与省政协经济委员会组织的大别山开发战略政策调研活动和鄂豫皖边界经济合作调研活动。组织委员对《加快成立我市小区业主委员会的建议》、《关于建议市人民政府制定外来投资者合法权益保障条例的提案》和《关于加强城市空气污染治理的建议》等提案进行了跟踪督办。组织开展“联百家小微企业”活动，选定部分政协常委、委员为对口联系人联系100家有代表性的小微企业。一年来，主席会议成员带领委员，深入基层，联系企业，收集掌握企业反映的问题、意见和建议，为企业发展出谋划策。

提案委员会 市政协三届四次会议以来，共收到提案156件，经提案委员会审查，立案152件。截至2015年底，交给各级党政部门办理的提案已全部办复。提案中所提建议已解决的40件，占26.3%；正在解决或列入计划逐步解决的106件，占69.7%；一时难以解决，留作参考的6件，占4%。根据委员反馈的意见，提案的办结率、答复率均为100%；满意率为92.1%、基本满意率为7.9%。把握工作重点，通过领办督办常态化、协商监督经常化、部门重视制度化，更加优化提案办理环境；健全工作机制，通过联审保质量、规范促办理、评议抓落实，更加规范提案办理程序；创新工作方法，加强沟通协商，注重协同配合，强化宣传服务，更加彰显提案办理实效。组织开展“促百件提案办理”活动，从委员提案中选取100件事关我市经济社会发展大局和人民群众关心关注的热点难点提案，通过领导批办、市长领办、主席督办、小组商办、联合督办等多层次、多形式的督办活动，有力地推动了提案的办理落实。

社会发展委员会（科教文卫体委员会） 9月，组织委员围绕我市“十三五”规划开展调研，向市政府提交了《关于科学编制“十三五”规划的建议》和20份关于随州“十三五”经济社会发展的专题调研报告和意见建议。分别于7月、11月，组织委员对全市法院审判公开工作和我市检察院检察官办案责任制工作进行专题视察。组织委员就我市学前教育开展调研，于10月15日举行协商座谈会，围绕“幼儿教育的规范、健康、可持续发展”开展协商座谈，为进一步推动我市学前教育发展建言献策。开展“办百件利民实事”活动，组织各委员活动小组组织广大政协委员深入基层一线，密切联系群众，认真倾听群众意愿和呼声，广泛收集群众意见和建议，为基层群众办好事、办实事。

学习和文史资料委员会 发挥政协文史资料在文化建设中的独特作用，结合抗战胜利70周年，编辑出版了《随州抗战》文史专辑。组织开展“征百篇史料信息”活动，一年来，向随州经济社会发展的组织者、参与者和经历者征集文史资料125篇，经过编辑整理，出版了《流光碎影》一书，从不同角度反映了随州科学发展成就和变化。

团结联谊委员会 组织部分委员对我市港澳台侨资企业发展情况进行专题调研，形成了《我市港澳台侨资企业发展情况调研报告》，干6月18日举行“我市港澳台侨资企业发展”协商座谈会，围绕我市港澳台侨资企业发展问题，委员们与各部门负责同志面对面开展协商。7月，组织部分政协委员和专家学者围绕“弘扬禅宗文化助推大洪山旅游发展”开展调研，形成了《弘扬禅宗文化助推旅游发展——关于大洪山禅宗文化开发利用情况的调研报告》，并提交市政协三届十九次常委会议进行专题协商。组织对《关于将森林公园纳入公益林建设的建议》和《关于合理设置交通护栏的建议》提案进行督办。组织开展“访百名知名人士”活动，向社会各界征集随州知名人士信息，初步建立了“随州名人资源库”；通过多途径、多形式，广泛开展联系访谈活动，团结和调动了社会各界共同致力于随州科学发展的热情和积极性。

委员工作委员会 5月，与经济委员会联合开展了全市新型农业经营主体发展情况调研，经市政协常委会议协商，以建议案形式报送市政府，得到市政府主要领导批示。进一步健全学习制度，建立了“主席会议每月一学，常委会议每季一学，界别小组半年一学，全体会议每年一学，机关干部两周一学”的集中学习机制，形成了良好的学习氛围。强化委员履职考核，印发委员履职手册，建立委员履职考勤制度，开展委员分类考核。组织开展“建百家委员工作室”活动，通过单独建立、两级共建、多人联建、小组合建等形式，在市、县（市区）两级部门、事业单位、工厂企业、村镇社区建立委员工作室114家。广大政协委员通过委员工作室，发挥自身优势，深入各界群众，宣传政策、收集信息、排忧解难、构建和谐，更好地发挥了联系群众、服务群众的作用。

【重要活动】

市委中心组集中学习（扩大）暨政协委员培训会 1月12日举行。市委书记刘晓鸣主持培训会，市政协主席肖伏清、市委副书记彭明方等市“四大家”领导和市直部门负责人、全体政协委员参加学习。中央党校原副校长李君如授课。李君如以习近平总书记在人民政治协商会议成立65周年大会上的讲话为蓝本，以《推进制度现代化，谱写人民政协新篇章》为题，从在人民政协正确认识中增强中国特色社会主义制度自信、以适应推进国家治理体系和能力现代化的总要求创新政协工作、发挥协商民主作用更好履职建言等方面，深入浅出地阐述了人民政协发展历程、担当的作用和责任、自身优势等理论观点、内容。他指出，要将协商民主贯穿政协委员履职全过程，加强建言献策，提高协商成效，更好、更自觉地做好政协工作，为随州发展和改革做出贡献。

民主党派、工商联工作调研 2月26日，市政协副主席江崇嵩率调研组，赴我市民主党派、工商联调研，并召开座谈会，就如何进一步发挥民主党派、工商联在政协履职中的积极作用听取意见。市政协副主席、市工商联主席张书文参加座谈会。

“三严三实”专题教育动员会暨专题党课 6月5日，市政协副主席江崇嵩为市政协全体党员干部上专题党课，市政协副主席王洪霞、黄秋菊、包毅国、裴在刚、罗国银参加会议，秘书长谌述文主持会议。会议对市政协党组和机关党组开展“三严三实”专题教育工作进行动员部署。会议要求，深入学习和自觉践行“三严三实”，牢记履职宗旨、彰显为民情怀、坚守做人底线，围绕中心、服务大局，充分发挥协商民主的重要作用，更好地协调关系、汇聚力量、建言献策；认真落实市政协2015年度工作要点和计划，创新机制、选好载体，提升建言立论水平，扎实有效开展民主监督，不断提升政协工作的成效。

全市政协委员工作经验交流暨委员工作室建设推进会 7月9日在广水市举行。市政协副主席江崇嵩参加会议并讲话，秘书长谌述文主持会议。会前，与会人员实地观摩了广水市六个不同类型的政协委员工作室示范点。会上，各县（市、区）政协总结和交流了委员工作的经验。会议要求，充分认识委员在政协工作中的地位和作用，不断创新推动委员工作发展，致力发挥委员主体作用，扎实推进委员工作室建设。

调研县市区政协工作开展情况 11月11日至13日，市政协副主席江崇嵩带领调研组先后到随县、广水市、曾都区，就县市区政协工作开展情况进行调研，对县市区政协委员工作室的工作开展情况进行视察。召开座谈会听取各地贯彻落实省委政协工作会议精神、市政协有关工作会议精神、近几年政协履职情况等汇报，围绕关于加强人民政协协商民主建设等工作进行充分讨论，并就进一步加强和改进政协工作征求意见和建议，为出台相关文件、开好市委政协工作会议做好准备。

【重要文件】

常务委员会工作报告（摘要）（2015年1月13日） 2014年，是“圣地车都”战略深入推进之年，是教育实践活动扎实开展之年，也是市政协“联系群众”务实为民之年。一年来，在中共随州市委的领导下，市政协常委会高举中国特色社会主义伟大旗帜，认真贯彻落实党的十八大和十八届三中、四中全会精神，深入学习贯彻习近平总书记系列重要讲话精神，紧紧围绕市委总体部署和要求，以团结民主为主题，以联系群众为主线，以协商民主为重点，以履职为民为目标，解放思想，开拓创新，积极作为，履职尽责，为推动随州科学发展作出积极贡献。一、紧联群众，履职为民，大力开展教育实践活动。把开展以为民务实清廉为主题的党的群众路线教育实践活动作为推进政协事业发展的重大机遇，紧密联系群众，不断增强服务群众能力。加强教育转作风，按照“三严三实”和市政协党组提出的“八不八要”要求，扎实开展学习教育，切实转变工作作风，教育实践活动取得良好成效。联系群众访民情，认真开展“三进三访三了解”活动，深入开展“五个一”活动，一年来，共收集社情民意信息 139 篇，编发《意见与建议》、《各界反映》17 篇，上报省政协 46 篇，采用 15 篇。关注社会解民忧，通过开展专项视察，促进相关问题的解决。组织委员对老区贫困村帮扶建设情况和老区连片扶贫开发项目开展视察，助力老区建设发展；组织委员对《道路交通安全法》贯彻落实情况开展视察，促进道路交通安全管理水平的提高；组织对行政审批“提速增效”工作进行专项视察，推动政务服务水平进一步提高。二、紧扣大局，建言献策，倾力服务经济社会发展。紧紧围绕全面深化改革的关键问题、党委政府高度重视的重大问题和人民群众关注的重要问题选择课题，广泛开展调查研究，积极建言献策。力推“放心粮油”工程建设，组织开展了“放心粮油”工程建设的专题调研，向市政府提交了《关于加快推进“放心粮油”工程建设的建议案》，提出加大公益宣传，推进市场资源共享，保障重点人群供应，强化责任监督，尽快实现城乡全覆盖等意见建议。市政府高度重视，认真研究办理方案，制定落实措施。力促生态文明城市建设，组织开展了生态文明城市建设的专题调研，向市政府提交了《关于建设生态文明城市的建议案》，明确提出把生态文明城市建设作为随州发展战略来科学定位，纳入政府重大工程来强力推进，科学制定发展规划，强力推进生态项目建设，建立长效考核评价机制等意见建议。市政府高度重视，把生态文明建设摆在更加突出位置，认真研究部署，扎实推进各项工作。力助卫生服务体系建设，组织对全市村卫生室及村医队伍建设情况开展专题调研，向市政府提出了《关于加快推进村卫生室及村医队伍建设的建议案》。市政府积极采纳意见和建议，专题研究部署村卫生室建设工作。三、紧跟时势，主动作为，有力推进协商民主建设。结合随州实际，把握好层次定位，不断完善制度建设，努力探索工作机制，推进协商民主广泛多层制度化发展。制度建设逐步完善，市政协主席会议成员分别深入县市区、市高新区、大洪山风景名胜区及相关市直部门，就协商民主工作情况展开调研，认真总结基层成功经验，指导基层实践。在实践、总结、学习、借鉴的基础上，初步形成了我市加强政协协商民主工作的实施意见，推动我市协商民主制度建设不断完善与发展。工作机制不断创新，全面启动人民政协工作机制创新专项工作，按照“方向不偏、计划先行、问题导向、先易后难”的原则，制订了实施意见和时间表、路线图，统筹有序推进。在深入调研、总结经验、考察学习的基础上，协商民主工作机制、提案工作机制、履职成果办理和反馈工作机制等课题已取得阶段性成果。“4123”计划深入推进，认真开展专题协商、对口协商、界别协商、提案办理协商，增加协商密度，提高协商质量。一年来，常委会围绕历史文化名城保护、“放心粮油”工程建设、生态文明城市建设、村级卫生室建设 4 个战略性、全局性的重大课题开展专题协商，形成《建议案》3 件和《意见与建议》1 期；各专委会围绕水资源保护与利用、食品安全问题、宗教场所建设等 10 个课题，与部门开展对口协商，形成《意见与建议》7 期；各界别小组和提案委员会分别选择 20 个界别群众关心的热点问题和 30 件重点提案，积极开展界别协商和提案办理协商，其主要作法和经验《湖北政协工作简报》专期刊发。四、紧密合作，团结共事，合力发挥政协联动优势。密切政协系统广泛联系，通过开展调研视察、议政协商、联名提案、交流联谊等工作，不断强化合作共事，切实加强系统联动。团结合作筑牢基础，召开庆祝人民政协成立65周年座谈会，组织各民主党派、工商联、人民团体和无党派人士，深入学习贯彻习近平总书记在庆祝中国人民政治协商会议成立65周年大会上的重要讲话精神。市委书记刘晓鸣参加座谈会并作重要讲话，与大家共叙情谊、共话合作、共勉发展，更加坚定了坚持中国共产党领导的多党合作和政治协商制度的信心和决心。重点工作持续推进，把随州大遗址片区保护作为一项重点工作，发挥联动优势，持续发力推进。组织住鄂全国政协委员和住随省政协委员分别联名向全国政协和省政协提交加强随州大遗址保护的提案，得到全国政协和省政协的高度重视。省政协主席杨松、副主席王振有及住鄂全国政协委员多次来随，实地调研指导。省政协将“随州大遗址保护与利用”列入2014年省政协重点界别协商议题，在随州召开省政协界别协商会，全国政协文史委领导、省政府和省政协领导、国家相关专家学者、省直相关部门负责人齐聚随州，共商推进随州大遗址片区保护工作。协商报告得到省委书记李鸿忠和省长王国生的亲自批示，要求相关部门加大力度，争取早日把随州纳入国家大遗址保护片区。人民政协报对湖北省政协和随州市政协充分发挥系统联动优势，力推大遗址保护工作进行专版报道。交流联谊广泛开展，发挥政协系统联谊广泛优势，加强对外交流，宣传推介随州，扩大对外开放。邀请全国政协副主席何厚铧出席寻根节开幕式，接待港区省级政协委员联谊会湖北考察团来随考察，协助接待住有关省市的全国政协委员考察团来随考察行政审批制度改革等相关工作，积极配合省政协开展调研视察活动，应邀组织市政协教育界和医疗卫生界部分委员到澳门进行考察、学习和交流。五、紧抓基础，提能增效，着力提高管理服务质量。高度重视自身建设，努力提升管理水平，着力增强服务能力，不断夯实履职基础，推动政协各项工作有效开展。加强制度建设，按照中央八项规定、省委六条意见以及市委《实施细则》和《党政机关厉行节约反对浪费条例》等精神，健全“三联系”制度，形成联系群众工作长效机制；规范机关管理，进一步修订完善各项制度，加强制度落实力度。加强委员管理，不断完善委员考评机制，加强对委员和界别小组“五个一”活动的考评力度。加强委员学习培训，编印十万余字的委员学习资料，邀请专家学者专题辅导授课。加强提案工作，深入开展“提案促办月”活动，重点提案主席会议成员领衔督办；建立联合督查机制，加强与市委、市政府督查室联合督办督查；对各承办单位提案办理工作，常委会议进行民主测评和定性定量考核。加强文史工作，编纂出版《随州文史研究系列丛书》；征集整理的《曾侯乙墓发掘》、《周总理与随州调粮》两篇史料，在《湖北文史》刊登；向省政协提供抗战文史图片70余幅，史料2万余字；向全国政协报送12篇，其中《新四军五师建址》、《抗战老兵回忆录》得到全国政协的重视；配合大遗址片区保护工作，编印随州大遗址保护画报。2015年工作意见：三届政协“助推发展”之年。市政协常委会工作的总体指导思想是：高举团结民主两面旗帜，认真贯彻落实党的十八大和十八届三中、四中全会精神，以及中央、省市经济工作会议精神，紧紧围绕市委、市政府的工作大局，以推进协商民主为重点，以助推科学发展为主题，主动适应新常态，解放思想，开拓创新，积极履职，奋发作为，为促进随州全面完成“十二五”规划、助推随州实现新跨越作出新的贡献。一、深化学习，全面提升整体素质能力。二、服务大局，积极助推经济社会发展。三、探索创新，深入推进协商民主发展。四、激发活力，充分发挥委员主体作用。五、固本强基，不断加强政协自身建设。

【随州市各级政协领导人名单】

随州市政协

主　席　　肖伏清

副主席　　王洪霞（女）

　　　　　张书文

　　　　　黄秋菊（女）

　　　　　包毅国

　　　　　江崇嵩

　　　　　闵文强

　　　　　裴在刚

　　　　　罗国银

秘书长　　谌述文

县市区政协主席

随　县　　喻家宝

广水市　　李健强

曾都区　　田　涛

随州市各级政协组织和委员数

（截至 2015 年底）

级别 / 项目	地级市（州）	县(县级市、区)	乡镇联络处	合计
组织数	1	3	53	57
委员数	327	832		1159

（苏　维　编写　孙光安　审稿）

政协恩施土家族苗族自治州委员会

【全体委员会议】

七届四次会议 1月19日至22日在恩施召开。中共恩施州委书记、州人大常委会主任王海涛致辞。会议听取并审议甘方谦同志代表州政协七届委员会常务委员会向大会作的州政协常务委员会工作报告，听取并审议陈卫平同志代表州政协常务委员会作的州政协常务委员会关于七届三次会议以来提案工作情况的报告。会议表彰2014年度优秀提案、提案办理先进单位和先进个人。16名委员围绕“推进生态文明，建设美丽恩施”主题，从整体推进高山片区扶贫综合开发、完善新型农村合作医疗体制机制、加强我州水土保持和环境治理、加大农村面源污染治理力度等方面在第二次全体会议上作大会发言。全体委员列席湖北省恩施土家族苗族自治州第七届人民代表大会第五次会议，听取并讨论《政府工作报告》《计划报告》《财政报告》及州中级人民法院工作报告、州人民检察院工作报告。会议选举郑开国为政协恩施州第七届委员会副主席，孙兴无为政协恩施州第七届委员会常务委员。会议分10个小组分别对有关报告、决议进行讨论。会议审议通过政协恩施州第七届委员会第四次会议关于常委会工作报告的决议，审议通过政协恩施州第七届委员会提案委员会关于七届四次会议提案审查情况的报告，审议通过政协恩施州第七届委员会第四次会议政治决议。会议期间，共收到提案198件，立案196件。

【常务委员会会议】

第13次会议 1月9日在恩施亚洲大酒店召开。会议由州政协主席甘方谦主持。会议听取州政府关于州政协七届三次会议以来提案办理情况的通报，听取州纪委关于2014年党风廉政建设情况的通报。会议审议通过《政协恩施州第七届委员会常务委员会工作报告》《政协恩施州第七届委员会常务委员会关于七届三次会议以来提案工作情况的报告》，并分别推举甘方谦、陈卫平为报告人；审议通过关于召开州政协七届四次会议的决定、议程（草案）、日程、秘书长及副秘书长名单、委员分组及各组召集人名单、邀请出席和列席会议人员范围的决定、议案表决方式的决定等。会议协商通过有关人事问题。听取了各专门委员会2014年工作情况汇报。

第14次会议 1月18日在恩施亚洲大酒店召开。会议由州政协主席甘方谦主持。会议酝酿有关人事问题，决定提名郑开国为政协恩施州第七届委员会副主席候选人。

第15次会议 1月21日在恩施文化中心召开。会议由州政协主席甘方谦主持。会议听取各组召集人关于分组讨论情况的汇报，审议通过选举办法草案，审议通过总监票人、监票人名单草案，审议通过有关人事事项，审议通过常委会工作报告决议（草案），审议通过提案审查情况报告

（草案），审议通过政治决议（草案）。

第16次会议 6月29日在恩施亚洲大酒店召开。会议由州政协主席甘方谦主持。会议听取州政协调研组关于全州企业发展环境的调研情况汇报，审议通过《关于优化全州企业发展环境的建议案》；听取州政协视察组关于我州森林资源保护情况的视察情况汇报，并审议有关视察报告。会议协商通过有关人事问题。

第17次会议 9月25日在恩施亚洲大酒店召开。会议由州政协主席甘方谦主持。会议传达学习省委政协工作会议精神及州委常委会议关于贯彻落实省委政协工作会议精神的要求，听取州政协调研组关于四县市五乡镇高山片区扶贫综合开发工作的调研情况汇报，审议通过《政协恩施州第七届委员会常务委员会关于大力推进全州四县市五乡镇高山片区扶贫综合开发的建议案》；书面征求《关于全州普遍建立法律顾问制度工作的视察报告》《全州商业保险保障水平情况的调研报告》《恩施州农民科学素质调研报告》的意见，对州住建委、州食药监局、州卫生计生委2015年提案办理工作进行民主评议。会议协商通过有关人事问题。

第18次会议 12月28日在恩施亚洲大酒店召开。会议由州政协主席甘方谦主持。会议决定州政协七届五次会议于2016年初在州府召开。会议审议通过《政协恩施州第七届委员会常务委员会工作报告》《政协恩施州第七届委员会常务委员会关于七届四次会议以来提案工作情况的报告》，并分别推举甘方谦、陈卫平为报告人；听取州人民政府关于州政协七届四次会议以来提案办理情况的通报和州纪委关于2015年党风廉政建设情况的通报。会议审议通过政协恩施州七届委员会第五次会议议程（草案）、日程、秘书长及副秘书长名单、委员分组及各组召集人名单、邀请出席和列席会议人员范围的决定、议案表决方式的决定、选举办法（草案）。协商通过州政协关于建立双月协商座谈会制度的意见、组建民主监督小组试行办法、在州政协委员中开展“五个一”履职实践活动的意见及界别工作组活动实施办法。会议听取各专门委员会2015年工作报告。会议协商通过有关人事问题。

【专门委员会工作】

提案委员会 引导委员围绕州委、州政府工作重点和人民群众关注的热点难点问题，积极运用提案开展协商议政民主监督。在确保提案质量的同时，建立健全提案办理的联系沟通、办理询问、协商交流、跟踪督查、结果反馈等机制，对重点提案坚持主席、副主席领衔督办，对同类提案实施“打包”督办，对上年重点提案开展跟踪督办，创新工作方法，认真开展民主评议提案办理工作，使提案承办单位进一步增强办理提案的主动性。2015年收到提案201件，立案199件，提案办复率和见面率100%，满意率和基本满意率为98%。

经济委员会 组织部分委员深入恩施、宣恩、建始、鹤峰四县市五乡镇高山地区调研走访，经州政协常委会审议通过并向州委报送《关于“四县市五乡镇”高山地区连片综合扶贫开发的建议案》，州委州政府在《关于全力推进精准扶贫精准脱贫的决定》中充分吸纳政协建议。组织部分委员及相关部门深入部分县市调研全州商业保险业状况，向州委州政府报送《关于恩施州商业保险保障水平情况的调研报告》参阅件，州委主要领导作出重要批示。

科教文卫体委员会 组织部分委员和相关单位就提升农民科学素质问题进行专

题调研，分析当前农民科学素质的突出问题，提出在推进精准扶贫中提升农民科学素质的建议，并将协商意见报送州委州政府，得到州委主要领导的重要批示。组织委员开展科技文化卫生“三下乡”活动，开展对贫困地区农民送春联活动。

人口资源环境委员会 组织部分委员深入利川市、咸丰县、宣恩县及七姊妹山国家级自然保护区等地视察全州森林资源保护工作情况，形成《关于我州森林资源保护工作情况的视察报告》报送州委州政府。组织部分委员和相关单位对恩施城区河流污染防治情况及水体保护情况开展联合调查，形成《关于恩施城区河流污染防治和水资源保护情况的调查报告》，促成相关部门将城区污染防治列入当年议事日程。组织部分委员赴重庆市奉节县、宜昌市秭归县等地，走访州内相关县市、乡镇及相关部门，就生活垃圾的全部收集、彻底处理进行考察调研，形成综合报告，促成州住建委、州发改委拟定在鹤峰县进行试点，并编入“十三五”规划。

民族宗教委员会 组织部分委员及相关部门对全州17个开放的宗教活动场所和2个规模较大的在建场所进行专题调研，形成《全州宗教工作情况的调查报告》，提出宗教事务管理上要做到“六要六不”的建议。组织部分委员对全州少数民族特色村寨保护与发展工作情况进行专题视察。积极配合省政协民族和宗教委员会开展“‘十三五’期间加快我省民族地区经济社会发展的对策建议”和“湖北武陵山民族地区生态环境保护工作”专题调研。

社会法制港澳台侨外事委员会 组织部分委员开展“企业发展环境”的专题调研，经州政协常委会审议形成《关于优化全州企业发展环境的建议案》报送州委州政府，州委主要领导作出批示，有力推动全州企业发展环境建设。组织部分委员深入开展法律顾问制度实施情况专题视察，形成视察报告，得到州委主要领导的充分肯定，进一步巩固和推进法律顾问制度工作。

文史资料委员会 树立“开门办文史”的工作理念，突出“专、精、深”，凸显“亲历、亲见、亲闻”，结合纪念抗战胜利70周年和胡耀邦同志诞辰100周年，征编55、56两辑《鄂西文史资料》。积极推进民族文化建设，编辑出版清代著名恩施籍诗人樊增祥诗作《樊增祥诗选注》，做好《恩施州文化简史》征编工作。

委员工作委员会 会同办公室在省委党校举办州政协委员培训班。加强与县市政协委员工作机构的联系、指导，全州八县市组建委员工作委员会机构，并设有专职主任。赴部分县市开展“两调研一走访”活动，了解基层委员的工作、学习和生活情况，收集了对做好委员履职服务管理工作的意见和建议。起草《政协恩施州委员会委员履职量化评价办法（试行）》（征求意见稿）和《关于在全州政协委员中开展“五个一”实践活动的意见》，加强州政协委员管理和服务，强化委员主体意识和责任意识。

【重要活动】

全州政协系统严明政治纪律严守政治规矩专题培训 3月25日至27日，严明政治纪律严守政治规矩专题培训班在州委党校举办，州政协机关全体党员干部、各县市政协副县级以上党员干部共67人参加培训。这次培训内容丰富、形式多样，既有集中辅导，又有分组讨论；既有学习资料，又有课件演示；既有学习交流，又有培训测试。通过培训，增强政治自觉和政治自律，州县两级政协党组进一步明确了主体责任，州县两级政协机关进一步明确了引导责任，委员中的中共党员进一步明确了示范责任，委员中的非中共党员进一步明确了政治责任。

州委政协工作会议 10月27日，中共恩施州委召开政协工作会议，深入贯彻习近平总书记关于人民政协工作系列重要讲话以及省委政协工作会议精神，总结交流成绩和经验，研究部署新形势下全州政协工作。州委书记、州人大常委会主任王海涛出席会议并讲话，州委副书记、代理州长刘芳震主持并讲话，州政协主席甘方谦，州委常委、统战部长谭文骄，州委常委、常务副州长周静，州委常委、组织部长张建文4名同志在会上发言。

第七届恩施州政协委员培训 11月，州政协办公室及委员工作委员会，首次走出恩施在省委党校举办州政协委员培训班，参训委员72名。这次学习培训组织细致、课程设置合理、教学治学严谨、学习要求严格，每位学员撰写一篇学习心得体会文章。通过学习培训，进一步深化委员对人民政协性质、地位和作用的认识，明确做好新形势下政协工作的基本原则和工作要求，增强了履职尽责的思想自觉和行动自觉，取得较好的效果。

【重要文件】

《中共恩施州委关于进一步加强新形势下人民政协工作的实施意见》（摘要）（2015年11月12日） （一）进一步加强和完善党对人民政协的领导，不断深化对人民政协的认识，完善人民政协工作的良好格局，健全党委加强人民政协工作领导制度，充分发挥政协党组在政协组织中的领导核心作用，加强人民政协理论学习、研究和宣传工作。（二）切实加强人民政协协商民主建设，充分发挥党委、政府在协商民主建设中的主体作用，进一步明确政协协商内容，丰富政协协商形式，规范政协协商程序。（三）进一步完善人民政协民主监督机制，明确民主监督内容，丰富民主监督形式，重视民主监督成果运用。（四）着力增强人民政协参政议政实效，完善政协调研视察制度，完善政协反映社情民意信息制度。（五）健全政协履职与党政工作的衔接机制，健全政协委员履行职责保障机制，健全参会保障机制，健全落实政协重要意见建议的督办机制。（六）加强人民政协自身建设，发挥各民主党派、工商联和无党派人士的重要作用，发挥政协界别作用，发挥政协委员主体作用，发挥政协专门委员会基础作用，加强政协组织机构建设，充分发挥基层政协组织的作用，设立乡镇（街道）政协联络组，加大政协机关干部使用和交流力度。

中共恩施州委书记王海涛在州政协七届四次会议开幕会上的致辞（摘要）（2015年1月19日） 过去的一年，是中国人民政协成立65周年的喜庆之年，也是政协工作大有作为的一年。州委希望各级政协组织和广大政协委员围绕中心、服务大局，认真履职、不负重托，汇聚“热爱恩施、发展恩施、维护恩施”的正能量。第一，要善谋发展之策。全州各级政协组织要聚焦改革发展的重大任务和群众最为关切的热点问题，加强协商民主，推进依法治州，通过深度视察，广泛调研，建务实之言、献务实之策。第二，要凝聚发展之力。要牢牢把握团结和民主两大主题，努力把人民政协建设成“团结之家”“民主之家”。要凝聚各方智慧和力量，改革发展添助力、增合力。要善于激发全民热情，充分发挥工商人士和民营企业家优势，围绕重点产业链建设，创办实体经济，提升发展实力。第三，要提升履职之能。要把政协自身建设与开展政协工作、提高理论素养结合起来，打造“为民、务实、清廉”的政协委员队伍。要推进协商民主创新，推进政协工作制度化、规范化、程序化建设，确保政协工作始终体现时代性、把握规律性、富于创造性。

常务委员会工作报告（摘要）（2015年1月19日）（一）坚持紧扣中心履职，全力服务改革发展大局。1. 围绕双轮驱动实施建言献策。为推动“双轮驱动”战略实施，在州政协七届三次会议上，委员们围绕政府工作报告，在产业发展和城镇建设工作方面提出40多条意见和建议。30多名委员就产业链和新型城镇化建设两个专题作了大会发言，提出大量的真知灼见，州委、州政府主要领导和分管领导到会听取发言，许多意见和建议得到采纳。为促进畜牧产业链发展，组成调研组深入各县市乡镇和畜牧企业一线，形成《关于进一步促进我州畜牧产业链建设的调研报告》，得到州委、州政府高度重视。2. 围绕人才队伍建设建言献策。为推动我州人才工作，组成调研组就我州工业企业经营管理人才队伍建设问题，形成《关于全州规模以上工业企业经营管理人才队伍建设的调研报告》，从优化发展环境、培育壮大企业主体，健全工作机制、形成工作合力等方面提出对策建议，为州委、州政府推进人才建设工作提供重要参考。3. 围绕美丽恩施建设建言献策。组织部分委员和州直有关部门开展专题视察，深入了解我州农村垃圾处理现状和存在的问题，并就如何更好地处理农村垃圾广泛收集意见、积极建言献策，引起州委、州政府高度重视，出台了《农村垃圾治理实施方案》。民盟恩施州委提出《关于开展美丽乡村建设试点的提案》，州政协将其列为一号提案提交州委、州政府，州委副书记、常务副州长董永祥同志领衔办理。州政府出台《关于开展美丽乡村建设试点工作的意见》，美丽乡村建设试点工作有序推进并取得显著成效。4. 围绕平安恩施建设建言献策。针对州城瓶装石油液化气在运输、使用过程中存在重大安全隐患的情况，提出《关于消除州城瓶装石油液化气安全隐患的建议》，州委书记王海涛作出重要批示。恩施市及州安监局等相关单位迅速行动，开展液化气经营市场秩序和安全集中专项整治。5. 围绕民生问题建言献策。为推进我州教育快速发展，就教育信息化建设情况进行调研，形成《抢抓信息化产业链建设机遇，推动我州基础教育快速发展的调研报告》，引起州委、州政府和省教育主管部门的高度重视，恩施市被确定为全省教育信息化建设工作试点。针对亲水走廊两岸植被被毁、风雨桥管理杂乱无章的现象，及时报送《亲水走廊和风雨桥管理告急》的社情民意，州委书记王海涛作出重要批示，州直相关部门和恩施市迅速行动，亲水走廊两岸植被得到恢复，风雨桥管理进一步规范。6. 积极参与全州中心工作。认真开展群众路线教育实践活动督导，并在深化改革、特色产业发展、计生、综治、信访等方面做了大量协调和服务工作。对部分重点贫困村开展整村推进扶贫工作。（二）积极推进协商民主，着力推动政协工作创新。1. 着力推进专题协商。一年来，先后就“双轮驱动”实施、规模以上工业企业经营管理人才队伍建设、畜牧产业链建设、农村垃圾处理等问题开展近10次专题协商，委员们紧扣主题协商议政，州委、州政府有关领导出席会议听取委员发言，有关部门认真采纳和办理委员们提出的协商意见，积极推进有关工作。2. 着力推进提案办理协商。州委、州政府、州政协高度重视提案办理工作，州委副书记、州长杨天然同志主持召开政府常务会议专题研究部署提案办理工作，并就办理工作提出明确要求。在办理过程中，形成审查立案、提案交办、提案办理“三位一体”和提案者、提案承办单位、党政督查部门、提案委员会“四方联动”的协商格局，在协商中推动决策的民主化、科学化，收到“办理一件提案，解决一个问题，推动一项工作”的效果。州政协七届三次会议以来，共收到提案178件，立案174件。3. 着力推进对口协商。各专门委员会从自身优势和特点出发，围绕民族宗教政策贯彻落实、民族文化阵地建设、教育信息化、卫生人才队伍建设、硒资源开发与利用等众多问题开展调研视察10余次，同有关职能部门开展广泛的对口协商。4. 着力推进界别协商。民革、民盟、民建、农工党、工商联等界别，围绕经济社会发展中的重大问题和涉及人民群众切身利益的实际问题，广泛开展协商，先后提交大会发言材料20多篇，提出提案100多件，反映社情民意10余期，形成诸多决策参考建议，许多意见建议得到采纳落实。如民革恩施州委提出的《关于大力发展我州油茶产业的建议》，引起州委、州政府和省直相关部门的高度重视，恩施市被确定为全省2015年油茶产业重点发展试点予以推进。5. 着力推进反映社情民意信息工作。一年来，向州委、州政府报送社情民意信息25期，向省政协办公厅报送10余期，报送的《关于统一我省高速公路收费标准促进东西部区域协调发展的建议》得到省政府副省长许克振同志的批示，为完善全省高速公路车辆通行费标准体系、探索建立统一收费标准系统和收费资金调剂补偿制度提供重要参考。6. 着力推进文史资料工作。坚持“开门办文史”的工作理念，不断强化文史工作队伍，健全文史资料网络，突出“专、精、深”，凸显“亲历、亲见、亲闻”，坚持每年征编两辑《鄂西文史资料》，充分发挥文史资料“存史、资政、团结、育人”的作用。（三）深入践行群众路线，大力抓好政协自身建设。1. 切实推进作风转变。严格按照党的群众路线教育实践活动要求，着力推进作风转变。采取多种形式深入学习中国特色社会主义理论体系，深刻领会习近平总书记系列讲话精神，坚定理论自信、道路自信、制度自信，增强群众观念，坚持群众路线，维护群众利益，夯实履职尽责的思想政治基础。2. 强化委员服务管理。高度重视委员工作，坚持抓好委员履职服务和管理工作，及时向委员通报全州经济社会发展等情况，帮助委员知情明政。通过组织召开提案、反映社情民意信息等专项履职工作座谈会，开展业务学习培训，提升委员履职能力。成立委员工作委员会，探索完善工作规则，不断健全委员联络制度。加强对委员履职情况的考核、通报和奖励，着力提高委员履职的积极性和主动性。3. 建立健全工作机制。成立州政协改革工作领导小组，切实推动人民政协工作机制改革和制度创新。修订完善《全州政协宣传和反映社情民意信息工作实施方案》，研究出台《提案审查立案实施细则》《优秀提案、先进承办单位及先进个人评选办法》《民主评议提案办理工作实施办法》等工作制度，进一步提高政协工作制度化、规范化、程序化水平。4. 不断加强机关工作。以扎实开展党的群众路线教育实践活动为契机，以精神文明创建为抓手，以丰富文体活动为载体，不断激发机关工作活力，努力提升机关服务工作能力。组织报送的《践行群众路线，做好政协工作》等文章获全省政协理论研究会二等奖，组织撰写的《给力青山绿水寄乡愁》等通讯在恩施日报、人民政协报等州内外媒体发表，组织报送的《提案，在阳光下办理》等作品获全省政协好新闻二等奖。扎实做好驻村扶贫和“三万”工作，认真做好信访、计生、综治等各项工作。

双月协商座谈会实施意见（摘要）

（一）基本原则。坚持党的领导；围绕中心，服务大局；协商民主，集思广益，汇集众智，建言献策；协调关系，凝聚共识，团结奋进，助推发展。（二）主要形式。以专题为内容、以专委会为依托、以座谈为形式，约请以党外人士为主的各界别委员和党政分管领导及有关部门负责同志面对面沟通交流、真诚协商。（三）协商内容。紧扣“四个全面”战略布局，围绕州委、州人民政府关于创新发展、协调发展、绿色发展、开放发展、共享发展的决策部署，抓住事关全州经济社会发展的重大问题和涉及群众切身利益的实际问题、各党派参加人民政协工作的共同性事务、政协内部的重要事务以及有关爱国统一战线的其他重要问题，开展协商讨论。（四）时间安排。州政协双月协商座谈会每年举行 6 次，原则上每 2 个月举行一次。（五）组织实施。一是制订协商计划，二是做好协商准备，三是开展调研协商，四是召开协商会议，五是汇总协商成果，六是促进成果转化，七是通报协商情况。

组建民主监督小组试行办法（摘要）

（一）民主监督计划的制定。每年年初，州政协办公室向州政协各参加单位、各专门委员会和各县市政协充分征求意见建议，梳理汇总提出年度民主监督计划（草案），报主席会议审定，并报州委批准后组织实施。（二）民主监督小组的组成。以州政协专委会为基础，由参政议政能力强、热心民主监督工作、有参加监督工作时间和精力的州政协委员担任成员。每个民主监督小组一般由 3 — 7 人组成，原则上任期一年。（三）民主监督小组的委派：州政协视情况直接向有关单位委派民主监督小组或有关单位以书面形式向州政协协商委派；州政协办公室提出民主监督小组建议名单，报请主席会议审定。（四）民主监督小组的工作内容。了解和掌握派驻部门对党的方针政策、国家法律法规、党纪政纪和州委、州政府重大决策部署、中心工作的贯彻实施情况，群众普遍关心的民生、热点难点问题的解决落实情况，履行职责、工作作风、遵纪守法、勤政廉政，办理落实政协的建议案、提案和重要建议、意见等情况。（五）民主监督小组的工作方式。参加委派部门有关会议和活动，开展专题调研视察、对口协商、民主评议等，对委派部门相关工作提出意见、批评、建议。（六）民主监督的步骤。按照制定计划、宣传动员、组织实施、总结评议等步骤进行，具体内容由州政协办公室在制定年度民主监督小组工作方案时提出。（七）民主监督小组的权利和义务。民主监督小组享有与做好监督工作相应的知情权、调研权、建议权、评议权，有权直接向派驻部门负责同志反映情况，了解处理结果，参与派驻部门组织的监督检查活动，但不能影响派驻部门依法行政和公正司法，不得干预个案处理和具体行政事务。（八）民主监督小组的管理。建立州政协主席、副主席联系民主监督小组制度，州政协每年召开 1—2 次民主监督小组工作会议，民主监督小组要正确行使民主监督权利。（九）民主监督成果的运用。民主监督小组提出的专项民主监督报告、民主监督意见书、民主评议报告等意见和建议，派驻部门应认真办理落实，并向民主监督小组书面答复，同时抄报州政协办公室。对派驻部门接受监督、落实民主监督小组的建议、批评、意见情况，州政协办公室以书面形式报送州委、州政府，并以一定形式进行通报。

【恩施州各级政协领导人名单】

恩施州政协

主　席　甘方谦（苗族）

副主席　刘志兵（1月退休，6月辞）

肖谏诚（土家族）

杨　兵

谭建军(蒙古族)

王继刚

陈卫平（土家族）

刘晓冰（女，土家族）

向宏贵（土家族）

郑开国

秘书长　胡其龙

县市政协主席

恩施市　刘　羽（女）

利川市　向　辉（土家族）

建始县　秦章秋（苗族）

巴东县　刘太可

宣恩县　张　频（土家族）

咸丰县　廖忠民（苗族）

来凤县　陈　胜（土家族）

鹤峰县　张真炎（土家族）

恩施州各级政协组织和委员数（统计表）

（截至2015年底）

级别 项目	自治州	县、市、区	合计
组织数	1	8	9
委员数	398	1662	2060

（向　巍　编写）

政协仙桃市委员会

【全体委员会议】

八届四次会议 2月2至5日在仙桃召开。会议应出席委员399人，实到394人。中共仙桃市委书记冯云乔同志向大会致辞。市政协副主席张德萍同志代表市政协八届委员会常务委员会向大会作工作报告。市政协副主席赵映春同志向大会报告八届三次会议以来的提案工作情况。会议通过政协仙桃市八届四次会议关于政协仙桃市第八届委员会常务委员会工作报告的决议；通过政协仙桃市第八届委员会第四次会议关于市政协八届三次会议以来提案工作情况报告的决议；通过政协仙桃市第八届委员会提案审查委员会关于市政协八届四次会议提案审查情况的报告；通过政协仙桃市第八届委员会第四次会议政治决议。会议选举周谊群同志为政协仙桃市第八届委员会主席、选举袁全汉同志为政协仙桃市第八届委员会副主席。会议期间，市委书记冯云乔同志、市长周文霞同志分别参加市政协联组讨论活动，听取市政协委员建议。

【常务委员会会议】

第13次会议 3月27日召开。会议应出席常委67人，实到60人。市政协主席周谊群主持会议，市政协副主席张德萍、赵映春、袁全汉、秦建国，秘书长高桂芳出席会议。市直、镇办园区政协联络组负责人列席会议。会议学习贯彻全国“两会”精神，协商讨论《市政协2015年工作要点》。会上，市政协委员、市委党校副校长沈祥华就全国“两会”精神做了题为《新常态与新作为》专题辅导，从新常态下的中国经济建设、政治建设、文化建设、社会建设、国际关系建设等方面，深入解读全国“两会”精神。周谊群对新一年工作进行了安排部署。

第14次会议 7月16日召开。会议应出席常委67人，实到62人。市政协主席周谊群主持会议并讲话，市政协常务副主席杨建国，市政协副主席张德萍、赵映春、袁全汉、秦建国，秘书长高桂芳出席会议。市直、镇办园区政协联络组负责人列席会议。会议听取市法院、市检察院、市司法局工作情况汇报和政协常委协商建言。

第15次会议 9月25日召开。会议应出席常委67人，实到62人。市政协主席周谊群主持会议并讲话。市委副书记、市长周文霞，副市长段少斌，市政协常务席杨建国，副主席张德萍、赵映春、秦建国，市政府秘书长陈华军，市政协秘书长高桂芳出席会议。会议传达学习省委政协工作会议精神，听取市政府关于委员提案办理工作情况的报告以及我市经济社会发展情况的报告，并对6件重点提案办理工作进行了评议。

【专门委员会工作】

提案法制委员会 政协仙桃市八届四次会议以来，全市政协委员共提出提案84

件。经提案委员会审查，立案处理的69件。截止12月底，提案所提问题已经解决或基本解决的24件 ；正在解决的40件；列入规划逐步解决的4件；因条件限制暂时不能解决的1件。主要做了如下工作：组织开展了提案的协商办理活动；联合市政府督办室开展上门督办提案工作；对6件重点提案的办理工作进行现场检查督办，并对6件重点提案的办理工作进行了民主评议；结合农村客运“村村通”、民营企业发展环境、土地整理情况等调研视察活动，把相关的提案放到更广的范围，更高的层次去协商交流，增强了提案办理的实效；联合市政府政务督查室对市交通局、市水务局等20家承办任务较重的单位进行上门督办，详细了解承办单位调查走访、办理落实和答复委员的情况，对后期办理工作提出具体要求；进一步完善提案工作程序，尝试在征集提案的同时，一并征求提案人对确定提案承办单位的建议，为市政府政务督查室确定承办单位提供参考；着力提高承办单位办理工作水平，联合人大代工委、市政府政务督查室首次对全市所有承办单位具体经办人员进行提案办理业务知识培训，重点就办理工作的程序、内容、标准进行讲解，让承办人员明确办理工作的具体事项和要求，为办理工作顺利开展打下了良好的基础；不断加大协调联动力度，积极做好“提”、“督”、“办”三方的沟通协调工作。

经济和港澳台侨外事委员会 组织部分市政协常委、委员，深入到市区和各镇办的民营企业，进行经济转型升级的专题调研，并形成调研报告。集中开展走访活动，对58名委员逐一上门走访，收集到40多条意见建议，为经济发展建诤言献良策。与市商务局一起为湖北碧辰电子6600万元的项目建设排忧解难。举办了旺旺、健鼎、富士和等40多家落户仙桃的台资企业联谊活动。对46号提案——“电动代步车管理缺位、交通安全险象环生”重点提案进行督办。

学习文史和民族宗教委员会 完成《湖北文化史仙桃卷》大纲修订，6月，大纲草案形成，并2次召集编委会成员召开研讨会，修改完善大纲，于9月将形成大纲上报省政协文史委；着手了史料收集，查阅史料170余种，购买书籍、从网上下载相关资料300余万字，为编撰工作做好了充足的史料储备。完成《沔阳三蒸》书稿编撰，该书用解读与论证、传承与保护、复兴与拓展、感受与体验、名师与名菜等五个篇章，共计十余万字，50余篇专门文章，系统介绍了沔阳三蒸的历史沿革、风格特点、制作工艺和名人轶事，全面还原沔阳三蒸演变过程，为后人掌握和了解仙桃乡土文化提供了规范详实的史料依据。围绕主席办公会议确定的调研视察重点，组织了依法管理宗教调研，形成了《关于依法管理宗教事务的调研报告》；督办了“规范仙桃市通信铁塔建设提案”重点提案。选送论文《文史研究服务城市精神塑造》，参加全省文史论文评奖，在100余篇参评论文中获二等奖。

教科文卫体委员会组织委员 开展“科技、文化、卫生三下乡”活动，赠送图书1300多册，免费义诊300多人次。与办公室一道成功举办“万里长城永不倒——纪念中国人民抗日战争暨世界反法西斯战争胜利70周年书画作品展”，共有70多件优秀书画作品入围参展，其中40幅主题鲜明、艺术水准较高的作品原件被市档案局收藏。跟踪督办57号提案《关于加快我市公共体育设施建设及定期维修的建议》。完成关于我市职业教育服务企业发展的调研报告，提出鼓励和支持校企合作开展职业教育和技能培训的政策建议。完成省政协下达的长江中游城市群协同发展的专题调研。

人口资源环境委员会 组织人口资源环境委员会部分政协委员及我市相关部门，就汉江中下游水华对我市供水影响展开了调研，提出了相应的对策与建议，撰写了《汉江中下游水华对我市供水影响》的调研报告。组织部分政协常委、委员，专题视察了我市土地整治工作情况，并就土地整治工作开展了协商建言。督办55号提案《关于加强对学校周边食品安全管理》，提出“提升食品安全管理层次；校园周边的食品安全工作向农村逐步倾斜；保持对违法违规食品经营户的打击处理”等建议。加强与市直有关部门的联系和合作，积极参加相关职能部门的活动。召开专委会成员座谈会，听取专委会成员工作意见和建议。做好走访委员工作，加强与委员的联络与交流。

委员工作委员会 开展百名委员访谈活动，在仙桃日报、中国仙桃网、仙桃政协网等市内媒体开设专栏，集中展示了10多位委员在各行各业所取得的突出成就。组织两次委员集中学习培训，邀请市纪委工会主席张泽新就党的纪律建设和反腐形势，为全体委员做了专题辅导报告，同时围绕经济新常态和互联网+等新课题，组织委员开展了集中学习、交流讨论、外出考察、撰写心得等多种形式的学习活动，提高委员履职能力。按照主席办公会议的要求，结合委员履职建设实际，开展了特聘委员推荐考察和确认工作。对农林水、宣传、财贸、沙湖、陈场、彭场等6个政协联络组，共计80名委员进行走访调研，形成《关于政协委员履职能力建设的调研报告》。

【重要活动】

调研汉江中下游水华对我市供水影响情况 4月28日，市政协副主席秦建国带领部分政协委员，专题调研汉江中下游水华对我市供水影响情况。调研组一行先后来到汉江仙桃市民饮水取水点、三水厂，实际了解市民供水情况。视察结束后，调研组一行就汉江中下游出现水华对我市供水影响召开了座谈会。会上，市城市建设开发公司、市水务局、市环保局就有关工作进行了介绍，市政协委员就加强水资源管理、保证水质量安全、加大宣传力度以及应急处理措施等方面开展了协商建言。

开展文化科技卫生“三下乡” 5月18日，仙桃市2015年科技、文化、卫生“三下乡”暨“科技周”活动在杨林尾镇启动。副市长肖志刚出席并致辞，市政协副主席赵映春宣布活动开幕，部分市政协委员参加了启动仪式。当日，来自市科技、文化、卫计委、农业、水产等部门的工作人员，走进村民中间，开展了送图书、送科技、送健康活动，市科技局开展培训讲座，市文化局送去300多册图书，市卫计委组织免费义诊活动。

市政协机关召开“三严三实”专题教育工作会议 6月11日，市政协机关召开“三严三实”专题教育工作会议。市政协党组书记、主席周谊群为市政协机关全体干部讲专题党课。市政协副主席杨建国、张德萍、赵映春、袁全汉和秘书长高桂芳以及市政协全体机关干部职工参加学习。

八届市政协第五期委员培训举行 6月26日，八届市政协第五期委员培训在天诚国际大酒店举行。此次培训的主题是：遵纪守法，严于律已，珍惜政协委员荣誉。市政协副主席赵映春出席。

“加强人民政协履职能力现代化建设”研讨交流会 7月16日，市政协召开“加强人民政协履职能力现代化建设”研讨交流会，市政协主席周谊群主持研讨会并作重要讲话，副主席杨建国、张德萍、赵映春、秦建国，秘书长高桂芳出席会议。

举办“万里长城永不倒”主题书画作品展 8月20日，为纪念中国人民抗日战争暨世界反法西斯战争胜利70周年，市政协在市档案局举办了“万里长城永不倒”主题书画作品展，遴选出74件作品集中向人们展示抗战精神。市领导周谊群、胡先平、杨建国、张德萍、赵映春、袁全汉、秦建国出席此次活动。

市政协召开主席（扩大）会议 8月21日，市政协召开主席（扩大）会议，传达省委政协工作会议精神，研究部署下一阶段工作重点。市政协主席周谊群主持会议，市政协副主席杨建国、张德萍、赵映春、袁全汉、秦建国和秘书长高桂芳出席会议。会议传达了《中共湖北省委关于进一步加强人民政协工作的决定》，学习了省领导李鸿忠、王国生、杨松在省委政协工作会议上的重要讲话精神。

市政协开展主席集体视察农业农村工作 10月23日，市政协主席周谊群一行，围绕“特色农业新亮点”，开展主席集体视察活动。市委常委、市委组织部部长郭志泉，市委常委、副市长印家利，市政协副主席杨建国、张德萍、赵映春、秦建国，市政协秘书长高桂芳，部分市政协常委、委员一同视察。视察组一行先后视察了卫祥水产合作社赵河村黄鳝繁育基地、湖北菇珍园菌业有限公司、湖北宏旺生态农业科技有限公司、排湖风景区河蟹养殖基地、阿尔迪有机农业生态园。视察组建议，要加强对现代农业的引导，推进现代农业提质；要加大农业项目资金的投资力度，加快农业基础设施的建设；要加快农业体制机制的创新，使粗放农业和高效农业有机结合；要扩大高效农业的比重，促进农民增收。

市政协开展主席集体视察城镇建设工作 11月25日，市政协主席周谊群一行，围绕“城镇建设新亮点”，开展主席集体视察活动。副市长董方平，市政协副主席赵映春、袁全汉、秦建国，市政协秘书长高桂芳，部分市政协常委、委员一同视察。视察组一行先后来到彭场镇挖沟村、镇景观立面改造现场、镇垃圾中转压缩站，了解镇、村新型城镇化建设情况。视察组建议，要坚持地上与地下并重、路面与街道并重、品质与品位并重、城市与农村并重、锦上添花与雪中送炭并重、速度与激情并重、村庄集并与村庄保卫并重、发展与改革并重等原则，积极探索，创新思路，破解难题，加大投入，在城市建设与管理的薄弱环节上下功夫，在市民群众迫切需要的民生服务上加大投入，使市民生活更便捷，路网更发达，设施更齐全。

市委政协工作会议召开 12月3日，市委政协工作会议在天诚国际大酒店召开。会议的主要任务是，贯彻落实党的十八大和十八届三中、四中、五中全会精神，深入学习贯彻习近平总书记在庆祝人民政协成立65周年大会上的重要讲话和省委政协工作会议精神，认真总结2010年市委政协工作会议以来我市政协工作所取得的成绩和经验，研究部署加强新形势下人民政协工作，更好发挥各级政协的职能和作用，不断开创仙桃政协事业新局面。市委书记冯云乔出席会议并讲话。市委副书记、市长周文霞主持会议。市政协主席周谊群作工作部署。市人大常委会党组书记、常务副主任王军娥，市委副书记李启斌，市领导吴晓军、郭志泉、胡先平、赵映春、袁全汉出席会议。干河办事处、胡场镇、市住建委、市水务局负责人在会上作交流发言。

【重要文件】

中共仙桃市委关于进一步加强人民政协工作的决定（摘要） 一、充分认识进一

第21次会议 4月20日在市政协常委会议室召开。安排部署市政协2015年重点课题调研活动。根据市政协党组2015年工作要点安排，4月至8月，市政协由主席会议成员带队，部分政协常委和政协委员参加，分别就农业现代化水平，推进农村土地流转，民办教育发展、规范农村建房秩序、小微企业融资难、服务企业、镇域经济发展、电子商务、培育电商企业等14个年度重点课题进行调研。会议还审议通过有关人事任免事项。

第22次会议 7月14日在市政协常委会议室召开。副市长王志鹏代表市政府通报了全市上半年经济运行情况；部分政协常委围绕市政府十件实事、工业经济转型升级、电子商务、多层次资本市场发展、镇域经济发展、加快新项目大项目建设、服务企业、小微企业融资、数字城市管理、社会保险等问题进行了议政发言；市委常委、常务副市长廖鸿韬出席会议并讲话；李华主席对下半年政协工作提出要求。

第23次会议 10月23日在市政协常委会议室召开。会议对市国税局、地税局、卫计委、公安局、城管局、工商局、质监局履行职责、服务天门发展情况和8个提案承办大户提案办理工作情况进行民主评议，并现场公布评议结果；市委常委、常务副市长廖鸿韬出席会议并讲话。会议还通过有关人事任免。

第24次会议 12月25日在君佳酒店召开。会议听取副市长吴宇慧代表市政府关于2015年全市经济发展情况的报告和提案办理情况的报告；审议通过市政协七届五次会议召开的时间；审议通过市政协七届四次会议以来常委会工作报告，并推举李华主席为报告人；审议通过市政协七届四次会议以来提案工作报告，并推举刘生平副主席为报告人；市政协各专委会主任向常委会进行了述职；通报了全会筹备情况。

【专门委员会工作】

提案委员会 截至2015年底，经审查立案的213件提案已经全部办复，提案见面率100%，回复率100%，落实率56.4%，满意和基本满意率98.75%。参与了市政协统一组织的“百名委员下基层”“走进委员中的民企”“市政府十件实事调查”“市卫计委履职情况评议”“市交通局、公安局等8个提案承办大户评议”以及6个方面的视察调研活动。全年共撰写调研报告6篇、评议报告10篇、汇报材料12篇、参政议政材料3篇，反映社情民意信息8条。

经济委员会 组织专委会成员开展学习；组织“绿满天门”“工业新项目、大项目落地情况”的视察活动；对华润啤酒厂渍涝排泄、企业渣土运填、林场林工反映的待遇不落实等问题进行了协调；开展了民主监督小组活动；完成了“农业现代化水平调查”的调研；组织了工业、农业、商贸、国税、地税的半年经济运行情况、前三季度运行情况的分析；参与组织了市政协民主评议市直部门活动。

人口资源环境委员会 参加了在陕西省商洛市、河南省邓州市召开的汉丹江流域城市政协联系协作会议；对汉江生态环境建设开展了2次调研，提出了建议；对市政府十件实事进展情况进行了调查形成了专题调研报告；组织专委会委员开展视察活动3次、专题调研4次、学习活动1次，完成调研报告5篇。

教科文卫体委员会 组织专委会委员开展集中学习5次；组织联谊活动12次；对市公共场馆的建设及运营情况进行了视察；先后开展了5次调研活动，形成了调查报告并报送市委主要领导；对市民政局工作进行了民主监督；组织科技界、卫生界、文化界、法律界委员开展了“送科技、送卫生、送文化、送法律”惠民活动。

社会和法制委员会 召开例会 10 次；开展各类调研 6 次；参与专题视察 4 次；组织委员视察 10 次；1 篇调查报告被省政协社法委采用。完成了省政协向天门市政协征集的“关于《湖北省价格管理条例（草案）》的修改协商意见”课题；配合做好了市政协主席会议成员对市法院、市检察院、市公安局、市司法局工作的视察；组织政法界政协委员参与“送科技、送卫生、送文化、送法律”惠民活动；对市国土资源局工作进行了民主监督。

港澳台侨和外事委员会 组织专委会委员学习 3 次；围绕我市物流业发展情况及我市台资企业发展情况开展视察并形成了调研报告；走访了台胞、台属、归侨、少数民族人士、宗教界人士；参加了委员企业走访活动；对市政府 2015 年十件实事落实情况进行了调研；参加了市政协的一些活动。

文史资料委员会 调研了双峰农业合作社；参与了市政协组织的“百名委员下基层”“走进委员中的民企”活动；对市公共资源交易中心开展了民主监督；对市地税局履职情况进行了调研；对市卫计委、水利局等提案办理情况进行了调研；协助修建了状元广场，完成了蒋立镛状元雕像制作；编撰《天门政协六十年》；完成了省政协布置的《湖北文化史丛书》石家河文化内容的编纂。

委员工作委员会 加强了委员基础信息管理，完善委员履职档案，对委员实行动态管理；组织了对全体政协委员的走访慰问活动；配合组织了全市政协委员培训活动。

【重要活动】

走访委员 2 月 10 日至 11 日，市政协机关分 7 个小组，由主席会议成员带队，对全市政协委员进行了集中走访。

委员集中培训 3 月 23 日，市政协在市委党校举办政协委员培训会，邀请了省民进副主委、民进中央委员、省统计局副局长叶青作了《把参政议政与专业研究融为一体》的辅导专题报告。

“百名委员下基层” 3 月 27 日至 4 月 9 日，由市政协领导带队，市政协专委会牵头，全体政协常委和部分政协委员参加，采取座谈、走访、实地考察等形式，深入基层，就绿满天门行动、农村建房秩序、我市农业现代化发展、民办教育的现状及其发展等课题开展了调研。

“走进委员企业” 5 月 11 日至 12 日，由市政协主席会议成员带队，市政协全体机关干部参加，采取听汇报、座谈、参观等形式，对 43 家委员企业进行走访，重点了解了企业的生产经营情况以及企业发展存在的困难和问题。5 月 29 日，市政协就委员企业反映的几个问题，邀请益泰药业、方舟生态农庄等部分委员企业负责人与竟陵办事处、市畜牧局等单位负责人专题协商，帮助企业解决有关问题。

“四送”惠民 9 月 25 日，市政协组织科技界、卫生界、文化界、法律界的 30 多位政协委员和 60 多位相关专家，赴麻洋镇为群众和学生送医药、送戏，开展法律咨询、农技培训、科普活动。

市委政协工作会议 9 月 30 日，市委召开政协工作会议，贯彻落实省委政协工作会议精神，总结交流 2010 年以来我市人民政协工作，研究部署下一步工作。市委书记柯俊、市长吴锦出席会议并分别讲话。市政协主席李华就做好新形势下政协工作作了具体部署。市公安局、市交通运输局、岳口镇主要负责人在会上作了交流发言。

“奉献爱心 回报社会”慈善捐赠活动 11 月，市政协连续第四年组织了主题为"奉献爱心 回报社会"的慈善捐赠活动，共募集善款73万元，定向捐赠给了16个贫困村、18名贫困母亲、30名贫困高中生。

【重要文件】

《中共天门市委关于贯彻落实〈中共湖北省委关于进一步加强人民政协工作的决定〉的实施意见》(摘要)(2015年9月28日) 为认真贯彻《中共湖北省委关于进一步加强人民政协工作的决定》(鄂发〔2015〕14号，以下简称"《决定》")，结合我市实际，提出如下实施意见。一是充分认识贯彻落实《决定》的重大意义。贯彻落实《决定》是加强党对人民政协领导、发挥市政协在市委、市政府全局工作中作用、推进我市政协履职制度化、规范化、程序化的必然要求。二是进一步发挥人民政协作为协商民主重要渠道和专门机构的重要作用。进一步明确协商内容、丰富协商形式、规范协商程序。三是切实提高人民政协民主监督的针对性和实效性。明确民主监督内容；完善民主监督选题机制；丰富民主监督形式；深化民主监督工作。四是积极推动人民政协参政议政务实有效开展。加强视察、调查研究、社情民意信息等工作。五是努力加强人民政协团结合作工作。促进多党合作共事；促进参加政协的各族各界人士合作共事；支持政协广泛联系服务群众。六是建立健全支持人民政协履行职能的工作机制。建立健全政协协商与党政决策的衔接机制、知情知政机制、参会保障机制、协调配合机制、政协重大意见建议督办反馈机制。七是不断加强人民政协自身建设。高度重视市政协领导班子建设；加强政协界别建设；加强政协委员队伍建设；加强市政协专委会建设；加强政协基层组织建设；加强政协机关建设。八是进一步加强和改善党对人民政协的领导。高度重视人民政协工作；发挥政协党组领导核心作用；大力推进人民政协理论建设和宣传工作。

中共天门市委书记柯俊在市政协七届四次会议开幕式上的致辞(摘要)(2015年2月2日) 一年来，市政协牢牢把握团结和民主两大主题，紧紧围绕中心、服务大局，主动谋事、积极干事、努力成事，认真履行政治协商、民主监督、参政议政职能，为全市经济社会发展、社会和谐稳定做了大量工作，作出了重要的贡献。围绕推进经济"增量提质、跨越赶超"、小微企业发展、工业经济转型升级、江汉运河文化旅游城镇带建设等全市经济社会发展的重大问题，深入开展调查研究，积极建言献策，提出了许多具有前瞻性、全局性、建设性的意见建议；对我市招商引资项目落地、社会保障、"四化"同步示范镇建设、小街小巷改造等情况进行专题视察，对市政府十件实事落实情况开展调研，有力推动了相关工作的改进；对市直职能部门开展民主评议、委派民主监督小组加强民主监督，推荐政协委员担任行风监督员、评议员，推动优化发展环境，进一步密切了干群关系，提升了党员干部创业热情。开展慈善捐赠活动，主动化解社会矛盾，倾听社会各界声音，凝聚社会各界力量，促进了社会和谐稳定。市政协一年来取得的成绩有目共睹，市委对市政协过去一年的工作是满意的。这里，我代表中共天门市委，向全市政协组织和广大政协委员、各民主党派和无党派人士、各人民团体以及各界人士，表示衷心的感谢和崇高的敬意！新的一年，发展任务更加艰巨，使命更加重大，需要我们调动一切积极因素，凝聚各方力量，团结一心，共同奋斗。希望全市政协组织和广大政协委员认识新常态，适应新常态，引领新常态，抢抓新机遇，直面新挑战，敢于担当，履职尽责，发挥人民政协的独特优势，为推动天门经济发展“增量提质、跨越赶超”再作贡献、再立新功。一是要注重凝聚思想共识，促进社会和谐。二是要坚持紧扣天门的改革和发展献计出力。三是要全面推进协商民主广泛多层制度化建设。四是要在全面推进依法治国中发挥重要作用。

常务委员会工作报告（摘要）（2015年2月2日） 2014年的主要工作，一是服务全市大局，助推跨越发展。对市政府十件实事落实及职能部门工作开展民主监督，跟踪监督市政府十件实事的落实。为促进经济发展开展专题视察，就我市招商引资和项目落地、小街小巷建设、社会保障、平安天门建设、“四化”同步示范镇建设、农民专业合作社等9个方面的工作进行了视察，推动了相关工作的开展。一年来，按照市委安排，主席会议成员在服务全市招商引资和项目建设、铁路建设、土地平整、“四化”同步示范镇建设、天商大会和“四挂一包”、“三万”活动等中心工作中，尽职尽责，发挥了积极作用。还筹措30万资金，对政协所联系的3个“三万”活动村、1个“第一支部书记蹲点村”、6个主席会议成员挂点村进行了帮扶。二是突出两大主题，促进社会和谐。我们不定期地召开民主党派、工商联、无党派人士、少数民族等界别协商会、座谈会，邀请界别群众列席政协全会、常委会议等，将界别的声音通过政协渠道向市委、市政府反映。三是创新履职形式，增强履职实效。深化提案办理机制，在提案集中交办前对时效性较强的提案进行协商交办；主席会议成员带队督办重点提案，促进了重点提案的办理；创新信息工作方法，坚持处理社情民意信息“五步工作法”。即市政协主要领导对每条社情民意信息必签批转呈意见，市政协办公室编报，分送市委、市政府相关领导批示，对市委、市政府相关领导的批示意见协商督办，将处理意见和落实情况及时向委员反馈。四是激发活力，多措并举加强自身建设。2015年，一是要深入学习习近平总书记系列重要讲话精神，坚持把学习习近平总书记系列重要讲话精神作为重大政治任务来抓。二是围绕中心，助推科学跨越发展。围绕市委提出的“更加注重投资发挥的关键作用，更加注重工业引领‘四化同步’发展，更加注重生态保护与治理，更加注重推进改革创新，更加注重推进法治建设”五个着力点和“突出抓招商引资与项目建设，大力支持企业发展，突出抓好城市建设，大力推进现代农业发展，加强保障和改善民生”五项重点工作，多谋良策，多建净言，助力“增量提质、跨越赶超”。三是积极推进协商民主建设。按照广泛、多层、制度化要求，大力推进专题协商、界别协商、对口协商、提案办理协商、基层民主协商建设等。四是努力增强民主监督实效。要在认真运用《政协章程》规定的主要监督形式的基础上，探索创新民主监督的新形式和新载体。五是突出团结民主两大主题，促进社会和谐。要充分发挥人民政协团结面广、包容度大、代表性强的优势，密切联系各界群众，促进群众最关心、最直接、最现实的利益问题得到解决，更好地成为党和政府联系群众的重要桥梁和纽带。

【组织情况】

增补委员名单

（2015年4月20日市政协七届二十一次常委会议通过）

郭良才　陈遂新　刘纯亮

陈静波　钟　辉　王家旭

（2015年10月23日市政协七届二十三次常委会议通过）

鄢旭升　姚晓银　汪家红

陈春梅

免去委员名单

（2015年4月20日市政协七届二十一次常委会议通过）

史文杰　吴振华　周国驰

胡振兵

（2015年10月23日市政协七届二十三次常委会议通过）

周开秀　万俊波　刘纯亮

夏小力

【天门市政协领导名单】

主　席　　李　华

副主席　　王和平

　　　　　庞玉典

　　　　　刘祖玉

　　　　　刘生平

　　　　　谢顺华（女）

秘书长　　李国仿

天门市政协组织和委员数

（截至2015年底）

级别 / 项目	直管市	合计
组织数	1	1
委员数	365	365

（陈艳君　编写　刘义宏　审稿）

政协潜江市委员会

【全体委员会议】

七届四次会议 2月2日至5日举行。会议听取和审议了《政协潜江市第七届委员会常务委员会工作报告》和《政协潜江市第七届委员会常务委员会关于七届三次会议以来提案工作情况的报告》。全体委员列席了市七届人大第五次会议，听取并讨论了《政府工作报告》及其他报告。

【常务委员会会议】

第18次会议 4月8日召开。市政协主席张宗光，常务副主席刘训芹，副主席李建平、赵长安、何伟、刘书琼，秘书长杨辉光出席会议。市委常委、政法委书记、市政府党组副书记肖力，副市长刘登强应邀出席会议。会议围绕《农作物秸秆露天禁烧和综合利用》和《打通园林城区“断头路”完善路网功能》两件重点提案办理工作专题协商。市委办、市政府办相关负责人，重点提案会办单位负责人以及市政协办委、机关工会负责人列席会议。

第19次会议 7月27日召开。市委副书记、市长黄剑雄到会通报2015年上半年全市经济社会发展情况。市政协主席张宗光主持会议。市政协常务副主席刘训芹，副主席李建平、赵长安、何伟、刘书琼，秘书长杨辉光出席会议。市政府秘书长康秋月应邀出席会议。刘训芹常务副主席代表市政协常委会向市委、市政府通报政协委员对全市经济社会发展的意见和建议。杨辉光秘书长通报各界别在市政协七届五次会议上的大会发言选题情况。市政府办公室、市委督查室、市政府政务督查室负责同志应邀出席会议。市政协各联络处（界别）负责人、市政协办委及机关工会负责人列席会议。

第20次会议 11月3日召开。市政协主席张宗光主持会议。市政协常务副主席刘训芹，副主席李建平、赵长安、何伟、刘书琼，秘书长杨辉光出席会议。市委常委、常务副市长罗茂文应邀出席会议。会议围绕“十三五”规划编制工作建言献策。市委办公室、市政府办公室及市直相关部门负责人应邀参加会议。市政协机关办委负责人、各联络处（界别）负责人列席会议。

第21次会议 12月28日召开。市政协主席张宗光主持会议。市政协常务副主席刘训芹，副主席李建平、赵长安、何伟、刘书琼，秘书长杨辉光出席会议。市委常委、常务副市长罗茂文应邀出席会议。会议听取了市政府关于在市政协七届十九次常委会议上市政协转达的政协委员意见和建议办理落实情况的通报；协商讨论了政府工作报告（征求意见稿）；协商通过了市政协七届五次会议有关事项；对政府序列的部门和单位支持政协组织和政协委员履职情况进行了民主评议。市政府副秘书长陈华、政府工作报告起草组负责人，市政协区镇处联络处负责人、各办委及机关工会负责同志列席会议。

【专门委员会工作】

经济委员会 重点围绕我市编制经济社会发展“十三五”规划调研建言。组织相关界别部分政协委员成立专题调研组，围绕“我市‘十三五’发展战略定位”、“工业园区体制机制创新”、“电子商务发展”等13个课题专题调研，并与专家学者和社会各界座谈协商，历时4个月，形成了13篇专题调研报告在市政协七届二十次常委会上向市委市政府建言，为编制我市“十三五”经济社会发展规划起到了积极作用。督办重点提案，组织部分政协常委和委员围绕“农作物秸秆露天禁烧和综合利用”开展调研，提出“以禁促用，以用促禁”等4个方面的建议，被市委、市政府采纳，在2015年夏收作物秸秆禁烧工作中收到了很好的效果。围绕“绿满潜江”开展专题视察。

人口资源环境委员会 围绕“我市环卫基础设施”调研视察，全面了解我市城市环境卫生基础设施建设现状和存在问题，并形成调研报告供市委、政府决策参考，取得了较好实效。围绕“打通园林城区‘断头路’，完善路网功能”召开双月协商会，提出建议被部门采纳。围绕“园林城区水污染情况”专题调研，形成“加快园林城区水生态修复，打造绿色都市”调研报告，其中加快水系连通的建议被市委、市政府采纳。组织所联系的界别开展爱心公益活动，救助辍学学生3人。

提案社会法制委员会 完成提案征集、审查、送阅工作，并全程督办，对5件重点提案的办理情况进行了民主评议，并在潜江日报跟踪报道。围绕“关于加强我市法院执行力建设”和“关于加强预防青少年违法犯罪工作”专题调研并召开专题协商会，围绕“推进政务公开，优化发展环境”专题调研并召开市政府市政协联席会议专题协商。参加《行政处罚法》《劳动合同法》《环境保护法》等法律专题讲座学习。

委员工作委员会 修订完善《潜江市政协委员管理办法》，提请市委、市政府、市政协联合出台《关于进一步加强政协提案办理协商工作的实施意见》。制定了《关于加强界别协商工作的试行办法》《潜江市政协履职选题协商办法》。全年开展两次走访委员活动，广泛收集社情民意，作为政协履职活动选题的依据。筹备召开了政协联络处负责人暨反映社情民意信息工作会议。

民族宗教外事委员会 围绕“我市环境卫生基础设施建设”的课题开展视察调研，形成高质量视察报告供市委市政府决策参考。召开台属侨属中秋茶话会，开展联谊活动。组织所联系界别部分政协委员对全市32处宗教场所进行历时一个月的走访调研，全面了解我市宗教场所建设、教职人员的管理情况，并提出有效建议，得到市委、市政府高度重视。走访慰问台属侨属企业和代表人士，及时向他们通报我国对外和对台政策，帮助他们解决生活和工作中的困难和问题。

学习文史委员会 组织《潜江文化简史》编撰工作，拟出《潜江文化简史》目录征求意见稿并在《潜江日报》上公示，多方征求社会各界意见和建议。出版《潜江政协》第二期。

教科文卫体委员会 紧扣市委、市政府中心工作，围绕“绿满潜江”进行调研，提出建议向市委市政府转达。围绕“我市民办基础教育发展”、“我市高新技术产业发展和我市村庄绿化问题”、“我市高新技术产业发展”、“我市卫生职业教育健康快速发展”进行调研，并形成高质量调研报告。围绕“关于落实五部委文件严厉打击

‘医闹’的建议”重点提案召开提案督办专题协商会。组织所联系界别委员开“送医、送药、送文艺”下乡和捐资助学活动，发放价值 1 万余元免费药品和健康咨询手册 1000 多册，捐款捐物价值 20 余万元。

【重要活动】

三严三实专题教育活动 5 月 14 日，市政协机关召开会议，动员部署“三严三实”专题教育工作。市政协主席张宗光，常务副主席刘训芹，副主席赵长安、刘书琼，秘书长杨辉光出席会议。

市委政协工作会议 10 月 28 日，市委政协工作会议召开。主要议题是贯彻落实省委政协工作会议精神，总结政协工作经验，大力推进协商民主，更好发挥政协作为协商民主重要渠道的作用，广泛凝聚各方力量，为推进“四个全面”战略布局和“五个潜江”建设作出更大贡献。市委副书记龚定荣主持会议。市委书记张桂华，市委副书记、市长黄剑雄，市政协主席张宗光出席会议并讲话。市领导舒敏、罗茂文、王能荣、陈洪思、黎喜斌、刘训芹、李建平、赵长安、何伟、刘书琼出席会议。龙湾镇、总口管理区、市政协宣传部联络处、市卫计委负责同志在会上作了交流发言。

联络处暨反映社情民意信息工作会议 3 月 26 日，市政协召开联络处（界别）负责人暨反映社情民意信息工作会议。市政协主席张宗光，常务副主席刘训芹，副主席李建平、赵长安、何伟、刘书琼，秘书长杨辉光出席会议。会议总结了 2014 年联络处工作，并对 2015 年联络处工作做了安排。会议传达学习了俞正声主席在全国政协十二届三次会议上的讲话精神，通报说明了提案工作、委员管理工作和反映社情民意信息工作的相关情况，2014 年度联络处工作先进单位的代表交流了工作经验。

加强法院执行力建设专题协商会 6 月 25 日召开。市政协主席张宗光，常务副主席刘训芹，副主席李建平、赵长安、何伟、刘书琼，秘书长杨辉光出席会议。副市长肖天树应邀出席会议。会上，政协常委们从加大执行力度和加强社会诚信体系建设等方面建言献策；调研组政协委员们围绕加大司法救助力度、推进“拒执罪”实施、加强外部执行联动机制建设、加大宣传力度和加强执行队伍建设提出意见和建议。

打击“医闹”提案督办专题协商会 9 月 7 日召开。会议邀请提案人和提案办理相关部门，开展面对面的专题协商。市政协主席张宗光，副主席李建平、何伟，市政协秘书长杨辉光出席会议。副市长王玉梅应邀出席会议。市人民法院、市人民检察院、市政府政务督查室、市公安局、市司法局、市卫计委等相关部门和单位参加。

加强青少年预防犯罪工作专题协商会 10 月 19 日召开。市政协主席张宗光，常务副主席刘训芹，副主席李建平、赵长安、何伟，秘书长杨辉光出席会议。副市长王玉梅应邀出席会议。会议听取了市检察院关于加强我市青少年预防犯罪工作情况的汇报。市政协调研组成员、部分政协常委和委员及相关部门负责人分别在会上作了发言。

走访政协委员 11 月 5 日至 20 日，市政协开展走访委员调查研究活动。了解各联络处（界别）贯彻学习市委政协工作会议精神的情况；收集委员对全市经济社会发展的意见和建议；指导委员撰写提案；指导各界别委员大会发言材料的撰写；完成各联络处工作考评、委员履职考评及提案满意度测评。

台属侨属中秋座谈会 9 月 25 日举行。市政协主席张宗光，市委常委、统战部长、市总工会主席黎喜斌，市政协副主席刘书琼，秘书长杨辉光出席会议。

市政府市政协联席会议 12月11日，市政府市政协召开联席会议，围绕“推进政务公开、优化发展环境”、“市政协2016年度协商工作计划”专题协商。市政协主席张宗光主持会议，市委副书记、市长黄剑雄发表重要讲话。市政府领导罗茂文、肖力、李江鸿、王玉梅、刘冰、肖天树、万鸿君、刘登强、周纯，市政协领导刘训芹、李建平、赵长安、何伟、刘书琼，秘书长杨辉光出席会议。

【重要文件】

中共潜江市委书记张桂华在市政协七届三次会议开幕大会上的致辞（摘要）（2015年2月3日） 过去的一年，面对国际国内深刻变化的形势，以及经济下行尤其是油价下跌的巨大压力和改革发展稳定的繁重任务，我们全面贯彻落实中共十八大、十八届三中、四中全会、习近平总书记系列重要讲话精神和中央、省委重大决策部署，紧紧围绕“打造升级版、建设先行区”的目标，坚持讲政治、讲大局，谋大事、抓大事，协调推进“四化同步”、“五个潜江”建设，实现了经济转型发展、文化不断繁荣、民生持续改善、生态明显好转、社会和谐稳定的良好局面，各项工作取得了新的进展。全市各级政协组织和广大政协委员高举中国特色社会主义伟大旗帜，坚持团结和民主两大主题，围绕中心、服务大局，认真履行政治协商、民主监督、参政议政职能，做了大量推动发展、改善民生、凝聚力量的工作，为潜江改革发展稳定作出了重要贡献。2015年是全面深化改革的关键之年，是全面推进法治潜江建设的开局之年，也是全面完成“十二五”规划的收官之年。我们要深入学习贯彻中共十八大、十八届三中、四中全会、习近平总书记系列重要讲话精神和中央、省委重大决策部署，保持奋发有为的精神状态，抢抓十分难得的发展机遇，明确争先进位的奋斗目标，采取得力有效的工作措施，拿出攻坚克难的开拓勇气，发扬真抓实干的工作作风，统筹全面建成小康社会、全面深化改革、全面推进法治潜江建设、全面从严治党，坚持“稳中求进”总基调，坚持“竞进提质、升级增效”总要求，坚持在改革中发展、在发展中转型、在转型中升级、在升级中跨越。希望全市各级政协组织、广大政协委员和各族各界人士认真贯彻中共中央、省委方针政策，认真落实中共潜江市委决策部署，敢于担当，履职尽责，为潜江改革发展稳定作出新的更大贡献。一是高举伟大旗帜，巩固团结奋斗的共同思想政治基础。二是聚焦改革发展，为加快“打造升级版、建设先行区”多做贡献。三是发展统一战线，广泛汇聚共襄伟业的正能量。四是加强制度建设，发挥作为协商民主重要渠道作用。

常务委员会工作报告（摘要）（2015年2月3日） 2014年工作回顾：一是加强思想政治建设，坚定政协工作正确的政治方向。常委会加强中国特色社会主义理论体系学习教育，组织开展贯彻落实中共十八大、十八届三中、四中全会精神系列活动。市政协党组集中讨论学习、常委会举行专题学习讲座、机关干部撰写学习心得体会、各联络处（界别）组织开展专题学习，参加市政协的各民主党派开展“坚持和发展中国特色社会主义学习实践活动”，不断增强道路自信、理论自信、制度自信，培育和践行社会主义核心价值观。常委会落实中共潜江市委关于全面深化改革的工作部署，成立“潜江市人民政协工作机制创新专项工作领导小组办公室”，拟定《潜江市人民政协工作机制创新专项领导小组2014

年工作方案》，围绕履行政协职能和加强政协自身建设，明确提出14项政协工作机制创新的目标任务并付诸实施。2014年正值人民政协成立65周年，习近平总书记在庆祝大会上发表重要讲话，明确提出了发展社会主义协商民主的重大问题，机关干部集中收看大会实况、常委会及时传达讲话精神、主席会议成员参加省政协组织的专题学习研讨。常委会加强协商民主实践形式的探索，通过市政府、市政协联席会议，形成2015年度协商工作计划，推动“协商于决策之前和决策执行之中”。二是认真履行政协职能，为党委政府科学民主决策服务。提出了加强兴隆河水利生态景观带建设、加快我市电子商务发展、加大对我市总部经济企业发展支持力度、推进乡镇文化广场建设、延伸公交车线路至华中家具产业园等重要建议。在“我市农村清洁家园工作”和“城区环境卫生管理工作”两次视察活动中，委员们明察暗访，直面难点，就如何创新体制、完善机制、攻克难关、标本兼治，提出操作性强的具体建议。在“加快龙湾遗址（章华台）旅游开发步伐”的专题调研中，委员们实地考察，深入调研，形成《龙湾遗址（章华台）旅游开发调研报告》，在市政协七届十五次常委会议上建言献策。市政协与湖北省社会科学院联合成立课题调研组，踏勘我市汉江沿线、江汉运河沿线及12个区镇处，历时8个月，形成《湖北汉江生态经济带中的潜江发展战略研究报告》，提出了将我市打造成“两圈两带重要节点城市”的战略构想，在2014年12月3日的“潜江论坛”专题报告会上提出后，引起我市社会各界广泛关注。市政协与武汉城市圈各城市政协合作，开展“深化跨区域合作，推进武汉城市圈持续发展”课题研究，形成《深化产业项目跨区域合作，推进武汉城市圈产业一体化进程》的调研报告，在2014年10月9日举行的“武汉城市圈政协主席论坛”上交流发言后，引起与会的国家发改委、国家财政部、省社科院专家学者高度关注。市政协充分发挥作为全国政协信息直报点的优势，广泛了解社情民意，向全国政协、省政协和市委、市政府报送社情民意信息38篇，为各级党委政府掌握社会舆情、科学民主决策服务。三是积极做好团结联谊工作，凝聚发展共识和力量。加强同民主党派、工商联和无党派代表人士的联系协商。市政协主席会议成员定期走访市各民主党派、工商联和无党派代表人士，了解工作情况，听取意见建议，共同研究问题。做好与台胞台属界、侨联界、民族宗教界人士的团结联谊工作。举行台属侨属中秋茶话会，组织台胞台属界、侨联界政协委员视察调研我市重点园区、重大产业项目和基础设施建设工作，为我市招商引资做好穿针引线、牵线搭桥的工作。走访我市宗教活动场所和少数民族聚居地，积极帮助协调解决民族宗教界人士生产生活中的具体问题。四是深入开展党的群众路线教育实践活动，进一步加强政协自身建设。按照统一部署，市政协党组和机关深入开展以“为民、务实、清廉”为主题的党的群众路线教育实践活动。常委会以教育实践活动为契机，狠抓作风建设和制度机制建设，着力提升履职工作能力和履职保障水平。修订《党组会议制度》，进一步发挥党组在市政协全局工作中的领导核心作用。完善《市政协机关“三公”经费管理办法》和《市政协外出学习考察办法》，精简会议和文件简报，严格执行公务接待标准。2015年工作部署：一是深入学习习近平总书记在庆祝人民政协成立65周年大会上的讲话精神，在协商民主实现形式上有新探索。二是认真贯彻中共潜江市委七届七次全体会议精神，在建言献策内容质量上有新成效。三是坚持巩固党的群众路线教育实践活动成果，在政协群众工作上有新作为。四是切实抓好自身建设，在履职能力建设上有新提升。

【组织情况】

不再担任市政协委员名单

（2015 年 2 月 12 日市政协七届五十三次主席会议协商通过）

吴建华　蔡春燕（女）

【潜江市政协领导人名单】

主　　席　张宗光
常务副主席　刘训芹
副 主 席　李建平
　　　　　赵长安
　　　　　何　伟
　　　　　刘书琼（女）
秘 书 长　杨辉光

潜江市政协组织和委员数

（截至 2015 年底）

级别 / 项目	直管市	政协联络处	合计
组织数	1		1
委员数	354		354

（杨　雯　编写　巴裕波　审稿）

政协神农架林区委员会

【全体委员会议】

八届四次会议 1月5日至7日在松柏召开。来自社会各界的138名政协委员围绕林区发展大计认真开展协商，提出许多建设性意见和建议。会议收到委员提案97件，立案76件，占88%，不予立案10件，占12%。参与提案的委员达242人次。神农架林区党委书记周森锋同志致辞。神农架林区政协主席谢登峰向大会作《政协神农架林区第八届委员会常务委员会工作报告》。会议听取了《政协神农架林区第八届委员会常务委员会提案工作报告》,《提案工作报告》和听取了政协委员大会发言；表彰了2015年度优秀政协委员、优秀社情民意信息员、优秀政协提案、提案承办先进单位。增选了2名政协副主席和1名政协秘书长；通过了政协神农架林区八届委员会第四次会议政治决议。会议列席了神农架林区人民代表大会第十一届五次会议，听取并讨论了林区《政府工作报告》和其它报告。全体委员和与会同志以高度的政治热情和强烈的主人翁责任感，对2014年全区经济社会发展所取得的显著成绩给予了充分肯定和高度评价。会议期间，林区党委书记周森锋、政府区长杜海洋、人大主任李波等党政领导同志，出席大会开幕式和闭幕式。周森锋书记代表林区党委在开幕式上发表了重要讲话，充分肯定了林区政协一年来的工作，高度评价了广大政协委员在发挥三大职能方面所作的努力，对做好新一年政协工作提出了新的更高得要求。党政领导分别深入到会议讨论小组，认真听取委员们的意见建议，与大家共商发展大计，同谋发展良策。委员们紧紧围绕林区经济、政治、文化、社会、生态建设和人民群众普遍关注的一系列重大问题，以及进一步做好新形势下的人民政协工作，积极协商议政，提出了许多中肯的建议，意见，充分体现了委员们致力发展、促进和谐、关注民生的良好愿望！会议对新的一年提出了更高要求，提出：是神农架发展的又一重要阶段，我们务必要始终坚持保护为基、发展为上、责任为重、服务为先、民生为要的理念，为实现林区党委绘制的宏伟蓝图和林区政府提出的奋斗目标增进最大共识、形成最大凝聚力、汇聚最大正能量、奉献智慧、作出贡献。

【常务委员会议】

第18次会议 3月9日，政协主席谢登峰主持召开了林区八届政协第十八次常委会议。副主席乔仕江、赖以政、郭莉芳、尹绪东，秘书长曾庆宝出席会议，林区八届政协常委参加会议，政协各专委会主任列席会议。会议传达学习贯彻了全国政协十二届三次会议、省政协十一届三次会议精神及林区三级干部会议和全区政法综治信访工作会议精神；协商讨论通过了2015年林区政协工作要点，林区政协2015年调研、视察课题及听取林区人民政府工作报告课题，林区政协 2015 年度反映社情民意信息征集要目及林区政协2015年宣传信息工作要点。

第 19 次会议 6月25日，林区政协主席谢登峰主持召开政协神农架林区第八届委员会第十九次常委会议。会议学习贯彻了省政协十一届九次常委会议精神。听取和审议了林区人民政府《关于神农架林区2015年上半年国民经济运行情况的报告》;《关于神农架林区生态网格化管理的报告》;《关于神农架林区交通基础设施建设情况的报告》;《关于神农架林区加强水资源保护情况的报告》;《关于神农架林区增强旅游配套软实力情况的报告》。协商和讨论了林区政协下列调查报告:《林区民营经济发展及对策研究》调查报告;《林区单独二孩政策落实情况》的调查报告;《林区循环经济产业发展》的调查报告;《林区档案史志工作情况》的调查报告;《林区新形势下发挥委员主体作用》的调查报告；会议协商通过了有关人事任免。

第 20 次会议 12月4日，林区政协主席谢登峰主持召开政协神农架林区第八届委员会第二十次常委会议。会议学习贯彻了省委政协工作会议、林区党委政协工作会议、林区党委常委政协工作会议、林区党委政协工作座谈会;通报了林区政协秋季读书班赴北京门头沟考察学习情况。听取和审议了林区人民政府《关于神农架林区“十三五”规划编制情况的报告》等四个工作报告;协商和讨论林区政协《关于林区公路绿化美化情况的专题调研报告》等调查报告；协商通过了有关人事任免。

第 21 次会议 12月21日，林区政协主席谢登峰主持召开政协神农架林区第八届委员会第二十一次常委会议。会议协商通过政协神农架林区第八届委员会第五次会议有关事项。

【专门委员会工作】

文史和学习（科教文卫体）专门委员会 2015年文史和学习委员会认真落实林区政协八届四次全会精神，加强学习宣传力度，加大收集整理神农架文化。结合“三万”、“三严三实”和“党员进社区”等专题教育和主题活动。全年发表各类信息119条。撰写报送各类理论调研文章31篇，有22篇被省级以上刊物、网站采用。针对《关于修建下谷坪至坪阡旅游生态走廊的建议》等3件重点提案及落实情况，拍摄了《政协提案追踪》纪实片；启动和展开了《神农架文化简史》撰写工作。《湖北重点工程纪实·神农架篇》征稿编撰工作进展顺利。会同文体部门开展了神农架民间文化遗产抢救性挖掘工作和民间文学《黑暗传》的申报工作。下谷堂戏、皮影戏等一批非物质文化遗产保护项目得到了抢救性记录和打造提升。组织参加了全国政协组织的政协业务理论知识培训班和省委党校理论培训班。邀请北京门头沟区政协2批次读书班来我区举办。林区政协秋季读书班也于10月中旬赴北京门头沟举办。组织区内旅游企业赴北京开展交流与培训成功举办了2015年第六届北京国际山地徒步大会神农架分站挑战赛。对2015年神农架林区政协主席重点督办提案之一的“关于加强学校周边食品等安全监控的建议”展开调查研究，其成果和建议得到林区党委政府的充分肯定和采纳。

提案专门委员会 2015年提案工作委员会，坚持贯彻提案工作方针，着力在提高提案质量、增强提案办理实效上下功夫，使全区提案工作在发展创新中不断加强和提升。全年收到提案73件，经审查立案69件。其中作提案处理的56件，作建议意见处理的13件。已立案的提案、建议意见分别交由35个部门办理。69件提案、建议意见已全部答复，答复率为100%。为了切实增强重点提案办理的示范带动作用，围绕全区经济社会发展重点难点问题，精心选择7件重点提案由区政协领导牵头督办，3件重点提案进行了提案追踪，促使一批发展难题有效解决，推动一批民生实事较好落实。截止2015年12月底，在69件提案、建议意见中，已经得到解决或基本解决的 32 件，占提案总数的 46.4%；正在解决或列入计划逐步解决的有33件，占提案总数的47.8%；因条件限制或其他原因，暂时不能解决，留待以后有条件再研究解决的有4件，占提案总数的5.8%。在办理提案过程中，各承办单位共向委员发放征询意见表191份，收回182份，在收回的征询意见表中，满意178 份，基本满意4份，满意率达到100%。

民族和宗教专门委员会 政协民族和宗教委员会主要任务是：学习、宣传和贯彻中国特色社会主义理论和宣传国家有关改革开放的方针政策；密切联系少数民族、宗教界委员和代表人士，听取和反映他们的意见和建议；组织本委员会委员调查了解国家的民族宗教政策的贯彻执行情况，对民族宗教工作方面的重要问题进行调查研究，提出意见和建议；加强与民族宗教部门的联系；发挥民族宗教界人士在促进祖国统一、维护世界和平事业中的作用。2015年，政协民宗委充分发挥专委会委员的作用，深入开展调查研究，广泛联系少数民族群众和宗教界代表人士，积极建言献策。把民族宗教政策知识和少数民族干部培训纳入了党校干部教育教程。积极参加了机关党组集中开展了“三严三实”教育活动。组织委员完成了民族企业发展、宗教人员养老问题、民族特色村寨建设、宗教文化园区建设、新形势下的民宗工作等调研。 组织民族宗教界开展农公路基础设施视察工作，形成了调研报告4个，撰写提案建议6条。为党委政府科学决策提供了依据。

委员工作委员会 政协委员工作委员会的工作职责：负责林区政协委员的提名、审查和考核、管理工作；负责林区政协委员界别的划分、调整工作；负责林区乡镇政协联络处的联络和指导工作；负责委员学习、培训、界别活动的组织、协调工作。2015年委员工作委员会紧紧抓住改革发展的重点领域和关键环节，组织委员多层次、多形式地开展调研论证，吸纳各方智慧，建诤言献良策。 拓展界别联系，开展学习交流。广泛团结民主党派、工商联、无党派人士和社会各界人士，主动邀请他们参加学习培训、视察调研、提案督办等活动，组织部分政协委员、机关干部赴北京、武汉、襄阳等地学习考察。参加了全国政协组织的政协业务理论知识培训班和省委党校理论培训班。并向党政主要领导报送了学习考察报告。在委员队伍建设方面取得了新进步，充分发挥委员主体作用。全年安排委员参与调研视察活动140多人次，参加党委、政府及有关部门会议180多人次，参与有关部门和单位工作评议、政风行风评议活动60多人次。

社会发展工作委员会 2015年度，社发委紧紧围绕党委、政府的中心工作，认真学习党的十八大、十八届三中、四中全会和林区党委十一届三次会议、政协神农架林区第八届委员会第四次会议精神。以发展为目标，组织政协委员完成了《全区农村公路安保设施建设》、《神农架林区交通基础设施建设情况》的调研和界别视察活动。督办了《加大五峰山宗教文化旅游园区建设支持力度》的建议。形成调研文章 4 篇。其中，报省 3 篇。以专委会为平台，引导委员走访调查，提出建议 7 条，其中，关于公路基础设施建设的 6 条。撰写社情民意一件、各类信息 6 篇。以创新为措施，积极开展民主监督。参加了法院听审、检察院的评议和电视问政。对林区机关作风和办事行风等方面进行查访监督。配合政协办公室完成了党风廉政建设、信访、老干支部工作。

经济工作委员会 根据 2015 年林区政协工作要点，林区政协经济工作委员会积极参加全方位的学习培训。运用湖北干部网上学习平台，重点学习中国特色社会主义理论、国家重大方针政策等重要课件 54 个，66 学时。完成了群众路线教育整改回头看等工作；组织委员积极开展界别协商活动，与林区发改委就《十三五规划》编制工作进行了协商座谈。到旅委、住建委、经信委等 6 个部门专题调研 8 次。向常委会提交了《神农架林区循环经济产业发展及对策研究》、《关于推进我区农村土地制度改革的调查报告》《围绕农村人口变化新趋势，谋划农村经济社会发展和精准扶贫工作》等 3 个课题调研报告、提交社情民意 2 篇、向省政协报送工作信息 3 篇、工作经验交流文章 2 篇；切实履行民主监督职能，积极参加林区政府民主理财小组会议，并承担地税局、国土局、公安局、民政局等八个林区政府部门履职尽责政风监督员和电视问政评议嘉宾等民主监督任务。

【重要活动】

林区党委政协工作会议 10 月 26 日，林区党委政协工作会议在松柏召开，会议主要议题是贯彻落实《中共中央关于加强社会主义协商民主建设的意见》，传达学习省委政协工作会议精神，动员全区上下进一步强化对政协性质、地位和作用的认识，认真研究解决新形势下不断加强人民政协协商民主制度建设问题，广泛凝聚各党派团体、各族各界人士的智慧和力量，加快推进神农架保护升级、小康提速、转型跨越、绿色崛起。神农架林区党委书记周森锋、林区党委副书记、政府区长李发平、人大主任李波、政协主席谢登峰等领导出席会议并讲话。

【重要文件】

常务委员会工作报告（摘要）（2015 年 1 月 18 日） 2014 年工作回顾：一、深入践行群众路线，拓展履职为民新境界。坚持理论指导，同党中央保持高度一致。坚持开门纳谏，开展批评与自我批评。坚持立行立改，把解决问题作为开展活动的出发点和落脚点。坚持勤政为民。着力提升人民政协履职为民的实效。坚持服务中心。为全区教育实践活动的顺利开展做出了积极贡献。二、不断完善协商形式，推动协商民主新实践。一年来，先后开展专题议政和专题协商 11 次、对口协商和界别协商 23 次、提案办理协商 60 多场次，与政府相关部门进行深入的协商，提出了 70 多条意见和建议，促进了相关工作的落实。三、突出改革发展主题，提升服务发展新水平。一年来，政协 9 个专委会围绕经济发展对 19 个重点课题进行了专题调研，围绕民生民意组织视察，提出 30 多条具体的意见和建议，围绕提案建议深入到 8 个乡镇、20 多个区直部门调研，召开 15 场座谈会。通过督办，提案办复率达到 100%、与委员见面率达到 100%、委员对答复意见的满意率达到 95%以上的办理工作目标。四、协调关系凝聚人心，搭建统一战线新平台。注重对外联谊交流。今年来，全年共接待全国政协、各省市区政协纵横向调研考察 103

批次、3100 多人次；向林区党委、政府提出了《关于编写〈神农架林区下谷坪土家族乡三十年之变迁〉一书并拍摄专题片的建议》，积极开展《神农架文化简史》组稿编撰工作方案。五、切实关注民生实事，聚集促进和谐新能量。今年，政协积极开展“访贫问苦走基层”主题实践活动，为生活困难群众送去慰问物资。积极为扶贫联系点新华镇龙口村协调争取解决部分建设或扶贫项目资金。通过多方协调，解决帮扶资金 10 万元。2015 年的工作意见：一、以政治理论为指导，增进政治共识性。把学习贯彻党的十八届三中、四中全会和习近平同志系列重要讲话精神作为当前的一项首要政治任务。二、以助推改革为重点，服务跨越式发展。努力使政协履职成果进入党委、政府决策。围绕生态保护、旅游发展、民生保障、“四镇两区”、法治政府建设等方面开展视察和监督。奋力推进神农架转型跨越、绿色崛起。三、以民生福祉为己任，提高幸福满意度。维护民利，通过提案督办、调研视察、评议监督、资政建言等形式，维护群众合法权益，促进社会公平正义。四、以促进团结为目的，凝聚强大正能量。加强与民主党派、工商联、人民团体和无党派人士的团结合作，与港澳台侨各界人士和少数民族、宗教界代表人士的联系。五、加强文史资料的征集编辑出版工作，积极开展《湖北文化史丛书》和《湖北省重点工程纪实》“神农架专辑”组稿和编辑出版工作。

中共神农架林区委员会关于贯彻落实《中共湖北省委关于加强人民政协工作的决定》的实施意见（摘要） 一、充分认识加强人民政协工作的重大意义，准确把握人民政协工作的任务原则。深刻认识人民政协的重要地位和作用，切实增强做好新世纪新阶段人民政协工作的责任感和自觉性，为推进“四个全面”战略布局落实、为建成“美丽幸福神农架”而不懈奋斗。二、加强人民政协协商民主建设。确立政协协商内容：党委、政府重大决策和重要文件；经济建设中的重要事项；政治建设中的重要事项；文化建设中的重要事项；社会建设中的重要事项；生态文明建设中的重要事项；党的建设中的重要事项。探索政协协商形式：政协全体会议、议政性常委会议、主席会议等例会协商；专题协商、对口协商、界别协商；提案办理协商；书面协商。规范政协协商程序：制定好协商计划；统筹好协商活动安排；开展好协商活动；总结和报送协商成果；办理好协商意见。三、加强人民政协民主监督、参政议政、合作共事工作。一要加强民主监督，明确民主监督内容；丰富民主监督形式，重视发挥政协在民主监督中的作用；深化民主监督方法；坚持民主协商原则。加强参政议政工作加强视察工作；加强调查研究工作；加强反映社情民意信息工作。加强合作共事工作 促进多党合作共事，支持各民主党派和无党派人士参与重大方针政策讨论协商及履行职责各项活动。促进参加政协的各族各界人士合作共事，促进参加政协的各族各界人士在协商议政中合作共事。政协组织中的共产党员要做合作共事的模范。四、健全政协履职与党政工作的衔接机制。一是要健全政协协商与党政决策的衔接机制。二是要健全党政领导参加协商议政活动机制。三是要健全政协委员履行职责保障机制。四是要健全落实政协重要意见建议的督办机制。五、加强人民政协自身建设 要充分发挥政协界别作用。充分发挥政协委员主体作用。充分发挥政协专门委员会基础作用。充分发挥乡镇政协联络处作用。充分加强政协履职能力建设。充分加强对外交往联谊活动。六、加强和完善党对人民政协的领导　要高度重视人民政协工作。发挥政协党组领导核心作用。大力推进人民政协理论建设和宣传工作。

【神农架林区政协领导人员名单】

主　　　席　谢登峰
常务副主席　何唇先
副 主 席　乔仕江
（2015 年 2 月退休）
赖以政
徐宗华
（2015 年 6 月退休）
郭莉芳（女）
尹绪东
李　峰
秘 书 长　曾庆宝

神农架林区政协组织和委员数

（截至 2015 年底）

项目＼级别	林区	合计
组织数	1	1
委员数	139	139

（陈理清　编写）

全省各级政协组织数和委员统计表

（截至 2015 年底）

级别 项目	省级	副省级市	市（州、林区）	县（市、区）	合计
组织数	1	1	16	99	117
委员数	720	588	5828	23027	30163

图书在版编目（CIP）数据

湖北政协年鉴. 2015 / 湖北省政协办公厅编. —北京 : 中国文史出版社，2016.12

ISBN 978-7-5034-8789-7

Ⅰ. ①湖… Ⅱ. ①湖… Ⅲ. ①中国人民政治协商会议—地方委员会—湖北—2015—年鉴 Ⅳ. ①D628.63-54

中国版本图书馆CIP数据核字（2017）第003066号

责任编辑：梁　洁
封面设计：高　峰

出版发行：中国文史出版社
社　　址：北京市西城区太平桥大街23号　　邮编：100811
电　　话：010-66173572　66168268　66192736（发行部）
传　　真：010-66192703
印　　装：武汉市洪山区宏达盛印制服务社
经　　销：全国新华书店
开　　本：787mm × 1092mm　　1/16
印　　张：31印张
字　　数：678千字
版　　次：2017年1月北京第1 版
印　　次：2017年1月第1次印刷
定　　价：145.00元